校註解説
現代語訳

麗気記 I

大正大学綜合佛教研究所
神仏習合研究会 編著

法藏館

はしがき

『麗気記』は本文十四巻、神体図四巻からなる両部神道の代表的著述であるが、その成立・著者については明かでない。一般には弘法大師空海の撰といわれ、その他にも聖徳太子、醍醐天皇が神泉苑に現われた女人から授かったもの、役行者・弘法大師空海・伝教大師最澄・醍醐天皇四人の共著等の諸説があるが、もとより後世の仮託である。おおよそ鎌倉時代に、真言・修験系の僧侶によって伊勢神道との交渉の過程で成立したものと考えられる程度である。

『麗気記』の後世への影響は甚大で、これを本説とする麗気灌頂が行なわれたり、良遍による『麗気聞書』や聖冏による『麗気記私鈔』などの註釈書が書かれたりしている。すなわち、『麗気記』は中世における神道思想・神道儀礼を解明する重要な資料であるが、十分な研究がなされているとはいい難く、内容についても正確に解読されていないのが現状である。その理由として、『麗気記』には神道・仏教など様々な知識が錯綜しており、極めて難解・複雑であることがあげられる。

そこで、諸大学の専門を異にする若手研究者が集まって神仏習合研究会が結成され、平成六年四月より大正大学綜合佛教研究所から助成金を受けて、本格的に『麗気記』の解読を進めることになった。本研究会の方針は、【書下し文】に【註釈】を付すという従来の形式に止まらず、【書下し文】と対比する形で【現代語訳】を載せ、必ずしも日本中世を専門としない人たちをも神仏習合の世界に誘おうというものであった。その成果の一部は、『大正大学綜合佛教研究所年報』第一八・一九号にも掲載したが、作業を進めていくうちに様々な困難に直面せざるを得なかった。

当初は最新活字本である『神道大系』真言神道(上)により、『弘法大師全集』五と対照しながら読み進めていたが、両活字本には不備が多く、本格的な写本の調査をして、【校本】を確定する必要に迫られた。検討を重ねた結果、唯一確実に鎌倉時代の写本と認められる尊経閣文庫本（金沢文庫旧蔵・劔阿手沢本）を底本とし、他に書写系統が異なり、かつ保存状態の良い九つの写本を校合して、【校本】と【校異】を作成することとした。また、【書下し文】の作成についても、中世における「読み」を復元すべきであるとの考えに至り、諸本のルビ・遣り仮名・返り点も比較検討し、その違いを明らかにしていくことにした。さらに、一つ一つの文言を正確に理解するため、『麗気記』より前に成立していた資料、および『麗気記』とほぼ同時代に成立したと思われる資料から類似する表現を見つけだし、それらとの影響関係を解明していくことにした。これらの成果は、本書でもできる限り【語註】に反映させてある。

本研究会の成果の一部は、二〇〇〇年十月に東北大学で行なわれた平成十二年度日本思想史学会大会において、「ワークショップ　『麗気記』にみる中世―神道思想研究の新たなる視座を求めて―」というパネル形式の発表で公にしている。その場で個々が発表した内容については、本書の末尾に付した「解説」に盛り込まれている。この度、大正大学綜合佛教研究所の出版助成金の交付を受け、本研究会が進めてきた『麗気記』の【書下し文】【現代語訳】【註釈】【校本】【校異】作成作業のうち、前半の六巻（「二所大神宮麗気記」「神天上地下次第」「降臨次第麗気記」「天地麗気記」「天照皇大神宮鎮座次第」「豊受皇太神鎮座次第」）について、「解説」を添えて出版する運びとなった。残りの諸巻については、できるだけ早い時期に本書続巻として出版したいと考えているが、前半の六巻は本文十四巻のほぼ半分の量に相当し、言説・内容についても後半の八巻と大きな相違があり、それぞれを独立させても出版の価値を減ずることにはならないと思われる。

最後に本書の出版にあたってお世話になった方々に、感謝申し上げたい。まず、底本として使用することを快く許可くださった前田育徳会尊経閣文庫ほか、貴重な資料の閲覧や複写を許可くださった各所蔵機関にお礼申し上げたい。さらに、研究助成・出版助成にご尽力くださった大正大学綜合佛教研究所の諸先生方、出版をお引き受けくださった法藏館には深くお礼を申し上げたい。本書の出版により、『麗気記』が少しでも多くの人に認知され、思想史研究の新たな展開に寄与できるよう願っている。

二〇〇一年六月

神仏習合研究会　三橋　正

校註解説
現代語訳
麗気記 I

目次

校本・校異

解説

校注解説
現代語訳

麗気記 I

解題　『麗気記』とは何か

神仏習合研究会

『麗気記』は本文十四巻（「二所大神宮麗気記」「神天上地下次第」「降臨次第麗気記」「天地麗気記」「天照皇大神宮鎮座次第」「豊受皇太神鎮座次第」「心柱麗気記」「神梵語麗気記」「万鏡本縁神霊瑞器記」「神号麗気記」「神形注麗気記」「三界表麗気記」「現図麗気記」「仏法神道麗気記」）と、神体図四巻の全十八巻からなる。両部神道の代表的著述とされるが、その成立や撰者については明かでない。書誌的には、本書で底本とした尊経閣文庫本（金沢文庫旧蔵）が劔阿（一二六一～一三三八）の手沢本であること（後述）、また度会家行（一二五六～?）が元応二年（一三二〇）に撰録した『類聚神祇本源』に引用されていることが確実で、鎌倉時代末に成立・流布していた以上のことはわからない。

このような成立の不確かな書であるが、中世においては非常に重んじられ、数種の注釈書が書かれている。次に、『麗気記』がいかなる書と認識されていたのかを中世に遡って考察するために、本書の作成にあたっても特に重視した『麗気記』注釈書に引かれた成立に関する説を見てみたい。

良遍の講述を頼舜が書写したとされる『麗気聞書』（『聞書』と略す。註釈書の引用については書下し文とする）には、巻頭に、凡ソ、此ノ書ノ起コリ、仁王六十代醍醐天皇御宇、神泉薗ノ池ヨリ容顔美麗女人、王宮ヘ昇殿シ申シテ、和国ノ風儀・神道ノ深義ヲ述《ノ》ブ。聞ク人、耳ヲ驚カシ、見ル仁《ヒト》、舌ヲ巻ク。顔子・冷倫ヲ嘲リ、文殊・普賢ノ再来カト疑フ。然ル後、天皇ニ最極甚深ノ秘法ヲ授ケ奉ル。天札ノ巻ト謂フ、是也。是ノ巻ニ於イテハ、設《タト》ヒ法燈ノ貴仁タルト雖モ、輙《タヤス》ク授クベカラズ。唯、一人ニ授クル大事故ニ。然而《シカレドモ》、予、比叡山高照院権大僧都良遍法師ニ遇ヒ奉リ、精誠ノ懇志ヲ励シ、数日ノ堪忍ヲ致シ、此ノ法ヲ伝授シ奉ル。併是冥慮感応、茲ニ在ルヤ。

とあり、醍醐天皇が神泉苑から来た美女から「和国ノ風儀・神道ノ深義」を聞き、天札の巻と呼ばれる秘法を授かったとある。『聞書』には続けて、

一、彼ノ書十八巻ノ事。天札ハ是、法爾天然ノ札也。余ノ十七巻ハ、彼ノ龍神ノ、弘法此ノ如ク宣ヒシト云フ。或ハ伝教・行基（役行者カ）ハ此ノ如ク宣ヒシ等ト申ス。当座ノ龍神ノ詞、延喜ノ御門ヲ以テ授者トシテ、十七巻ヲ首尾トスト云々。

とあり、天札の巻以外は、空海・最澄・役行者の説を「龍神」が醍醐天皇に伝え十七巻にまとめたとしている。ここにいう「天札の巻」とは、『麗気記』中にある「三界表麗気記」の巻を指し、麗気灌頂などで『麗気記』が伝授される際に、この巻が中核となっていた。『聞書』の説は、かかる中世における伝授の実体を反映したものであろう。

聖冏の『麗気記私鈔』（『私鈔』と略す）の巻頭には、

問フ。此ノ記ハ是、誰人ノ作ゾヤ。答フ。此是、役行者ト弘法大師ト伝教大師ト延喜ノ帝ト四人ノ御作也。中ニ於イテ正シク是ヲ十八巻ニ書キ調ヘタマフ事ハ、延喜帝即位廿一年正月十八日ニ竜神ノ指南ニ依リテ之ヲ記シ置キ給フ処也。其ノ旨、鎮座ノ奥書ニ見ユト云々。但シ是ニ子細ノ口伝〈巻数〉有リ。

とあり、役行者・空海・最澄・醍醐天皇の四人による共編という説をあげているが、ここでも十八巻にまとめたのは「竜神」の指南を受けた醍醐天皇で、その日を即位二十一年＝延喜十八年（九一八）正月十八日としている。これは、『麗気制作抄』（『制作抄』と略す）の巻頭に、

・延喜御門御作也。其ノ子細ハ彼書第三〈五歟〉。天照太神鎮座次第ノ奥書ニ見ユル也。彼ノ文ニ云ハク、神代金剛宝山記并ビニ日本書記中ニ、天照太神、明カス所多シト雖モ、十八書ノ後ニ、伊勢ノ五十鈴川ノ上ニ鎮座ノ事、諸記具ナラズ。深義ノ故ニ。即位十年正月一日、祈仏告神ヲ発偽シ、同廿一年正月十八日ニ、秘密灌頂壇ニ入リ、加持冥力ヲ以テ、奥旨ヲ龍神ノ指南ニ獲ル。記ス所、右ノ如シ。

としても引用されているように、『麗気記』の「天照皇大神宮鎮座次第」の巻の奥書に書かれていることと共通する。また、『制作抄』には、「同書灌頂事」と「麗気灌頂印信」のことが続いて記されている。

『神宮方并神仏一致抄』（『神仏一致抄』と略す）にも、

麗気ガ事、此、麗気ハ、延暦御門御作也。此、常ニテ帝々相伝ノ汀《（灌頂）》に於イテ御不審有リ。故ニ祈請ヲ致シ給フ時、天照太神、神慮トシテ神泉苑ノ善女龍王現ジテ、帝々相伝ノ汀ノ様ヲ委シク教ヘ奉ル。是、麗気十八巻ニ記スル也。相伝汀ハ麗気ニ見ヘタリ。

とあり、やはり醍醐天皇の作とし、天照大神の神慮により神泉苑に善女龍王が現われて灌頂の次第を詳しく教えたことによるとしている。

『麗気記』の撰者については、他に弘法大師空海説（『本朝台祖撰述密部目録』、『釈教諸師製作目録』巻一、『諸宗章疏録』巻三、『国朝書目』など）、聖徳太子説（貞舜『天台名目類聚鈔〔七帖見聞〕』第一本、日朝『補施集』「神力品」、『榻鴫暁筆』一―五など）があり、近世では版本（寛文十二年〈一六七二〉刊）に「空海撰」とされたことにより、一般

には空海説が流布した。これらも、『麗気記』とその伝授の儀式を権威づけるために仮託された結果であると考えられる。

このことは、『麗気記』という名称の説明にも表われている。『私鈔』には先の一文に続けて、

問フ。何故ニ麗気ト名ヅクルヤ。答フ。麗ハ奇麗、気ハ気息也。奇麗気息、元気ノ始ヲ窮メ、麗光ノ今ヲ明ス。故ニ麗気ト云フ。譬ヘバ白日麗天清風廻地ト云フガ如シ。故ニ麗気ト云フ。

とあり、「麗気」を「奇麗気息」と解し、「元気の始をきわめ、麗光の今を明かす」「白日、天を麗《うる》わし、清風、地を廻る」というイメージと結びつけている。『私鈔』は「二所大神宮麗気記」の註として、

麗ウルハシキトハ、厳イツクシキト云フ事也。気イキトヲリトハ、勢イキヲイナリ。憤イキトヲリニハ非ズ。
又麗マコトヲ気オホシメサルヽトモ読メリ。

ともあり、これによれば「麗気」とは「麗しく厳粛な勢い」という意味になる。このような字義的な解釈は、中世の諸本が「麗気記」を「ウルハシキイキトウリヲキス」と訓むことと共通する。

しかし、『私鈔』も指摘するように、「麗気記」には「マコトヲオホシメサルルキ」という訓もある。また、「天地麗気記」の表題に「神仏仏神」と傍書する本があり、それについて『聞書』に、

一、天地ヲ神仏ト注スル事。神ハ幽玄微妙形故ニ、彼ヲ以テ之ヲ類スト云々。地ハ顕相兼曠ノ故ニ、仏ヲ以テ之ヲ類スル也。麗ヲ仏ト名ヅクル事、神仏同ナルベケレドモ、先ヅ利益衆生ノ義、イツクシミ顕シ給フト云フ意也。気ヲ神ト注スル事、或書ニ云ハク、天地二気ヲ受ケ和グル気《イキ》ヲ神ト云フ。是、人道ノ始也。然ラバ、人ノ元《ハシメ》ヲ知ルヲバ神ト云フ也。神ノ元ヲ知ルニ天地也。天地ノ始ヲ知ルヲバ混沌也。混沌ノ所ニ至リ

ヌレバ、凡聖ノ善悪無キ也〈取意文〉。

とあり、「麗」は衆生を利益する仏、「気」は天地の二気を受けた人道の始としての神、と仏教的に説明している。『聞書』は「二所大神宮麗気記」の註として、

麗気〈文〉。仏法ニハ灌頂ト云ヒ、神道ニハ麗気ト云フ也。

ともあり、「麗気」とは仏教の灌頂に他ならないとしている。つまり「麗気」という語は、単に字義的に説明されるだけではなく、仏教的な意義づけが付加され、神道儀礼としての灌頂であると理解されているのである。『麗気記』の撰者・語義に関するこれらの註釈を見る限り、中世における『麗気記』は、伝授・灌頂という儀礼と切り離して理解されていなかったことは明らかである。けれども、このような理解が『麗気記』成立当初からあったとするには疑問があり、さらに『麗気記』そのものを読み込んでいく必要があろう。

さて、この『麗気記』の解読・研究については、これまで主に活字本に頼って行なわれてきたので、それらについて簡単に触れ、合わせて本書における編集方針と内容へのアプローチの仕方について述べておきたい。

『麗気記』の活字本としては、まず『弘法大師全集』第五輯（一九一〇年）に収められているものがある。これは、寛文十二年（一六七二年）の版本を底本としており、近世において手が加えられたものであることを考慮する必要がある。『続群書類従』第三輯上「神祇部五十九」（一九二四年）所収のものも、近世に版本として出された続群書類従をもとにし、また「現図麗気記」と神体図の諸巻を欠いている。

中世の写本からの翻刻としては、高山寺叢書『高山寺典籍文書の研究』（一九八〇年）に「高山寺蔵本麗気記八巻」があるが、高山寺本にある「天照皇大神宮鎮座次第」「豊受皇太神鎮座次第」「降臨次第麗気記」「万鏡本縁神霊瑞器記」「心柱麗気記」「神号麗気記」「神形注麗気記」「仏法神道麗気記」の八巻、および附載の『両宮本誓理

趣摩訶衍』下巻）のみであり、他本との校合もしていない。最新活字本である『神道大系』論説編一「真言神道(上)」（一九九三年）は、本文に真福寺本を底本として用い、神体図に本居文庫本を使用している。しかし、真福寺本に訓（ルビ）が無いため宮内庁書陵部本と高野山宝寿院本などを参考にして傍訓をほどこし、神体図の文字の個所は静嘉堂文庫本によるという処置をとっている。校合も不十分であり、問題点が多いといわざるを得ない。また、『日本思想大系』19「中世神道論」（一九七七年）には神宮文庫本・乙（荒木田守晨本）による書下し文と註釈があるが、「天地麗気記」一巻しか扱われておらず、とても全体像を把握できるものではない。

本書では、尊経閣本（金沢文庫旧蔵・剱阿手沢本）を底本とし、他に書写系統が異なり、かつ保存状態の良い九つの写本を校合して【校本】を確定し、【校異】により諸本の間に見られる文字や体裁の違いを明らかにした。尊経閣本の各巻には、鎌倉時代後期に称名寺の仏教学振興と伽藍整備に活躍し、そこでの真言密教を大成したといわれる剱阿（一二六一〜一三三八）の種字（　）があり、唯一確実に鎌倉時代のものと認められる写本である。神体図四巻と各巻に付されるべき図を欠くなど不備がないわけではない。けれども、本文は全巻揃っており、保存状態が良く、しかも訓（ルビ・遣り仮名・返り点）が豊富に施されており、ここから中世に『麗気記』がどう読まれていたかがわかる。本書では、尊経閣本の訓をもとに諸本の訓と比較検討しながら【書下し文】を作成し、それらの相違についても【語註】でわかるようにした。また【註釈】では、単なる語彙の説明にとどまらず、古代から中世に至る各種の史料・典籍類、さらには前述のような註釈書類を引いて、『麗気記』本文解釈の資となるようにした。

さらに本書では、それらをもとに全文に【現代語訳】を付した。従来のように翻刻と語註のみでは、限られた研究者が自分に必要なところだけを読んで終わってしまう。そうではなく、できるだけ広い範囲の人に、全体を通して読んでもらうために、あえて冒険を試みたのである。一読して「いったい何なのだ、この世界は」と思っていただければ、私たちの目論見は成功である。さらに膨大な数の【註釈】すべてに眼を通してもらうことは難しいので、特にその巻の理解にとって重要な【註釈】をキーワード項目として選び、各巻の巻頭にその巻の梗概とともに示した。現代語訳の次には、キーワード項目の【註釈】をお読みいただければありがたい。

最後になったが、本書は『麗気記』のオリジナルテキスト（というものがあったとして）に立ち返って、それが編まれたときの意味を復元したものではないことをお断りしておかねばならない。つまり、厳密な意味では『麗気記』というテキストそのものを解読したとは言えないかもしれない。解読にあたっては、『麗気記』伝授者によって施された訓や、聖冏・良遍といった『麗気記』註釈者による解釈を取り込んでおり、言ってみれば、中世において『麗気記』がいかに読まれたかを再現するものであるといってよい。すなわち、『麗気記』というテキストではなく、『麗気記』をとりまく中世的世界、あるいは思想的宇宙を見ようとするものである。したがって、ここに示した【書下し文】も、これが正解というわけではないし、まして【現代語訳】にいたっては、ひとつの解釈にすぎない。しかしそれにこだわったのは、ある程度まとまった世界を提示することが必要であると考えたからである。もちろん本書の試みはいまだ途上であって、『麗気記』世界の全体像を描き得たわけではないが、その一端を垣間見ることはできたのではないかと思う。

なお、巻末には、成立・諸本・中世の註釈・近世の受容・戦後の研究史などについての解説を附した。これらをお読みいただければ、『麗気記』研究がもたらすものが何であるかを、ご理解いただけるのではないかと期待している。

書下し文・現代語訳・註釈

凡例

一、本書は『麗気記』全十八巻の前半に相当する「二所大神宮麗気記」「神天上地下次第」「降臨次第麗気記」「天地麗気記」「天照皇大神宮鎮座次第」「豊受皇太神鎮座次第」六巻（①～⑥の巻番号を付す）の【書下し文】【現代語訳】【註釈】【校本】【校異】、そして「解説」とからなる。

一、【書下し文】と【現代語訳】は、上下対照に掲げ、各巻ごとに【註釈】を付した。なお、【校本】とその【校異】については別に掲載した。

一、本書の作成に際しては、尊経閣文庫本を底本とし（略号は底）、他に真福寺本・甲（略号は真）、国会図書館本（略号は国）、神宮文庫本・甲＝世義寺本（略号は世）、神宮文庫本・乙＝荒木田守晨本（略号は守）、温泉寺本（略号は温）、高野山宝寿院本（略号は宝）、京都府立総合資料館本（略号は府）、天理大学図書館本・乙（略号は天）、宮内庁書陵部甲本（略号は宮）を対校本として用いた。ただし、神宮文庫本・甲＝世義寺本（略号は世）については破損が甚だしく、ほとんど訓の解読はできなかった。これらの諸本については、森本仙介「『麗気記』の諸本」（本書解説）参照。

一、【書下し文】の作成について

・底本である尊経閣文庫本にできるだけ忠実に行ない、その訓（ルビ・遣り仮名）を片仮名で表記した。

・底本の朱書や諸本などにより改めたり、補ったりした部分については、区別して平仮名で表記した。

・「也」「哉」「乎」「歟」「此」「是」「之」などの字が原文にある場合は漢字のままとし、補読した部分については仮名（底本の訓による場合は片仮名）で区別した。

・【現代語訳】と揃える関係上、適宜改行などの処置を施した。

・引用文や会話文（言・謂・曰・云など）には「　」（『　』）を付して範囲を示し、書名には『　』を用いた。

・割注は〔　〕、小文字は〈　〉によって示した（【語註】の引用資料も同じ）。

一、【現代語訳】の作成について

・できるだけわかりやすい表現を用いた。
・敬語表現は、原文に漢字で表記されているもの以外は原則として使用しなかった。
・複数の解釈が可能な部分については、最も妥当と考えられるものを採用し、【註釈】において異説を提示した。

一、訓読について

・底本・諸本に訓みの相違がある場合は、【註釈】の中で註番号に相当する本文を引用した後に＝を付し、諸本の略号に続けて［　］で示した。
・その際、底本の朱書きは「朱」とし、諸本の異筆（補筆）などは「イ」ないし「左」（左に傍書されたもの）などを付して明示した。
・底本本文と異なる返り点・読点が付けられるなど読み方が違う場合は、諸本の略号を付して「」に書下した。
・熟語に関しては中世の慣例に従い、「□-□」（音合符）は音読、「□-□」（訓合符）は訓読とした。
・訓みに関する註釈では、底本と同じ訓み、単純な誤記（漢字とルビや返り点のずれなど）は取り上げなかった。
・音便（「神」の［カム］［カン］など）、清音・濁音の別、「御」の［オ］［ヲ］、「大」の［オヲ］［オホ］、［ウ］［フ］、［ワ］［ハ］、［イ］［ヰ］［ヒ］、神名の「天」（［天ノ］［アメノ］［アマノ］）、尊号の連体格「ノ」（［ノ命］［ノ尊］）など、細かな異同については無視した。
・部分的にルビがなくても、必然的に導かれる訓みは平仮名で提示した（例「天フト玉命」→［あめのフトたまのみこと］）。
・「ヿ（コト）」「〆（シテ）」「玉（タマフ）」「玉ハク（タマハク）」はおこした。
・踊字について、「ヽ」はそのままとし、「〱」は「ヽヽ」（字数分）とした。漢字については「々」とした。

一、【註釈】の作成について

・単に用語の解説をするだけでなく、【書下し文】や【現代語訳】の根拠を示すように努めた。
・特に、中世における解釈を重視し、『麗気記』より前に成立した文献、『麗気記』とほぼ同時代に成立したと思われる文献については、その影響関係を類推できるように、可能な限り原文を提示した。
・仏典の引用については『大正新修大蔵経』（大正蔵と略して巻・頁を示した）により、読点のみを付した（漢籍についても読点のみ）。

・日本の文献の引用については、原則として最新活字本（「引用資料テキスト・略称一覧」参照）により、読点と返り点を付した。

・『天地麗気府録』については『麗気記』と特に密接に関わりがあると考えられるので、高野山金剛三昧院本（最新活字本である神道大系『真言神道(上)』の底本）と天理大学図書館吉田文庫本とを校合して引用した。

・【註釈】に引用した資料の万葉仮名は〈 〉で示した。

・『麗気記』本文を対象とする文献（注釈書）については、できる限り関係個所に全文を掲載するように努めた。引用に際しては、諸本を校合した上で書下し文にし、句読点を施した。該当する文献（略称）は次の通りである。

『麗気聞書』（略称は『聞書』）…尊経閣文庫本（『麗気記抄』）により、神道大系『真言神道(上)』を参照した。

『麗気記私鈔』（略称は『私鈔』）…國學院大學図書館蔵本による。

『麗気制作抄』（略称は『制作抄』）…神道大系『真言神道(上)』による。

『神宮方并神仏一致抄』（略称は『神仏一致抄』）…天理図書館吉田文庫本による。

これらの註釈書については、原克昭「中世における『麗気記』註釈」（本書解説）参照。

・前出・関連項目や別の場所でも引用した文献について、同一巻の註については（↓註23）、他の巻の註については巻番号を付して（↓①註23）の形で示した。【校異】に関する場合は（↓校異①32）とした。

・参照した著作・論文について一々を示すことはしなかったが、本書続巻に「参考文献リスト」を掲載する予定である。また、索引も続巻に掲載する予定である。

一、各巻のはじめに簡単な解説文を付し、特に解読に必要と思われる語をキーワードとして註番号とともに提示した。

《引用資料テキスト一覧》（原則として最新刊本によったが、一部、汎用性などを考えて変更したものがある。）

『古事記』（日本古典文学大系）

『日本書紀』（日本古典文学大系）

『先代旧事本紀』（神道大系）

『古語拾遺』（岩波文庫）

『律令』（日本思想大系）
『令義解』（新訂増補国史大系）
『令義解』（新訂増補国史大系）
『延喜式』（新訂増補国史大系）
『江家次第』（神道大系）
『皇大神宮儀式帳』『止由気宮儀式帳』『大神宮諸雑事記』（神道大系）
『神宮雑例集』（神道大系）
『天照坐伊勢二所皇太神宮御鎮座次第記』（略称は『御鎮座次第記』、神道大系『伊勢神道(上)』）
『伊勢二所皇大神宮御鎮座伝記』（略称は『御鎮座伝記』、神道大系『伊勢神道(上)』）
『豊受皇太神宮御鎮座本紀』（略称は『御鎮座本紀』、神道大系『伊勢神道(上)』）
『造伊勢二所太神宮宝基本記』（略称は『宝基本記』、神道大系『伊勢神道(上)』）
『倭姫命世記』（神道大系『伊勢神道(上)』）
『神祇譜伝図記』（神道大系『伊勢神道(上)』）
『神皇実録』（神道大系『伊勢神道(上)』）
『神皇系図』（神道大系『伊勢神道(上)』）
『伊勢二所大神宮神名秘書』（神道大系『伊勢神道(上)』）
『類聚神祇本源』（神道大系『伊勢神道(上)』）
『瑚璉集』（神道大系『伊勢神道(上)』）
『伊勢大神宮瑞柏鎮守仙宮秘文』（略称は『仙宮院秘文』、神道大系『伊賀・伊勢・志摩國』）
『中臣祓訓解』（神道大系『中臣祓註釋』）
『大和葛城宝山記』（日本思想大系『中世神道論』）
『大神宮啓白文』（弘法大師全集第五輯）
『両宮形文深釈』（弘法大師全集第五輯）
『両宮本誓理趣摩訶衍』（略称は『理趣摩訶衍』、弘法大師全集第五輯）

『天照皇太神儀軌』（真福寺善本叢刊『両部神道集』）
『天地霊覚秘書』（真福寺善本叢刊『両部神道集』）
『二所天照皇太神遷幸時代抄』（略称は『遷幸時代抄』、真福寺善本叢刊『両部神道集』）
『天照坐二所皇大神正殿観』（略称は『正殿観』、真福寺善本叢刊『両部神道集』）
『二所皇大神宮麗気秘密潅頂印信』（真福寺善本叢刊『両部神道集』）
『日諱貴本紀』（真福寺善本叢刊『両部神道集』）
『天下皇太神本縁』（真福寺善本叢刊『両部神道集』）
『石窟本縁記』（真福寺善本叢刊『両部神道集』所収『高庫蔵等秘抄』）
『天照太神口決』（神道大系『真言神道(下)』）
『旧事本紀玄義』（神道大系『天台神道(上)』）
『古語類要集』（神道大系『天台神道(上)』）
『日本書紀巻第一聞書』（神道大系『天台神道(上)』）
『神代巻私見聞』（神道大系『天台神道(上)』）
『元元集』（神道大系『北畠親房(上)』）
『神皇正統記』（神道大系『北畠親房(下)』）
『神道集』（神道大系）
『古今著聞集』（日本古典文学大系）
『通海参詣記』（神道資料叢刊）
『撰集抄』（大日本仏教全書）
『渓嵐拾要集』（大正蔵七六）
『山家要略記』（続天台宗全書『神道1』）
『神代秘決』（国立公文書館内閣文庫蔵）

二所大神宮麗気記

『麗気記』全十八巻の冒頭に置かれる本巻では、伊勢神宮についての様々な秘説が述べられる。冒頭に役行者の説として「仏土では仏法、世間では神を主人とせよ」という天照大神の御寓勅が過去から現在までずっと遍満していることが示される。続いて空海・最澄らの言葉が次々と開示される中で、天照大神は大日如来が人々のために神の姿になった虚無神であり、諸神の中心の尊皇であり、大元尊神に他ならないこと、伊勢内外両宮の形文は大梵天で、その形は日神・月神の如意宝珠であること、天照大神は偏りなく天下を照らす最高の神であること、そして両宮は一つにして一つであるということなどが説かれている。末尾には、外宮が鎮座した経緯が付記されている。他の巻と関連する部分もあるが、秘説・切紙の集成のようでもあり、極めて難解である。『麗気記』全体の中では、序文ないしは総括の意味があったとも考えられる。

《キーワード》法喜蔵王如来(5)・天照皇太神の御寓勅(10)・阿字ノ原(41)・両宮ノ心柱(50)・髪長行者(204)

【書下し文】

二所大神宮　麗《マコトヲ》　気《オホシメサル》　記《ヽキ》[1]

蓋《ケタ》シ 以《ヲモンミ》レバ[2]、去《イ》んジ白鳳《はくほう》年中ニ[3]、金剛宝山《こんごうほうざん》[4]ニ攀上《ヨチノホ》りテ、宝喜蔵王如来《ほうきぞうおうにょらい》[5]の三世常恒の説[6]ヲ聞けば「一《ムカシ》[7]威音王如来[8]より以降《コノカタ》、十《イマ》[9]我等ニ及びテ、天照皇太神《あまてるスへおんかみ》の 御　寓　勅《アメノシタシロシメスミコトノリ》[10]ヲ周《メクラ》しタマフ[11]。『周遍法界《ほうかい》[12]の仏土は、達磨《だるま》[13]を以て本師と為《な》す。一大三千世界[14]の間は、神を以て主[15]と為《な》す。』」と。是《コレ》、役塞行者《えんのそくぎょうじゃ》の説[16]也。

空海言《い》はク[17]「如来[18]の三密[19]ヲ留《とど》めテ衆生《しゅじょう》を利す[20]。経巻ヲ留むハ如来ノ語密ナリ。舎利《しゃり》ヲ余《のこ》すハ[21]如来ノ身密ナリ。神明《しんめい》ヲ現ずるハ[22]如来ノ意密也《ナリ》。」所以《ゆえ》何《いかん》となれば[23]、仏日《ぶつにち》[24]、西天[25]ニ隠ルト雖《いえど》モ、達磨ヲ東土[26]ニ弘めテ、諸仏ノ機を得て三身《さんじん》ヲ顕はす[27]。神明ハ、仁《ヒト》ニ於《お》いて利生《りしょう》を現《ホトコ》ス[28]。故ニ

【現代語訳】

二所大神宮麗気記

さて思い巡らすに、去る白鳳年中に金剛宝山（葛城山）によじ登り、宝喜蔵王如来（蔵王権現）の永遠の説を拝聴した。「威音王如来の永劫の昔より、現在の我々に至るまで、次の天照皇太神の御神勅は遍満している。『仏の功徳が行き渡る法界、及び仏土においては、達磨《ダルマ》（法）を根本の師とし、一大三千世界においては神を主人とするのである。』」

これは役《えんのぎょうじゃ》行者の説である。

空海が言う。「如来の三密をこの世に留めて衆生を利益するのである。経典として伝わっているのは、如来の語密である。舎利として遺っているのは、如来の身密である。この世に神として現われているのは、如来の意密である。」それはどういうことかというと、太陽のような仏陀は西方の天竺にお隠れになったけれども、仏法が東方の日本に広まったのに

普門法界《ふもんほうかい》[29]、昔《むかシ》、空劫《くうごう》ノ先《サキ》ニ空劫ヲ興《おこ》し[30]、所化《しょけ》[31]ノ間《アヒタ》に無相[32]ヲ以テ神体と為《な》す。九山《くせん》八海[33]ノ中にハ日月ヲ以テ指南《しなん》[34]と為《な》す。仏法人法ノ主《アルシ》ハ[35]虚無神[36]ヲ以テ尊皇《みことノミオヤ》ト[37]為《な》ス。是ヲ大元尊神ト名づク[38]。葦原中国《あしはらなかつくに》[39]ノ心王如来[40]也。

阿字《あじ》ノ原《ハラ》[41]ハ、𑖀《あ》字ノ一点也《ナリ》。阿字ハ五点ナリ[42]。阿伊宇翳唵《あいうえヲ》ノ一也《ナリ》。其の形《かたチ》、杵《ほこ》の如し[43]。仏法中ノ金剛杵《こんごうしょ》[44]ハ、独股《とっこ》金剛[45]也。大日本国[46]は此ノ名也。独股杵は大日如来の三昧耶《さまや》身[47]也。之を持するを阿闍梨《あじゃり》[48]と名づく。阿闍梨は大日の別名、心《こころの》字《あざな》[49]也。亦ハ、両宮ノ心柱《しんノミハシラ》[50]也《ナリ》。此ノ国ニ降臨ノ時[51]、鹿嶋《かしま》・香取《かとり》[52]ノ二神を先立てテ、此ノ国ノ中ノ、金剛宝山ニ金剛宝柱[53]ヲ興《タ》テタマフ。阿耨《あのく》多羅《たら》三藐三菩提心《さんみゃくさんぼだいしん》[54]を発《おこ》す。金剛不壊《ふえ》自在王[55]ノ

伴って、諸仏は機に応じて三身を顕わし、様々なレベルに対応した。こうして、神は人々に利生を施すのである。それ故に、大日如来は、昔、生成から崩壊への過程を繰り返すこの世界を超えた空劫の世界を生み出し、生きとし生けるものには、有相・無相を超えた空の姿で神となるのである。また、森羅万象の世界においては、日と月となって導いているのである。仏法や俗世の主宰は、虚無神を最高の尊格である尊皇としたのである。これを大元尊神という。日本国の心王如来である。

葦原とは阿字原、つまり阿字の根源を意味し、それは阿字の最初の一点のことである。阿字がア・アー・アン・アク・アークと五転する、その第一である。またアイウエオ五音の最初でもある。その葦原中国の形はちょうど杵のようである。仏法においては、金剛杵のうちの独鈷金剛の形である。大日本国というのはこの独鈷の形の呼び名である。また独鈷杵は大日如来の三昧耶身である。この独鈷杵を持つ者を、阿闍梨と呼び、阿闍梨とは大日如来の別名、その心を表わす呼び名である。また独鈷は伊勢両宮正殿の心御柱である。この国に

三摩耶形、是也《ナリ》。

金剛宝ノ宝柱[56]ハ、長《ながサ》一丈六尺[57]、径《わたり》八寸[58]、廻《めぐり》二尺四寸ナリ[59]。是《コレ》、過去十六丈仏[60]ノ長《たケ》ヲ表《アラ》ハス也。内宮《ないくう》ノ柱《ミハシラ》ハ、垂仁天皇の長《たケ》ヲ以テ八尺に模し[61]、仏尺を約《つづ》めて五尺五寸と成《ナ》シテ[62]、桧《ひのき》の椙《すわへ》を用ひ[63]、正殿の大床《ミユカ》ノ下ニ之を興《た》つ[64]。当朝《みかど》の主《ミコト》ト古先ノ王《ミコト》ノ霊《みたま》と[65]、国璽《くにつしるし》ノ奇瑞[66]、天御量《アマノミハカリ》柱《ハシラ》ト[67]形《アラ》ハス。中水穂国《ナカツミツホノくに》[68]心柱《しんノミハシラ》ト為《な》シテ、崇め重んじ[69]奉る所也。

中水穂国とは大日世界宮[70]、鑁《ばん》字[71]、大悲の智水《ちすい》[72]也《ナリ》。鶏子の如く[73]とは、是《コレ》、水珠《すいじゅ》[74]也。是《コレ》、如意宝珠《にょいほうじゅ》[75]也。是《コレ》、仏果《ぶっか》ノ万徳《まんとく》至極[76]也。真如《しんにょ》は色《しき》を絶つれども[77]、色を待ちて乃《すなは》チ悟る[78]。仏身は本より体《たい》無けれども[79]、体を以て之を現はす。事々理々の始[80]也《ナリ》。是《コレ》、神明の具徳《ぐとく》[81]、真理の明珠《みょうしゅ》[82]、霊鏡ノ正体《しょうたい》[83]也。

降臨した時、武甕槌《たけみかづち》（鹿島）と経津主《ふつぬし》（香取）の二神を先立たせ、この国の中の大和の金剛宝山（葛城山）に金剛宝柱を立てた。そして無上の菩提心を起こした。金剛のように堅固である大日如来の三摩耶形がこれである。

金剛宝柱は、高さ一丈六尺、直径八寸、周囲二尺四寸である。これは過去十六丈仏の身長を表わしている。内宮の柱は垂仁天皇の身長が八尺であるのに倣《なら》い、仏尺を実尺に置き換えて五尺五寸とした。その材料は桧の若木を用い、正殿の大床の下に立てている。心御柱とは、今と古の天皇の霊が国の表彰の霊妙なる表われである大御量柱として形となったものである。これが、中水穂国の中心の柱として崇め重んじられている由縁である。

中水穂国とは、大日如来の世界の宮殿であり、その種子《しゅじ》である鑁《ばん》の字は、大日如来の大いなる憐れみの智慧の水なのである。日本の国土の始まりが「鶏子のごとく」とあるのは、水珠のことである。そしてこれは、大悲福徳円満を表わす如意宝珠なのである。仏によって与えられる究極の功徳なのである。真理は現象を超越したものであるけれども、現象に依

言はく[84]「一百余部の金剛乗教[85]ハ、神明の神《じん》通《づう》[86]ヲ越えず。」〈文〉。

[87]云はく「釈に云はく『此、究竟《くきょう》を観ずるを[88]、妙覚《みょうかく》[89]と名づく。猶、寂光《じゃっこう》の妙土に居《い》て[90]、無明所感の土には非《あら》ず[91]。万法[92]、悉《ことごと》く法性《ほっしょう》[93]を出でざるが故に、三土[94]即ち寂光也。』釈に云はく『豈《あ》に伽耶《かや》[95]を離れて別に常寂《じょうじゃく》[96]を求めんや。寂光の外に別して娑婆《しゃば》[97]有《あ》るに非《あら》ず。』〈文〉。故に和光同《わこうどう》塵《じん》[98]は穢土《えど》[99]に居《い》て衆生《しゅじょう》を利す。内証、全く寂光の本土を動ぜず。[100]」〈文〉。

拠してはじめて悟りに到達する。仏身は、本来、姿形《すがたかたち》がないけれども、姿形を通じて現われるのである。それは、相対・差別の現象と、絶対・平等の法性が不可分であることの根源である。これは、神が功徳を備えた存在であることを示しており、また、真理の体現である明珠であり、神聖なる霊鏡の本質である。

空海が言う。「百余部の密教の教えも、日本の神々の神秘的な力には及ばない。」

最澄が言う。「ある注釈に言う。『悟りの究極を見極めることを、妙覚と名付けたる。それは、ちょうど悟りの世界である寂光土にいるようなものである。無知の者が感得できる世界ではない。すべての存在は、ことごとく真理の世界を出るものはない。よって、四種の仏土のうち、寂光土を除く他の三種類の世界も、やはり寂光土に含まれるのである。』ある注釈に言う。『どうして、成道の地ブッダガヤを離れて、他に悟りを求める必要があろうか。悟りの世界と別に、この現実世界があるのではない。』故に、仏や菩薩は、日本の神として現われ、この汚れた世の中で私たちに利益を与えてい

仏土は、三界《さんがい》ヲ離れテ(101)法界に同じ(102)。湛然《たんねん》平等にして(103)三世《さんぜ》常住ナリ(104)。神ノ世界に応化《おうけ》するは(105)、塵沙《じんじゃ》ニ交はりて(106)、寂然《じゃくねん》一体にシテ(107)常住三世ナリ。両宮も亦、此の如し。両宮ノ形文《ぎょうもん》は(108)、大梵《だいぼん》天《てん》ノ其ノ形《カタチ》(109)、日神・月神、本妙蔵の摩尼珠《まにしゅ》(110)也。従本垂跡《じゅうほんすいじゃく》(111)の故ニ、一切衆生父母《ぶも》ノ神《ミタマ》(112)、無来無去の形体(113)也。

蔵王菩薩《ざおうぼさつ》言はク(114)「天照大神《あまてらすおおみかみ》は(115)最貴最尊の神《ミコト》にシテ(116)、天下の諸社ニ比《ナラ》ブコト無シ(117)。大日霊《おおひるめの》尊《みこと》(118)は天下を照らして昼夜無く(119)、内外に通《トヲ》りテ息《やす》むこと無し。大日霊貴《おおひるめのむち》(120)、諸物《ヨロツノモノ》を貴ばず(121)、仏見法見をも起こさず(122)、竪《たて》ニハ最頂ニ至り、横ニハ十方ニ遍ズ。百億無数ノ梵摩尼珠《ぼんまにじゅ》(123)、百億無

るけれども、その内心の悟りは微動だにせず、寂光土を離れるものではない。」

仏の世界は、迷いの世界を超越して真理の世界と同じである。そこは極めて静かで平等であり、過去・現在・未来の三世に常に存在している。一方、神がこの娑婆世界に現われたのは、多くの人々に交わって、静かに一体となって三世に常に存在するためである。伊勢の両宮も　またこのようなものである。この両宮の形文は大梵天のその形であり、日神・月神であり、本妙を蔵する如意宝珠なのである。仏が神となって現われたのであるから、この両宮の形文は、この世に生きる全ての人々の父母である神霊にして、来るとでもなく去るとでもない、常にそこにある形なのである。

蔵王菩薩が言う。「天照大神は、最も貴く最も尊い神であり、天下の諸々の神に比べられるものではない。大日霊尊（天照大神）が天下を照らしつづけていることは、昼も夜も無く、内も外もなく遍満していて、休むことはない。大日霊貴（天照大神）は、如何なる物にも偏重せず、所持に執着する迷いを起こすこともなく、上下には最も高い頂に至るまで、なお

数の天帝釈《てんたいしゃく》、[124] 百億無数の諸天子、[125] 百千陀羅尼《だらに》ノ金剛蔵《こんごうぞう》、[126] 百千菩薩の全身体、[127] 百千万数の諸仏身、[128] 塵数世界《じんじゅせかい》の大導師《だいどうし》、[129] 百大僧祇《そうぎ》ノ金剛寿、[130] 無量無辺の大身量《だいしんりょう》、[131] 沙妙法身《しゃみょうほっしん》の薄伽梵《ばかぼん》、[132] 上々下々の混沌《こんとん》文、[133] 去々来々の禅那定《ぜんなじょう》、[134] 一々如々の同一体、[135] 在々処々の本垂跡、[136] 平等平等不二の神なり。[137] 不二而二《ふにに》・而二不二《ににふに》の尊《ミコト》、[138] 互《タカ》イニ同一所ニ有《アレマ》ス。[139] 法性は常ニ寂光ナリ。[140] 過去《ユキサ》リ前《サキ》ダツハ方便ナリ、[141] 外ニ現《アラ》ハシテ在位《ありば》ヲ現《アラ》ハスハ、[142] 不思議不可思議[143] ナリ。一向、皆《みナ》、一生ニ言ふこト無《な》カレ。[144] 自ラ口外在《あ》らバ即ち天罰ヲ得《エ》ン。両宮ヲ知《シ》ル事莫《コトナ》カレ。[145]」

行者《ゆきひとら》云はく[146]「再拝再拝、[147] 宝喜、仁《ひと》ニ跡《クタ》リ交《マシ》ハルヲ大神《ミヲヤノミコト》ト云ふ也。[148] 天《あメ》ニ上《のぼ》リテ光ヲ成《な》すヲ天照

かつあらゆる方向に遍く広がっている。天照大神は、百億無数の不思議な宝珠、百億無数の帝釈天、百億無数の天人、百千の陀羅尼を納める金剛蔵、百千の菩薩の身体《からだ》、百千万数の諸仏の身体、無数の世界を導く偉大な指導者、永遠不滅の寿命、無量無辺なる大きな身体、無数のすばらしい法身としての世尊、天に上り地に下る不可思議で混沌とした文様、過去・未来にわたる禅定の心、一如真実の同一体、いたるところに現われる垂迹神、絶対平等で不二の神なのである。不二にして二、二にして不二の尊であり、お互いに同じく一所に鎮座している。その真実の姿は、真理と智慧を象徴する光なのである。過去に様々な形を取ったのは方便であり、姿を現わしてこの地に鎮座したのは、思慮・言語を超えた不思議不可思議なことである。このことは、生涯に亘って決して人に言ってはいけない。もし自ら口に出して他に漏らすようなことがあれば、天罰を受けるであろう。内外両宮の深秘は知ってはならないことなのである。」

役行者が言う。「再拝再拝、宝喜菩薩（蔵王権現）が迹《あと》を垂《た》れて人間に交わる時には大神といい、天に上って光を発する

大神ト謂《マウ》ス也。(149)」

五十鈴《いすず》天皇《すべらみこと》国吏《クニサツチ》第十一帝、(150)二十二大泊瀬《オホハツセ》稚《ワカ》武《タケノ》天皇(151)廿一年〔丁巳〕十月朔《かんなづきついたち》、倭姫命《やまとひめのみこと》(152)教覚《サト》リタマヒテ、(153)明年《あくるとし》〔戊午〕秋七月《ふみづき》七日、大佐々命《オホサ、メノミコト》ヲ(154)以て布理《ふり》奉る。(155)三十二神の共奉の神等(156)・従神の若雷神《ワカイカツチノミコト》、(157)天八重雲《あめのやえくも》(158)の四方に薄靡《タナヒキ》て(159)垣《カキ》ト為《ナ》リ蓋《ふた》ト作《ナ》ル。(160)丹波ノ吉佐宮《よさの》より(161)倭国《やまとの》宇太乃宮《ウタノ》(162)ニ遷幸《みゆき》して一宿《ひとよ》す。(163)伊賀の穴穂宮《あなほの》(164)に二宿《ふたよ》す。渡相《わたらひ》の沼木平尾《ヌマキノヒラヲ》(165)ニ遷幸して行宮《カリミヤ》(166)ヲ興《たて》て七十四日。同九月十七日、山田原の新殿《カリトノ》ニ(167)遷幸して、鎮坐シ奉りテ以降、(168)豊受《とようけ》皇太神(169)祭《イハイ》始《ハシメ》奉る。(170)〔降化の本縁は別記有《あ》り。(171)〕上の如く大泊瀬《おおハツセ》朝倉宮《アサクラノ》(172)の長《たけ》以上を取りて之を造り、(173)豊受大神宮の玉殿《タマトノ》ノ床《ミユカ》ノ下ニ之を興《た》てて(174)心柱《しんのみはしら》ト為《な》す。三十二の供奉《ぐぶ》の神、及び相《あい》殿《どの》ノ四座(175)、正殿の内ノ中ノ真光玉《マコトノミタマノミタマ》(176)ハ三十七尊。(177)五大輪ノ中ニ自性輪壇(178)を開きテ、秘《ヒ》

時には天照大神というのである。」

【五十鈴天皇国吏第十一帝。】二十二代の雄略天皇の二十一年〔丁巳〕十月一日、倭姫命が教え諭《さと》したことにより、明年〔戊午〕秋七月七日に、大佐々命を以て降臨させた。その時、三十二神の供奉する神たち、そして神に従う若雷神も一緒になり、天の八重雲が四方に薄く広がって垣根や天蓋となった。豊受《とようけ》大神がいた丹波の吉佐宮から大和国の宇太乃宮に遷幸して一泊。伊賀の穴穂宮で二泊。度会の沼木平尾に遷幸し、行宮を建てて、七十四日間。そして同年九月十七日に山田原の新殿に遷座した。ここに鎮坐されてから、豊受大神は天照大神をまつり始めたのである。〔豊受大神が降化した詳しい由来については、別記がある。〕

前述の内宮と同じように、雄略天皇の身長より大きく柱を造り、豊受大神宮の玉殿の床下に立てて、心御柱とした。主神に三十二の供奉の神と相殿の四座の神を合わせて、正殿内に収められた霊鏡の数は三十七尊である。地・水・火・風・空の五大を表わす五輪の中に、自性法身である大日

密《ミツ》曼荼羅位(179)ニ入りて、三密無相義(180)ヲ秘《カク》シテ(181)、自然《じねん》自覚ノ法(182)ヲ説く。内外ノ両宮の太神等、一所ニ在《いま》シテ、無二無別なり(183)。外相《げそう》(184)ヲ二宮ニ分かチテ、定恵《じょうえ》(185)相応ノ深意ヲ顕《あら》はス。実には不生ノ一義(186)也《ナリ》。

五十鈴河とハ五輪の字(187)ナリ。五大月輪《がちりん》(188)ナリ。輪ニ五智水(189)ヲ出しテ、五穀(190)ニ灑《そそ》ぎ、五智ノ塔《とう》婆《ば》ニ舂《つ》くなり(191)。未来際《みらいさい》ニ限りて(192)、尽くること無く、此の二神に奉仕す(193)。神主《カウヌシ》を始めて(194)、天《アマノ》益人等《マスヒトラ》(195)ハ、各《おのおの》緩怠《クワンたい》すること(196)莫《ナ》カレ。内ヲ存するの人ハ(197)、観想を蔵《カク》せ(198)。両部《りょうぶ》遍照如来《へんじょうにょらい》ハ(199)本有無作《ほんぬむさ》の形文《ぎょうもん》(200)、𑖀《あ》・𑖪《ばん》ハ平等法界《びょうどうほうかい》(201)ノ体《てい》、実相真如の御正体《みしょうたい》(202)、十智円満ノ鏡(203)也《ナリ》。髪長《カンナカノ》行《ユキ》者《ヒトラ》(204)ガ為《たメ》ニ、上々《アラハニアラハス》コトハ耶々也《ヤヽナレヤ》(205)。

如来の曼荼羅を開き、秘密灌頂を行なう最高の位に入って、あらゆる活動が大日如来と一体であるとする三密無相の義を秘めて、自然に悟りに至る法を説くのである。内外両宮の天照・豊受の両大神等は実は一所にいるのであって、無二にして無別である。ただ外から見える姿を二つの宮に分けて、それぞれ禅定と智恵に相応するという深意を表わしている。本当はあらゆるものの根源である𑖀《ア》字すなわち大日如来に他ならないのである。

五十鈴川は五輪字であり、五大月輪である。月輪は五智の水を出し、五穀に灑いで、五智の塔婆で杵搗《きねつ》くのである。未来永劫に、尽きることなく、この天照・豊受の二神に対してお仕えするのである。神主をはじめ、すべての人々は、それぞれお仕えを怠ってはならない。神宮の秘密を知る人は、観想していることを心の内に秘めるべきである。両部の大日如来は、本有無作の形文であり、𑖀《ア》字・𑖪《バン》字は平等法界の姿、不変・偏在の御神体、あらゆる智慧がすべて具わった鏡である。このことは僧侶に対して明らかにしてはいけない。

二所大神宮麗気記

二所大神宮麗気記

【註釈】

(1)二所大神宮 麗気記《マコトヲオホシメサル、キ》＝「麗気記」守［真ヲ思食ル、キ］、温・府・宮［マコトヲホシメサル、記］、天［マコトヲオホシメサルフミ］、『制作抄』［マコトヲヲホシメサルル］。
『聞書』に「二所大神宮〈文〉。仏法ニハ灌頂ト云ヒ、神道ニハ麗気ト云フ也。麗気〈文〉。伊勢内・外両宮ヲ二処ト云フ也。」とあるように、「麗気」とは仏教の灌頂に相当する。また、『私鈔』に、
フタハシラノオヲンカミノミヤノウルハシキイキトヲリヲシルスト云フ。麗ウルハシキトハ、厳イツクシキト云フ事也。気イキトヲリトハ、勢イキヲイナリ。憤イキトヲリニハ非ズ。又麗マコトヲ気オホシメサル丶トモ読メリ。
とあることによれば、「麗気」とは、麗しく厳粛な勢い、という意味になる。④註1も参照。なお、『聞書』『私鈔』の巻頭に載せられている『麗気記』についての説明は、解題「『麗気記』とは何か」参照。

(2)蓋《ケタ》シ以《ヲモンミ》レバ
文章の最初に使う常套句。『聞書』に「蓋以〈文〉。作文ノ法、発端ニ此等ノ詞ヲ用ル也。謂ハク、夫・竊・倩・渕聞等ト云々。」とあり、『神仏一致抄』に「蓋以。是ハ役行者ノ言也。」とある。

(3)去《イ》んジ白鳳《はくほう》年中ニ＝国［イムシ白鳳年中ニ］、守［イルル白鳳年中ニ］、温［去シ白鳳年ニ］、府［イジ白鳳年中ヒ］、宝［去ル白鳳ノ年ニ］。
「白鳳」という私年号は、『扶桑略記』第五「天武天皇二年（六七三）三月条に「備後国進㆓白雉㆒、仍改為㆓白鳳元年㆒、白鳳合至㆓十四年㆒、」（『帝王編年記』『大神宮諸雑事記』などでは天武元年とする）とあるように、公年号「白雉（六五〇〜六五四）」の異称として使用されたと考えられている。後の時代に白雉とは別の年号と見なされるようになったようで、『大和葛城宝山記』に「私白鳳四十年辛卯三月比、役行者勘㆓葛木縁起十巻㆒、録㆓給之㆒、」とされている。なお、役《えんの》小角《おづぬ》が白鳳年中に葛城山で修行していたことは、『古今著聞集』巻二「横佩大臣女当麻寺曼荼羅を織る事」や『私聚百因縁集』巻八「役行者事」などにも見える。『聞書』には「白鳳年中〈文〉。或書ニ云ク、白鳳二年正月八日〈文〉。」とある。また、『私鈔』では、
白鳳年トハ、抑モ振旦ニハ漢ヨリ以前ニハ更ニ年号無シ。前漢第六ノ王武帝、徹治元ヲ始メテ建元々ト号ス。辛丑也。コレヨリ以来、年号断絶セズ。吾朝ニハ、人王廿七代継体帝ノ御宇マデハ年号ト云フコト知ラズ。治天十六年ヲ始メテ善記元ト号ス。壬寅也。同廿年ヲ正和元ト号

ス。丙午也。廿五年ヲ殷到元ト号ス。辛亥也。第廿九代宣化帝治元ヲ僧聴元ト号ス。丙辰也。第卅代欽明帝治二ヲ明要元ト号ス。辛酉也。同十三年ヲ貴楽元ト号ス。壬申也。同十五年ヲ清清元ト号ス。甲戌也。同十九年ヲ兄弟元ト号ス。戊寅也。同廿年ヲ蔵和元ト号ス。己卯也。同廿五年ヲ師要元ト号ス。甲申也。同廿六年ヲ知僧元ト号ス。乙酉也。同卅一年ヲ金光元ト号ス。庚寅也。第卅一代敏達帝治五ヲ賢棲元ト号ス。丙申也。〈中略〉第卅三代崇峻帝治二年ヲ瑞政元ト号ス。己酉也。第卅四代推古帝治二年ヲ告貴元ト号ス。甲寅也。〈中略〉第卅五代舒明帝治元ヲ聖徳元ト号ス。己丑也。卅七代孝徳帝治元ヲ大化元ト号ス。〈中略〉第四十代天武治元ヲ朱雀元ト号ス。壬申也。同二年ヲ白鳳元ト号ス。癸酉也。同十五年ヲ朱鳥元ト号ス。丙戌也。第四十二代天武帝治五年ヲ大宝元ト号ス。辛丑也。是ヨリ已来、年号断絶セズ。大宝已前ハ年号ヲ元年ト称スト雖モ、二年已後ハ之ヲ呼ブコト無シ。今去ンシ白鳳年ト云フハ、白鳳元年癸酉ト朱鳥元年丙戌トノ中間十四年ノ程、未ダ何レノ年ト云フコトヲ知ラズ。是、役行者ノ言也。役優婆塞ト云フガ故ニ、役行者ト云フ也。

とし、「白鳳」にちなむ年号の考証が展開されている。

(4)金剛宝山《こんごうほうざん》

金剛山。『華厳経』（六〇巻本）第四十五「諸菩薩住処品」では、東北海中にあり、法起菩薩（宝喜・宝基に作る）の住所とされている。通常、朝鮮江原道金剛山を指すとされるが、日本では大和国金剛山（一一二五・三メートル）、またはその一峰である葛城山（九五九・七メートル）に相当するとされた。すなわち、『諸山縁起』第十四項「日本国葛木金剛山入仏記事」に、

花厳経第四十五菩薩住処品云、東北方有レ処、名清涼山、従レ昔已来諸菩薩衆於レ中止住、現有二菩薩一、名文殊師利、与二其眷属一諸菩薩衆一万人倶常在二其中一而演説、海中有レ処、名金剛山、従レ昔已来諸菩薩衆於レ中止住、現有二菩薩一、名曰二法起一、与二其眷属一諸菩薩衆千二百人倶常在二其中一而演二説法一、

大方広仏花厳経菩薩住処品廿七〔六十花厳、四帙一巻〕、東北方有二菩薩住所一、名清涼山、過去諸菩薩常於レ中住、彼現有二菩薩一、名文殊師利、有二一万菩薩眷属一常為二説法一、四大海中有二菩薩処一、名枳怛、過去諸菩薩於レ中住、彼現有二菩薩一、名曇无竭、有二万二千菩薩眷属一、常二為説法一〔於レ経書二全文一也〕、

故南都之菩提院権別当上綱云、曇无竭法勇菩薩也、高僧伝第三云、釈曇无竭此云二法勇一、八十花厳法起云、六十花厳曇无竭是同菩薩也、即弘二般若一法踊菩薩也、仏説二東北方品一可レ弘二此経一云、法勇菩薩住二和国金剛山一弘二般若一也、法勤・法上・法起・法勇、皆是弘二般若一法踊

菩薩見、問云、八十花厳、海中有レ処、名金剛山云、而海中是広諸山一多、争此文日本国金剛山知哉、答云、定恵和尚入唐記云、和尚言、平生有二契約一、談峯勝絶之地、東伊勢高山天照大神守護、西金剛山法起菩薩説法利生、南金峯山大権薩埵待二慈尊出世一、北大神山如来垂跡抜二涼黎民一云、而大織冠者是毘舎離城之居士浄名薩埵之垂跡、西金剛山之詞、豈非二和国葛木山一哉、大織冠者浄名垂跡也、其詞尤成証、

とあり、『華厳経』(八〇巻本・六〇巻本)を引用した後で、金剛山は大和葛城の金剛山に他ならないとしている。護国寺本『諸寺縁起集』「金剛山」にも、

大和国金剛山者、法喜菩薩説二般若一之所也、天照大神天之二ホコ《或云ヤチホコ》ヲ下テ、海中ヲ探給之時、得二当山之奇巌一、始而天降、八ヲ万ノ神達同降給之故、亦云二神福山一、我国豊葦原始レ自レ此、役行者経二七生一之程、登二此山一値二法喜菩薩一、

とあり、役小角が法起菩薩に知遇した場所であるともしている。金剛山は別名を転法輪山というが、これは『私聚百因縁集』巻八「役行者事」に「凡役優婆塞者、金峯山ニシテ大聖威徳天、金剛山ニシテ法喜菩薩、或処ニシテ亦云二孔雀明王迹化一、」とあるように、役小角を金剛山で説法した法起菩薩の権化とする見方があったからと考えられる。法起菩薩がここで説法を行なったことについては、『元元集』巻五「神器伝授篇」裏書に「或記曰、法起菩薩常住説法、故名二転法輪山一云々、」とある。また、山頂にあった転法輪寺(金剛山寺)は役小角の開基とされ、法起菩薩を本尊に不動明王と蔵王権現を祀っていた。『私鈔』にも、

金剛宝山トハ、葛城山ノ別号也。今世人金剛山ト号スル処、是也。彼ノ山ハ、宝喜菩薩ノ秘所、蔵王権現ノ鎮護也。故ニ宝蔵王如来ト云フ也。具サニハ第十神号ノ巻ノ如シト云云。

とあり、葛城山の別称とする。ただし、『聞書』では「金剛宝山〈文〉。大和国大峰ヲ指スト云々。」と大峯(金峯山)を指すとし(②註9も参照)、『神仏一致抄』に「金剛山、吉野也。」と吉野を指すとしている。

(5)宝喜蔵王如来《ほうきぞうおうにょらい》

蔵王権現《ざおうごんげん》のこと。蔵王権現は、金剛蔵王権現、蔵王菩薩ともいい、九世紀後半以降、金峰山(↓註4)で崇拝され、全国的に広まった修験道独自の神格。中世に成立した伝承によると、役小角《えんのおづぬ》(↓註16)が金峰山上で修験道にふさわしい神格を祈念したところ火炎を背負った忿怒形、魔障降伏の相で金剛蔵王が現われたので、これを金峰山に祀り本尊としたとされる。『私鈔』(↓註4)では、法起菩薩と同体とされている。「蔵王権現＝法起菩薩＝天照大神」同体説については、『麗気記』⑩「神号麗気記」の金剛山条に詳説されている。また、『聞書』に「宝喜蔵王如来〈文〉。

吉野権現也。彼ノ二字ヲ取リテ、今ニ蔵王権現ト云フ也。」とあり、『神仏一致抄』に「宝喜蔵王如来ハ蔵王権現ノ御事也。」とある。

蔵王権現と役小角との関係については『今昔物語集』巻十一「役優婆塞誦持呪駆鬼神語第三」に「而ニ金峯山ノ蔵王菩薩ハ此ノ優婆塞ノ行出シ奉リ給ヘル也。常ニ葛木ノ山ト金峯ノ山トニ通テゾ御ケリ。」とあり、その他、『吉野拾遺』巻下、『沙石集』巻一、『太平記』第二十六にも同様の説が見える。

なお、本巻では後段に再び「蔵王菩薩言」(↓註114)として「天照大神は最貴最尊の神」であることなどが説かれ、続けて「行者云」(↓註146)として法喜蔵王如来と天照大神の同体説が述べられている。このように蔵王権現・役行者を重視していることは、『麗気記』が山岳修験との深い関わりの中で成立したことをうかがわせる。

(6)三世常恒の説＝守・宝［常恒ノ説ヲ］。

永遠不滅の教え。「三世」は、過去・現在・未来のこと。

(7)一《ムカシ》＝朱左［ハシム］。

「ムカシ」という訓は、底本(および守・温・宝・天)の訓に従う。『聞書』に「一威音王〈文〉。一ノ文字ヲ昔ト読メリ。彼ノ字ニ仮名ヲ付スベカラズ。習ヒ有ルガ故ニ。」とあり、また『私鈔』にも「従一トハ、一ヲバ昔ト訓ズ。ムカシ也。」とある。同様の訓は、『麗気記』④「天地麗気記」にも見える。④註61参照。

(8)威音王如来

過去の世界における最初の仏。『法華経』第二十「常不軽菩薩品」によれば、無量無辺不可思議僧祇劫の昔にあった仏のこと。ここでは「極めて遠いこと」の比喩として使われている。なお、『私鈔』には、

此則チ、一ヲバハジメト読ミ、十ヲバキワマルト読ムガ故ニ、威音王如来トハ今ハ一言主ノ神ト云フ是也ト云々。

とあり、「一(ハジメ)」「十(キワマル)」という秘訓とかかわらせた「威音王如来＝一言主神」同体説を記載する。なお、『麗気記』⑥「豊受皇太神鎮座次第」では、豊受大神であり、尸棄大梵天王・金剛界大日如来のことであるとする。⑥註162参照。

(9)十《イマ》＝天［イマノ］。

「イマ」という訓は、底本(および守・温・宝)のルビに従う。『聞書』に「十我等〈文〉。十ノ文字ヲ今ト読メリ。彼又、仮名ヲ付スベカラズ。」とあり、『私鈔』に「及十トハ、十ヲ今ニ訓ズ。イマ也。」とある。同様の読み方は、『麗気記』④「天地麗気記」にも見える。④註61参照。

(10)天照皇太神《あまてるスへおんかみ》の御寓勅《アメノシタシロシメスミコトノリ》＝「天照皇太神」国・府［アマテルスヘヲンカミ］、守［あマテルスヘヲンカミ］。「御寓勅」を守・温・宝・府・天は「御宙勅」とし［アメノシタシロシメスミコトノリ］。『私鈔』は「御寓勅、アメカシタシロシメスミコトノリナ

リ」とする。

天照大神《あまてらすおおみかみ》の詞。梵文で示された部分。校異①10参照。ここでは、二重括弧（『　』）内を指す。

「天照大神」は、伊勢内宮の祭神。『古事記』『日本書紀』によると、イザナキから高天原の統治を委託された、神々のなかの最高神。日神、天照大御神《あまてらすおおみかみ》・天照大神・大日孁尊《おおひるめのみこと》・大日孁貴《おおひるめのむち》と称され、太陽神にして女神とみられている。その化生について、『古事記』上巻ではイザナキが左目を洗った時に出現したとする。『日本書紀』神代上・第五段本文には、

既而伊弉諾尊・伊弉冉尊、共議曰、吾已生二大八洲国及山川草木一、何不レ生二天下之主者一歟、於是、共生二日神一、号二大日孁貴一、〔大日孁貴、此云二於保比屡咩能武智一、孁音力丁反、一書云、天照大神、一書云、天照大日孁尊、〕此子光華明彩、照二徹於六合之内一、

とあり、イザナギ・イザナミ二神が国生み後に「天下之主者」として生んだとし、その世界中を照りとおす様を「光華明彩（ひかりうるわし）」と記している。『同』同段の一書第一には、

一書曰、伊弉諾尊曰、吾欲レ生二御寓之珍子一、乃以二左手一持二白銅鏡一、則有二化出之神一、是謂二大日孁尊一、右手持二白銅鏡一、則有二化出之神一、是謂二月弓尊一、又廻レ首顧眄之間、則有二化神一、是謂二素戔嗚尊一、即大日孁尊及月弓尊、並是質性明麗、故使レ照二臨天地一、素戔嗚尊、是性好二残害一、故令三下治二根国一、

とあり、「御寓之珍子」として白銅鏡から出現したとし、月弓尊（月読尊）と共に「質性明麗」であったので、天地を照らし臨ませたとしている。天照大神は孫のホノニニギを自らの御魂代として鏡を授けて中津国に降臨させ、ホノニニギとその子孫である天皇の中津国平定を支援した。御魂代の鏡は天皇の居所で祀られていたが、崇神天皇（→②註169）の時に宮を出て、伊勢国山田に鎮座した。これが伊勢の内宮である。

なお、天照大神は皇室の祖神とされ、『日本書紀』神武天皇即位前紀（神武東征段）に「我皇祖天照太神」とある。記紀に「皇太神」の称号見られないが、天皇が天照大神の天孫と考えられていたことから、皇神・皇太神・皇太神宮・皇祖神などと称されるようになり、後に天照大神に限った神号と見なされるようになったと考えられる。なお、永仁四年（一二九六）に外宮の禰宜が「豊受皇大神宮」と署名したことを内宮側が抗議し、両宮の争論となった。これが所謂「皇字論争」で、その経緯は『皇字沙汰文』に詳しい。註169参照。

「御寓勅」の「御寓」は、「御宇」と同じで、天下を統治することを意味する。天照大神を「御寓之珍子」とする言い方に影響された表現であろうか。『聞書』では「御寓

勅〈文〉。天照大神トハ、水穂中津国ノ主ナルガ故ニ、然カ云フ也。」と説明している。また『大和葛城宝山記』「大八洲中国神座処」に、

法起菩薩曰、大千世界常住一心云々、吾聞、大日霊尊与㆓法起王㆒、合㆑掌宣久、此地則尊王本行、最勝乃験処也、一切衆信受妙法清浄乃地也、因㆑之、諸天如㆑雲集、利生如㆑雨灑、天神地祇、天地人神、森羅万像無㆓一毫差別㆒、現㆓唯一堅密身㆒、治㆑国治㆑家、利㆑物之故、名㆓大和地㆒、亦称㆓安国㆒、亦名㆓一乗峯㆒、亦号㆓神祇宝山㆒、崇㆓一言主神㆒、為㆓地鎮神㆒、謂㆓之孔雀王垂迹㆒也、

とあり、天照大神と法起菩薩が合掌して宣し、大和の地が聖地となったという説を伝えている。

この「御寓勅」の文は梵字で表わされ、底本には「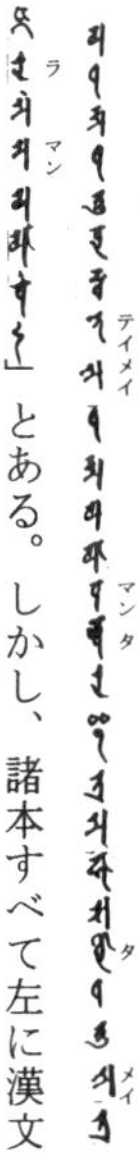」とある。しかし、諸本すべて左に漢文を傍書している。また、『聞書』に、

〈文〉。宝喜蔵王如来ノ常恒説法ノ文也。凡慮之知リ難キニ依テ、周辺○為主ノ漢字之ヲ和シテ注スル也。

とあるように、梵字では神慮を知りがたいから漢字を傍書してあると述べている。よって、ここでも左に付された漢字によって解釈した。

なお、『麗気記』における梵字の表記は他の巻にも見られるが、ここと同様に意味の取れない場合が多い。なぜ梵字が使用されているのかという問題と合わせて、梵字部分の解釈については、今後の研究を俟ちたい。本書では、校本に底本の梵字と訓を掲げ、諸本の梵字と訓については校異で対照できるようにした。

(11) 周《メクラ》しタマフ＝温［メクラシメス］、宝［メクラシメタマフ］、守府［メクラシタマフ］、宮［ミクフシテ］。

(12) 周遍法界《ほうかい》
法身《ほっしん》（↓註27）のはたらきが全世界の隅々まで遍く行き渡っていること。「周遍」とは、広く隅々まで行き渡ること。また、極めて広い範囲。「法界」とは、法性・真如（↓註77）、ないしその真如が現われている領域としての全世界・一切諸法を指す。

(13) 達磨《だるま》
法（ダルマ）。仏陀の教法。仏法の真理のこと。『神仏一致抄』に「達磨ヲ本ト為スハ、法ヲ本ト為スト云フ事也。」とある。

(14) 一大三千世界
日月・須弥山（↓②註4）・四天下・四天王・三十三天・夜摩天・兜率天・楽変化大・他化自在天・梵世天を一世界とし、それを千個集めたものを小千世界、小千世界を千個集めたものを中千世界、中千世界を千個集めたものを大千世界とする。大千世界はその中に、小・中・大の三種の千世

界を含んでいるから、三千大世界ともいう。また、三千大千世界・三千世界・三千界・三界・三千・一大三千界・一大三千大千世界などともいう。⑥註186・221も参照。一仏の教化する範囲をいうが、転じて一切の世界、大宇宙、または世間を意味する。ここでは「仏土」に対する「世間」という意味で使われている。

(15) 主=府［アルシ］。

(16) 役塞行者《えんのそくぎょうじゃ》の説=「役塞」国［エンソク行者説］、温［エムノソク行者説］。

『制作抄』に「役塞行者説〈文〉。金剛山ノ碑ノ文也。」とある。

「役塞行者」は、役優婆塞《えんのうばそく》。役小角《えんのおづぬ》のこと。役行者《えんのぎょうじゃ》ともいう。生没年不詳。大和国葛城山で修行した宗教家で、文武三年（六九九）に弟子韓国連広足に密告され伊豆に流罪となる。呪術に優れた神仙として多くの伝説が生み出された。また、修験道の開祖とされる。『聞書』に「役塞行者〈文〉。役行者ノ御事也。聖徳年中ニ大和国千原寺ニ誕生シ給フト云々。舒明天皇ノ御宇也。」とある。

(17) 空海言《い》はク=「空海」底以下「」という梵字の左に「空海」と傍書する。梵字の訓は、国［モキヤサンモウ］、世・守・温・宝・府・天・宮［ホキヤサンホタラノ］。「言」国・府［ノタマハク］。

この梵字は『聞書』に「《ホキヤサンホタラ》〈文〉。空海ノ梵号也。」とあるように、空海（七七四～八三五）のこととされている。

以下の文は、普通、空海が伊勢神宮に参詣した時の啓白文とされているものの一節。これと同一ないし類似の文は、叡尊（一二〇一～九〇）が弘安三年（一二八〇）に参宮した際に作成された伊勢御正体厨子（現西大寺蔵）納入文書・第五文書に「伊勢大神宮啓白文」として、弘長二年（一二六二）成立の頼瑜の『御遺告釈疑抄』下と『真俗雑記問答抄』第十八・六十六「如来三密ヲ配亠一山事」に「大師大神宮啓白云」として、元応二年（一三二〇）の奥書を持つ『松橋流印信口決』（真福寺蔵）所収の「天照太神（大師御事）」という印信に「大師天照大神御参詣啓白文云」として引かれている。また、『渓嵐拾葉集』巻十七（→註19）には「山家（最澄）御釈云」として、天台系の異伝の文が引かれている。啓白文の全文は、天明二年（一七八二）に長谷寺より版行された『弘法大師法鏡録』に収められている。現在のような形になったのは室町後期かと考えられるが、先ず鎌倉時代にここにある部分のみが啓白文として成立したのであろう。文意については、『聞書』に、

言留如来○達磨東土〈文〉。此ノ一段ニ於テ諸宗異解スト云々。謂ク、先ヅ禅宗ノ云ハク、釈尊出世ノ義ヲ述ブルガ故ニ、或ハ舎利ヲ留メ、或ハ仏日西天ニ隠スト言フ也。故ニ、世尊ハ入寂シ給ヘドモ、我ガ師達磨和尚ハ禅法ヲ東土ニ弘ムト云々。諸顕教ノ解スラク、既ニ先ニ云

ヘルガ如ク、経巻ニ舎利ヲ留メ、仏日西天ニ隠ルト云フガ故ニ、一代教主釈尊也ト云々。然ル間、彼ノ宗々所立ニ依テ、甚深極我ガ家ト異解ス。次ニ惣持経ニ解スラク、然リト云フ。空海ノ云ハク、或ハ三密ノ法体ヲ出ス。尤モ我ガ宗ノ深義ナルベシ。然ル間、如来トハ大日如来也。但シ、大日ハ無始無終ナルヲ、舎利ヲ留ムト云事ハ、舎利ハ是、金剛不壊ニ名ヅクル也。然レバ則チ大日不壊ヲ指ス身也。次ニ仏日西天ニ隠ル事ハ、仏身ハ常住ナレドモ機ノ隠顕ニ依テ、且ク西天ニ隠ルト云フ也。師説〈良遍〉ニ云ク、如来トハ虚無ノ一神、三密トハ一切衆生ノ所具ノ雑言毀語念々妄心等也。深秘、追テ尋ヌベシト云々。

とあり、諸宗の見解が異なることを指摘し、禅宗と顕教の説を挙げてから、『惣持経』所引の空海の説、そして師良遍の言を記している。

(18)如来

仏道を達成し真理を体現した人。仏のこと。『聞書』（↓註17）では、如来を釈迦とする諸宗の説と共に、大日如来とする空海の説（『惣持経』所引）、虚無一神であるとする師良遍の秘説を伝えている。

(19)三密

身密・語密・意密のこと。仏の形色、音声、理のはたらきをいう。身密・語密・意密を舎利・経巻・神に対応させる説は、『太神宮啓白文』（『弘法大師全集』五）に「所謂如来身密舎利、如来語密経巻、如来意密神明也、」とあり、『渓嵐拾葉集』巻十七（大正蔵七六・五五七a）にも、

尋云、釈尊留二三密一、度レ給滅後衆生一方如何、示云、山家御釈云、如来留二三密一度二滅後衆一、留二舎利一者如来身密、留二教経一者如来口密、留レ神如来意密云々、此釈悲華経、変身為此呪乃至現人明神広度衆生、説釈成給文也云々、仍悲華経云、汝勿二啼泣一、我滅度後、現二大明神一、度二衆生一云々、

と見える。

(20)衆生《しゅじょう》を利す＝温〔アヲヒトクサヲ利ス〕。

「衆生」とは、生きとし生けるもの。一切の生物。有情《うじょう》。

(21)舎利《しゃり》ヲ余《のこ》すハ＝国・府・天は欄外に「余〔[illegible]〕」とある。「余」守〔アマスハ〕、守左〔のコスハ〕。

「舎利」とは、仏陀の遺骨。死骸を火葬して残った骨を塔に入れて供養する。仏舎利。

(22)神明《しんめい》ヲ現ずるハ＝「現」府〔アラハス〕。

神明は、神・神祇・大神地祇のこと。ここでは伊勢神宮、あるいはその祭神である天照大神《あまてらすおおみかみ》（↓註10）を指すと考えられる。

(23)所以《ゆえ》何《いかん》となれば＝守〔ユヘイカトナレハ〕。

(24)仏日《ぶつにち》

仏智または仏陀のこと。仏の智や慈悲を太陽のはたらきに

譬えていう。

(25)西天

インドのこと。西方の天竺の略。

(26)東土

天竺からみて東方にあたる中国、あるいは日本を意味する。ここでは後者。

(27)諸仏ノ機を得て三身《さんじん》ヲ顕はす＝守［諸仏ハ機ヲエテ三身ヲアラハシ］、府［諸仏ノキヲ得三身ヲ顯シ］。温は「諸仏得機顕三身明神於仁」として［諸仏サイヲ得、三身ノ神明をヒトニアラハシテ］。宝は「諸仏得機顕三身明神於仁」として［諸仏得機、三身ノ神明ヲ顕ス］。

「三身」とは、三種類の仏の身体のありかた。法身・報身・応身のこと。「法身」は、真理（法）の身体という意味で、永遠不変の真理である真如（↓註77）の当体を指す。法仏・法性仏・法性身・自性身・如如仏・如如身・実仏・第一身などともいう。「報身」は、仏となるための因として の行を積み、その報いとして完全な功徳を供えた仏身。「応身」は、衆生（↓註20）の救済のため、それらの応じて現われる身体。歴史的世界に現われたブッダの身体であり、人間性を持つが、無常な存在とされる。応仏・応身仏・応化身などともいう。なお、三身については様々な説がある。

『聞書』には、

三身ト云フハ、謂ハク、法身〔密教主、無始無終ノ仏身也〕・報身〔他受用身、一乗教主、有始有終ノ仏身也〕・応身〔三乗教主、変化身、有始有終ノ仏体也〕。但シ此ノ三身モ上ノ義ニ依テ見替ルベシ。師〈良遍〉ノ云ハク、本来具足三身徳、之ヲ思フベシ。然ラバ、諸仏得機ト云フモ上ニ随フベキ也ト云々。

とある。また、『中臣祓訓解』（註38の中略部分）に、

凡天神地祇、一切諸神、惣三千即一本覚如来、皆悉一体無二也、毘盧遮那者法身如来、盧舎那者報身如来、諸仏者応身如来也、三諦三身、即中為二法身一、即空為二報身一、即仮為二応身一、三智、一切智照レ空、道性智照レ仮、一切種智照レ中、三身三智、亦在二一心一、故一体無差別、是神一妙也、是皇天徳也、故則伊勢両宮者、諸神之最貴、異二于天下諸社一者也、

とあるように、中世神道説では三身説を神仏同体説へと展開させる。『麗気記』④「天地麗気記」では、毘盧舎那如来（↓②註10）を三身に分け、それぞれを国常立尊・国狭槌尊・豊斟渟尊にあてている。④註31・50・51・53参照。

(28)神明ハ、仁《ヒト》ニ於《お》いて利生《りしょう》を現《ホトコ》ス＝「於仁」守・府［ヒトニヲイテ］。「仁」を天は「人」に作る。

人に利益をもたらす、ということ。『聞書』に、

神明於仁現利益〈文〉。此ノ国所生ノ人ハ、独ニシテ上ハ虚無ノ一神ヨリ下ハ塵数ノ諸神マデ、内證ノ源致ハ全一也。知者ハ之ヲ信ジテ益ヲ蒙リ、迷者ハ知ラズシテ信

ゼザル也。之ニ依テ、益・無益ハ是、信・不信ニ有リト云々。故ニ、或釈ニ云ハク、諸仏ノ慈悲ハ偏頗無シト雖モ、不信ノ前ニハ現ゼズ。日月ノ光明ハ法界ヲ照耀スト雖モ、濁水ノ上ニ浮カバズ〈文〉。神仏ノ異ナルト雖モ、其ノ義之同ジ。

とあり、この国（日本）を生んだのは根元の神である神明（虚無一神）で、他の諸神と根元的に一致し、それを信じる者だけに利益をもたらす、という見解を示している。

(29)普門法界《ふもんほうかい》＝宝［普門法界ナリ］。守・府は「普門法界昔」として［普門法界ノむかシ］。

ここでは、大日如来（↓註47）のこと。「普門」とは、あまねく行き渡っている門戸の意味で、①天台宗では中道実相の理がすべてに妥当することをいい、②密教では曼荼羅の諸尊の徳を統べた中台の大日如来をいい、さらに③仏・菩薩が神通力をもって衆生を利するために無量の門を開いていることをいう。また、一切衆生の機に応じて、その好みの身になって現われて臨機に法を説く普門示現の身を「普門法界身」という。「法界」は前出（↓註12）。『聞書』では「普門法界昔〈文〉。天地開キテ後ヲ指スト云々。」として、以下の文を天地開闢の後のことと説明している。

(30)空劫《くうごう》ノ先《サキ》ニ空劫ヲ興《おこ》し＝「先」朱左・守左［ハシメ］。「興」底［興ル］、国［タテ］、温・守・宝・天［ヲコシ］。

「空劫」とは、四劫（成劫・住劫・壊劫・空劫）の一で、世界が破滅し無となった状態をいう。「四劫」とは、世界の生成から崩壊にいたる四段階のことで、世界はこの四段階を永遠に繰り返すという。『聞書』に「空劫先〈文〉。委細ハ神代聞書ノ如シ。」とある。なお「神代聞書」に委細があるとは、『日本書紀巻第一聞書』に、

古〈文〉、是則空劫之時歟、法界洞浪《トウウウ》ト〈文〉、是青是黄トモ不レ分位也、此坪更難二測量一重也、是ヲ云二天地未分一父母未生以前トモ云テ当家規模ノ口伝トス、明師可レ尋也、穴賢々々、

とある箇所を指すか。天地開闢神話を受け、神々が生成される以前における混沌の状態を重ね合わせている。

(31)所化《しょけ》＝国［ケロク］、府［所クワノ］、天［所クワ］。

仏の教えに導かれる人。「能化」の対義語。あるいは、教化すべき世界、生きとし生けるもの。ここでは後者。

(32)無相

心のはたらきが尽きて、意識や表象作用のないもの。「有相《うそう》」に対していうが、多くは有相・無相の差別を越えた空のすがたをいう。

(33)九山《くせん》八海

仏教で、金輪の上にあるとされる世界。中心に聳える須弥山（↓②註4）と周囲を取りかこむ九つの山と八つの海のこと。『聞書』に、

九山〈文〉。一ニハ鉄輪囲山、高サ三万一十二百由旬。

二ニハ魚名山、高サ六百廿五由旬。三ニハ首頭山、高サ一千二百五十由旬。四ニハ馬耳山、高サ二千五百由旬。五ニハ善見山、高サ五千由旬。六ニハ担木山、高サ一万由旬。七ニハ持軸山、高サ二万由旬。八ニハ持双山、高サ四万由旬。九ニハ妙高山［須弥］、高サ八万由旬ト云々。八海〈文〉。名字知ラズ。追テ之ヲ尋ヌベシト云々。八海ハ九山ノ中間ニ有ル也。

とあり、『私鈔』に、

九山・八海ハ、スミ《（須弥）》七金山及ビ鉄囲山ナリ。七金山トハ、持双ト及ビ持軸ト丹木ト善現ト馬耳ト并ビニ馬鼻ト尼民陀羅山トナリ。

とある。

(34)指南《しなん》

教えを示すこと、教え導くこと。また、その人。『聞書』に、

指南〈文〉。本拠ハ周公丹ニ有リ。謂ハク、車ヲ造リテ前ニ成ル方ニ指ヲサシタル人ヲ造ル。彼ノ人必ズ南ヲ指セリ［義ハ略スルナリ］。此ノ車ニ任セテ南ナル王城ヘ行ク也。之ニ依テ、此ノ車ヲ指南車ト云フ也。然ル間、常ノ義ニ、物ヲ能ク能ク引キ入レ催促スルヲ以テ指南ト云フハ此ノ意也。意ニ云ハク、九山・八海悉ク日月ヲ以テシルベ《（標）》トスト云フ意也。

とあるように、世界は日月によって導かれるという意味で使われている。

(35)仏法人法の主《アルジ》ハ

「仏法」とは仏教のこと。「人法」とは、この世の一切の物。衆生と物体を含む。あるいは、王法に近い意味か。

(36)虚無神＝国［虚無ノ神］。

空虚な実体のない状態を神と名づけたもの。「虚無《こむ》」とは、もと道家の説で、天地万物の本体が認識を越えた境地であることを意味する。仏教では、有無のはからいを越えた空であり、真実そのものを意味する。『聞書』には、

虚無神〈文〉。虚無々相ノ事ハ、是又、神代聞書ノ如シ。凡ソ古事記・旧事本紀ニハ、国常立以前ニ天譲日天狭霧尊・国禅月国狭霧尊ヲ立ツト見ヘタリ。巨細ハ彼ノ聞書ヲ見ルベシ。

とあり、天狭霧尊・国狭霧尊の名を挙げ、開闢神話に登場する神々と解釈している。なお「神代聞書ノ如シ」とは、『日本書紀巻第一聞書』の、

一、問、彼儒孔子、仙人〈老子〉両教所立ノ虚無ト神道所立ノ虚無ト同異如何、答、名同異義通途法相也、是以テ或書云、如下狸似レ虎其功各別上、〈取意〉、然ルニ彼ノ外教ノ虚無ト三世無体云々、当家虚無ハ是帝帝口授御相伝也、豈載二筆墨一云々、私云、孔子道者以二一気一為二所極《ショキョク》体一、老子道ハ以二虚無一為二所極体一云々、一気ト者性相所定風輪也、文云、案立器世間風輪〈文〉、虚無ト者空

劫二十劫是也、外教之虚無ハ只以二有漏実有情想一故非二
無為実道一云々、
一、符録尺二虚無一云、不念有不念無不二寂静名為二虚無一、
而有徳故云レ神〈文〉、
の箇所を指すか。この他、『大元神一秘書』に、
大空無相妙体、是強名二虚無神一也、虚無則大易也、未レ
見二気無為之道一是也、亦名曰レ夷、夷者也無色無形、本
自無生而亦無死、
とあり、更に、
従二国常立尊一迄レ至二国狭槌尊豊斟渟尊一三名神、則是夷、
（中略）此三者混而言レ一、虚無神是、
とある。『審鎮要記』上にも「謂国常立即虚無神、在レ性未レ露、」とある。また、『両宮形文深釈』に、
大虚空宮離国大毘盧遮那如来、名二無辺法界元神一、此号二
虚無神一〈奈利〉、亦法界普門〈波〉大日〈奈利〉、地水火風
空五大所成〈奈利〉、自性法身三昧耶形〈波〉本地法身法界
塔婆〈奈利〉、
とあることから、大毘盧舎那如来（↓②註10）、すなわち大日如来（↓註47）、およびそれと同体と考えられた神々を指していると思われる。また、『御鎮座本紀』（↓註72）では「虚無神＝国常立尊（↓②註11）＝倶生神」同体説を載せる。

(37)尊皇《みことのミオヤ》ト＝国［ミコトノミヲヤト］（『聞書』も同じ）。
神々の中でも最上に位置する神という意か。『聞書』に、
為尊皇〈文〉。彼ノ虚無神ハ説法ノ根元、心地最極ノ故
ニ、或ハ太元尊神ト云ヒ、或ハ心王如来トモ云フ也。
或書ニ云ハク、尊皇《ミコトノミヲヤ》ヲ神皇〈軸星〉トモ云フト。
とあり、「虚無神＝尊皇＝太元尊神（大元尊神）＝心王如来」ということになる。また、『天地麗気府録』（↓④註2）に「故追二上尊号一曰二高皇産霊無上極天祖尊皇帝一矣、」とあり、『雨宝童子啓白文』にも「是則大日霊貴・五十鈴尊皇太梵宮太主諾、」という表現があり、皇祖神をあてる見解がある。
「軸星」については、『宿曜私記　付古事要文』（金沢文庫蔵）に、
或人云、北斗七星是妙見也、貪狼星等者仙人語也、大集
経見也、
或人云、是書非也、雖烈七勅、但一星也云々、私案、是
文又非也、七星宮殿内有二蓋星一、其下有二軸星一、是其辰
星、辰星号二妙見一、
と見える他、『薄草子口決』にも「北辰者七星軸星也、」とあり、北辰あるいは妙見のことを指すらしい。

(38)大元尊神ト名づク＝国［大元ノ尊神トマウス］。
「大元尊神」は、『中臣祓訓解』に、
承和二年丙辰二月八日、人仁王会次、東禅仙宮寺院主大
僧都、授二吉津御厨執行神主河継一給伝記曰、神是天然不
動之理、即法性身也、故以二虚空神一為二実相一、名二大元

尊神一、所現日二照皇天一、為レ日為レ月、永懸而不レ落、為レ神為レ皇、常以而不変矣、為二衆生業起一、樹二于宝基須弥磐境一、而照二三界一利二万品一、故日二遍照尊一、亦日二太日霊尊一矣、（中略）大方神在二三等一、所謂一本覚伊勢大神宮是也、本来清浄理性、常住不変妙体也、故名大元尊神、

とあり、『両宮形文深釈』上に、

大方神乃生本形者生レ具也、虚者道也、神者道化之一気、乃無中之有也、故以二虚神一謂二実相一、其不壊為レ義也、故伊勢皇大神宮、則一大三千世界本主、諸仏如来神智、一切衆生父母也、故名レ之日二大元尊神一、

とあるように、天照大神（↓註10）の別称とされる。なお『宝基本記』『御鎮座次第記』など五部書で用いられる「大元神」（↓④註282）は、外宮祭神と同体であるとする国常立尊（↓②註11）・天御中主尊（↓②註140）をいう。また、「尊皇」の別称であることについては、『聞書』（↓註37）参照。

(39)葦原中国《あしはらなかつくに》

日本国のこと。記紀では「豊葦原瑞穂国」「葦原千五百秋之瑞穂国」などと記すが、『神祇講式』冒頭に「慎敬白、豊葦原中国従二開闢一以来、」とあるように、中世神道説では「豊葦原中国」とするのが一般的。また、『御鎮座本紀』冒頭（↓②註158）では、混沌の中から生まれた天御中主神（↓②註140）の別号で、豊受大神（↓註169）のこととする。

(40)心王如来

大日如来のこと。『聞書』（↓註37）参照。

(41)阿字《あじ》ノ原《ハラ》＝天［アシノハラ］。

葦原、すなわち葦原中国（日本）のこと。

「阿字」とは梵字の𑖀《ア》字。胎蔵大日如来の種字とされる。「本主に密教の理解で、阿字には本不生の義があるとする。「本不生」とは、本来的に「生まれたもの」でも「生み出されたもの」でもない、超越的存在をいい、それゆえ阿字は仏の本性を表わすとされる。また、「阿字本不生」とは、①あらゆる物事は本来的に真実なるものであり、宗教的にみれば、すべて大日如来の自内証にほかならない、②阿字は本来あるもので、他のものによって新たに生ずるものでない、という意味である。註186・⑥註173参照。この「阿字本不生」の語は、『中臣祓訓解』にも、

解除事、以二神秘祭文一、諸罪咎祓清、即帰二阿字本不生之妙理一、顕二自性精明之実智一、而於二諸法一者、不レ出二浄不浄之二一、故有為不浄之実執也、

とみえる。なお、良遍の『日本書紀巻第一聞書』では、

日本〈文〉、倭ト読メリ、就レ此得レ名ニ且有二三義一、一ニハ謂二葦原一ト云ヘリ、意云、𑖀《ア》字原、為レ言、然則此国者𑖀《ア》字本不生地也、依レ之一塵一法而𑖀《ア》字全体ニ非ル事無シ、然間古来共ニ有深意矣、二ニハ水穂国ト云ヘリ、是則𑖪𑖽《バン》字智水也、十界三千依正森羅諸法何カ𑖪𑖽《バン》字言説ノ

智体ナラザル事無キ故ニ名レ之、三ニハ大和ト云ヘリ、意云、彼𑖀𑖪𑖽《アバン》大ニ和合スル位ハ、𑖀𑖽《アン》字也、是ヲ倭ト云ヘリ、深義有二口伝一云々、

として、日本の説明の第一に「葦原」を「ア字原」とすることを挙げている。また、𑖀字は、絶対の真実としての大日如来と同一視される一方で、胎蔵大日に限定される場合もある。

この段落は、「葦原＝阿字の原」「大日本国＝大日の本国」という回路を通して、この国土を大日如来が教主として支配していることを述べる。『麗気記』①「二所大神宮麗気記」の重点の一つは、この日本の国土、さらには伊勢の地が、大日如来の内証にかなっているという世界観・国土観を述べるところにあると思われる。次段落以降の四段落も、「瑞穂国＝水穂国」や「両宮の形文＝大梵天宮殿」などという論理を展開してゆく。

(42)阿字ハ五点ナリ

正しくは「阿字五転」という。母音の𑖀《ア》は、長音とアヌスヴァーラ（空点）・ヴィサルガ（涅槃点）の有無によって、ア・アー・アン・アク・アークの五音に変化する。これを順に発心・修行・証菩提・入涅槃・方便為究竟の修行の五段階に配当する。『聞書』に、

五点〈文〉。発心・修行・菩提・涅槃・究竟也。次ノ如ク東・西・南・北・中也。𑖀𑖂𑖄《ウ》𑖊《エ》𑖌《ヲ》等ノ料簡、悉曇ニ付キテ之ヲ勘フベシト云々。

とある。

(43)杵《ほこ》の如し＝「桙」国・守・府［ホコノ］、守左［ショノキネ］。

(44)金剛杵《こんごうしょ》

密教法具の一種。元来は武器であったが、障魔を摧破するための諸尊の持物となり、のち密教行者の法具となった。金剛とはその堅固であることをいう。両端の形状により独鈷・三鈷・五鈷などの種類があるが、経典では三鈷杵をいう。

(45)独股《とっこ》金剛

独鈷杵のこと。註44参照。

(46)大日本国＝守［ヲ、ヒルメノヲ、ヤマトクニ］。

日本のこと。東方の一仏土として大日如来の本国に付会させた言い方。「大日本国」の語は、すでに『中臣祓訓解』に、

見説、従レ是東方、過二八ー億恒河沙世界一、有二一仏土一、名云二大日本国一、神聖其中座、名曰二大日孁貴一、当レ知受二生此国一衆生、承二仏威神力一、与二諸仏一共遊二其国一、是則仏説、不二是我言一云々、

として用いられているが、独鈷の表象とする説はみえない。『大和葛城宝山記』には、

第卅一代、高天原広野姫朝廷御宇、葛木一言主神与二役優婆塞一互相合レ心合レ徳為二大法導師一、而金剛大悲弁才

無レ尽、能滅二衆生煩悩一、遍遊二国上（土）一、以二清浄法一、抜二衆毒一、降二伏魔縁一、是執金剛神威徳也、爰居人中最大神地、正崇二神明一、終日不レ乱二潔清一、三惑業身不レ汚、以レ法為レ身、以レ恵為レ命、以レ信為レ徳、以レ道為レ家、以レ心為レ主、以レ仮為レ客、神心調然、光二揚宗祖道徳一、時々現二前煩悩一、塵々解脱、身独鈷変形神術、〔此宝杵、則常世宮殿内奉レ納、俗云、五百鈴川滝祭霊地、底津宝宮是也、是名二竜宮城一也、亦号二仙宮一也、〕神語神宝形二大八州一、入二宝性海中一、用二天瓊玉戈一而降二伏従前妄想一、至二穏密清浄本地一、故一心不乱、菓法無レ外、只是切忌二不浄猛利人一耶、夫天瓊玉戈、亦名二天逆矛一、亦名二魔反戈一、亦名二金剛宝剣一、亦名二天御量柱・国御量柱一、亦名二常住心柱一、亦名二忌柱一也、惟是、天地開闢之図形、天御中主神宝、独鈷変形、諸仏神道群霊心識、正覚正智金剛坐也、亦名二心蓮一也、

とあり、独鈷金剛宝杵が変じて大八州になるという説がみえる。

(47)大日如来の三昧耶《さまや》身

「大日如来」は、密教の教主。一切の仏菩薩の本地、一切の徳の総摂とされる仏。宇宙の真理そのもの（理）であると同時に、説法という智恵の活動そのもの（智）でもあるとされる。『大日経』が説く理を象徴する胎蔵大日、『金剛頂経』が説く智を象徴する金剛界大日とからなる。⑥註150も参照。胎蔵大日は禅定印、金剛界大日は智拳印を結ぶ。

「大日」は梵語「摩訶毘盧遮那《まかびるしゃな》」の訳で、『華厳経』の教主である盧舎那仏（→②註10）に同じとする。

「三昧耶身」は、「三昧耶形」あるいは「三昧耶曼荼羅」のことで、諸尊の持物、あるいは諸尊の結ぶ印契のことをいう。略して「三形」ともいう。持物には、剣・弓・鈴・杵・壷・蓮華・宝塔などがあり、それぞれ諸尊の本誓を表わす。また、諸尊の図像の代わって三昧耶形を描いたものを、特に「三昧耶曼荼羅」という。なお、「三昧耶」（「三摩耶」とも書く）は、サンスクリットの音写で「さんまや」とも読み、平等・本誓・除障・驚覚の意。

大日如来の三昧耶形は、胎蔵においては宝珠または宝塔、金剛界においては三鈷の形をとるのが普通。ここで独鈷杵を大日如来の三昧耶形とすることの根拠は不明。あるいは、金胎合一の三昧耶形として用いるか。

(48)阿闍梨《あじゃり》

伝法灌頂の師となる高徳の僧をいう。また仏菩薩、特に大日如来をさしていうこともある。

(49)心字《こころのあざな》＝朱左・国［心ノアサナ］。

「字《あざな》」は、実名とは別に付けられる名前。実名を呼ぶことを不敬と考える中国の風習から起こり、男子が元服の時に付けて通用させた。また、通称という意味もある。「心字」とは、大日如来の心を表わす呼び名という意味か。

(50)両宮ノ心柱《しんノミハシラ》　伊勢神宮の内宮と外宮の正殿の床下に立てられた柱。心《しんの》御《み》柱《はしら》と呼ばれるもの。

「両宮」は、伊勢の皇太神宮と豊受太神宮の総称。ただし、その呼称の由来ははっきりしない。『太神宮諸雑事記』『神宮雑例集』等の古い記録類を見ると、内宮は太神宮・皇太神宮あるいは五十鈴宮、外宮は止由気宮あるいは度会宮と呼ばれていて、内宮・外宮という通称はあまり用いられない。内宮よりも外宮の呼称の方が先行するか。また、両宮を合わせて呼ぶ場合、「二所太神宮」あるいは「二宮」と呼ぶのが一般的であったらしく、例えば重源の『神宮大般若経転読記』でも「二宮」としている。両宮の呼称が定着するのは、内宮・外宮を胎蔵・金剛界の両部に当てはめることが一般化してからであろうか。

「心柱(心御柱)」は、建築的には用をなさない柱で、「忌柱《いみばしら》」「天《あめの》御《み》量柱《はかりばしら》」（↓註67）とも呼ばれ、神宮においては秘中の秘とされる。伊勢両宮の心御柱を独鈷とみなすことは、『大和葛城宝山記』「水大元始」に、

夫水、則為二道源流万物父母一、故長二養森羅万象一、当レ知、天地開闢旹、水変為二天地一以降、高天原在二独化霊物一、其形如二葦牙一、不レ知二其名一、爾時、霊物乃中四理志出神聖化生、名レ之曰二天神一、亦名二大梵天王一、亦称二尸棄大梵天王一、速二于天帝代一、名二霊物一、称二天瓊玉戈一、亦名二金剛宝杵一、為二神人之財一、至二于地神代一、謂二之天御量柱・国御量柱一、因レ茲、興二于大日本州中央一、名為二常住慈悲心王柱一、此則正覚正知宝坐也、故名二心柱一也、天地人民、東西南北、日月星辰、山川草木、惟是天瓊玉戈応変、不二平等妙体也、法起王宣久、心柱是独古三昧耶形、金剛宝杵、所謂独一法身智剣也、故大悲徳海水気変化二独古形一、独古形変化二栗柄一、栗柄現二明王一、明王化二八大龍王一、而心柱守護、十二時将、常住不退、是不動本尊縁也、故龍神、所‐化八咫烏一者、諸天三宝、為二三先荒振神使一也、

とあり、法起王（↓註4）の説として流布していたことが知られる。同様の説は、『麗気記』②「神天上地下次第」に「密語云」（↓②註150）として「独股金剛、世界建立心王大日尊也、両宮心御柱是也、男猛忿怒執金剛神所持三昧耶形也、」とあり、『理趣摩訶衍』上巻（④註93の続き）に「心御柱本地金剛界遍昭如来法身三昧耶形故、亦名二独鈷金剛一也、」とあるなど、中世以降広く見られる。また、『聞書』にも「両宮心柱〈文〉。理趣摩訶衍并ビニ両宮本縁ニ於イテ釈セリ。彼ヲ見ルベシ。」とある。

ただし、『麗気記』①「二所大神宮麗気記」で、それだけにとどまらない説が展開している点は注目されよう。その一つは、この柱を金剛山の宝柱と見なすことで、冒頭の宝喜蔵王如来（↓註5）の説法と結びつけている点。もう一

つは、内宮の心御柱の長が垂仁天皇の身長、外宮の心御柱の長が雄略天皇の身長を基準にしているとし、さらに歴代天皇の霊をあらわす「国璽」であるとする点である。註61・173参照。

(51)降臨ノ時＝「降臨」府［アマクタリタマフ時］。

(52)鹿嶋《かしま》・香取《かとり》

鹿島社の祭神武甕槌《たけみかづち》神と香取社の祭神経津主《ふつぬし》神を指す。『日本書紀』神代下・第九段によれば、この二神はホノニニギの天孫降臨に先立って、高皇産霊尊（一書では天照大神）によって葦原中津国平定のために遣わされ、出雲国の大己貴神に国譲りを迫った。また、鹿嶋神の分身である神剣フツノミタマは、神武東征の時に熊野に降臨して神武軍を助けた。東征軍は吉野経由で大和入りし、フツノミタマは石上神宮に祀られた。また、『古語拾遺』には、

天照大神・高皇産霊尊崇二養皇孫一、欲三降為二豊葦原中国主一、仍遣二経津主神〔是、盤筒女神之子、今下総国香取神是也、〕・武甕槌神一〔是、甕速日神之子、今常陸国鹿嶋神是也、〕駈除平定、於レ是、大己貴神及其子事代主神並皆奉レ避、仍以二平国矛一授二二神一曰、吾以二此矛一卒有レ治レ功、天孫若用二此矛一治レ国者、必当二平安一、今我将二隠去一矣、辞訖遂隠、

とあり、天照大神と高皇産霊尊から降臨に際して平国矛を授けられたことが記されている。二神は大和朝廷の軍神、鹿嶋神宮、香取神宮として重んじられ、更に奈良時代になって、藤原氏によって東国の鹿嶋・香取より勧請され、春日社の祭神となった。

ここでは、出来事の成就に先だって天上から降臨する偉大な剣、あるいは矛という鹿嶋・香取の神体および持ち物が、峻立する金剛宝柱のイメージと結びつけられていると考えられる。ただし、ここで鹿嶋・香取が金剛宝柱を立てて準備した降臨の主体は判然としない。『日本書紀』などの記述を踏まえればホノニニギ（独鈷王）となるが、ここまでの文脈からすれば、金剛宝柱は伊勢神宮の心御柱に先立つものと位置づけられ、天照大神の伊勢鎮座を想定しているとも読める。さらに、「阿字」「鑁字」との関係から、イザナキ・イザナミ二神の降臨を指している可能性もある。また、註53参照。

(53)金剛宝柱

金剛山（→註4）にあるとされる堅固な霊石の宝柱。『聞書』には、

金剛宝柱〈文〉。大峰ニ於テ鹿嶋・香取ノ二神降臨ノ時ニ之ヲ立テ給ヘリ。此ノ柱ハ石ノ如クニ二本重ナリテ立テリト云々。峰入山伏ニ尋ヌベシ。

とあり、鹿島・香取両神降臨の時に立てたもので、二本あるとする。『古語拾遺』（→註52）には、天照太神と高皇産霊

尊が経津主・武甕槌両神に葦原中国平定のために授けた「平国矛」の話を載せており、これが矛から柱に転化したものか。また『大和葛城宝山記』には、

伊弉諾尊・伊弉册尊、〔此二柱尊者、第六天宮主、大自在天三《(王)》坐、爾時、任二皇天宣一、受二天瓊戈一、以二呪術力一加二持山川草木一、能現二種々未曾有事一、往昔大悲願故、而作二日神・月神一照二四天下一、昔於二中天一度二衆生一、今在二日本金剛山一、〕

と「天瓊戈」が金剛山にあるとする説を載せている。この他、『天地麗気府録』（↓④註77）に、

夫心柱者、元初皇帝御璽也、興二于阿字心地一上《(成)》二鑁字正覚一、定恵不二一心不乱、常住不去不来妙法座、伊弉諾・伊弉冉二尊天二降其嶋一、則化二堅八尋殿一共住二同宮一矣、号曰二大日本日高見国一、〔大日本者三光殿本名、〕今世号二葛木神祇峯一、是日天子・月天子化生産所名也、

とあり、『金剛山縁起』下巻「金剛山内外両院縁起」に役小角（役行者）の修行を記して、

其後着二藤皮衣一、松葉為レ食、吸二花汁一、助二身命一誦二孔雀明王呪並不動明王呪一、難行大験自在也、追二聚鬼神一令二駈仕一、昼夜召二集八部衆一、同以令二駈使一也、金剛山正覚門前有二八尺礼石一、是金剛宝座也、行者安二坐彼宝石上一対二湧出嶽一、発二大誓願一曰、我若捨二此山一未来悪世、衆生可レ成二就利益方便一者、当山守護之天神地祇悉図形来臨出現給、未レ読二其文一、終自レ天八万神達如レ雲飛来、自レ地金剛蔵王并十五金剛童子自然湧出給、

とあるように、葛城山（金剛山）が降臨の地で、そこに「金剛宝座」と呼ばれる「八尺礼石」があったという伝承がある。また、註46参照。

(54) 阿耨多羅三藐三菩提心《あのくたらさんみゃくさんぼだいしん》

「阿耨多羅三藐三菩提」とは無上の菩提、すなわち無上の仏の智恵のこと。「阿耨多羅三藐三菩提心」とは、この無上の悟りを得ようとする心のことで、略して単に菩提心ともいう。『聞書』に「阿耨〇菩提〈文〉。或ハ𑖀《ア》𑖭《サ》𑖮《ハ》𑖡《ナウ》𑖎《カ》三摩地トモ云フ。或ハ無上正等正覚ト云フ是也。追テ尋ヌベシ。」とある。

(55) 金剛不壊《ふえ》自在王

「金剛不壊」とは、金剛の如くに堅固で破滅することがないこと。「自在王」は仏、または大日如来のこと。

(56) 金剛宝ノ宝柱

金剛宝柱（↓註53）のこと。『神仏一致抄』に「金剛宝々柱ハ、長サ一丈六尺、径リ八寸、廻リ二尺四寸トハ、是ハ最初ニ宝山ニ立テラレタル宝柱也。最上代故ニ長ク大也。」とあり、これを金剛宝山に最初に建てられた宝柱であるとしている。

(57) 長《ながサ》一丈六尺＝「長」国「タツ」。

一丈六尺（縮めて丈六）は仏（釈尊）の身長とされ、仏像を

造立する際の基準となる。ただし丈六は立像の場合で、坐像ではその半分とする。

(58)径《わたり》八寸＝「径」国・守・温・府［ワタリ］。

(59)廻《めぐり》二尺四寸ナリ＝「廻」国・温・府［メクリ］、朱左・守［マワリ］。

(60)過去十六丈仏＝「過去」府・天・宮［インシ］。

過去七仏の内、十六丈の長けをもつ迦葉仏のことか。過去七仏とは釈迦牟尼仏とそれ以前に出現した六仏（毘婆尸・尸棄・毘舎浮・拘留孫・拘那含牟尼・迦葉）。『法苑珠林』巻八「七仏部」「身光部第六」（大正蔵五三・三三四b～c）に、

如観仏三昧経云、毘婆尸仏身六十由旬、尸棄仏身長四十由旬、円光四十五旬、通身光一百由旬、毘舎婆仏身長三十二由旬、円光四十二由旬、通身光六十二旬、拘留孫仏身長二十五旬、円光三十二由旬、通身光五千由旬、拘那含牟尼仏身長二十五旬、円光三十由旬、通身光長四十由旬、迦葉仏身長十六丈、円光二十由旬、釈迦牟尼仏身長丈六、円光七尺、

とある。金剛宝柱と迦葉仏の関係については、不詳。

(61)垂仁天皇の長《たケ》ヲ以テ八尺に模し＝「長」尊・温［タケ］、守［ミタケ］。「模八尺」国・府・天［八尺ヲアラハス］、守［八尺ヲウツス］。

「垂仁天皇」は、第十一代の天皇。『日本書紀』は活目入《いくめいり》彦《びこ》五十《い》狭《さ》茅《ち》天皇、『古事記』は伊久米伊理毘古伊佐知命とする。崇神天皇の第三子。②註211参照。『日本書紀』には、崇神天皇六年条（→②註171）に続く伊勢神宮の起源譚として、垂仁天皇二十五年三月丙申（十日）条に、

三月丁亥朔丙申(十日)、離二天照大神於豊耜入姫命一、託二于倭姫命一、爰倭姫命求下鎮二坐大神一之処上、而詣二菟田筱幡一、〔筱、此云二佐佐一、〕更還之入二近江国一、東廻二美濃一、到二伊勢国一、時天照大神誨二倭姫命一曰、是神風伊勢国、則常世之浪重浪帰国也、傍国可怜国也、欲レ居二是国一、故随二大神教一、其祠立二於伊勢国一、因興二斎宮于五十鈴川上一、是謂二磯宮一、則天照大神始自レ天降之処也、〔一云、天皇以二倭姫命一為二御杖一、貢二奉於天照大神一、是以倭姫命以二天照大神一、鎮二坐於磯城厳橿之本一而祠之、然後随二神誨一、取二丁巳年(二十六年)冬十月甲子一、遷二于伊勢国渡遇宮一、(下略)〕

とあり、崇神天皇の娘豊鍬《とよすき》入《いり》姫《ひめの》命（→②註176）に代わって自分の娘倭《やまと》姫《ひめの》命（→註152）を天照大神の御杖代とし、この倭姫命が伊勢国度会郡五十鈴川上に鎮座させたという。また、『古語拾遺』「垂仁天皇」に、

泊二于巻向玉城朝一、令三皇女倭姫命奉二斎天照大神一、仍随二神教一立二其祠於伊勢国五十鈴川上一、因興二斎宮一、令二倭姫命居一焉、始在二天上一、預結二幽契一、衢神先降、深有レ以矣、

とある。『麗気記』では、②「神天上地下次第」にその経緯が記されている。『皇太神宮儀式帳』（→②註171・201）『倭姫

命世紀』（↓②註171・213・233）なども参照。

心御柱（↓註50）を垂仁天皇の身長に模したという説は他に見られないが、伊勢神宮創建との関わりから生み出されたと考えられる。なお、『神仏一致抄』に「垂仁天王ノ立テラレタル内宮ノ御柱ハ五尺四寸ト云也。当時ハ五尺也ト云々。二尺ハ地ニ入ルト云々。」という、内宮の心御柱を垂仁天皇が立てたという説が記されている。また、後段で外宮の心御柱については雄略天皇の身長より大きく造ったとしている。註173参照。

(62) 仏尺を約《つづ》めて五尺五寸と成《ナ》シテ＝「約仏尺」国・守・府・天［仏尺ヲツヽメテ］、宝［仏ノ尺約］。「成五尺五寸」守［五尺五寸ニナシテ］、府左［五尺五寸ニ成リ］。

「仏尺を約めて」と「仏尺に約めて」と二通りの解釈が考えられる。「仏尺を」をとれば、仏尺の八尺は通常五尺五寸であり、通行の尺に置き換えたと解せる。また、「仏尺に」をとれば、垂仁天皇の身長八尺を仏尺である五尺五寸に合わせ縮めたと解せる。仏尺は通常一丈六尺（座像は八尺）であり、五尺五寸とする説については不詳。ただし、『聞書』では「約仏釈〈文〉。師〈良遍〉ノ云ハク、其ノ時ノ仏尺五尺五寸ヲ用ヒル也ト云々。」として、仏尺を五尺五寸とする説が存在していたと理解している。心御柱の長さについては、『御鎮座本紀』に、

心御柱［一名天御柱、亦名忌柱、亦天御量柱、］

謂㆓応天四徳・地五行㆒、径四寸、長五尺御柱坐、以㆓五色絁㆒奉㆑纏㆑之、以㆓八重榊㆒奉㆑餝㆑之、是則伊弉諾・伊弉冉尊鎮府、陰陽変通之本基、諸神化生之心台也、都合㆓天心㆒而興㆓木徳㆒、帰㆓皇化㆒而助㆓国家㆒、故皇帝暦数天下之固、常磐堅磐無㆑動、三十六禽・十二神王・八大龍神、常住守護坐、依㆓損失㆒忽有㆓天下危㆒、

とあり、『心御柱記』「風水草上」にも「豊受皇太神御天降本記曰、謂㆓天四徳・地五行㆒、径四寸・長五尺御柱座、」とある。

(63) 桧《ひのき》の椔《すわへ》を用ひ＝「桧椔」朱・府［ヒノキノスワヘヲ］、国［ヒノキノシモトヲ］、国左［ヒンキノスワヱヲ］、守［ヒヽノスハヘヲ］、温［ヒノキ］。「用」朱［以テス］、守［モチス］。

「椔」は、小枝のこと。心御柱が桧であるとの説は不詳。『聞書』には、「桧椔〈文〉。心御柱ヲ造ルニ仕フ。両宮本縁等ニ委細ニ見ヘタルガ故ニ之ヲ略ス。」とあるが、『両宮形文深釈』に該当する説は見あたらない。

(64) 興《た》つ＝朱・守［タテ］。

(65) 当朝《みかど》ノ主《ミコト》ト古先ノ主《ミコト》ノ霊《みたま》と＝「王」国・宮左・天左・府左［キミ］、天・府［ミカド］、「王霊」宮［ミタマノミコト］。「霊」天・府［ミタマ］。国は「霊形トス」（左は［ナリ］）とする。

現在位にある天皇と古来の王の霊。あるいは「当朝の主と古の先王との霊」と読み、神代より現代に至るまでの意と解釈すべきか。『聞書』に、

当朝主〈文〉。古来、只今ノ王ト注セリ。愚推シテ云ハク、此ノ書製作ノ時代ノ醍醐天王、当朝ノ主ヲ指スカ。又云ハク、根来寺ヨリ後上洛ノ時、別ニ口伝申ス也。古先王〈文〉。天神第一国常立尊也。

とあり、「当朝主」に醍醐天皇を、「古先王」に国常立尊を比定している。また、『神仏一致抄』では、

当朝主トハ、垂仁ノ事也。
古先王ハ、垂仁ヨリ以前ノ王ノ事也。

として、垂仁天皇を基準とした説を掲げている。

(66) 国璽《くにつしるし》ノ奇瑞＝「国璽」朱〔クニツシルシ〕・天〔クニノシルシノ〕。「奇瑞」国・守・天〔アヤシキヲ〕。

「国璽」は、国家の表章として捺する印。ここでは、単に国の表象を意味するか。

(67) 天御量柱《アマノミハカリハシラ》ト＝国〔アメノミハカリハシラトス〕。

心御柱《しんのみはしら》(↓註50)の異名。『宝基本記』に、

心御柱、一名忌柱、一名天御柱、一名天御量柱、是則一気之起、天地之形、陰陽之原、万物之体也、故皇帝之命、国家之固、富物代、千秋万歳無㆑動、下都磐根大宮柱広敷立、称辞定奉焉、

とあり、『御鎮座伝記』(↓註153)に「大宮柱〔号㆓忌柱㆒、亦名㆓天御量柱㆒、是則皇帝之命、国家之固、神明之徳也、故龍神・土神各一座、為㆓守護神㆒〕」とある。また『御鎮座本紀』(↓註62)も参照。『聞書』に「天御量柱〈文〉。是、則チ天地ノ量トスト云フ意也。」とあり、これによれば天地の物差しの役をする柱の意となるか。

(68) 中水穂国《ナカツミツホノくに》

みずみずしい稲穂の実る国を意味する、日本国の美称。『日本書紀』神代上・第四段一書第一に「天神謂㆓伊奘諾尊・伊弉冉尊㆒、有㆓豊葦原千五百安芸瑞穂之地㆒、宜㆓汝往修㆒之、廻賜㆓天瓊戈㆒」とあることに由来する。『古事記』が「水穂国」と表記する他は、通常、「瑞穂国」と記す。

ここでの「水穂国」は、『古事記』によるのではなく、「みずほ」を水徳にひきつけ、「大悲の智水」「水珠」を導く起点であり、内外両宮のある大日本国が水徳の国であることを示すものである。『麗気記』では④「天地麗気記」でも「豊葦原中津水穂国」(↓④註139)とし、『麗気記』に「瑞穂国」の表記はない。また、『神皇実録』「天津彦々火瓊々杵尊」に、

遂欲㆘立㆓皇孫尊㆒也以為㆗大葦原中国之主㆖矣、高天原神留坐〔天御中主神、天照大神、正哉吾勝尊、高皇産霊尊、神皇産霊尊、津速産霊尊、〕皇親〔天御中主、天照大神、〕神漏伎〔高皇産霊神、亦名㆓高貴神㆒、〕神漏美命〔栲幡豊秋津姫命、〕以、八百万神等神集々賜而、神議々賜焉、我天皇御孫尊、豊葦原水穂之国〈平〉安国〈度〉平〈久〉所知食〈度〉事依奉〈支〉、

とある。『旧事本紀玄義』巻四に、

然於二一空一而現二三才一、即於二其天中一所レ芽元気、是号二高皇一、其産漸降而造二葦原一、如二神皇図曰一、元気所レ化、水徳変成、為レ因為レ果、而所レ露名二天御水雲神一、任二水徳一、亦名二御気都神一、是水珠所レ成、即月珠是也、亦号二大葦原中津国主豊受皇神一也云々、豊則豊葦、中則中主、皇則皇産、受則継皇、故豊受者即名二本末一、何以得レ知、

とあり、『神皇系図』（↓註74）を引用しているが、これは『麗気記』の発想を受けつぐものと考えられ、「水穂国」が水徳・御気都神・豊受を意識した表記であったことがわかる。

(69)崇め重んじ＝「崇」国・守［アカメ］。

(70)大日世界宮＝守は「大日世界宮殿」とし［大日ノ世界ナリ。宮殿ノ］。

大日如来（↓註47）が住む宮殿。『大日経』巻一「入真言門住心品第一」（大正蔵一八・一a〜b）では「如来加持広大金剛法界宮」に住み、『金剛頂経』巻上「金剛界大曼荼羅広大儀軌品之一」（大正蔵一八・二〇七a）では「阿迦尼吒天王宮中摩尼殿」に住むとある。『聞書』には「大日世界宮鑁字等〈文〉。此、水穂ノ国ニ就テ𑖪𑖽字ノ表形、別ニ切紙ニ有ルガ故ニ之ヲ略ス。」とあり、「切紙」の形で秘説化していたことが窺える。

(71)鑁《ばん》字

金剛界大日如来の種子。一切諸法の根本、五輪所成の法界塔婆を表わす。また、金剛界に限定せず、胎蔵をも合わせた両界を代表させる用例も多い。鑁という梵字𑖪𑖽《バン》そのものが、もと五大（地水火風空）の「水大」と言語の意を表わす𑖪《バ》に、大空・成菩提の義を表わす空点を加えたもので、大悲水という意味や、自性離言説の意味があるとされる。

なお、密教で地水火風空の五大を色や形で標示する塔婆を「五輪塔婆」といい、大日如来の三昧耶形とする。下から順に方（地、黄色）・円（水、白色）・三角（火、赤色）・半円（風、黒色）・宝珠形（空、青色）の五石を重ね、五大の種子（梵字）を刻む。

(72)大悲の智水《ちすい》＝底は「大悲智ナリ」とする。

「大悲」とは、大いなるあわれみ。「智水」は、智慧の水。また、灌頂の時に阿闍梨が灑ぐ水のことで、如来の智慧を行者に注入することを表わしているという。

なお、『大和葛城宝山記』「水大元始」（↓註50）に「法起王宣」として、心柱が独古三昧耶形・金剛宝杵・独一法身智剣であり、それ故に「大悲徳海水気変化二独古形一」としている。また、『御鎮座本紀』に、

蓋聞、天地未レ剖、陰陽不レ分以前、是名二混沌一、万物霊是封名二虚空神一、亦曰二大元神一、亦国常立神、亦名二倶生神一、希夷視聴之外、氤氳気象之中、虚而有レ霊、一而無レ体、故発二広大慈悲一、於二自在神力一、現二種々形一、随二種々心行一、為二方便利益一、所レ表名曰二大日孁貴一、亦曰二

天照神一、為二万物本体一、度二万品一、世間人児如レ宿二母胎一也、亦止由気皇太神月天尊、天地之間、気形質未二相離一、是名二渾淪一、所レ顕尊形、是名二金剛神一、生化本性、万物惣体也、金則水不レ朽、火不レ焼、本性精明、故亦名曰二神明一、亦名二大神一也、任二大慈本誓一、毎レ人随レ思雨レ宝、如二龍王宝珠一、利二万品一如二水徳一、故亦名二御気都神一也、金玉則衆物中功用甚勝、不レ朽不レ焼不レ壊不レ黒、故為レ名、無二内外表裏一、故為二本性一、謂人乃受二金神之性一、須レ守二混沌之始一、故則敬レ神態、以二清浄一為レ先、謂従レ正式為二清浄一、随レ悪以為二不浄一、悪者不浄之物、鬼神所レ悪也、

とあり、虚空神（大元神・国常立神）が広大な慈悲を起こして利益を施し、天照大神（↓註10）が万物の本体として万人を度すとした後、豊受大神（↓註169）は、大慈本誓に任せて、人に宝を与えること龍王の宝珠の如く、万人を利すること水徳の如くであるとしている。『宝基本記』裏書（↓④註109）でも、「日天子」と対比させる形で「月天子」の項目を設けて「任二大慈本誓一、毎レ人随レ思雨レ宝、如二龍王宝珠一、利二万品一如二水徳一、故亦名曰二御気都神也一」として、同様のことをいっている。このように、大悲と水の結びつきは外宮についての言説で多く認められる。註74も参照。

(73)鶏子の如く＝朱［鶏ノ子の如クハ］、守［鶏ノ子ノ如］。
鶏卵の中身のように。形状が一定しないことのたとえ。記紀の天地開闢神話で国土の生成を「鶏子」にたとえたのを受けている。『日本書紀』神代上・第一段本文冒頭に、

古天地未レ剖、陰陽不レ分、渾沌如二鶏子一、溟涬而含レ牙、及二其清陽者、薄靡而為レ天、重濁者、淹滞而為レ地、精妙之合摶易、重濁之凝竭難、故天先成而地後定、然後、神聖生二其中一焉、故曰、開闢之初、洲壌浮漂、譬猶三游魚之浮二水上一也、于時、天地之中生二一物一、状如二葦牙一、便化二為神一、号二国常立尊一、〔至貴曰レ尊、自余曰レ命、並訓二美挙等一也、下皆倣レ此、〕次国狭槌尊、次豊斟渟尊、凡三神矣、乾道独化、所以成二此純男一、

とある。

(74)水珠《すいじゅ》＝守［水ノ珠］。
水を象徴する宝珠（↓註75）という意味か。『神皇系図』「天神七代」の「天御中主尊」の項に、

元気所化、水徳変成、為レ因為レ果、而所レ露名二天御水雲神一、任二水徳一亦名二御気都神一、是水珠所生、即月珠是也、亦号二大葦原中津国主豊受皇神一也、凡以二一心一分二大千一、形レ体顕レ言、為レ陰為レ陽矣、蓋従二虚無一到二化変一、天月地水感応道交、故在二名字相一云々、

『同』「地神五代」の「大日孁貴天照皇神」の項に、

諸尊持二左手金鏡一陰生、持二右手銀鏡一陽生、因以日神・月神所化生也、謂火珠・水珠二果曲玉変成三昧世界建立日月是座、

『伊勢二所太神宮神名秘書』に、
裏書云、古人云、大日霎貴則火珠所成之太神也、豊受宮則水珠所成之神明也、
『理趣摩訶衍』上巻「神号事」に、
天上御名曰二天照太神一也、地下御名曰二天御中主尊一。〔已上通二二宮一也。〕大毘盧遮那如来変化所執御名現在明給、火珠所成神・水珠所成神、日天子・月天子、豊受皇太神、天照皇太神、大元神、虚無神、〔已上各別、〕内外両宮両部大日坐眼前、
などとあるように、中世神道説では、内宮を胎蔵界（↓⑤註24）・日（↓④註113）・火珠（↓④註135）とし、外宮を金剛界（↓③註74）・月（↓④註109）・水珠として対照させることが多い。ここでは「鑁字」（↓註71）と同様に、特に両宮・両界を弁別していないので、世界生成の根源としての「水」の意義に注目しているのであろう。また、『麗気記』⑥「豊受皇太神鎮座次第」および『天地麗気府録』（↓⑥註148）も参照。

(75)如意宝珠《にょいほうじゅ》
思い通りに珍宝を出す珠。仏舎利が変じて如意珠となった、あるいは龍王・摩竭魚《まかつぎょ》の脳中から出たという。密教では、大悲福徳円満の標識とする。真多摩尼《しんたまに》・如意摩尼・摩尼珠・梵摩尼珠・宝珠などともいう。

(76)仏果《ぶっか》ノ万徳《まんとく》至極
仏によって与えられる究極の功徳、という意味か。「仏果」とは、仏道修行の結果に与えられる仏の位。仏という究極の結果。仏因の対。「万徳」とは、善因によってえたるよろづの功徳。仏のあらゆる美徳。

(77)真如《しんにょ》は色《しき》を絶つれども＝「真如」国「色ヲ絶ス」、守〔色ヲ絶チ〕。
事物を支える真理は現象界とは隔絶しているけれども、という意味。「真如」とは、①あるがままのすがた。あるがままなること。②法がそのように成立していること。法性（↓註93）。③「～真如」として、～なる法として成立していること。④普遍的真理。心のあるがままの真実。あらゆる存在の真の姿。万有の根源。「色」とは、五位の一としての「色法」、五蘊の一としての「色蘊」で、形を有し、生成し、変化する物質現象を指す。『聞書』に「真如絶色〈文〉。千草万木ヲ見ルニ、諸相円備ニシテ無相無為ナルヲ絶色ト云フ也。故ニ、虚無ノ一神ノ位ヲカク言フ也。」とある。

(78)色を待ちて乃《すなは》チ悟る＝「待色」国〔色ヲ待テ〕。「待」底・宝〔タイ〕左〔マツ〕。
現象界から離れて悟りは得られない、という意味。「待」は、依存する、前提とする。『聞書』に、
待色乃悟〈文〉。彼ノ千草万木無相無為ノ上ニ、人有リテ、是、青黄○長短方円等ノ思慮分別セラルベキ徳相ヲ具足セリ。此ノ分別ヲ成ルヲ以テノ故ニ、待色乃悟ト云フ也。

とある。

(79)仏身は本より体《たい》無けれども＝「仏身」守［仏身ハ］。「無体」守［体無キニ］。

仏は本来、姿形をもつものではない、という意味。「仏身」とは、仏の身体のこと。「体」とは、体性の略で本体、実体、根本のものを意味するが、ここでは「仏身」と同じく「身体」という意味で使われているか。「無体」という場合も、実体がないこと、あるいは、身体がないことを意味する。『聞書』には、

仏身自本無体〈文〉。本覚ノ仏性ハ十界三千依正悉ク本具ノ仏身也。然レドモ、無明妄相ノ雲、本有ノ満月ヲ隠シ、前威後成等ノ異アリ。然ル間、実義ヲ考フルニ、一切衆生即身ノ外ニ更ニ仏身無体ト云フ也。

とある。

(80)事々理々の始＝「事々」朱［コトヽヽ］。

「事」は、因縁によって生じる相対・差別の現象、十界万差の諸法をいう。一方「理」は、不生不滅の絶対・平等の法性、唯一法性の真如をいう。また、「事理《じり》」とは、現象世界と究極の境地のこと。ここで「事々理々の始」といっているのは、あらゆるものの根本であることをのべているか。

(81)神明の具徳《ぐとく》

神明（天照大神）に功徳がそなわっているという真理。「具徳」とは、功徳がそなわっていること、生まれながらの才能を身に備えもっていること。『聞書』では、

以体現之〈文〉。千草万木等十界依正自々ノ体ヲ以テ、其ノ任《ママ》悟レバ、此、仏身ヲ現ズト言フ也。故ニ、神明具徳ノ霊鏡ノ正体ト云フ也。

とし、現象界でそのまま悟って仏身を表わしているから「神明具徳真理」が「霊鏡の正体」であるという。

(82)真理の明珠《みょうしゅ》＝守［真理ノ明珠ハ］。

真理を象徴する明るい玉。「明珠」とは、宝石。あかるいたま。摩尼宝珠に同じ。また、戒そのものや、戒を守る人などにもたとえる。

(83)霊鏡ノ正体《しょうたい》

神聖な鏡の本質。「正体」とは、①本体。本質。②教典の正しい説。③目的完成に直接関係する行為。

(84)言はく＝「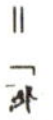」朱［ホサレホタラノ］、世・守・温・宝・府・天［ホタラノ］、守左・温左・宝左・府左・天左［空海］。「言」守［ノタマハク］。

『聞書』に「《ホタラ》〈文〉。空海ノ梵語ノ御号也。」とあり、空海のこととされる。

(85)一百余部の金剛乗教＝「一百余部」朱・守［一百余部ノ］。

密教の教え。「金剛乗」は、密教（ヴァジラ・ヤーナ）の訳語。「一百余部」という数は、空海の『御請来目録』の新訳等経一四二部・二四七巻に基づき、日本に請来された密

教経典の数を象徴するものと思われる。『性霊集』巻四「奉二為国家一請二修法一表」（二〇）に、

沙門空海言、空海幸沐二先帝造雨一、遠遊二海西一、儻得下入二灌頂道場一授中一百余部金剛乗法門上、其経也則、仏之心肝、国之霊宝、

『同』巻九「高野建立初結界時啓白文」（九九）に、

以下去延暦二十三年一入二彼大唐一、奉二請大悲胎蔵及金剛界会両部大曼荼羅法、並一百余部金剛乗一、平帰二本朝一、

とあるように、空海自身が「一百余部金剛乗」という言葉を用いていた。

(86) 神通《じんづう》

霊妙で測り知れず、自由自在にどんなことをもなし得る働きや力。

(87) [illegible]＝温・宝［ソタラン］。温左・宝左［役行者］。世・守・府［サイテウ］、天右［サイテウツケテ］、府左・天左［最澄］。『聞書』に「@@〈文〉。伝教大師ノ御称ト云々。最澄［[illegible]］也。」とあるが、温・宝本では梵字の左に「役行者」と傍書する。また、守本に「玄釈ニ云ハク、或本ニ[illegible]《フタラン》。［私ニ云ハク、最澄ハ伝教ノ御名也。亦ハ役行者云々也。］」とあるように、最澄・役行者の両説があったと考えられるが、ここでは『聞書』などにより、最澄として解釈した。

(88) 此、究竟《くきょう》を観ずるを＝朱［此レ究竟ヲ観ずるヲ］、国左［此の観ヲ究竟セルニ］、守右［此ヲ究竟ト観ヲ］。「究竟」守左［究竟レハ］。

「究竟」は、無上・究極・畢竟。道理の最たるもの。「観ずる」とは、心中で深く見極めて物の本質を悟ることで、止観を指すか。『聞書』に「此観究竟〈文〉。万法悉ク法性ノ根元、真如ノ妙理ト観ズルヲ言フ也。」とある。

(89) 妙覚《みょうかく》＝朱・守［妙覚ト］。

最高の悟りのこと。五十二位・四十二地の一。菩薩修行の最後の位で、煩悩を断ら切り智慧が完成した境地。

(90) 寂光《じゃっこう》の妙土に居《い》て＝朱・守［寂光ノ妙土ニイテ］。

「寂光妙土」とは、「常寂光土」の略である「寂光土」とか。『観普賢菩薩行法経』（大正蔵九・三九二c）によれば、毘盧舎那仏の住所で、常・楽・我・浄の四波羅密の所摂成であるという。また、天台宗で立てる「四土」（四種仏土）の一で、「常寂光土」は、永遠（常）の真理（寂）とそれを悟る智慧（光）とが一致した仏の見る世界、法身仏が住む国土を指す。「寂光」とは、安らかな光り。寂は真理の寂静なることをいい、光は真智の光り照らすことをいう。『聞書』には「寂光妙土〈文〉。四土ノ中ノ究竟ノ土也。四土トハ、謂ハク実報・寂光・方便・同居也。」とある。

(91) 無明所感の土には非《あら》ず＝朱・守［無明所感ノ土ニハ非ず］。

「無明」とは、無智のこと。ここでは「無智のものが感得できる世界ではない」の意味か。

(92) 万法

(93)法性《ほっしょう》
森羅万象。物質的・精神的すべての存在。諸法。悟りの本質。永遠の真理。一切の存在の本質。諸法（諸存在・諸現象）の真実なる本性、万有の本体をいい、仏教の真理を示す語の一つ。真如（↓註77）・実相・法界などの異名として用いられる。真実ありのままのもののすがた。密教では、六大体大をもって法性とする。六大体大とは地・水・火・風・空・識のことで、これらの要素がすべての事物に普ねく遍ずるとする。

(94)三土
「四土」から常寂光土（↓註90）を抜いたもの。

(95)伽耶《かや》
仏陀伽耶《ブッダガヤ》の略。釈尊が悟りを開いた場所。ここでは釈尊が現実に存在する場所で悟りを開いたことをふまえている。『聞書』に「伽耶〈文〉。釈尊成道ノ処ヲ言フ也。」とある。なお、「豈離伽耶別求常寂非寂光外別有娑婆」の文は、湛然『法華文句記』（大正蔵三四・三三三c）による。

(96)常寂《じょうじゃく》
煩悩を絶つこと。真如の体が生滅の相を離れている状態。

(97)娑婆《しゃば》
衆生の住む世界。苦しみ・煩悩の世界なので、忍土とも訳す。

(98)和光同塵《わこうどうじん》
光を和らげ、塵に同ずる。つまり、仏・菩薩が衆生を救い導くため、智慧の光を隠し、煩悩にまみれた衆生に身近な姿（日本の神など）になって現われること。もとは『老子』の「挫㆓其鋭㆒、解㆓其紛㆒、和㆓其光㆒、同㆓其塵㆒、是謂㆓玄門㆒、」によるが、『摩訶止観』巻六下（大正蔵四六・八〇a）に「和光同塵結縁之始、八相成道以論其終、」とあることが、その典拠とされる。『聞書』に、

和光同塵〈文〉。虚無ノ一神等ノ位ニ、名字ノミニシテ無相無為ノ質也。然レドモ、宛然本有トシテ諸相円備セリ。此ノ位、凡慮更ニ及ビ難キガ故ニ、漸ク降臨シ有相微妙ノ質ヲ閻浮ニ現ジ、下化神霊ト顕ルル衆生ヲ利シ給フト云々。訓ノ意ニ言ク、微妙端厳ノ色、光ヲ和ラゲ、衆生ノ妄塵ニ同《マジ》ハリ給フト〈為言〉。

とある。

(99)穢土《えど》
浄土に対する言葉。苦しみ・煩悩の穢に満ちた、衆生の住む世界。

(100)内証、全く寂光の本土を動ぜず
仏の内心の悟りは、仏土を離れないことをいう。「内証」とは、如来の内心の悟り。自らの内に仏教の真理を悟ること。『聞書』には、

内証全不動○本土〈文〉。意ニ云ハク、形ヲ亀上ニ移シ、像《スガタ》ヲ龍上ニ遊スレドモ、空上ノ満月ト水中ノ影月トノ如ク、

和光同塵スレドモ、寂光本土動ゼズト言フ也。

とあり、いかに和光同塵して穢土にあろうとも、その本心の悟りはゆるがず常寂にあることを、空の満月と水に映る月影にたとえて説明している。

(101)仏土は、三界《さんがい》ヲ離れテ

「仏土」とは、仏の国。仏の世界。仏国土。また、浄土という意味もある。「三界」とは、一切の衆生の生死輪廻する三種の迷いの世界。すなわち、欲界・色界・無色界をいう。『聞書』に、

仏土離三界〈文〉。此ノ一段ニ就テ聊カ難文。今相違ス。其ノ故ハ、所引ノ文ハ三土即寂光ト云ヒ、或ハ非寂光外別有娑婆ト云々。次ニ寂光土トハ、娑婆ノ外ニ別ニ無シト云フ。爾ラバ何ゾ仏土離三界〈文〉ト云フヤ。師〈良遍〉云ハク、究竟妙覚ノ悟ノ前ニハ、非寂光外別有娑婆ナレドモ、迷見ノ前ニハ且ク此ノ三界ノ外ニ別ニ浄土有リト思ヘリ。故ニ所引ノ文ハ浄穢無別ノ義ヲ述べ、釈ハ浄穢各別ノ義ヲ明カシテ文義両端ヲ顕ス也ト云々。

とあり、前段に所引される「三土即寂光」「非寂光外別有娑婆」という思想とこの一文が齟齬を来たしていることが指摘され、良遍がその原因を悟達の有無に求めていることが述べられている。

(102)法界に同じ＝「同」守［同シテ］、守左［同ス］。

「法界」は前出（→註12）。『聞書』に「同法界○常住〈文〉。意ニ云ハク、浄土ハ法界ニ等シク湛然常住也ト云フ意也。」とある。

(103)湛然《たんねん》平等にして＝朱［平等シテ］、守・宝［平等ニシテ］。

「湛然」は、はなはだ静かなこと。「平等」は、一様に、だれに対しても同様に、あまねく、という意味で、「差別《しゃべつ》」（それぞれの物が異なる独自の姿をもって存在していること）の対。

(104)三世《さんぜ》常住ナリ＝朱左は「三世常住神」として［三世常住ノ神ナリ］。

過去から未来までいつも存在すること。「三世」は、前世・現世・来世。本段には「三世常住」と「常住三世」という二通りの言い回しが出てくるが、これは対になるように言い換えたもので、同義であろう。

(105)神ノ世界に応化《おうけ》するは＝守［神ハ世界ニ応化シテ］。

「応化」は、仏や菩薩が衆生済度のために、相手に応じていろいろの身体を現出すること。

(106)塵沙《じんじゃ》ニ交はりて＝「交」朱・守・宝［交テ］。

「塵沙」とは、数の多いこと、さらには多くの人を指す。

(107)寂然《じゃくねん》一体にシテ＝朱［寂然一体ナリ］、守［寂然トシテ一体ニシテ］、宝［寂然一体ヲ］。

「寂然」は、静かなさま。心が静かに澄みきった状態。

(108)両宮ノ形文《ぎょうもん》は＝朱［両宮形文ハ］、守［両宮ノ形文トハ］。

伊勢神宮の正殿の妻の棟梁に付けられた装飾のこと。鋲などの金具と線刻によって構成され、内宮と外宮とではその

文様が異なる。中世においては心御柱とならび、神宮の象徴的意味をになうシンボルとして、秘説が形成されていた。『仙宮院秘文』に、

天皇《(垂仁)》御宇、大和姫皇女承二天厳命一、移二大梵天王宮一而造二伊勢内外両宮一焉、顕二御形於棟梁之上一而示二本妙一、興二心柱於金剛座一而以治二国家一焉、

とあり、倭姫命が大梵天王の宮殿を象って内外両宮を造り、宮殿の棟梁にその印形を顕わしたとする。また、『御鎮座本紀』に、

宝宮棟梁天表御形文、
天照太神宮御形、象二日天尊位一坐也、
止由気太神宮御形、象二月天尊位一坐也、

とあり、すなわち内外両宮の形文がそれぞれ日天・月天を表象するという。『聞書』に「両宮形文〈文〉。大梵天ノ表形等也。委細別紙ニ見ヘタリ。又大師ノ釈ニ両宮形文トテ三巻ノ神書アリ。」とあるように、『両宮形文深釈』をはじめとして、『宝基本記』『神皇実録』『類聚神祇本源』などにも同様の説が見える。なお、内宮の形文は②註266、外宮の形文は③註147参照。

(109) 大梵天《だいぼんてん》ノ其ノ形《カタチ》＝「形」守左［其スカタ］。
「大梵天」は、大梵天王。娑婆世界の主で初禅天の王。もとバラモン教で万有創造の原理かつ最高神として崇敬されていたブラフマンが、帝釈天（↓註124）と共に、早くに守護神として取り入れられ、釈迦三尊を形成し、密教によって天部の主神とされた。『大和葛城宝山記』冒頭の「神祇」に、

蓋聞、天地成意、水気変為二天地一、十方風至相対、相触能持二大水一、水上神聖化生、有二千頭二千手足一、名二常住慈悲神王一、為二事綱《(違細カ)》一。是人神斎《(臍カ)》中、出二千葉金色妙宝蓮花一、其光大明如二万日倶照一。花中有二人神一、結跏趺座。此人神、復有二無量光明一、名曰二梵天王一、此梵天王心生二八子一、八子生二天地人民一也、此名曰二天神一、亦称二天帝之祖神一也。

とあり、元始に蓮花から生じた人神を「梵天王」といい、その心から八子が生まれ、更に天地人民である天帝之祖神が生まれたとしている。また、『同』「一言主神」の項目に「伝曰」として、

劫初在二神聖一、名二常住慈悲神王一、〔法語曰二尸棄大梵天王、神語名二天御中主尊一〕大梵天宮居焉、為二衆生等一、以二広大慈悲誠心一、故作二百億日月及百億梵天一、而度二無量群品一、故為二諸天子之大宗一、三千大千世界之本主也、

とあり、「水大元始」の項目に、

爾時霊物〈乃〉中、四理充出、神聖化生、名レ之曰二天神一、亦名二大梵天王一、亦称二尸棄大梵天王一、逮二于天帝代一、名二霊物一称二天瓊玉戈一、亦名二金剛宝杵一、

とある。すなわち天御中主尊が尸棄大梵天で、それは金剛宝杵に姿を変えたことになるが、この金剛宝杵が「心御柱」であることは、すでに本文中に記されている。尸棄大梵天王については後出（↓④註89）。倭姫命が大梵天王の宮を内外両宮に移したことについては、註108参照。

(110) 本妙蔵の摩尼珠《まにじゅ》

すべてを内包する如意宝珠（↓註75）。「本妙」とは、きわめてすぐれているさま、真にたえなるさま、不可思議の意。「蔵」は一切を包み込むの意。すなわち、「本妙蔵」で「きわめてすぐれたものをもっている」の意。『聞書』に「摩尼珠〈文〉。如意宝珠、常ノ義也ト云々。」とある。

(111) 従本垂跡《じゅうほんすいじゃく》

本体としての仏や菩薩が、衆生を済度する目的で、神や人間の姿をかりて現れること。「垂跡」は「垂迹」とも書く。

『聞書』に、

従本垂〈文〉。凡ソ本地垂跡ト言フ事、神道ニハ更ニ之レ無シ。只、此ノ国ニ三世常恒ニ跡ヲ垂ルト言フマデ也。或神書ヲ見ルニ、天竺ニハ仏ヲ本地ト言ヒ、和国ニハ神ヲ本地ト言フト書ケリ。〈師〉推知スルニ、其ノ理、之レ有リ。謂ハク、天照大神化シ給ヒテ浄飯王ノ太子ト生マル。和国相承ノ神道ヲ、詞ヲ替ヘテ五時八教等ト説キ給ヘリ。此ヲ以テ之レヲ思フニ、釈尊ハ大神ノ所化ナレバ、仏ヲ垂跡ト言フニ足レリト云々。

とある。

(112) 一切衆生父母《ぶも》ノ神《ミタマ》＝「神」国左［神ナリ］。

(113) 無来無去の形体

どこから来るのでもなく、どこかへ去って行くのでもない、という根元の神の性質をいったものか。『聞書』には「無来無去〈文〉。三世常恒父母ノ神ナルガ故ニ爾カ云フ也。」とある。

(114) 蔵王菩薩《ざおうぼさつ》言はク＝「蔵王菩薩」朱［蔵王ノ菩薩］、守［蔵王菩薩ノ］。

「蔵王菩薩」は前出（↓註5）。「蔵王菩薩言」以下の文章は、本巻冒頭の「宝喜蔵王如来二世常恒説」を受けたものと思われる。

(115) 天照大神《あまてらすおおみかみ》は＝守［天照大神トハ］。

「天照大神」は前出（↓註10）。

(116) 最貴最尊の神《ミコト》にシテ＝国「最貴ノ最尊ノ神ニシテ」。

(117) 天下の諸社ニ比《ナラ》ブコト無シ＝「比」国［天下ノ諸社ニナラヒタマフコト無］、守［あメノ下ノ諸社ニナラヒ玉フコト無シ］。

(118) 大日霊尊《おおひるめのみこと》＝朱［大日霊ミコト］、国・天［ヲホヒルメノミコト］、守・宝［ヲホヒルメノミタマノミコト］、宝［オホヒハメノミタマノ］。

天照大神の別称。『日本書紀』では、神代上・第五段一書第一（↓註10）に「大日孁尊」とあるように、「霊」（旧字「靈」）は、「霊女」を意味する国字「孁」を用いる。

(119) 天下を照らして昼夜無く＝「照天下」朱［天下ヲ照］、守［天ノ下ヲ照シタマフ］。「昼夜」守［ヒルヨルト］。

(120) 大日霊貴《おおひるめのむち》＝国・天［大日霊ムチハ］守［大日霊メノムチハ］、宝［オホヒルメノムチ］。

天照大神の別称。「大日霊尊」（↓註118）と同じ。「大日霎貴」とも書く。「貴（ムチ）」は神性のものに対する敬称。

(121) 諸《ヨロツノ》物《モノ》を貴ばず＝「諸物」左［アヲヒトクサ］、国［モロモロノヒトクサヲ］、守右［諸ノモノヲ］、守左［諸ノ人クサヲ］、宝・府・天［ヨロツノモノ］、宝左［アオイカクス］。

どんな物に対しても、それだけを貴いとしたり、偏った扱いをしない、ということか。「物」は、諸本に「ひとくさ（一種）」と読むように、ひといろ、一種類、の意味。『聞書』に、

不貴諸物〈文〉。神道ノ深義ハ十界三千依正悉ク有ノ任《ママ》ニ輪円具徳ナルガ故ニ、十界等一点モ動ゼズ、夫々ノ行相取捨スベカラズ。何事カ新シク何ヲ貴ミ何ヲ賎シムベカラザルガ故ニ、諸物不貴ト云フ也。

とあり、何一つの物だけを貴んだり賤しんだりしてはいけないから「諸物不貴」と言うとしている。

(122) 仏見法見をも起こさず＝朱・守［仏見法見ヲモ起サ不］。

「仏見法見」とは、仏や法に対して自分勝手な判断を加え、これに執着すること。具体的には、仏像などを真実の仏と執する迷い、一切の存在を実であるとする迷いなどを指す。「不起仏見法見」とは、「諸事に執着する迷いを起こさない」ことで、すなわち、仏法を身につける、悟る、という意味。『伝光録』「第五祖提多迦尊者」に「ゆえに仏見法見いまだまぬかれず。自縛他縛いずれのときかのがれん。」とあり、『禅海一瀾』上に「或問云、学仏如何、曰、是即是、被レ恐ニ仏見法見障礙一、」とある。『聞書』に、

不起仏見〈文〉。自心ノ外ニ別ニ仏有リト思フ見也。禅録ニ云ハク、南山猟ヲ切リ丹霞木仏ヲ焼ク。此ノ意モ自心ノ仏ノ外ニ木仏ヲ実ニ執スルヲ了簡スト云々。

とあり、また、

法見〈文〉。是、又諸法実有ト執スル也。

とある。『神祇譜伝図記』には「故不レ起ニ仏見法見一、以ニ相鏡一表ニ妙体一也、」とある

(123) 梵摩尼珠《ぼんまにじゅ》

如意宝珠（↓註75）のこと。『聞書』に「百億無数梵摩尼珠○恒河沙妙法身〈文〉。此ノ一段ハ、竪至最頂横遍十方ノ質ヲ挙グル也。」とあるように、以下の部分は、天照大神がいかに偉大であるかを書き連ねている。

(124) 百億無数の天帝釈《てんたいしゃく》

「天帝釈」とは、「帝釈天」「帝釈」のこと。古代インド神話の代表的な神で、特に東方の守護神とされ、梵天（↓註109）と同様に仏教に取り入れられた。それからは忉利天《とうりてん》（↓②註5）の主として須弥山（↓②註4）の山頂にある喜見城

に居住し、仏法に帰依する人を守護し、阿修羅の軍を征服するという。「百億無数天帝釈」とあるのは、忉利天の三十三天、または諸々の天上界に住む神や天人・天女を指すか。

(125)諸天子
諸天、または天上界の天人のことか。

(126)百千陀羅尼《だらに》ノ金剛蔵《こんごうぞう》＝守［百千ノ陀羅尼ハ］。
百千の陀羅尼を納めた金剛の如き教えの蔵（経典）、または百千陀羅尼が有する金剛の経典。

(127)百千菩薩の全身体
百千の菩薩それぞれの身体。あるいは、それらの身体全部。「菩薩」は菩提薩埵《ぼだいさった》の略で、悟りを求める人を意味する。また観音菩薩、地蔵菩薩などのように、自ら悟れるにもかかわらず衆生を救う利他行を行なうためにこの世にとどまる人のこと。

(128)諸仏身＝宝［諸ノ仏身］。
諸仏の身体の意味か。ここでは、諸天や菩薩が数え切れないほど多いことを述べているので、いわゆる仏身のことを指すのではないと思われる。

(129)塵数世界《じんじゅせかい》の大導師《だいどうし》
煩悩の多い俗世間の衆生を導く偉大なる指導者。無数の諸世界の偉大な指導者。「塵数世界」とは、煩悩の多い俗世間のこと。「導師」は衆生を導く師のことで仏教を教える指導者をいう。

(130)百大僧祇《そうぎ》ノ金剛寿
無限の寿命ということか。『僧祇』は、阿僧祇劫《あそうぎごう》の略。無量無数の時間の単位。

(131)無量無辺の大身量《だいしんりょう》
仏の身体の量りきれない大きさを意味する。「身量」は身体の大きさ。

(132)沙妙法身《しゃみょうほっしん》の薄伽梵《ばかぼん》＝朱・守は「浄妙法身《じょうみょうほっしん》の薄伽梵《ばかぼん》」、国・温・府・天は「恒河沙妙法身薄伽梵《ごうがしゃみょうほっしんばかぼん》」とする。
「沙」を「恒河沙」の略と考えると、ガンジス河の砂ほどの無数の例えようもないすばらしい法身なる世尊、という意味になるか。「恒河沙」は、ガンジス川（河沙、恒辺沙、江河沙などともいう）の砂粒の数ということで、計算できないような膨大な数を譬喩的に表わしたもの。一方、底本朱書や守晨本、そして『神仏一致抄』に「浄妙法身ハ法身如来ヲ指シテ云フカ。」とある「浄妙」とは、清く優れていること。「法身」は前出（→註27）。「薄伽梵」とは、すぐれた仏を意味する梵語バガヴァーンの音写で、婆伽婆・婆伽梵なども書き、世尊・有徳などと訳す。また、大日如来（→註47）のこと。『聞書』には、

薄伽梵〈文〉。云フ意ハ、竪至横遍ヲ惣体ト〈為言〉。凡ソ薄伽梵トハ大日経疏ニ云ハク、薄伽梵即ヒルサナ本地法身ト。伊勢検交空海ハ、薄伽梵トハ惣ジテ塵数諸尊

ノ徳号ヲ挙グ〈文〉。惣別ノ義異ナレドモ倶足仏身ト釈セリ。天台ノ一ノ釈ノ意ニ云ハク、薄伽梵トテ住処ノ名トセリ。但シ能住・所住共ニ仏身ト云フ時ハ思案スベキ事也ト云々。

とある。なお、『私鈔』には「薄伽梵トハ自在ト熾盛ト端厳ト名称ト吉祥及ビ尊貴トノ六種ノ義也。」とあるが、この六義は『理趣釈経』『仏地経論』の説に拠ると思われる。

(133)上々下々の混沌《こんとん》文＝朱［ノホテアラハシクタテカクル混沌ノ文］、国［カミノホリシモクタル混沌文ナリ］、守［カミヽトヘノホリシモヽトヘクタル混沌ノ文ナリ］、宝［上々下々混沌ノ文］、天［カミノホリシモクタル混沌文］。『制作抄』「上々下々カミニノホリシモニクタリ」。『私鈔』には「上々下々ノホリシモニクタル」とあり「上々下々」の左に［カミエトノホリシモヘトクタル］と訓を施す。

「混沌」は、通例、天地開闢の初めに天と地が分かれる以前の状態をいう。『聞書』には「混沌〈文〉。深意ナルガ故ニ之ヲ閣ク。」とあるだけだが、『神仏一致抄』には、

此ノ混屯ハ外典ニ伝法スル混屯ニハ異ナルベシ。彼ハ成劫ノ始円ナル物ノ体、之有リ。此ヲ混屯ト云フ。故ニ虚空ノ滅無ノ体也。神道伝法スル混屯トハ形無ク見ルベカラズ。法身ノ神体一果ノ珠ト顕ルヽ。是ヲ云也。国常立尊也。上々下々スル体、即チ法身不思儀ノ一果ノ体也ト云々。

とあり、外典や記紀に見られるような混沌の意味ではなく、法身の不可見・不可思議なる様の意味で解釈されている。「文」とは、ここでは「形文」（↓註108）のことを指すか。

(134)去々来々の禅那定《ぜんなじょう》＝国・守［サリサリキタリキタル禅那ノ定ナリ］、宝［去々来々ノ禅那定］。「去々来々」守左［コヽライヽヽ］。「去々来々」とは、過去・未来にわたること。「禅那定」とは、禅定のことか。「禅定」とは、梵語ディヤーナの音写（禅）と意訳（定）の合成語で、心静かに瞑想すること。六波羅蜜の第五。また、霊山における入山籠居の修行の意もある。『神仏一致抄』に、

上ノ混屯ハ一果ノ珠、智恵ノ体也。次ノ禅那定ハ定也、此、一果ノ体カ。恵トモ定トモ云ハルル心ヲ顕ハスカ。能ク料簡スベシ。

とあり、所謂三学のうちの定・慧にあてはめた解釈がされている。先の「上々下々」の空間軸と、「去々来々」の時間軸を対にした表現であろう。なお、「去々来々」の用例としては、『旧事本紀玄義』の序文に「凡事々物々皆倶生神、去々来々悉備ニ霊性ニ、」とある。

(135)一々如々の同一体＝宝［一々如々ニシテ同一体ナリ］。内外両宮が同体で一つであることを意味するか。「一如」とは、永遠不変である真実の理が唯一絶対であること、また、ただ一つであることを意味する。

(136)在々処々の本垂跡＝「在々処々」守［在々処々ノ］。「本」守［モ

トノ」。

あらゆる所に垂迹神となって現われること。「本垂跡」は、「従本垂跡」（↓註111）や「本地垂迹」と同義か。

(137)平等平等不二の神なり＝朱・守［平等々々ニシテ不二神ナリ］、国［平等々々不二ノ神］、宝［平等々々不二ノ神ナリ］。

平等な二つにして一つの神。ここでは、伊勢内宮の天照大神（↓註10）と外宮の豊受大神（↓註169）が、どちらの立場から見ても平等であることをいう。「平等平等」は、一方からいっても平等、他方からいっても平等の意。真如を悟った根本無分別智の立場からいうと平等であるという意味で重ねていう。

(138)不《ふ》二《に》而《に》二《に》・而《に》二《に》不《ふ》二《に》の尊《ミコト》＝底は「不二而二・而二不二にシテ、尊～」、守は「不二而二ナリ。而二不二にシテ、尊～」とする。国［不二而二・而二不二の尊ニシテ］。

一つであるが二つ、二つであるが一つの神。「不二而二・而二不二」とは、表裏一体の関係にあること。別々の二つのものが同一なのではなく、本来全く一つのものを二つと見るのが「而二」、二つと見るがその実は一つであるのが「不二」という。ここでは、内外両宮が不二而二の関係にあることをいう。『神仏一致抄』では、

而二ノ時ハ内外二宮ト顕ハレ、不二ノ時ハ唯一体ニシテ一所ニ御坐アル也。故ニ不二尊ニシテ同一所ニ有ルト云々。故ニ今ハ毎日ノ両度ノ御飯ヲモ外宮ニ一所ニ之ヲ奉ル也。尋ネテ云ハク、昔ヨリ一所ニ之ヲ奉ルカ。答フ、昔ハ外宮ノ御飯所ニシテ一所ニ構ヘテ外宮ノ神人ガ戴セテ、毎日両度内宮ヘ持参シテ、内宮ノ狐狼子ニ渡シケリ。中比ヨリ夢想ノ告ニ依リテ外宮一所ニ進ル也。是、則チ両宮一所ニ御坐ノ故カト覚ヘタリ。

として、神饌奉献（朝夕の人御饌《おおみけ》）の儀式と関連させて解釈している。ちなみに、この句は天台大師智顗の『法華文句』巻六上（大正蔵三四・八一b）にあるが、頼宝『真言名目』（大正蔵七七・七三四b）において「則二云二 不二一、二外無一、（中略）一則云而二、」と釈されているように、密教思想上の基本的な考え方となっている。他の使用例としては、空海仮託書『妙覚心地祭文』（『弘法大師全集』五）などにも見える。

(139)互《タカ》イニ同一所ニ有《アレマ》ス＝「有」宝［アラハス］。

天照大神（↓註10）と豊受大神（↓註169）が共に伊勢に鎮座していること。

(140)寂光ナリ＝左［寂光にシテ］。

「寂光」は、仏の真理である寂静と智慧の光。または、その光り輝く様。理と智の二徳の象徴。

(141)過去《ユキサ》リ前《サキ》ダツハ方便ナリ＝宝［ユキサキサキタツ方便ナリ］。

天照大神が伊勢に鎮座する前に現わした様々な姿は、方便（衆生を神の教えに導くために用いる便宜的な手段）であるということ。ここでは、諸処に遷幸したことをも含めるか。『神

仏一致抄』に「神体ハ三世一念無始無終ニシテ御坐ス。然ルニ始メテ御体ヲ顕ハシ給フ、始メテ顕向ナル等ハ方便ノ心也。」とあるが、それは、本来は無始無終であるはずの神体が、仮に方便としてその姿を初めて顕わした、という意味か。

(142) 外ニ現《アラ》ハシテ在《あり》位《ば》ヲ現ハスハ＝守［外ニアラハレテ在位ヲアラハス］。

ここでは、伊勢の地に鎮座したことをいうか。

(143) 不思議不可思議

「不可思議」とは、言葉で言い表わしたり、心で推し量ることのできないこと。仏の悟りの境地や智慧・神通力などの形容に用いる。

(144) 一向、皆《みナ》、一生ニ言ふこト無《な》カレ＝守［一生ト言ふコトナカレ］、宝［一生ト言ふコト無カラン］。天は「一向、みナ、言ふコトナシ。一生ニ〜」と読む。

絶対に生涯にわたって口外してはならない、ということ。「一向」は、ただひとすじ、ひたすら、一方的に。「一生」は、一つの生涯、同様な生涯。次の生涯に仏の位を得ることを授記された菩薩などの意がある。『神仏一致抄』に「両宮一所ナルコトヲハ相称スト云々。言ニ顕ハスベカラズ。口外セバ、神罰ヲ蒙ムルベキ事也ト云々。」とある。

(145) 両宮ヲ知《シ》ル事莫《コトナ》カレ＝守［両宮ヲ知レル事ヲナカレ］、府・天［両宮ヲシラスル事莫シ］。

内外両宮を一所と見なしてはいけない、ということ。『神仏一致抄』に「両宮ヲ一所ト知ル事莫レト云フ事也。」とある。

なお、ここまでが蔵王菩薩の言であることは、『私鈔』に「蔵王菩薩言等ノ事。此ヨリ已下、莫知事ニ至ルハ、是、蔵王権現ノ御言也。」とあることからもわかる。

(146) 行者《ゆきひとら》云はく＝国・守・府・天［ユキヒトラカ云はク］。

「行者」は、役行者のこと。『聞書』に「行者云〈文〉。塞行者ヲ指ス也。」とあり、『神仏一致抄』に「役行者事也。」とある。『私鈔』には「行者云等ヨリ已下ハ、役行者、蔵王ノ御言ヲ結尺シタマフ也。」とあることによれば、以下の一文が前述の蔵王権現（↓註5）の言説を役行者（↓註16）が要約して結んだ詞ということになる。なお、「カミナガノユキヒトラ」という訓については、『私鈔』（↓註205）参照。

(147) 再拝再拝

再拝は二度礼拝すること。『聞書』には「再拝々々〈文〉。祓聞書ニ之ヲ載セリ。故ニ今之ヲ略スル也。」とある。この『祓聞書』という著は『聞書』中に散見され、良遍が中臣祓についての講述を行っていたことが推察されるが、不詳。

(148) 仁《ひと》ニ跡《クタ》リ交《マシ》ハルヲ大神《ミヲヤノミコト》ト云ふ也＝「跡交」朱［アトツケテ］。「大神」左［オヲンカミト］、府［ミヲヤトノミコト］。

『聞書』に「交仁云大神〈文〉。宝喜菩薩、人ニ交ハリ給フ時ヲ大神ト申スト云フ意也。」とあり、『神仏一致抄』に、

是ハ宝喜ト在上ノ知ナラハ金剛蔵王也。此ノ蔵王ハ即チ神体也。此ノ神体、仁ニ同ズルハ大神ト云フ事也。故ニ蔵王ハ即チ天照大神ノ神体ト見ヘタリ。

とある。

(149) 天《あメ》ニ上《のぼ》りテ光ヲ成《な》すヲ天照大神ト謂《マウ》ス也

『神仏一致抄』に、

上天成光、天照大神ト謂フ也ト云々。上ノ意ハ、神体ト臣王トハ各別ノ体ト見エタリ。但シ随時而二不二ノ徳用、定ムベカラザルカト云々。

とある。以上の役行者の言は、恐らく宝喜蔵王如来と天照大神の一体を説いたものであろう。

(150) 五十鈴《いすず》天皇《すべらみこと》国吏《クニサツチ》第十一帝＝「五十鈴」守・天［イス、ノ］。「天皇」国・世・守・府・天・宮［スヘラミコト］。「国吏」底・世・守・宝［クニサツチ］、温［クニサツケ］、宮左［国シルシ］、国は「国史」として［国シルシ］、府は「国夾（央）」として府［クニサツケ］、府左［国シルシ］、天は「国狭」として［クニサツチ］。「帝」世・守左・温・宝・天・宮［ミカト］。

「五十鈴天皇」とは、国本にある「国史第十一帝」とすれば、『日本書紀』『古事記』で第十一代天皇とする垂仁天皇（→註61）のこと。守本に「垂仁御事也」、府立本に「垂仁」と注記され、『聞書』にも「五十鈴天皇〈文〉。垂仁天皇也。」とある。また、『私鈔』では「五十鈴天皇ハ国史第十一帝イスズスベラミコトクニサチ。第十一帝已下ハ醍醐ノ天皇ノ御言也。」とし、ここからは醍醐天皇の発言とみなしている。しかし、垂仁天皇を「五十鈴天皇」とする説は外に見られないし、「国史第」とするのは国本だけで、底・真・世・守・温・宝本は「国吏第」、府は「国夾茅」、天は「国狭茅」に作るなど、この部分は混乱が見られる。「第」は「茅」と非常に似ているし、いずれも「第（くさかんむり）」で書かれている。また多くに［クニサツチ］という訓が付されていることから、もとは『日本書紀』で垂仁天皇の和風諡号とする活日《いくめ》入彦《いりびこ》五十《い》狭茅《さち》天皇の「狭茅」（または「夾茅」）であったのが「国吏」や「国史」に誤写されたと想定される。

(151) 二十二大泊瀬《オホハツセ》稚武《ワカタケノ》天皇＝「天皇」国・守・宮［スヘラミコト］。

「大泊瀬《おおはつせ》幼武《わかたけ》天皇」は、雄略天皇のこと。『古事記』では「大長谷若建命」とする。国史の数え方だと第二十一代だが、『麗気記』②「神天上地下次第」③「降臨次第麗気記」でも行なわれているように、神功皇后（→③註30）を入れると第二十二代になる。守本に「雄略天皇御事也」、温・府・天本に「雄略」と注記され、『聞書』に「大泊瀬稚武天皇〈文〉。雄略天皇也。吉野ニハ雄略ト読メリ。」とある。なお、ここに「五十鈴天皇（垂仁天皇）」と「大泊瀬幼武天

皇（雄略天皇）」の名が併記されている点について、『私鈔』に、

人王第十一ノ帝ヲバ垂仁天皇ト申ス。活目入彦五十狭茅尊、是也。若シ彼ノ異名也。其ノ故ハ垂仁天皇廿五年ニ内宮ニアラハレタマフ。此ノ事ヲ云ハンガ為ニ、イスズスベラミコトクニサチ第十一帝也ト云フ。故ニ廿二大泊瀬稚武天皇オホハツセワカタケノスベラミコトトハ、人王廿二代雄略天皇ノ御事也。彼ノ御代ニ外宮始メテアラワレ給フ。今内外両宮ノハジメヲ云ハンガ為ニ、双べ挙ゲタテマツル也。然レバ則チ垂仁天皇廿五年〈丙辰〉ヨリ雄略天皇廿二年〈戊午〉ニ至ルマデ、已ニ四百八十三年ヲ逕ルト云々。

とある。これによると、内外両宮の鎮座時代にことよせて両者を併記したとみる理解もあったらしい。

(152) 倭姫命《やまとひめのみこと》＝朱［ヤマトヒメノミコトヲシテ］。垂仁天皇（↓註61）の皇女。母は日葉酢媛命《ひばすひめのみこと》。垂仁天皇の二十五年、崇神天皇の皇女である豊鍬入姫《とよすきいりひめの》（↓②註176）に代わって天照大神の御杖代《みつえしろ》として奉仕、神教によって大神を祀るべき所を求めて諸国を歴遊し、菟田《うだ》の筱幡《ささはた》から、近江、美濃を経て伊勢の国に至り、五十鈴の河上を宮所と定め、瑞殿を営んで奉仕した。また、日本武尊が東征の途次に神宮を拝した時、草薙剣《くさなぎのつるぎ》（↓②註174）を授けた。『聞書』には、

倭姫命〈文〉。神風紀ニ云ハク、手箱ノ中ヨリ化生ストス〈文〉。此ノ義非也。秘説ニ云ハク、崇神天皇ノ御子垂仁ノ弟也ト云々。

とある。なお、以下に記す倭姫命に関することは『日本書紀』にはない。

(153) 教覚《サト》リタマヒテ＝国［おシヘサトシタメヒテ］、守［オシヘサトシタマヒ］、宝［サトリミチテ］。

倭姫命が託宣を受けて豊受宮（外宮）を創始した由来を伝えているが、これについては諸書で微妙な違いがある。『止由気宮儀式帳』「等由気大神宮院事」では、

天照坐皇大神、始巻向玉城宮御宇天皇御世、国国処処太宮処求賜時、度会〈乃〉宇治〈乃〉伊須須〈乃〉河上〈爾〉大宮供奉、爾時、大長谷天皇御夢〈爾〉誨覚賜〈久〉、吾高天原坐〈弖〉見〈志〉真岐賜〈志〉処〈爾〉志都真利坐〈奴〉、然吾一所耳坐〈波〉甚苦、加以大御饌〈毛〉安不二聞食一坐故〈爾〉、丹波国比治〈乃〉真奈井〈爾〉坐我御饌都神、等由気大神〈乎〉、我許欲〈止〉誨覚奉〈支〉、爾時、天皇驚悟賜〈弖〉、即従二丹波国一令二行幸一〈弖〉、度会〈乃〉山田原〈乃〉下石根〈爾〉宮柱太知立、高天原〈爾〉比疑高知〈弖〉、宮定斎仕奉始〈支〉、是以、御饌殿造奉〈弖〉、天照坐皇大神〈乃〉朝〈乃〉大御饌・夕〈乃〉大御饌〈乎〉日別供奉、

とあり、天照大神が雄略天皇に託宣し、これに驚いた天皇が丹波国より豊受大神を度会の山田原に奉斎し、朝夕の御

饌を供させたことになっている。また『大神宮諸雑事記』第一「雄略天皇〈寿百四歳、〉」に、

即位廿一年〔丁巳〕、当二唐昇明元年一也、而天照坐伊勢太神宮〈乃〉御託宣称、我御食津神〈波〉、坐二丹後国与謝郡真井原一〈須〉、早奉レ迎二彼神一、可レ奉レ令レ調二備我朝夕御饌物一也〈止〉、託宣賜既了、仍従二真井原一奉レ迎〈天〉、伊勢国度会郡沼木郷山田原宮〈仁〉奉レ鎮給〈倍利〉、〔今号二豊受太神宮一是也、〕其後皇太神宮重〈天〉御託宣称、我祭奉レ仕之時、先可レ奉レ祭二豊受神宮一也、而後我宮祭事可二勤仕一也云云、彼宮禰宜〈仁和〉天村雲命孫神主氏〈乎〉別定置令二供奉一也、即依二託宣一、豊受神宮之艮角、造二立御饌殿一毎日朝御饌・夕御饌物調備令捧レ賷、令レ参二向太神宮一、爾時太神宮禰宜天見通命孫神主氏〈乃〉禰宜、請二預供奉之例一也、但皇太神宮天降御坐之後、経二四百八十四年一、然後彼天皇即位廿二年〔戊午〕七月七日、豊受神宮〔平波〕被レ奉レ迎也、

とあり、『宝基本記』に、

泊瀬朝倉宮御宇廿一年丁巳、依二皇太神御託宣一〈天〉、明戊午歳秋七月七日、以二大佐々命一〈天〉、従二丹後国与謝郡比沼山頂魚井原一、奉レ迎二等由気皇太神一、即山田原〈乃〉霊地〈乃〉下都磐根〈爾〉、大宮柱広敷立〈弖〉、高天原〈爾〉千木高知〈弖〉、称辞定奉〈留〉、其後重御託宣称、我祭奉レ仕之時、先可レ奉レ祭二止由気太神宮一也、然後我宮祭事可二勤仕一也、因レ茲諸祭事以二止由気宮一為レ先、検二定神宝一、更定二置神地神戸一〈弖〉、一所皇太神宮・伴神相殿神〈乃〉朝大御饌・夕大御饌〈乎〉、日別斎敬供二進之一、随二天神地祇之訓一、土師物忌取二宇仁之波迩一、造二神器并天平瓮一、敬二祭諸神一、宮別、天平瓮八十口、柱本并諸木本置レ之、天照太神宮・等由気太神宮別八百口、荒祭・高宮・月夜見宮・伊佐波宮・瀧原宮・斎内親王坐磯宮、別八十口進レ之、是則天下泰平吉瑞、諸神納受宝器也、

とあるように、天照大神の次の託宣によって朝夕の大御饌を豊受（外宮）から奉ることになったと伝えられるが、以上の文献に倭姫命は登場しない。ところが、『倭姫命世記』に、

泊瀬朝倉宮大泊瀬椎武天皇即位廿一年丁巳冬十月、倭姫命夢教覚給〈久〉、皇太神吾一所〈耳〉坐〈波〉、御饌〈毛〉安不二聞食一、丹波国与佐之小見比治之魚井原坐、道主子八乎止女〈乃〉斎奉、御饌都神止由居太神〈乎〉、我坐国〈止〉欲〈止〉、誨覚給〈支〉、爾時、大若子命〈乎〉差レ使、朝廷〈仁〉令二参上一〈天〉、御夢状令レ申給〈支〉、即天皇勅、汝大若子、使罷往〈天〉、布理奉宣〈支〉、故率二手置帆負・彦狭知二神之裔一、以二斎斧・斎鉏等一、始採二山材一、構二立宝殿一而、明年戊午秋七月七日、以二大佐々命一〈天〉、従二丹波国与佐郡真井原一〈志天〉、奉レ迎二止由気皇太神一、度会山田原〈乃〉下都磐根〈爾〉大宮柱広敷立〈弖〉、高天原〈仁〉

千木高知〈弖〉鎮定座〈止〉、称辞定奉〈利〉奉レ饗〈利〉、神賀告詞白賜〈倍利〉、又検二納神宝一卜二兵器一為二神幣一、更定二神地・神戸一〈弖〉、二所皇太神宮〈乃〉朝大御饌・夕大御饌〈乎〉、日別斎敬供二進之一、又随二天神之訓一、土師物忌〈乎〉定置、取二宇仁之波迩一、造二天平瓫五十枚一〈天〉、敬二祭諸宮一、又皇太神第一摂神、荒魂多賀宮〈乎波〉、豊受太神宮〈仁〉奉二副従一給者也、又依二勅宣一以二大佐々命一兼二行二所太神宮大神主職一仕奉、又丹波道主命子始奉二物忌一、御飯炊満供二進之一、御炊物忌是也、又須佐乃乎命御霊道主貴社定、粟御子神社座是也、又大若子命社定、大間社是也、宇多大采禰奈命祖父天見通命社定、田辺氏神社是也、惣此御宇〈仁〉、摂社卌四前崇祭之、

『御鎮座次第記』「天照坐止由気皇太神一座」の項に、

泊瀬朝倉宮御宇天皇廿一年丁巳冬十月一日、倭姫命夢教覚給〈久〉、皇太神吾如二天之小宮坐一〈爾〉、天下〈仁志天毛〉一所〈耳〉坐〈爪〉、御饌〈毛〉安不レ聞〈爪〉、丹波国与佐之小見比沼之魚井之原坐道主貴〈乃〉斎奉御饌都神止由居皇太神〈乎〉、我坐国欲〈度〉誨覚給〈支〉、爾時大若子命差レ使〈弖〉、朝廷〈爾〉令レ言給〈弖〉、構二立宝殿一〈弖〉、明年戊午秋七月七日、以二大佐々命一〈弖〉従二丹波国余佐郡真井原一〈志弖〉、奉レ迎二止由居皇太神度遇之山田原一斎奉焉、御霊形鏡坐也、天地開闢之後、雖二万物已備一、而莫レ昭於混沌之前一、因レ兹万物之化若レ存若レ亡、而下下来来、自不レ尊、爾時国常立尊所レ化神、以二天津御量事一〈天〉、三面〈乃〉真経津〈乃〉宝鏡鋳顕給〈倍利〉、故名曰二天鏡尊一、爾時神明之道明現、而天文地理宜レ存矣、彼三面宝鏡内第一御鏡是也、円形坐、奉レ蔵二黄金樋代一焉、

『御鎮座伝記』「豊受皇太神」の項に、

泊瀬朝倉宮御宇天皇廿一年丁巳冬十月一日、倭姫命夢教覚給〈久〉、皇太神吾如二天之小宮坐一〈爾〉、天下〈仁志弖毛〉、一所〈耳〉坐〈爪〉、御饌〈毛〉安レ不レ聞〈爪〉、丹波国与佐之小見比沼之魚井原坐道主子八乎止女〈乃〉斎奉御饌都神止由気皇太神〈乎〉、我坐国欲〈度〉誨覚給〈支〉、爾時大若子命差レ使〈弖〉、朝廷〈爾〉御夢之状〈乎〉令レ言給〈支〉、即天皇勅、汝大若子使二罷往一〈天〉、布理奉宣〈支〉、故率二手置帆負・彦狭知二神之裔一、以二斎斧・斎鉏等一、始採二山材一構二立宝殿一〈弖〉、明年戊午秋七月七日、以二大佐々命一〔弟若子命子、爾佐布命子、彦和志理命子、阿波良波命子、〕従二丹波国余佐郡真井原一〈之弖〉、奉レ迎二止由気皇太神一、度遇之山田原〈乃〉下都磐根〔如二五十鈴宮地一、大田命奉レ敷レ之、〕大宮柱〔号二忌柱一、亦名二天御量柱一、亦曰二心御柱一、是則皇帝之命、国家之固、神明之徳也、故龍神・土神各一座、為二守護神一、〕広敷立〈天〉、高天原〈爾〉千木高知〈弖〉、鎮〈理〉定〈理〉座〈止〉称辞竟奉〈支〉、亦検二納神宝一、卜二兵器一、為二神幣一矣、更定二神地・神戸一〈弖〉、二所皇太神宮〈乃〉朝大御気・夕大御気〈乎〉、

日別〈爾〉斎敬供二進之一、亦随二天神之訓一、以二土師之物忌造天平瓮〈乎〉一、丹波道主命物忌職奉レ仕、御飯炊満供二進之一、皇太神重託宣、吾祭奉仕之時、先須レ祭二止由気太神宮一也、然後我宮祭事可二勤仕一也、故則諸祭事以二止由気宮一為レ先也、

『御鎮座本紀』に、

泊瀬朝倉宮御宇天皇廿一年丁巳十月朔、倭姫命夢教覚給〈久〉、皇太神吾如二天之小宮一坐〈爾〉、天下〔弖毛〕一所〈耳〉坐〈爪〉、御饌〈毛〉安不レ聞〈爪〉、丹波国与佐之小見比沼之魚井之原坐、道主子八乎止女〈乃〉奉レ斎御饌都神〔是止由気太神者、水気元神坐、千変万化、受二一水之徳一、生二続命之術一、故名曰二御饌都神一也、亦古語、水道曰二御饌都神一也、亦天照太神与二止由気太神一一所双御座之時、陪従諸神等奉二御饗一其縁也、〕止由気皇太神〈乎〉我坐国欲〈度〉誨覚給〈支〉、爾時大若子命〔一名大幡主命、御間神社是也、〕差レ使〈弖〉朝廷〈爾〉御夢之状〈乎〉令レ言給〈支〉、即天皇祥御夢、則天皇今日相夢矣、汝大若子使罷往〈天〉、布理奉、宣〈支〉、今歳物部八十氏之人等、率二手置帆負・彦狭知二神之裔一、以二斎斧・斎鉏等一、始採二山材一〈天〉、随二神教一、度相山田原乃地形広大亦麗、於二是地一大田命以二金石一〈天〉下津底根〈爾〉敷立〈天〉、構二立宝殿一〈弖〉、明年戊午秋七月七日、以二大佐々命一奉二布理一〈留〉、共従神、中臣祖大御食津命〔坐二度相郡一、号二御食社一、〕・小和志理命・事代命・佐部文命・御倉命・屋和古命・野古命・乙乃古命・河上命・建御倉命・興魂命、各前後左右〈爾〉相副従奉レ仕、大佐々命・小和志理命、奉レ戴二正体一、興魂命・道主貴、奉レ戴二相殿神一、駈二仙蹕一〈比〉、錦蓋覆・日縄曳・天御翳・日御翳、屏奉行幸、爾時、若雷神、天之八重雲〈乎〉四方〈爾〉薄靡〈天〉為二御垣一〈天〉、従二但波国吉佐宮一遷二幸倭国宇太乃宮一、御一宿坐、

などとあるように、天照大神が倭姫命の夢に託宣したとなっている。それに対し、『麗気記』では託宣者（主体）である天照大神が省略されている。『天地麗気府録』「伊勢二所皇大神宮御鎮座次第深秘義」（→⑥註114）も参照。

(154) 大佐々命《オホサヽメノミコト》ヲ＝守〔オホササノミコトヲ〕、宝〔大サスノ命〕。雄略天皇の勅によって豊受大神を迎えに行った使の神。府本は左に「雄略勅使」と注記する。また『倭姫命世記』では勅によって「二所太神宮大神主職」を兼ね行なったとあり、『御鎮座本紀』では「高皇産霊神苗裔神」とも記されている。『神宮雑例集』に「度会神主等先祖大佐々命」とあることから、豊受宮（外宮）の祠官度会氏が祖神と仰ぐ神であったことがわかる。また、『聞書』にも「大佐々命〈文〉。人王廿一代雄略天皇ノ勅使也。外宮禰宜ハ其ノ践祚也。」とある。

(155) 布理《ふり》奉る＝「布理」天〔フリ〕。「布理《ふり》」とは、「神霊を移す」「（魂などを）振り動かす」と

いう意味の「振り」と、「空から落ちる（降りる）」という意味の「降る」を合わせた「降臨」「降化」のことか。

(156) 三十二神の共奉の神等＝「三十二神」守［ミソニノ神］、天［ミソアラハンヲカミ］。「共奉神等」守は「供奉神等」として［ミトモノカミタチノ］。

三十二の供奉した神たち。ここでは豊受大神に供奉したことになっているが、三十二神は天孫降臨の時、ホノニニギに供奉したとするのが通説。『先代旧事本紀』巻三「天神本紀」（↓⑤註22）に、天孫降臨に際して防衛のために下された天香語山命（尾張連等祖）以下の神々を列記する。また、『倭姫命世記』『御鎮座伝記』『神祇譜伝図記』も同じ。『聞書』には「三十二神〈文〉。一々ノ名字ハ下ニ出ス。故ニ今、之ヲ略ス。」とある。『麗気記』⑤「天照皇大神宮鎮座次第」参照。

(157) 若雷神《ワカイカツチノミコト》＝国［ワケイカツチノカミ］。「神」朱左［シン］。

「若雷」は『古事記』上巻の黄泉国の段にイザナミの死体にいた八雷神の一で、左手に居た神として現われる。「大雷」に対する神で、「若」は若く盛んなという意味。『聞書』には「若雷神〈文〉。神代聞書ノ如シ。」とある。『御鎮座本紀』に「若雷神〔今世号㆓北御門大明神㆒是也、〕」とあり、『倭姫命世記』に「北御門社、〔一名若雷神、加茂同神也、形䃭座、〕」とあり、外宮正殿の背後にあたる豊河橋の西にあった末社北御門社に祀られていた神で、賀茂上社（別雷社）と同体ともされる。

「従神之」とあるのは、大佐々命に従ったという意味か。ただし、『御鎮座本紀』（↓註153）では、「共従神」として「中臣祖大御食津命」以下を載せるが、若雷神については、天の八重雲を御垣になして神の遷幸を守護した神とされている。

(158) 天《あめの》八《や》重《え》雲《くも》＝「天之」朱［アメノ］。

重なり合う雲。『延喜式』巻八「祝詞」の「大祓」に「天之磐座放、天之八重雲〈平〉、伊頭〈乃〉千別〈爾〉千別〈弖〉、天降依〔左志〕奉〈支〉、」「科戸之風〈乃〉、天之八重雲〈平〉、吹放事之如〈久〉、」などとある常套句。

(159) 薄靡《タナヒキ》て

雲や霧が薄く層をなして横に長く引く様。『日本書紀』神代上・第一段の冒頭（↓註73）に「及㆓其清陽者、薄靡而為㆑天、重濁者、淹滞而為㆑地、」とある。

(160) 垣《カキ》ト為《ナ》リ蓋《ふた》ト作《ナ》ル＝宝［カキトナリカキトナルシロトシテ］、天［カキトナリミカキシロヲ作］。「為垣」左・守［ミカキジロトシテ為シ］、国［カイトなル］。「蓋」宮［ミカキシロヲ］。

『聞書』に「為垣作蓋〈文〉。別記ノ絵図ニ分明ナルガ故ニ之ヲ略ス。」とある。あるいは『遷幸時代抄』などの絵図を指しているか。

(161) 丹波ノ吉佐《よさの》宮より＝「吉佐宮」朱・守［ヨサノミヤヨリ］。

豊受大神がもと鎮座していたところ。『止由気宮儀式帳』（↓

註153）では「丹波国比治〈乃〉真奈井」、『大神宮諸雑事記』第一（↓註153）では「丹後国与謝郡真井原」、『倭姫命世記』（↓註153）では「丹波国与佐之小見比治之魚井原」とする。これらによれば、「吉佐宮」は与謝郡の「真井原」（比治山頂麻井原↓③註24）と同じで、現在の京都府中郡峰山村久次付近にある式内社比沼麻奈為《ひぬまない》神社に比定される。けれども、比沼麻奈為神社は丹波郡にあり、疑問が残る。一方、『延喜式』神名下・丹後国与謝郡の冒頭には「籠《コノ》神社〔名神大、月次・新嘗〕」がある。籠神社は天橋立の北端にあり、『海部氏系図』を伝え、中世には丹後一宮とされ、伊勢外宮の本宮とする伝承もあった。また、『日本書紀』雄略天皇二十二年七月条に、

秋七月、丹波国余社郡管川人瑞江浦嶋子、乗レ舟而釣、遂得二大亀一、便化二為女一、於是、浦嶋子感以為レ婦、相逐入レ海、到二蓬莱山一、歴二観仙衆一、語在二別巻一、

とあるように、与謝郡は浦島伝説によっても知られるが、同郡の「宇良《ウラノ》神社」がその舞台とされる（『丹後国風土記』逸文）。この他、加佐郡大江町にある豊受大神社（元伊勢外宮）と大神宮（元伊勢内宮）を、それぞれ豊受・天照が遷座した吉佐宮とする説もある。「吉佐」は普通「与謝」と書くが、「与射」（藤原宮跡出土木簡）「余社」（『日本書紀』）とも書く。『倭名類聚抄』は「与佐《よさ》」と訓み、宮津・日置・拝師・物部・山田・謁叡・神戸の七郷を載せる。与謝郡はもと丹波国であったが、和銅六年（七一三）四月に分地された丹後国に編入されたので、『丹後風土記』『倭名抄』は丹後国とする。

『御鎮座次第記』「天照坐止由気皇太神一座」、『御鎮座本紀』、『倭姫命世記』崇神天皇三十九年条（↓②註171）などでは、天照大神が伊勢に行く途中で吉佐宮に四年間留まり豊受大神から饗を受けたことを伝え、『麗気記』②「神天上地下次第」では三月三日のこととする（↓②註189）。ここからの豊受大神の遷座の過程については『御鎮座本紀』に詳しいが、このコースは豊鍬入姫《とよすきいりひめの》（↓②註176）と倭姫《やまとひめの》命（↓註152）が天照大神を祀るべき所を求めて遊歴したコースと重なる部分が多い。

なお、豊受大神の遷座について、『麗気記』③「降臨次第麗気記」⑥「豊受皇太神鎮座次第」では異なる説を載せる。

(162) 倭《やまとの》国宇太乃《ウダノ》宮＝「倭」朱・大〔ヤマトノ〕。現在の奈良県宇陀郡に比定される。『古事記』中巻の神武天皇東征段に兄宇迦斯との戦闘の舞台として「宇陀」があり（『日本書紀』では「菟田」）、『倭名類聚抄』には「宇陀郡」とあり、「宇太」と読むが、俗に宇多郡とも記す。『御鎮座本紀』（↓註153）には「従二但波国吉佐宮一遷二幸倭国宇太乃宮一、御一宿坐、」とある。また、倭姫命が天照大神を戴いて最初に遍歴した所として『皇太神宮儀式帳』（↓②註171）

に「宇太〈乃〉阿貴宮坐〈只〉、」とあり、『倭姫命世記』崇神天皇六十年条（↓②註171）に「遷二于大和国宇多秋宮一、積二四箇年一之間奉レ斎、」とある。②註177参照。

(163) 遷幸《みゆき》して一宿《ひとよ》す＝「遷幸」守［ミユキシテ］、守左［イウツリマシテ］。「一宿」国・天［ヒトヨ］、守［ヒトヨシュクシ］。

(164) 伊賀の穴穂《あなほの》宮＝「穴穂宮」天［アナホ宮］、底・守・温・宝は「六穂宮」とし、守［ムツホノ宮ニ］。

現在の三重県上野市上神戸宮本にある神戸神社に比定される。この地には伊勢神宮の神戸（伊賀神戸）や穴太御厨（『神鳳鈔』）が置かれていた。『御鎮座本紀』（註162の続き）には、

次伊賀穴穂宮御二宿坐、于時朝夕御饌、箕造竹原井箕藤黒葛生所三百六十町、亦年魚取淵梁作瀬一処、亦御栗栖三町、国造等貢進、仍二所皇太神之朝大御気・夕大御気之料所〈爾〉定給〈支〉、

とある。また、『皇太神宮儀式帳』（↓②註201）には、天照大神が倭姫命に戴かれて「伊賀穴穂宮」に留まったこと、『倭姫命世記』崇神天皇六十六年条（↓②註171）には、その時に伊賀国造らが神戸（伊賀神戸）を奉ったことを伝えている。②註207参照。

(165) 渡相《わたらひ》の沼木平尾《ヌマキノヒラヲ》＝「度相」朱・守［ワタラヒノ］、国［ハタライノ］、天［ワタリアヒノ］。「沼木平尾」守［ヌキノヒラヲニ］、宝［ヌキヒラヲニ］、天［ヌマキヒラヲニ］。『制作抄』［ワタラヒノヌマキノヒラヲ］。

『太神宮諸雑事記』（↓註153）によれば、御食津神を丹後国与謝郡真井原から移した場所が「伊勢国度会郡沼木郷山田原宮」であるとし、「平尾」については触れていない。「沼木」は度会郡沼木郷のこと。『類聚倭名抄』東急本では「奴木」と訓む。底本の「ぬまき」の訓については不明。『神鳳鈔』にも伊勢国度会郡に「沼木郷」がある。『御鎮座本紀』（註164の続き）に、

次伊勢国鈴鹿神戸御一宿、次山辺行宮御一宿、〔今号二壹志郡新家村一是也、〕次遷二幸渡相沼木平尾一、興二于行宮一〈天〉三箇月坐焉、「（傍書）号二高河原社一祭二祀之一云々、」号二爾処一〈天〉名二離宮一也、夜々天人降臨而供二神楽一、今世号二豊明一其縁也、来目命裔屯倉神男女小男童神宴焉、

とあり、「平尾」の行宮は今の「高河原社」と号して祀られ、「離宮」とも言われていたという。『神宮雑例集』巻一には、

離宮院　延暦十六年丁丑八月三日官符、従二度会郡沼木郷高川原一、移二造於同郡湯田郷宇羽西村一畢、造宮使大中臣（豊庭脱カ）、

とあり、『園太暦』延文二年（一三五七）十二月九日条には、その官符も載せられている。これによれば、延暦十六年まで斎王の別館である離宮院が置かれていたとする伝承もあったことがわかるが、この神祇官符は疑わしい。

(166) 行宮《カリミヤ》ヲ興《たて》て七十四日＝「興」国・守・宝［タテ］。

「行宮」は「あんぐう」とも読み、天皇（神）が行幸した時、仮に設けられた御所。あんでん。仮宮。

なお、この日数を「七十一日」に作る本もあったようで、『私鈔』には、

七十一日トハ、七月七日吉佐宮ヲ出デタマヒショリ九月十七日ノ山田ノ遷宮ニ至ルマデ、経ル所ノ日数七十一日也。然ルニ、或本ニハ七十四日ト云フ。是、誤リナルベシ。一・四ハ仍チ須ラク匡シ改ムベキ者也ト云々。

とあり、「七十一日」説を正説として採択している。

(167) 山田原の新殿《カリトノ》ニ＝国〔ヤウタハラノニイトノニ〕、天〔ヤマダノハラノカリトノニ〕。「新殿」左・守左・宝左〔ニイトノ〕。

豊受大神が鎮座する所。外宮の所在地。『止由気宮儀式帳』に「在二度会郡沼木郷山田原村一」とあり、『延喜式』巻四「伊勢太神宮」に「度会宮四座〔在二度会郡沼木郷山田原一、去二太神宮西一七里、〕」とある。

(168) 鎮坐シ奉リテ以降＝「鎮座」国・天〔シツメ〕、守〔ヨリサ〕。「以降」国・守〔コノカタ〕。

(169) 豊受《とようけ》皇太神＝国〔トヨケスヘヲホミヤ〕、守〔トユケスヘヲヽンカミト〕、宝〔トヨケノスヘカミ〕。「皇」守左〔スヘラ〕。「皇太神」天〔豊受スヘラヲンカミ〕、宮〔スヘヲホンカミ〕。

豊受大神・登由宇気神・止由気神・等由気などとも記す。度会宮（伊勢外宮）の祭神。豊饒をもたらす食物神で、天照大神に奉仕する御饌都神《みけつ》として丹波国の比沼の真奈井から度会宮に移されたとされる。『古事記』上巻の国生みの段に、

次、生二火之夜藝速男神一、〔夜藝二字以レ音也、〕亦名謂二火之炫毘古神一、亦名謂二火之迦具土神一、〔迦具二字以レ音、〕因レ生二此子一、美蕃登〔此三字以レ音、〕見レ炙而、病レ臥在、（中略）次、於レ尿成神名、弥都波能売神、次、和久産巣日神、此神之子謂二豊宇気毘売神一、〔自レ宇以下四字以レ音、〕故、伊耶那美神者、因レ生二火神一、遂神避坐也、

とあり、火神カグツチを生んで病死したイザナミが生んだワクムスヒの子として、トヨウケビメノ神がいる。また、『同』天孫降臨の段に、天照大神の御霊代《みたましろ》の鏡を授かって降臨するホノニニギに従随した神の一としてトヨウケ神の名を挙げるが、その「登由宇気神、此者坐二外宮之度相一神者也、」とある記述は度会氏による改竄の可能性があるといわれている。トヨウケビメノ神とトヨウケ神を同神と見なすかどうかについても、見解が分かれている。なお、豊受皇太神の名称については、永仁の頃、豊受宮から出された解状に「豊受皇太神宮」と書してあったことに端を発して、内宮との間に所謂「皇字論争」が起こった（『皇字沙汰文』など参照）。ちなみに『延喜式』巻八「祝詞」では、内宮は「皇大神」、外宮（豊受宮）は「皇神」とされている。

なお、中世神道説の中で豊受大神は、天御中主尊（↓②註

140）や国常立尊（↓②註11）と同体とされる。また、『神仏一致抄』に「豊受大神ハ外宮事也。」とあり、また「外宮ハ金剛界也。」とあるように、金剛界大日とされる。

（170）祭始《イハイハシメ》奉る＝守［イワキハシメ奉ル］、宝・天［イツキハシメ奉ル］。

（171）降化の本縁は別記有《あ》り
豊受皇太神が降化したことについては別記（『麗気記』③「降臨次第麗気記」または⑥「豊受太神鎮座次第」）に書かれているということ。『私鈔』に「降化本縁等ハ神天上地下巻并ビニ遷幸時代抄等也。」とある。

（172）大《おお》泊瀬《ハツセ》朝倉《アサクラノ》宮＝宝［大ハツセアセノリ宮ノ］、天［ヲヲハツセアサクラノミヤ］。
雄略天皇の宮。大和国城上郡磐坂谷にあったとされる。ここでは、雄略天皇のこと。『聞書』に「泊瀬朝倉宮〈文〉。垂仁天皇也。古来雄略天皇トモ云フ。前後ヲ検スベキ也。」とある。

（173）長《たけ》以上を取りて之を造り＝底・天・宮は「長を取りて上を以て之を造」とするが、諸本により改めた。国［タケ以上ヲ取りテ之をアラハシタテマツル］、守［ミタチヲトテカミニ以て之をアラハシタテマツル］。「造」宮［アラハシ］。
内宮の心御柱を垂仁天皇の身長に模して立てたという説（↓註61）に対応し、ここでは、外宮の心御柱は雄略天皇の身長よりも大きく造ったとしている。

（174）玉殿《タマトノ》ノ床《ミユカ》ノ下ニ之を興《た》てて＝国・守［玉殿ノミユカノシタニ之をタテテ］、宝［タマトノミユカノソコニ興］、天［玉殿ノミユカノソコニ之興］。「下」守左「ソコ」。
「玉殿」は、立派な御殿。ここでは、神宮の正殿のこと。神社や宮殿の中心となる建物。本殿。

（175）相殿《あひどの》ノ四座＝国［アイトノヨツハシラマス］、守［相殿ノヨハシラマシマス］、天［アヒトノヨハシラマス］、宮［相殿ノヨハシラ］。
「相殿」とは、同じ社殿に二柱以上の神を合わせまつること、また、その社殿。主祭神と同じ社殿に祭られた配祀神を相殿神と呼び、伊勢では内外両宮正殿の配祀神を指す。外宮の相殿神は、すでに『延喜式』巻四「伊勢太神宮」（↓註167）に「度会宮四座」は「豊受太神一座、相殿神三座、」であるとする。『止由気宮儀式帳』にも「相殿坐神三前御装束物」という項目がある。相殿神の内訳は『御鎮座伝記』に、

相殿神三座（左、天津彦彦火瓊瓊杵尊、大八洲主也、
右、天児屋命・太玉命、各天神地祇之忠神也、）

『御鎮座本紀』（⑤註109の続き）に、
亦天照太神相殿坐神二前、止由気宮相殿神皇孫命〈爾〉奉二陪従一〈留〉、故号二止由気宮相殿一、而東西座給、（東天皇孫命一座、西天児屋命、霊形笏、天津賢木執副坐、太玉命、霊形瑞曲玉座、但東御霊常西相殿並座給也、）

自レ爾以往以二天手力男神・万幡豊秋津姫命一天照皇太神〈乃〉為二相殿神一坐、〔元是号二御戸開神一〕

『神名秘書』「度会宮神名」に、

相殿神三座
左方天津彦々火瓊々杵尊〔為大〕　霊御形鏡座
右方天児屋根命〔為前〕　霊御形笏座
　太玉命〔為前〕　霊御形瑞曲珠座
件神、延喜十一年正月廿八日官符、預二四度案上幣一、太神宮相殿神輿同日符也、

などとあるように、瓊々杵尊・天児屋命・太玉命の三座とするのが一般的である。ただし、中世には実は四座であるとする説があったことが知られる。例えば『天地麗気府録』や『麗気記』⑥「豊受皇太神鎮座次第」では、

相殿座神
左　皇孫尊　天上玉杵命　二柱一座
（中略）
右　天児屋命〔前後〕太玉命〔後前〕

とし、「天上玉杵命」を加えて三座四柱とする。また『瑚璉集』下巻「相殿神事」には、

外宮
左《大》　皇孫尊〈観自在菩薩〉　天《小》上玉杵命〈弥勒菩薩〉
私記、左天上玉杵命、輒不レ及二外聞一之間、世無レ知レ之、
右　天児屋命〈文殊師利菩薩〉太玉命〈普賢菩薩〉

とあり、この「天上玉杵命」については神宮の秘説であったらしいことが窺える。また『御鎮座次第記』（↓③註19）参照。『聞書』は「相殿四座〈文〉。外宮ノ相殿ハ四神、内宮ハ相殿三神也。委細下ニ書クベキ也。」として、委細は『麗気記』⑤「天照皇太神宮鎮座次第」⑥「豊受大神鎮座次第」の『聞書』において語られる。内宮・外宮それぞれの相殿神についての詳細は、⑤註111および⑥註23参照。

この他、『神仏一致抄』には、

相殿四座ハ、正殿廻リニ四所ノ御坐アリ。金剛界ノ五仏ヲ表ル意也。外宮ハ金界也。

とあり、相殿神を四座とすることで、主神と合わせて金剛界の五仏にあてる説のあったことが知れる。

(176) 真光玉《マコトノミタマノミタマ》＝守〔マトコノニノミタニハ〕、天〔マコトノミタマ〕。
「真」守イ〔マスミノ〕。
『聞書』に「正殿内〇無二無別〈文〉。此ノ一段ハ両宮ノシツライ也。別記ニ見ル。故ニ之ヲ略ス。」とあり、『麗気記』⑥「豊受大神鎮座次第」に見られる内外両宮の神体を表出する霊鏡のあり方を意味するか。なお、『麗気記』⑪「神形注麗気記」（↓註177）にも見られる。

(177) 三十七尊
金剛界曼荼羅成身会（↓③註76・⑤註22・【図3】）の根本諸尊。大日如来を始めとする五仏、四波羅蜜菩薩、十六大菩薩、八供養菩薩、四摂菩薩からなる。三十七の数字は、三十七

菩提分法（四念処・四正道・四如意足・五根・五力・七覚支・八正道）、すなわち悟りに至る三十七の徳を象徴したものである。『麗気記』③「降臨次第麗気記」では、天潜尾命（↓③註41）以下三十二神の名を列挙して「已上三十二執金剛神者、金剛界成身会三十七尊、加二四仏一、又加二相殿神一也、」（↓③註76）とする。また『理趣摩訶衍』上巻（↓④註83）では「御誓天津彦々火瓊々杵尊、伴天児屋根命宣、我等本有常住三十七尊天降治二天下一故所二遮来一也、」とあり、また『同』上巻（註188の続き）に「一、御降臨供奉人三十二神、金剛界自性教令十六大菩薩、内外八供、金剛天女子等三十二体也、亦加二四方四仏与二中央大毘盧遮那仏一三十七尊、」とあって、ホノニニギに供奉した神が三十二神ではなく三十七尊になっている。『天照太神口決』には、

一、差図口決

一番八咫鏡内宮御体、台蔵九尊、汀五古印五秘密如可レ知、第二八坂瓊曲玉是、此花開鏡也、此外宮九尊、本有修生開二重、卅七尊中五仏、相殿五社神云内祝、是残三十二尊三十二共奉人云也、第三剣者非二普通剣一、八輻輪如二車輪一、此両社天竺釈迦出現、説法利生給羊石輪也、已上此三種、於二内裏一神霊・宝剣・内侍所云是也、

とある。一方『麗気記』⑪「神形注麗気記」には、

一輪中有二九輪一、廻二地水火風空一、各々三昧耶身也、神形深義在二別記一、

一鏡中有二八葉一、々々間有二半三股一、三八二十四与二八葉輪一、已上三十二神一鏡中住、無相無為表形也、

一鏡中有二五大月輪一、々々間有二八輻金剛輪一、修生本有十六大菩薩境界、三十二尊与二五大月輪一三十七尊、無為無碍表体也、

九尊阿梨樹王如二説法相一、八葉仏菩薩利生方便加持説法体也、

とある。これは三枚の鏡のそれぞれの文様を説明したものと思われる。

(178) 自性輪壇

「輪壇」とは、曼荼羅のこと。また、真言行者が自己を曼荼羅として観念し、地・水・火・風・空の五輪を、膝・腹・胸・面・頂に配する五輪成身曼荼羅のこと。『麗気記』⑭「仏法神道麗気記」に、

物持教者、自性法身大日如来、於二金剛法界宮一、与二自眷属一共、為二自受法楽一、各説二内証果海之法門一、即六大四曼三密、本有法身摩尼珠也、金剛薩埵結二集加持法門一也、此教意者、以二即身成仏一為二宗旨一、於二即身成仏一有二三種一、謂理具加持顕得也、

とあることと関連するか。

(179) 秘密《ヒミツ》曼荼羅位

五種三昧耶のうち、最高位である秘密灌頂の位のこと。秘密灌頂を行なうには実際の壇を築く必要がないので、以心

灌頂ともいう。

(180) 三密無相義

「三密」は前出（→註19）。三密には有相と無相があり、有相は具体的には手に印を結び、口に真言を唱え、意識を対象に集中させることをいう。無相はこれらを意識的に行なうのでなく、日常のあらゆる身体活動を身密、言語活動を口密、精神活動を意密と考えることである。『理趣摩訶衍』下巻の冒頭には、

伝聞両宮大神宮者、一念不生神、国常立尊、変化所執本誓、本覚真如仏、常住不変妙理也、徳覆二十方一用施二三界一、諸仏諸神及一切衆生自性本有神、無始無終異形裸形荒源古今心肝王、世界識想草木国土天然不動理、上従二有頂天一下至二無間際底一、垂二済度一、普遍照二昼夜一無レ止、光明赫奕如二百千日月一、諸天同時照二独化一、下四神陰陽共現、伊弉諾・伊弉册二柱尊化成二天御中主尊一、変成二内外両宮一、神転入二真言海会一、分二両部因果曼荼羅一、尋二根本一聞レ誓、神則三密無相鏡、仏真言海教主為レ神為レ仁、秘密大乗教法、正覚正智大道、真言無二妙楽也、神与レ仏一心無二二心一、法与レ仁一心無二二心一、法与レ仁一性無二二性一、四体生滅随レ類化二現識心一焉、

とあり、神は三密無相の鏡であり、仏と不二の存在であるとしている。

(181) 秘《カク》シテ＝国「ヒタカクシ」。

(182) 自然《じねん》自覚ノ法

ひとりでに仏の悟りに至る、という意味か。「自覚」は、①三覚の一で、自身の迷いを転じて悟りを開くこと。②自己の存在意義を悟ること。

(183) 内外ノ両宮の太神等、所ニ在《いま》シテ、無二無別なり

＝「太神等」天「ヲフンカミ等」、宮「ヲヽカミタチ」。「等」国・守「タチ」。「在」朱「イマ」、守「マシマセリ」、宝「在リ」。「無二無別ナリ」国「無二無別ナリ」、守「無二ニシテ無別」、天・宮「無二ワクルコトナシ」。「別」宮「ワクルコト」。

内宮・外宮の神が伊勢という一所にいて一体であること。『麗気記』⑥「豊受皇太神鎮座次第」には「今両宮則両部大日、色心和合成二一体一、則豊受皇大神内一所並座也、此事勿レ令レ発云々、」とあり、内外両宮は両部の大日であり、共に一体となって豊受大神の内にあるという秘説を載せている。

(184) 外相《げそう》

外に現われる姿。仏教的には、身体的な善悪美醜、身口の所作をいう。『聞書』に、

分外相○相応深意〈文〉。外相ヲ内外二宮ト別ケテモ、終ニハ無二無別ノ故ニ、不生ノ一義ノ前ニハ両宮ニ於テ定恵相応ノ深意ヲ顕ハスト云々。此ノ事、明師ニ遇テ尋ヌベキ也。

とある。

(185) 定恵《じょうえ》
禅定と智恵のこと。また密教では左右の手をそれぞれ定と恵に配当することがある。

(186) 不生ノ一義
「阿字本不生説」（→註41）のこと。梵字のअ《ア》字は生じたものではない、つまりこの世のありとあらゆるものの根源であり、また同時に法身大日如来を象徴するものであること。

(187) 五輪の字＝朱［五輪ノ字］。
「五輪」は、地・水・火・風・空。「五」は五大、「輪」はすべての徳を具えるの意で、五大が一切の徳をそなえ、円輪周辺して欠けるところがないこと。その種子であるअ《ア》・व《ヴァ》・र《ラ》・ह《カ》・ख《キャ》（→④註198）のこと。

(188) 五大月輪《がちりん》
五大を象徴する月輪。清浄・覚りを表わす。中世神道説では、内宮・外宮を日輪・月輪に配当し、さらに火・水が関連づけられている。なお、月輪は金剛界を意味する。『理趣摩訶衍』上巻に、

一、外宮五大月輪円形御霊鏡坐、径八寸、輪二尺四寸之中、五円輪思影亘、下男天像坐、是梵天帝釈二天王坐、已上内証外用、本有修生、因果両部表㆓曼荼羅㆒也、

『同』中巻に、

一円明之中有㆓五大月輪㆒、月輪中各有㆓本誓之御影㆒、無相至極御尊鏡、化応身鏡、大慈悲心御霊鏡、火鬘中有㆓五鬘㆒形焔鬘也、

と載せる。

(189) 五智水
「五智」とは大日如来の智慧を法界体性智・大円鏡智・平等性智・妙観察智・成所作智の五種に分けたもの。『聞書』に「五智水〈文〉。大円・平等・妙観・成所等ノ五智ノ心水ヲ以テ、妄迷煩悩ノ垢ヲ洗フ。故ニ五智水ト云フ也ト云々。」とある。

(190) 五穀
全穀物を代表した五種類。稲穀・大麦・小麦・小豆・大豆・胡麻・粟・白芥子などがあてられる。貪・瞋・痴・慢・疑の五種煩悩を表わし護摩に用いる。

(191) 五智ノ塔婆《とうば》ニ舂《つ》くなり＝「舂」朱［ツヒシツナリ］、守［ツク］、守左［イナツカセテ］。
五智を象徴する塔婆で精白することか。

(192) 未来際《みらいさい》ニ限りて＝「限」国［カキテ］。
永遠に。

(193) 尽くること無く、此の二神に奉仕す＝底は「奉仕するコトツクスコト無シ。此の二ノ神は」とする。国［尽くるコト無く此の二神ニホウシス］、守［二タハシラノミコトニ奉仕スルコト盡クルコト無シ］、宝［此のフタハシラノ奉仕するコト尽クルコト無シ］、天［尽るコト無く此フタハシラノミコトニ奉仕ス］。
内外両宮の二柱の神（天照大神と豊受大神）に対してできる

限りの奉仕をする。

(194)神主《カウヌシ》を始めて＝「神主」天［カンヌシ］。「始」朱・守［始メテ］。ここでは、伊勢神宮に仕える神職のこと。

(195)天益人等《アマノマスヒトラ》
すべての人間を指す美称。『聞書』には「天益人〈文〉。一切衆生ヲ指ス也。別シテハ我等ヲ云フ也。」とあり、良遍『神代巻私見聞』下巻にも「一、天益人者、一切衆生也、」とある。また、『中臣祓訓解』に、
天之益人等〔謂、一日千人死、一千五百人生、是伊奘諾尊与㆓伊奘(那脱)美尊㆒誓願也、故名㆓天益人㆒也、号㆑天者大日宮世界国土、一切我等衆生作故也、皆是国土日月之中住者也、故曰㆓天之益人㆒、弁㆓其事理㆒、明㆓其本源㆒、一切衆生、続生入胎初、先住㆓虚空㆒、其後漸々形成㆓五輪体㆒、次五輪反成㆓人体㆒、尊形常住不㆑反、凡世界自㆑本覚也、自㆑本無明也、本亦法界、本是衆生、本仏也、〕
とある。

(196)緩怠《クワンたい》すること＝底イ［ハヤカラス／ヲソカラス］、守［緩タヒスルコト］、守左［ユルクオコタルコト］、宝［クワンタイスルコト］。
なまけ怠ること。なおざりにすること。過失。

(197)内ヲ存するの人ハ＝朱［内を存スルコトノ人は］、守［内ヲ存スル人ハ］、宝［内ノ存人ハ］。
伊勢神宮の内実を知っている人。ただし、良遍『神代巻私見聞』下巻に「一、存内人者観想〈文〉、出家人事也、」とあるように、「内」を「内教（＝仏教）」と解釈すれば、「僧侶は（伊勢神宮を）観想していることになり、この一文は「僧侶は（修行者）という意味に取れる。これは『神仏一致抄』（↓註198）の解釈と異なることになる。

(198)観想を蔵《カク》せ＝「蔵」底［カクル］、国［カクセ］、守［カクセル］。
観想していることを表に現わすなということか。「観想」とは、仏教修行法の一つで、仏像・梵字などの対象を心に深く想うこと。しかし『神仏一致抄』には「内ニ存スル者蔵ストハ、此、神体ノ事ヲハ仏法者ニハ蔵セト云フ事ナリ。」とあり、僧侶に対して伊勢神宮の神体の秘密を隠匿せよ、という意味に解釈している。

(199)両部遍照如来《りょうぶへんじょうにょらい》ハ＝朱［両部遍照ナリ、如来ハ］、宝［両部ノ遍照如来ハ］。
胎蔵・金剛界の大日如来。胎蔵大日は𑖀《ア》、金剛界大日は𑖪𑖽《バン》の梵字で象徴される。ここでは、内外両宮の本地仏を指す。

(200)本有無作《ほんぬむさ》の形文《ぎょうもん》
両部の大日如来が伊勢両宮の御形文として表れていることをいう。「本有無作」は、本来、悟りを有している仏であること。「形文」は前出（↓註108）。

(201)平等法界《びょうどうほうかい》

差別・区別のない、真理の世界。

(202)実相真如の御正体《みしょうたい》
いつも変わりなくどこにでも存在する御神体、という意味か。「実相」は、平等の実在、不変の理。「真如」は、前出(→註77)。宇宙万有に遍通する常住の真体。「御正体」は、鏡像・懸仏など、御神体の鏡に本地仏の姿を表現したもの。本来は鏡面に直接線彫りしたが(鏡像)、後には金属や木造の円盤に半立体的に表現したもの(懸仏)が作られた。

(203)十智円満ノ鏡
あらゆる智慧が具わった鏡。「十智」は、すべての智慧を十種類に分けたもの。世俗智・法智・類智・苦智・集智・滅智・道智・他心智・尽智・無生智。

(204)髪長行者《カンナカノユキヒトラ》＝朱左［マツリモノラ］、国［カンナカユキヒトラ］。
僧侶のこと。『聞書』に「髪長行者〈文〉。広ク仏法修行ノ僧尼也。」とある。ただし、『私鈔』に、

髪長行者ハカミナガノユキヒトラトハ、役行者ノ事也。ヲコナヒヒトトコソヨムベケレドモ、此ノ人ハ山ヲユクヲオコナヒトスルガ故ニ同ジ事也。

とあるように、より限定的に役行者とみなす説もあった。
これは伊勢神宮で仏法を避けて言う忌詞《いみことば》の一。『延喜式』巻五「斎宮」に、

凡忌詞、内七言、仏称二中子一、経称二染紙一、塔称二阿良良岐一、寺称二瓦葺一、僧称二髪長一、尼称二女髪長一、斎称二片膳一、外七言、死称二奈保留一、病称二夜須美一、哭称二塩垂一、血称二阿世一、打称レ撫、宍称レ菌、墓称レ壌、又別忌詞、堂称二香燃一、優婆塞称二角筈一、

とある「内の七言」に含まれる。『皇大神宮儀式帳』「天照坐皇大神宮儀式并神宮院行事合一十九条」では、

亦種々〈乃〉事定給〈支〉、人打〈乎〉奈津〈止〉云、鳴〈乎〉塩垂〈止〉云、血〈乎〉阿世〈止〉云、宍〈乎〉多気〈止〉云、仏〈乎〉中子〈止〉云、経〈乎〉志目加弥〈止〉云、塔〈乎〉阿良々支〈止〉云、法師〈乎〉髪長〈止〉云、優婆塞〈乎〉角波須〈止〉云、寺〈乎〉瓦葺〈止〉云、斎食〈乎〉片食〈止〉云、死〈乎〉奈保利物〈止〉云、墓〈乎〉士村〈止〉云、病〈乎〉慰〈止〉云、如是一切物名、忌〈乃〉道定給〈支〉、

として、倭姫命によって天照大神が伊勢に鎮座してから定められたとしている。『倭姫命世記』では垂仁天皇二十八年のこととして、

亦種々事定給、内七言、仏称二中子一、経称二染紙一、塔称二阿良々伎一、寺称二瓦葺一、僧称二髪長一、尼称二女髪長一、斎称二片膳一、外七言、死称二奈保留一、病称二夜須美一、哭称二塩垂一、血称二阿世一、打称レ撫、宍称レ菌、墓称レ壌、亦優婆塞称二角波須一、

とある。
なお、この巻の最後で「髪長行者」のために「上々者

耶々也」（↓註205）といっていることは、『麗気記』の成立や性格を考える上で非常に重要である。これを諸本の訓により解釈すれば、僧侶に上記の伊勢神宮についての秘伝を伝えてはならないという意になる。しかし、蔵王権現や空海などに仮託した説を載せる本巻をはじめ、『麗気記』全体に共通する仏教的な性格を考慮すれば、これを字義通りに受け取るわけにはいかないであろう。あるいは、特別な弟子だけに伝授すべきで、みだりに秘伝を広めてはならないという戒めであろうか。註144・145・197・198なども参照。

(205) 上々《アラハニアラハス》コトハ耶々也《ヤヽナレヤ》＝朱左［アラハレヽヽヽテモヲカスコトナカレ］、国［アラハシアラハスコトハヤヽナカレヤ］、守［アラハシヽテモヲカスコトナカレ］、宝［アラハニスルコトヤヽナカレ］。

「あらはにあらはす」は「公にする」、「ややなれや」は「止めておくように」の意味か。ここでは『聞書』に、

耶々也〈文〉。カマヘテ法師ニハシ此等ノ深義語ルナト云フ意也。神道ニ法師ヲ尚ブ事、神代聞書ニ委細ナルガ故ニ、今、之ヲ略ス。

とある解釈に従った。また、「神代聞書」に委細があるというのは、『日本書紀巻第一聞書』に、

一神明忌二法師一事、夫レ忠二神国之風流一、善悪二念ハ本来具徳行住坐臥ハ法然ノ徳体也、然間十界三千依正森羅諸法一塵一法モ非レ可レ捨、非レ可レ求、本来本有之妙理、号二仏法修行一別ニ出家求道スル事、且ハ背二即事而真之道理一、且ハ違二直約諸法深義一、当相二即道一不レ改二本有一ハ当家規模之説也、依レ之伊勢御託宣云、思レ祈二天長地久一先可レ禁二断五類法師一〈文〉、五類者邪〔未得謂證禅宗等也、〕悪〔不臈次親長等ハ高座スル輩也、〕三学〔戒定恵顛倒修行スル也、〕但如レ此ノ深義僻案之輩者非レ限二沙汰一云々、

とあることを指しているか。この部分について、『神仏一致抄』では、

髪長行者上々者耶々也トハ、仏法ヲ行ズル者ニヤト顕ハスベキ事也。惣ジテ仏法ヲ近ヅケズ、法師ヲ入レズ、此ヲ内ニスル心也。仏法ヲ近ヅケザル事ハ、此ノ神体ノ本意ハ都無寂静無相法身ノ内証ナレバ、仏モ経モ無用也。仏経ハ二而ト分ケテ益ヲ作ス時ノ事也。法身寂静ノ体ハ無迷無惑ナレバ用意スル所無キカ。

と解説している。

神天上地下次第

本巻は外題を「降臨次第麗気記」としており、次の巻と連続するものであったと思われる。構成としては、国常立尊からはじまる神統譜と、それに続く神武天皇から垂仁天皇までの皇統譜を基にしている。最初に、毘盧遮那如来が国常立尊であり、三弁宝珠として象徴されることが述べられ、その鎮座の経緯が明かされる。続く神統譜の中では、イザナギ・イザナミの和合について梵字で秘説的に述べていることなどが注目される。けれども、天照大神についての記述はほとんどない。対照的に皇統譜では、崇神天皇と垂仁天皇の項目にかけて、天照大神が伊勢神宮に鎮座した経緯が詳しく述べられているが、この部分は『倭姫命世記』や『遷幸時代抄』と近似している。また、神武天皇から開化天皇までの九代が天皇の大殿に神を祀っていたことを記した後で、『宝山記』や密語を引用して、神璽を仏教的に説明するくだりがある。最後に伊勢内宮の形文が掲げられている。

《キーワード》国常立尊の神霊玉(11)・二ノ如意宝珠(16)・伊奘諾尊(49)・伊弉冉尊(50)・神日本磐余彦天皇(97)・三弁宝珠(143)・御間城入彦五十瓊殖天皇(169)

【書下し文】

神天上地下《ミコトアマノホリクニクタリノ》次第[1]

蔦《ヒソカ》ニ耳《ヲンモム》ミレバ[2]、劫数《こうしゅ》無始無終に[3]、妙高山頂[4]三十三天[5]帝釈宮《たいしゃくぐう》[6]中の摩訶摩尼最勝楼閣より[7]、高日《たかひ》の国[8]金剛宝山に降化《アマクタ》リ坐《マシマ》ス[9]大慈毘盧遮那如来ハ[10]、国常立尊《クニトコタチノミコト》の神霊玉《ミコトノミタマ》[11]、三弁《ミヨソイ》ニテ坐《マシマ》ス[12]。大慈毘盧遮那如来は、爰《ここ》に国常立尊《クニトコタチノミコト》ト云《い》ふ。亦、三世常住浄妙法身[13]と云ふ。

第二[14]、摂津国那尓輪里那尓輪《せッツノクニナニワノサトナニワ》にて[15]、二《ふたツ》ノ如意宝珠[16]一所ニ並び居《い》給ふと云ふ也[17]。

第三[18]、阿波国桂之岩栖里《カツラノイワスノサト》[19]、岩栖里ノ岩上《イワノウヘ》ニ鶏子《とりのこ》の如く[20]三弁《ミヨソイ》ニテ坐《マシマ》ス[21]ト云ふ也。

第四、筑紫日向国高千穂《タカチホ》ノ槵触之峯《クシフルノみね》ニ坐《マシマ》ス[22]。一書《アルフミ》ニ云はく[23]、日向《ヒフカ》トハ、日輪光明焃赫《かくかく》シテ[24]、自余の所《トコロ》は焃《アタタ》カニ坐《マシマ》スト云ふ也。高千穂トハ、妙高山の異名を云ふ也。爰《ここ》に名良彼天阿留《ナラヒテアル》[25]ト云

【現代語訳】

神が天上より地に下る経緯

ひそかに考えてみると、悠久の昔、須弥山の頂上、忉利天の荘厳な帝釈宮より、日本国葛城《かつらぎ》山に降り下って鎮座した毘盧遮那如来は、国常立尊の御魂であり、三弁の宝珠の形をとる。毘盧遮那如来は、ここでは国常立尊のことである。また、現在過去未来の三世を貫徹する真理でもあるともいう。

第二に、摂津国難波《なにわ》の里難波《なにわ》に、二つの如意宝珠が一所に並び鎮座したということである。

第三に、阿波国桂《かつら》の岩栖《いわす》の里の岩の上に、鶏卵のように不定形の三弁の宝珠が鎮座したということである。

第四に、筑紫日向国高千穂、槵触《くしぶる》の峯に鎮座した。ある書に言うことには、「日向とは、太陽が光り輝き、他の所より暖かであるので、日向というのである。高千穂とは妙高山、須弥山《しゅみせん》の異称である。ここでは『名良彼天阿留《ならひてある》』と

ふ也。櫘触《クシフル》トハ、[26]玉《タマ》ノ光明《ヒカリ》炼《アタタ》カナルニ[27]依りて、草木皆、火ニ干《カ》ルヽ[28]也。櫘字《クシノシ》ハ木《キ》ノ患《ウレエル》ト云《イ》フコト[29]也。光ニ触《フ》レテ角蜀《ツノヲ》ツルト[30]云《イ》フ也。此、星霜世代ヲ送りて久《ヒサ》シト云ふ也[31]。

国常立《クニトコタチノ》尊

国狭槌《クニサツチノ》尊[32]

豊斟渟《トヨクムヌノ》尊[33]

此の三柱《ミハシラ》ノ尊《ミコト》、其の形、宝珠にて坐《ましま》す[34]。之《ソノカタチ》を直《ナヲ》シテ今《イマ》にモ神霊《ミタマシヒ》ノ鏡ヲ作ル[35]。鏡とは、交はる儀・亘る儀・光る儀、無相無為の体也[36]。

泥土煮《ウヒチニノ》尊[37]〔本体、常の如し。
俗体男形、図の如し[38]。〕

沙土煮《スヒチニノ》尊〈女[39]〉

大苫辺《オホトマヘノ》尊〈男[40]〉

いうのである。櫘触とは、太陽の光が熱いので、草木が皆その熱で枯れてしまうことから付いた名である。櫘は、木が病気になることを表わす。触は、毘盧遮那如来（神々）の慈悲の光に触れ、三悪五欲の角《つの》を落とすということである。櫘触の峯に降臨されてから、幾代もの年月が経っているということである。」

国常立尊

国狭槌尊

豊斟渟尊

この三柱の尊は、宝珠の形をしていた。今はその形を改めて、神霊の鏡となっている。鏡とは、交るものであり、亘るものであり、光るものであり、そして無相無為を示すものなのである。

泥土煮尊〔この神は人間と同じ姿をしており、俗体で男性の姿である。それは図のようである。〕

沙土煮尊　女

大苫辺尊　男

大戸之道《オホトノチノ》尊〈女〉[41]
面足《ヲモタルタノ》尊〈男〉[42]
大富道《オホトムノチノ》尊〈女〉[43]
惶根《カシコネノ》尊〈女〉[44]
此の七柱《サトシハシラノ》尊[45]、男女《ヲメ》[46]を交はるト雖モ、婚《みとの》合《まくはひ》の儀[47]無《な》くシテ、只《タヽ》体《カタチ》能《ヨ》ク生《アレマ》ス也《ナリ》[48]。
伊弉諾《イサナキノミコト》尊〈男〉[49]
伊弉冉《イサナミノ》尊〈女〉[50]
此の二《フタハシラノミコト》神ノ時《トキ》、婚合ヲ始ム。男神《オムカミ》ノ言《ノタマ》ハク「上《ノホ》リ下《クタ》リ来《キ》タルニ[51]、未ダ世界悉且ならズ[52]。草木及び万物《よろづのもの》[53]、情非情[54]ノ一切衆生[55]、諸《もろもろ》ノ穀《タナツモノ》ヲ継《ツ》ガント思《オモ》フ[56]。《ママニ》、《アマレル》肉《ししむら》《アリ》。《アアニ》、《クホメル》穴《アリ》。《ママニアレタ》、《アアニ》、《イレタラハ》[57]、《ママニ》、元《モト》ノ光明《ヒカリ》無《な》シ[58]。上《のぼ》リ上《のぼ》ルニ決《ユ》カズ[59]。重《ヲモ》ク濁《ニコ》りテ上《ノホ》リ難《カタ》シ。《ああにイカニハ》《レモヤ》[60]。身重《ヲモ》クシテ夜昼を出立つニ[61]、《ハハナ》《シカエイイカン》[62]。上瀬《かみつせ》は荒《アラ》シ[63]。下瀬は穢《キタナ》シ。中

大戸之道尊　女
面足尊　男
大富道尊　女
惶根尊　女
この七柱の尊は、男女が組合わさっているけれども、夫婦の婚合のことは行なわれずに、ただ自然と生まれたのである。
伊弉諾尊　男
伊弉冉尊　女
この二神の時に婚合を始めた。男神（伊弉諾尊）が言う。「私達は天と地とを上り下りしているが、まだ世界は定まった筋道を備えてはいない。だから草木及び万物と有情・非情の一切の衆生を生成し、また五穀をも生成して絶やさないようにしようと思う。ワタシニハ、アマッテイル肉ガアル。アナタニハ、クボンデイル穴ガアル。ワタシノ、アマッテイル肉ヲ、アナタニイレタナラバ、ワタシハ、元の光明を無くし、上ろうとしても上れなくなった。重く濁って上れないのである。アナタハ、ドノクライ腫レテイルノ

瀬ニて上の荒塩を去《の》けテ[64]、中塩ニテ三度[65]。次いで七度洗《アラ》ヒ濯《スヽ》ギテ、本の如く座坐《ましま》す[66]。上《ノホ》リ上《ノホ》ルニ同ジ、下《クタ》リ下《クタ》ルニ同ジ[67]。左良波《サラハ》、一切衆生《もろもろのあおひとくさ》の犯禍《ぼんか》の時の為《ため》に[68]、三七清浄にして[69]本の如しと云ふ也[70]。二柱の神[71]、犯《おか》せる禍《わざわい》多き故に、女神《メカミ》下《シモ》ニ下《クタ》リ下《ヲ》リ、男神《ヲカミカミ》上ニ上《ノホ》リ上リ[72]、三十三天の中、下《しも》四天の最下に入り[73]、天上ニ之《これ》、代亘《ミユキ》シテ、上リ下りテ天然シテ動かず[74]、無為無碍の姿也[75]。

天照皇大神《アマテラスすべオホンカミ》〈女〉[76]

正哉吾勝々速日天忍穂耳尊《マサヤワレカツカツハヤヒアマノヲシホミヽノミコト》〈男〉[77]

此の二神、一向に地底《くにのした》を主《つかさど》りテ[78]、無二無別也[79]。

天津彦々火瓊々杵尊《アマツヒコヒコホニニキノミコト》〈男〉[80]

か。身が重くなり、夜も昼も天上に向かって出立とうとするのに、穢いものをどうやって取り除いたらいいのか。」

上流は流れが荒く、下流は穢いので、中流で、上の方の荒塩を避け、中の方の塩で三度清め、次に七度洗い濯ぎ、元の状態になった。以前と同じように、自由に上ったり下ったりできるようになった。そういうわけで、一切の衆生は、罪禍を犯した時に、三度七度と清めれば、元のようになるのである。二柱の神は、犯禍が多いために、女神は下に降り、男神は上に昇る。男神イザナギは、三十三天が住む忉利天から、その下の四大王衆天の最も下の聖手天に入り、それからは天上界を亘りめぐり、上り下りして、あるがままの存在として、動じることなく、無為・無碍の姿である。

天照皇太神　女

正哉吾勝勝速日天忍穂耳尊　男

この二神は、専ら地上をつかさどっており、二神は一体である。

天津彦彦火瓊瓊杵尊　男

天下を治むること四十一万八千五百四十三歳[81]。
〔陵《ミサヽキ》は日向国愛《エノ》山[82]に在《あ》る也。〕
彦火々出見《ヒコホホイテミノ》尊〈男[83]〉
天下を治むること六十三万七千八百九十二歳。
〔陵は日向国高屋《ヤノ》山[84]に在り。〕
彦波瀲武鸕草葺不合《ヒコナギサタケウカヤフキアワセスノ》尊〈男[85]〉
天下を治むること八十三万六千四十二年。
〔陵は日向吾《ア》平《ヒラノ》山[86]に在り。〕
此の三柱の尊[87]共ニ、天《アマノ》八重雲、皆《ミナ》、吉里《キリ》[88]ノ中《ナカ》ニ坐《マシマ》ス也。天神《カミノミヲヤ》・地神《クニノミヲヤ》以上十七尊達《シサノカンタチ》ハ[89]、十六大菩薩と[90]、国常立尊の後代の身《ミ》余《アマ》リ給ふ[91]也。但し、是の如き神等《ミコトタチ》ハ、男女《ヲノコメノコ》定め難シ[92]。時に依り物に応じ、在在処処[93]、男《ヲノコ》ト成り女《メノコ》ト成る。利益《りやく》不可思議ナリ[94]。心を一にし念無く相無く作無くシテ[95]平等平等也[96]。
神日本磐余彦天皇《カミヤマトイワヨヒコノスヘラミコト》[97]〔大倭国橿原宮《ヤマトノクニカシハハラノミヤ》[98]。神武と号す。人皇ノ始。〕

天下を治めることは、四十一万八千五百四十三年であった。陵墓は日向国の可愛山にある。
彦火火出見尊　男
天下を治めることは、六十三万七千八百九十二年であった。陵墓は日向国の高屋山にある。
彦波瀲武鸕草葺不合尊　男
天下を治めることは、八十三万六千四十二年であった。
陵墓は日向国の吾平山にある。
この三柱の尊は共に、幾層にも重なった雲の中、すべて霧の中にいるのである。天神十二神・地神五神という以上の十七尊は、十六大菩薩と、国常立尊を加えた数である。そして、十六大菩薩は、国常立尊が後に分身されたものである。ただしこのような神々は、男女の性別を定めがたい。時により場面に応じて、その所々で男となったり女となったりする。その利益は不可思議である。一心で無念で無相で無作で、まさに平等なのである。
神日本磐余彦天皇（第一代神武天皇）
大和国の橿原宮。神武天皇と号す。人代の天皇の初めで

元年〔甲寅〕の歳《とし》[99]冬十月、日本国《やまとの》に発向《みゆきまします》[100]也。〔東征是也[101]。〕

即位八年[102]、都《ミヤコ》ヲ橿原ニ建て、帝宅《ミヤコ》ヲ経営《ヲサメツク》りて[103]、四方国《ヨモノクニ》[104]を安国《ヤスクニ》[105]と平《たいら》けく知食《しろしめ》す天津璽《アマツシルシ》の剣《ツルキト》鏡《カヽミ》を[106]捧《ささげ》持《も》ち賜《たま》ひて[107]、称辞竟《タヽエコトヲ》エテ[108]、天下《あめのした》を治《しろしめ》すこと七十六年[109]。

神渟名川耳《カンヌナカハミヽノ》天皇[110]〔葛城《カツラキ》高岡《タカヲカノ》宮。陵《みささぎ》は大和国桃花鳥田丘《トキタノヲカ》[111]ニ在り。〕

天下を治すこと三十三年。

磯城津彦玉手看《シキツヒコタマテミノ》天皇[112]〔片塩浮穴《カタシホウキアナノ》宮。陵《みささぎ》は大和国畝火西山《ウネホノニシノ》[113]ニ在り。〕

天下を治すこと三十七年。

大日本彦耜友《おほやまとヒコスキトシノ》天皇[114]〔御陰井曲峡《ミホトヰマカリヲノ》宮[115]。陵《みささぎ》は同国畝火南山[116]に在り。〕

天下を治すこと三十四年。

観松彦香殖稲《ミマツヒコカニイネノ》天皇[117]〔腋上池心《ワキアカリイケコヽロノ》宮[118]。陵《みささぎ》は脇上博多山《ヒロタ》[119]に在り。〕

ある。

元年〔甲寅の歳《とし》〕冬の十月、大和に向けて出発した。これが東征である。

即位八年、都を橿原に定めて宮殿を建て、周りの国々を平定した。天つ神の子孫としてのしるしである剣や鏡を捧げ持って、誉め讃えて、天下を治めること七十六年に及んだ。

神渟名川耳天皇（第二代綏靖天皇）

葛城の高岡の宮。陵は大和国桃花鳥の田丘にある。

天下を治めること三十三年。

磯城津彦玉手看天皇（第三代安寧天皇）

片塩の浮穴宮。陵は大和国畝火の西山にある。

天下を治めること三十七年。

大日本彦一耜友天皇（第四代懿徳天皇）

御陰井の曲峡宮。陵は同国畝火の南山にある。

天下を治めること三十四年。

観松彦香殖稲天皇（第五代孝昭天皇）

腋上の池心宮。陵は腋上の博多山にある。

天下を治すこと八十三年。

日本《ヤマト》足彦《タラシヒコ》国押人《クニヲシヒトノ》天皇[120]〔室秋津嶋宮《むろあきつしまの》[121]。陵《みささぎ》は大和玉手丘上《たまておかうえ》[122]に在り。〕

天下を治すこと百二年。

大日本《ヲオヤマト》根子《ネコ》彦太瓊《ヒコフトニノ》天皇[123]〔黒田盧戸宮《くろだいほとの》[124]。陵《みささぎ》は片《かた》岡馬坂《をかうまさか》[125]に在り。〕

天下を治すこと七十六年。

大日本《おおやまと》根子《ねこ》彦国牽《ひこくにくるの》天皇[126]〔軽堺原宮《かるサカイハラノ》[127]。陵《みささぎ》は大和剣池嶋上《ツルキイケノシマノウヘ》ニ在り。〕

天下を治すこと五十七年。

稚《ワカ》日本《やまと》根子《ねこ》彦太日々《ひこフトヒヒノ》天皇[128]〔春日率川宮《かすがイサカハノ》。陵《みささぎ》は大和率河坂上《いざかわのさかうへ》[129]に在り。〕

天下を治すこと六十年。

以往《いくさき》九帝は[130]、帝ト神ト同殿に床ヲ共《ナラ》ベテ[131]、故《ゆえ》ニ[132]、神物・官物[133]未《いま》ダ別ニ分かたズ。然《しか》るに霊応冥感[134]稍《ようや》く滂《そば》に流《なが》る[135]。仍りて三種ノ神光神璽を崇敬し奉るは[136]、本有《ほんぬ》常住の仏種[137]也。大空

天下を治めること八十三年。

日本足彦国押人天皇（第六代孝安天皇）

室秋の津嶋宮。陵は大和玉手の丘上に陵ある。

天下を治めること百二年。

大日本根子彦太瓊天皇（第七代孝霊天皇）

黒田の盧戸宮。陵は片岡の馬坂にある。

天下を治めること七十六年。

大日本根子彦国牽天皇（第八代孝元天皇）

軽堺原宮。陵は大和剣池の嶋上にある。

天下を治めること五十七年。

稚日本根子彦大日々天皇（第九代開化天皇）

春日率川宮。陵は大和率川の坂上にある。

天下を治めること六十年。

これまでの九代の天皇の時には、天皇と同じ大殿に神を祀っていたため、神宝と天皇の宝物は未だ分別されていなかった。けれども、神宝の霊威やその利益がだんだんと盛んに流れ出るようになった。だから、三種のあらたかな神

三昧ノ表文[138]、法界体ノ身量[139]也。

三果の上に立つ剣[140]は、三世《さんぜ》諸仏の智体[141]、降魔《ごうま》成道《じょうどう》の利剣[142]也。法中に三弁宝珠[143]と謂《い》ふ也。

『宝山記』に云はく[144]「宝珠とは神璽の異名、宝剣の字《あざな》也[145]。象《カタチ》、両体《フタツノスカタ》ヲ以て也[146]。亦、文字は一ノ字《シ》ヨリ起《ヲ》コル[147]也。是に十種の形[148]有り。品《シナシナ》本図の如し[149]。」

密語[150]に云はく「独股《どっこ》金剛とは[151]、世界建立の心王大日尊《オヲヒルメノムチ》[152]也。両宮ノ心御柱《しんノミハシラ》[153]是也。勇猛忿怒ノ執金剛神《しっこんごうしん》[154]ノ所持ノ三昧耶形《さまやぎょう》[155]也。

金剛杵は、天瓊杵《アマノニキ》ノ表体[156]也。天地に亘り、上下無《な》く空《ソラ》より雨《アメ》ヲ降《クタ》シ[157]、地《チ》より水ヲ輸《ワ》カス。是《コレ》、

璽を崇敬するのは、それが本来具有にして不変の仏種だからである。また、それは、煩悩を完全に滅した姿、すなわち法身大日如来の悟りの境地を表わし、法界における身体の大きさを示している。

三つの宝珠の上に立っている剣は、三世諸仏の智慧の姿であり、悪魔を降伏し悟りをひらくための鋭い剣である。法世界においては、それを三弁宝珠という。

『宝山記』にいう。「宝珠とは神璽の異名であり、宝剣の通称である。その形は、神璽と宝剣の両者の形からできている。また、その文字は同じ一つの「宝」の字から起きたものである。これには、十種の形がある。それぞれの形は本図の通りである。」

密語にいう。「独股金剛とは、世界を建立した心王なる大日尊である。両宮の心の御柱とはこのことである。また、勇猛忿怒の執金剛神が所持する三昧耶形の金剛杵のことである。

金剛杵とは、天瓊杵を表したものである。天地どこにあっても変わりなく、空より雨を降らし、地より水を湧かす

天御中主尊《アメミナカヌシノミコト》ノ所為《しわざ》也[158]。亦ハ、両宮降化の通名[159]也。三果半月の浮経《ふつ》は[160]、葦葉形の表[161]也。法中に阿字と云ふ[162]。阿字本有の体《カタチ》[163]は月也。月の形は三日月也。三日月、円満の月トナリ、水ノ本性ナリ[164]。本性ノ水ノ体は、月の心水也[165]。心水は𑖪𑖽《ばん》字、𑖪𑖽《ばん》字ハ月[166]。円満の月は合宿の際也[167]」

『宝山記』に云はく「月と水トは本性の心水也[168]。」〈文〉

御間城入彦五十瓊殖天皇《ミマキイリヒコイホニニノ》[169]〔大倭国磯城瑞籬宮《イソノミツカキノ》[170]〕

即位六年〔己丑〕秋九月[171]、倭国笠縫邑《ヤマトノクニカサヌイノサト》[172]ニ磯城ニ神籬《イソ カンカキ》ヲ[173]立テ、天照大神及び草薙剣[174]を遷し奉りて[175]、皇女豊鍬入姫《とよすきいりヒメノミコト》をして[176]斎《イツ》キ奉る[177]。以往《ゆくさき》[178]、同殿ニ床《ユカ》ヲ共《ナラ》ブト雖《いえど》モ[179]、漸《ようや》ク神霊ヲ畏れテ共ニ住むコト安からずして[180]、別《こと》ニ神籬

のである。これは天御中主尊の仕業である。また、両宮の降臨を示す共通の象徴でもある。

三果半月浮経とは葦の形を表わすものである。仏法では阿字という。阿字の本来の性質は月である。月形は三日月である。三日月と満月とは同じで、水の本性である。水の本来の性質は万象を映し出す月の「心水」である。「心水」とは鑁《ばん》字のことで、鑁字はまた月である。満月は阿・鑁の両字が合体した姿である。」

だから『宝山記』に「月と水は本性の心水である」というのである。

御間城入彦五十瓊殖天皇（第十代崇神天皇）

大倭国磯城瑞籬宮。

即位六年〔己丑〕秋九月、大和国笠縫の邑に磯城の神籬を立てて、天照大神と草薙剣を遷して、皇女豊鍬入姫に祭を奉仕させた。神武天皇以来、これまでずっと、同じ建物の同じ所で神と天皇が一緒に生活をしてきたけれども、次第に神霊を畏れて、共に住むのは良くないと思うようにな

を興《タ》テて後《ノチ》[181]、石凝姥神《イシコリトメノミコト》ノ裔《スエ》[182]・天目一箇《あめのまひとツ》ノ裔《スエ》[183]の二氏[184]、更に[185]鏡・剣ヲ鋳造し[186]、以て護身璽《ミマホリノシルシ》焉《アラ》ハス[187]。〔践祚の日に献ずる所の神璽の鏡剣[188]也。〕

三十九年〔壬戌〕三月三日[189]、但波の吉佐《よさの》宮ニ遷幸《みゆき》し[190]、雲聳《たなび》きて榎《エノキ》ノ下《もと》ニ現はれ坐《マシマ》ス[191]。秋八月十八日、瑞籬《ミツカキ》ヲ作り、四年を積《つ》みて斎《いつ》き奉る[192]。

四十三年〔丙寅〕九月九日、倭《やまとの》国伊豆加志本《いつかしのもとの》宮[193]に遷りて、剣ト現はれ坐《ましま》して[194]、八年斎《いつ》き奉る。

五十一年〔甲戌〕四月八日、木乃《きの》国奈久佐《なくさノ》浜《ハマノ》宮《ミヤ》[195]ニ遷りて、河底ノ岩上ニ瑠璃の鉢ニ余《アラ》ハれ坐《ましま》シテ、三年斎《いつ》き奉る[196]。

五十四年〔丁丑〕十一月十一日、吉備国名方《なかたの》浜《はまの》宮[197]ニ遷りて、神崎《カンさきの》岩上ニ残水《たまり》に壺ニ御《アラ》ハれ坐《ましま》シテ[198]、四年斎《いつ》き奉る。

った。そこで、別に神籬を立てて、天照大神と草薙剣を祭ることにし、天皇のもとには、新たに石凝姥神の子孫と天目一箇の子孫とに鋳造させた代わりの鏡と剣を、護身の璽《しるし》として置くことにした。〔これが、践祚の日に天皇に献上する神璽の鏡剣である。〕

三十九年〔壬戌〕三月三日、天照大神は、丹波の吉作宮に遷幸し、雲がたなびく中で、榎の下に現われて鎮座した。秋八月十八日、豊鍬入姫は瑞籬を作って、四年間、奉斎した。

四十三年〔丙寅〕九月九日、大和国の伊豆加志本宮に遷り、剣となって現われて鎮座した。八年間、奉斎した。

五十一年〔甲戌〕四月八日、紀伊国の奈久佐浜宮に遷り、河底の岩の上で瑠璃の鉢となって現われて鎮座した。三年間、奉斎した。

五十四年〔丁丑〕十一月十一日、吉備国の名方浜宮に遷り、神崎岩の上の水溜りに壺となって現われて鎮座した。四年間、奉斎した。

五十八年〔辛巳〕五月五日、倭《やまと》の弥《み》和《わ》の御室《みむろノ》嶺《ミネノ》上宮[199]に遷りて、杉《スキ》ノ中ニ円輪霊鏡《マロワノミタマノミタマ》ト留《アラ》ハれ坐《マシマ》シテ[200]、二年斎《いっ》き奉る[201]。

六十年〔癸未〕二月十五日、大和の宇《う》多《たの》秋《あき》志《し》野《のの》宮[202]に遷りて、臼座《うすざ》ノ上ニ霊鏡と居《あら》はれて[203]、四年斎《いっ》き奉る。

六十四年〔丁亥〕霜月廿八日、伊賀国隠市守《ヲイチノモリノ》宮ニ遷幸して[204]、雲霞の中に霊鏡と現はれ坐《ましま》シテ[205]、四年斎《いっ》き奉る。

六十七年〔己丑〕[206]冬十二月一日、同国穴穂宮[207]ニ遷りて、稲倉《いなくら》の上ニ霊鏡と居《あら》はれて[208]、四年斎《いっ》き奉る。

崇神天皇、天下を治《しろしめ》すこと六十八年[209]。〔陵《みささぎ》は大和国城上郡山辺勾に[210]在り。〕

活《イク》目《メ》入彦《イリヒコ》五十《イ》狭茅《サチノ》天皇[211]〈纏向珠城宮《まきむくたまきのみや》[212]〉

即位元年〔癸巳〕夏四月四日[213]、伊賀国敢都美恵《アトミエノ》宮[214]ニ遷りて、八重ノ雲《くモ》、円満霊鏡に聳《たなび》キ坐《ましま》シテ[215]、二年斎《いっ》き奉る。

五十八年〔辛巳〕五月五日、大和の弥和の御室の嶺の上宮に遷り、杉の中に円形の霊鏡となって現われて鎮座した。二年間、奉斎した。

六十年〔癸未〕二月十五日、大和の宇多秋志野宮に遷り、臼形の台座の上に霊鏡となって現われた。四年間、奉斎した。

六十四年〔丁亥〕十一月二十八日、伊賀国の隠市守宮に遷幸し、雲霞の中に霊鏡となって現われた。四年間、奉斎した。

六十七年〔己丑〕冬十二月一日、同国の穴穂宮に遷り、稲倉の上に霊鏡となって現われた。四年間、奉斎した。

崇神天皇が天下を治めたのは六十八年間である。〔天皇の陵墓は大和国城上郡山辺勾にある。〕

活目入彦五十狭茅天皇（第十一代垂仁天皇）纏向珠城宮。

即位元年〔癸巳〕夏四月四日、伊賀国の敢都美恵宮に遷り、八重雲のたなびく中、円形の霊鏡が鎮座した。三年間奉斎した。

[三歟] 四年〔乙未〕夏六月晦、淡海《おうみ》の甲可《かふかの》日《ひ》雲宮《くもの》[216]ニ遷りて、雲《くも》、屏風ト成りて、又、其の上の赤雲、霊鏡《ミタマ》ニ帯《おび》にセリ 坐《アラハレマシマ》シテ[217]、四年斎《いつ》き奉る。

[七] 八年〔己亥〕秋七月七日、同国坂田宮《さかたの》[218]ニ遷りて、千《ち》木《ぎ》高《たか》ク広敷《ヒロシキ》テ 板上《いたの》ニ[219]霊鏡を現はれ 坐《ましま》シテ、二年斎《いつ》き奉る。

[九] 十年〔辛丑〕秋八月一日、美濃国伊《い》久《く》良《ら》河宮《がわの》[220]ニ遷幸して、御船形《ミフネノかた》の上ニ楼台ニ案じて 神霊《ミタノミヲヤ》ト現はれタマヒテ 坐《ましま》して[221]、四年斎《いつ》き奉る。

次いで尾張国中嶋宮《なかじまの》[222]ニ遷りて、雲を聳《たなび》きテ錦蓋を垂れて神霊と現はれ坐《ましま》ス。両鹿、之を守護す。[223]〔鹿嶋・香取[224]の両社也。〕三箇月斎《いつ》き奉る。

[三] 十四年〔乙巳〕秋九月一日、伊勢国桑名野代《クワナノしろの》宮[225]ニ遷幸し、椋杜《ムクノキノ》三株《ミマタ》ノ中ニ神霊と現はれ 坐《ましま》して[226]、四年斎《いつ》き奉る。

次いで鈴鹿奈《な》其《ご》波《ハ》志《シ》忍《ソ》山《やま》[227]に神宮《カムノミヤ》ヲ造り奉りて、神霊を遷し給ひて、六箇月斎《いつ》き奉る。

四年〔乙未〕夏六月晦日、近江国の甲可の日雲宮に遷り、雲が屏風となり、更にその上の赤い雲は帯となって、霊鏡が鎮座した。四年間奉斎した。

八年〔己亥〕秋七月七日、同国の坂田宮に遷り、高い木の上の広い板の上に霊鏡と現われて鎮座した。二年間奉斎した。

十年〔辛丑〕秋八月一日、美濃国の伊久良河宮に遷幸して、船形の上の高い台にのって、神霊と現われて鎮座した。四年間奉斎した。

次いで尾張国の中嶋宮に遷り、雲がたなびいて錦の天蓋のように垂れ、そこに神霊と現われて鎮座した。二頭の鹿がこれを守護した。〔この二頭の鹿は、鹿嶋・香取の両社である。〕三ヶ月奉斎した。

十四年〔乙巳〕秋九月一日、伊勢国の桑名野代宮に遷幸し、椋の木の三本生えているところに神霊と現われて鎮座した。四年間奉斎した。

次いで鈴鹿の奈其波志の忍山に神宮を造立し、神霊を遷して六ヶ月間奉斎した。

十八《七》年〔己酉〕夏四月十六日、阿佐加《あさか》の藤方片《フチカタカタ》樋《ヒノ》宮[228]ニ遷坐し、葛藤巻纏《クスフチノマキマト》ウ中ニ舛形《ますかた》の上ニ[229]神霊と現はれ坐《ましま》シテ、四年斎《いつ》き奉る。

二十二年〔癸丑〕[230]冬十二月廿八日、飯野高宮《イヽノヽたかノ》[231]ニ遷りて、斎《いつ》き奉ること、障泥形《あおりかた》ニ編懸《アミカク》ル屋《ヤ》ニ[232]三箇年。

廿五《四》年〔丙辰〕春三月[233]、飯野高宮より、伊蘇《いその》宮[234]ニ遷幸して令坐《ましま》しき[235]。時に倭姫命《ヤマトヒメノミコト》[236]、南山末《いま》ダ見給はズ[237]とて、御宮処覓《ミ》に[238]、天照大神ヲ戴キ奉りテ、宇久留士《ウクルシ》[239]にして御船《ミフネ》に奉りて[240]、狭田《サタ》・坂手《サカテ》ニ過《ス》ギて[241]、寒河《さうかわ》に御船留《ミフネトヽマ》りて[242]、相鹿瀬《アサクニセ》[243]・瀧原《タキノハラ》[244]・和比野《ワヒノ》[245]・久求《クク》[246]・園相《ソノアヒ》[247]・目弖野《ミテの》[248]・積良山《オホヨシヤマ》[249]・沢路《サハミチ》[250]ニ過《ス》ギて、向田《たむけた》にて御船ニ奉りて[251]、小浜《おはま》[252]にして御水御饗《ミツノミアヘ》奉りて[253]、二見浜《ふたみ》の見津《みつ》[254]に御船留めて、山末・河内を見廻り給ひて[255]、鹿乃見《アサハのミ》[256]より家田《かうた》ノ田上宮《たのうえノ》[257]ニ遷幸しき。時ニ太田命《おおたのみこと》参りて[258]五十鈴の河上の宮処に礼祭《イハイマツ》ルべしと[259]申せり。即ち彼の処に往き

十八年〔己酉〕夏四月十六日、阿佐加の藤方片樋宮に遷坐し、葛や藤が巻纏う中で、舛形の上に神霊と現われて鎮座した。四年間奉斎した。

二十二年〔癸丑〕冬十二月二十八日、飯野高宮に遷り、編懸障泥のような形に屋根を懸けた小屋で奉斎すること三年。

二十五年〔丙辰〕春三月、飯野高宮より伊蘇宮に遷幸して鎮座した。その時倭姫命は、南山をまだ見ていない、と言って宮処を求め、天照大神を戴いて宇久留志で船に乗り、狭田・坂手を過ぎて、寒河に船を留めた。相鹿瀬《おうがせ》・瀧原《たきはら》・和比野《わいの》・久求《くく》・園相・目弖野・積良山《つぶら》・沢路《そうち》を過ぎ、向田で船に乗り、小浜において水の御食《みけ》を差し上げて、二見浜の見津に船を留めた。山の木、河の内を見廻わって、鹿乃見《かのみ》より家田の田上宮に遷幸した。その時、大田命が参上して、「五十鈴の河上の宮処にお祀りするのがよいでしょう。」と申し上げた。そこで、その地に赴くと、大変お喜びになった。

給ひて甚だ喜び給ふ。(260)
廿六年〔丁巳〕冬十月〔甲子〕(261)、天照大神を
度遇《ワタライ》ノ五十《イ》鈴《スヽ》河上《カハノカミ》ニ遷し奉りて(262)、御鎮座(263)。
垂仁天皇、天下を治《しろしめ》すこと九十九歳(264)。〔陵《みささぎ》
は大和国菅原《スカワラノ》伏見《フシミ》野《ノヽ》中ニ在《あ》り。〕

(265)

二十六年〔丁巳〕冬十月〔甲子〕天照大神を度会の五十鈴の河上に遷して、御鎮座することになった。
垂仁天皇が天下を治めたのは九十九年間である。〔天皇の陵墓は大和国の菅原伏見野中にある。〕
〔大日如来の仏頂〕

（図）[266]

倭姫皇女、天上の梵宮を移して造ること此の如し[267]。

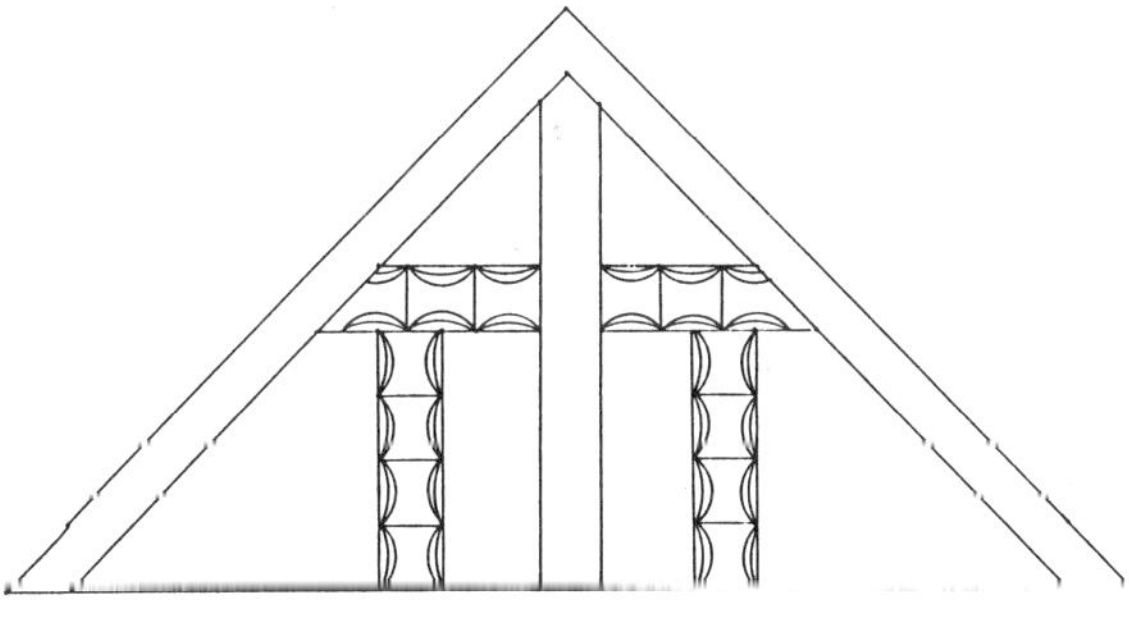

この図は、倭姫皇女が天上の梵宮を移して造った形である。

【註釈】

(1)神天上地下《ミコトアマノホリクニクタリノ》次第＝国［ミコトアメノホリクニクタリノツイテ］、守・天［ミコトアマノホリチニクタリノツイテ］、守イ［神ノアラハレヲハシマシテアメニアラハレチニカクレヲハシマスシキ］、『私鈔』［ミコトアマノホリクニクタルツイテ］。
「神が天上より地に下る経緯（麗気記）」という意味か。『制作抄』には「二、降臨次第々々々、内題に云はく、神天上地下次第。」とある。

(2)蔦《ヒソカ》ニ耳《ヲンモム》ミレバ＝真左・国左・守左・天左［ツタヘキク］。『制作抄』［ツタヘキクミレハソ］［ツタヘキク］。
『私鈔』には、「蔦耳者、ツタヘキク也。或本ニハ云ハク、蔦、是、葛ヲ誤ルカ。」とある。

(3)劫数《こうしゅ》無始無終に＝守［ソノカスナシモセスナシモセス］、府［劫数無始無終ニテ］、天［劫数無始無終ニシテ］。
人間の時間を超越した大昔に、という意味か。「劫」は、長い時間を意味するサンスクリット語のカルパ（劫波・羯臘波）で、長時・分別時節などとも訳す。①註30・④註233参照。「無始無終」は、始めもなく終わりもないこと。

忉利天から降り立った毘盧遮那如来が国常立尊であることを考えると、『日本書紀』神代上・第一段本文冒頭（↓①註73）にあるような、国常立尊が化現するまでの混沌の時期をイメージするか。なお、天本に「表書云、已上摂真実経文也、文云仏境界トモ云也、此経名也」と朱で行間傍書しているように、この部分は、『麗気記』③「降臨次第麗気記」にも引用されている『諸仏境界摂真実経』「序品第一」（↓③註78）にある「大慈毘盧遮那如来、体性常住、無始無終、」「時薄伽梵、住妙高山頂三十三天帝釈宮中摩訶摩尼最勝楼閣、」などの文が基になったと考えられる。

(4)妙高山頂＝「山頂」守［やマノいただキ］、守左［サンノいただき］。
「妙高山」は、須弥山《しゅみせん》のこと。仏教の世界観で、金輪の上の所謂「九山八海」（↓①註33）の中心に聳える山。その頂上にある喜見城には帝釈天（↓①註124）がおり、山腹には四天王が住し、日・月がその周囲を巡る。『倶舎論』十一（大正蔵二九・五七b）に「論曰、於金輪上有九大山、妙高山王所中而住、余八周匝繞妙高山、」とある。『聞書』には「妙高山〈文〉。須弥山也。」とある。

(5)三十三天＝守［卅三天ノ］。
忉利天《とうりてん》。欲界（六欲天）の第二天で、須弥山《しゅみせん》の頂上にあり、帝釈天が住む。四方の峯それぞれに八天あり、中央の帝釈天と合わせて三十三天となる。『聞書』に「三十三天〈文〉。欲界六欲天ノ中、忉利天ヲ三十三天ト云フ也ト云々。」とある。

(6)帝釈宮《たいしゃくぐう》

切利天の主である帝釈天（→①註124）の住む宮殿。須弥山頂上にある善見城のこと。

(7)摩訶摩尼最勝楼閣より＝守〔摩訶摩尼最勝楼閣ヨリ〕。偉大な輝ける最高の楼閣。「摩訶」は「大きな、偉大な」の意。「摩尼」は珠玉の尊称。「最勝」は「最上の、最も勝れている」の意。ともに帝釈天の宮殿の荘厳さを表すための美称。『聞書』に「摩訶摩尼〈文〉。帝釈宮切利ノ摩尼殿ト云フハ是也。最勝楼閣〈文〉。彼ノ摩尼殿最極殊勝ナルガ故ニ最勝楼閣ト云フ也。」とある。

(8)高日《たかひ》の国＝国・守・府・天〔タかヒノ国〕、府左・天左〔ヤマトノ国〕。日本のこと。また、限定的に葛城山のある大和国を指すこともある。『聞書』に「高日国〈文〉。大和国ヲ云フ也。」とあり、『神代秘決』巻一「神代巻秘神条崇廟品第四」に、所レ奉二崇敬一大小尊神等一万三千七百余社神者、始二高日国一惣六十余州在々処々天降給神達、以レ是崇(宗カ)廟神及社稷二神分也、能々可レ案レ之也、とある。なお、日本国のことは「日高見国」とするのが一般的で、『延喜式』巻八「祝詞」（大祓・遷却祟神）に「大倭日高見之国」とある他、『天地麗気府録』「天神七代次第」に、

伊弉諾・伊弉冊二尊天二降其嶋一、則化二竪八尋殿一共住二同宮一矣、号曰二大日本日高見国一、〔大日本者三光殿本名、〕今世号二葛木神祇峯一、是日天子・月天字(子)、化生産所名也、

『大和葛城宝山記』に、

一言主神〔飛行夜叉神所変、号二孔雀王一是也、一乗無二法守護之故、名二一言主尊一、故当処名二一乗峯一也、惟是天神降坐金剛坐実相、住心品国、仏法人法即一無貳平等国、一切諸法、皆了、了覚、了知、正覚、自証三菩提国、因レ之名二安国一、亦名二大和国一也、我国、昔為レ海時、天降二当峯一、始而成二国土一、名二大日本国一、釈迦与二皇天一、従二往昔一已来、当山峯上住、三世常住身、名二大自在天王一、度二衆生一施レ益、故名二豊布都一、亦号二武雷尊一也、皇天神与二釈迦文一、従二初禅一以降、到二大和中国一、上転二神変一下転二神変一、上去下来、而度二群品一、是大悲本願力也、〕

などとある。

(9)金剛宝山に降化《アマクタ》リ坐《マシマ》ス＝国・府・天〔金剛宝山ニアマクタリマス〕。「山」守〔センニ〕。「金剛宝山」は前出（→①註4）。『聞書』に「金剛宝山〈文〉。大峯也。」とある。

(10)大慈毘盧遮那如来ハ＝守・守左・府・天〔大慈毘盧遮那如来トハ〕。「大慈」は、如来などの広大なる慈悲を讃える接頭語。「毘盧舎那如来」は、『華厳経』および『大日経』『金剛頂経』などの密教経典で教主とされる仏。輝きわたるものの意で、

仏智の広大無辺なことの象徴とされる。ここでは、日本の葛城山に天降った国常立尊と同体とされる。①註47・④註31・50・51参照。

(11) 国常立尊《クニトコタチノミコト》の神《ミコトノ》霊《ミ》玉《タマ》＝「国常立尊」国・守〔国ノトコタチノミコト〕、天〔国常立ノ尊トノ〕。「神霊玉」守・宝〔ミコノミタマノ〕、天左〔ミタマノミタマ〕。

「国常立尊」は、記紀神話で天地開闢の時に現われる神の一。『日本書紀』神代上・第一段本文冒頭（↓①註73）では、天地の中に生まれた葦牙《あしかび》の如き一物《ひとつのもの》が神となり「国常立尊」と号したとし、『同』同段の一書第一・第四・第五でも、天地が分かれて最初に出現した神とする。ただし、『古事記』上巻（↓註158）で最初に高天原に成った神は「天之御中主神」をはじめとする別天神《ことあまつかみ》五柱で、「国之常立神」は次の神世七代《かみよななよ》の最初の神とされる。『先代旧事本紀』巻一「神代系紀」でも、

天祖天譲日天狭霧国禅日国狭霧尊、
一代倶生天神、
天御中主尊、〈亦云㆓天常立尊㆒、〉
可美葦牙彦舅尊、
二代倶生天神、
国常立尊、〔亦云㆓国狭立尊㆒、亦云㆓国狭槌尊㆒、亦云㆓
葉木国尊㆒、〕
豊国主尊、〔亦云㆓豊斟淳尊㆒、亦云㆓豊香節野豊尊㆒、
亦云㆓浮経野豊買尊㆒、亦云㆓豊歯尊㆒、〕
別天八下尊、独化天神第一世之神也、

として、「二代倶生天神」の最初の神とし、「国狭立尊」「国狭槌尊」「葉木国尊」を別称とする。また、中世神道説における神系譜でも両神の扱いは微妙で、例えば『神祇譜伝図記』では、冒頭に天御中主神からの系譜を掲げ、別に国常立尊から始まる系譜があり「天神始」と注記している。『神皇実録』では、

大元〔謂無名之名、無状之状、呈称㆓気神㆒、万物霊壹、
日月星気是、天大地大、人亦大、故大象㆓人形㆒坐
也、無者元至也、〕
国常立尊〔無名無状神、此倉精之君、木官之臣、自㆑古
以来、著㆑徳立㆓功名㆒者也、所化神名曰㆓天御
中主神㆒也、〕
謂大易者虚無也、因㆑動為㆓有之初㆒、故曰㆓大初㆒、有㆑気為㆓形之始㆒、故曰㆓太始㆒、気形相分生㆓天地人㆒也、大方道徳者虚無之神、天地没而道常在矣、原㆓性命㆒、受㆓化於心㆒、心受㆓之意㆒、意受㆓之精㆒、形体消而神不㆑毀、性命既而神不㆑終、形体易而神不㆑変、性命化神常然、因以名㆓国常立尊㆒、以㆑初為㆓常義㆒者也、

として最初に「大元」の神として掲げ、次いで「天地耦生神」として国狭槌尊から惶根尊までの八神を挙げ、
件五代八柱、天神光胤坐也、雖㆑有㆓名相㆒未㆑現㆓形体㆒、

故名二天地耦生神一也、応化神名曰二天御中主神一、未二顕露一名二国常立尊一、亦称二国底立尊一、天地之間稟気之霊、蒙二一大五種之神力一、受二天地父母之生身一、以二言語一授二世人一、依レ之得二一切智心一、利二万物生化一也、

として、天御中主神が露顕しない段階を国常立尊とする説を載せ、その後に「天神首」として天御中主神を記す。『神皇系図』「天神七代」では、国常立尊、天御中主尊の順に載せる。また、『御鎮座伝記』では豊受皇太神の「相殿神三座」に、

凡神代霊物之義、猨田彦神謹啓白久、夫天地開闢之後、雖二万物已備一、而莫レ昭二於混沌之前一、因レ茲万物之化若レ存若レ亡、而下下来来〔志天〕、自不レ尊、于時国常立尊所レ化神、以二天津御量事一、地輪之精金白銅鏡撰集、地大水大火大風大神、変通和合給〔比天〕、三才相応之三面真経津宝鏡〈平〉鋳造表給〔倍利〕、「(傍注)豊受宮荒祭宮高宮霊也、已上三面、」故此鋳顕神名曰二天鏡尊一、

とあり、「神鏡座事」に、

一面者、従二月天一顕現之明鏡、〔円形坐、三光天衆五飛龍守護神五座、是天鏡尊之鋳造白銅宝鏡也、月天所レ作三面之内也、〕崇二祭止由気宮一是也、

大田命白〈久〉、崇神天皇御宇、止由気皇太神天降坐〈弖〉、天照皇太神与一処双坐、于時従二天上一御随身之宝鏡是也、神代天御中主神所レ授白銅鏡也、是国常立尊所レ化神天鏡尊、月殿居所二鋳造一之鏡也、

とあるように、国常立尊が天鏡尊となって真津鏡と称された白銅鏡三面を鋳造したとしている。『御鎮座本紀』(↓①註72)や『宝基本記』裏書「日天子」では、混沌の時に出現した「虚空神」(↓①註36)が「大元神」(↓④註282)である国常立神で、別名「倶生神」というとする。『理趣摩訶衍』巻下の冒頭(↓①註180)には「一念不生神」である国常立尊が元始にあり、そのもとで陰陽が共に現われ、「伊弉諾・伊弉冊二柱尊化成二天御中主尊一、変成二内外両宮一、」として、内外両宮の成立を説明し、「分二両部因果曼荼羅一、」としている。『大元神一秘書』の「国常立尊」の項では、

大空無相妙体、是強名二虚無神一也、虚無則大易也、未レ見レ気無為之道是也、亦名曰レ夷、夷者也無色無形、本自無レ生而亦無レ死、故云、谷レ神不レ死、神乃生之本、形者生具也、是則名二常住一、曰二国常立尊一、亦号二倶生神一也、視レ之不レ可レ視、無色無形、口不レ能レ言、無心無声、書不レ能レ伝、当二受レ之以レ静、求レ之以レ神。不レ可二外求一之、詰問之得也、

として、「虚無神」であり、夷と同様に形もなく生死もないので「常住」すなわち「国常立尊」であるとしている。また、『御鎮座次第記』「天照坐止由気皇太神一座」(↓註158)では、天御中主神の別名とし、豊受大神(↓①註169)との同体説を述べている。

(12) 三《ミ》弁《ヨソイ》ニテ坐《マシマ》ス＝国［ミヨソイニマシマス］、天［ミヨソイニテマス］。

『聞書』に「三弁座〈文〉。当章第十六巻ニ絵、之在リ。」とあるように、『麗気記』⑰「神体図三」に見える三つの宝珠が一つの蓮弁に乗った三弁宝珠を指し、国常立尊の御霊が三弁宝珠の体であったことをいう。「ヨソイ」は、一揃いのものを数える時、または器に盛ったものを数える時に用いる助数詞。『私鈔』には、

三弁座トハ、ミヨソイニテマシマス三弁宝珠ナリ。但シ最初ノ一水💧是ナルガ故ニ、一ノ宝珠ナレドモ、満足セル時ノ形ハ水、是ナルガ故ニ、三水ハ三弁宝珠ナレバ、ミヨソイトハ云フ。💧ハ一水、💧💧💧ハ三水也。篇ニハ💧💧💧也。是💧💧💧《水》ヲソバザマニ💧💧💧《才》カクシタルモノナリ。今ノ三弁、只是本ノ水ニテ○○○是ニテアル也。

とある。

(13) 三世常住浄妙法身＝守［ミヨノツネニシテ住浄妙法身ト］。

三世を透徹する真理。「三世」（→①註6）は、前世・現世・来世。「法身」（→①註27）は、三身の一で絶対的な真理。「浄妙」（→①註132）は、「清浄微妙な」の意で、清く優れていること。国常立尊を三世常住浄妙法身とする根拠については、『天地麗気府録』（→④註2）に、

〈神〉国常立尊〈亦名㆓常住毘尊㆒也、無上極尊所化神云々、〉

円已地已阿已

惟是三世常住（常脱カ）妙法身、天神地祇本妙元神也、以㆓一身㆒分㆓七代㆒、形体顕言為㆑陰為㆑陽、化㆓生日神月神㆒、説法利生不可思議、不可思議、

とあり、『聞書』に、

一、国常立ヲ三世常住浄妙法身ト名ヅクル事。謂ハク、国ハ三世、常ハ常住、立尊ハ浄妙法身ト云々。此ノ神ニ就イテ深秘ノ習、明師ニ遇ヒテ之ヲ尋ヌベシ。

とある。また、『法華経』提婆達多品（大正蔵九・三五b～c）に「深達罪福相、遍照於十方、微妙浄法身、具相三十二以八十種好、」とある。

(14) 第二＝守［ツキフタツニ］、府・天［第二ニハ］。

大慈毘盧舎那如来である国常立尊は、最初に大和国葛城山に天降り、以下、次第にその姿を変えながら場所を移していくことが記されている。

(15) 那《ナ》尓《ニ》輪《ワ》里《ノサト》那《ナ》尓《ニ》輪《ワ》にて＝守・天［ナニハノサトナニハニテ］。

難波《なにわ》。大阪の古名。『日本書紀』巻三では、神武天皇が東征中、難波碕に到り、奔《はや》き潮《なみ》にあったので浪速国《なみはやのくに》と名付け、別名浪花《なみはな》といい、訛って難波となったという。『私鈔』に「那爾輪里、ナニハノサトナリ。◎是也。但シ、波花ノ里トモ後時一説也ト云々。」とある。

(16) 二《ふたツ》ノ如意宝珠＝「二」国・守［フタハヒシラノ］、守左［ふたツノ］。「如意宝珠」守［アマノミ玉ノ如ナル宝珠ニテ］。

ここでは、国狭槌尊・豊斟渟尊両神の降臨の様態を述べる。

「如意宝珠」は前出（↓①註75）。二つの如意宝珠の意味するところは不明であるが、『麗気記』⑰「神体図三」と対応するか。「神体図三」には、金色（星光）・青色（胎界）・黒色（金界）の三顆の如意宝珠と三弁宝珠が描かれている。この二つの如意宝珠は、胎金を表す青・黒二顆の宝珠に相当し、次の三弁宝珠が第三の「岩栖里」のものにあたると考えられる。とすると、最初の金色の宝珠は、本巻冒頭の国常立尊（大日如来）を指すと考えるべきであろうか。『制作抄』は「神体図三」について、

三宝珠ノ図也。神ノ御体元ハ宝珠也。自㆑一至㆑二、自㆑二至㆑三ナリ。

と述べ、また『神仏一致抄』は、それを三神にあてることについて、

宝珠形ハ、初ハ一果ノ形、或ハ二果形、或ハ三弁宝珠也。是ハ次第ニ作用スル心也。此ノ珠ヲ体鏡ト顕ハス処也。此ノ二尋ニ国狭槌尊〈ヒルサナ〉豊斟渟尊〈ルサナ〉、此ノ二神、天ニ浮キ地ニ降ル、報応二身青黒二色ノ宝珠也。第一ノ国常立ハ金色宝珠ト。故ニ第二ハ青色ノ宝珠、第三ハ黒色ノ宝珠ト云フ也。

とする。

(17) 一所ニ並び居《い》給ふと云ふ也＝守［ヒトトコロニヲハシマスト云也］、府［一所ニ並ニイ給ト云フ也］、天［一所ニ並ヒ居給フト云フ也］。

(18) 第三＝守［第ミツニ］、府［第三ハ］、天［第三ニハ］。

(19) 阿波国桂之岩栖里《カツラノイワスノサト》＝「岩栖里」守左［岩スミ里］。桂は勝浦《かつら》郡。『延喜式』神名下・阿波国「勝浦郡」に「勝占神社」がある。岩栖里については、『聞書』「岩栖里〈文〉。阿波ノ三《ミ》間《マ》ノ郡ニ、イハスト云フ処アリ。」とある。

(20) 鶏子《とりのこ》の如く　前出（↓①註73）。

(21) 三弁《ミヨソイ》ニテ坐《マシマ》ス＝国［ミヨソイニシテイマス］。岩栖里に降臨した神の様態が三弁宝珠であったことを表すか。先に述べたように、「神体図三」の三弁宝珠に相当すると思われる。『神仏一致抄』（註16の続き）には、

青色ハ衆生ノ果報ノ宝珠ト也。報身如来ノ意也。理知冥合ノ体即チ衆生果報ト立ツル者。黒色ハ無明調伏ノ宝珠トハ、応身機ニ同ジテ無明ヲ調伏スベキ徳有レバ云々爾カ。一果ノ宝珠、徳用ニ随テ是ノ如キハ、各別ニ金色黒色等宝珠之有トハ、心得ベカラズ。故ニ三神ハ鶏子ノ如キ也。

とあって、金色・青色・黒色の三果の宝珠がそれぞれ法・報・応の三身に相当し、本来一体であると説く。すなわち「神体図三」の三弁宝珠は、その前に描かれた三色の宝珠が一体化したものということになろう。また『私鈔』には、三弁、ミヨソイニテマシマス事、前ノ如シト云々。則チ知ヌ。国常立尊、四転有り。第一ハ一珠。第二ハ二珠。

第三ハ三弁宝珠。第四ハ日輪ニテオハシマス。

とあって、これを国常立尊の四転と解釈している。

(22)筑紫日向国高千穂《タカチホ》ノ槵触《クシフル》之《ノ》峯《みね》ニ座《マシマ》ス＝「槵」左［クメ］。

日向国高千穂は、ホノニニギの降臨（天尊降臨）の地。現在地としては、南の霧島山と北の宮崎県臼杵郡高千穂の二説ある。「槵触《クシフル》」は、『日本書紀』神代下・第九段の一書第一に、

皇孫、於是、脱二離天磐座一、排二分天八重雲一、稜威道別道別、而天降之也、果如二先期一、皇孫則到二筑紫日向高千穂槵触之峯一、

とあり、『同』同段の一書第二には「降二到於日向槵日高千穂之峯一」とある。

(23)一書《アルフミ》ニ云はく

不詳。『日本書紀』の「一書」とは異なる。

(24)日輪光明烋赫《かくかく》シテ＝「光明」守［ヒカリノ］。「烋赫」を守・天は「赫奕」として、守［カクヤクトシテ］、守イ［アキラカニアタヽカニアツウシテ］、天［カクヤクトシテ］。温・宝・府は「赫烋」として、温［カクヤクシテ］、宝［カクヤクトシテ］、府［カクヤクトテ］。

毘盧舎那仏（大日如来）の光が輝いて、という意味か。「日輪」は、太陽の光。「光明」は、仏・菩薩の身体から放つ光で、智慧や慈悲を表わす。「赫奕」は、光り輝くさま。これは、「日向」を大日如来の光明に結びつけようとする解釈と思われる。『神仏一致抄』には、

高千穂ハ日向国在所也。妙高山ハ須弥山頂也。何ゾ高千穂ヲ妙高山ト云フ哉。答フ、国常立尊、彼ノ国ニ御坐セバ光明ニ依テ日向トモ云フ也。又、此ノ神ノ御坐ノ所ヲバ妙高山ト云フ者也。触光、角蜀ハ此ノ神ノ光徳ニ依ル。無迷ハ無相体ト同ジ也ト云フ事也。

とあり、国常立尊の光明と説明している。

(25)名《ナ》良《ラ》彼《ヒ》天《テ》阿《ア》留《ル》

不詳。『聞書』には、

爰言名良彼天阿留〈文〉。古来、此ノ文遍々義アレドモ、皆以テ非也。師〈良遍〉云ハク、妙高山トハ筑紫ノ日向槵触ノ峯ヲ云フトテ、習ヒテ有リト云フ也ト云々。

とある。

(26)槵触《クシフル》トハ

「槵触」の字義を説明することにより、槵触之峯の霊峰たる由縁を述べる。

(27)玉《タマ》ノ光明《ヒカリ》烋《アタタ》カナルニ＝守［玉ノひかリアキラカニアタヽカナルニ］。

(28)火ニ干《カ》ルヽ＝「干」国［カヽル］、宝［カルテリ］。

(29)槵《クシノ》字《シ》ハ木《キ》ノ患《ウレエル》ト云《イ》フコト

『聞書』に、

一、触ノ字ヲ角蜀ト云フ事。常ニ読誦経巻等ノ会座ニ聴聞シテ角蜀《ヲト》サント云フ事アリ。其ノ経等ニ値遇シ触テ三

毒五欲等ノ角ヲ蜀《ヲト》サント云フ意也。

とある。

(30)光ニ触《フ》レテ角蜀《ツノヲ》ツルト＝宝［光ニツノシツルト觸テ］、天［光リニ触テツノヲアルト］。

(31)此、星霜世代ヲ送りて久《ヒサ》シト云ふ也＝底は「此、星霜を送りて世代久シト云也」、守［コヽニ星霜ヲ送リテヨヽニ久シクヲハスマスナリ］。「星霜」を温は「皇霜」とし［此、皇霜世代を送り久云也］、府・天は「星宿」とし、府［此ニ星宿世代ヲオクテ久ト云フ也］、天［コヽニホシ宿ヨヲ送テ久シ云フ也］。天は「星宿」の右に朱で「霜」と傍書し、天に朱で［セイサウ］。

(32)国《クニ》狭槌《サツチノ》尊

神代七代の第二。『日本書紀』神代上・第一段本文冒頭（↓①註73）で国常立尊（↓註11）の次に生まれたとする。

(33)豊斟渟《トヨクムヌノ》尊＝国［トヨクンヌノ尊］。

神代七代の第三。

(34)其の形、宝珠にて坐《ましま》す＝「其形」守［其ヲモカケハ］、温［コノカタチヲナヲシテ、イマシ］、宝［コノカタチヲナヲシテ、イマ］。「宝珠坐」守イ［心マレニシテスキタルカ如マシマス也］。

(35)之《ソノカタチ》を直《ナヲ》シテ今《イマ》にモ神霊《ミタマシヒ》ノ鏡ヲ作ル＝「直之」国［カタチヲモナヲシテ］、守［コノカタチヲナヲシテ］、府・天［之ヲナヲシテ］、天左［ソノカタチヲナヲシテ］。「直」天左［ナラシテ］。「于今神霊作鏡」国［イマミコトノミタマニシテカヽミト作る］、守［イマニミタマシナノ鏡ヲ作ル］、府［イマカタチヲミタマシイノカヽミヲ作ル］、天［カタチヲイマミタマシイ神ヲ作ル］、天左［イマモ神霊鏡ト作ナル］。「于今」守左［イマノミヨニ］。「作鏡」守イ［ヲモカケハカリナセリ］。

『聞書』は「直之〈文〉。正直円満ナリト云フ意也。」とし、『私鈔』は、

直之、ソノカタチノヲクシテトハ、宝珠ノ形ヲ改メテ鏡ト成ルト云フ事也ト云々。或ハイフベシ。タダチニシテトヨム意ハ、宝珠直体霊鏡ト作スト云フ事也ト云々。

としている。

(36)鏡とは、交はる儀・亘る儀・光る儀、無相無為の体也＝国［々トハ者儀に交ル、儀に亘ル、光リノ儀、無想無為ノ体也］、守［鏡トハ交ル儀儀ウノシテ光儀無相無為ノ体也］、守左［鏡者ヨソヲヒヲマシヘテ儀イヲ亘、カタチモナウ、ナスキオトモナウシテ、ウチト一ツナリ］、府［々ト者儀に交ル、儀に直ル、光リノ儀、無相無為体也］、天［々トハ交ル儀ワタルヨソヲヒ光リノ儀ヒ無相無為ノ体ナリ］。

『聞書』に、

一、鏡ニ四義具足ノ事。交義ト謂フハ、彼ノ明鏡、雑去垢染等ノ万物ヲウツスニ、所縁ノ鏡ニ随ヒテ諸相ヲ移ス故ニ然云フ也。　亘《ワタル》義トハ、万物ヲ寄ヘルニ更ニ不遮方ヲ以テ移ス義ト考ス。　光義トハ、諸物ヲ移ス等ノ功能、専ラ光明有ルニ依リテ也。無相無為トハ、万物ヲ移

ス事、一法トシテ残ス所無シ。然レドモ彼ノ鏡ニ於イテハ無相無為ニシテ諸相ヲ円備セリ。例セバ離相ノ相、無相不具ト云フガ如キ也。四義動モスレバ混乱スル也。古詞ニ云ハク、義ニ微妙ノアヤ有リト云々。

とあり、交儀（義）・亘儀（義）・光儀（義）・無相無為の四つを「四義」と称している。これらによれば、「交儀」とは世俗の万物を選り取ることなく鏡がうつしだすことを、「亘儀」とは鏡と相対するものがそのまま鏡にうつしだされることを、「光儀」とは鏡が光を発することによってものをうつしだすということを、「無相無為」は鏡というものが万物を残さずうつすものであって、鏡自身の姿や鏡がものをうつす役割を見ているのではない、ということをそれぞれ意味している。また『神仏一致抄』は、

鏡者交儀光儀二心如何。答フ、十界ノ形、此ノ神ノ一体ニ具足シテマス故ニ此ノ鏡ニ十界ガ交ハリ移ル心也。亘儀トハ鏡ニ影ノ移ヲ亘ルト云フ也。交ルハ十界ノ体ガ交ハル心也。亘トハ十界ガ移ル心也。光儀トハ万法ヲ照ス源也ト云々。

と述べ、「交儀」の解釈が若干異なっている。なお、「無相無為」とは、それ自体に形もなく働きもないこと。

(37) 埿土煮《ウヒチニノ》尊

神代七代の第四。『日本書紀』神代上・第二段本文に、

次有レ神、埿土煮尊、〔埿土、此云二于毘尼一〕沙土煮尊、〔沙土、此云二須毘尼一、亦曰二埿土根尊、沙土根尊一、〕次有レ神、大戸之道尊、大苫辺尊、〔一云大戸之辺、亦曰二大戸摩彦尊、大戸摩姫尊一、亦曰二大富道尊、大富辺尊一、〕次有レ神、面足尊、惶根尊、〔亦曰二吾屋惶根尊一、亦曰二忌橿城尊一、亦曰二青橿城根尊一、亦曰二吾屋橿城尊一、〕次有レ神、伊弉諾尊・伊弉冉尊、

一書曰、此二神、青橿城根尊之子也、

一書曰、国常立尊生二天鏡尊一、天鏡尊生二天万尊一、天万尊生二沫蕩尊一、沫蕩尊生二伊弉諾尊一、沫蕩、此云二阿和那伎一、

凡八神矣、乾坤之道、相参而化、所以、成二此男女一、自二国常立尊一迄二伊弉諾尊・伊弉冉尊一、是謂二神世七代一者矣、

とあるように、この神から男女の神に分かれ、それぞれのペアで一代と数える。ところが、『麗気記』では男女の別を示しながらも、一神を一代に数えている。後述するように、本来同じ神を指す異名を一神にするなどし、惶根尊までを七代として、「婚合」を始めた伊弉諾《いざなぎ》尊・伊弉冉《いざなみ》尊の前で区切っている。（ただし、天本では、『日本書紀』に合うように数えて、国常立尊に「天神第一」、伊弉諾尊に「第七」と傍書する。校異②21〜23・32・34・37参照。

(38) 本体、常の如し。俗体男形、図の如し

「本体如常」とは、具体的な姿を現わす人格神となったこ

とを意味するか。『麗気記』④「天地麗気記」では、涅土煮尊以下を毘婆戸如来以下の過去七仏に当てはめている。なお、「俗体男形如図」とあるが、『麗気記』⑮~⑱の「神体図」には見当たらない。

(39)沙土煮尊《スヒチニノ》〈女〉

神代七代の第四。涅土煮尊と並んで成った神。

(40)大苫辺尊《オホトマヘノ》〈男〉

神代七代の第五。『日本書紀』(↓註37)では、大戸之道尊と並んで成った神で、「大戸摩姫尊」の異称が示すように女神である。府・天本では、『日本書紀』と同じく次の大戸之道尊と逆に記す。

(41)大戸之道尊《オホトノチノ》〈女〉

神代七代の第五。大苫辺尊と並んで成った神。『日本書紀』では「大戸摩彦尊」の異称が示すように男神とされている。

(42)面足尊《ヲモタルタノ》〈男〉

神代七代の第六。『日本書紀』(↓註37)では惶根尊と並んで成った神となっている。

(43)大富道尊《オホトムノチノ》〈女〉=国・宝・天・温・府[ヲホトムチノ尊]。

『日本書紀』(↓註37)では、前出の大戸之道尊の異称とされており、したがって男神となる。本来「一体異名」の神が二度出てくることについては、『私鈔』(↓註89)でも問題にされている。

(44)惶根尊《カシコネノ》〈女〉

神代七代の第六。『日本書紀』(↓註37)では面足尊と並んで成った神。

(45)此の七柱尊《サトシハシラノ》=国・犬[此ノナ、ハシラノミコト]。

涅土煮尊から惶根尊までの七柱の神をさす。④「天地麗気記」にも同様の七尊をあげる。しかし、大富道尊は大戸之道尊と同神であり、『天地麗気府録』(↓④註2)は大富道尊を除いた六尊をあげる。『日本書紀』では、国常立尊以下の三尊に、涅土煮・沙土煮から伊弉諾・伊弉冉までの四代八尊を加えて天神七代とする。ここでは、後出の「中塩三度、次七度洗濯」や「三七清浄」などと整合させるために、大富道尊を加えて三柱と七柱にしたものと思われる。なお『天地麗気府録』では、国狭槌・豊斟渟両尊もそれぞれ偶生神としていて、七代十三神にしている。神の数え方については『私鈔』(↓註89)も参照。なお、『聞書』に、

一、天神七代帝臣相当ノ事。古語類要集ニ云ハク、一、国常立ハ帝、一、天御中土ハ臣、二、国狭槌ハ帝、天三降ハ臣、三、豊斟渟ハ帝、天合ハ臣、四、泥涅煮、天八《ヤ》十日魂《ソクタマ》ハ臣、五、大戸苫道ハ帝、天八《ヤ》十百《ヲ》ハ臣、六、面足・惶根ハ帝、天八降《アメヤクタリ》ハ臣、七、伊弉諾ハ帝、高皇産霊ハ臣也ト云々。但シ帝ノ七代先一二等ノ次第也。臣ノ七代ハ一二等ノ次第ニ非ズ。委細ハ北畠ノ御連血脉ヲ見ルベキ也ト云々。

とあるように、神代七代について他の神祇との帝臣関係が

あると解されている。ここに記されている「北畠御連血脉」とは、『紹運篇』冒頭の血脈をさすか。出典とされる『古語類要集』巻三十には、

一国常立尊〈帝〉 神皇系図曰、天先成而地後定、然後神聖生二其中一焉、号二国常立尊一矣、所レ形名曰二天御中主神一矣、

一天御中主〈臣〉 神皇実録曰、応化神名曰二天御中主神一、（未）平二顕露一名曰二国常立尊一、亦云、著徳立功名也、

二国狭槌〈帝〉 神皇系図、元気所レ化水徳、変成為レ因為レ果、而所露名二天御中主水雲神一、水徳示故名二御気都神一、是水珠所レ成、即月珠是也、亦号二大葦原中津国主豊受皇神一也、

三天三降〈臣〉

三豊斟渟〈帝〉

四天和合

四泥沙土煮〈帝〉 一書曰、天地初判、有レ物若二葦牙一生二於空中一、（因）同レ此化神号二天常立尊一矣、

六天八十万魂〈臣〉 神皇系図曰、古天地未レ割、陰陽不レ分、渾沌如二鶏子一、溟涬而含レ牙、神聖生二其中一焉、号二国常立尊一矣、

五大戸苫道〈帝〉 一書曰、天地未レ生時、譬猶二海上浮雪無レ所二根係一、其中生二一物一、葦牙之初、生二渥中一也、便化為レ人号二国常立尊一矣、

五天八十日〈臣〉

六面足惶根〈帝〉 一書曰、古国稚地稚之時、譬猶二浮膏一而（蕩）漂薄、于時国中生レ物、状如二葦牙抽出一也、因レ之有二化生神一、号二可美葦牙立産蛭児尊一、

二天八降〈臣〉 神皇実録曰、前六代則名字未レ現二尊形一、後転変而含二陰陽一、有二男女形一、応化相生、名為二一尊一云云、

七伊奘諾冊〈帝〉 旧事本紀曰、高皇産霊勅曰、吾則起二樹天津神籬及天磐境於葦原中津国一、国亦為二吾孫一奉レ斎レ之、亦曰、高皇産霊尊児、思兼神、有二思慮一、智深謀遠慮云云、

七高皇産霊〈臣〉

已上七代〔帝祖次第〕天神

并八代〔臣祖次第〕天神 伊奘諾・伊奘冊二尊并天降之神也、

とある（上部に付されている図は省略）。

(46) 男《ヲ》女《メ》＝守イ〔ヲノコメノコ〕。

(47) 婚合《みとのまくはひ》の儀＝国〔コンカウノヨソヲイ〕、守〔ミトノマクハイノ

儀」、守左［カンカウノ儀］、温・宝・府・天［ミトノマクハイノヨソヲイ］、天［ミトノマクヒナマ］。

男女が交合すること。『古事記』では「為美斗能麻具波比《みとのまぐはひ》」と万葉仮名で記し、『日本書紀』では「遘合」「為夫婦」「合交」「合為夫婦」と記している。また、『麗気記』④「天地麗気記」では、「予結幽契」（→④註95）を「ミトノマクハイ」と訓ませている。

(48) 只《タヽ》体《カタチ》能《ヨ》ク生《アレマ》ス也《ナリ》＝国［タヽカラチヨクウマレマシマスナリ］、宝・天イ［只カタチ能クアレマス］、府［只カタチヨクナシマス］、府左［只カタチハカリナリ］、天［只カタチヨクナレマスハカリナリ］。

男女の婚合によらず、自然に生まれ出たということ。能生は所生に対する語で、能は能動、所は受動の意をあらわす。したがって、能生は自然にあるいは自力で生まれ出ることで、所生は他のものから生み出されることを意味する。

(49) 伊弉諾尊《イサナキノミコト》〈男〉

神代七代の第七。記紀神話によれば、イザナミと共に天浮橋から天之瓊矛《あまのぬぼこ》によって下界の混沌をかき回し、そこにできた　磤馭盧《おのごろ》島の上で婚合することによって、日本の国土などを生んだ（国産み神話）。

(50) 伊弉冉尊《イサナミノ》〈女〉

神代七代の第七。イザナギと並んで成った神。

以下の段落は、イザナギ・イザナミの婚合を語っているが、日本書紀神代巻に見える神話とはだいぶ様相が異なる。まず目を引くのは前半の梵字の部分である。この部分はどうやら二神の会話の性的な表現を秘匿するための仕掛けとして、このような形をとっているらしい。残念ながら正確に読み切ることはできなかったので、試みのよみを提示しておいたが、「アア」「ママ」などの神代巻にはない特殊な表現は注目される。また後半は禊祓となっている。よく知られるとおり神代巻ではイザナギが祓を行なうのであるが、ここでは二神が祓を行なっている。「二柱の神、犯せる犯禍多き故に」というのであるから、あるいは二神の婚合そのものが罪穢れと捉えられているのかもしれない。

さらに注意されるのは、この婚合と祓を通じて「上り」と「下り」のモチーフが貫かれていることである。この段落中に、実に「上」の字が十二回、「下」の字が九回も用いられているのは、異様としか言うほかない。上昇と下降は、多くの両部神道書に共通するモチーフのひとつであるが、これほど濃密な用いられ方をしている例はまずない。このことがおそらくは、この巻が「神天上地下次第」という他の巻とはそぐわない題名を持つことに関係していると思われる。『麗気記』の巻の構成からいえば、②「神天上地下次第」と③「降臨次第麗気記」は、それぞれ天照大神（内宮）と豊受大神（外宮）に配当されるべきものであるが、本巻には天照大神は、この段落の直後にわずかに名前が見えるのみである。巻の題名を考慮しても、むしろイザナギ・イザナミの婚合を語るこの段落が、この巻前半の中心をなしているとみるべきではなかろうか。

(51) 上《ノホ》リ下《クタ》リ来《キ》タルニ＝国〔ノホリクタリキタテ〕、守・天〔ノホリクタリキタリキタルニ〕。

国産みの時に天浮橋から磤馭盧島へ降り来たったことをさすか。『聞書』に「上下来〈文〉。此ノ諾冉二尊ニ就キ、婚合上下降臨ノ事、神代巻ニ云フ。故ニ之ヲ略ス。」とある。また、『日本書紀』神代上・第三段本文に、

伊弉諾尊・伊弉冉尊、立㆓於天浮橋之上㆒共計曰、底下豈無㆑国歟、廼以㆓天之瓊〔瓊、玉也、此曰㆑努〕矛㆒、指下而探之、是獲㆓滄溟㆒、其矛鋒滴瀝之潮、凝成㆓一嶋㆒、名之曰㆓磤馭盧嶋㆒、二柱神於是降㆓居彼島㆒、因欲㆔共為夫婦、産㆓生洲国㆒、

とある。

(52) 未ダ世界悉旦ならズ＝国〔未タ世界悉旦ナラず〕、天〔未タヨノナカシツタンナラず〕。「未」守〔イマダヨカラス〕。「悉旦」守左〔コト丶丶ク〕、府〔悉タンノ〕。

「悉旦」は悉檀のこと。教えの立て方・宗義・定説など。筋道を意味する。四種あることから「四悉檀」また「四悉」ともいう。四悉檀の第一は「世界悉檀」で、仏が衆生の望みにしたがって世界の法を説き、聞くものを歓喜させることをいう。ここでは、イザナギがイザナミに国産みを始めようと呼びかけた詞として使われている。なお、『大智度論』巻一（大正蔵二五・五九b）に、

有四種悉檀、一者世界悉檀、二者各各為人悉檀、三者対治悉檀、四者第一義悉檀、四悉檀中〔総説〕一切十二部経、八万四千法蔵、皆是実無相違背、

とあり、世界の悉檀についても、

云何名世界悉檀者、有法従因縁和合故有無別性、譬如車轅軸輻輞等和合故有無別車也、

とある。また、『聞書』に、

未世界悉檀〈文〉。悉檀トハ、凡ソ四悉檀アリ。謂ハク、一ニハ世界悉檀〈楽欲〉、二ニハ為人悉檀〈生善〉、三ニハ対治悉檀〈破戒〉、四ニハ第一義悉檀〈理性〉也。凡ソ悉檀ト云フ事ハ、四季等ノ相好時々ノ有ル任ニ定マリタルヲ、悉檀ト云フ也。未悉檀トハ、冬ノ雨・夏ノ雪・冬時雷電等ノ義ヲ云フ也。

とあり、「未だ悉旦ならず」とは、冬に雨、夏に雪が降ったり、冬に雷が鳴るような秩序が定まっていない状態であるとする。

(53) 万物《よろづのもの》＝守〔よろツノ物ノシナ丶丶モノモノ〕、天〔よろツノ物〕。

(54) 情非情＝天〔コ丶ロアルモコ丶ロナキモ〕。

有《う》情《じょう》と非情。「情」とは、感情や意識を有するものの意で、衆生と同義。「非情」は、これに対して、草木・山河

・大地などを指す。

(55) 一切衆生＝国・温・宝・府・天［モロ丶丶ノアヲヒトクサノ］。

(56) 諸《もろもろ》ノ穀《タナツモノ》ヲ継《ツ》ガント思《オモ》フ＝「諸」国・守イ・宝・府［ヨロツノ］、守［モロ丶丶］。

「タナツモノ」とは「種のもの」という意味で、稲の種子（米）あるいは五穀をさす古語。

(57) 𑖦𑖦《ママニ》、[梵字]《アマレル》肉《ししむらアリ》[梵字]。𑖀𑖀《アアニ》、[梵字]《クホメル》穴[梵字]《アリ》 𑖦𑖦《ママニ》[梵字]《アレタ》 𑖀𑖀《アアニ》、[梵字]《イレタラハ》＝「肉」国・守［シ丶ムラ］、守左［シシ］。「穴」国・守・温［ケツ］、府［アナ］。

「ワタシにアマレル肉アリ、アナタにクボメル穴アリ…」という意味か。

この個所の梵字の部分について、正確な意味は不明。『日本書紀私見聞（春瑜本）』（神宮古典叢書『日本書紀・古事記』下、四十三ウ、三九八頁）に「𑖦𑖦〈ママトハ我也〉。」とあり、『制作抄』に「𑖦𑖦《ママ》トハ我也。𑖦𑖦ト云フハ八葉也。八葉間ニ又八葉アリ。二八十六。」とある。このことから、「ママ」を「我」、「アア（𑖀𑖀）」を「汝」の意味に解読し、更に底本に付された読みから大幅な推定を行なって、

ママニ《(我)》、アマレル《(余)》肉アリ《(有)》。アアニ《(汝)》、クボメル《(窪)》穴アリ《(有)》。

ママニ《(我)》アレタ《(?)》、アアニ《(汝)》イレ《(入)》タラバ、

と解釈し、現代語訳した。以下の内容としては、イザナギとイザナミの交合と、その際に生じた穢について述べているらしい。梵字に付された諸本の訓は、校異②43参照。

(58) 𑖦𑖦《ママニ》、元《モト》ノ光明《ヒカリ》無《な》シ

我（イザナギ）に本来の光明が無くなった、ということか。

(59) 上《のぼ》リ上《のぼ》ルニ決《ユ》カズ＝国・府・大［ノホリ上ルニユカス］。「不決」温［ケツセず］。

イザナギがセックスにより元の光明を失い、再び天上へ帰れなくなったということか。

(60) 𑖀𑖀《ああに》[梵字]《イカニハレモヤ》＝「𑖀𑖀」国・守［アアニ］、府・天［アア］。

「アアニ《(我)》、イカニ《(如何)》ハレモヤ《(腫物)》」で、汝（イザナミ）はどのぐらい腫れているか、ということか。

(61) 身重《ヲモ》クシテ夜昼を出立つニ＝「出立夜昼」守［ヒルモクラシイツルコトタツニ］、府・天［ヨルヒルイテタツニ］。

（イザナギが）昼夜を問わず（天上に向かって）逃げだそうとした、ということか。

(62) [梵字]《ハハナシカ》 [梵字]《ツァヴァ》 [梵字]《エイイカン》

不詳。「[梵字]」は「はば（糞・尿）」で、きたないものという意味か。「[梵字]《ナチカ》」は「なしかう」で、今とは別のものに替えるという意味か。「ハハナシカエイイカン《(如何)》」で、きたないものをどうやって取り除いたらいいのか、ということか。あるいは「イカン」は「行かん」という意味か。

(63) 上瀬《かみつせ》は荒《アラ》シ＝「上瀬」国・府［上ツセ］、天イ［ウハツセハアラシ］。

記紀神話にある有名な禊祓のくだりをもとにした記述。『日本書紀』神代上・第五段一書第六に、

伊弉諾尊既還、乃追悔之曰、吾前到二於不須也凶目汚穢之処一、故当滌二去吾身之濁穢一、則往至二筑紫日向小戸橘之檍原一、而祓除焉、遂将レ盪二滌身之所汚一、乃興言曰、上瀬是太疾、下瀬是太弱、便濯二之於中瀬一也、

『古事記』上巻に、

是以、伊耶那伎大神詔、吾者到レ於二伊那志許米上志許米岐〔此九字以レ音、〕穢国一而在祁理、〔此二字以レ音、〕故、吾者為二御身之禊一而、到二坐竺紫日向之橘小門之阿波岐〔此三字以レ音、〕原一而禊祓也、（中略）於是、詔之、上瀬者瀬速、下瀬者瀬弱而、初、於二中瀬一堕迦豆伎而、

とある。ただし、ここでは黄泉《よもつ》国訪問譚が省かれ、イザナミとの性交渉によりイザナギの身が穢れ、天上に帰ることができなくなったために禊祓が行われたことになっている。記紀では、イザナギが黄泉国から逃げ帰った時、日向の小戸《おど》橘《たちばな》之檍原《あはきはら》にて身の汚れを祓うのに上瀬・下瀬を避け、中瀬を用いたとあるが、三度・七度の祓や、荒塩・中塩については記されていない。なお、『聞書』に、

上瀬荒〈文〉。祓ニ於イテ七度三度、或ハ廿一度用フル事、神代聞書ニ委細アル故ニ且ク之ヲ略ス。但シ中瀬ヲ用フル事ハ中道ヲ用フル意也。師〈良遍〉云ハク、有無ノ両頭ヲ破シ、中道真如ノ理ニ契フ事、思ヒ合スベシト。

とあり、穢れを祓う際に中瀬を用いる理由については、三諦（空・仮・中）のうちの中道を用いることである、との解釈がなされている。

(64) 中瀬ニて上の荒塩を去《の》けテ＝「中瀬」守〔中ノ瀬〕。「上荒塩」国〔上リ〕、守・宝〔上ノ荒塩〕、天〔ウワ荒塩〕、天イ〔ノホリアラシホヲ〕。「去」守〔ノケテ〕。

「荒塩」は、祓い清めに使う塩で、湯に溶かして使用する。伊勢神宮における儀式としては、『皇大神宮儀式帳』「御調荷前供奉行事」に度会郡が調する「赤引生糸四十斤」について記し、

御調専当郡司、并調書生、及郷長、服長等、為二大解除一忌慎侍、亦郡内諸百姓等、人別私家解除清〈弖〉、御調糸持、参二同大神宮司〈仁〉一、即大神宮司卜定〈弖〉、糸〈遠〉令二編定一、御調櫃入〈弖〉、塩湯持〈弖〉清〈弖〉、御調倉進納畢、

とある。ただし『延喜式』巻八「祝詞」の大祓祝詞には、

速川〈乃〉瀬坐瀬織津比咩〈止〉云神、大海原〈爾〉持出〔奈武〕、如レ此持出往〈波〉、荒塩〈之〉塩〈乃〉八百道〈乃〉、八塩道〈之〉塩〈乃〉八百会〈爾〉坐〈須〉速開都比咩〈止〉云神、持可々呑〔弖武〕、

として荒塩の名が見え、そこでは塩そのものではなく潮の流れの意味で用いられていることから、本書の荒塩・中塩も「潮」の意味で用いられた可能性がある。

(65) 中塩ニテ三度＝守〔中ツ塩をミタヒシ〕、府・天〔ナカツ塩ニテ三度〕。

(66)次いで七度洗《アラ》ヒ濯《スヽ》ギテ、本の如く座坐《ましま》す＝「次七度」守［次ニナナタヒシテ］。「洗濯」守イ［キヨメテ］。「如本座坐」守［本ノ如クニマシマス］、守イ［如本ましましまサントヲホシメス］。

(67)上《ノホ》リ上《ノホ》ルニ同ジ、下《クタ》リ下《クタ》ルニ同ジ＝「上々」天［ノホリクタルコト］、天イ［のぼりノホルコト］。「下々」守左［下シモニ］、府［クタリ々ルヲ］、天イ［下クタルコト］。

(68)左《サ》良《ラ》波《ハ》、一切衆生《もろもろのあをひとくさ》の犯禍《ぼんか》の時の為《ため》に＝「一切衆生」国・守・宝・府・天［モロ、、ノアヲヒトクサノ］。「犯過時」国・守［ホンクワノ時ノ］、守イ［禍トカニヨリ］、府［ヲカセルトカノ時ノ］、天［ヲカセルツミトカノ時ノ］。

「左良波」という万葉仮名が記されているが、これは、良遍『日本書紀巻第一聞書』に、

祓除焉〈文〉。六月ノナコシノ祓ヲミソキ祓ト云、此本拠也、云意ハ伊弉諾尊日向国小戸ノ河原ニテ御衣服己利《コリ》カキ給シ故也矣、ミソキトハ御脱服トモ書キ、或ハ御禊トモ書ケリ、

一、或人行水之時誦歌云、加幾無須婦登於山里乃美毛須曾也屋於与路津世乃美和残羅志ト云々、

一、河原祓歌云、登志於遍天和賀美於左留阿羅神和美奈左利須天津千代乃登美瀬無、

とある祓や行水時に唱える歌と関係するか。

(69)三七清浄にして＝底は「清-浄」とし、「清め浄めて」と訓むか。国［三七清浄ニシテ］、守［ミタヒナ、タヒ、清浄ニシテ］、守左［三七ヲノレヲキヨク人モ浄シテ］、府［清浄ニテ］、天［三七ノ清浄ニシテ］。

未詳。『聞書』（→註63）には、祓の回数が七度三度あるいは二十一度となることの理由は『神代聞書』に委細を譲っており、詳しいことはわからない。また、『制作抄』には「三度ノ行水ヲバ三時行水也。七度ハ七瀬祓也。」とあり、三度は三時（晨朝・日中・日没）の行水で、七度は七瀬祓であるとの説明がなされている。「七瀬祓」は、無病息災などの現世利益的祈願のために、天皇・貴族が行なった陰陽道の祓。祈願者が息を吹きかけた人形を七箇所の海岸や川岸持っていき、水に流した。院政期には、大規模な河臨祓へと発展し、また僧侶によって密教的な六字河臨法なども行なわれた。

(70)本の如しと云ふ也＝国・府［本の如クスト云也］。

(71)二柱の神＝府［二ツ柱ノ神ミ］、天［二柱ノミコトノ］。イザナギ・イザナミのこと。『聞書』では「二柱神〈文〉。伊弉諾・伊弉冉ノ二尊也。以上天神七代畢ル。」として、『日本書紀』神代上・第二段（→註37）と同じ解釈を示している。

(72)犯《おか》せる禍《わざわい》多き故に、女《メ》神《カミ》下《シモ》ニ下《クダ》リ下《ヲ》リ、男《ヲ》神《カミ》上《カミ》ニ上《ノホ》リ上リ＝「犯過多故」守左［フカ[illegible]トカ多キ故ニ］、天［ヲカセルトガ多キ故ニ］。「女神下々下」守イ［メノコノカミノ云ハくだりくだルニクタセハキタケシ］。「男神上々上」国［男神カミニノ

ホリアカリ」、守［ヲカミカミニノホリヲリ」、守イ［をノコノ云ノホリのぼルニノホリテ」、天［ヲカミカミニノホリアガル」、天左［男上かみにアカリノホリ」。

『私鈔』に、「下下下、シモニクダリヲリトハ根国也。上上上、カミニアガリノボリトハ日ノ稚宮也。」とある。根国とは、イザナギがスサノヲに統治させた地下世界であるが、『私鈔』の見解ではイザナミが死んで行った黄泉国（夜見国）を指すか。日の稚宮《わかみや》（日の少宮）とは、『日本書紀』神代上・第六段本文に、

於是、素戔嗚尊請曰、吾今奉レ教、将レ就二根国一、故欲下暫向二高天原一、与レ姉相見而、後永退上矣、勅レ許之、乃昇二詣之於天一也、是後、伊弉諾尊、神功既畢、霊運当遷、是以、構二幽宮於淡路之洲一、寂然長隠者矣、亦曰、伊弉諾尊、功既至矣、徳亦大矣、於是、登レ天報命、仍留二宅於日之少宮一矣。［少宮、此云二倭柯美野一。］

とあるように、イザナギが功を終えて淡路に陰棲した後、天に登ったところとされる。

(73)三十三天の中、下《しも》四天の最下に入り＝「三十三天中」国・守・宝・府・天［三十三天ノナカ」。「入下四天之最下」国・府・天［しモ四天ノ最下ニ入リ」、守［シモ四天ノ最下ニイリテ」。「下」天イ［下リ」。宝は「八下四天之最下天二」とする。守イは「入二下四天之最下天上之代一」とし、「天上之代」［天上ノミシロニ」。祓い清めて元の力を取り戻したイザナギが、切利天から四大王衆天の最下にある堅手天までの間を上り下りしたということか。「三十三天」は、須弥山（↓註4）の頂上にある、帝釈天（↓①註124）を中心とした三十三天が住む切利天のこと。欲界の第二天。「下四天」は、その下にある四大王衆天で、四天王天・恒憍天・持鬘天・堅手天からなる。欲界の第一天。『神仏一致抄』に、

四天之最下天上トハ、伊弉諾・伊弉冊ハ尚モ本ノ如クタマフ故ニ今モ水ヲアブレハ清浄ニ成ナリ。参宮ノ時、塩カクハ中塩三度ノ心也。二柱ノ神水ニテ洗ヒテ本ノ如ク浄ク成リタマフ故ニ、男神ヲバ上リテ卅三天ノ下ノ四王天ニ住ミタマフト云フコトナリ。最下天トハ四王天ニ四ノ天有リ。其ノ最下ナリ。女神ハ終ニ上リ給ハズ。彼ノ国ニ行キ給フト。

とある。

(74)天上ニ之《これ》、代亘《ミユキ》シテ、上リ下りテ天然シテ動かず＝「天上之代亘上下」、国［天上ニミユキシテ上リ下テ」、府［天上ニミユキシテ上リ下ヲ」、天［天上ノミユキシテ上リ下ヲ」。守イは「亘二上下一」とし［上下ニ亘」。宝は「上之代」とし［カミニミチキシヲ」。「天然」宝・天［天然トシテ」。「不動」底など諸本「不レ動」とし、守［ハタラカス」。天上界を上り下りして、あるがままの存在として動じることがないこと。「天然」は、①自然。人の手が加わらない状態。②本来の姿。本性。生れつき。③偶然。無意識に起

こること。④造化の神。造物主。ここでは②の意味。

(75) 無為無碍の姿也＝守［カタラナケレハ、サムルコトスカタ也］、府・天［無為無ゲノスガタナリ］。

因縁による生成消滅を離れた、何ものにもとらわれない自由自在な姿。「無為」は、因縁によって生成されたものではない存在、因果関係を離れている存在、生滅変化を超えた常住絶対の真実のこと。「無碍」は、障りのないこと、さまたげのないこと、何ものにもとらわれず自由自在であること。

(76) 天照《アマテラス》皇《すべ》大神《オホンカミ》〈女〉＝「天照皇大神」国・府［アマテラススヘオヲンカミ］、守［天照ラスヲホンカミ］。「女」守［メノコ］。

天照大神（→①註10）のこと。『聞書』に「天照皇太神〈文〉。地神第一也。神代聞書ノ如シ。」とあり、『日本書紀巻第一聞書』に「天照大神○天原也〈文〉、天照大神ニハ他化自在天ヲ付属スル也、」とある。

(77) 正哉《マサヤ》吾《ワレ》勝《カツ》々《カツ》速日《ハヤヒ》天忍《アマノヲシ》穂《ホ》耳《ミヽ》尊《ノミコト》〈男〉＝守・温・府［マサヤアカツヽヽハヤヒアマノヲシホミヽノミコト］、宝［マサヤ吾ニカツヽヽハヤヒアマノヲシホミヽノ尊］。

天照大神とスサノヲとの間で交わされた誓約《うけひ》により、天照大神の身に付けていた八《や》坂《さか》瓊《にの》五《い》百《ほ》箇《つの》御統《みすまる》から生まれた神（以下オシホミミと略す）。ホノニニギの父。『聞書』に「正哉○穂耳〈文〉。日神ト素盞烏尊トノ誓ノ時、素盞烏尊ノ生ミ給フ御子也。日神、其ノ物ザネヲタダシ、御子トシ給フ等ノ事、是又神代聞書巻ノ如シト云々。」とある。良遍の『神代巻私見聞』には、二神の誓約のことが記されている。④註131参照。

(78) 一向に地底《くにのした》を主《つかさど》りテ＝国［一向クニノシタヲ主テ］、守・宝［一向クニノシタニ主シテ］、守左［ヒトタヒチノソコニ主トシ］、府［一向クニノシタニアルシトシテ］、天左［ヒーヘニソコツクニヲツカサトル］。天［ヒタスラクニノシタニアルシトシテ］。「主」守イ［主リ］。「地底」天イ［シタクニ］。

「地底」をここでは、諸本の「クニノシタ」という訓から「地上」の意味に解釈した。

(79) 無二無別也＝守左［キハモナウシテ、ワカルヽコトモナキナリ］。「無二」守イ［二ナク］。

天照大神とオシホミミが共同統治をとっている、ということか。

(80) 天津《アマツ》彦々《ヒコヒコ》火《ホ》瓊《ニ》々《ニ》杵尊《キノミコト》〈男〉

オシホミミとヨロズハタヒメの子（以下、ホノニニギと略す）。天照大神の孫。葦原中国を治めるため、高天原から高千穂に降臨した（天孫降臨）。④註136も参照。なお、以下の神々については、『遷幸時代抄』『日諱貴本紀』に図像を載せる。

(81) 天下を治むること四一一万八千五百四十三歳＝「治天下」守［天カ下ヲ治コト］。

ホノニニギが高千穂の峯に天降って四十一万八千五百四十

三年間天下を治めたとする。続いてホホデミが六十三万七千八百九十二年、ウガヤフキアエズが八十三万六千四十二年にわたって天下を治めたとあり、それらを合計すると百八十九万二千四百七十七年となる。これは、『日本書紀』神武天皇即位前紀に「自二天祖降跡一以逮、于レ今百七十九万二千四百七十余歳。」とあるのと十万年の差が生じる。また、『麗気記』④「天地麗気記」⑥「豊受皇太神鎮座次第」では、『日本書紀』と同じ「百七十九万二千四百七十六歳」（↓④註235）「一百七十九万二千四百七十余歳」（↓⑥註85）としており、同書において異説が載せられている。

それぞれの統治年数がいかに算出されたかは不明だが、成尋『参天台五台山記』第四の延久四年（一〇七二）十月条では、「第五彦尊」ホノニニギの統治を三十一万八千五百四十二年、ホホデミを六十三万七千八百九十二年、ウガヤフキアエズを八十三万六千四十二年とする。伝存する『皇代記』（群書類従所収本など）『帝王編年記』の類はほぼこれに準拠しており、異同があったとしても、ホホデミまたはウガヤフキアエズの年代に一年を加える程度である。例えば、『二中歴』第一「神代歴」では、ホホデミを六十三万七千八百九十三年、天孫降臨から神武東征までの期間を百七十九万二千四百七十六年とし、『神皇正統記』では、ホホデミを六十三万七千八百九十三年、ウガヤフキアエズを八十三万六千四十三年とする。ただ、『簾中抄』上「帝王御次第」でウガヤフキアエズを八十三万五千四十二年とするように、下一桁以外でも異同が認められる場合がある。『神道集』巻一「神道由来之事」では十万の位で異同があり、ホノニニギについて「天下治事五十《三歟》一万八千一百四十二年」とあるが、傍書に「三歟」としていることが注目される。五部書の中でも『御鎮座伝記』ではホノニニギの統治を三十一万八千五百四十三年と一年の違いを示すだけである。ところが『倭姫命世記』では、ホノニニギの統治を四十一万八千五百四十三年とし、『麗気記』②「神天上地下次第」と同じ年数（ホホデミの六十三万七千八百九十二年、ウガヤフキアエズの八十三万六千四十二年を加えた三代の総計は百八十九万二千四百七十七年）を記しながら、「神日本磐余彦天皇（神武天皇）」の項に東征開始の年（甲寅）までを「自二天祖降跡一以逮二于今一、一百七十九万二千四百七十余歳、」という『日本書紀』と同じ年数を記している。ここから、『倭姫命世記』『麗気記』②「神天上地下次第」と『日本書紀』などとの十万年の差は、ホノニニギの統治年代について本来「卅一万八千五百卌三年」とあったものが、「卅一万」を「卌一万」と誤写したことにより生じたと考えられる。なお、『遷幸時代抄』は、

高天原坐神達勅（志天）、経津主命（下総国香取社、春日第二社、）・建雷命、（常陸国鹿嶋社、春日第一社、）二柱（乎）遣（天）、葦原之中国（乎）平定（弖）、天祖神当レ猶レ視レ吾（止天）、

授給〔倍留〕、三種神財〈乎〉為二天璽一〈弖〉、三十二神、前後〈仁〉相従〈天〉、天津彦々火瓊々杵尊〔皇御孫尊、〕筑紫日向高千穂槵触之峯〈尓〉天降々給〈天〉、治二天下一卌一万八千五百卌三歳、〔陵在二日向国愛山一也、〕

【絵】

天祖当レ猶レ視レ吾天止授給之故、以二八咫鏡一奉レ崇二敬天照皇太神御霊形也、

彦火々出見尊、治二天下一六十三万七千八百九十二歳、〔陵在二日向国高彦山一、〕

【絵】

彦波瀲武鸕草葺不合尊〔彦火々出見尊太子、母豊玉姫、海神二女、〕治二天下一八十三万六千卌二年、〔陵在二日向吾平山一、〕

以上、地神五代之内、

として、『麗気記』②「神天上地下次第」と同じ年数を載せる。ただし、同書と『麗気記』との成立の先後関係については検討を要する。

(82) 愛《エノ》山＝国・宮・府〔エノ山〕。守・宝・天は「可愛山」とし、守〔エノ山〕、天〔カエノ山〕。天は「愛邑也」と傍書し〔アイノムラニ〕。

ホノニニギの山陵については、『日本書紀』神代下・第九段本文に「因葬二筑紫日向可愛〔此云レ埃、〕之山陵一、」とあるように、「可愛」と書いて「え」と訓んだ。『延喜式』巻二十一「諸陵寮」の最初に「日向埃山陵〔天津彦彦火瓊々杵尊、在二日向国一、無二陵戸一、〕」とあり、鹿児島県川内市宮内町字脇園に比定される。一説に宮崎県延岡市の北方にある可愛岳とする。

(83) 彦火々出見尊《ヒコホホイテミノ》〈男〉

ホノニニギとコノハナサクヤヒメの子（以下、ホホデミと略す）。山幸彦のこと。兄は海幸彦（火闌降命《ほのすそりの》）。

(84) 高屋《ヤノ》山＝底「高産山屋」を諸本と訓により改めた。

ホホデミの山陵については、『日本書紀』神代下・第十段本文に「彦火火出見尊崩、葬二日向高屋山上陵一、」とある。『延喜式』巻二十一「諸陵寮」（註82の続き）に「日向国高屋山上陵〔彦火火出見尊、在二日向国一、無二陵戸一、〕」とあり、鹿児島県始良郡溝辺村大字麓字菅ノ口に比定される。

(85) 彦波瀲武鸕草葺不合尊《ヒコナギサタケウカヤフキアワセスノ》〈男〉

『日本書紀』では「彦波瀲《ひこなぎさ》武《たけ》鸕《う》鷀草葺不合《がやふきあへずの》尊」とする。ホホデミと豊玉姫の子（以下、ウガヤフキアエズと略す）。叔母（豊玉姫の妹）玉依姫を妃とし、彦五瀬命（イツセ）・稲飯命・三毛入野命・神日本磐余彦尊（神武天皇）の四男を生む。

(86) 日向吾平《アヒラノ》山

ウガヤフキアエズの山陵については、『日本書紀』神代下・第十一段本文に「崩二於西洲之宮一、因葬二日向吾平山上陵一、」とある。『延喜式』巻二十一「諸陵寮」（註84の続き）

に「日向吾平《ワヒラノ》山上陵〔彦波瀲武鸕鷀草葺不合尊、在㆓日向国㆒、無㆓陵戸㆒〕」とあり、鹿児島県肝属郡吾平町大字上名《かんみょう》に比定される。

(87)三柱の尊＝国〔ミハシラノミコト〕。

(88)吉里《キリ》

底・国・守・温・宝・府・天本の訓から「霧」の意味に解釈した。

(89)天神《カミノミヲヤ》・地神《クニノミヲヤ》以上十七尊達《シサノカンタチ》ハ＝「天神地神」国〔アメノミヲヤクニノミヲヤ〕、守〔天ツ神ノミヲヤクニツ神ノミヲヤ〕、守イ〔天ミヲヤ地ミヲヤ〕、府〔アマノカミクニツカミ〕、天〔アマツカミクニツカミ〕。「地神」天左〔クニノミヲヤ〕。「以上十七尊達」国〔イクサキシサノカンタチハ〕、守〔以上トサヽノカミタチハ〕、宝〔アシヤトサヽノカミタチハ〕、府〔イクサクトナヽノカミタチハ〕、天〔イクナクトナヽノカミタチハ〕。「神以上十七」天イ〔カミヨリコノカタツナヽノ〕。

国常立尊からウガヤフキアエズまでの十七神。『聞書』では「以上十七尊《イクサキトサグミコト》〈文〉。天神〔男女〕十二代ト地神五代ト合セテ十七也。」として、天神（イザナギ・イザナミまで）と天照大神からウガヤフキアエズまでの五代を合わせた数としている。また、通常の数え方と違うことについて、『私鈔』に、

以上十七尊者、カミヨリノソナナハシラノミコトトハ、常ニハ天神七代十一神、地神五代五神トモニハ十六神也。然ルニ今ハ天神七代十一神ノ上ニ、一神ノ数ヲ副フルガ故ニ、十七神ト成ス也。其ノ故ニ大富道尊、ヲヲトンヂノ尊、亦ハオホトン辺ノ尊トモ云フ。大苫辺尊ノオヲトベノ尊ト一体異名也。亦是男神也。然ルヲ今此ノ記ニハ各別ノ両神ニシテ、結句ハ大苫辺ヲバ男神ト註シ、大富道ヲバ女神ト註シテ、面足ト惶根トノ中間ニ之ヲ列ヌルガ故ニ、天神第六代一男二女ノ三神、皇女ノ詫、太子ノ記、親王ノ勘、孝範ガ伝、全テ之無キ処也。若シ書記等ノ如クナラバ、国常立尊ヨリ十六大菩薩ノ生ト云フベシ。今ハ天神七代十二神ナル故ニ十七神ヲ成ス。所以ニ余ノ十六神ヲバ初ノ国常立尊ノ後代《ヨ》ノ身《ミ》余《アマリ》ト云フ。此則チ十六大菩薩ヲ大ビルサナ十一仏身中ノ自眷属ト云ハンガ為也。是ノ如ク不審ナレドモ、「但如是神等者」ノ下ニ伏難ヲ通会セル也ト云々。

とある。

(90)十六大菩薩と＝国「十六大菩薩ノ」、守〔十六大菩薩ナリ〕、天〔十六大菩薩ト〕。

金剛界四仏の各四親近《ししんごん》である十六菩薩。東方阿閦如来は、金剛薩埵菩薩・金剛王菩薩・金剛愛菩薩・金剛喜菩薩。南方宝生如来は、金剛宝菩薩・金剛光菩薩・金剛幢菩薩・金剛笑菩薩。西方阿弥陀如来は、金剛法菩薩・金剛利菩薩・金剛因菩薩・金剛語菩薩。北方不空成就如来は、金剛業菩薩・金剛護菩薩・金剛牙菩薩・金剛拳菩薩。また、⑤註23

参照。

(91)国常立尊の後代の身《ミ》余《アマ》リ給ふ＝「国常立尊」府［国常立尊ト］。「後代」国・守・府［コウタイノ］、天［後ノ代ノ］。「身」守イ［スカタ］。「給」守左［アレマス］。

国常立尊（↓註11）の分身という意味か。

(92)但し、是の如き神等《ミコトタチ》ハ、男女《ヲノコメノコ》定め難シ＝「但」守［ワレソレ］。「如是」守［カレモコレモ］。「男女」守左［フタラントコロヲ］。

(93)在在処処＝守［アリアリトコロトコロニ］、府・天［在々処々ニ］。

(94)利益《りやく》不可思議ナリ＝守［利益シタマフ不可思議也］守左［利益ハヤウミアレヲモテハ］。

(95)心を一にし念無く相無く作無くシテ＝底「一ㇾ心無ㇾ念無ㇾ相無ㇾ作而」の返り点による。「一心無念」守［コヽロニテ一ツ念ヒモ無ウ］。「無相無作」国・天［無相無作ニシテ］、守［カタチモナクシテナスコトモ無シ］。

(96)平等平等也＝守［ワレモヲレモカミモシモヽ、ヲナシカルモノソト云モノソ］。

「平等々々」は前出（↓①註137）。ここでは、神と仏が同一であることをいうか。

(97)神日本《カミヤマト》磐《イワ》余《ヨ》彦天皇《ヒコノスヘラミコト》＝国［カミヤマトイワワレヒコノスハラミコト］、府［カミヤマトイワアレヒコスヘラミコト］、天［カンヤマトイワレワレヒコノスヘラミコト］。

神武天皇。実名は、彦火火出見《ひこほほでみ》。『日本書紀』に神日本磐《かむやまといは》余《れ》彦天皇《びこのすめらみこと》は「彦波瀲《ひこなぎさ》武《たけ》鸕《う》鷀草葺不合尊《がやふきあへずの》第四子」とある。初代の天皇。『聞書』に「神日本磐余彦天皇〈文〉。人王ノ始、神武天皇是也。注ニ云フ、東征〈文〉。神武天皇数千万騎ノ神達ヲ引キ具シテ、紀国長髄彦ヲ対治シ給フ合戦ヲ東征ト云フ也。征トハ、ウツト読メリ。」とある。

神武天皇は、兄イツセらと合議して天下を平定するために日向から「東征」を行なった。瀬戸内海を経て、難波から進入しようとするが果たせず、迂回した熊野でも苦戦を強いられた。この時、天照大神と武甕雷神《たけみかづち》の神託を受けた高倉下《たかくらじ》から奉られた剣（フツノミタマ）を得て敵を倒した。また、天照大神（『古事記』では高木大神＝タカミムスビ）が遣わした八咫烏の導きにより吉野に入り、大和の平定を遂げた。ただし、これらの話は『麗気記』で取り上げられていない。神武天皇は伊勢神宮の歴史に必ずしも重要な位置付けがなされていないにもかかわらず、ここで取り上げられているのは、ひとえに本巻が神統譜・皇統譜を基にしているためであろう。

なお、温・府・天本では「人王第一」「神武」などと天皇の代数と漢風諡号を注記するが、これは後から加えられたもののようで、『聞書』も天皇一人一人を取り上げて漢風諡号を示しているように、良遍の見た本にもなかったと考えられる。また、『遷幸時代抄』（註81の続き）に、

神日本磐余彦天皇［人倭国橿原宮、号㆓神武㆒、人皇始、］

元年〔甲寅〕歳冬十月、発向二日本国一也、〔東征是也、〕
即位八年、建二都橿原一、経営帝宅〈天〉、四方国〈乎〉安国〈止〉
平〈天〉知食〈須〉天津璽〈乃〉剣鏡〈乎〉捧持賜〈天〉称辞竟
奉〈天〉、九帝者、帝与レ神同殿共床故、神物官物未二分別一、
〔九帝者、自二神武一迄二綏靖・安寧・懿徳・孝照・孝安・
孝霊・孝元・開化天皇一也、〕以往九帝治天下歴年六百卅
余歳也、
【絵】
とある。

(98) 大倭国橿原宮《ヤマトノクニカシハラノミヤ》
畝傍橿原宮。神武天皇が大和平定後、己巳年〈即位前二年〉三月丁卯に造営を命じ、辛酉年正月庚寅朔にそこで即位した。

(99) 元年〔甲寅〕の歳《とし》
『日本書紀』では神武天皇が畝傍橿原宮で即位した「辛酉」を神武元年とするが、ここでは東征を開始した「甲寅」を神武元年とする。この説は、『倭姫命世記』に、

元年甲寅歳冬十月、発二向日本国一、天皇親帥二諸皇子舟師一東征也、

とあるのをはじめ、『濫觴抄』上、『御鎮座伝記』、『御鎮座次第記』、『神皇実録』、『遷幸時代抄』（↓註97）などにも見える。

(100) 日本国《やまとの》に発向《みゆきましま》す＝「発向」国〔ミユキマシマス〕、守イ〔ヲコリムカヒタマフ〕、府・天〔ミムキシマヒス〕、天イ〔ハツカウシタマフ〕。

(101) 東征是也＝国〔東シヤウ是也〕、守〔ひがシニユク是也〕、天〔シカシヲウツ是也〕。

(102) 即位八年
神武天皇が即位した辛酉年に当たる。『日本書紀』神武天皇元年に「辛酉年春正月庚辰朔、天皇即二帝位於橿原宮一、是歳為二天皇元年一、」とあり、『倭姫命世記』（註99の続き）に、

八年辛酉正月、即建二都橿原一、経二営帝宅一〈天〉、皇孫命〈乃〉美豆御舎〈乎〉造仕奉〈弖〉、天御陰〈止〉日御陰〈止〉隠坐〈弖〉、四方国〈乎〉安国〈止〉平〈介久〉知食〈須〉、天津璽〈乃〉剣鏡〈乎〉捧持賜〈弖〉、言寿宣〈志弖〉、天津日嗣〈乎〉万千秋〈乃〉長秋〈爾〉、奉レ護〈利〉奉レ祐〈留〉称辞竟奉、凡神倭伊波礼彦天皇已下、稚日本根子大日々天皇以往九帝、歴年六百三十余歳、当二此時一、帝与レ神其際未レ遠、同レ殿共レ床、以レ此為レ常、故神物・官物亦未二分別一焉、

とある。『遷幸時代抄』（↓註97）も参照。なお、この一説は、『延喜式』巻八「祝詞」の「祈年祭」に、

皇神〈能〉敷坐下都磐根〈尓〉宮柱太知立、高天原〈尓〉千木高知〈弖〉、皇御孫命〈乃〉瑞〈能〉御舎〈乎〉仕奉〈弖〉、天御蔭・日御蔭〈登〉隠坐〈弖〉、四方国〈乎〉安国〈登〉平〈久〉知食故、皇御孫命〈能〉宇豆〈乃〉幣帛〈乎〉称辞竟奉〈久登〉

宣、
とあるような表現と共通する。

(103)都《ミヤコ》ヲ橿原ニ建て、帝宅《ミヤコ》ヲ経営《ヲサメツク》りて＝「建都橿原」国［ミヤコヲカシハハラニタテ］、府・天［ミヤコヲカシハラニタテ］。「建都」守左［ミヤコヲタテミヤトコロシテ］。「経営帝宅」国［テイタクヲヲサメツクリて］。「帝宅」左［テイタクヲ］。

(104)四方国《ヨモノクニ》＝宝［シモノクニヲニテ］、府［ヨモノクニノ］、天［ヨモノクニヲ］。
諸方の国。周りの国。『聞書』に「一、凡ソ夷《エビス》、文字四方ニ各別也。謂ハク、東夷・南蛮・西戎・北狄〈文〉。」とある。

(105)安国《ヤスクニ》
太平に治まっている国。

(106)天津璽《アマツシルシ》の剣鏡《ツルキトカヽミ》を＝「剣鏡」国・守・温［ツルキトカヽミトヲ］、守イ［ミつるぎヲ鏡ヲ］、宝・天［ツルキトカヽミヲ］、府［剣カヽミ］。
天の印（璽）である剣や鏡。「あまつ璽」とは、天つ神の子孫であることを示す皇位の印。

(107)捧持《ささげも》ち賜《たま》ひて＝底は「捧㆓持賜㆒〈天〉」とするが、諸本の訓と意により改めた。国・府・天［サヽケモチ賜ヒて］、守［サツケテ捧ケ持チ］、守左［サヽケモテ賜］、府［捧ケモチ賜ヒて］、天左［タテマツリ］。

(108)称辞竟《タヽエコトヲ》エテ＝国・守・宝・府・天［タヽヘコトヲヘテ］。

讃える言葉を申し上げる。事や物を誉め讃えるということで、祭を行なうという意味になる。祝詞《のりと》（↓註102）の常套句。

(109)天下《あめのした》を治《しろしめ》すこと七十六年＝「治天下」守［天カ下ヲ治タマフ］、守イ［ナヲナソラヘヲ[illegible]シマス］。
神武天皇の在位は七十六年間であった。『日本書紀』に「七十有六年春三月甲午朔甲辰（十一日）、天皇、崩㆓于橿原宮㆒、時年一百二十七歳、明年秋九月乙卯朔丙寅（十二日）、葬㆓畝傍山東北陵㆒、」とある。ただし、神武天皇の崩御の時の年齢について、『古事記』中巻には「神倭伊波礼毘古天皇御年、壹百参拾漆歳、御陵在㆓畝傍山北方白檮尾上㆒、」とあり、十年の差がある。

(110)神渟名川耳《カンヌナカハミヽノ》天皇＝左・府［カミヌナカハミヽノ天皇］、国［カンヌナカハミノスヘラミコト］、宝［カムヤナナカハミヽノ天皇］。
温・天・宮に「第二　綏靖」などと注記あり。

第二代、綏靖天皇。『日本書紀』に神渟名川耳《かむぬなかはみみの》天皇は「神日本磐余彦天皇第三子、母曰㆓媛蹈鞴五十鈴媛命㆒、事代主神大女也、」とある。また、「元年春正月壬申朔己卯、神渟名川耳尊、即天皇位、都㆓葛城㆒、是謂㆓高丘宮㆒、尊㆓皇后㆒曰㆓皇太后㆒、是年也、太歳庚辰、」とあり、「卅三年夏五月、天皇不予、癸酉、崩、時年八十四、」とある。また、『同』安寧天皇紀に「元年冬十月丙戌朔丙申、葬㆓神渟名川耳天皇於倭桃花鳥田丘上陵㆒、」とある。『古事記』には「天皇御年、肆拾伍歳、御陵在㆓衝田岡㆒也、」とあって、天皇の御年四十五年と記している。『聞書』に「神渟名川耳天皇〈文〉。綏靖天皇也。」とある。

(111) 桃《ト》花《キ》鳥田丘《タノヲカ》＝守［トキトタノヲカ］、守左［トキハノタカヲカ］、温・天左［モトトリタノヲカニ］。
綏靖天皇の山陵。桃花鳥田丘の訓について『聞書』に、注ニ云フ、桃花鳥〈文〉。三字引キ合セテ、トキト読メリ。鴇《タウ》ト云フ鳥也。彼ノ鳥、桃ノ花ノ色ニ似タリ。之ニ依リテ彼ノ鳥ヲ桃ト云フ也。イカル時ノ色、殊ニ桃花ニ似タリト云々。

とある。

(112) 磯《シ》城《キ》津《ツ》彦《ヒコ》玉《タマ》手《テ》看《ミノ》天皇＝守［シキツヒコタマテミノヲ、ムスメ］。温・府・天に「第三　安寧」などと注記あり。
第三代、安寧天皇。『日本書紀』に磯《し》城《き》津《つ》彦《ひこ》玉《たま》手《て》看《みの》天皇は「神渟名川耳天皇太子、母曰二五十鈴依媛命一、事代主神之少女、」とあり、「卅三年（綏靖天皇）夏五月、神渟名川耳天皇崩、其年七月癸亥朔乙丑、太子即天皇位、」とある。『同』懿徳天皇に「卌八年（安寧天皇）冬十二月、磯城津彦玉手看天皇崩、秋八月丙午朔、葬二磯城津彦玉手看天皇於畝傍山南御陰井上陵一、」とあって、ここにある「治天下三十七年」とは、一年の差がある。『聞書』に「磯城津彦玉手看天皇〈文〉。安寧天皇也。」とある。

(113) 畝《ウネ》火《ホノ》西《ニシノ》山＝国［ウネヲノ西山］。

(114) 大日本《おほやまと》彦耜《ヒコスキトシノ》支天皇＝国・守・府・天［ヲオヤマトヒコスキトモノスヘラミコト］。温・府・天などに「第四　懿徳」などと注記あり。
第四代、懿徳天皇。『日本書紀』に大日本《おほやまと》彦耜友《ひこすきともの》天皇は「磯城津彦玉手看天皇第二子、母曰渟名底仲媛命、事代主神孫、鴨王女、」とあり、「卅四年秋九月甲子朔辛未、天皇崩、」とある。『同』孝昭天皇に、「大日本彦耜友天皇崩、明年冬十月戊午朔庚午、葬二大日本彦耜友天皇於畝傍山南織沙谿上陵一、」とある。『聞書』に「大日本彦耜友天皇〈文〉。懿徳天皇ノ御事也。」とある。

(115) 御《ミ》陰《ホト》井《ヰ》曲峡《マカリヲノ》宮＝国［ミヲヰノマカリヲキサノ宮］、天［ミホトヰマカリヲノ宮］温［御蔭井マカリヲカノ宮］。

(116) 畝火南山＝国［ウネヲノ南山］、天［ウネホノ南ノ山］。

(117) 観《ミ》松《マツ》彦《ヒコ》香《カ》殖《ニ》稲《イネノ》天皇＝国［ミルマツヒコカニイネノ天皇］、守［ミマツヒコカニイネノミコ］、守イ［観松彦香エテニノ天皇］、守左［観松彦香シキイネノ天皇］、宝［アマツヒコカミイネノ］、府［ミマツヒコカシイネノ］、天［ミマツヒコカアレシネノ天皇］。
温・府・天などに「第五　孝昭」などと注記あり。

第五代、孝昭天皇。『日本書紀』に観《み》松《まつ》彦《ひこ》香《か》殖《えし》稲《ねの》天皇は「大日本彦耜友天皇太子、母曰二皇后天豊津媛命一、息石耳命女也、」「八十三年秋八月、観松彦香稲天皇崩、」とあり、『同』孝安天皇に「三十八年秋八月丙子朔己丑、葬二観松彦香稲天皇于掖上博多山上陵一、」とある。『聞書』に、「観松彦香殖稲天皇〈文〉。孝昭天皇也ト云々。」とある。

(118) 腋《ワキ》上《アカリ》池《イケ》心《コヽロノ》宮＝府・天［ワキカンイケコ、ロミヤ］。

(119)博《ヒロ》多《タ》山＝守左・天左［ハカタノヤマ］。

(120)日本《ヤマト》足《タラシ》彦《ヒコ》国《クニ》押《ヲシ》人《ヒトノ》天皇＝国。温・府・天などに「第六　孝安」などと注記あり。
第六代、孝安天皇。『日本書紀』に日本《やまと》足《たらし》彦《ひこ》国《くに》押《おし》人《ひとの》天皇は「観松彦香殖稲天皇第二子、母曰二世襲足媛一、尾張連祖瀛津世襲妹、」「百二年春正月戊戌朔丙午、天皇崩、」とあり、『同』孝霊天皇に「(同年)秋九月甲午朔丙午、葬二日本足彦国押人天皇于玉手丘上陵一、」とある。『聞書』に「日本足彦国押人天皇〈文〉。孝安天皇也ト云々。」とある。

(121)室《むろ》秋《あき》津《つ》嶋《しまの》宮＝守［ヲハシ所ハ秋津嶋ノ宮］、府・温［ムロアキツシマミヤ］、天［ムロアキツシマノミヤ］。

(122)玉《たま》手《て》丘上《おかうえ》＝「手」底「平」を諸本により改めた。国・温［タマテノ岳山上］、守左［タマヒラノ丘上］、府［タマテノヲカニうへ］、天［玉手岳ノウヘ］。

(123)大日本《ヲオヤマト》根《ネ》子《コ》彦《ヒコ》太瓊《フトニノ》天皇＝天［ヤマト子コヒコフトマノ天皇］。温・府・天などに「第七　孝霊」などと注記あり。
第七代、孝霊天皇。『日本書紀』に大日本《おほやまと》根《ね》子《こ》彦《ひこ》太瓊《ふとにの》天皇は「日本足彦国押人天皇太子、母曰二押媛一、蓋天足彦国押人命之女乎、」「七十六年春二月丙午朔癸丑、天皇崩、」とあり、『同』孝元天皇に「六年秋九月戊戌朔癸卯、葬二大日本根子彦太瓊天皇于片丘馬坂陵一、」とある。『聞書』に「大日本根子彦太瓊天皇〈文〉。孝霊天皇ノ御事也ト云々。」とある。

(124)黒《くろ》田《だ》盧戸《いほとの》宮＝底「里田盧戸宮」を諸本により改めた。国［クロタクホトノ宮］、守［クロタノイホリトノ宮］、府・天［クロタイホトノ宮］。「盧」天イ［アシ］。

(125)片岡《かたをか》馬坂《うまさか》＝天［カタヲカムマサカ］。「馬坂」国・守［マサカ］、守左［トリ］。

(126)大日本《おおやまと》根《ね》子《こ》彦国牽《ヒコクニクルノ》天皇＝府［オホヤマトネコヒコクニクルノ］、天［ヤマトネコヒコクニクルノ天皇］。「彦国牽」国［ヒコクニヒキ］、守イ［国クシノ］、守左［国ヒキ］、宝［国クムノ］、温［国クトノ］、温左・宝左［国クルノ］。温・府・天などに「第八　孝元」などと注記あり。
第八代、孝元天皇。『日本書紀』に大日本《おほやまと》根《ね》子《こ》彦国牽《ひこくにくるの》天皇は「大日本根子彦太瓊天皇太子也、母曰二細媛命一、磯城県主大目之女也、」「五十七年秋九月壬申朔癸酉、大日本根子彦国牽天皇崩、」とあり、『同』開化天皇に「五年春二月丁未朔壬子、葬二大日本根子彦国牽天皇于剣池嶋上陵一、」とある。『聞書』に「大日本根子彦国牽天皇〈文〉。孝元天皇也。」とある。

(127)軽《かる》堺原《サカイハラノ》宮＝国［カルサカイノ宮］、守・温・宝・府［カロサカヒハラノ宮］、天［カルサカイハラ宮］。

(128)稚《ワカ》日本《やまと》根《ね》子《こ》彦《ひこ》太《フト》日《ヒ》々《ヒノ》天皇＝守左［ヤマトアキラノ天皇］、府・天［ワカヤマトネヒトツトヒヽノ天皇］。温・府・天などに「第九　開化」などと注記あり。

第九代、開化天皇。『日本書紀』に稚日本根子彦大日々《わかやまとねこひこおほひひの》天皇は「大日本根子彦国牽天皇第二子也、母曰二欝色謎命一、穂積臣遠祖欝色雄命之妹也、」「六十年夏四月丙辰朔甲子天皇崩、冬十月癸丑朔乙卯、葬二于春日率川坂本陵一、〔一云、坂上綾、時年百五、〕」とある。『聞書』に「稚日本根子彦太日々天皇〈文〉。開化天皇ノ御名也ト云々。」とある。

(129) 大和率河坂上《いざかわのさかうへ》＝底「率河坂上大和」を諸本により改めた。国「大和イサカハノ坂上」、宝「大和国イサカハノ坂ノ上」、天「大和ノ国イサカワノサカ上」。

(130) 以往《いくさき》九帝は＝国「イクサキ九ツノミヤトハ」、府「イクサキノ九ツノミカトハ」、天「イクサキノコ、ノハシラノミカトハ」、「帝」宝・府イ「ミカトトカミ」。

初代神武天皇より第九代開化天皇までを指す。以下の一節は、『古語拾遺』「神武天皇」の項に、

当二此之時一、帝之与レ神、其際未レ遠、同レ殿共レ床、以レ此為レ常、故神物・官物亦未二分別一、

とあるのを原拠とし、『御鎮座伝記』「神日本磐余彦天皇」の項に、

自二神武天皇一迄二開化天皇一九帝、歴レ年六百卅余歳、天皇与同レ殿坐也、此時帝与レ神、其際未レ遠、同レ殿共レ床、以レ此為レ常、故神物・官物、亦未分別矣、

とあるように、五部書などにも記される。また、『倭姫命世記』（↓註102）『遷幸時代抄』（↓註97）『私鈔』（↓⑥註86）も参照。

(131) 帝ト神ト同殿に床ヲ共《ナラ》ベテ＝「帝与神」守「ミカトカミ与」、天「ミカト、カミト」。「同殿共床」守・宝・府・天「殿同ウシユカヲナラヘテ」、守イ「殿同クシテ床ヒトツニシテマシマス」、天左「同シヲトトニトモシテマシ、、キ」。「同殿」守左「テンヲ同」。

天皇の正殿に、天照大神から授かった天璽（鏡・剣）が祀られていることをいう。所謂三大神勅の一つ「宝鏡同床共殿の神勅」で、『日本書紀』神代下・第九段一書第二（↓④註199）に、

是時、天照大神、手持二宝鏡一、授二天忍穂耳尊一、而祝之曰、吾児視二此宝鏡一、当レ猶レ視レ吾、可三与同レ床共レ殿、以為二斎鏡一、

とあるのに従い、天皇の大殿内に共に斎き祀ったが、第十代崇神天皇の代に至り、神勢を畏れて倭の笠縫邑に移し祀った。以降、伊勢をめぐる降臨・遷幸・鎮座伝承へと展開していく（後段参照）。

(132) 故《ゆえ》に＝左・守左・温・宝左・天「シカルニ」。国「故シテ」、宝・府「故ニ」。

(133) 神物・官物＝守・府・天「カンタカラ・ミツキモノ」、宝「カンタカラ・宮モノ」、宝左「神物ミツキ物」。

神宝と天皇の宝物。この語は『古語拾遺』（↓註130）に見え

る。訓みは『古語拾遺』に「カムタカラ・ミヤケモノ」とある。

(134)霊応冥感
「霊応」は、神霊の感応。「冥感」は、仏菩薩が密かに衆生の能力に応じて利益を垂れること。冥応・冥益。

(135)稍《よう》く湊《そば》に流《なが》る＝国［梢クナカル］。守・温・宝・府・天は「湊」を「傍」に作り、府・天［ヤウヤククソハニナガル］、守左［ヤヽハウリウシテ］。「傍流」天左［ハウ流ス］。「流」守［ナカレテ］。
「湊流」は、水の盛んに流れるさま。

(136)三種ノ神光神璽を崇敬し奉るは＝「奉崇敬」守［崇敬シ奉ルモノ也］、守左［崇敬奉ト云ハ］、『制作抄』［アカメ敬ヒ奉ル］。「三種神光神璽」天［三種ノシンクワウヲ神璽ヲ］。「者」国・府［モノナリ］。
「三種の神光神璽」は、神々しい光を発する三種の神器。「神璽鏡剣」（↓註188）のこと。これに続いて、「大空三昧表文」「三果上立剣」「三世諸仏」など「三」をめぐる語彙が連なる。『両宮形文深釈』上に、
神光《大梵天王》神璽之起、天地開闢之初、水気変而為二天地一、其中神明王自然化生、名曰二摩訶波羅憾摩提婆羅惹一、此号二天御中主尊一、
とあり（「摩訶波羅憾摩提婆羅惹」は梵字に傍書）、「神光神璽」に［アラタニアラハシタマフシンシノ］という訓を付ける。

また、「三種の神財」（↓④註200）も参照。

(137)本有《ほんぬ》常住の仏種
本来的に備わり、永遠な、悟りの智慧の因。「仏種」は、仏となるための種子。仏性の種子。唯識で本有種子とは、第八識（阿羅耶識）の中にある有漏・無漏の種子をいう。ここでは、仏種と宝珠（↓①75）とを重ねていると考えられる。

(138)大空三昧ノ表文
「大空三昧」は、煩悩を完全に滅した聖者が三昧にあること。詳しくは、空空三昧・無相無相三昧・無願無願三昧（重三三昧）のこと。ひいては、大日如来の三摩地（悟りの境地）をいう。「表文」は、おもてにあらわれた姿・形の意か。

(139)法界体ノ身量
法身としての仏の姿、という意味か。「法界」は前出（↓①註12）。「身量」とは、法量（仏の丈量）のことか。

(140)三果の上に立つ剣＝守［三果ノ上ニタチマスマスミキハ］、府［三果ノ上ニ立ツ剣は］、天［三ルウノウヘニアルツ剣は］、天左［三果上タチノツルキノ］。
三弁宝珠（↓註12・16・21）の上に立つ宝剣。「三果」とは、四果（預流果・一来果・不還果・無学果）の第三である不還果（阿那含果）、または天台で蔵・通・別の三教に説かれる悟りの果報。『聞書』に、
三果上立剣〈文〉。以下、皆、十八処降臨記ニ絵アリ。

是ヲ引クベシト云々。但シ彼ノ剣ニ口伝アリ。謂ハク、一種ニ三種ノ神祇アリ。神璽・三弁宝珠・宝剣ハ分明也。内侍処ハ深秘々々。八葉ノ中ニ鏡アリト云々。

とあり、『神仏一致抄』に「三果上立剣トハ絵図ヲ出ス也。」とある。これらに引かれる「十八処降臨記ニ絵」ないし「絵図」が何を指すかは不明だが、『麗気記』⑯「神体図二」の冒頭に載せる図が想定される。ちなみに、同図は『遷幸時代抄』（註97の【絵】）『日諱貴本紀』などにも載せられている他、『古語類要集』巻三十一では、以下「三果上立剣者~三弁宝珠也」の一節が引用された上で、同図が掲載される。また、聖冏『麗気記神図画私鈔』では、「第二ノ神天上地下ノ巻ノ別出也」として、「神体三宝珠図」「三宝剣図」「三種神宝図」について、それぞれ注を施している。解説「『神体図』との関連について」、註161参照。

(141) 三世《さんぜ》諸仏の智体

過去・現在・未来のあらゆる仏の智慧そのもの、という意味か。「三世」とは、過去・現在・未来のことで、三際ともいう。過去の荘厳劫に一千仏、現在の賢劫に一千仏、未来の星宿劫に一千仏いるので「三世三千仏」という。「智体」とは、智慧の体、智そのもの。

(142) 降魔成道《ごうまじょうどう》の利剣

よく悪魔を降伏する鋭い剣。「降魔成道」とは、ブッダがまさに悟ろうとして菩提道場で坐禅をしている時、欲界の第六天が悪魔の相を現じて来て、数々の妨害を試みたが、ブッダはこれらをすべて降伏して悟りを得たこと。なお、不動明王などが持つ剣のことを、よく悪魅を降伏することから「降魔の剣」という。

(143) 三弁宝珠

前出（↓註12・16・21・140）。ここでは、三弁宝珠を、大日如来の法身・報身・応身の三身を統合する表象の称とするとともに、過去・現在・未来を包括する法身を表わすとしている。

『麗気記』②「神天上地下次第」では、冒頭から崇神天皇のまでの叙述を通じて、様々な角度から三位一体論ともいうべき論理を展開している。冒頭で、大慈毘盧遮那如来が妙高山頂の摩訶摩尼最勝楼閣より、高日国金剛宝山に降臨した時、三世常住妙法身である国常立尊が、三弁の神霊玉として坐したことをいう（↓註12・13）。ここでの国常立尊は最も根元的な一である。次いで摂津国那尓輪里那尓輪に、二つの如意宝珠として坐し、また、阿波国岩栖里の岩上に三弁の鶏子のような珠が坐した。摂津の宝珠は国狭槌尊・豊斟渟尊で、胎蔵界と金剛界を表し、阿波国の三弁は金剛宝山から地上に姿を現わした国常立尊と考えられ、それぞれ報・応・法の三身に対応している（↓註15~21）。この三尊は姿を宝珠から神霊鏡に変えて、鏡の特性である交・亘・光の三つの儀をもって無相無為を示している（↓註34~36）。

また、天神・地神十七尊をまとめて、神々は時と場合に応じて男女の姿をとるが、心を一にし無念・無相・無作にして平等であるとする（↓註89〜96）。

人代においては、崇神天皇の時、神物と官物を分け、三種の神光神璽を、時空を超越した不変不滅の仏種、すなわち法身大日如来の境地として崇敬することになったと述べ（↓註136〜139）、三果の上に立つ剣を、過去・現在・未来の三千諸仏の智慧そのものであるとした（↓註140）。この神璽・宝剣・三弁宝珠は、それぞれが三位一体の表象であるとともに、本来同一であるという（↓註145）。

「密語」（↓註150）によれば、独鈷金剛・心御柱・執金剛神の三昧耶形（金剛杵）は同体であって、それは天から雨を降らし地に水を湧かす天瓊杵表体、両宮降臨の共通の象徴であるとする。そして、神璽の独鈷は慈悲を、鏡は正直を、宝剣は智恵を表わし、この三つとも神の一心より発する。さらには、「三果半月の浮経」すなわち宝剣とは「阿字」であり、「葦の葉」であり、その本来の性質は「月」であって、「月」は三日月であるとともに満月でもあり、すべてを映し出す心水であるとする（↓註160〜168）。つまり、機に応じて形を変えるながら、本性をあらわす月のように、三弁宝珠、三種の神璽、宝剣（葦原中国、独鈷）は、本性を水として同体だと主張し、最終的には水徳に収斂する仕組みとなっている。

(144) 『宝山記』に云はく＝守［ホウセンキニ云ク］。以下の所説は『大和葛城宝山記』には見えない。『聞書』は「宝山記云〈文〉。役塞行者ノ製作ニ金剛宝山記トテ有リ。」として、これを役行者撰の『金剛宝山記』だとしている。なお、『麗気記』⑤「天照皇太神鎮座次第」の奥書に「神代金剛宝山記」の名があり、『麗気記』に引くこの『宝山記』を『大和葛城宝山記』に増補したものと見る説があるが（久保田収『中世神道の研究』第三章一「両部神道の成立」）、確証はない。後の引用文も同じく不明。

(145) 宝珠とは神璽の異名、宝剣の字《あざな》也＝「宝珠者」国・府・天［宝珠トは］、守［宝珠ト云ハは］「字」国・守・府・天［アサナ］。以下において、宝珠・神璽・宝剣が本来同一であるとする、三位一体説ともいうべき所説が開陳される。「字《あざな》」は別名・異称ぐらいの意味。『神仏一致抄』には、

宝珠神璽異名宝剣字也トハ、本三種ハ一物也。故ニ神璽ハ玉也。八角ノ玉云々。宝剣ヲモ珠上ニ書ク故ニ、神璽モ珠、剣モ珠ナル故一爾ク云也。

とあり、神璽は八角の玉であり、宝剣は三弁宝珠の上に立つので、いずれも本質は珠であり、そのゆえに本来一物であるとしている。

(146) 象《カタチ》、両体《フタツノスカタ》ヲ以て也＝「以」守イ［トスル］。「象」天イ［カタトル］。「体」宝・府・天［カタチ］。「両体」とは、神璽（独鈷）・宝剣（三果の上に立つ剣）を指

す。『麗気記』⑯「神体図二」の冒頭に載せる図（↓註140）参照。『聞書』に「以象両体〈文〉。神璽ト宝剣ト也。」とある。

(147)文字は一ノ字《シ》ヨリ起《ヲ》コル

宝珠・宝剣ともに、「宝」の字をもつところから、かくいう。『聞書』に、

文字起一之字〈文〉。此ノ文ニ付キ、古来愚推ヲ儲クルモ深意ニ叶ハズト云々。師〈良遍〉云ハク、一ノ字ハ宝珠ノ宝ト、宝剣ノ宝ト也。倶ニ一ノ宝字ナルガ故ニ。彼又、十八所紀ヲ見検スベシ。此ノ義、師資相承ノ口伝ト云々。

とあり、また『神仏一致抄』にも、

文字ノ起一之字ハ神璽宝珠也。宝珠ノ宝ト、宝剣ノ宝ト、同ジ字ナレバ、一ノ字ヨリ起ルト云フナリ。是、十種有ルハ剣ニ十ノ形、之有ル也。

とある。

(148)十種の形＝温［トクサノ形チ］。守は「有十種形品」とし［十種ノケイヒン有リ］。

所引の『宝山記』には、十種類の図が載せられていたのだろうか。不詳。『聞書』「十種形品〈文〉、麗気切出トテ有リ。追テ之ヲ見尋ヌベキ也。名字ハ下ニ有リ。」とあり、切紙として絵図があったことを窺わせる。『神仏一致抄』（註147の続き）には「是有十種ハ、剣ニ十ノ形、之有ル也。」とあり、また「神体図三」の金色の如意宝珠以下について説明する始めに「十種玉神ハ十種ノ宝財也。」と述べており、これを十種神宝と捉える観念があったように見える。ちなみに『聞書』が依拠する底本では、金色の如意宝珠以下、四宝珠・四剣・箱・独鈷の十体の図が描かれていたようである。これらの図についての詳細は、続巻にて触れる予定である。

(149)品《シナシナ》 本図の如し＝「品」国［クサ、、］。

十種神宝のそれぞれの形は、本図に描かれているということ。いわゆる十種神宝図を指していると思われるが、それが現存しない『宝山記』に描かれていたのか、それとも独立した十種神宝図のことを指しているのかは不明。

(150)密語

密語と呼ばれるものの出拠は不詳。また、「密語云」の範囲が、改行される「…通名也」までか「…合宿際也」までかは検討を要すが、ここでは後者とした。「独鈷金剛＝心御柱＝天瓊杵」を同体とする解釈は、『麗気記』⑦「心柱麗気記」にも見える。これが伊勢神宮をめぐる中世の神学のひとつの核をなすシンボリズムとなっている。また「心柱麗気記」の文は『大日経疏』巻一（大正蔵三九・五八〇b）の「所謂執金剛等也、梵云、伐折羅陀羅、此伐折羅、即金剛杵、陀羅是執持義、」という一文に基づいて作文されている。以下詳しくは、それぞれの註釈を参照。

(151) 独股《どっこ》金剛とは
前出（→①註45）。独鈷杵のこと。金剛杵（→①註44）ともいう。『聞書』には、「独古金剛〈文〉。是又世界建立ノ心王ト云々。降臨紀ノ絵也。」とあるが、『麗気記』⑯「神体図二」に見える神璽の図に該当するか。『神仏一致抄』には、神璽ハ其体独古也。何ゾ宝珠ト云フヤ。三種宝物ハ我等ガ一心ノ体也。神璽ハ慈悲、鏡ハ正直、宝剣ハ智恵。此三本ヨリ神ノ一心ノ体也。是ヲ事相ニ顕ス時、神璽ハ慈悲ナレバ、宝物ニ万物ヲ納メテ一切衆生ニ与フベキ心也。神ハ無形ノ体ナレドモ、利生ノ為ニ天神地神ト顕レ玉フ、是即チ神ト也。慈悲ノ体也。利生ノ体ニ下ル時、独古三摩耶ト顕テ依法正法ノ本体ナルコトヲ顕ス。独古ハ独一法界ノ表相也。故ニ宝珠独古モ同ク法界利スル形ナリ。とあり、三種の神器のうち、神璽は慈悲を表し、それが事相においては独鈷の形をとるとする。「神体図二」において神璽が独鈷形であるのは、この理由による。

(152) 大日《オヲヒルメノ》尊《ムチ》＝国「ヲホヒルメノミコト」、守左・天左「大日ミコトナリ」。
天照大神（→①註10）のこと。

(153) 心《しん》御《ノミ》柱《ハシラ》＝天左「ナカツミハシラ」。
前出（→①註50）。

(154) 執金剛神《しっこんごうしん》
金剛神、金剛手、持金剛、金剛力士、密迹金剛、執金剛夜叉などともいう。手に壊れることのない武器である金剛杵（独鈷杵）を執って仏法を守護する神。寺門の左右に安置されるものは普通「仁王」と呼ばれる。密教では、仏の身・口・意の三密の威神力を象徴するものとしている。蔵王権現のモデルともされる。

(155) 三昧耶形《さまやぎょう》
前出（→①註47）。諸仏の誓願を具象化したもので、仏・菩薩・明王・諸天などが手にしている器仗、または印契。ここでは、執金剛神が所持する独鈷杵を指す。

(156) 天《アマノ》瓊杵《ニキ》の表体＝「天瓊杵」国「天ノタマロノコノ」、守左「天タマホコノ」、天は「天瓊々杵」とし「アマニ、キノ」。「表体」守「ハウ体」。
天《あめの》瓊鉾《ぬぼこ》を象徴する形。金剛杵（独鈷杵）が、イザナギ・イザナミ二神が国土創出の時に使った天瓊鉾（天沼矛）と同じもので、それが伊勢神宮の心御柱であるとしている。また、『大和葛城宝山記』（→①註46）参照。

(157) 上下無《な》く空《ソラ》より雨《アメ》ヲ降《クダ》シ＝「無上下」守「カミシモ、無ク」。「降」国「フラシ」、府「ナヲシ」、大「タラシ」。

(158) 天御《アメミ》中主《ナカヌシノ》尊《ミコト》ノ所為《しわざ》也＝「所為」守「ナストコロ」、府・天「シワサ」。
「天御中主尊」は、大地開闢神話において、最初に高天原に独神として成り、身を隠した神。『日本書紀』は天御中主尊、『古事記』は天之御中主神、『古語拾遺』は天御中

主神に作る。『古事記』上巻の冒頭に、

天地初発之時、於二高天原一成神名、天之御中主神、〔訓二高下天一云二阿麻一、下効レ此。〕次高御産巣日神、次神産巣日神、此三柱神者、並独神成坐而、隠身也、
次国稚如二浮脂一而、久羅下那州多陀用弊流之時、〔流字以上十字以レ音。〕如二葦牙一因二萌騰之物一而成神名、宇摩志阿斯訶備比古遅神、〔此神名以音。〕次天之常立神、〔訓レ常云二登許一、訓レ立云二多知一。〕此二柱神亦、並独神成坐而、隠身也、
　上件五柱神者、別天神、

とあり、造化三神、別天神五柱の最初の神で、天之常立神（国常立尊）より前に登場したとする。『日本書紀』神代上・第一段の本文では、原初の神を国常立尊（↓註11）とし、天御中主の名を出さないが、一書第四に、

一書曰、天地初判、始有二倶生之神一、号二国常立尊一、次国狭槌尊、又曰、高天原所生神名、曰二天御中主尊一、次高皇産霊尊、次神皇産霊尊、

として、「又曰」として伝えているだけである。『古語拾遺』にはイザナギ・イザナミによる国生みの話を載せた後で、

又、天地割判之初、天中所レ生之神、名曰二天御中主神一、次高皇産霊神、〔古語、多賀美武須比、是皇親神留伎命、〕次神産霊神〔是、皇親神留弥命、此神子天児屋命、中臣朝臣祖、〕

と記す。中世神道説では、『中臣祓訓解』に、

天津神天磐門押披〔天照大神〈照皇太子〉、高皇産霊神〈高貴尊〉、天御中主神〈照皇天子〉、御気津神、号豊受太神是也、亦日也、〕

として、御饌都神《みけつ》である豊受大神と習合する。五部書の中で、『宝基本記』『倭姫命世記』には豊受大神と同体とする説が見えないが、『御鎮座本紀』冒頭に、

天地初発之時、大海之中有二一物一、浮形如二葦牙一、其中神人化生、名号二天御中主神一、故号二豊葦原中国一、因以曰二豊受皇太神一也、与二天照大日孁尊一挙レ此、以二八坂瓊之曲玉・八咫鏡、及草薙剣三種之神財一、而授二賜皇孫一、為二天璽一、視二此宝鏡一、当レ猶レ視レ吾、可三与同レ床共レ殿、以為二斎鏡一、宝祚之隆当下与二天譲一無上レ窮宣焉、

『御鎮座次第記』「天照坐止由気皇太神一座」に、

記曰、以代水徳未レ露、天地未レ成、瑞八坂瓊之曲玉〈平〉捧二九宮一〈久〉、即水変為二天地一〈利〉、天地起成〈天〉、人民化生〈須〉、名曰二天御中主神一、故千変万化、受二一水之徳一、生二続命之術一、故名亦曰二御饌都神一也、古語曰、大海之中有二一物一、浮形如二葦牙一、其中神人化生、号二天御中主神一、〔亦名二国常立尊一、亦曰二大元神一〕故号二豊葦原中国一、亦因以曰二止由気皇神一也、与二大日孁貴天照太神一予結二幽契一、永治二天上天下一給也、

『御鎮座伝記』「豊受皇太神一座」に、

古語曰、大海之中有二一物一、浮形如二葦牙一、其中神人化生、号二天御中主神一、故号二豊葦原中国一、亦因以曰二止由気皇神一也、故天地開闢之初、神宝日出之時、御饌都神天御中主尊、与二大日孁貴天照太神一二柱御大神予結二幽契一、永治二天下一〈免〉、或為レ日為レ月、永懸而不レ落、或為レ神為レ皇、常以無レ窮矣、光華明彩、照二徹於六合之内一矣、

などとあるように、内宮の天照大神（↓①註10）と対比される外宮の神としている。『理趣摩訶衍』巻上「神号事」（↓①註74）では、天照大神を天上神、天御中主尊を地上神として対比している。また、『神皇系図』（↓①註74）では「水徳変化」として、御気都神と名づけ、豊受大神（↓①註169）と号するとする。『麗気記』③「降臨次第麗気記」⑥「豊受皇太神鎮座次第」では、豊受大神の神号を「天御中主尊」とする。『聞書』については、③註12参照。また、ホノニニギ（↓註80）の皇祖神とされることについては、④註136参照。

(159)両宮降化の通名

伊勢神宮に鎮座したことをしるす内外両宮に共通する象徴、という意味か。「通名」とは、世間一般に通用する名前。通称。

(160)三果半月の浮経《ふつ》は＝「三果半月」天［三カウ半月ノ］。「浮経者」国・守［フツハ］、守左［ウキキハ］、温・府・天［フツトハ］。三弁の宝珠の上に立つ三日月形の霊剣。「浮経」は記紀のフツヌシ・フツノミタマなどに見られるように、剣や剣状のものを指す。具体的な形状は、註140参照。『聞書』には、

三果半月〈文〉。是又、降臨記絵、之ヲ見ルベシ。三果トハ蓮花ノ上ニ三弁宝珠、半月トハ宝珠ノ上ニ之有リ。浮経〈文〉。三日月也。葦葉ニ似タリ、上ニ云フ所ノ半月是也。

とあり、また『神仏一致抄』も「三果半月ハ、絵図ニ之在リ。三日月ノ形也。」とする。

(161)葦葉形の表＝守［アシノハノヤヤウヘウ］、温［葦ノ葉ノ形シテ表ル也］、宝・天イ［葦ノ葉ノ形ヲ表スル］。府・天は「形表」を「形文」とし、府［葦ノ葉ノ形文也］。

葦の葉のように、剣状の形をしていることをいう。剣・三日月・葦の葉という細く尖ったイメージの連関が、この部分の論理を支えている。『神仏一致抄』には、

𑖪𑖽《ばん》字ノ体ハ葦葉形《カタト》ル心也。葦原ハ𑖀《あ》字原ヲ顕スト也。鏡ハ円満ノ月ナルベクレドモ、葦原𑖪𑖽《ばん》字ノ体ノ顕ス時、三日月ト也。水ノ体ヲ顕ハ也。実ニハ円満ノ月、合宿際ノ月ノ体也。合宿ノ際ハ半形ニ非ス、円満ナルベキ心也。阿字体トモ云ヒ、𑖪𑖽《ばん》字トモ云心ハ如何。答フ。内侍所ヲ半月ノ形ニ顕ス、葦原ヲ表ル也。葦原ハ𑖀《あ》字ノ心ナレハ、阿字本有ノ体ハ月也。月ハ水珠ノ徳ナレハ、𑖪𑖽《ばん》字ハ水也。水穂ノ国トハ𑖪𑖽《ばん》字也。

とあって、梵字の𑖪𑖽《ばん》の剣状の形を葦の葉に見立てると同時に、「葦原＝阿字原」という論理から、𑖀《あ》・𑖪𑖽《ばん》の統合が説かれる。また、月輪を表象する阿字と水徳を表象する𑖪𑖽《ばん》字の合体から、月と水の連関を経て、「葦原＝阿字原」は「水穂の国」であると説く。

(162) 法中に阿字と云ふ＝「法中」国［法ノ中ニハ］、府・天［ノリノ中ニハ］。

仏教では「葦」を「阿字」（↓①註41）、すなわち梵字の「𑖀」にあてる。

(163) 阿字本有の体《カタチ》＝「体」国・守左［タイ］。

「阿字本不生」（↓①註41）の思想による表現と思われる。ただし、ここでの「阿（𑖀）字」は、後に出てくる「𑖪𑖽字」と対比して、胎蔵大日のみを指すか。

(164) 三日月、円満の月トナリ、水ノ本性ナリ＝「三日月」国・府・天［ミカツキ］、守［ミカヒ］、宝［三日ノ月］。「与円満月」底・温［円満の月トナリ］、守［マロワノ月トハ］、府［円満月ナリ］、天［円満ノ月ト］。

(165) 本性ノ水ノ体は、月の心水也＝「々々水体者月心水也」府・天［々々ノ水ノ体トハ月ノ心水也］。

(166) 心水は𑖪𑖽《ばん》字、𑖪𑖽《ばん》字ハ月＝「𑖪𑖽字」守・天「𑖪𑖽ノ字」。

「心水」は、心に万象が映し出されることを水にたとえて使われる。あらゆるものを映し出すことか。「𑖪𑖽」は「鑁」（↓①註71）で、金剛界大日如来の種子。ここでは、胎蔵大日の「阿（𑖀）字」（↓註163）と対比して使われているか。

(167) 円満の月は合宿の際也＝天［円満月ノ合宿ノ際也］。「合宿際」府［カツ宿ノサイ］、守左［ウシノミツ］。守は「々々月円満月合宿際也」として［𑖪𑖽字ノ月ハマロハノ月ナリ、カツシュクサイナリ］と訓む。

「合宿」は、合朔ともいい、陰暦の朔日前後に太陽と月の位置が重なり合うことをいう。もちろん日食の場合を除いて月そのものを見ることはできないが、古代から天体の運行を観測することによってその正確な位置を知ることができた。『聞書』には、

合宿際〈文〉。晦日ノ夜、日月ト行キ重ナリタル位ヲ云フ也。是ヲ本覚本有ノ凡夫ニ類スル也。又ハ本有ノ十六大菩薩ノ位トモ云フ也。朔日ノ夜ノ月ヨリ明増加ヲ考ヘテ、衆生ノ十六大菩薩トスル也。但シ朔日ノ後夜以後ノ明ノ事、宿曜暦道ノ異説ニヨテ、或ハ晦ニ属シ、或ハ朔日ニ属スル異義アリ。晦夜朔日以後ヲ、在纏出纏ノ迷悟ノ事、深秘ト云々。

とあって、いわゆる新月の状態を、欠けているのではなく、本来的に存在している本有の状態と解釈している。『神仏一致抄』（↓註161）でも、合宿の際の月は半月ではなく円満であるとしている。

(168) 月と水トは本性の心水也＝守［月と水トハ本性ノ心水ナリトイヘリ］、宝［月とハ水、本性ノ心水也］、天［月ト水本性ノ心水

ナリ」。『聞書』に「月与水〈文〉。別記ニ云ハク、月ハ湿ヲ縁トス。則チ水性也。日ハ熱ヲ縁トス。火性也〈取意文〉。」とある。

(169) 御《ミ》間《マ》城《キ》入彦《イリヒコ》五《イ》十《ホ》瓊殖《ニニノ》天皇＝国・天［ミマキイリヒコイソニコノ天皇］、守［ミマキイリヒコイホエ瓊殖天皇］、守イ［御間城入彦五十ミキカシコノ天皇］、宝［ミマキイリニヒコイホホニ二天皇］、府［ミマキイリヒコ十ニエ天皇］。温・府・天などに「第十　崇神」などと注記あり。

第十代、崇神天皇。開化天皇（→註128）の第二子。『日本書紀』に御《み》間《ま》城《き》入彦《いりびこ》五《い》十瓊殖《にゑの》天皇は、

稚日本根子彦大日々天皇第二子也、母曰二伊香色謎命一、物部氏遠祖大綜麻杵之女也、天皇年十九歳、立為二皇太子一、識性聡敏、幼好二雄略一、既壮寛博謹慎、崇二重神祇一、恒有下経二綸天業一之心上焉。

とあり、『古事記』には「御真木入日子印恵命、坐二師木水垣宮一、治天下也。」とある。『聞書』に「御間城入彦五十瓊殖天皇〈文〉。崇神天皇ノ御事也。」とある。また、『日本書紀』崇神天皇六年条（→註171）に、神威を畏れて天照大神を皇女豊鍬入姫《とよすきいりひめ》（→註176）に託《つ》け、倭の笠縫邑（→註172）に祀らせたいう、伊勢神宮の起源譚を載せる。伊勢神宮の歴史において、崇神天皇と次の垂仁天皇（→①註61・②註211）の時代は特に重要視され、本巻でもその間になされた詳しい鎮座の経緯が記されている。

(170) 磯城瑞籬宮《イソノミツカキノ》＝国・府・天［シキノミツカキの宮］、守・宝［大倭国イソ城ミツカキノ宮］。

『日本書紀』に「三年秋九月、遷二都於磯城《しき》一、是謂二瑞籬《みつかき》宮一。」とある。『類聚倭名抄』によれば、磯城は大和国城上・城下郡の地。現在の奈良県桜井市付近。『日本書紀』神武天皇即位前紀に「時弟猾又奏曰、倭国磯城邑、有二磯城八十梟帥一。」とある。『古事記』では師木水垣宮とする。『大和志』に「古蹟在二輪村東南、志紀御県神社西一。」とある。『大和志料』では平等寺旧蔵の三輪山古図の志貴宮の西方に見える天山《てんのやま》祠をこの宮跡と推定する。現在、大字金屋の志貴御県坐《しきのみあがたにいます》神社に接して宮跡を示す石標が立てられている。『聞書』に、

磯城瑞籬〈文〉。惣ジテハ大裏ヲシキノミヅガキト云フ也。今ハ崇神ノ宮ヲ云フ也。

とある。

(171) 即位六年［己丑］秋九月＝［九月］国左［ナカツキ］。

『日本書紀』崇神天皇六年条に、疫病流行と民の半数が死亡したことについて記した前年（五年）条に続けて、

六年、百姓流離、或有二背叛一、其勢難二以徳レ治一之、是以、晨興夕惕、請二罪神祇一、先是、天照大神・倭大国魂二神、並祭二於天皇大殿之内一、然畏二其神勢一、共住不レ安、故以二天照大神一、託二豊鍬入姫命一、祭二於倭笠縫邑一、

仍立二磯堅城神籬一。〔神籬、此云二比莽呂岐一、〕亦以二日本大国魂神一、託二渟名城入姫命一令レ祭、然渟名城入姫、髪落体痩而不レ能レ祭、

とあり、人民の流離によって神祇に謝罪したことを記した後で、それまで天皇の居所内に天照大神と大国魂神の二神を祀っていたが、その神威を畏れ、天照大神を豊鍬入姫に託《っ》けて倭の笠縫邑に祀らせた、とある。ただし、ここには干支と秋九月は記されていない。『古事記』はこの伊勢神宮起源譚を載せず、この天皇の御世に疫病が起き、死者が多く出たことにより、天皇が誓盟して大物主大神の託宣を受けたという話のみを載せる。『古語拾遺』「崇神天皇」には、

至二于磯城瑞垣朝一、漸畏二神威一、同レ殿不レ安、故更令下斎部氏率二石凝姥神裔・天目一箇神裔二氏一、更鋳レ鏡造上レ剣、以為二護御璽一、是今践祚之日、所レ献神璽鏡・剣也、仍就二於倭笠縫邑一、殊立二磯城神籬一、奉レ遷二天照大神及草薙剣一、令二皇女豊鍬入姫命奉一レ斎焉、其遷祭之夕、宮人皆参、終夜宴楽、歌曰、

美夜比登能　於保与須我良爾　伊佐登保志　由伎能与呂志茂　於保与須我良爾〔今俗哥曰、美夜比止乃、於保与曽許侶茂、比佐止保志、由伎乃与侶志茂、於保与曽許侶茂、詞之転也、〕

又祭二八十万群神一、仍定二天社・国社及神地・神戸一、始令レ貢二男弭之調・女手末之調一、今神祇之祭、用二熊皮・鹿皮・角・布等一、此縁也、

とあり、忌部氏が石凝姥・天目一箇の後胤を率いて践祚の日に献ずる神璽の鏡・剣を造らせたという話、天照大神を遷す時の祭宴の話などが加わっている。『皇大神宮儀式帳』「天照坐皇大神宮儀式并神宮院行事壹条」には、

此掛畏天照坐太神・月読太神二柱所称、伊弉諾尊・伊弉冊尊、共為夫婦合所生神、御形鏡坐、供奉行事、天照坐皇大神〈乃〉伊勢国度会郡宇治里佐古久志留伊須々乃珂上〈爾〉御幸行坐時儀式、磯城瑞籬宮御宇、御間城天皇御世以往、天皇同殿御坐、而同天皇御世〈爾〉、以二豊鍬入姫命一、為二御杖代一出奉〈支〉、豊鍬入姫命御形長成〈支〉、

とし、続いて倭姫命による奉斎と遷座の経緯を記すが、豊鍬入姫による遷座の経過を明らかにしていない。また、『大神宮諸雑事記』にも豊鍬入姫についての記事はなく、垂仁天皇条（→註202）から書き始められている。この『麗気記』②「神天上地下次第」の記載は、次の『倭姫命世記』および『遷幸時代抄』の記載に近似している。すなわち『倭姫命世記』（註102の続き）に、

御間城入彦五十瓊殖天皇即位六年己丑年秋九月、就二於倭笠縫邑一、殊立二磯城神籬一、奉レ遷二天照太神及草薙剣一、令二皇女豊鋤入姫命奉一レ斎焉、其遷祭之夕、宮人皆参、終夜宴楽歌舞、然後随二太神之教一、国々処々〈仁〉大宮処〈乎〉

求給〈倍利〉、天皇以往九帝、同レ殿共レ床、然漸畏ニ其神勢一、共住不レ安、改令下斎部氏率ニ石凝姥神裔・天目一箇裔二氏一、更鋳中造鏡剣上、以為ニ護身御璽一焉、是今践祚之日、所レ献神璽鏡・剣是也、〔謂名ニ内侍所一也、〕

卅九年壬戌、遷ニ幸但波乃吉佐宮一、積ニ四年一奉レ斎、従レ此更倭国求給、此歳豊宇介神天降坐奉ニ御饗一、

卅三年丙寅、遷ニ倭国伊豆加志本宮一、八年奉レ斎、

五十一年甲戌、遷ニ木乃国奈久佐浜宮一、積ニ三年一之間奉レ斎、于時紀国造進ニ舎人紀麻呂、良地口御田一、

五十四年丁丑、遷ニ吉備国名方浜宮一、四年奉レ斎、于時吉備国造進ニ采女吉備都比売、又地口御田一、

五十八年辛巳、遷ニ倭弥和乃御室嶺上宮一、二年奉レ斎、是時豊鋤入命吾日足〈止〉白〈支〉、爾時姪倭比売命事依奉〈利〉、御杖代〈止〉定〈弖〉、従レ此倭姫命奉レ戴ニ天照太神一而行幸、〔相殿神天児屋命・太玉命、御戸開闢神天力男神・栲幡姫命、御門神豊石窓・櫛石窓命、並五部伴神相副奉仕矣、〕

六十年癸未、遷ニ于大和国宇多秋宮一、積ニ四箇年一之間奉レ斎、于時倭国造進ニ采女香刀比売、地口御田一、倭姫命〈乃〉御夢〈爾〉、高天之原坐而吾見之国〈仁〉、吾〈乎〉坐奉〈止〉悟教給〈岐〉、従レ此東向而乞宇気比〈弖〉詔〈久〉、我思刺〈弖〉往処、吉有奈良波、未レ嫁レ夫童女相〈止〉祈祷幸行、爾時佐々波多〈我〉門〈仁〉、童女参相、則問給〈久〉、汝誰、答曰、奴吾〈波〉天見通命孫〈爾〉、八佐加支刀部〔一名伊己呂比命〕我児宇太乃大采禰奈〈登〉白〈岐〉、亦詔曰御共従仕奉哉、答曰仕奉、即御共従奉レ仕、件童女〈於〉大物忌〈止〉定給〈比弖〉、天磐戸〈乃〉鑰領賜〈利弖〉、無ニ黒心一〔志弖〕以ニ丹心一〈天〉、清潔〈久〉斎慎〈美〉、左物〈於〉不レ移レ右〈須〉、右物〈於〉不レ移レ左〔志弖〕、左レ々右レ々、左帰右廻事〈毛〉、万事違事〔奈久志弖〕、太神奉レ仕、元レ元本レ本故也、又弟大荒命同奉レ仕、従ニ宇多秋宮一幸行而、佐々波多宮坐焉、

六十四年丁亥、遷ニ幸伊賀国隠市守宮一、二年奉レ斎矣、〈伊賀国、天武天皇庚辰歳七月、割ニ伊勢国四郡一立ニ彼国一、〉

六十六年己丑、遷ニ于同国穴穂宮一、積ニ四年一奉レ斎、爾時伊賀国造進ニ箆山葛山戸、並地口御田、細鱗魚取淵、梁作瀬等一、朝御気・夕御気供進矣、

『遷幸時代抄』（註97の続き）に、

御間城入彦五十瓊殖天皇〔大倭国磯城瑞籬宮、崇神天皇是也、〕即位六年〔己丑〕秋九月、就ニ於倭笠縫邑一、立ニ磯城神籬一、奉ニ遷天照太神及草薙剣一、令ニ皇女豊鋤入姫命奉レ斎、以往雖ニ同レ殿共レ床、漸畏ニ其神霊一、共住不レ安〔志天〕、別興ニ神籬一〈天〉、後石凝姥神裔・天目一箇裔二氏更鋳造ニ鏡剣一、以為ニ護身璽一焉、〔践祚之日、所レ献神璽鏡・剣也、〕

卅九年〔壬戌〕、遷ニ幸但波乃吉佐宮一、積ニ四年一奉レ斎矣、

【絵】
卌三年〔丙寅〕、遷二倭国伊豆加志本宮一、八年奉レ斎、
【絵】
五十一年〔甲戌〕、遷二木乃国奈久佐浜宮一、積二三年一奉レ斎、
【絵】
五十四年〔丁丑〕、遷二吉備国名方浜宮一、四年奉レ斎、
【絵】
五十八年〔辛巳〕、遷二倭弥和乃御室嶺上宮一、二年奉レ斎、
【絵】
豊鋤入姫尓時姪倭比売〈仁〉事依奉〈利〉、御杖代〈止〉定給、
【絵】
六十年〔癸未〕、遷二于大和宇多秋宮、積二四箇年一奉レ斎、
【絵】
六十四年〔丁亥〕、遷二幸伊賀国隠市宮一、三《二歟》年奉レ斎、
【絵】
六十七年〔己丑〕、遷二于同国六穂《ムツホノ》宮一、積二四年一奉レ斎、
【絵】
崇神天皇、治天下六十八年〔陵在二大和国城上郡山辺勾一〕

として、ほぼ同内容が伝えられている。ただし、ここでは五十八年に豊鍬入姫命から倭姫命に代わるという内容が入れられている。なお、『遷幸時代抄』には、それぞれの場面ごとに絵が描かれている。

(172) 倭国笠縫邑《ヤマトノクニカサヌイノサト》

「笠縫邑」は笠縫部の住地であるが、場所は不詳。今の奈良県磯城郡田原本町新木（秦楽寺《じんらくじ》境内に笠縫神社あり）・桜井市笠の笠山坐神社（俗称笠荒神）境内・同市三輪山麓の檜原《ひはら》神社境内などの諸説がある。『日本書紀』崇神天皇六年条（↓註171）など参照。

(173) 磯城《イソ》ニ神籬《カンカキ》ヲ＝国［シキノミツカキヲ］、守［シキノミカンカキヲ］守左［シキノヒホロキヲ］、宝・温［イソミカムカキヲ］、府［イソミヒモロキヲ］、天［シキヒモロキヲ］。「神籬」天左［カンカキヲ］。

『日本書紀』崇神天皇六年条（↓註171）には「磯堅城《しかたき》」とあるので、これが磯城宮（↓註170）と混同されたか。『古語拾遺』（↓註171）には「磯城神籬」とあるので、あるいは『日本書紀』諸本にある「堅」が衍字か。磯堅城を石の堅固な城とする説もある。

「神籬」は「ひもろぎ」ともいい、神の降臨の場所として特別に設ける神聖なところ。山・森・老木などの周囲に常磐木を植えてめぐらし、玉垣を結って神聖を保ったり、常緑樹を立てたりした。

(174) 天照大神及び草薙剣＝「草薙剣」天［天照大神及ヒクサナキノ剣ヲ］。「剣」守イ［ミツルキ］。

天照大神（→①註10）とは、ここでは御神体としての鏡を指すか。「草薙剣」は、天叢雲《あめのむらくも》剣のことで、八坂瓊曲玉《やさかにのまがたま》と共に三種の神器とされる。天照大神と草薙剣を遷したとするのは『古語拾遺』（→註171）に見られる説であるが、これにより『日本書紀』景行天皇四十年十月戊午（七日）条で唐突に、草薙剣が伊勢神宮にあると記されていることが解消されるといわれている。

(175) 遷し奉りて＝底は「遷奉」として訓読する。守［遷奉ル］、天［ウツシ奉ル］。

(176) 皇女豊鍬入姫《とよすきいりヒメノミコト》をして＝「皇女」守［ミムスメノ］、天［クワウショ］。「豊鍬入姫」国［トヨスキイリヒメヲ］、守［豊スキイリヒメノミコトヲシテ］、宝［トヨスキイリヒメノミコトヲ］、温・府［トヨスキイリヒメノ］、天［トヨスイイリヒメヲシテ］、天左［ヒメノミコトヲ］。

豊鍬入姫命は、崇神天皇の皇女。母は紀伊国荒河戸畔《あらかわとべ》の女、遠津年魚眼眼妙媛《とおつあゆめまくはしひめ》。『古事記』では「豊鉏入日売命」とする。ここにあるように、崇神天皇六年、それまで天皇の大殿の内に祀っていた天照大神を、倭の笠縫邑に遷し祀った。『聞書』に「倭姫ノ皇女ノヲバゴ也。年老シ給ヒテ、ヲヰノ倭姫ニ三種ノ神祇ヲ預ケ申ス也ト云々。」とあるように、その期間は姪の倭姫命《やまとひめのみこと》（→①註152）に代わるまでとされる。しかし、以下に記される新笠邑からの遷座地については、『日本書紀』『古語拾遺』『皇大神宮儀式帳』（→註171）にない。

(177) 斎《イツ》キ奉る＝国［イハイ奉ツル］、府［イツキ奉ル］、天［イツキ奉ルヨリ］。「斎」、守イ［カシツキ］、守左［イワヒ］天［イハイ］。

(178) 以往《ゆくさき》＝国［ユキサキ］、守［イクサキ］、守左・天［コノカタ］、天左［ユキサキハ］。

「コノカタ」と訓む諸本があるが、「以往」は前出（→註130）のごとく「イクサキ」と訓み、「開化天皇以前の九代」と解釈すべきである。『倭姫命世記』（→註171）では、天照大神と草薙剣を遷して豊鍬入姫に奉祀させた理由として、「稚日本根子大日々（＝開化）天皇以往九帝」の「六百三十余歳」の間、神と「同殿共床」したことが語られている。ここでは、その説明が前に移動し、そのために大胆な文章の削減がなされたと考えられる。

(179) 同殿ニ床《ユカ》ヲ共《ナラ》ブト雖《いえど》モ＝国［同殿同床シタマフト雖モ］、宝［殿共ト床ヲ同じくすと雖モ］。『同殿』天左［同シ殿ヲトシ］。「同床」守左［床をヒトツクスルコト］。

註131参照。

(180) 漸《ようや》ク神霊ヲ畏れテ共ニ住むコト安からずして＝「漸」守［漸クニ］、天［ヤウヤク］。「畏神霊共住」宝［神璽ヲ畏テ共ニ住フ］。

(181) 別《こと》ニ神籬を興《タ》テて後《ノチ》＝「別」国・府［コトニ］、守イ［ワカテ］、守左［ワカチテ］。「興神籬」国［カミ籬ヲタテて］、天［ヒホロキヲ興］、府［神カキヲ興］、天［カンカキヲミタテテ］。

註173参照。

(182) 石凝姥《イシコリトメノミコト》神ノ斎《スエ》＝「石凝姥神」守［イハコリトメノミコトノ］、宝［イハコリトメノミコトスヘ］。「斎」左［エイ］、守左［ハッコ］。

鏡作部《かがみつくりべ》。石凝姥神はその祖。『古語拾遺』『倭姫命世記』（→註171）によるが、ここでは「斎部氏をして」の語が無くなっている。石凝姥は、『日本書紀』神代上・第七段一書第一に、

故天照大神謂二素戔嗚尊一曰、汝猶有二黒心一、不レ欲二与レ汝相見一、乃入二于天石窟一、而閉二著磐戸一焉、於是、天下恒闇、無二復昼夜之殊一、故会二八十万神於天高市一而問レ之、時有二高皇産霊之息思兼神者一、有二思慮之智一、乃思而白曰、宜図二造彼神之象一、而奉二招祷一也、故即以二石凝姥一為二冶工一、採二天香山之金一、以作二日矛一、又全二剥真名鹿之皮一、以作二天羽鞴一、用レ此奉レ造之神、是即紀伊国所坐日前神也、石凝姥、此云二伊之居梨度咩一、全剥、此云二宇都播伎一、

とあるように、もとは「天戸窟隠」の段に登場する（『同』同段一書第三も参照）。『古語拾遺』天戸窟隠段に「令二石凝姥神一〔天糠戸命之子、作鏡遠祖也、〕取二天香山銅一、以鋳二日像之鏡一」とあり、『聞書』にも「石凝姥神〈文〉。日神岩戸籠ノ時、鏡ヲ鋳給ヒシ御神也ト云々。」とある。

(183) 天目一箇《あめのまひとつ》ノ斎《スエ》＝「天目一箇」国［アマノヒトコノ］、守左［アメメヒトツノ］、府［アメマヒトコノ］、天［アメマヒトツノ］。「斎」国［シルシ］、左・守左・宝左・府左［ホトリ］、守左イ・府［ハツコ］、天［ハズヘ］。

金工鍛冶の氏族。天目一箇《あめのまひとつを》は、その祖で、『日本書紀』神代下・第九段一書第二に、

時高皇産霊尊、勅二大物主神一、汝若以二国神一為レ妻、吾猶謂三汝有二疏心一、故今以二吾女三穂津姫一、配レ汝為レ妻、宜領二八十萬神一、永為二皇孫一奉レ護、乃使二還降一之、即以二紀国忌部遠祖手置帆負神一、定為二作笠者一、彦狭知神為二作盾者一、天目一箇神為二作金者一、天日鷲神為二作木綿者一、櫛明玉神為二作玉者一、乃使二太玉命一、以弱肩被二太手繦一、而代二御手一、以祭二此神一者、始起二於此一矣、

とあるように、「国譲り・天孫降臨」に付随する話の中で登場する。『古語拾遺』では、祖神の系譜を記す中に「天目一箇神〔筑紫・伊勢両国忌部祖也、〕」とし、「天戸窟隠」段に「令天目一箇神作二雑刀斧及鉄鐸一、〔古語、佐那伎、〕」とある。『聞書』には、「天目一箇《マヒトコ》〈文〉。神代下出雲大社役人ヲ出スニ、彼ノ神ヲ以テ作金《カナタクミ》ト為スト云々。」とある。

(184) 二氏＝国［フタウチヲソ］、府・天［フタウチヲシテ］、天左［フタウチ］。

『聞書』に「斎二氏〈文〉。彼ヲ石凝姫ト天目一箇ノスヘ二氏ト云フ事ト云々」とある。

(185) 更に＝国・守・天［マタ］、守左［サラニ］。

(186)鋳造し＝国・天［イテモチ］、守［カヘテ造］、天左［イタテマツテ］。

(187)以て護身璽焉《ミマホリノシルシアラ》ハス＝国［以てミマホリノミシルシトシタマフ］、守［以テミマホリノシルシトアラハス］、温［以てミマホリノ身シルシ璽］、天イ［以てミマモリシルシヲアラハス］。「護身」守左［ミカタメナリ］。

代わりとなる鏡・剣を鋳造させて天皇の護身とした。

(188)践祚の日に献ずる所の神璽の鏡剣＝「践祚日」国・温・府・天［センソノ日ノ］、守［アマツヒツキノヒ］。「所献之神璽鏡剣」国［タテマツルトコロ之神璽ト鏡ト剣ト也］、守［タテマツル所之神ノシルシノヲモカケウツルミツキナリ］、府「タテマツル所ロ之アマツヒルキ鏡ト剣ト也］、天［タテマツル所ロノアマツシルシ鏡ト剣ト也］。

践祚の日に神璽の鏡剣を奉ることは、『神祇令』に「凡践祚之日、中臣奏二天神之寿詞一、忌部上二神璽之鏡剣一、」として規定されていた。「璽」とは唐令では白玉で作った印であるが、日本では『令義解』で「璽信也、猶レ云二神明之徴信一、此即以二鏡剣一称レ璽、」とあるように、神聖なるという意味で使われている。しかし、『公式令』天子神璽条では、「天子神璽、謂践祚日寿璽、宝而不レ用、」とあり、践祚＝即位の時に授受される印とされている。なお、践祚の日の鏡剣奉献は、中臣の天津寿詞の奏上と共に践祚大嘗祭（辰日）の儀へと移される。『聞書』に「践祚之日所献之〈文〉。アマツヒツギノヒ、タテマツルトコロ、ト読メリ。」とあり、守本と同じ訓を記している。また、『私鈔』に「践祚日ハ御位ニ即キ給フ日也。」とある。

(189)三十九年［壬戌］三月三日

月日については、『倭姫命世記』『遷幸時代抄』（↓註171）にも記されていない。以下同じ。

(190)但波の吉佐《よさの》宮ニ遷幸《みゆき》し＝「但波乃吉佐宮」国［但波乃ノヨモツカタヲ］、守［但ハ乃ヨリノ宮ニ］、府［但波乃ヨサ宮ニ］、天［タンバノヨザノ宮ニ］。「遷幸」国・府・天イ［ミユキシテ］、天［遷幸シ］、守［ミユキシタマフ］。

「吉佐宮」は前出（↓①註161）。『倭姫命世記』（↓註171）は、ここから更に倭国に適当な地を求めたこと、豊受神（↓①註169）が天降って御饗を奉ったことを記す。⑥註109参照。

(191)雲聳《たなび》きて榎《エノキ》ノ下《もと》ニ現はれ坐《シマ》ス＝「雲聳」守・温・天［クモニタナヒキ］、宝［雲ニタナヒキテ］、府［クモノタナヒキ］、天左［雲ヲ聳］。「榎下」守・温・宝・府・天［エノキノモト］。

『遷幸時代抄』（↓註171）にこの描写はなく、代わりに円鏡が雲に乗って榎の枝の下にある絵が描かれている。

(192)秋八月十八日、瑞籬《ミツカキ》ヲ作り、四年を積《つ》みて斎《いつ》き奉る＝「八月」国左・守［八ツキ］。「積四年」守［ヨトセをツミテ］国・府・天［四年ヲツセテ］。「奉斎」国［ユハヽシマツル］、守［イツキカシキ奉也］、府［ユワイ奉ル］、天［ユハイ奉ル］、天左［イワイ奉］。

『倭姫命世記』『遷幸時代抄』（↓註171）にこの一文なし。「瑞垣」は、神聖な場所の周りに設けた垣根。

(193) 倭《やまとの》国伊豆加志本《いつかしのもとの》宮＝「伊豆加志本宮」守・天左［イツカシノモトノ宮］、天［イツカシノモトツ宮］。

奈良県桜井市初瀬の西はずれにある鳥居跡に比定する説がある。『日本書紀』垂仁天皇二十五年三月十日条（↓①註61）に「一云」として、倭姫命が天照大神を「磯城厳橿《いつかし》之本」に祀った後、神語により翌二十六年に伊勢国度会宮に遷したとある。「厳橿」とは、神霊の依代となる神木の意。また、『古事記』雄略天皇条に天皇の歌として「美母呂能伊都加斯賀母登　加斯賀母登　由由斯伎加母　加志波良袁登売（御諸の　厳白檮がもと　白檮がもと　ゆゆしきかも　白檮原童女）」とある。

(194) 剣と現はれ坐《ましま》して＝国［剣トアラワレ坐］、守・宝［剣ト現シテ坐］、守左［ミツルキトアラハレマスコト］、府［剣ト現レマス］、天［剣トアラハシ坐ス］。

『遷幸時代抄』（↓註171）に、鳥居の下に箱があり、その後に剣が立っている絵が描かれている。

(195) 木乃《きの》国奈久佐浜宮《なくさノハマノミヤ》＝「木乃国」府・天［キノクニ］。「奈久佐浜宮」守・温・宝・府［ナクサハマノ宮ニ遷］、天［ナクマノハマノミヤ］。

奈久佐浜は、和歌浦を見下ろす名草山西麓に広がる浜。紀伊国名草郡。また、和歌山市毛見にある浜宮神社が、この奈久佐浜宮であるとする伝承もある。『倭姫命世記』（↓註171）は、この時に、紀の国造《くにのみやつこ》が舎人《とねり》紀麻呂と良き神田を奉ったことを記す。

(196) 河底ノ岩上ニ瑠璃ノ鉢ニ余《アラ》ハれ坐《ましま》シテ、三年斎《いつ》き奉る＝「河底岩上」天［河底ノ岩ノ上ニ］、守［河ノソコヒノ岩ノ上ニ］。「余」底［アラハシ］、国［アラハレ］、守［アラハレテ］、府［アラワレマス］、天［アラハレ坐シテ］。「瑠璃鉢」守［ツホノ］、天［ルリノハチニ］。「坐」守［ヲハシマスヲ］。「三年」天［ミトセ］。

『遷幸時代抄』に、波の押し寄せる岩の上に鉢が置かれた絵が描かれている。

(197) 吉備国名方浜《なかたのはまの》宮＝「名方浜宮」国・府・天［ナカタ浜ノ宮］、守・天イ［ナカタノ浜ノ宮］。

岡山市浜野村。旭川の右岸。江戸時代には内宮を祀る御野郡の式内社伊勢神社に比定され、、野々宮を倭姫命の斎宮とする説（『吉備温故秘録』）があった。また、岡山県川上町高山市長田山ノ内宮山にある穴門山神社の別名として「赤浜宮」と共に「名方浜宮」がある。『倭姫命世記』（↓註171）は、この時に、吉備の国造が采女《うねめ》吉備都比売と神田を奉ったことを記す。

(198) 神崎《カンさきの》岩上ニ残水《たまり》に壺ニ御《アラ》ハれ坐《ましま》シテ＝「神崎岩上」国・府［カムサキノ岩上ニ］、守［カンサキイハノ上ニ］、天［カンザキノ岩ノ上ニ］。「上」天左［ウヘニ］。「残水御壺」国［残水ノミツホニ」、守〔タマリ水ミツホニアラハレ」、守イ〔ミカケウツシテ」、府〔タマリ水ノ御ツホニ」、天〔タマリ水ノツホニトアラハレ」。「御壺」底〔壺にアラハシ」、守左〔ミツホ」、宝〔壺ニアラハレ」。「坐」守〔マシマスコト」、天〔ましマス」。

『遷幸時代抄』（↓註171）には、波の寄せる岩の上に鏡餅のような絵が描かれている。

(199) 倭《やまと》の弥和《みわ》の御室嶺《みむろノミネノ》上宮＝「弥和乃」守〔ミハノ」、天〔ミワノ」。「御室嶺上宮」国〔ミムロノタケノ上宮」、守〔ミムロノミタケ上ノ宮ニ」、守左・宝・府〔ミムロノミネノ上宮」、天〔ミムロクミ子ノウハツ宮ニ」。

三輪山麓の檜原《ひはら》神社ないしは山頂の神坐日向《みわにますひむかい》神社（高宮《こうのみや》神社）に比定する説がある。『皇大神宮儀式帳』（↓註201）では、垂仁天皇の時に豊鍬入姫に代わって御杖代となった倭姫命が、最初に斎宮を造って天照大神を奉斎したところとして「美和〈乃〉御諸宮」を記す。また、そこを出発する時の送駅使として阿倍武渟河別命・和珥彦国葺命・中臣大鹿嶋命・物部十千根命・大伴武日命の五人の名を記す。「ミムロ（御室）」「ミモロ（御諸・三諸）」は、神のいる御室の意。

(200) 杉《スキ》の中に円輪霊鏡《マロワノミタマノミタマ》ト留《アラ》ハれ坐《マシマ》シテ＝「留」底・天〔アラハシ」、守左・温・宝・府〔アラハレ」。「円輪霊鏡」温〔マロ輪ノミタマノカヽミニ」、宝〔マロワノミタマノ鏡ヲ」、府〔マロワノミタマノ鏡」、天〔マロワノミタマト」。「円輪」守左〔ヲモカケ」。「鏡」天左〔ミカヽミト」。「坐」守左〔マスヲ」。

『遷幸時代抄』（↓註171）には、岩の上の杉林の中に、台の上に乗った円の絵が描かれている。「円輪」とは、密教の修行者が観法の対象とする月輪をいう。

(201) ※底・真以外の諸本には、改行して、

豊鋤入姫命、時に倭比売に事依さし奉り、御杖代と定め給ふ。

とあり、国・守・温・宝・府・天など（宮以外の諸本）には「崇神天皇御姫也、伊勢斎宮始也、遷幸時代抄ニ有之、」などという割注も記されている。校異②167参照。

「事依奉〈利〉」守・天〔コトヨサシタテマツリ」、府〔コヨサシ奉り」、天左〔コトヨセタテマツリ」。「杖代」国〔ツヘシロ」、天〔ミテシロト」。

『遷幸時代抄』（↓註171）にも六十年条の前にこれと同文があり、続いて田園風景の中に月のように円を描いた絵がある。『倭姫命世記』（↓註171）でも、豊鍬入姫が「吾日足」と言って姪の倭姫命を御杖代にしたというこの文を載せ、続けて、これ以後は倭姫命が天照大神を奉戴したとし、相殿神（↓①註175・⑤註111・⑥註23）の「五部伴神」が付き従ったことを注記している。このように、伊勢神宮の創始を語る上では欠くことのできない一文であるが、『麗気記』にもとからあったかどうかは検討を要する。『聞書』に、

一、五十八年〔辛巳〕五月○二年奉斎ト、六十年〔癸未〕

二月トノ中間ニ、異本ニ云ハク、豊鍬入姫命、尓時倭比売〈仁〉事依奉〈利〉、御杖代《ツヘシロ》〈止〉《ト》定《サダメ》給。〔崇神天皇御姫也。伊勢斎宮姫也。遷幸時代抄ニ之有リ。以上異本ト云々。〕異本ニ云ハク、御杖代〈文〉。ミテシロト読メリ。先立チテ道ヲ教フルヲ云フ也。今ハ子良ト云々。

とあるように、良遍が底本としていたものにもなかったと考えられる。また、『日本書紀』（→①註61）で倭姫命が御杖代となったのは垂仁天皇二十五年三月、『宝基本記』（→註233）では同年同月丙申とする。『皇大神宮儀式帳』（註171の続き）でも、

次以纏向珠城宮御宇、活目天皇御世〈爾〉、倭姫内親王〈乎〉、為二御杖代一斎奉〈支〉、美和〈乃〉御諸原〈爾〉造二斎宮一〈弖〉、出奉〈弖〉、斎始奉〈支〉、爾時倭姫内親王、太神〈乎〉頂奉〈弖〉、願給国求奉時〈爾〉、従二美和〈乃〉御諸宮一発〈弖〉、令レ出坐〈支〉、爾時御送駅使、阿倍武渟河別命・和珥彦国葺命・中臣大鹿嶋命・物部十千根命・大伴武日命、合五柱命等為レ使〈弖〉令レ入坐〈支〉、彼時、宇太〈乃〉阿貴宮坐〈只〉、次佐々波多宮坐〈只〉、其〈爾〉即大倭国造等、神御田并神戸進〈只〉、次伊賀空穂宮坐〈只〉、次阿閇柘殖宮坐〈只〉、其〈爾〉即伊賀国造等、神御田并神戸進〈只〉、次淡晦坂田宮坐〈只〉、次美濃伊久良賀波〈乃〉宮坐〈只〉、次伊勢・桑名野代宮坐〈只〉、其宮坐時〈爾〉、伊勢国造遠祖、建夷方〈乎〉、汝国名何問賜〈只〉、白〈久〉、神風伊勢国〈止〉白〈支〉、即神御田并神戸進〈只〉、次河曲、次鈴鹿小山宮坐〈只〉、彼時、河俣県造等遠祖、大比古〈乎〉、汝国名何問賜〈只〉、白〈久〉、味酒鈴鹿国〈止〉白〈只〉、其〈爾〉即神御田并神戸進〈只〉、次安濃県造真桑枝〈乎〉、汝国名何問賜〈只〉、白〈久〉、草蔭安濃国〈止〉白〈只〉、即神御田并神戸進〈只〉、次壹志藤方片樋宮坐〈只〉、其在阿佐鹿悪神平駅使阿倍大稲彦命、即御共仕奉〈只〉、彼時、壹志県造等遠祖、建呰子〈乎〉、汝国名何問賜〈只〉、白〈久〉、宍往呰鹿国〈止〉白〈只〉、即神御田并神戸進〈只〉、次飯高県造乙加豆知〈乎〉、汝国名何問賜〈只〉、白〈久〉、忍飯高国〈止〉白〈只〉、即神御田并神戸進〈只〉、而飯野高宮坐〈只〉、彼時、佐奈〈乃〉県造御代宿禰〈乎〉、汝国名何問賜〈只〉、白〈久〉、許母理国志多備〈乃〉国、真久佐牟気草向国〈止〉白〈只〉、即神御田并神戸進〈只〉、而多気佐々牟迤宮坐〈只〉、彼時、竹首吉比古〈乎〉、汝国名何問賜〈只〉、白〈久〉、百張蘇我〈乃〉国、五百枝刺竹田〈乃〉国〈止〉白〈只〉、即櫛田根椋神御田進〈只〉、次玉岐波流礒宮坐〈只〉、次百船〈乎〉度会国、佐古久志呂宇治家田田上宮坐〈只〉、爾時、宇治大内人仕奉、宇治土公等遠祖、太田命〈乎〉、汝国名何問賜〈只〉、白〈久〉、百船〈乎〉度会国、是河名〈波〉佐古久志留伊須須乃河〈止〉申〈須〉、是河上好太宮地在申、即所見好太宮地定賜〈比弖〉、朝日来向国、夕日来向国、浪音不聞国、風音不聞国、弓矢鞆音不聞国〈止〉、大御意鎮坐国〈止〉悦給〈弖〉、大宮

定奉〈支〉、
として、垂仁天皇の時に倭姫命が御杖代となり、美和の御諸宮から伊勢国度会に大宮を定めるまでの遷座地と、それぞれの地で国造が神御田・神戸などを奉ったことを記している。『麗気記』②「神天上地下次第」では天皇の年代毎の事跡を示す体裁がとられていることからも、この一文は本来なかったと考えられるので、ここでは底・真本などに従い、この一文を本文とせず、後の挿入として扱った。そうすると、割注にある「遷幸時代抄に有り」とあるのも後からの書き入れと考えられ、『遷幸時代抄』が『麗気記』に先行して成立したとする見解も成り立たなくなる。これはまた、本書のような言説と、『遷幸時代抄』に見られるような図と、どちらが先に成立するかという問題とも関わる。

(202)大和の宇《う》多《たの》秋《あき》志《し》野《のの》宮＝天〔ヤマトノウタノアキシノ、宮ニ〕。
『皇大神宮儀式帳』(↓註201)に「宇太乃阿貴宮」、『倭姫命世記』崇神天皇六十年条(↓註171)に「大和国宇多秋宮」とある。宇陀郡大宇陀町大字迫間にある式内社阿紀神社か。「阿貴宮」「秋宮」は『万葉集』に詠まれる「安騎野」のことか。『太神宮諸雑事記』第一の冒頭にある「垂仁天皇〈寿百卅〉」では、
天皇即位廿五年〔丙辰〕、天照坐皇太神、天二降坐於大和国宇陀郡一、于時国造進二神戸等一、〔今号二宇陀神戸一是也〕是巳皇太神宮、始天降坐本所也、其後奉レ令レ鎮二坐伊勢国度会郡宇治郷五十鈴川上、下都磐根御宮所一也、
とあり、天照大神が最初に天降った所として宇陀神戸の由来を説明している。この郡内には伊勢参宮街道が縦走している他、伊勢神領として秋山神戸(『神鳳鈔』に記す大和国唯一の「宇陀神戸」)があり、阿紀神社が俗に神戸名神と呼ばれていたことなどと対応する。『倭姫命世記』(↓註171)には、この時、倭の国造が釆女香刀比売と神田を奉ったこと、大物忌の起源などを記す。『皇大神宮儀式帳』(↓註201)では、次の遷座地である佐々多宮で大倭の国造等が神御田と神戸を奉ったとする。

(203)臼座《うすざ》ノ上ニ霊鏡と居《あら》はれて＝「臼座上」国・天〔ウスノ座ウエニ〕、府〔ウス座ノ上ヘニ〕。「居霊鏡」国〔霊鏡トアラハシマシマシテ〕、府・天〔霊鏡トアラハレ〕、天左〔ミタマノカヽミトアラハレテ〕。
『遷幸時代抄』(↓註171)には、二本の木の間にある臼のような台の上に円を描いた絵がある。

(204)伊賀国隠《ヲ》市《イチノ》守《モリノ》宮ニ遷幸し＝国〔ヲクチノモリノ宮ニ〕、府・天〔ウイチモリノ宮ニ〕。「隠」天左〔ヲキノ〕、天イ〔カクシ〕。「遷幸」守〔ミユキシテ〕。
「隠市守宮《なばりいちもりのみや》」の「隠」は名張の古名。名張市内にある、下比奈知《しもひなち》の式内社名居《ない》神社、鍛冶町の蛭子《えびす》神社、一ノ井の市守宮、または式内社宇流冨志弥《うるほしみ》神社などに比定する説が

ある。

(205)雲霞の中に霊鏡と現はれ坐《まします》シテ＝「雲霞中」守〔くモかすミ中ニ〕、守左〔タナヒイテ〕、天〔雲カスミノ中ニ〕。「現霊鏡」守〔ミカケ〕、守左〔アラハレタマヘリ〕、天〔レイ鏡ト現〕。『遷幸時代抄』（↓註171）には、岩の上の円が、雲や霞がかったように描かれている。

(206)六十七年〔己丑〕

崇神天皇六十七年は、これまでの干支を当てはめると庚寅でなければならない。これについて金剛三昧院本（応永二十九年写）の頭注に「私云、若六十六年ナラハ己丑、尤可レ爾、六十七年豈可レ爾哉、又一本ニ六十七年壬寅云々、是又不レ可レ爾、仍私ニ庚寅ニ書改了、」とある。

(207)穴穂宮＝国・守・府・天〔アナホノ宮〕。

前出（↓①註164）。『皇太神宮儀式帳』（↓註201）では、佐々波多宮から遷座したとし、『倭姫命世記』崇神天皇六十六年条（↓註171）に「遷二于同国穴穂宮一、積二四年一奉レ斎、爾時伊賀国造進二篦山葛山戸、並地口御田、細鱗魚取淵、梁作瀬等一、朝御気・夕御気供進矣、」とあり、この時、伊賀国造が「篦山葛山戸、並地口御田、細鱗魚取淵、梁作瀬等」を奉り、朝夕の御饌を供進したとある。また、『大神宮諸雑事記』第一「垂仁天皇」（註202の続き）では、

抑皇太神宮、勅託宣称、我天宮御宇之時、天下四方国摂録、可二天下宮一所、放二光明一、見定置先了、仍彼所可二行幸御一之由宣、倭姫内親王奉レ戴天、先伊賀国伊賀郡一宿御坐、即国造奉二其神戸一、次伊勢国安濃郡藤方宮御二坐三年之間一、国造奉レ寄二神戸六箇処一也、所謂安濃・一志・鈴鹿・河曲・桑名・飯高神戸等也、次尾張国中嶋郡一宿御坐、国造進二中嶋神戸一、次三河国渥美郡一宿御坐、国造進二渥美神戸一、次遠江国浜名郡一宿御坐、国造進二浜名神戸一、従二是等国一更還〈天〉、伊勢国飯高郡御坐、三月之後、差二度会郡宇治郷五十鈴之川頭一〈天〉進参来、称申云、此河上最勝地侍、其妙不レ可レ比二他処一、早速可下垂二照鑒一御上也、即奉レ迎而、大田命神御共奉仕、令二照鑒一畢、于時皇太神宮託宣称、此地者、於二天宮一所二見定一之宮所是也者、奉二鎮坐一既畢、即神代祝大中臣遠祖天児屋根命神胤禰宜荒木田遠祖天見通命神也、宇治土公遠祖大田命神、当土〈乃〉土神也、然而為二玉串大内人一、即与二荒木田氏禰宜一相並、供二奉於祭庭一之例也、

とあるように、倭姫命が天照大神を最初に奉載したところを「伊賀国伊賀郡」とし、そこで国造が神戸を奉ったとしている。

(208)稲倉《いなくら》の上ニ霊鏡と居《あら》はれて＝「稲倉上」国〔イナグラ上ニ〕、守・温・府・天〔イナクラノ上ニ〕。「居霊鏡」国〔霊鏡をアラハシ〕、守〔イナヒカリシテヲハシマス〕、府〔霊鏡アラハレ〕、天〔霊鏡をアラハシマシテ〕。

「稲倉」は、稲を蓄えておく倉。『遷幸時代抄』（↓註171）で

この場所には、館の広庇の絵が描かれ、稲倉と思われる絵は「崇神天皇治天下六十八年」の次にある。『聞書』には、六十七年〔己丑〕○稲倉上居霊鏡〈文〉。降臨記ヲ見ルニ、結構内裏ノ屋形也。此ノ絵追テ尋ヌベシ。但シ下ニ十四年〔乙巳〕ト十八年〔己酉〕トノ中間ニ、次鈴鹿奈○神宮造〈文〉、此ノ神宮ト云フカ。

とあり、この場所に描かれた館の広庇の絵について、『遷幸時代抄』(↓註213)の垂仁天皇十四年と十八年の間に「次鈴鹿奈其波志忍山〈尓〉神宮造奉〈天〉、令㆓幸行㆒給、」とあることと対応するのではないかとしている。註227参照。

(209) 崇神天皇、天下を治《しろしめ》すこと六十八年＝「崇神天皇治天下」守〔崇神天皇ノ天しタヲ治メタマフコト〕。

『日本書紀』巻五「崇神天皇」に「天皇践祚六十八年冬十二月戊申朔壬子(五日)、崩、時年百廿歳、明年秋八月甲辰朔甲寅(十一日)、葬㆓于山辺道上陵㆒、」とある。『延喜式』巻二十一「諸陵寮」に「山辺道上陵〔磯城瑞籬宮御宇崇神天皇、在㆓大和国城上郡㆒、兆域東西二町、南北二町、陵戸二烟、守戸一烟、〕」とあり、『陵墓要覧』は所在地を奈良県天理市大字柳本字アンド(今の柳本町)とする。

(210) 城上郡山辺勾に＝国〔キカンノ郡山ノヘノサトニ〕、守〔キノカミノ郡山ノヘノマカリニ〕。府・天は「礒城上郡山辺勾」とし府〔シキノカミノ郡リヤマノヘマカリうヘニ〕、天〔シキノカミノ郡リヤマ辺ノカマリノ上ヘニ〕。「匂」守イ〔ホトリニ〕、天左〔クマニ〕。

などと注記あり。

(211) 活目入彦五十狭茅天皇《イクメイリヒコイサチノ》＝温・府・天などに「第十一　垂仁」など第十一代、垂仁天皇(↓①註61)。崇神天皇(↓註169)の三男。

『日本書紀』巻六に、

活目入彦五十狭茅《いくめいりびこいさちの》天皇、御間城入彦五十瓊殖天皇第三子也、母皇后曰㆓御間城姫㆒、大彦命之女也、天皇以㆓御間城天皇廿九年歳次壬子春正月己亥朔㆒、生㆓於瑞籬宮㆒、生而有㆓岐嶷之姿㆒、及㆑壮倜儻大度、率性任㆑真、無㆑所㆓矯飾㆒、天皇愛㆑之、引㆓置左右㆒、廿四歳、因㆓夢祥㆒、以立為㆓皇太子㆒、

六十八年冬十二月、御間城入彦五十瓊殖天皇崩、

元年春正月丁丑朔戊寅、皇太子即天皇位、

とある。皇女倭姫命を崇神天皇の皇女豊鍬入姫に代えて天照大神の御杖代としたが、『皇大神宮儀式帳』(↓註201)や『大神宮諸雑事記』(↓註202・207)では、天照大神の遷幸をこの代から記す。『聞書』に「活目入彦五十狭茅天皇〈文〉。垂仁天皇ノ御事也ト云々。」とある。

(212) 纏向珠城宮《まきむくたまきのみや》＝国〔マキムキタマノキノ宮〕、温・宮・府〔マキムクキタマキノミヤ〕、宝〔マヤハクタマチノミヤ〕、宮・天左〔マキムキタマキノ宮〕、天〔マヤムクノタマキノミヤ〕。

『日本書紀』崇神天皇二年十月条に「更都㆓於纏向㆒、是謂㆓珠城宮㆒也、」とある。纏向は大和国城上郡の地、現在の

奈良県桜井市北部。珠城宮の珠は美称。宮の所在地は『帝王編年記』では「大和国城上郡、今纏向河北里西田中也、」とし、『大和志』は「在穴師村西」とするが不詳。『古事記』には「師木玉垣宮」とある。

(213)即位元年〔癸巳〕夏四月四日

即位元年は壬辰にあたり、『倭姫命世記』(史料後掲)にあるように、ここは「即位二年〔癸巳〕」から「二年奉斎」とするのが正しい。『麗気記』では「元年〔癸巳〕」を起点にしたことから年数の不一致が生じ守・温・宝・府・天本では元年から「三年奉斎」として四年条につなげ、底本では以下の年代について「四《三歟》年〔乙未〕」「八《七》年〔己亥〕」「十《九》年〔辛丑〕」「十《三》四年〔乙巳〕」「十《七》八年〔己酉〕」「二十五《四》年〔丙辰〕」とそれぞれに傍書するなど、混乱が見られる。なお、以下の記載は、崇神天皇の記載と同様、次の『倭姫命世記』『遷幸時代抄』と関連している。すなわち、『倭姫命世記』(註171の続き)に、

活目入彦五十狭茅天皇、即位二年癸巳、遷㆓于伊賀国敢都美恵宮㆒、二年奉斎矣、

四年乙未、遷㆓淡海甲可日雲宮㆒、四年奉斎、于時淡海造進㆓地口御田㆒、

八年己亥、遷㆓幸同国坂田宮㆒、二年奉斎、于時坂田君等進㆓地口御田㆒、

十年辛丑、遷㆓幸于美濃国伊久良河宮㆒、四年奉斎、次遷㆓于尾張国中嶋宮㆒座〈天〉、倭姫命国保伎給、于時美濃国造等進㆓舎人市主、地口御田㆒、並御船一隻進〈支〉、同美濃県主角鏑之作而進御船二隻、捧船者天之曽己立、抱船者天之御都張〈止〉白而進〈支〉、采女忍比売又進㆓地口御田㆒、故忍比売之子継、天平瓮八十枚作進、

十四年乙巳、遷㆓幸于伊勢国桑名野代宮㆒、四年奉斎、于時国造大若子命〔一名大幡主命〕参相御共仕奉、国内風俗令㆑白〈支〉、又国造建日方命参相〈支〉、汝国名何問給、白、神風伊勢国〈止〉白、進㆓舎人弟伊爾方命、又地口御田並神戸㆒、又大若子命進㆓舎人弟乙若子命㆒、次川俣県造祖大比古命参相〈支〉、汝国名何問賜、白〈久〉、味酒鈴鹿国奈具波志忍山白〈支〉、然神宮奉造奉令㆓幸行㆒、又神田並神戸進〈支〉、次阿野県造祖真桑枝大命〈爾〉、汝国名何問賜、白〈久〉、草蔭阿野国白〈弖〉、進㆓神田並神戸㆒、次市師県造祖県建呰古命〈爾〉、汝国名何問賜、白〈久〉、宍行阿佐賀国白、進㆓神戸並神田㆒、

十八年己酉、遷㆓坐于阿佐加藤方片樋宮㆒、積㆓年歴四箇年㆒奉斎、是時〈爾〉、阿佐加乃彌子〈爾〉坐而伊豆速布留神、百往人者五十人取死、卌往人廿人取死、如㆑此伊豆速布留時〈爾〉、倭比売命於㆓朝廷㆒大若子〈乎〉進上而、彼神事〈乎〉申之者、種々大御手津物彼神進、夜波志々豆目平奉〈止〉、詔遣下給〈支〉、于時其神〈乎〉、阿佐加乃山嶺社作定而、其神〈乎〉夜波志々都米上奉〈天〉労祀〈支〉、

爾時宇礼志〈止〉詔〈天〉、其処名〈天〉、宇礼志〈止〉号、然度坐時〈仁〉、阿佐加々多〈爾〉多気連等祖、宇加乃日子之子吉志比女、次吉彦二人参相〈支〉、此問給〈久〉、汝等我阿佐留物者奈爾曽〈止〉問給〈支〉、答白〈久〉、皇太神之御贄之林奉上、伎佐〈乎〉阿佐留〈止〉白〈支〉、于時白事恐〈止〉詔而、其伎佐〈乎〉令レ進二太神御贄一而、佐々牟乃木枝〈乎〉割取而、生比伎〈爾〉宇気比伎良世給時〈爾〉、其火伎理出而、采女忍比売〈我〉作之天平瓮八十枚持而、伊波比戸〈爾〉仕奉〈支〉、爾時吉志比女地口御田並麻園進、

一書曰、天照太神自二美濃国一廻、到二安濃藤方片樋宮一座、于時安佐賀山有二荒神一、百往人者亡二五十人一、卌往人者亡二廿人一、因レ茲倭姫命不レ入二坐度会郡宇遅村五十鈴川上之宮一、奉レ斎二藤方片樋宮一、于時安佐賀荒悪神為行〈乎〉、倭姫命遣二中臣大鹿嶋命・伊勢大若子命・忌部玉櫛命一、奏二聞天皇一、々々詔、其国者大若子命先祖天日別命所レ平山也、大若子命祭二平其神一、令二倭姫命奉レ入二五十鈴宮一、即賜二種々幣一、而返二遣大若子命一祭二其神一、已保平、定二即社於安佐駕一以祭者矣、而後倭姫命即得二入坐一、但於二其渡物一者、敢不二返取一、

廿二年癸丑、遷二飯野高宮一、四箇年奉斎、于時飯高県造祖乙加豆知命〈乎〉、汝国名何問賜、白〈久〉、意須比飯高国〈止〉白而、進二神田並神戸一、倭姫命飯高〔志止〕白事貴〈止〉悦賜〈支〉、次佐奈県造祖弥志呂宿禰命〈爾〉、汝国名何問賜、白〈久〉、許母理国志多備之国、真久佐牟毛久佐向国白〈弖〉、進二神田神戸一、又大若子命〈爾〉汝国名何問賜、白〈久〉、白張蘇我〈乃〉国、五百枝刺竹田之国白〈支〉、其処〈爾〉御櫛落給〈支〉、其処〈乎〉櫛田〈止〉号給、櫛田社定賜〈支〉、従其処〔志天〕御船乗給〈弖〉幸行、其河後江〈爾〉到坐、于時魚自然集出〈天〉、御船参乗〈支〉、爾時倭姫命見悦給〈弖〉其処〈爾〉魚見社定賜〈支〉、従レ其幸行〔奈留〕御饗奉神参相〈支〉、汝国名何問給、白〈久〉、白浜真名胡国申、其所真名胡神社定賜〈支〉、又乙若子命以二麻神・薪霊等一進二倭姫命一而令二祓解一、及陪従之人、留二弓剣一兵共入二座飯野高丘一、遂得レ向二五十鈴宮一、自レ爾以来、天皇之太子・斎宮如レ及二駅使・国司人等一、到二此等川一為二解除一止二鈴声一之、其儀也、従レ其幸行〈弖〉、佐々牟江御船泊給〈比〉、其処〈爾〉佐々牟江宮造令レ坐給〈支〉、大若子命白鳥之真野国〈止〉国保伎白〈支〉、其処〈爾〉佐々牟江社定給〈支〉、従二其処一幸行之間〈爾〉、無二風浪一〔志弖〕海塩大与度〈爾〉与度美〈弖〉、御船令二幸行一、其時倭姫命悦給〈弖〉、其浜〈爾〉大与度社定給〈支〉、〔天照太神誨二倭姫命一曰、是神風伊勢国、即常世之浪重浪帰国也、傍国可怜国也、欲レ居二是国一、故随二太神教一、其祠立二於伊勢国一因興二立斎宮于五十鈴川上一、是謂二礒宮一、天照太神始自レ天降之処也、〕

とあり（以下、註233へ続く）、『遷幸時代抄』（註171の続き）に、
活目入彦五十狭茅天皇、〔巻向珠城宮、垂仁天皇是也、〕
即位元年〔癸巳〕、遷二于伊賀国敢都美恵宮一、二年奉斎、
【絵】
四年〔乙未〕、遷二淡海甲可日雲宮一、四年奉斎、
【絵】
八年〔己亥〕、遷二于同国坂田宮一、二年奉斎、
【絵】
十年〔辛丑〕、遷二幸于美濃国伊久良河宮一、四年奉斎、
【絵】
次、遷二于尾張国中嶋宮一座也、
【絵】
十四年〔乙巳〕、遷二幸于伊勢国桑名野代宮一、四年奉斎、
【絵】
次鈴鹿奈其波志忍山〈尓〉神宮造奉〈天〉、令二幸行一給、
十八年〔己酉〕遷二坐于阿佐加藤方片樋宮一、積年四箇年
奉斎、
【絵】
廿二年〔癸丑〕、遷二飯野高宮一、四箇年奉斎、
【絵】
廿五年〔丙辰〕春三月、従二飯野高宮一、遷二幸于伊蘇宮一
令レ坐〈支〉、于時倭姫命南山末見給〈止天〉、御宮処覔〈尓〉、
奉レ戴二天照大神一〈天〉、宇久留士〔仁志天〕御船〈仁〉奉〈天〉、
過二狭田・坂手一〈天〉、寒河〈尓〉御船留〈天〉、過二相鹿瀬・
瀧原・和比野・久求・園相・目弖野・積良山・沢路一〈天〉、
向田〈仁天〉奉于御船〈天〉、小浜〔仁志天〕御水御饗奉〈天〉、
二見浜見津〈仁〉御船留〈天〉、山末河内見廻給〈天〉、鹿
乃見〔与利〕家田々上宮遷幸〈支〉、于時太田命参〈弖〉五
十鈴之河上宮処〈仁〉礼祭〔倍止〕申〔勢利〕、即彼処〈仁〉
往給〈天〉甚喜給、
廿六年〔丁巳〕冬十月〔甲子〕、奉レ遷二于天照太神於度
遇五十鈴河上一〈天〉御鎮座、垂仁天皇治天下九十九歳、
〔陵在二大和国菅原伏見野中一、〕
【絵】

とある。

(214) 敢都美恵《アトミエノ》宮＝守イ［アエノウシエノ宮］。阿閇《あへ》の柘植《つみえの》宮。現在の三重県上野市一宮にある式内社敢国神社か。柘植町大字上柘植小字北浦に昭和五年に建てられた「敢都美恵宮遺跡」の石標がある。『皇大神宮儀式帳』（↓註201）では、この時、伊賀の国造が神田・神戸を奉ったと記す。

(215) 八重ノ雲《くも》、円満霊鏡に聳《たなび》キ坐《ましま》シテ＝「聳円満霊鏡坐」守［マロワノレイケイヲウツシテソヒキ坐シマス］。「聳」国・守イ［ソヒヘ］、府［ソヒテ］、宝・天［ソヒキ］。「円満霊鏡」天［円満ノ霊鏡ニテ］。
『遷幸時代抄』（↓註213）でこの場所に、雲に囲まれた円の

絵が描かれている。

(216)淡海《おうみ》の甲可《かふかの》日《ひ》雲《くもの》宮＝「淡海」国［アワノウミ］、守左・府・天［アフミノ］。「甲可日雲宮」国［甲可ノヒクモノ宮］、守［ヲシカノヒクモノ宮］、守左［カウカノ日雲宮］、府・天［カウカヒクモノ宮ニ］。

滋賀県甲賀郡。日雲宮については、甲賀郡甲南町字池田の檜尾神社、土山町の若宮神社、水口町の水口神社・川田神社、信楽町の日雲神社・高宮神社、土山町の神明社・川田神社・田村神社、甲西町の神明社などに比定する説がある。『倭姫命世記』（↓註213）には、この時、淡路の国造が神田を奉ったとある。

(217)雲《くも》、屏風ト成りて、又、其の上の赤雲、霊鏡《ミタマ》ニ帯《おび》にセリ坐《アラハレマシマ》シテ＝「成屏風」天［ヒヤウ風ト成リ］。「又」守左［フタタヒ］。「赤雲」守左［マタラクモニ］。「帯霊鏡」守左［ヲモカケウツイテ］、宝［ミタマヲアラハレナ］、天［ミタマノヲビニセリ］、天左［レイ鏡帯ヒテ］。「帯」国［ヲヒニセリ］、守［アラハシ］、温［帯シ］。「霊鏡」底・守［くモミタマニ］。「坐」守左［ヲハシマス］、温・天［アラハシテ］。

『聞書』に「四年〔乙未〕○奉斎〈文〉。此ノ一段ハ赤雲帯ニセリト〈文〉。絵ヲ見ルニ屏風ニ赤雲ヲカクベキ也。雲ノ帯ニ非ズ。書写ノ次イデニ雲ニ書クベキ也。」とあり、『遷幸時代抄』（↓註213）でこの場所に、屏風に囲まれて岩の上に乗る円の絵が描かれている。

(218)同国坂田宮《さかたの》＝天［ヲセアラハレ国サカタノ宮］。

現在の滋賀県坂田郡近江町宇賀野の坂田神明宮（坂田宮岡神社）。『神鳳鈔』にある「坂田御厨」の場所ともされる。『倭姫命世記』（↓註213）には、この時、坂田君らが神田を奉ったとある。

(219)千木《ちぎ》高《たか》く広敷《ヒロシキ》テ板上《いたの》ニ＝「千木」天［チギノ］。「高広敷板上」国・守・宝・府・天［高クヒロクシキイタノ上ニ］、守イ［タカヒロ敷タテ、イタノウヘニ］。

「千木」は、社殿の屋上又は破風の両端に交差する木のこと。『私鈔』に「千木高広敷板、チギタカヒロシキイタ⟁是ノ如クナルヲ中ノ迁ヲ御座トスル也。」とあり、『制作抄』に「⟁〔此ノ如クナルヲ千木高広ト云フ也。中ノツシヲ御座也。〕」とある。『遷幸時代抄』（↓註213）でこの場所に、峡谷の雲海の中に円が木に支えられた板の上に乗る絵が描かれている。

(220)伊久良河宮《いくらがわの》＝国・守・府・天［イクラカハノ宮］。

『皇大神宮儀式帳』（↓註201）には「美濃伊久良賀宮」とある。岐阜県本巣郡巣南町居倉の天神神社に比定される。

(221)御船形《ミフネノかた》の上ニ楼台ニ案じて神霊《ミタノミヲヤ》ト現はれタマヒテ坐《ましま》して＝「御船形上」国・府・守イ・天［ミフネカタノ上ニ］。「案」守［アンシテ］、天［アンシ］。「現神霊坐」守イ［ミタマノミタマトヲハシマス］、府［ミタマノミタマト現テ坐］、天［神ノミタマト現レテ坐ス］。

『聞書』に「楼台〈文〉。御船ノ上ニ高キ台アリ。是ヲ楼台ト云フ也。」とあり、『遷幸時代抄』(↓註213)でこの場所に、峡谷の岩の上に船があり、その上の台上に乗った円が描かれている。

(222) 次いで尾張国の中嶋《なかじまの》宮＝「次」守[ツイテニ]。

中嶋宮は、愛知県一宮市萩原町中島森下にある中嶋宮、同市今伊勢町本神戸字宮山にある酒見神社などに比定される。『日本書紀』(↓①註61)『皇大神宮儀式帳』(↓註201)によれば、天照大神を奉じた倭姫命は、美濃国から直接伊勢国に入ったとあり、尾張国は経由しない。『大神宮諸雑事記』(↓註207)に「次尾張国中嶋郡一宿御坐、国造進ニ中嶋神戸一、」とあり、続いて三河国渥美郡と遠江国浜名郡を経て伊勢国飯高郡へ入ったとする。『倭姫命世記』(↓註213)では、この時、美濃の国造・県主らが舎人・神田・船などを奉ったとあり、また、采女忍が神田を奉ったことをその子孫達による天平瓮八十枚奉献の由来として記す。

(223) 錦蓋を垂れて神霊と現はれ坐《まし》ス。両鹿、之を守護す＝「垂錦蓋」国[キンカイヲタれ]、守[錦カイヲサケテ]、府[キンカイヲ垂]、天左[錦ノカイモノ垂]。「現神霊坐」守[神霊ヲアラハシヲハシマス]、天[神霊トアラハシ坐ス]。「両鹿守護之」守[ふたツノ鹿モカ守護之]、天[フタツノシカ之ヲ守護ス]。「守護之」守イ[マウテマツリイタリ]。

「錦蓋」は、神体の上面や側面を覆う絹布で、遷宮の時などに使われる。絹垣。きぬがき。『聞書』に「垂錦蓋〈文〉。大幡主ノ尊、錦ノ蓋ヲ指シカケタリ。大幡主トハ大間社、是也。外宮ノ禰宜ハ其ノ先祖也ト云々。但シ絵ニハ錦蓋見エザル也。」とある。『遷幸時代抄』(↓註213)にも錦蓋は描かれず、次の「両鹿之ヲ守護ス」に相当するように、向かい合う鹿の頭上に円がある絵が描かれている。

(224) 鹿嶋・香取

前出(↓①註52)。

(225) 桑《クワ》名《ナ》野《ノ》代《しろの》宮＝国[桑ナ、ノシロノ宮]、府・天[クハナノシロノ宮ニ]。

三重県桑名市多度町下野代の式内社野志理神社、同江場の神館神社などに比定する説がある。『皇大神宮儀式帳』(↓註201)では、この時、伊勢の国造の遠祖建夷方が「神風伊勢国」と申して神田・神戸を奉ったとある。『倭姫命世記』(↓註213)では、国造大若子命(一名大幡主命)・建日方命・川俣県造祖大比古命・阿野県造祖真桑枝大命・市師県造祖建呰命らの供奉・奉献を記す。

(226) 椋杜《ムクノキノ》三株《ミマタ》ノ中ニ神霊と現はれ坐《まし》して＝「三株中現」守左[ミモリノ中ニアラハレテ]。

『遷幸時代抄』(↓註213)はこの場所に、二本の木(それぞれの根本に鹿がいて向かい合う)の枝葉の間に円がある絵が描かれている。

(227) 鈴鹿奈《な》其《ご》波《ハ》志《シ》忍《ソ》山《やま》＝「奈其波志忍山」守・府[ナクハシヲシヤ

マ］、守イ［奈ヲノ波志忍山］、天［ナクコハシノヲシヤマニ］、国は「余其波志忍山」とし［ナノソノハシソ山］。

三重県鈴鹿市。「奈其波志」は、「名妙《なくわし》」という賛辞か。「忍山」は、式内社忍山神社に相当するか。社地については現在の亀山市野村町にある忍山神社とする説、布気町野尻にある布気《ふけ》皇館太《こうたつたい》神社とする説などとがある。『皇大神宮儀式帳』（↓註201）には、鈴鹿小山宮で、川俣県主遠祖大比古・安濃県造真桑枝らが神田・神戸を奉ったとあり、『倭姫命世記』（↓註213）には、倭姫命に地名を問われた大比古が「味酒鈴鹿国奈具波志忍山」と答え、神宮を造営し、神田・神戸を奉ったとある。なお、『聞書』に、

次ニ鈴鹿奈○六ヶ月奉斎〈文〉。十八処記ヲ見ルニ、此ノ段ニハ葛藤アリテ神宮ノ絵之無シ。然レバ上ノ六十七年ノ次ノ神宮ハ当段ノ絵也。次ニ彼ノ十八処記ニハ、十八年〔己酉〕○四年奉斎ノ一段ノ文字ハ、葛藤ノ絵ノ事書ナルベキ也ト云々。

とあり、『遷幸時代抄』（↓註213）にも神宮の絵がない。『聞書』のいう『十八処記』とは『遷幸時代抄』と考えられ、先の崇神天皇六十七年条の次に当てられている絵（↓註171・208）がこの場にふさわしいという。

(228) 阿佐加《あさか》の藤方片樋宮《フチカタカタヒノ》＝「阿佐加」守［アザカ］、府・天［アサカノ］、天左［阿サノ加］。「藤方片樋宮」天［フヂカタノヒノ宮］、天左［フチノカタノカタヒノ宮］。

「阿佐加《あさか》」は三重県松阪市に阿坂の地名があるが、「藤方」の所在との関連から「安濃」の誤りであろう。「藤方」については『皇大神宮儀式帳』（↓註201）では「壱志」、『太神宮諸雑事記』では「安濃郡」とするなど、諸説がある。現在、津市の南部相川の左岸河口付近にその名が残る。片樋宮の所在は不明であるが、『倭姫命世記講述鈔』では、

片樋ノ宮地未詳。今藤方ノ南駅路ノ西旁ノ山ノ半腹ニ東面ノ神祠アリ。鳥居アリ。社号知レズ。老樹森立ス。俗ニ十社森ト称ス。其南神森村アリ。十社森社ハ即神森村領ナリ。度会延経、度会延賢共ニ以為、是社域他ニ異ナリ、是、片樋宮ノ址ナルベシト。余、此地ヲ経過スルコト三十余年ナリ。屡見テ考ルニ決シテ是ナルベシ。此地東南面ニ向テ豁開シテ、日出ルトキハ即一面ニ日影ヲ受ク。西ハ山ニ倚テ午後ニ及テハ夕陽ヲ見ルコト無シ。然レバ此宮号ハ東面一片ノ日ヲ受クルノ義ヲ以テ偏日ノ義ナルベシ。片樋ト云ハ字訓ヲ仮ルノミナルベシ。

とする。『皇大神宮儀式帳』（↓註201）では、この時、阿佐鹿の悪神を平らげた安倍大稲彦命が奉仕したこと、壹志県造祖建呰子・飯高県造乙加豆知が神御田・神戸を奉ったことを記す。『倭姫命世記』（↓註213）にも、阿佐加山の荒神を平らげた故事を載せる。

(229) 葛藤巻纏《クスフチノマキマト》ウ中ニ舛形《ますかた》の上ニ＝「葛藤巻纏中」国［クスフチマキマトウ中ニ］、府［カツラノチノマキマク中ニ］、天［クズフ

チマキマトフ中ニ」。「纏」天左［マトヘル］。「舛形」国・守・府・天［マスカタノ］。

『遷幸時代抄』（↓註213）ではこの場所に、藤のまとわりついた円の絵が描かれている。

(230) 二十二年〔癸丑〕

前と同様に「二十二年〔癸丑〕」とすべきである。

(231) 飯野《イヽノヽ》高《たかノ》宮＝国［イヽノヽタカ宮］、守左［イクカノタカノミヤ］、温・府［イヽノヽタカノ宮］、天［イヒノヽタカノ宮］。

「飯野」は、伊勢国飯野郡、現在の飯高郡。『倭姫命世記』では「飯野高丘宮」とも記す。「飯野高宮」は式内社意悲神社に相当し、現在では松阪市殿町の松坂神社、または同市下村町の神戸神館神明社に比定される。『皇大神宮儀式帳』（↓註201）では、この時、佐奈の県造御代宿禰が神御田・神戸を奉ったことを記す。『倭姫命世記』（↓註213）には、飯高県造祖乙加豆知命・佐奈県造祖弥志呂宿禰命が神田・神戸を奉ったこと、そして、ここから船に乗って各地を遍歴する様子が詳しく描かれている。

(232) 障泥《あおり》形《かた》ニ編懸《アミカク》ル屋《ヤ》ニ＝「編懸障泥形屋」国［アヲリヤカタニアミカヽテ］、守［アヲリカタノヤヲアミカケ］、守左［アヲリカケノツヽヽチシケアルイエニ］、温［アヲリカタにアミカケ］、府［アミカケアヲリカタノヤヲ］、天［アヲリカタノヤヲアミカケ］。「編懸」天左［アミヲカクル］。

「障泥」は馬具の一種で下鞍の間に垂らす大型の皮革。泥が飛びはね衣服を汚すのを防ぐのに用いる。『遷幸時代抄』（↓註213）に、障泥のように掛けた網の下にある円の絵が描かれている。

(233) 廿《四》五年〔丙辰〕春三月

『日本書紀』垂仁天皇二十五年条（↓①註61）では三月丙申（十日）に天照大神を豊鍬入姫命より倭姫命が引継ぎ巡行を始め、その年のうちに菟田《うだ》の筱幡《さきはた》、近江、美濃をへて伊勢に入り五十鈴川のほとりに斎宮を興てたとする。また、『同』一書の記述では、鎮座の日は翌二十六年十月甲子となる。『大神宮諸雑事記』第一「垂仁天皇」（↓註202・207）は、倭姫命による遷幸をこの一年の出来事として記す。崇神天皇五十八年に引継が行なわれたとする『倭姫命世記』（註213の続き）は、

廿五年丙辰春三月、従二飯野高宮一遷二幸于伊蘇宮一令レ坐〈支〉、于時大若子命問給〈久〉、汝此国名何、白〈久〉、百船度会国玉掇伊蘇国〈止〉白〈天〉、御塩浜並林定奉〈支〉、此宮坐〈天〉供奉、御水在所〈波〉御井国〈止〉号〈支〉、于時倭姫命詔〈久〉、南山末見給〈波〉、吉宮処可レ有見〔由止〕詔〈天〉、御宮処覓〈爾〉、大若子命〈乎〉顕〈支〉、倭姫命〈波〉、皇太神〈乎〉奉レ戴〈天〉、小船乗給、御船〈仁〉雑神財、並忌楯・桙等〈乎〉留置〈天〉、従二小河一幸行〈支〉、其河〔志天〕御船後立〈支〉、爾駅使等御船宇久留〈止〉白〈支〉、其処〈乎〉宇久留支号〈支〉、従二其処一幸行、速河彦詣相〈支〉、汝国名何問、白〈久〉、

畔広之狭田国〈止〉白〈天〉、佐々上神田進〈支〉、其処速河狭田社定給〈支〉、従二其処一幸行、高水神参相〈支〉、汝国名何問給、白〈久〉、岳高田深坂手国〈止〉白〈弖〉、田上御田進〈支〉、其処坂手社定給〈支〉、従二其処一幸行、河尽〈支〉、其河之水寒有〈支〉、則寒河〈止〉号、其処御船留給〈弖〉、即其処〈仁〉御船神社定給〈支〉、従二其処一幸行時、御笠服給〈支〉、其処〈乎〉加佐伎止号〈支〉、大川瀬渡給〈止〉為〈爾〉鹿宍流相〈支〉、是悪詔〈天〉、不二度坐一、其瀬〈乎〉相鹿瀬号〈支〉、

従二其処一指二河上〈乎〉一幸行〈波〉、砂流速瀬有〈支〉、于時真奈胡神参相度奉〈支〉、其瀬真奈胡御瀬号〈弖〉、御瀬社定給〈支〉、従二其処一幸行、美地到給〈奴〉、真奈胡神〈爾〉国名何問給〈支〉、大河之瀧原之国〈止〉白〈支〉、其処宇太之大宇禰奈〈乎〉為〈天〉、荒草令二苅掃一〈天〉、宮造令レ坐〈支〉、此地〈波〉皇太神之欲給地〈爾波〉不レ有悟給〈支〉、其時大河自二南道一、宮処覓〈爾〉幸行〈爾〉、美野〈爾〉到給〈天〉、宮処覓佗賜〈比天〉、其処〈乎〉和比野〈止〉号〈支〉、従二其処一幸行〈爾〉、久求都彦参相〈支〉、汝国名何問給〈支〉、白〈久〉、久求小野白〈支〉、倭姫命詔〈久〉、御宮処〈乎〉久求小野〈止〉号給〈弖〉、其処〈爾〉久求社定賜、于時久求都彦白〈久〉、吉大宮処有白〈支〉、其処幸行〈志天〉、園作神参相〈天〉、御園地進〈支〉、其処悦給、園相社定給〈支〉、従二其処一幸行、美小野有〈支〉、倭姫命目弖給〈天〉、即其処〈乎〉目弖野〈止〉号〈支〉、又其処〈爾〉円〈奈留〉有二小山一〈支〉、其処〈乎〉都不良〈止〉号〈支〉、従二此処一幸行、沢道野在〈支〉、其処〈乎〉沢道小野号〈支〉、

其時大若子命従レ河御船率御向参相〈支〉、于時倭姫命大悦給〈天〉、大若子問給〈久〉、吉宮処在哉、白〈久〉、佐古久志呂宇遅之五十鈴河上〈爾〉、吉御宮処在白〈支〉、亦悦給〈天〉、問給〈久〉、此国名何、白〈久〉、御船向田国白〈支〉、其処御船乗給、幸行〈支〉、其忌楯・桙種々神宝物留置所名〈波〉忌楯小野号〈支〉、従二其処一幸行〈波〉有二小浜一、其処取レ鷲老公在〈支〉、于時倭姫命御水飲〈止〉詔〈久〉、爾老〈爾〉何処吉水在問給〈支〉、其老以二寒御水一御饗奉〈支〉、于時讃給、水門〈爾〉水饗神社走賜、其浜名鷲取小浜号〈支〉、然而二見浜御船坐、于時大若子命〈爾〉国名何問給、白〈久〉、速両二見国〈止〉白〈支〉、爾時其浜御船留給〈天〉坐時、佐見都日女参相〈支〉、汝国名何問給〈支〉、御詔不レ聞、御答〈毛〉不レ白〈弖〉、以二堅塩一多御饗奉〈支〉、倭姫命慈給、堅多社定給〈支〉、時乙若子命、其浜〈乎〉御塩並御塩山定奉〈支〉、

従二其処一幸行〈弖〉、五十鈴河後之江入坐〈支〉、時佐美川日子参相〈支〉、問給、此河名何、白〈久〉、五十鈴河後白〈支〉、其処江社定給、又荒崎姫参相、国名問給、白〈久〉、皇太神御前荒崎白〈支〉、恐《止志》詔、神前社定給、此其江幸行、御船泊〈志〉処名号二御津浦一〈支〉、其上幸行小嶋在〈支〉、

其嶋坐〈弖〉、山末河内見廻給〈天〉、如二大屋門一前在地〈支〉、其処上坐〈天〉、其処名号二大屋門一〈支〉、従二其処一幸行、神淵河原坐〈波〉、苗草戴耆女参相〈支〉、問給、汝何為二耆女一、白〈久〉、我取二苗草一女、名宇遅都日女〈止〉白〈久〉、又問給〈久〉、奈止加々久為、耆女白〈久〉、此国〈波〉鹿乃見哉毛為〈止〉白〈支〉、其処鹿乃見〈止〉号〈支〉、何是問給〈登〉、止可売白〈支〉、其処〈乎〉止鹿乃淵号〈支〉、従レ其矢田宮幸行〈支〉、次家田田上宮遷幸〈支〉、其宮坐時、度会大幡主命、皇太神〈乃〉朝御気・夕御気処〈乃〉御田定奉〈支〉、宇遅田田上〈爾〉在、名二抜穂田一是也、従レ其幸行、奈尾之根宮座給、

于時出雲神子吉雲建子命、〔一名伊勢都彦命、一名櫛玉命〕並其子大歳神・桜大刀命・山神大山罪命・朝熊水神等、五十鈴川後江〔爾天〕、奉二御饗一〈支〉、于時猨田彦神裔宇治土公祖、大田命参相〈支〉、汝国名何問給〈爾〉、佐古久志呂宇遅之国〈止〉白〈弖〉、御止代神田進〈支〉、倭姫命問給〈久〉、有二吉宮処一哉、答白〈久〉、佐古久志呂宇遅之五十鈴之河上者、是大日本国之中〈仁〉殊勝霊地侍〔奈利〕、其中翁世八万歳之間〔仁毛〕、未二現知一〈留〉有二霊物一照輝如二日月一〔奈利〕、惟小縁之物不レ在〈志〉、定主出現御坐、爾時可献レ止念〈比弖〉、彼処〈爾〉礼祭申〔勢利〕、即彼処往到給〈天〉、御覧〔介礼波〕、惟昔太神誓願給〔比天〕、豊葦原瑞穂国之内〈仁〉、伊勢加佐波夜之国〈波〉有二美宮処一〔利止〕、見定給〈比〉、従二上天一〔志天〕投降坐〔比志〕天之逆太刀・逆桙・金鈴等是也、甚喜二於懐一〈比弖〉、言上給〈比支〉、

廿六年丁巳冬十月甲子、奉レ遷二于天照太神於度遇五十鈴河上一〈留〉、（下略）

として、倭姫命が良き所を尋ね求める経緯を詳しく記し、翌二十六年十月甲子の度会五十鈴河上への遷幸記事へとつなげている。また、『御鎮座伝記』に、

纏向珠城宮御宇天皇廿五年丙辰春三月、従二伊勢国飯野高宮一、遷二幸伊蘇宮一、于時倭姫命詔〈久〉、南山末見給〈比〉、吉宮地〈乎〉覓幸給〈支〉、今歳、猨田彦大神参、乃言寿覚白〈久〉、南大峯有二美宮処一、佐古久志呂宇遅之五十鈴之河上者、大八洲之内弥図之霊地也、随二翁之出現一、二百八万余歳之前〔爾毛〕、未二現知一〈留〉在二霊物一〈利〉、照耀如二大日輪一也、惟小縁之物〈爾〉不レ在〈須〉、定主出現御座耶念〈木〉、倭姫命曰、理実灼然、惟久代天地之大祖《父母》、〔天照皇太神、天御中主神、〕并神魯伎・神魯美命誓宣〈弖〉、豊葦原瑞穂国之内〈爾〉、伊勢加佐波夜之国〈波〉、有二美宮処一〔利度〕見定給〔比天〕、自二天上一〈志天〉投降居給〈布〉、天之逆大刀・天之逆鉾・大小之金鈴五十口・日之小宮之図形文形等是也〔度弖〕、天之平手〈乎〉拍給〔比弖〕、甚喜二於懐一給、於二此処一〈爾〉遷二造日小宮一給、大宮柱〔一名忌柱、亦天御量柱、亦心柱、是則皇帝之命、国家之固也、

龍神・土神各一座、為二守護之神一坐、〕太二敷立於下津磐根一、〔大田命以二地輪精金一、底津磐根奉レ敷レ之、〕峻三崎搏二風於高天之原一〈弖〉、朝廷御宇廿六年丁巳冬十月甲子、奉二遷于天照太神宇遅之五十鈴河上〈爾〉一鎮座焉、

とあり、『宝基本記』冒頭に、

活目入彦五十狭茅天皇即位廿五年丙辰春三月丁亥朔丙申、離二天照太神於豊耜入姫命一託二倭姫命一、爰倭姫命求下鎮二坐太神一之処上、而詣二菟田篠幡一、更還之、入二近江国一、東廻二美濃一到二伊勢国一、于時天照太神誨二倭姫命一曰、是神風伊勢国、即常世之浪重浪帰国也、傍国可レ怜国也、欲レ居二是国一、故随二太神教一其祠立二於伊勢国一、因興二立斎宮于五十鈴川上之側一、是謂二磯宮一、天照太神始自レ天降之処也、

とある。

(234) 伊蘇宮《いその》=国［イソノ］。

『皇大神宮儀式帳』(↓註201)『倭姫命世記』(↓註213)『宝基本記』(↓註233)に「礒宮」とある。伊勢市礒町にある式内社礒神社に比定される。

(235) 令坐《まし》しき《ま》=守［マシ、、タマフニ］、天［マシ、ハキ］。国・守は「令坐〈波〉」として［マシ、、］。

(236) 倭姫命《ヤマトヒメノミコト》

前出(↓①註152)。また、註201も参照。

(237) 南山未《いま》ダ見給はズ=「南山未見給〔止天〕」国［南ノ山ヘヲ、未たミ給ずして］、府［南ノ山、未だミ給はずして］、天［南ノ山未だ見給スニシテ］。「南山未」を守・宝は「南山末」とし、守［南ノ山ノスエヲミタマハスーて］。

『聞書』に「南山末〈义〉。伊勢ニテノ事也。」とあるように、本来は「南山木」であったと考えられる。「南山」がどの地をさすかは不明。可能性として、①五十鈴川左岸の鹿海(現伊勢市鹿海町)②継橋郷山宮ヶ谷(同岡本町)が考えられる。

①については、『倭姫命世記』垂仁天皇二十五年条(↓註233)に「倭姫命詔〈久〉、南山末見給〈波〉、吉宮処可レ有見〔由止〕詔〈天〉、御宮処覓〈爾〉、」とあり、『遷幸時代抄』に「于時倭姫命南山末見給〈止天〉、御宮処覓〈尓〉、」「山末河内見廻給〈天〉、鹿乃見〔与利〕家田々上宮遷幸〈支〉、」とあるのが手がかりとなる。五十鈴川の下流、楠部町の北の貝吹山の東麓に「南山《みなみやま》」と呼ばれる標高三〇メートルほどの小丘がある。東は河岸に面した東鹿海の集落で、古くは神宮の贄海神事の船が発着した船津であったとされる。倭姫命は船で五十鈴川を遡航しており、上陸地点としてふさわしいと言えよう。

②については、『延喜式』神名帳にも見える末社「山末神社」が手がかりである。山末社は『勢陽五鈴遺響』等に継橋郷山宮ヶ谷にあると記されており、現在地と変わりがないようだ。この地は外宮の南、高倉山の東麓にあたり、

かつては神宮の山宮神事の祭場であった。山本ひろ子によれば、「宮山の尾崎」「錦の河内」と呼ばれていたこともあったらしい。『天照太神口決』「別社事」は角宮について「南山ノ尾崎」にあると記しており、高倉山の東麓を南山と呼んだ可能性はある。ただ、倭姫命が見廻った「山末・河内」は普通名詞である可能性もあり、①にくらべるとやや弱い気がする。したがって、ここでは一応「鹿海の南山」としておく。

(238) 御宮処覓《ミ》に＝「御宮処」守［ミカンとこロヲ］。「覓」国・守・宝・府・天［モトムル］。

(239) 宇久留士《ウクルシ》＝国［ウクルス］、天［ウクルシニシテ］。

『聞書』に「宇久留士〈文〉。所ノ名也。「ウクルス」ト読メリ。」とある。相当する現在地は不詳であるが、これより後に遡る川は、現在の外城田川にあたり、その周辺の地と考えられる。『太神宮本記帰正鈔』では、

○其処〈平〉宇久留〈止〉号〈支〉、宇久留ト称スル地ハ、光明寺所蔵、延応元年九月ノ古券ニ、度会ノ郡湯田ノ郷、小俣ノ御薗ノ内、字ハ上窪者、限ニリ東ハ久留ニヲ、南ハ限ニリ清近ノ後家ノ領ニヲ、限ニリ西ハ溝ニヲ、限ニル北ハ久留ニヲ、トアル久留ハ即チ宇久留ナラムト、小俣ヨリ久保中久保等ノ辺ヲ探索スレト詳ナラス。然ルニ湯田村ノ西、大仏山ノ南東ニ流ル丶寒河ノ東岸ニ在ル田ヲ土俗オコリト称ス。按ルニオコリハオクルノ訛音ニテ、是則宇久留ノ旧地ナルへシ。

としている。

(240) 御船《ミフネ》に奉りて＝国［ヲン船にノツて］、守・府［ミ船にノツテ］、府［ミ船にノツて］、天［ミフ子ニノリテ］。「御船」天左［御船ヲ］。「奉〈天〉」守イ［メサセ天］。

(241) 狭田《サタ》・坂手《サカテ》ニ過《ス》ギて＝「過狭田坂手〈天〉」国［サダサカテヲスキて］、府［サタサカテヲスキて］、天［サタサカテヲスギテ］。

「坂手」守・宝［サカタ］。

「狭田」は、玉城町佐田。式内社狭田国生《さたくなり》神社がある。「坂手」は、玉城町上田辺。式内社坂手国生《さかてくなり》神社が再興されている。

(242) 寒河《さうかわ》に御船留《ミフネト丶マ》りて＝国・守［サウカウ］、守イ［カンノカワ］、守左［キタ河］。「御船留〈天〉」国［御船留メて］、守［ミフネヲト丶メて］、府［ミフネ留ム］、天［ミフネ留リテ］。

「寒河」は、外城田川の古名。寒川の地名は現在でも玉城町に残る。『聞書』に「寒川《サウカハ》〈文〉。是又所ノ名也。」とあり、続けて「相鹿瀬、瀧原、和比野、久求、園相、目弖野、積良山、沢路、向田、小浜、二見浜見津、鹿乃見、家田、田上、五十鈴川、皆処ノ名也。」として地名であることを示す。

(243) 相鹿瀬《アサクニセ》＝国［アウガセ］、守［アフカセ］。底・温は「相鹿瀬瀧原」として、［アサクニセノタキノハラ］。宝・府・天は「過相鹿瀬瀧原」として、守［アフカセヲ、タキノハラヲスキ］、宝［アサ

ラマせノタチノハラスキ」、府「アサクマセノタキノハラをスキ」、天「アサクマノセノタキノハラニスキ」。

多気町相鹿瀬《おうかせ》。

(244) 瀧原《タキノハラ》

大宮町滝原。滝原宮がある。

(245) 和比野《ワヒノ》＝国「ワイノ」。底・温・宝・府・天は「和比野久求」として「ワヒノ、クク」。

度会町和井野。

(246) 久求《クク》＝国「クイ」。

度会郡度会町上久具字久具都裏に式内社久々都比売《くくつひめ》神社が再興されている。

(247) 園相《ソノアヒ》＝国「ヌナウ」、守左「ソナフ」。

伊勢市津村町白木に式内社園相《そのあふ》神社が再興されている。

(248) 目弖野《ミテの》＝国「メテノ」、守・府・天「ミテノ」。

現在地は不詳。『太神宮本記帰正鈔』では「〇目弖野、沼木ノ郷津村ノ東方ナル畠地ヲ、里俗メンド野ト称ス。メンドハ目弖ノ訛音ナリカシ。」とする。沼木郷津村は現在の伊勢市津村町。

(249) 積良山《オホヨシヤマ》＝国「ツララ山」、守左・府左「ツフラ山」。

積良《つぶら》山。伊勢市津村町と佐八町の間に位置する小山を指す。

(250) 沢路《サハミチ》＝国・府左「サウチ」、守左「サワチ」、守・宝・府「サワミチ」。

伊勢市佐八《そうち》町。

(251) 向田《たむけた》にて御船ニ奉りて＝「向田」国・天「カウタ」、守「ムクタ」、天「ムカイ」。「奉十御船〈天〉」国「ヲン船ニノツて」、守「ミフネヲヨソヲいて」、府「オ船ニノツて」、天「ミフネヲノツテ」。

「向田」は、御薗町高向。『倭姫命世記講述鈔』『勢陽五鈴遺響』などで「向田国」を後の高向《たかぶく》村とする。

(252) 小浜《おばま》＝国・守・天「ヲハマ」。

伊勢市大字神社《かみやしろ》港にある海浜を指す説と、同市大湊町とする説とがある。前者には『倭姫命世記』垂仁天皇二十五年三月条（→註233）にある「水饗《みあへ》神社」に相当する式内社御食《みけの》神社がある。

(253) 御水御饗《ミツノミアヘ》奉りて＝国「ミツノミアカヘマツて」、守左「ヲヒヤシノメシ奉」、府「ヲミツノミハマツりて」、天「ヲミツノミアヱヲタテマツリテ」。

『倭姫命世記』垂仁天皇二十五年三月条（→註233）では「取レ鷲老公」が倭姫命に奉ったとする。

(254) 二見浜《ふたみ》の見津《みつ》＝国・府・天「フタミノハマミツ」。

二見町三津。二見ヶ浦。五十鈴川の河口にある。

(255) 山末・河内を見廻り給ひて＝「山末河内」国・府「山スヘ河ノウチ」。

山辺や河口付近の適当な場所を探し回って、という意味か。

(256) 鹿乃見《アサハのミ》＝国・府左「カノメ」、温・宝「アサハミ」、天「アサノメ」。

「鹿乃見《かのみ》」は、現在の伊勢市鹿海。『制作抄』に「麻乃《アサハ》見、アサハミトハ田ノアセヲ云也。」とあるが、これは「鹿乃見」の誤写に注釈を付けたものか。

(257)家田《かうた》ノ田上宮《たのうえノ》＝「家田々」国〔ヤウノタガミノ宮〕。、守〔イエタノタカミノ宮〕、府・天〔カウタノカミノ宮〕。

「家田」は現在の伊勢市楠部町。宮の所在は不詳であるが、『郷談』に「倭姫命ノ世記ニ見エタル家田《イエタノ》田《タ》上宮《カミノミヤ》ハ楠部ノ橋ノ西南ニ在ル鬱林ナリ。」とあり、『勢陽五鈴遺響』でもこの説をとる。

(258)太田命《おおたのみこと》参りて＝国〔ヲホタノ命マツリアイキ〕、府〔ヲホタノ命マイリアイ〕、天〔ヲホタノミコトマヒリアイテ〕。

「太田命」は、猿田彦《さるたひこ》神の裔孫、または猿田彦神の別名ともいう。『皇大神宮儀式帳』(↓註201)『大神宮諸雑事記』「垂仁天皇」(↓註207)『倭姫命世記』垂仁天皇二十五年三月条(↓註233)などでは宇治土公《うじのつちのきみ》(神宮の玉串大内人《おおうちんど》)の遠祖とし、この神が倭姫命に五十鈴川上の好地を教えたことにより、天照大神が鎮座したとする。『聞書』に、

太田命〈文〉。皇孫下向ノ時ハ、猿田彦ト云フ是也。仏法ニハ土公《ドコウ》ト云ヒ、伊勢ニハ土公《ツチノキミ》ト云フ也。神宮(功)皇后ノ時、此ノ先祖ヘ鏑《カフラヤ》矢造リテ進ゼラル。仍テ鏑子《カブラコ》ノ尊ト云フ也。

とある。また、『御鎮座伝記』に、

山田原地主大土御祖神二座、〔大年神子大国魂神子宇賀之御魂神一座、素戔嗚神子土乃御祖神一座、亦衢神大田命、神宝石宝形一面座、是神財也、〕

『倭姫命世記』に、

興玉興玉神、〔無宝殿、衢神猨田彦大神是也、〕一書曰、衢神孫大田命、是土公氏遠祖神、五十鈴原地主神也、

などとあるように、山田原の地主神として祀られているだけでなく、『御鎮座伝記』の別名を『大田命訓伝』『大田命伝記』などというように、太田命は伊勢における伝承の継承者ともされている。

(259)礼祭《イハヒマツ》ルべしと＝守・温・宝・府・天〔イツキマツルべしと〕。

(260)即ち彼の処に往き給ひて甚だ喜び給ふ＝「即」守・天〔ツイテ〕。「彼処」国・守左・府〔ソコ〕、守〔彼ノ処〕、天〔ソノ処〕。「往給〈天〉」国・府〔往たまイて〕、天〔スミ給ヒテ〕、守・宝は「往〈天〉」として〔ミユキて〕。「甚喜給」国・守・府・天〔甚ダ喜ヒ給フ〕、守イ〔ワカ心モヲノカ心モヨシトヲホシメシト〕。

(261)廿六年〔丁巳〕冬十月〔甲子〕

『日本書紀』垂仁天皇二十五年三月丙申条(↓①註61)の「一書」に「然後随㆓神誨㆒、取㆓丁《(二十六年)》巳年冬十月甲子㆒、遷㆓于伊勢国渡遇宮㆒。」とあることに基づく。『倭姫命世記』(↓註233)『遷幸時代抄』(↓註213)なども参照。なお、「廿六年〔丁巳〕」は、前と同様に「廿六《五》年〔丁巳〕」とすべきである。

(262)遷し奉りて＝守〔遷シ奉ル〕、天〔ミユキシ奉リテ〕。

(263)御鎮座＝国・守〔シツメイツル〕、守イ〔ヲンカミノヽヽミ所ヲナシ上ル〕、府・天〔シツメマツル〕、天左〔イシツマリマス〕。

(264)垂仁天皇、天下を治《しろしめ》すこと九十九歳
『日本書紀』巻六に「九十九年秋七月戊午朔、天皇崩二於纏向宮一、時年百卌歳、冬十二月癸卯朔壬子《十日》、葬二於菅原伏見陵一、」とある。『延喜式』巻二十一「諸陵寮」に「菅原伏見東陵〔巻向珠城宮御宇垂仁天皇、在二大和国添下郡一、兆域東西二町、南北二町、陵戸二烟、守戸三烟、〕」とあり、『陵墓要覧』による所在地は奈良県奈良市尼辻町字西池で、唐招提寺の西北にある前方後円墳とされる。『遷幸時代抄』(↓註213)はこの後に、内外両宮の形文を描く。

(265)＝梵字についての異同・訓は、校異②244参照。
「摩訶(マハー)」「毘盧遮那(ヴェイロチャナ)」「烏瑟膩沙(ウシュウニーシャ)」で、それぞれ「大」「日」「仏頂(肉髻)」の意。「大日如来仏頂」を示そうとするか。『聞書』には「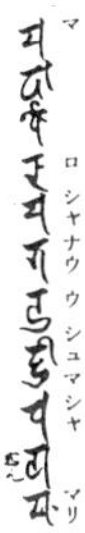《マ ロシャナウ ウシュマシャ マリ》〈文〉。是ハ倭姫皇女移ス所ノ天上ノ梵宮ノ梵号也ト云々。今ハ内宮ノ屋形ノ名也。」とある。

(266)図＝底なし。諸本は、この形文の図を欠くものや、あっても簡略なものが多く、本来の図がどのようなものであったかは不明である。そこで参考として、諸本の比較検討から推定される図を下に掲げておいた。
内宮の形文は、方形の向かい合う二辺に弧の形に刻みをいれた臼型の文様を、丁字形をした鏡形木の縦木と横木にそれぞれ四個ずつ並べたものであったと思われる。なお、現在の内宮正殿の妻を飾る鋲の文様とはまったく異なっている。これは、伊勢内宮の形文(↓①註108)である。なお、『聞書』(↓③註147)では、この形文を深秘とする。

(267)倭姫皇女、天上の梵宮を移して造ること此の如し＝底なし。
諸本により補う。天左〔ヤマトヒメノクウチョ、天ノ上ニ梵宮ヲウツシ造ル、此くの如し〕。

内宮の形文図についての記述である。倭姫命が大梵宮の形を移して内外両宮を造立した際、その象徴として「御形文」を刻んだとする説は、『両宮形文深釈』『神皇実録』等にみえる。

『麗気記』③　書下し文・現代語訳・註釈

降臨次第麗気記

本巻は、伊勢外宮の祭神である豊受大神の降臨について語る。最初に豊受大神が淡路の三上嶽に天降り、布倉宮、八輪嶋宮、八国嶽、丹波国与謝郡比治山頂の麻井原を経て、与佐宮に遷座したことが述べられる。この中で豊受大神が天之御中主尊・大慈毘盧遮那如来と同体であること、その御神体として鏡の解説が施されている。続けて「神天上地下次第」を受ける形で垂仁天皇から雄略天皇までの系譜と、豊受大神に付き従った三十二の眷属神について述べる。中世の注釈書には解説がほとんど付けられていないが、三十二の眷属神などは、この巻にしか見られない独自な記述である。また、巻末に『摂真実経』からの引用がなされているが、ここから中世神道説が生成される様子を窺うことも可能であろう。巻末には龍神の教えによって書いたという伊勢外宮の形文が掲載されているが、これは前巻の伊勢内宮の形文と対応する。

《キーワード》神璽本霊(8)・人皇廿二人(38)・三十二執金剛神(75)・『摂真実経』(78)

【書下し文】

降臨次第麗気記(1)

豊受皇大神《トヨケすべオヲンカミ》(2)

時ニ大日本国《オヲヤマトノクニ》(3)、淡路《アハチノ》三《ミ》上嶽《カミノタケ》(4)ニ天降《アマクタ》リマシマシテ、三十二ノ大眷属《けんぞく》(5)ヲ率ゐテ、庚申年《カノヘサルノトシ》ヨリ春秋ヲ送《ヲク》ルこと(6)、五十五万五千五百五十五年(7)。

神璽本霊《シムシノモトノミタマ》(8)

五智円形ノ御霊鏡(9)、是ヲ如意宝珠(10)ト云ふ。

神体ハ天帝釈(11)の如シ。

神号ハ天御中主之尊《アメミナカヌシノミコト》(12)。

宝号(13)ハ大慈毘盧遮那《びるしやな》如来(14)。

水火風空ノ四智の御霊鏡(15)。

水　円形〈土宮〉(16)

火　三角形〈角社《すみ》〉

風　半月形〈風宮〉

【現代語訳】

降臨次第麗気記

豊受皇大神

さて、豊受皇大神は、時に大日本国の淡路の三上嶽に、三十二の大眷属を率いて天降った。その庚申の年から春秋を送ること五十五万五千五百五十五年。

この豊受皇大神の御神体は、五智を表わす円形の御霊鏡である。これを如意宝珠という。その神の姿は、天帝釈のようである。神としての名は、天御中主神である。仏としての名は、大慈毘盧遮那如来である。

水・火・風・空の四智を表わす御霊鏡はそれぞれ、水は円形で土宮にあり、火は三角形で角社にあり、風は半月形で風宮にあり、空は団円形で高社にある。五智円満の御霊鏡の中には、この四つの形が表わされている。以上この四鏡は、相殿の神の鏡である。

空　団円形(17)〈多加《たか》社〉

五智円満の御霊鏡の中ノ形《かたチ》、其《そレ》、品《シナ、、》ナリ(18)。

已上、相殿《アイトノ》ノ神鏡《ミコトノミカヽミ》也《ナリ》(19)。

布倉宮《フクラノ》ニ遷《ミユキ》シテ(20)、丙申より年月を送るコト、五十六万六千六百六十六年。

八輪嶋宮《ヤワタノしまの》(21)ニ、戊申の年に遷シテ、年を積《ツ》ムコト(22)、五十七万七千七百七十七年。

八国嶽《ヤクニノタケ》(23)ニ、庚申の歳に遷して、五十八万八千八百八十八年。

丹波の国与謝《ヨサ》ノ郡比治《ヒチ》山ノ頂《いただキ》麻井原《マキノ》(24)ニ、壬申ノ歳《トシ》に遷して、五十九万九千九百九十九年。

与佐宮《ヨサノ》(25)ニ、庚申の歳に遷シテ、六十一万千百十年。

活《イク》目《メ》入彦《イルヒコ》五十《イ》狭茅《サチ》(26)

大足彦忍代別《オホタラシヒコヲシシロワケ》(27)

稚足彦《ワカタラシヒコ》(28)

布倉宮に遷り、丙申の年より年月を送ること、五十六万六千六百六十六年であった。

八輪嶋宮に、戊申の年に遷り、年を経ること、五十七万七千七百七十七年であった。

八国嶽に、庚申の年に遷り、五十八万八千八百八十八年を送った。

丹波国与謝之郡の比治山の頂の麻井原に、壬申の歳に遷り、五十九万九千九百九十九年を送った。

与佐宮に、庚申の年に遷り、六十一万一千百十年を送った。

活目入彦五十狭茅（第十一代垂仁天皇）

大足彦忍代別（第十二代景行天皇）

稚足彦第（十三代成務天皇）

足仲彦《タラシナカツヒコ》[29]
気長足姫尊《ヲキナカノタラシヒメノみこと》[30]
大足大応彦《オホタラシヲホヒコ》[31]
大日足仁《ヤマトタラシヒトノ》[32]
襲津彦《ヲツヒコ》[33]
国仁反正尊《クニヒトカヘリマサノ》[34]
国仁恭正尊《クニヒトヤスマサノ》[35]
大安足康尊《オホヤスタラシヤスヒノ》[36]
大泊瀬稚武《オホハツセワカタケノ》[37]

已上、人皇廿二人[38]は、二十天[39]の垂跡也。〔天地人口決[40]。〕

天潜尾命《アメクヽリヲノみこと》[41]〔天津神《あまつかみ》　中津神《なかつかみ》　国津神《くにつかみ》[42]〕
水潜尾命《ミクヽリヲノ》[43]〔一切衆生の心性の蓮、水中に住し、毘那耶伽《びなやきゃ》神に住す[44]。〕
地潜尾命《チニクヽリヲノ》〔伊奘諾尊《いざなぎのみこと》　伊奘冊尊《いざなみの》[45]〕
木潜尾命《サカウトヲルヲノ》〈木神[46]〉
火潜尾命《サカリトヲルヲノ》〈雷神《ナルカミ》[47]〉

足仲彦（第十四代仲哀天皇）
気長足姫尊（第十五代神功皇后）
大足大応彦（第十六代応神天皇）
大日足仁（第十七代仁徳天皇）
襲津彦（第十八代履中天皇）
国仁反正尊（第十九代反正天皇）
国仁恭正尊（第二十代允恭天皇）
大安足康尊（第二十一代安康天皇）
大泊瀬稚武（第二十二代雄略天皇）

以上の神武から雄略までの天皇二十二人は、二十天の垂迹である。〔これは天皇が天神地神の垂迹であるという口決である。〕

天潜尾命〔天津神　中津神　国津神〕
水潜尾命〔一切衆生の心性の蓮華は、水中にあり、毘那耶伽神の中にある。〕
地潜尾命〔伊奘諾尊　伊奘冊尊〕
木潜尾命〈木神〉
火潜尾命〈雷神〉

土潜尾《クニトヲルヲノ》命〈土神[48]〉
石潜尾《カタトヲリヲノ》命〈火神[49]〉
金潜尾《ヒツルカミヲノ》命〈金神[50]〉
天日尾《アメミルカミノ》命〈水神[51]〉
天月尾《アマノミカケヲノ》命〔月神、又火神[52]〕
天子尾《アマノミコヲノ》命〔人神、三十二神　三十七神[53]〕
地子尾《クニノミコヲノ》命〈倶生神《くしょうじん》[54]〉
天破塔《アマノワケタテノ》命〔那行都佐神《とさしむ》　薬師[55]〕
天破法《アマノノリワケノ》命〔毘那耶伽神　大日[56]〕
天破仁《アマノカミナラヒノ》命〔勝尾体都佐神　金剛薩埵《こんごうさった》[57]〕
天破神《アマノカミノヨリアヒノ》命〔尾上《ヲヒイツル》都佐神　正観音《しょうかんのん》[58]〕
国加利《クニツカミノハヤサキノ》命〔尾下《ヲヒカヽル》都佐神　馬頭《ばとう》[59]〕
国加富《クニツカミノタリカミノ》命〔尾火上《ヲヒノホリ》都佐神　千手《せんじゅ》[60]〕
国加国《クニツヒロカリカミノ》命〔尾水下《ヲヒスマス》都佐神　十一面[61]〕
国加賀《クニツサカエカミノ》命〔尾金《ヤリ》死木《イカシ》石上《ヲコス》石神《カヽイ》　釈迦[62]〕
愛鬘尾《ツケノリカミノ》命〔勝手《かって》大明神　毘沙門《びしゃもん》[63]〕
愛護尾《キヽノリカミノ》命〔金生《こんせい》大明神　地神[64]〕
解法尾《ヨモナシカミノ》命[65]

土潜尾命〈土神〉
石潜尾命〈火神〉
金潜尾命〈金神〉
天日尾命〈水神〉
天月尾命〔月神、また火神〕
天子尾命〔人神、三十二神　三十七神〕
地子尾命〈倶生神〉
天破塔命〔那行都佐神　薬師〕
天破法命〔毘那耶伽神　大日〕
天破仁命〔勝尾体都佐神　金剛薩埵〕
天破神命〔尾上都佐神　正観音〕
国加利命〔尾下都佐神　馬頭〕
国加富命〔尾火上都佐神　千手〕
国加国命〔尾水下都佐神　十一面〕
国加賀命〔尾金死木石上石神　釈迦〕
愛鬘尾命〔勝手大明神　毘沙門〕
愛護尾命〔金生大明神　地神〕
解法尾命

覚耳尾命《マロイヽカミノ》[66]
上法神尊《カハノリイキヒトノ》[67]
下法神尊《シモノリイキヒトノ》[68]
中言神尊《アタコトナシイキヒトノ》[69]
天鏡神尊《アメマシエイキヒトノ》[70]
地鏡神尊《クニマシエイキヒトノ》[71]
〈過〉百々神尊《ミナカミミナマタハタカリヒロカリスヘカミノキヨキカミノミコト》[72]
〈現〉千々神尊《タヽタヒチタヒクニツカミアラタマツサノミコト》[73]
〈未〉万々神尊《モヽタヒチタヒヨロツタヒヨルサカヘシタマウカミノミコト》[74]

已上三十二執金剛神《しつこんごうしん》[75]は、金剛界成身会《じょうしんえ》の三十七尊[76]なり。四仏を加へ、又、相殿神《あいどののかみ》を加ふる也[77]。

『摂真実経』[78]に云はく「薄伽梵《ばかぼん》[79]は、妙《たへ》ニ善《よ》ク、金剛威徳ノ三摩耶《さまや》智[80]ノ種種ノ希有《けう》ノ最勝ノ功徳ヲ成就セム。○所作の事ニ於《お》いテ善巧ニ、諸《もろもろ》の有情《うじょう》類ノ種《しゅしゅ》の願求ヲ成弁ス[81]。其の所楽《しょぎょう》ニ随ひテ、皆、満足せシム。大慈毘盧遮那如来は体性常住[82]ニシテ無始無終ナリ[83]。三業《さんごう》堅固なる

覚耳尾命
上法神尊
下法神尊
中言神尊
天鏡神尊
地鏡神尊
百々神尊〈過去〉
千々神尊〈現在〉
万々神尊〈未来〉

以上の三十二執金剛神は、金剛界成身会三十七尊である。これは四仏を加えたもの、または相殿神を加えたものである。

『摂真実経』には次のように説いている。世尊（薄伽梵）は、すばらしく善く、金剛のような威大な徳による平等な智慧と、さまざまな、たぐいまれな最勝の功徳を完成した。（中略）世尊の行ないは善く巧みで、もろもろの生き物たちのさまざまな願い・欲求を完成させ、その願うところに随って、すべて満足させた。

コト[84]、猶シ金剛ノ若《ごと》し。十方ノ諸仏[85]は咸《ことごと》ク共ニ尊重シ、一切の菩薩は恭敬し讃嘆ス。時に薄伽梵、妙高山頂[86]ノ三十三天帝釈宮[87]ノ中ノ摩訶摩尼最勝楼閣ニ住せり[88]。三世諸仏、常ニ法ヲ説く処なり[89]。其の地、柔軟なるコト兜羅綿《とらめん》[90]ノ如《ごと》シ。白玉[91]ノ成セル所ナリ。色、珂雪《かせつ》ヲ瑩《ミカ》ク[92]。妙楼閣有《あ》リて七宝荘厳[93]にして、宝鐸[94]・宝鈴[95]、処々に懸烈セリ[96]。微風吹動シテ微妙ノ音ヲ出ス。繒蓋《ぞうがい》[97]・幢幡《どうばん》[98]・花鬘《けまん》[99]・瓔珞《ようらく》[100]・半満月《はんまんがつ》[101]等、而《しか》モ厳飾を為《な》セリ。光明照耀シテ虚空に遍《あまね》ク[102]、無数ノ天仙[103]、咸《ことごと》ク共ニ称讃ス。大菩薩衆十六倶《ぐ》胝那庾多《ていなゆた》百千菩薩の眷属と[104]倶《とも》なリキ。其ノ名ヲバ、金剛手菩薩[105]、金剛蔵菩薩[106]・金剛号菩薩[107]・金剛善哉菩薩[108]・金剛胎菩薩[109]・金剛威徳菩薩[110]・金剛幢菩薩[111]・金剛笑菩薩[112]・金剛眼菩薩[113]・金剛受持菩薩[114]・金剛輪菩薩[115]・金剛語菩薩[116]・金剛羯磨菩薩[117]・金剛精進菩薩[118]・金剛摧伏菩薩[119]・金剛拳菩薩[120]と曰フ。是の如き等ノ十六菩薩摩訶薩[121]、

大慈なる毘盧遮那如来の本質は永遠であり、始めもなく終りもない。身・口・意の三つの行為は堅固で、まるで金剛のようである。十方の諸仏は、ことごとく共に尊重し、一切の菩薩は、恭《うやうや》しく敬礼し讃嘆した。

その時に世尊は、妙高山の頂上、三十三天にある帝釈天の宮殿の中、摩訶摩尼最勝楼閣に留まっていた。ここは過去・現在・未来の諸仏が常に説法する場所である。その地面の柔らかいことは兜羅綿のようである。白玉で造られており、色は白瑪瑙《めのう》や雪のように白く輝いている。その美しい楼閣は、七宝で荘厳されている。宝鐸や宝鈴があちこちに懸け列らべられ、微風が吹くとすばらしい音を出す。繒蓋・幢幡・花鬘・瓔珞・半満月なども厳《おごそ》かに飾りたてている。光明が照り輝いて空中に広がり満ち、無数の神々は、皆共に称讃している。

また、大菩薩たちは十六コーティナユタ百千の多数の菩薩の眷属と一緒であった。その大菩薩の名前を金剛手菩薩・金剛蔵菩薩・金剛号菩薩・金剛善哉菩薩・金剛胎菩薩・金剛威徳菩薩・金剛幢菩薩・金剛笑菩薩・金剛眼菩薩・金

一々ニ各《おのおの》一億那庾多百千菩薩有《あ》りて(122)、以て眷属ト為《な》セリ。

復《また》、四金剛天女(123)有《あ》り。其の名ヲバ金剛焼香天女・金剛散花天女・金剛燃燈天女・金剛塗香天女と曰ふ。是の如き等ノ金剛天女、一々に各《おのおノ》一千ノ金剛天女有《あ》リ、眷属と為《な》シテ倶《とも》なリキ。

復《また》、四金剛天(124)有リ。其の名ヲバ金剛鈎天・金剛索天・金剛鎖天・金剛鈴天と曰フ。是の如き等ノ金剛天、一々ニ各《おのおの》一千金剛天有《あ》リ、眷属ト為《な》シテ倶《とも》なリキ。

復《また》、忉利天王釈提桓因《とうりてんのうしゃくだいかんいん》(125)・大梵天王《だいぼんてんのう》(126)・摩醯首羅《まけいしゅら》(127)等ノ諸《もろもろ》ノ大天王、及び三十三天の無数ノ天子、無量倶胝那庾多ノ諸天婇女《さいにょ》(128)有《あ》リて、種々ニ歌舞シテ一心ニ供養ス。復《また》、恒河沙数《こうがしゃすう》(129)ノ無量無辺(130)ノ一切ノ化仏《けぶつ》(131)有《あ》りテ、閻浮提《えんぶだい》に現ジテ(132)虚空ニ遍満ス。一々ノ如来(133)、無量無数の海会《かいえ》ノ衆《しゅう》(134)

剛受持菩薩・金剛輪菩薩・金剛語菩薩・金剛羯磨菩薩・金剛精進菩薩・金剛摧伏菩薩・金剛拳菩薩という。これらの十六人の菩薩摩訶薩は、一人一人それぞれに一コーティナユタ百千の菩薩を眷属としていた。

また、四人の金剛天女がいる。その名を金剛焼香天女・金剛散花天女・金剛燃燈大女・金剛塗香天女という。これらの金剛天女には、一人一人それぞれに一千の金剛天女が眷属として付き従っている。

また、四人の金剛天がいる。その名を金剛鈎天・金剛索天・金剛鎖天・金剛鈴天という。これらの金剛天には、一人一人それぞれに一千の金剛天が眷属として付き従っている。

また、忉利天王である釈提桓因・大梵天王・摩醯首羅等の諸大天王、及び三十三天の無数の天子、無量コーティナユタの諸天の婇女が、様々な歌舞をして一心に供養している。また、ガンジス川の砂のように数え切れないほどの一切の化仏が、閻浮提に現われて虚空に余すところなく満ちている。それぞれの如来が、数え切れないほど多くの僧侶

・菩薩・賢聖《けんじょう》[135]ニ囲遶《いにょう》シテ此の大法ヲ説ク[136]。」

〈文〉。

『同経』下[137]に云はく「時ニ金剛手菩薩摩訶薩《まかさつ》、諸《もろもろ》ノ大衆ニ告げテ言はク『広大の法ハ我ガ境界《きょうがい》[138]ニ非《あら》ズ。是、仏ノ境界ナリ。我、今、仏ノ大威神力《いじんりき》[139]ヲ承りテ、略しテ諸仏ノ境界瑜伽《ゆが》秘密真実妙法[140]、大金剛界道場の法ヲ説くコト已《おわ》りヌ。我《われ》、曾《むかシ》[141]過去ノ百千劫《ごう》[142]ノ中ニ、諸《もろもろ》ノ願海《がんかい》[143]ヲ修シテ、乃《すなは》チ大悲毘盧遮那如来ノ第一会[144]ノ中ニ遇《あ》いテ、是の法ヲ聞くコトを得テ、第八地ヲ超えテ[145]、等覚位《とうがくい》ヲ証ス[146]。』」

・菩薩や聖賢が周囲を取り囲む中で、この大いなる法を説くのである。

『同経』下には次のように説いている。

そのとき金剛手菩薩が諸の大衆に告げて言う。「この広大な法は、我が境界ではなく、仏の境界である。我は今、仏の大威神力を承けて、諸仏の境界である瑜伽秘密真実妙法である大金剛界道場の法を大まかに説いた。我はかつて過去の百千劫の中に、さまざまな請願をしたので、大毘盧遮那如来の第一会の中に出会って、この法を聞くことができ、第八地を超えて仏と同等の位である等覚位に至ったのである。」

③降臨次第麗気記

（図）[147]

龍神の指南に依りて記す所、此の如し。[148]

降臨次第麗気記

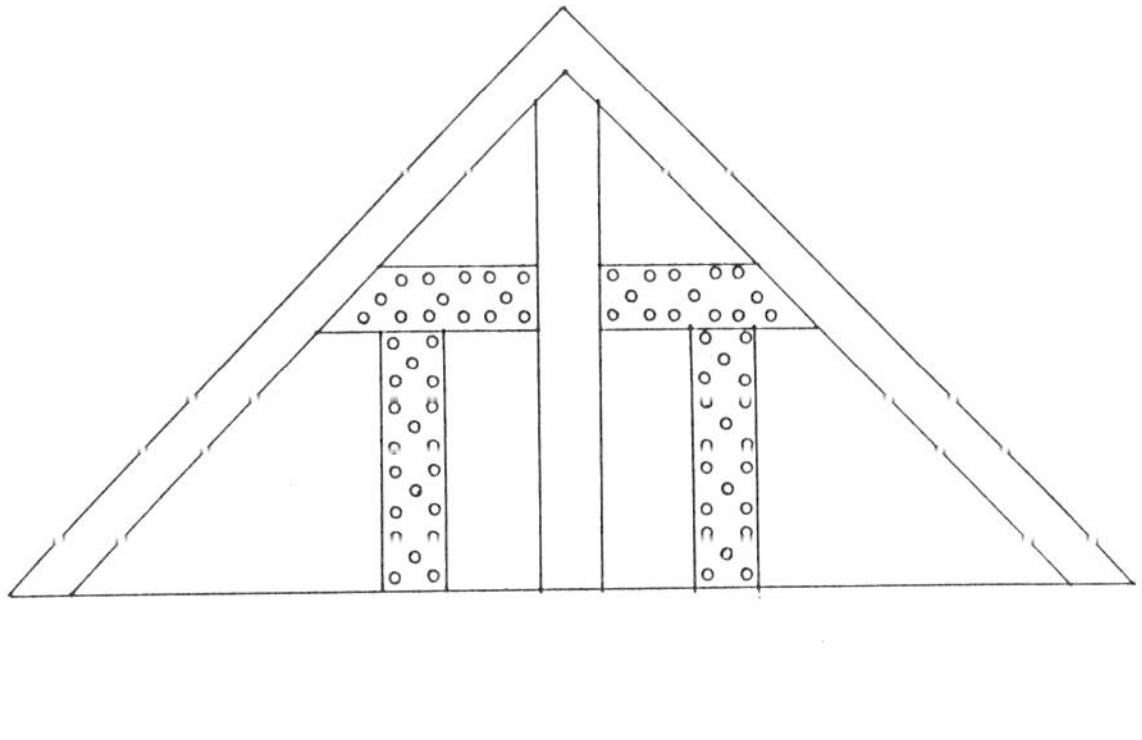

龍神の教えによって、このように記した。

降臨次第麗気記

【註釈】

(1)降臨次第麗気記＝『私鈔』〔アマクダリツイデノウルハシキイキトヲリヲシルス〕。

『聞書』では「降臨次第麗気記第六」とし、「此巻ハ、文勢分明ナルガ故ニ、巨細ス能ハズト云々。」とある。『制作抄』に「三、第三、降臨次第々々(麗気記)、内題、豊受皇太神。」とある。

(2)豊受皇《トヨケナベ》大神《オヲンカミ》＝国〔トヨケスヘヲホムカミ〕。

前出（→①註169）。伊勢外宮の祭神。『止由気宮儀式帳』『大神宮諸雑事記』や神道五部書（→①註153）、『麗気記』①「二所大神宮麗気記」などでは、雄略天皇二十一年に丹波国より伊勢の山田原に遷されたことになっている。ここではそれに触れず、その前に遷座した場所と年数を示し、雄略天皇（→①註151）までの皇統譜を載せ、その後に、共に天降った神の名を列記している。なお、このような外宮神の遷座次第は他書には見えない。

(3)大日本国《オヲヤマトノクニ》＝国・温・天・宮〔ヲホヤマトノクニ〕、宝・守・府〔オホヤマトノ国〕。

(4)淡路《アハチノ》三《ミ》上嶽《カミノタケ》

不詳。『延喜式』神名下「淡路国」には、津名郡に淡路伊佐奈伎神社、三原郡に大和大国魂神社、という二つの名神大社があり、それぞれ一宮、二宮とされている。あるいは、このいずれかの神社の近くの山か。『麗気記』⑥「豊受太神鎮座次第」では「人寿四万歳時」（→⑥註103）に降臨したとする。

(5)三十二ノ大眷属《けんぞく》

ここでは、豊受大神の降臨に従った三十二の神。後で天潜尾命（→註41）以下の名を挙げて「三十二執金剛神」（→註75）とする。「眷属」は、従者の意味で、大きな神格に従属する小神格（摂社・末社など）を眷属神という。ただし、豊受大神の降臨については記紀になく、天孫降臨譚からの援用と考えられる。『麗気記』①「二所大神宮麗気記」には「三十二の共奉の神等」（→①註156）とある。

(6)庚《カノヘ》申《サルノ》年《トシ》ヨリ春秋ヲ送《ヲク》ルこと＝「送春秋〔古止〕」守〔春秋ヲ送リタマフこと〕、天〔春秋ヲ送ルコト〕。

「庚申」という干支の由来は不詳。以下、それぞれの宮に遷座した年の干支を載せるが、いずれも申年で、与佐宮に遷座した年が再び庚申になっている。ただし、次に示される鎮座年代を加算したものとは合致しない。

(7)五十五万五千五百五十五年＝守〔五十五万五千五百年ナリ〕。

年数の由来は不詳。これ以下の遷座年数は一万千百十一年ずつ加算されている。

(8)神璽《シムシノ》本《モトノ》霊《ミタマ》＝「神璽」守・宝・府・天・〔カンシルシ〕。『私鈔』〔カンシルシノモトノミタマ」。ここでは、御神体としての鏡を指すか。「五智円形ノ御霊鏡」（↓註9）とされる。

　以下は豊受大神のご神体であるいわゆる御霊鏡について述べた部分。五智を表わす五輪鏡とされ、『麗気記』⑪「神形注麗気記」および⑫「三界表麗気記」に描かれる五輪形の鏡に相当すると思われる。しかし、豊受大神の御神体が、金剛界成身会全体を表象する鏡の大輪を指すのか、毘盧遮那如来を配置する中央の輪を指すか、いずれとも決め難い。続いて「水火風空の四智の御霊鏡」（↓註15）とあり、それには外宮の四所の別宮（土宮・角社・風社・多加社）が配当されていることから、五輪鏡のうち、中央の中輪は毘盧遮那如来としての豊受を指し、それを囲む四つの円は四波羅蜜菩薩としての別宮に相当すると考えられる。

　なお、本段落の最後に「已上相殿ノ神鏡也」（↓註19）とあり、問題が残る。『麗気記』①「二所大神宮麗気記」と⑥「豊受皇太神鎮座次第」では、外宮の相殿神を天孫尊・天上玉杵命・天児屋命・太玉命の四座とされ、成身会との関係では、相殿神は四仏に相当し、それぞれが四菩薩を配する中輪の中心に配置される。よって、いわゆる相殿神ととれば、「五智円形ノ御霊鏡」は大輪を指すことになる。しかし、ここでは四所を明記しいていることから、四所がまだ別宮として確立していなかったため、混同して「相殿神」と称したのであろうか。

　②「神天上地下次第」では、天照大神の神体鏡について、このようなまとまった記述はなく、崇神天皇六年の記事中に石凝姥神と天目一箇の末裔が神鏡を鋳造したことが見えるのみであった。この点でも内外両宮のバランスを欠いている。⑨「万鏡本縁神霊瑞器記」においても、最初にあげられているのは豊受大神・天御中主尊である五智の五輪鏡であって、天照大神の八葉鏡よりも重く扱われている。これがただちに外宮優位に結びつくわけではないが、関心のありようとして注目されるところである。

(9)五智円形ノ御霊鏡＝「鏡」天〔ミタマ〕。

五智を象徴する五つの円が描かれている霊鏡。『私鈔』に「五智円満ノ御霊鏡トハ、是ハ豊受太神ノ霊鏡也。」とある。後に「水火風空の四智御霊鏡」とあり、地を除いた霊鏡がそれぞれの宮に配当されている。また、『麗気記』⑥「豊受皇太神鎮座次第」には「五智円満の宝鏡」（↓⑥註9）とある。

「五智」は、仏の五種の智慧。大日如来の智を五種に分けたもの。顕教では四智を説くが、密教では更に法界体性智を大日如来の智として加え、四智の総体とする。金剛界の各々の五仏（大日如来〔中央〕・阿閦如来〔東方〕・宝生如来〔南方〕・阿弥陀如来〔西方〕・不空成就如来〔北方〕）は、それぞれの五智（法界体性智・大円鏡智・平等性智・妙観察智・成所作智）

を具えている。また、五智は五大（水・火・地・空・風）・五形（円形・三角形・正方形・團円形・半月形）にも配される。なお、『麗気記』⑪「神形注麗気記」⑫「三界表麗気記」の絵図と対応すると思われる。解説「「神体図」との関連について」参照。

(10) 如意宝珠

前出（→①註75）。思い通りに珍宝を出す珠。

(11) 天帝釈

前出（→①註124）。

(12) 神号ハ天御中主《アメミナカヌシ》之《ノ》尊《ミコト》

「神号」は、神の称号、または神祇の別名として加える称号。「天御中主」は前出（→②註158）。『聞書』に「天御中主〈文〉。正統記ニ云ハク、天御中主ト云ヘル御名モ三界ノ主ト云ヘルニ相似スルカ〈文〉。」とある。なお、阿刀本『神皇正統記』には、

伊奘諾・伊弉冊ハ梵語也、此ノ天ニ在ト云説アリ、誠ニ其証（御）名符合セルニヤ、然ラハ天祖ノ御在所モ色界頂也ト云ツヘキニヤ、天御中主ト申御名モ、三界ノ主ト云ヘルニ相似タル歟、

とあるが、流布本『神皇正統記』上には「或説ニ伊奘諾・伊弉冊ア梵語ナリ、伊舎那天・伊舎那后ナリト云、」とあるだけで、天御中主のことは見られない。

(13) 宝号

仏・菩薩の名号。ここでは「神号」の対として使われ、仏としての尊格のこと。

(14) 大慈毘盧遮那《びるしゃな》如来

前出（→②註10）。

(15) 水火風空ノ四智の御霊鏡

水火風空の四大を具えた霊鏡のこと。『麗気記』⑪「神形注麗気記」の図参照（→解説「「神体図」との関連について」）。「神形注麗気記」には「一、輪中有㆓九輪㆒、廻㆓地水火風空㆒、各々三昧耶身也、神形深義在㆓別記㆒、」とある。ここでは中央の円を地にあて、周囲の四つの円を水・火・風・空の四大・四智に配当している（→註9）。それぞれの円の中には五大に対応する図形（方形・円・三角・半円・宝珠形）が描かれている。『制作抄』「第十一、神形注麗気記」には、

一鏡中有八葉、々々間有半三股〈文〉。此ノ巻ニ奥ニ神図有ル也。此ノ図ニ一ニ三等ノ字アリ。吉ク見ルベシ。一鏡中有五大月輪、月輪間有八輻金剛〈文〉。此ノ奥ニ第ニノ図也。事仳五大月輪ノ上ニ、方・円・三角・半月・団形ノ五輪形也。

と見える。さらに五智でなく四智とするのは、相殿神を四座とする観念がはたらいたためと思われる（→①註175）。

(16) 水　円形〈土宮〉　火　三角形〈角《すみ》社〉　風　半月形〈風宮〉　空　団円形〈多加《たか》社〉＝「土宮」府・天は「吉宮　土宮」として

「吉宮」に〔ヨキミヤ〕。「角宮」守〔スミノミヤ〕、守イ〔カクノミヤ〕、府〔スミノヤシロ〕、天は「角社宮」として〔スミノヤシロミヤ〕。「風宮」天〔かセノみヤ〕。「多加社」府・天〔タカノミヤ〕。

外宮の別宮（→⑤註19）は本来多加社（→⑥註61）のみで、『止由気宮儀式帳』に「高宮」の一座を挙げ、『延喜式』巻四「伊勢太神宮」でも「多賀宮一座〔豊受太神荒魂、去㆓神宮南㆒六十丈、〕」のみとなっている。『通海参詣記』に、

廿 次ニ高宮ニ参リ侍ヘシ、豊受太神宮ノアラミタマトシタテマツル、大宮ノ正殿ヲサレル事六十丈也、南ノ山ノ上ニヲワシマス、

次ニ内宮遥拝、高宮ニテ其所アリ、

廿一 次ニ土宮、大治三年六月五日、防河ノ功ニヨリテ、宮号ノ宣旨ヲ被㆑下、長承三年八月三日諸別宮ノ任㆑例テ、幣ヲ送奉ルヘキ也、

廿二 次月読宮、承元四年五月廿二日宣下、土宮ノ任㆑例、別宮トシテ寸法ヲ増シ奉ルヘキ由、造宮使ニ被㆑仰、是モ遥拝也、

廿三 次風宮ハ土宮ノ東ナリ、司祭内宮ニ同シ、次客神ハ高宮ノ東ノ山ノ上ニ御坐ス、神々客神トテ二社並テ御座セリ、

とあり、長承三年（一一三四）に土宮（→⑥註70）が別宮となり、承元四年（一二一〇）には月読宮が別宮となった。そして『神宮典略』所引の官符によると、正応六年（一二九三）に風宮が別宮となった。そのため、中世には外宮の別宮は高宮（多加宮）・土宮・月読宮・風宮の四座であった。「角《かく》社」は「客社」を指すと思われるが、『神名秘書』に「客神社〔信濃国諏方明神是也、一名号㆓御馬屋神㆒也、〕」と見え、『天照太神口決』「別杜事」に、

此太神宮五輪一輪一輪取成造、地輪土宮名付、水輪大宮、主㆑水、月天故角宮云火輪、々々降伏門故隅波大明神名付、関東武士崇㆑之、於㆓外宮㆒スハト名、太神申口云也、南山尾崎在㆑之、風宮云風輪也、高宮云空輪也、

とあることから、月読宮を指すと考えられる。そして、この「角社」について、真・国・天本や府イ本で「角宮」とすることについて、別宮昇格に伴う混乱とも考えられる。

なお『私鈔』では、水徳が土宮に配当されることについて、

水円形〈土宮〉○形ハ水輪ナレバ水神ナルベシ。然ルヲ土宮トハ土ノ公ナレバ土神也。□形ヲツカサドルベシ。何ゾ土宮水徳ナラム。不審ニ侍ル也。但シ、是ハ習イ有ル事也。五大五輪ハ、時ニ随ヒテ方分異名ナリト云ヘドモ、大都ノ配属ヲ以テ違ノ事無シ。凡ソ土尅水ト云ヘドモ、其ノ体、相尅スレドモ、水ハ土ニ依テ現ハル故ニ、所顕ヲ以テ能顕ニヲサメテ水輪ヲ土ノ宮トハ云フ也。其ノ故ニ天御中主ノ尊ハ水徳ニテ御座セバ、彼ニ異ナラン為ニ、水ヲ土ニ帰シテ土ノ宮、円形ニ顕シタマヘリ。云フ所ノ土ノ公トハ、事勝国勝長ハ摂津国ニ在リ。住吉大

明神ハ陸奥国ニ在リ。塩鍋ノ明神ハ、今ニ伊勢国ニ在リ。土公宮、天照太神ヲ負ヒ奉リ五十鈴川ヲ渡リシニ、御裳スソノヌレ給ヒケレバ、土公御モスソト申タリシ時、太神ヒキアゲ給シ故ニ、五十鈴川ノ御渡ノ下モヲバミモスソ川トナン申ス。今ノ世マデモ、人ノ渡ルコト無キ処也。ヨソノ流ニハカハレリ。サテ渡リテ、宮処ニ会ヒタマヒタリシ故ニ、渡会群ナルヲ、今ハワタライノコヲリト云也。カヤウニ水ノサキヒキ申シタリシカバ、土ノ公、尤モ水徳円形ノ表ナルベシト云々。

火三角形〈角宮〉△形ハ火輪ナレバ、疑ハズ大神軻玖突智尊也。

風半月〈風ノ宮〉◡形ハ風輪ナルガ故ニ、相違無ク風神科長戸辺命也。

空団形〈多賀社〉○形ハ空輪ナレバ、空神疑ヒ無ク多賀社トイハ大直日ノ命也。何レモイザナギノ尊ノ御子也。

と説明する。

(17)団円形＝宝〔空タン円形〕。守は「円団形」とし〔エンタンキヤウ〕。

「団円」とは、本来丸いことを意味するが、註15で示したように、五輪形における団形に相当するため、ここではいわゆる宝珠形のことを指す。

(18)五智円満の御霊鏡の中ノ形《かたチ》、其《ソレ》、品《シナヽヽ》ナリ＝「御霊鏡中形」

守〔ミタマトミタマノ中ノかたチ〕。

「五智円満の御霊鏡」は、「五智円形御霊鏡」（↓註9）を五智すべてが円満である鏡と言い換えたもの。その中にそれぞれの形が描かれている、という意味。

(19)相殿《アイトノ》ノ神鏡《ミコトノミカヽミ》＝国・守・温〔アイトノ、ミコトノカ、ミ〕。

相殿神の神体である霊鏡のこと。「相殿神」については、①註175参照。相殿神の神体について、『類聚神祇本源』神鏡篇は、

相殿座神

左皇孫尊、天上玉杵命、二柱一座、

神体八葉形霊鏡、無縁円輪御霊鏡也、

右天児屋命〔前後〕、太玉命〔後前〕

天児屋命、亦名天八重雲剣神、亦名左右上下神、亦名頭振女神、亦名百大龍王神、

神体切金方笏御霊鏡

太玉命、亦名大日女荒神、亦名月絃神、亦名月読命、

神体二輪御霊鏡、

と、三座とも御霊鏡であるとするが、『神名秘書』（↓①註175）は、

相殿神三座

左方　天津彦彦火瓊瓊杵尊〔為大〕　霊御形鏡座

右方　天児屋命〔為前〕　霊御形笏座

太玉命　〔為前〕　霊御形瑞曲珠座

と、瓊々杵尊を鏡、天児屋命を笏、太玉命を曲玉としている。これには秘説があるようで、『御鎮座次第記』の「相

殿三座」（↓①註175）に、

相殿三座、

外宮相殿皇孫尊、

左一座、「（左傍書）極秘、左二神二面不二即一座也、」皇御孫尊、御霊形金鏡坐、二面、大西、小東、以レ西為レ上、同御船代内座、是神代霊異物也、〔以二二面一為二一座一居、〕道主貴奉斎神是也、大物忌・内人奉仕、其縁也、

右二座、「（左傍書）極秘、箱内蔵霊鏡不知人云々、」天児屋命、霊形笏坐、牙像也、珠玉一雙、賢木二枝坐、天石戸開之時、天児屋命捧持、祝詞敬拝鎮祭笏・賢木、是也、太玉命、霊形八坂瓊之曲玉、奉レ蔵二円筥一也、是天祖吾勝尊所化宝玉、是也、亦五百箇御統玉奉レ懸二真賢木枝一也、宝玉内納珍宝也、是天地人福田也、奉レ納二曲玉一円形筥一合、霊異物、触レ事有レ効、亦五百箇〈乃〉在二金玉飾一宝珠等、天戸開之時、太玉命捧持宝玉、是也、円筥則混沌形也、故蔵二万物種子一是也、亦号二玉串内人奉仕真賢木五百箇御統玉一之、其縁也、

とある。すなわち、左相殿神は、隠された「天上玉杵命」の分を含む大小二面の霊鏡が御船代の中に、右相殿神も霊鏡が箱の中に蔵されており、そのことは「極秘」であるというのである。外宮の相殿については、⑥註23も参照。

(20) 布倉《フクラノ》宮ニ遷《ミユキ》シテ＝「遷」守〔ウツリ在テ〕。

不詳。『私鈔』に「布倉フクラ、八輪嶋ヤワタノシマ、八国嶽ヤクニノタケ、同ジク淡路ノ国也。」とある。『聞書』に「遷布倉宮〈文〉。淡路国ニ有ルカ。師〈良遍〉云ハク、凡ソ神ノ御殿ヲモ布倉ト云ノ也ト云々。」とあるように、「神殿」の異称か。ただし、⑤「豊受皇太神鎮座次第」の『聞書』（↓⑥註105）では「布倉」が浦の名であるという説を並記している。なお、「福良」は現在の兵庫県三原郡南淡町（淡路島南西部）に位置する港であり、古代から南海道の阿波国に至る渡船場であった。『延喜式』巻二十八「兵部省」の諸国駅伝馬条に「淡路国駅馬〔由良・大野・福良各五疋。〕」とあり、平安期には駅が置かれていた。

(21) 八《ヤ》輪《ワタノ》嶋《しまの》宮＝国・天〔ヤワノ嶋ノ宮〕、宮〔八ノワタノ嶋ノ宮ニ〕。

不詳。『聞書』に「八輪嶋〈文〉。淡路国ニアリト云々。彼ノ国ノ人ニ尋ヌルニ、名字知ラズト云々。或人云ハク、讃岐国屋嶋ヲ云フカ。」とあり、屋島とする説を示している。淡路には現在、兵庫県三原郡南淡町大字八幡があり、以前は賀集村大字八幡、八幡は旧名忌部といい、当地の賀集八幡宮が地名の由来である。これは鎌倉幕府守護職入部に際して創建されたという。護国寺が同じく社側にあり、真言宗、賀集八幡宮の別当寺。伝空海作の大日如来を本尊とする。淳仁天皇（淡路廃帝）の御陵である淡路陵が賀集村中村にある。一方、讃岐国の屋島（香川県高松市）は寿永二年の都落ちした平家が拠点とした島であり、「八島」と表記する場合がある。島中央の南嶺山上には屋島寺があり、

真言寺院（室町時代には真言律宗で奈良西大寺末であったことが見える）。『本朝高僧伝』には鑑真の弟子慧雲が東大寺戒壇院から当寺に移り、第一世となって少年の空海に教授したとある。麓には八幡社（現在は大宮神社）がある。

(22)年を積《ツ》ムコト＝「積」国［ツモレ］、府・天［ツモル］。

(23)八国嶽《ヤクニノタケ》

不詳。『麗気記』⑥「豊受太神鎮座次第」にはない。『天地麗気府録』（↓⑥註102）には「次阿波国与㆓讃岐国㆒中山八国嶽《ヤクニノタケ》遷座、」とある。『聞書』に、

八国嶽〈文〉。是又、讃岐国也。八ヶ国ノ見嶽ナル故ニ、八国嶽也。八ノ栗ト書ケリ。其ノ故ハ大師御入唐ノ時、焼栗八ツ此ノ嶽ニ植ヘ給ヒテ誓テ宣ハク、我、祈念スル所、成就セバ、此ノ栗ヲフベシト給ヒテ殖ヘ給ヒシ其ノ栗八本ノ木ト成ルト云々。

とある。「八栗山」は「八国山」とも呼ばれ、現在の香川県木田郡牟礼町五剣山のこと。当山は修験道場であり、空海・役行者に関する伝承が残る。南岳山頂には天照大神の祠、中腹には真言宗寺院の八栗寺がある。寺伝には八つの栗を埋めて入唐の祈願をした空海が、帰国後埋めた栗が大樹に成長していたので八国寺を八栗寺に改めたとする。

(24)比治《ヒチ》山の頂《いただき》麻井《マヰノ》原＝「比治山頂」国［ヒヌ山ノいただキ］。「麻井原」国・温［マナヰノ原］、府・天［マサイノハラ］、天左［アサイフノ原］。

京都府中郡峰山村久次付近。『延喜式』神名下・丹後国丹波郡に「比沼麻奈為《ひぬまない》神社」が見える。丹後国は、和銅六年（七一三）に丹波国から五郡を割いて成立。『丹後国風土記』逸文（『古事記裏書』『元元集』巻七所収）「奈具社」に、

丹後国丹波郡々家西北隅方有㆓比治里㆒、此里比治山頂有㆑井、其名云㆓真奈井㆒、今既成㆑沼、此井天女八人降来浴㆑水、于時有㆓老夫婦㆒、其名曰㆓和奈佐老夫・和奈佐老婦㆒、此老等至㆓此井㆒、而竊取㆓天女一人衣裳㆒、即有㆓衣裳㆒者、皆天飛上、但無㆓衣裳㆒女娘一人留、即身隠㆑水而独懐愧居、爰老夫謂㆓天女㆒曰、吾無㆑児、請天女娘、汝為㆑児、

として、この地に降り立った天女が、老夫婦に衣を取られ天に帰れなくなり、養育されることになったという天女伝説を載せる。この天女が豊宇賀能売命で、良い酒を作って老夫婦を裕福にさせると、ついには追い出され、各所をさまよった後、「心なぐし」と言って留まった場所が、奈具社であるとする。『麗気記』⑥「豊受皇太神鎮座次第」では、崇神天皇の時代、豊受大神がこの比治山頂麻井原に天照大神と一緒に鎮座し、その後、竹野郡奈具宮（↓⑥註110）に留まったとする。このような説は、天女伝説の影響を受けたものと考えられる。なお、『御鎮座本紀』（↓①註153）に「丹波国与佐之小見比沼之魚井之原」に鎮座していた豊受大神を「丹波国与佐宮」から遷座させたとあるように、伊勢神道では比治山頂麻井原と与佐宮は同じ場所を指してい

ると考えられるが、ここでは次に遷座する別の場所としている。

(25)与佐宮《ヨサノ》＝天［ヨザノ宮ニ］、宮［ヨセノ宮ニ］。前出(→①註161)。

(26)活《イク》目《メ》入彦《イルヒコ》五十《イ》狭茅《サチ》＝国・温・［イクメイリヒコイサチ］、府・天［イクメイリヒコイソサチ］、守・宝［イクメイリヒコイサチ］、府・天［イクメイリヒコノイスサチノ］。国・世・府・天は「尊」を補い、世・守・温・府・天は「垂仁　第十一」などと注記する。

第十一代垂仁天皇。前出(→①註61・②註211)。

ここに垂仁天皇から雄略天皇までの系譜を掲げることについて、『私鈔』に、

活目入彦五十狭茅等已下ノ十二代ヲバ挙グル事ハ、上ノ垂仁天皇廿六年ノ内宮鎮座ニ次イデ、今雄略天皇廿年ニ外宮鎮座ノ間ノ御代并ビニ、廿二代帝ハ、即チ是廿二天ノ垂迹ニテマシマス事ヲ顕ハラムガ為ニ、先ノ巻ノ十八転ノ間ノ御代、一具ニ之ヲ挙グル処也。廿二天トハ、八潜尾・日・月・天・地ノ四尾・四天破。四国ヲ加ヘ、二愛尾ヲ合スレハ廿二神也〈如文〉。此ノ外、解・覚・上・下・中・天・地二鏡・百々・千々・万々神尊ヲ加フレハ三十二ノ従神ト云ハルル也〈亦如文〉。但シ今、執金剛神ノ一面也。正シキ従神三十二神ノ本名、内宮鎮座ノ巻ニ在リト云々。外宮金剛内宮従神、委細口伝在ル也。

とあり、垂仁天皇二十六年の内宮鎮座までを記す『麗気記』②「神天上地下次第」につなげる意味と、雄略天皇までの二十二代が二十二天の垂迹であることを示す意味があるとしている。

(27)大足彦忍代別《オホタラシヒコヲシシロワケ》＝国・世・府・天は「尊」を補い、世・守・温・府・天は「景行　第十二」などと注記する。

第十二代景行天皇。垂仁天皇の三男。『聞書』に「大足彦忍代別〈文〉。景行天皇也。」とある。なお、『大神宮諸雑事記』第一「景行天皇寿百六十歳、」に、

即位三年〔癸酉〕、始令レ祀二神祇一、仍定二置祭官職一人一、〔今号二祭主一是也〕、即位廿年〔庚寅〕、当二唐永元二年一也、二月四日、差二遣五百野皇女一、奉レ令レ戴二祭伊勢天照坐皇太神宮一也、斎内親王供奉之始也、

とあり、この天皇の代に祭主と伊勢斎王の制がはじまったという説を伝える。

(28)稚足彦《ワカタラシヒコ》＝国・世・府・大は「尊」を補い、世・守・温・府・天は「成務　第十三」などと注記する。

第十三代成務天皇。景行天皇の四男。『聞書』に「稚足彦〈文〉。成務天皇也。」とある。

(29)足仲彦《タラシナカツヒコ》＝宝［タラナカヒコ］。国・世・府・天は「尊」を補い、世・守・温・府・天は「仲哀　第十四」などと注記する。

第十四代仲哀天皇。日本《やまと》武尊《たけものみこと》の二男。『聞書』に「足仲彦〈文〉。仲哀天皇也。」とある。

(30)気長足姫《ヲキナカノタラシヒメノ》尊《みこと》＝守［ヲキナカタラシヒメ］。世・守・温・府・

天は「神功皇后　第十五」などと注記する。

神功皇后。開化天皇の曾孫、気長宿祢王の女。仲哀天皇の皇后。『聞書』に「気長足姫尊〈文〉。神宮皇后也。」とある。なお、神功皇后は『日本書紀』において天皇と同列に本紀（神功皇后紀）を立てていることから、中世の皇統譜などでも一代と数えている。

(31) 大足大応彦《オホタラシヲホヒコ》=国・世・府・天は「尊」を補い、世・守・温・府・天は「応神　第十六」などと注記する。

第十六代応神天皇。仲哀天皇の四男。母は神功皇后。諱は誉田別尊《ほむたわけ》。『日本書紀』は誉田天皇とする。『聞書』に「大足太応彦〈文〉。応神天王也。是ヲ八幡大菩薩ト崇メル也。」とあるように、神功皇后と共に八幡宮の祭神ともされる。なお、「大足大応彦《おほたらしおほよひこ》」から「大安足康《おほやすたらしやす》」までは記紀の伝える諱と異なり、その由来も不明。この漢風諡号から一字をとる天皇名は『麗気記』独特で、あるいは神道五部書などで次の大長谷稚武（雄略）まで伊勢に関する歴史が存在しないことと関連するか。

(32) 大日足仁《ヤマトタラシヒトノ》=国・世・府・天は「尊」を補い、世・守・温・府・天は「仁徳　第十七」などと注記する。

第十七代仁徳天皇。応神天王の四男。『日本書紀』は大鷦鷯《おほさざき》天皇とする。『聞書』に「大日足人〈文〉。仁徳天王也。」とある。

(33) 襲津彦《ヲツヒコ》=守［ヲヒツヒコ］、宝・府［ヲシツヒコ尊］、天［ヲンツヒコ］。国・世・府・天は「尊」を補い、世・守・温・府・天は「履中　第十八」などと注記する。

第十八代履中天皇。仁徳天皇の第一皇子。『日本書紀』は去来穂別《いざほわけ》天皇とする。『聞書』に「襲津彦《ヲシツヒコ》〈文〉。履中天王是也。」とある。

(34) 国仁反正尊《クニヒトカヘリマサノ》=守［国ツヒトカヘリマサノ尊］。世・守・温・府・天は「反正　第十九」などと注記する。

第十九代反正天皇。履中天皇の同母弟。『日本書紀』は瑞《みつ》歯別《はわけ》天皇とする。『聞書』に「国仁反正尊〈文〉。反正天王也。」とある。

(35) 国仁恭正尊《クニヒトヤスマサノ》=世・守・温・府・天は「允恭　第二十」などと注記する。「允恭」温［インキヤウ］。

第二十代允恭天皇。反正天皇の同母弟。『日本書紀』は雄《を》朝津間稚子宿禰《あさづまわくごのすくね》天皇とする。『聞書』に「国仁恭《ヤス》正尊〈文〉。允恭《インキョウ》天王尊也。」とある。

(36) 大安足康尊《オホヤスタラシヤスヒノ》=守［大ヤスタラシマスノ尊］、温・宝［大ヤスタラシヤスノ尊］、府［オホヤスタラシヤスシ尊］。世・守・温・府・天は「安康　第二十一」などと注記する。

第二十一代安康天皇。允恭天皇二男。『日本書紀』は穴穂《あなほ》天皇とする。『聞書』に「大安足康尊〈文〉。安康天王也。」とある。

(37) 大泊瀬稚武《オホハツセワカタケノ》=国・世・府・天は「尊」を補い、世・守・温・府・天は「雄略　二十二」などと注記する。

第二十二代雄略天皇。前出（→①註151）。この天皇の時に、豊受大神が丹波国から度会山田原に遷されたとされる（→①註153）。『聞書』に「大泊瀬稚武〈文〉。雄略天王也。」とある。

(38)人皇廿二人

神武天皇から雄略天皇に至る二十二代の天皇のこと。神功皇后（→註30）を本紀に入れる『日本書紀』の数え方による（『先代旧事本紀』などでも同じ）。『聞書』に「廿二人〈文〉。当巻二十二人御座ス。廿二トハ神武天王ヨリヲ数フル也。」とある。

『麗気記』においては、②「神天上地下次第」に、国常立尊からの神統譜に続けて初代神武天皇から十一代垂仁天皇までの皇統譜が内宮の遷座と合わせて記されている。よって、外宮について語る本巻で垂仁天皇（→①註61・②註211・③註26）から雄略天皇（→①註151・③註37）までの皇統譜を載せるのは、②を承けているからと考えられる。『止由気宮儀式帳』（→①註153）などでは、雄略天皇の時代に豊受大神が丹波国与佐宮から伊勢に鎮座したことを記すのみで、他の時代についての言説はない。これは『麗気記』①「二所大神宮麗気記」でも同様である。ところが、本巻（および⑥「豊受皇太神鎮座次第」）では、与佐宮に鎮座するまでの経緯がはるか昔のこととして書き加えられている。ここで外宮にゆかりのない天皇をも含めて「二十天の垂迹」とする説は、このような豊受大神に対する認識の変化、すなわち皇統譜による歴史を越えた存在として豊受大神を見ようとしたことから生まれたのであろうか。

(39)二十天

悪を退け、善を守護する二十の天神。特に、金剛界曼荼羅外金剛部（→⑤註39・【図2】）にある諸天をいう。⑤註138参照。弘法大師全集本では「廿二大」に作る。また、『私鈔』（→註26）でも「二十二天」としており、聖冏の見た本では「二十二天」とあったのかも知れない。

(40)天地人口決

神武天皇から雄略天皇に至る「人皇廿二人」が二十天（あるいは二十二天）の垂迹であるとする口決のこと。「口決」は、口伝による奥義。『聞書』に「注ニ云ハク、天地人口決〈文〉。天神地神ノ垂跡ナル人王ト云フ心也。」とある。

(41)天潜尾命《アメクヽリヲノみこと》

以下、豊受大神の降臨に従った「三十二大眷属」（→註5）の名が列記されているが、それぞれの神格については不詳。「潜尾命」「尾命」「神尊」などの接頭・接尾語を除いて全体の構成を考えると、最初の八神が天地・五行（木・火・土・金・水）と石（順不同）、そして、日・月・天・地、塔・法・仁・神、利・富・国・賀、愛鬘・愛護・解法・覚耳、と四神ずつ続き、最後の八神が上・下・中・天・地・百（過去）・千（現在）・万（未来）となっている。なお、『瑚璉集』下には「麗気府録〈注付三十二菩薩云〉」として、天香鼻山命（→⑤註22）以下三十二神の名を列記した後、豊受皇太神御降臨三十二神」として、これらの神名を列記する。

(42) 天津神《あまつかみ》　中津神《なかつかみ》　国津神《くにつかみ》

「天津神」は、高天原に坐す神々で、この国へ降臨せられた神、及びその裔の神々のこと。それに対し「国津神」（国神）は、この国土で生まれた神、または天孫降臨以前からこの国を支配していた神のこと。ただし、ここでは「中津神」があり、通常の概念とは違うと考えられる。

(43) 水潜尾命《ミクヽリヲノ》＝国・守・宮・府・天［ミツクヽリヲノミコト］。

(44) 一切衆生の心性の蓮、水中に住し、毘那耶伽神《びなやきや》に住す＝「毘那伽神」守［ヒナヤカシン］。「一切衆生の心性の蓮に住し、水中に住す。毘那伽神なり」とも訓めるが、国・府・天の訓（返り点）に従う。

「心性」とは、①不変なる心の本性、本体。自性清浄心などという。人間すべてが生まれながらにもっている本性。宇宙の絶対の理法を、さらに人間の根源的な本姓としてとらえる場合の語。②衆生の妄心。如来蔵心。「蓮」は蓮華で、密教では胎蔵界の標識として衆生本有の心を表わし、また、仏や仏の教化する世界を象徴する。「住毘那耶伽神」は、歓喜天（聖天）の梵名で、毘那夜迦・毘那也迦などとも書き、障碍・困難・常随魔と漢訳する。

(45) 地潜尾命《チニクヽリヲノ》〔伊奘諾尊《いざなぎのみこと》　伊奘冊尊《いざなみの》〕

イザナギ・イザナミは前出（→②註49・50）。

(46) 木潜尾命《サカウトヲルヲノ》〈木神〉＝「木潜尾命」国［サカヲトヲルヲノ命］、守［サカウトヲルノ命］、温［サカフトヲルヲノ命］。

〈木神〉という注記は底本などになく、後からの挿入と考えられる。

(47) 火潜尾命《サカリトヲルヲノ》〈雷神《ナルカミ》〉＝「火潜尾命」国［サカリドヲル尾命］。「雷神」国・府［イカツチノ神］。

(48) 土潜尾命《クニトヲルヲノ》〈土神〉＝国［クニドヲリヲノ命］、守［クニミコヲノ命］、宝［クニクヽリヲノ命］、府［ツチトヲリヲノ命］、天イ［ハニウヲル尾ノ命］。

〈土神〉という注記は底本などになく、後からの挿入と考えられる。

(49) 石潜尾命《カタトヲリヲノ》〈火神〉＝「石潜尾命」国［カタクヽリヲヤ命］、守［カタクヽリヲノ命］、府・温・天左・宮［カタトヲルヲノ命］。

(50) 金潜尾命《ヒツルカミヲノ》〈金神〉＝「金潜尾命」天［ヒツルトヲルヲ命］。

(51) 天日尾命《アメミルカミノ》〈水神〉＝「天日尾命」国［アメヒヲノ命］、宝・温［アメミルカミヲノ命］、府［アマミツルヲノ命］、府左・天［アメヒヲノ命］、天左［マノヒヲアルカミノ］。

『制作抄』に「天日尾、天尾命、イナ光トハ神ノナラヌ時アルイナツマ也。イナツルキトハ神ノナル時アルヲ云フ也。」とある。先の「火潜尾命《サカリトヲルヲノ》」について、小文字で「雷神」とあることと関連するか。

(52) 天月尾《アマノミカケヲノ》命〔月神、又火神〕＝「天月尾命」府・天〔アメツキヲノ命〕、府左・天左〔アメノミカケヲノ命〕。「月神又火神」天〔月神又ハ火神〕。

(53) 天子尾《アマノミコヲノ》命〔人神、三十二神　三十七神〕

「三十二神」は、ここに記された神の総数。「三十七神」は、それに相殿神を加えた数。この神のところに注記された理由は不明。註77参照。

(54) 地子尾《クニノミコヲノ》命〈倶生神《くしょうじん》〉

「倶生神」は、元来はインドの神で、人の生れた時から常にその両肩にあって善悪を記録するという男女二神。男神を「同名」といい、左肩で善業を記す。女神を「同生」といい、右肩で悪業を記し閻魔王に報告する。ただし、男女を逆とする説もある。

なお、神祇書において「倶生神」は、倶《とも》に生《なりい》づる神、ないしは、天地開闢と一緒に生成した神という意味で使われている。『日本書紀』神代上・第一段一書第四では、

天地初判、始有㆓倶生之神㆒、号㆓国常立尊㆒、次国狭槌尊、又曰、高天原所生神名、曰㆓天御中主尊㆒、次高皇産霊尊、次神皇産霊尊、

として、天地開闢で最初に生成した国常立尊（→②註11）・国狭槌尊（→②註32）の二神を指している。『先代旧事本紀』巻一「神代本紀」では、

古者元気渾沌天地未㆑割、猶㆓鶏卵子㆒溟涬含㆑牙、其後清気漸登薄靡為㆑天、浮濁重沈淹滞為㆑地、所謂州壌浮漂開闢別割是也、譬猶㆔遊魚之浮㆓水上㆒、于時天先成而地後定、然後於㆓高天原㆒化生一神、号曰㆓天譲日天狭霧国禅日国狭霧尊㆒、自㆑厥以降独化之外、倶生二代、耦生五代、所謂神世七代是也、

として、神世七代の内、三代目以降の男女一組で「耦生」した五代の神と区別して、「一代倶生天神」に天御中主尊と可美葦牙彦舅尊《うましあしかびひこじのみこと》、「二代倶生天神」に国常立尊と豊国主尊を立てる。一方、『仙宮院秘文』には、

天地初発之時於㆓高天原㆒成神名天御中主神也、記云、天海初出之故天御義利挙之八重雲以天於坐而成神、天御中主神、亦名天譲日国禅月天狭霧国狭霧尊也、故天地与倶生神是也、

とし、『神皇実録』冒頭の天地開闢に『先代旧事本紀』とほぼ同文を載せ、

于時天先成而地後定、然後於㆓高天原㆒化生一神、号曰㆓天譲㆑日〔陽神日神〕国禅㆑月〔陰神月姫〕皇神㆒、亦名㆓天御中主尊㆒也、天地倶生神坐、是諸天降霊之本致、一切国王之大宗也、徳被㆓百王㆒、恵斉㆓四海㆒、歴代帝王崇㆓尊祖㆒、万方人夫敬㆓神祇㆒、故世質時素、無為而治、不㆑粛而化云㆑爾、

としており、より明白に天地と倶に生れた神、つまり天地の分離＝創出と一緒に出現した神という意味で使用してい

る。『御鎮座本紀』（↓①註72）には「蓋聞、天地未レ剖、陰陽不レ分以前、是名二混沌一、万物霊是封名二虚空神一、亦曰二大元神一、亦国常立神、亦名二倶生神一、」として、天地未だ割れず、陰陽の分れない以前の「万物霊」の名を虚空神（↓①註36）、大元神（↓①註38・④註282）、国常立神、倶生神と名付けるとしている。『宝基本記』裏書（↓④註109）にもほぼ同文がある。これは、『大元神一秘書』に、

大空無相妙体、是強名二虚無神一也、虚無則大易也、未見気無為之道是也、亦名曰レ夷、夷者也無色無形、本自無生而亦無死、故云、谷神不死、神乃生之本、形者生具也、是則名二常住一、曰二国常立尊一、亦号二倶生神一也、視レ之不レ可レ視、無色無形、口不レ能レ言、無心無声、書不レ能レ伝、当受之以静、求レ之以レ神、不レ可二外求一レ之、詰問之得也、

とあることや、慈遍『旧事本紀玄義』の「凡事々物々皆倶生神、去々来々悉備二霊性一、」という解釈に近い。

(55) 天破塔命《アマノワケタテノ》〔那行都佐神《とさしむ》　薬師〕＝「天破塔命」国・府左「アマノカミノ命」、宝・府・天イ「アメハレアラヽキノ命」、天「天ノワケタチノ命」、天左「アマノカミノタマ」、宮「アマワケタテノ命」。「破塔」国左「ヲト」。「那行」天「ナ行」。「都佐神」国「トシャシム」。

「都佐神」の意味は不明。国会本は「トシャシム」という訓から梵音の音写のようにもみえるが、該当しそうな語はない。

「薬師」は、薬師瑠璃光如来。薬師経に説く東方の浄瑠璃世界の教主。菩薩であったとき十二の大願を発して成就し、衆生の病苦を救い、無明の痼疾を癒すという如来。日光・月光菩薩を脇侍として三尊をなし、十二神将を眷属とする。

ここでは天破塔命の別名としての那行都佐神と、その本地仏を表わすか。以下同じ。

(56) 天破法命《アマノノリワケノ》〔毘那耶伽神　大日〕

「大日」は前出（↓①註47）。

(57) 天破仁命《アマノカミナラヒノ》〔勝尾体都佐神　金剛薩埵《こんごうさった》〕＝「天破仁命」国・府左・天左「アマノカミノナラヒノ命」、国イ「アメワケヒ」、守「天ナラヒノマヲカミ」、温「アマノカミノヨリアヒノ命」、宝「天ノナラヒノ命」、府・天「アマノナラヒトノ命」。「勝尾体都佐神」を守は「勝尾体々々々」として「ナラヒノ々々」、天「カツノビ体都佐神」。

「金剛薩埵」は、真言宗付法八祖の第二。漢訳では執金剛・秘密主ともいう。大日如来の悟りの法門を聞いて結集し、大日如来が大日経を説く相手として、竜猛に授けたという。菩提心が堅固不壊で煩悩即菩提の理を示すものとする。密教の中心的菩薩で、両界曼荼羅でも主要な尊格として表わされ、金剛界成身会（↓註76・【図2】）では十六大菩薩（↓⑤註23）の一として阿閦仏の西方に位置し、四印会では大日の東方に位置する。理趣会の主尊でも

ある。右手に金剛杵、左手に金剛鈴を持つ。

(58) 天破神命《アマノカミノヨリアヒノ》〔尾上都《ヲヒイツル》佐神　正観音《しょうかんのん》〕＝「天破神命」国〔天ノヲカミノヨリアイノ命〕守〔天ツカミノヨリアヒノ命〕、宝〔天ノヨリアイノ命〕、天〔アマノカミノヨリアヒノイノチ〕。「尾上」守〔ヲヒアヒ〕、宝・府〔ヲヒアケ〕。

「正観音」は、観世音菩薩のこと。聖観音、聖観世音、聖観自在菩薩ともいう。阿弥陀如来の脇侍でもある。六観音・七観音の一としては、変化観音の基本としての、一面二臂の（多面多臂を持たない）通形の観音を指していう。宝冠中に阿弥陀の化仏をつけ、蓮華を持つ。

(59) 国加利命《クニツカミノハヤサキノ》〔尾下《ヲヒカヽル》都佐神　馬頭《ばとう》〕＝「国加利命」国・府左・天左〔クニコリ命〕、天イ〔カニツヒカリハヤサキノ命〕。「尾下」守〔ヲサカヽル〕、天〔ヲモカヽル〕。

「馬頭」は、馬頭観音。六観音・七観音の一。頭上に馬頭をいただいて忿怒の相をなした変化観音。馬頭を直接頭にするものもある。

(60) 国加富命《クニツカミノタリカミノ》〔尾火上《ヲヒノホリ》都佐神　千手《せんじゅ》〕＝「国加富命」国・府・天左〔クニサカヱヒトノ命〕、天イ〔クニツヒロカリノ命〕、天イ〔クリカミノ命〕。「尾火上」国〔ヲヒヤキ〕、府・天〔ヲヒアケ〕。

「千手」は、千手観音。千手千眼観自在菩薩、千眼千臂観世音菩薩、大悲観音ともいう。六観音・七観音の一。千の慈手・慈眼をそなえて、あまねく衆生を済度するという変化観音。普通は、合掌手を除き四十手、掌中に各一眼をもち、一手ごとに二十五有を救うといい、頭上に二七面または十一面がある。

(61) 国加国命《クニツヒロカリカミノ》〔尾水下《ヲヒスマス》都佐神　十一面〕

「十一面」は、十一面観音。十一面観世音。六観音・七観音の一。救済者としての観世音菩薩の種々の能力を十一の顔で表わしたもの。その冠の中に阿弥陀の化仏がある。

(62) 国加賀命《クニツサカエカミノ》〔尾金《ヤリ》死《イカシ》木石上石《ヲコス》神　釈迦《カヽイ》〕＝「国加賀命」国〔クニツサカイイノイ〕。「尾金死木石上石神」＝国・府〔ヤリカネイカシキヲコメカヽリ〕。

(63) 愛鬘尾命《ツケノリカミノ》〔勝手《かつて》大明神　毘沙門《びしゃもん》〕＝「愛鬘尾命」府・天〔ツケノリカミノヲノ命〕。「勝手」国〔カツテ〕。

「愛鬘尾命」は不詳。『麗気記』⑥「豊受皇太神鎮座次第」ではホノニニギの別称として「示法神」（↓⑥註32）の名を挙げ、同じく「ツゲノリノ神」と訓む。

「勝手大明神」について、『聞書』に「注ニ云ハク、勝手大明神〈文〉。吉野ニ子守勝手トテ御座ス也。」とある。また、天本は「吉野」と注記する。奈良県吉野郡吉野山に鎮座する勝手神社（吉野山口神社）の祭神。『金峯山秘密伝』に「多聞天垂迹、此仏法護持大将、国家鎮守首鎮也、」とある。修験者の信仰が厚く、軍神としても山の神としても尊ばれた。北方約三百メートルのところに蔵王堂がある。

「毘沙門」は毘沙門天。四天王・十二天の一。須弥山の中腹北方に住し、夜叉・羅刹を率いて北方世界を守護し、また財宝を守るとされる神。多聞天ともいうが、それは、常に仏の道場を守護して法を聞くからとも、その福徳の名声が遠く十方に聞こえるからともいわれる。

(64) 愛護尾命《キヽノリカミノ》［金生《こんせい》大明神　地神］＝「愛護尾命」国［ヲコヲノ命］、府・天［キ、リカミノヲノ命］。「金」府［コン］、天［キン］。天は「生」に「静」と傍書し［シツ］。「地神」を府・天は「地神　地蔵」とする。

「愛護尾命」は不詳。『麗気記』⑥「豊受皇太神鎮座次第」では「愛護神」（↓⑥註33）の名を挙げ、ホノニニギの別称とする。

「金生大明神」について、『聞書』に「注ニ云ハク、金生大明神〈文〉。是、吉野ニアリ。」とあり、勝手大明神と同様、吉野に在るとする。金峯神社祭神の金山毘古神（俗に金精《こんせい》明神）のことか。金山彦は『日本書紀』ではイザナミの嘔吐から化成したとする（『古事記』では金山毘古神・金山毘売神の二神とする）。

「地神」は「地天」ともいい、大地をつかさどる神。仏成仏を大地から現われて証明し、その転法輪を諸天に唱告したといい、仏教の守護神とされた。胎蔵曼荼羅では外金剛部院に后と二尊並べて、金剛界曼荼羅では成身会の四大神の一として女身形で描かれる。

(65) 解法尾命《ヨモナシカミノ》＝国・府左、天左［ケコヲノ命］、天［ヨモナシヲノ命］、天イ［ヨシノシカカノ］。

(66) 覚耳尾命《マロイヽカミノ》＝国［イロイヽカミノ命］、守左［カミラノ命］、府・天［サトリミヽヲノ命］、天イ［マロキヽカミノ命］、天左［マロイヽヲノ命］。

(67) 上法神尊《カハノリイキヒトノ》＝国［キラカミノ尊］、守・温・宝・府・宮［カンノリイキヒトノ尊］、守左・府左・天左［キヲカミノ尊］、天［カンノリイキヒトノミコト］。

(68) 下法神尊《シモノリイキヒトノ》＝国［エラカミノ尊］、府左・天左［ヒヲカミノ尊］。

(69) 中言神尊《アタコトナシイキヒトノ》＝国・府［アタコトナシクキヒトノ尊］、守・府左・天左［アタコトイキヒトノ尊］。

(70) 天鏡神尊《アメマシエイキヒトノ》＝国・守・温・宝・府・宮・天［アメマシヘイキヒトノ尊］。「鏡」府左・天左［カシエ］。

(71) 地鏡神尊《クニマシエイキヒトノ》＝「鏡」府左・天左［ナシエ］。

(72) 〈過〉百々神尊《ミナカミミナマタハタカリヒロカリスヘカミノキヨキカミノミコト》＝国・府左・天左［ミナマタキヨキ尊］、守・温・宝・府・天［ミナカミミナマタスヘカミノ尊］、温左［キヨカミノミコト］、天イ［ミナカミミナマタハダカリヒロガリスベカミ］。「過」を天は「過去」として［キヨキマコト］。

(73) 〈現〉千々神尊《タヽタヒチタヒクニツカミアラタマツサノミコト》＝国・守・温・宝・府［チタヒヽヽクニツカミアラタマツサノミコト］、天［タヒタヒクマツカミアラタマツサノミコト］、天イ［タヽタビチタビクニツカミヲタマヅサノミコト］。

(74) 〈未〉万々神尊《モヽタヒチタヒヨロツタヒヨルサカヘシタマウカミノミコト》＝天イ［モヽタヒヨロツ

タヒヨルサカヘシタマフカミノミコト」。

(75)三十二執金剛神《しつこんごうしん》

「執金剛神」は前出（↓②註154）。ここでは、天潜尾命（↓註41）から万々神尊（↓註74）までの三十二神をいう。本巻冒頭で豊受皇大神が淡路三上嶽に天降する時に率いたとする「三十二ノ大眷属」（↓註5）に相当する。これに相殿神四座、すなわち四仏を加え、豊受大神すなわち毘盧遮那如来と合わせて、金剛界成身会三十七尊となる（↓註76・77）。

金剛界成身会は五仏・四波羅蜜菩薩・十六大菩薩・内四供養菩薩・四摂菩薩・外四供養菩薩・四大神・二十天の諸尊からなる。このうち四波羅蜜から外四供養までの諸菩薩が、三十二執金剛神にあたる。十六大菩薩は四仏の具体的な働きを示し、四波羅蜜菩薩・内外供養菩薩・摂菩薩は、毘盧遮那仏と四仏が互いに供養しあうために出生した諸尊で、悟りの智慧の躍動する姿をあらわしている。

『麗気記』①「二所大神宮麗気記」でも、雄略天皇二十二年七月七日に大佐々命によって豊受大神が降臨した時、三十二神と若雷神が供奉したとし（↓①註156）、外宮正殿に相殿四座とともに、主神と合わせて真光玉三十七尊とするとある（↓①註175～177）。また、『麗気記』⑥「豊受皇太神宮鎮座次第」には金剛界成身会を豊受皇大神の鎮座する正殿としている（↓⑥注3）。

このように、『麗気記』では豊受大神の降臨に三十二神が供奉したことになっているが、記紀はもとより、『先代旧事本紀』にも見られない説である。一般的には三十二の供奉神といえば、天孫降臨のときホノニニギに従った神々を指しており、『倭姫命世記』『御鎮座伝記』『神祇譜伝図記』をはじめとする中世神道説でも同様である。『先代旧事本紀』（↓⑤註22）は大香語山命以下を列記しており、『麗気記』⑤「天照皇大神宮」で列挙する天香鼻山命から天伊岐志迩保命までの三十二命は、ほぼそれに対応している。

そのためか、内宮は胎蔵界に相当するはずだが、内宮の諸神に対する諸菩薩・諸天の配当は、明らかに金剛界成身会を念頭においた設定であり、『私鈔』や『理趣摩訶衍』もそれを受けている（↓④註83・⑤註23）。三十二神に引きずられて混同したものであろうか（↓⑤註3・23・138）。

一方、本巻の外宮相殿四神の配当は胎蔵界中台八葉院中の四菩薩に近い。また、三十三天と関連させて、『麗気記』②「神天上地下次第」に「十六大菩薩」（↓②註90）、本巻でも「十六大菩薩」「四金剛天女」「四金剛天」（↓③註105～124）を挙げている。あるいは、両宮一体観を踏まえての意図的な混在かもしれない（↓⑤註3・⑥註3）。

(76)金剛界成身《じょうしん》会《え》の三十七尊

「金剛界成身会」は、金剛界九会曼荼羅の中央にある一会のこと。羯磨会あるいは根本会ともいう。諸尊の配置については【図3】参照

「三十七尊」は前出（→①註177）。⑤註23も参照。金剛界成身会の主尊である三十七尊のこと。ここでは、上記三十二神に、四仏（金剛界では中台大日の東西南北にいる阿閦・宝生・阿弥陀・不空成就の四如来）に相当する外宮の相殿神四座を加え、主神である豊受大神と合わせて三十七尊とするのであろう。また、先の「天子尾命」（→註53）の割注に「人神、三十二神　三十七神」とあることとの関係については不明。

(77) 又、相殿神《あいどののかみ》を加ふる也

相殿神の数え方については、前出（→①註175）。ここに「又、相殿神を加ふる也」とあるのを「さらに相殿神を加える」という意味でとると、ここは三十二神に四仏と相殿神を加えて三十七尊としているから、四座をまとめて一神と数えていることになる。けれども『麗気記』では相殿神を四座とし（→①註175）、五仏のうちの毘盧遮那如来を除く四仏にあてている（→①註177）。よって、ここは「四仏、もしくは相殿神四座を加えたもの」という意味で解釈すべきであろう。

(78) 『摂真実経』＝天［ロウ真実経二］。

般若訳『諸仏境界摂真実経』のこと。『摂真実経』は金剛頂経系の経典であり、毘盧遮那如来が金剛界三十七尊の諸徳を兼ね具えていることを説く。これは、「序品第一」冒頭（大正蔵一八・二七〇a～b）に、

如是我聞、一時仏薄伽梵、妙禅成就金剛威徳三摩耶智種種希有最勝功徳、已能獲得一切如来灌頂宝冠、超過三界、已能証入一切如来妙観察智第瑜伽法、無礙自在、已能成就一切如来微妙智印、於所作事、善巧成就諸有情類種種願求、随其所楽皆令満足、大慈毘盧遮那如来、体性常住、無始無終、三業堅固、猶若金剛、十方諸仏、咸共尊重、一切菩薩恭敬讃歎、

時薄伽梵、住妙高山頂三十三天帝釈宮中摩訶摩尼最勝楼閣、三世諸仏常説法所□□柔軟如兜羅綿、白玉所成色瑩珂雪、有妙楼閣七宝荘厳、宝鐸・宝鈴処処懸列、微風吹動出微妙音、繒蓋・幢幡・華鬘・瓔珞・半満月等而為厳飾、光明照曜遍於虚空、無数天仙咸共称讃、与大菩薩摩訶薩衆、十六倶胝那庾多百千菩薩眷属倶、其名曰金剛蔵菩薩・金剛弓菩薩・金剛善哉菩薩・金剛胎菩薩・金剛威徳菩薩・金剛幢菩薩・金剛笑菩薩・金剛眼菩薩・金剛受持菩薩・金剛輪菩薩・金剛語言菩薩・金剛羯磨菩薩・金剛精進菩薩・金剛摧伏菩薩・金剛拳菩薩、如是等十六菩薩摩訶薩、一一各有一億那庾多百千菩薩、以為眷属、復有四金剛天女、其名曰金剛焼香天女・金剛散花天女・金剛然燈天女・金剛塗香天女、如是等金剛天女、一一各有一千金剛天女、為眷属倶、復有四金剛天、其名曰金剛鉤天・金剛索天・金剛鎖天・金剛鈴天、如是等金剛天、一一各有一千金剛天、為眷属倶、復有忉利天主釈提桓因、大梵天王・摩醯首羅等諸大天王、及三十三天無数天子、

無量倶胝那庾多諸天婇女、種種歌舞一心供養、復有恒河沙数無量無辺一切化仏、現閻浮提遍満虚空、一一如来、示現無辺広大仏刹、彼仏刹中、一一如来、無量無数海衆菩薩賢聖囲繞、説此大法、

とある部分の引用。ただし、傍線部分が抜けている。「序品」では、十六大菩薩を始め、大梵天・四供天女・三十三天等の諸天が参集した中で、毘盧遮那如来が説法する場面が語られる。なお、同経からの引用と思われる部分は、『麗気記』②「神天上地下次第」にもみられ（↓②註3）、両巻の根底にあるイメージを作り出していたことがわかる。

(79) 薄伽梵《ばかぼん》＝守［バガ梵］。
前出（↓①註132）。仏陀の尊称。

(80) 三摩耶《さまや》智
「三昧耶」は前出（↓①註47）。平等・本誓・除障・驚覚の意。

(81) 成弁ス
大正蔵（↓註78）では「成就」とし、異本で「成辨」とする。ここでは「成就」で意味をとった。

(82) 体性常住
大日如来の本体の性質が永遠なことをいう。

(83) 無始無終ナリ＝府・天［無始無終ニシテ］。
「無始無終」は前出（↓②註3）。

(84) 三業《さんごう》堅固なるコト＝国・府［三業堅固ナルヲ］、守・天［三業堅固ナルコト］、宝［三業堅固なルコト］。
仏の行動・言葉・思惟がいずれも強固であること。「三業」は、身（体で行う行動）・口（または語。口に発する言葉）・意（心で思うこと）の三種の行為。衆生の場合は三業だが、仏の場合は三密（↓①註19）という。

(85) 十方の諸仏
あらゆる所にいる仏たち。『十方』は、四方（東・南・西・北）に、その中間の四維（東南・西南・東北・西北）、上・下（天・地）を加えたもの。全方向を表現する。

(86) 妙高山頂
前出（↓②註4）。妙高山は須弥山ともいい、世界の中心に位置すると想定される高山。

(87) 三十三天帝釈宮
前出（↓②註5・6）。帝釈天の住む、須弥山頂上の忉利天の善見城のこと。

(88) 摩訶摩尼最勝楼閣ニ住せり＝「住」府・天［住シテ］。
「摩訶摩尼最勝楼閣」は前出（↓②註7）。偉大なる宝珠で飾られた、すばらしい高層建築。

(89) 常ニ法ヲ説く処なり＝底［常ニ法ヲ説ク処ニ］、国・守・天イ［常ニ法ヲ説キタマフ処］、宝・宮［常ニ説法処ニ］、府・天［常ニ法ヲ説ク処ナリ］。

(90) 兜羅綿《とらめん》＝守・温・府・天［トラメン］。
柔らかいもののたとえ。「綿」は木綿ではなく、絹の「真

綿」を指すとされる。『聞書』に「摂真実経ニ云ハク、兜羅綿〈文〉。其ノ地ノ平ラカナル和ラカナル事ワタノ如シト云ヘル心也。綿ヲ指シテ兜羅綿ト云フ也。」とある。

(91)白玉

白い玉石。白大理石を指すか。

(92)珂雪《かせつ》ヲ瑩《ミカ》ク

「珂」は「しろめのう」の意。『聞書』に「珂雪〈文〉。白色《シロキイロ》ノ微妙ナルヲ云フ也。」とある。

(93)七宝荘厳＝国・府・天［七宝ヲモテ庄厳シ］、守［七宝荘厳シテ］。

七宝で飾り付けた、という意味か。「七宝」は、金・銀・瑠璃・珊瑚・琥珀などの七種の宝石。経軌により種類が異なる。

(94)宝鐸＝守・天［宝チャク］、天左［ヲフスヽ］。

風鐸とも言う。建物の屋根の四隅などに懸け、風により音を出す。

(95)宝鈴＝天［宝レイ］、天左［コスヽ］。

前項と同じく、建物などを装飾し、音を出すための鈴。

(96)処々に懸烈セリ＝「処々」守・宝・府・天［処々ニ］。「懸烈」守［懸レツナリ］。

「懸烈」を大正蔵（↓註78）では「懸列」とする。懸け連なるという意味か。

(97)繒蓋《ぞうがい》＝守［ソウカイ］。

天蓋。貴人に差しかける傘が転じて、荘厳具となったもの。

(98)幢幡《どうばん》

荘厳具で、釣下げる「はた」。六角円柱状のものは幢、平面状のものを幡という。

(99)花鬘《けまん》

荘厳具で、柱や長押《なげし》に懸ける円形に近いもの。本来は花を綴った飾り。

(100)瓔珞《ようらく》

金属や珠玉を連ねた装身具。首や胸などを飾る。ここでは建造物の装飾としている。

(101)半満月《はんまんがつ》＝守［半満ケツ］。

不詳。半円形の装飾品か。

(102)虚空に遍《あまね》ク＝守左［虚空ニヲイテ］、府・天［虚空ニ遍クス］。

「虚空」は、虚空界のことで、一切のものが存在する空間。

(103)天仙

天界に住む神々を指すか。

(104)大菩薩衆十六倶胝那庾多《ぐていなゆた》百千菩薩の眷属と

十六の菩薩に、それぞれ多数の眷属が従っているということか。「倶胝（コーティ）」は、数の単位で、千万あるいは億・京を表わす。「那由多（ナユタ）」も単位で兆・溝と訳す。以下に金剛界成身会（↓⑥註3・【図3】）の東西南北の四輪に配置される十六大菩薩（↓②註90・⑤註23）の名が列記されている。大正蔵（↓註78）では「与大菩薩摩訶薩衆十六倶胝那庾多百千菩薩眷属」とする。

（105）金剛手菩薩
金剛薩埵（↓註57・⑤註24）・執金剛・持金剛などともいう。金剛界三十七尊中の十六大菩薩の一で、成身会における東輪（中尊＝阿閦如来）の西の親近にあたる。なお、大正蔵（↓註78）ではこの名が抜けて、後の十五菩薩の名前のみあげる。

（106）金剛蔵菩薩
金剛王菩薩（↓⑤註25）の別称。十六大菩薩の一で、成身会における東輪の北の親近にあたる。

（107）金剛号菩薩
金剛号菩薩は不詳。大正蔵（↓註78）では「金剛弓菩薩」とする。金剛弓菩薩は金剛愛菩薩（↓⑤註26）の別称。十六大菩薩の一で、東輪の南の親近にあたる。

（108）金剛善哉菩薩
金剛喜菩薩（↓⑤註27）の別称。十六大菩薩の一で、東輪の東の親近にあたる。

（109）金剛胎菩薩
金剛宝菩薩（↓⑤註29）の別称。金剛界三十七尊中の十六大菩薩の一で、成身会における南輪（中尊＝宝生如来）の北の親近にあたる。

（110）金剛威徳菩薩
金剛光菩薩（↓⑤註30）の別称。十六大菩薩の一で、南輪の東の親近にあたる。

（111）金剛幢菩薩
十六大菩薩の一で、南輪の西の親近にあたる（↓⑤註31）。

（112）金剛笑菩薩
虚空笑菩薩（↓⑤註32）の別称。十六大菩薩の一で、南輪の南の親近にあたる。

（113）金剛眼菩薩
金剛法菩薩（↓⑤註34）の別称。金剛界三十七尊中の十六大菩薩の一で、成身会における西輪（中尊＝阿弥陀如来）の東の親近にあたる。

（114）金剛受持菩薩
金剛利菩薩（↓⑤註35）の別称。十六大菩薩の一で、西輪の南の親近にあたる。

（115）金剛輪菩薩
金剛因菩薩（↓⑤註36）の別称。十六大菩薩の一で、西輪の北の親近にあたる。

（116）金剛語菩薩
大正蔵（↓註78）では「金剛語言菩薩」（↓⑤註37）とする。十六大菩薩の一で、西輪の西の親近にあたる。

（117）金剛羯磨菩薩
金剛業菩薩（↓⑤註39）の別称。金剛界三十七尊中の十六大菩薩の一で、成身会における北輪（中尊＝不空成就如来）の南の親近にあたる。

(118) 金剛精進菩薩
金剛護菩薩（↓⑤註40）の別称。十六大菩薩の一で、北輪の西の親近にあたる。

(119) 金剛摧伏菩薩＝天［金剛ザイ伏菩薩］。
金剛牙菩薩（↓⑤註41）の別称。十六大菩薩の一で、北輪の東の親近にあたる。

(120) 金剛拳菩薩＝天［金剛ケン菩薩］。
十六大菩薩の一で、北輪の北の親近にあたる（↓⑤註42）。

(121) 十六菩薩摩訶薩＝守［十六菩薩摩訶薩ハ］。
「摩訶薩」は菩薩の尊称。

(122) 各《おのおの》一億那庾多百千菩薩有《あ》りて＝「各有」国・府・天［各有テ］、宝・宮［おのおノ有リ］。底は「各リ二有一億那庾多百千菩薩一」とするが、書写の誤りと考えられる。

(123) 四金剛天女＝守［四ツノ金剛天女］。
四金剛天女の名に「焼香」「散花」「燃燈」「塗香」とあるが、これは、金剛界成身会の三十七尊のうち八供養菩薩（↓⑤註23）の外四供《げのしく》（または外四供養菩薩《げのしくよう》）である金剛香菩薩（↓⑤註51）・金剛華菩薩（↓⑤註52）・金剛燈菩薩（↓⑤註53）・金剛塗菩薩（↓⑤註54）に対応する。外四供は、中央の大日如来に対する四方四仏の供養を示す。『真実経文句』（大正蔵六一・六一三b）に、

次四句明外四供養菩薩位、（中略）次外四供養菩薩者、謂春金剛・雲金剛・秋金剛・冬金剛、亦復如次依右辺前後隅・左辺後前隅住、亦是如次華・香・燈・塗也、

とある。

(124) 四金剛天＝守［四ツノ金剛天］。
四金剛天の名に「金剛鈎」「金剛索」「金剛鎖」「金剛鈴」とあるが、これは、金剛界成身会の三十七尊のうちの四摂菩薩（↓⑤註23）に対応する。四摂菩薩は、密教で仏が衆生を教化する姿が四種類あるとし、それを四菩薩に配したもの。『真実経文句』（大正蔵六一・六一三b）に、

後四句明四摂菩薩位、（中略）次四摂菩薩者、謂色金剛・声金剛・香金剛・味金剛、亦復如次依前右・後左在、亦是如次鈎・索・鎖・鈴也、

とある。

(125) 忉利《とうり》天王《てんのう》釈提桓因《しゃくだいかんいん》
忉利天の王である帝釈天（↓①註124）。大正蔵（↓註78）では「忉利天王」を「忉利天主」とする。「釈提桓因」はサンスクリットの音写で、帝釈天のこと。

(126) 大梵天王《だいぼんてんのう》
前出（↓①註109）。

(127) 摩醯首羅《まけいしゅら》＝天［マケイ首羅］。
大自在天のこと。サンスクリットの音写。宇宙の大主宰神。特にシヴァ神を指していう。自在天外道の主神で、色界の諸天の最頂である色究竟天に住む。また、密教では大日如来の別の姿ともしているなど、さまざまな解釈がある。『聞

書』に「摩醯首羅〈文〉。色界ノ頂也。又、色究竟天トモ云フ。又、須陀会トモ名ヅク。又、有頂天トモ云フ也ト云々。」とある。『麗気記』④「天地麗気記」に「第六天伊舎那摩化修羅」（↓④註106）とある。

(128) 諸天婇女《さいにょ》＝天［諸ノ天サク女ノ］。

「諸天」は天上世界に住して仏法を守護する神々。密教では天部に属する。「婇女」は宮廷の侍女。また天女。

(129) 恒河沙数《こうがしゃすう》

前出（↓①註132）。ガンジス川の砂のように無数に多いという意味。

(130) 無量無辺

量の多いこと。はかることのできない。はかりしれない。無限の。果てしない。

(131) 化仏《けぶつ》

仏・菩薩などが神通力でいろいろな姿となって現われた神格。仮に姿を現わした仏。仏の分身。

(132) 閻浮提《えんぶだい》に現ジテ＝「現」守［アラハシテ］。

「閻浮提」は、須弥山の南にある大陸。四大洲の一。南閻浮提。もとはインドを指していたが、後に人間世界をいうようになった。娑婆世界。

(133) 一々ノ如来

大慈毘盧遮那如来をはじめとする諸如来ということか。大正蔵（↓註78）では、この「一一如来」の前に「一一如来示現無辺広大仏刹、彼仏刹中、」の語句があり、「一人一人の如来が無辺広大な仏刹（仏土・浄土、または寺院）に現われて、その中で」多数の僧侶・菩薩・賢聖に囲まれて大法を説く、ということになる。

(134) 海会《かいえ》ノ衆《しゅう》＝天［海会ノモロ、、ノ］、宮［海会ノ衆ノ］。

大正蔵（↓註78）では「海会衆」を「海衆」とする。「海衆」とは僧侶のこと。いかなる出自の者でも、仏門に入ればみな同じく一体になることを、さまざまな川の水が海に注ぎ込んで一つになることにたとえていう。

(135) 賢聖《けんじょう》

賢者と聖者。見道に達しないが悪はすでに離れた人を賢といい、見道に達した人を聖という。小乗（薩婆多宗など）では七賢七聖、大乗（『仁王経』など）では三賢十聖を説く。また、成実宗では二十七賢聖を立てる。

(136) 此の大法ヲ説ク＝守・温・府 天・宮［此ノ大法ヲ説キタマフ］。

(137) 『同経』下＝温［同キ経ノ下ニ］。

『摂真実経』の最後にあたる巻下「護摩品第九」（大正蔵一八・二八四b）に、

爾時金剛手菩薩摩訶薩、告諸大衆言、広大之法、非我境界、是仏境界、我今承仏人威神力、略説諸仏境界瑜伽祕密真実妙法大金剛界道場法已、我曾過去百千劫中、修諸願海、乃遇大慈毘盧遮那如来、第一会中得聞是法、超第八地証等覚位、

とある。この「護摩品」は、金剛界五仏を観ずる「真実内護摩法」を説き、さらに灌頂儀礼についてその作法に従って諸真言を説く。

(138) 境界《きょうがい》
境地。能力の及ぶ限界。仏教で「境」とは、眼・耳・鼻・舌・意の六根によって感覚され思慮される対象。六識のはたらく対象。人間の心を汚すものであるので「塵《ちり》」ともいう。

(139) 大威神力《いじんりき》
「威神（力）」とは、仏が持つ、人知には測り知られない霊妙不可思議な力。

(140) 諸仏ノ境界瑜伽《ゆが》秘密真実妙法
諸仏の境地である三密が相応した秘密で真実なる霊妙な法。これは「大金剛界道場法」ともいい、これまで説いてきたことである、という意味か。「瑜伽」とは、①心を引き締めること。心を引き締めて力を集中すること。また、その修行。ヨガの音写。②三密が相応すること。真言行者の身口意のはたらきが仏のそれと合致すること。

(141) 曽《むかし》＝守・温・天［ムカシ］。

(142) 百千劫《ごう》
極めて長い時間。「劫」は長い時間を指す。

(143) 願海《がんかい》
仏・菩薩の深く広い誓願を大海にたとえた語。誓い。

(144) 大悲毘盧遮那如来ノ第一会＝温［大悲ヒルサナ如来ノ第一会］。
「第一会」宮［大ノ一会］。

大日如来が十八回にわたって行なった説会の第一回目のこと。その一部が『金剛頂経（金剛頂一切如来真実摂大乗現證大教王経）』に記されている。色究竟天において行なわれ、金剛界曼荼羅・陀羅尼曼荼羅・微細曼荼羅・一切如来広大供養羯磨曼荼羅・四印曼荼羅・一印曼荼羅の六曼荼羅を説いたとされている。

(145) 第八地ヲ超えテ
菩薩が修行すべき五十二の段階のうち、第四十一位から第五十位までを「菩薩十地」というが、「第八地」とはその第八番目である不動地を指す。修行の全く完成した状態。努力精進することなく、自然に菩薩行が行なわれる状態。

(146) 等覚位《とうがくい》ヲ証ス＝守［等覚ノクライヲ証スト云ヘリ］。
「等覚位」は、菩薩十地を越えた、菩薩の最高位。「等覚」とは、修行が満ちて智慧や功徳が仏と等しくなったこと。すなわち仏を意味し、「等正覚」ともいう。

ここで「証等覚位」といっているのは、「第八地」を越えて仏になる、ということを意味するか。

(147) 図＝底なし。諸本については校異②の【図】（四三一頁）参照。
諸本は、この形文の図を欠くものや、あっても簡略なものが多く、本来の図がどのようなものであったかは不明である。そこで参考として、諸本の比較検討から推定される図を下に掲げておいた。

外宮の形文は、サイコロの五の目のような五星文様を、丁字形をした鏡形木の縦木に六個、横木に五個並べたものであったと思われる。これは『貞和御餝記』等、中世の記録に見える文様ともよく一致する。現在の外宮正殿の妻を飾る文様もこれと同様である。

これは、外宮の形文《ぎょうもん》（↓①註108）である。『聞書』には、先ず内宮の形文（↓②註266）について「一、内宮社殿ノ屋形ニハ深秘深秘、口外スベカラズ。無所不至印也ト云々。竹節ホコヲクタキテ造ル也。」とあり、「深秘」としながらも、大日如来の最極秘の印契である無所不至印（大率都婆印などともいう）に相当するとし、竹節の鉾を割って造るとしている。良遍がこの巻でなぜ内宮の形文について触れたかは不明であるが、『日諱貴本紀』に、

内宮　印金剛合掌
外宮　印無所不至

とあることからみると、単なる「内」「外」の書き間違いの可能性もある。

(148)龍神の指南に依りて記す所、此の如し

「龍神」は龍。不測の力量を備えているので神という。仏教では八部衆の一。その種類も多く、仏法を守護するものに八大龍王がある。

この一文は、『麗気記』②「神天上地下次第」巻末に「倭姫皇女移天上梵宮造如此」とあったのに対応する記述で、外宮の形文の図の由来について述べている。『麗気記』⑤「天照皇太神宮鎮座次第」巻末には、

同二十一年正月十八日、入二秘密灌頂壇一、以二加持冥力一、獲二奥旨於龍神指南一、所レ記如レ右、輒及二披見一者、加二冥応一令二治罰一給耳、

とあって、龍神の指南によるのは形文の図のみに止まらないらしい。『聞書』はこの巻の最後の注として、

一、神ノ事、深秘ノ義ハ人都神代聞書ニ見ユル故、之ヲ略ス。日諱紀本紀ニ云ハク、神トハ是、正心ノ名也。神トハ万物ノ精霊也。乱レ米フル時ハ、神怒リ、敢ヘテ人ノ歎ヲ以テ、公要ニ用イズ。〈文〉。同紀ニ地祇ヲ釈シテ云ハク、祇ハ、神一非ズ人ニ非ズ。名ヅケテ地神ト謂フ。〈文〉又云ハク、夫レ王トハ人王也。請神代ハ七世祇、五烈ノ旧跡ニ仕リ命《ミコト》ヲ為ス、夫《ソ》ノ臣民ハ帝《キミ》ヲ為《タモ》ツ。勅《ミコトノリ》ハ人ヲ育《ハグク》ム政也。詔ハ国ヲ扶《タス》クル詞也。〈文〉。又云ハク、大養徳国ト書キテ倭ノ国ト読メリ。府録ニ云ハク、娑婆世界ト書キテ、ヒノモトノ国ト読メリ。

とあるが、これが「龍神」の解説かどうかは不明。なお、『聞書』序文で『麗気記』についての説明をして、

一、彼ノ書十八巻ノ事。大札ハ是、法爾天然ノ札也。余ノ十七巻ハ、彼ノ龍神ノ、弘法此ノ如ク宣ヒシト云フ。或ハ伝教・行基(役行者カ)ハ此ノ如ク宣ヒシ等ト申ス。当座ノ龍神

ノ詞、延喜ノ御門ヲ以テ授者トシテ、十七巻ヲ首尾トス
ト云々。

とあり、天札（⑫「三界表麗気記」）以外は、空海・最澄・

役行者の説を「龍神」が醍醐天皇に伝え十七巻にまとめた
としている。「天札」については、⑤註104も参照。

天地麗気記

本巻は、神代から神武天皇までの系譜に十種神宝や三種の神器についての秘説を折り込んでいる。ただし、神代のところでは「国常立尊」と「天照大神」の項目名が欠落しており、系譜の展開がわかりにくくなっている。その反面、国常立尊・国狭槌尊・豊斟渟尊を毘盧遮那如来の法身・報身・応身にあてはめ、それぞれ金色・青色・黒色の宝珠に象徴されるとするなど、神宝の意義が強調されるようになっている。ホノニニギの降臨についても、三十三天の諸魔の軍障を除き去るために三種の神器と共に授けられた十種神宝が中心に語られ、それにまつわる呪文が真言によって理解されている。神武天皇の項目では、即位の日に初めて八柱の神霊を祀ったこと、それにより国家が治まったことが述べられる。なお、近世の版本など（C系本）では本巻を巻首に置いており、これにより『天地麗気記』が全体の総題とされることもある。

《キーワード》法中の大毘盧遮那仏[31]・光明大梵天王・尸棄大梵天王[89]・皐孫杵独王[148]・御余宝十種神財[165]

【書下し文】

天地麗気記《カミツカタシモツカタウルハシキイキトウリヲキス》[(1)]

天神七葉《カミツカタカケリマシマスナヽハ》ハ[(2)]、過去ノ七仏[(3)]転ジテ天ノ七星ト呈《アラ》ハル[(4)]。地神五葉《シモツカタニカケリマスイツヽハ》ハ[(5)]、現在ノ四仏[(6)]に舎那ヲ加増《クハ》ヘテ五仏ト為《な》り[(7)]、化シテ[(8)]地ノ五行神[(9)]ト成《な》る。十六葉の大神[(10)]を供奉する大小の尊神は、賢劫の十六尊也[(11)]。憶《ここ》に昔《むかシ》、因地ニ在りて[(12)]、菩薩道を行じタマひし時、千《チタヒ》を生《アレマ》シテ万《モヽタヒ》を生ス[(13)]。百葉《ももは》より百世《モヽよ》を[(14)]重ね、千々《ちち》ニ亘りテ国を守る神に坐《ましま》ス[(15)]。下々しテ[(16)]中神仁王《ナカツミタマオホキミ》ヲ[(17)]守ル。神財の戦具[(18)]は、十種《とくさ》の玉神鏡神本霊《みたまのみたまのみたまのみことのもとのみたま》[(19)]、本《ハシ》メテ覚《サト》レバ[(20)]、天国《あまツクニ》ノ璽《シルシ》・地神《クニツカミ》ノ印《シルシ》[(21)]、百宝《モヽタカラ》千《チ》宝は、百大僧祇劫[(22)]の劫数にして無量無数劫も変らず常住にシテ[(23)]、三種ノ神物[(24)]は、我が五世の時ニ余《アマ》レル置《コトナ》シ[(25)]。是を以て尊重《ミコトヽヲモ》ク為シテ、相並びテ崇敬《アカメウヤマ》イ奉るべき本《モト》ノ御霊《ミタマ》ハ[(26)]、金色の如意

【現代語訳】

天地麗気記

天神七代は過去七仏であり、転じて天体の北斗七星として現われる。地神五代は現在劫の四仏に毘盧遮那仏を加えた五仏のことで、変化して地上の五行の神となった。これら十六の大神を供奉する大小の尊神は、現在劫の十六尊である。思うに昔、仏道修行の段階にあって菩薩行を行じていた時、一千回も一万回も生まれ変わった。だから、昔から百世に百世を重ね、これからも千の千倍に亘って国を守る神なのである。それが降臨して中神仁王である代々の天皇を守っている。神宝の武器、十種類の玉や鏡などの神霊は、もともと覚っているので、天つ国の御璽、地神の印として、その無数の宝は、永劫の時間の中でも変わらず常住し、三種の神器が我ら地神五代の世にもなお存在している。そうであるから、尊《みこと》として尊重し、並べて崇敬すべき本来の御霊は、金色の如意宝珠であり、浄菩提心の宝珠である。これは国常立尊の魂であり、

宝珠[27]、浄菩提心の宝珠ト為《ナ》ル[28]。是《これ》、国常立尊《クニトコタチノミコト》ノ心神《ミタマノミタマ》[29]ニテ、本有《ほんぬ》ノ満字ノ御形文[30]也。法中の大毘盧遮那仏[31]なり。此の仏の生身の所《みもと》に[32]、五百の執金剛神[33]、左右に侍立して、常恒三世[34]に衛護す。此の五百の執金剛神、各《おのおの》五百の金剛神有り。

各《おのおの》《ハサラヒリ》〈伐折羅[35]〉・《ラ》〈螺[36]〉・《キタラ》〈白杖[37]〉・《タランシャハシャケイ》〈無量般若篋[38]〉・《タランシャシンタマニ》〈無量真陀摩尼[39]〉・《タランシャヒリユシャシキタラ》〈無量百僧祇戦具[40]〉・《タランシャマニマニマカマニ》〈無量摩尼摩尼摩訶摩尼[41]〉・《タランシャレイレイ》〈無量鳴物[42]〉等を持し、重々の層縷《ソウロウ》[43]・重々の堺内・重々の堺外[44]に、外仙番々[45]に之を守り、星宿夜々《よよ》に、之に坐《ましま》す。　精進《しょうじん》の仁《ヒト》ニ福ヲ付せしめ、穢悪《えお》の者には罰ヲ蒙らしむ[46]。是ヲ神《ミタマ》ノ神《ミコト》ト名づく[47]。亦、天地鏡[48]ト名づけ、或いは辟鬼神《へききしん》[49]と名づく。

国狭槌尊《クニサツチノミコト》〈毘盧遮那仏[50]〉

豊斟渟尊《トヨクムヌノミコト》〈盧舎那仏[51]〉

本有にして円満なる御形である。法界の中の大毘盧遮那仏である。この仏が生身としてこの世界に姿を現わすと、まわりに五百の執金剛神がいて、過去・現在・未来に亘っていつも護衛している。この五百の執金剛神には、それぞれに五百の金剛神がいる。

　これらの神は皆、伐折羅・螺・白杖・無数の般若篋・無数の真陀摩尼・無数の戦具・無数の摩尼摩尼摩訶摩尼・無数の鳴物などを持っている。大毘盧遮那仏が住む荘厳な宮殿と三界の内外を幾重にも、神々が代わる代わる守護し、星も輝く夜もずっといるのである。それらは、精進している人には福を、穢悪の人には罰を与えている。これを「神の神」と名付け、また天地鏡と名付け、あるいは辟鬼神と名付けるのである。

国狭槌尊〈毘盧遮那仏〉

豊斟渟尊〈盧舎那仏〉

此ノ二神《フタハシラノミコト》、天《アメ》ニ浮リ地《クニ》ニ跡《クタ》リテ[52]、報応の二身[53]、青黒二色ノ宝珠[54]也。青色は衆生《しゅじょう》果報《かほう》の宝珠[55]、黒色は無明《むみょう》調伏《ちょうぶく》の宝珠[56]なり。三神《ミハシラノカミイマ》す[57]。葉木国《ハコクニ》漂蕩《タヽヨ》エリ[58]。状貌《カタチ》、鶏子《トリノコ》ノ如シ。漸々《ヤウヤク》[59]万《モヽタヒ》々《チタヒヨロツタヒ》ノ時《トキ》[60]、一十々々《ムカシイマハシメイマ》ノ時《トキ》[61]、化生《ナリイカル》の神有《カミイマ》ス[62]。浮経《フツ》[63]ニ乗ル。此の浮経は葦《あし》の葉ナリ。今、独股《とっこ》金剛也。此の国は、独股金剛の上ニ生《アレマ》ス、卜古《とっこ》ト成りテ大日本州《オホヤマトノクニ》ト成る[64]。此の玉の人を罰する時ハ横に成りて[65]、許す時は下に臥せり[66]。失ふ時ハ之を立てり[67]。本図を以て意を得べし[68]。

泥土煮尊《ウヒチニノミコト》〈毘婆尸如来〉[69]　沙土煮尊《スヒチニノ》〈尸棄如来〉
大苫辺尊《オホトンヘノ》〈毘葉羅如来〉[70]　大戸之道尊《オホトノチノ》〈狗留孫如来〉
面足尊《オモタルタノ》〈狗那含牟尼如来〉　大富道尊《オホトンチノ》〈釈迦牟尼如来〉
惶根尊《カシコネノ》〈弥勒如来〉

伊弉諾尊《イヒナキノ》は金剛界、俗体男形。馬鳴《めみょう》菩薩の如し[71]。白馬に乗りて、手に斤《はかり》を持して[72]、一切衆生の善

この二神は天上に浮かび、地上に降り立ったが、それぞれ仏の報身・応身の二身にあたり、青色と黒色二顆の宝珠である。青色は衆生に果報を与える宝珠、黒色は無明を打ち払う宝珠である。以上三神がいる葉木国が漂っている、その様子は、まるで鶏卵のようであった。それからずっと長い間、昔も今も、現れ出た神がいて、細長い剣の刃のような形のものに乗っている。それは葦の葉であり、今の独鈷杵である。この国はその独鈷杵の上に生じた。独鈷となってから、大日本国となったのである。この玉は人を罰する時は横になり、人を許す時は下に向き、失う時は立つのである。図を見れば理解できるだろう。

泥土煮尊〈毘婆尸如来〉　沙土煮尊〈尸棄如来〉
大苫邊尊〈毘葉羅如来〉　大戸之道尊〈狗留孫如来〉
面足尊〈狗那含牟尼如来〉　大富道尊〈釈迦牟尼如来〉
惶根尊〈弥勒如来〉

伊弉諾尊は金剛界にあたり、その姿は俗体で男性である。馬鳴菩薩のように白馬に乗って、手には秤を持っている。そ

悪、之を量る。伊弉冉尊《イサナミノ》は胎蔵界、俗体女形。但し阿梨樹王(73)の如し。荷葉《かよう》に乗り、説法利生す(74)。唯、釈迦如来の如くして、権《カリ》ニ百千《モヽタヒチタヒ》の山川ニ亘《ミユキ》ス。実位ハ大日本国金剛宝山ニ(75)両宮心柱《しんノミハシラ》ノ上《ウエ》ニ化座《ナリイテマシ》マス(76)。周遍法界ノ深理ヲ説きタマフ。

側《ほのか》ニ聞ク(77)、本在ヨリ以降(78)、二界遍照の如来は(79)幽契《ミトノマクハイシ》為テ所産《アレマ》ス(80)、一女三男あり。一女は天照皇大神(81)、地神ノ始ノ玉《ミタマ》ノ霊《みたま》、霊鏡《ミタマシイ》(82)大日霊貴《オホヒルメノムチ》ハ、端厳美麗《ヒレイ》ニ坐《ましま》ス。下転神変シテ、向下随順ス(83)。此の時、御気都神《ミケトノカミ》(84)と尸棄光明《しきこうみよう》天女ト(85)同じ会《ふすま》の中ニ交《ちぎ》りて(86)、上下ノ法性ヲ立テ(87)、下々来々し給ふ(88)。

光明大梵天王・尸棄大梵天王(89)、一体無二ノ誓願シテ掌ヲ合はす(90)。上ニ在る時ハ功徳無上ナリ(91)。下に化する時ハ功徳無等々ナリ(92)。神宝日出づるの

の秤で一切衆生の善悪を量るのである。

伊弉冉尊は胎蔵界にあたり、その姿は俗体で女性である。阿梨樹王のように蓮の葉に乗って、法を説き衆生を利益しているのである。まるで釈迦如来のように、仮の姿は百千の山川をめぐって行くが、実体は大日本国金剛宝山にいて、内外両宮の心柱の上にいて、大日如来の功徳があまねく行き渡るよう深遠な真理を説いているのである。

また聞くところによると、それから、胎金両界の大日如来である伊弉諾・伊弉冉の二神が交合をして、一女三男を産んだ。一女とは天照皇大神である。地神の始めの玉霊であり、霊鏡である大日孁貴は、端厳にして美麗である。この世で衆生を教化するために姿を変えて、天上から降りて、この地上世界へ順応しているのである。今、御気都神と尸棄光明天女である天照大神とが同じ布団の中で交合して、上下の法性を立て、衆生のためこの世界に降りて来ているのである。

光明大梵天王と尸棄大梵天王は、一体無二の誓願して手を合わせた。天上にある時、功徳がこの上なく、下界に現われた時、それは比べようもなかった。神宝が光り輝いて現れた

時(93)、二神《フタハシラ》ノ大神《オホンカミ》(94)、予結幽契《ミトノマクハイ》シテ(95)、永ク天下《あめのした》を治《ヲサ》メタマフ(96)。言宣《ミコトノリシテノタマハク》(97)、肆《マコト》ニ或いは日と為《な》り月と為《な》り(98)、永《ナカ》ク懸《ハルカ》ニ大空《オホソラ》ニシテ落ちず(99)。一四天下《ケ》ト無量ノ梵摩尼殿トヲ照シテ以降《コノカタ》(100)、正覚正知ヲ建テ、真如ノ智ヲ成シテ、三界を建立ス(101)。時に、清陽ヲ以ては天と為《な》し、重濁を以ては地と為《な》す(102)。和曜《ヤハラカニカヽヤク》ト一二定《アメツチサタマ》りテ後(103)、天を以て神と為し地を以て仁《ひと》と為す。百億万劫ノ間(104)に、九山八海(105)ニ主無き時、第六天の伊舎那魔化修羅《いしゃなまけいしゅら》(106)・毘遮那魔醯修羅《びしゃなまけいしゅら》(107)、鳴動忿怒シテ、天下ニ魂《カケルモノ》無し(108)。此ノ時、遍照三明の月天子《がってんし》(109)下《くだ》りテ、堅牢地神(110)ト成る。国ヲ平《タイラ》ゲント思食《ヲホシメ》ス事《コト》、八十万劫ノ其ノ後《のチ》、瑠璃の平地に業塵《ごうじん》を聚《あつ》めテ五色《ごしき》ノ地ヲ生ジテ(111)、漸《ようや》ク草木生ジ、花指《ヒラ》ケ、真菓《コノミ》ヲ成す(112)。菓《ミ》落チ種子《タネ》ト成ル(113)。種子変《カハ》りテ有情《うじょう》と成る(114)。有情の中に凡聖《ぼんしょう》(115)有り。元初の一念(116)ニ依りて凡聖ヲ分かツ。遍照三明の日天子《にってんし》ト現《アラ》ハレテ(117)、八葉の蓮華(118)を開敷ス。是ヲ大空無相の日輪(119)ト名

時、二柱の大神が交合して、永く天下を治めることにした。その時に宣言して、「我々は日と月になって、永い間大空にあって、落ちないことにしよう。」といった。そして地上世界と無数にある梵天の住む宮殿とを照してから、正しい覚りと正しい知識をうちたて、真の智慧を完成して、三界を造った。この時、澄んで明らかなものを天とし、淀み濁ったものを地とした。そして柔らかに輝くものと天地とが定まってから、天を神とし地を人とした。それから百億万劫もの長い間、須弥山を中心とする森羅万象の世界に主宰者がいなかった時、第六天の伊舎那魔化修羅と毘遮那魔醯修羅は、天地を震わせ怒っており、世界には生命が存在しなかった。この時、照り輝く月天子が地上世界に降り来たって、堅牢地神となった。そして、地上世界を平定しようと八十万劫もの長い間、お思いになっていた。その後、瑠璃のように平かな地に様々な塵を集めて、色々な土地を生み出した。そしてようやく草木が生え、花が咲き、果実が実った。その果実は落ちて種となり、その種は変化して生き物となった。その生き物の中に凡なるもの、聖なるものの別があった。それぞれの生き物が

づけ、是ヲ如々《にょにょ》安楽の地[120]と名づけ、亦ハ大光明心殿[121]と名づけ、亦は法性心殿[122]と名づけ、亦は伊勢二所両宮の正殿と名づくる者《もの》也。自性の大三昧《さま》耶《や》大梵宮殿[123]ノ表文也。

伊弉諾・伊弉冉二神の尊[124]、左の手ニ金鏡ヲ持ちて陰《メカミ》ヲ生《アレマ》ス[125]。右の手に銀鏡ヲ[126]持ちて陽《ヲカミ》ヲ生《アレマ》ス。名《ミナ》ヲ[127]日天子・月天子ト曰《もう》す。是、一切衆生の眼目《カンホク》ト坐《ナリマシマ》ス。故ニ、一切の火気、変じて日と成《な》り、一切の水気、変ジテ月と成る。三界ヲ建立するルハ日月是也。時に、瀛都鏡《ヲキツカヽミ》・辺都鏡《マエツカヽミ》[128]ヲ以て、国《クニノ》璽尊霊《シルシノミコトノミタマ》[129]ト為《な》して、日神・月神の自ラ天宮《あめノみや》ニ送《ヲクリアケ》テ、六合《アメノシタ》[130]ヲ照らし給《たま》フ。

正哉《マサヤ》吾勝々速日《ワレカツカツハヤヒ》天忍穂耳尊《アマノヲシホミヽノミコト》[131]

天照大神、八坂瓊曲玉《やサカニノマカタマ》[132]ヲ捧げて、大八州《オホヤシマ》[133]ニおいて本霊鏡《モトノミタマノミタマ》[134]ト為《な》ス。火珠所成の神《ミタマ》[135]也。

生まれた時の最初の一念によって、凡と聖に分かれてしまった。それから、照り輝く日天子が姿を現わし、八葉の蓮華を敷き広げた。そして、これを大空無相の日輪と名付け、また如如安楽の地と名付け、また大光明心殿と名付け、また法性心殿と名付け、また伊勢内外両宮の正殿と名付けたのである。そしてそれは自性大三昧耶大梵宮殿を表わす形なのである。

伊弉諾・伊弉冉の二神は、左の手に金鏡を持ち陰神を生み、右の手に銀鏡を持ち陽神を生んだ。名づけて日天子・月天子という。これは、一切衆生を見守る両眼である。故に、一切の火気は変じて日となり、一切の水気は変じて月となった。世界を形成するのは、まさにこの日と月である。時に、瀛都鏡・辺都鏡を国の神璽として、日神・月神は自ら天宮に上り、天下をお照らしになっている。

正哉吾勝勝速日天忍穂耳尊

天照大神が八坂瓊曲玉を捧げて生まれた神である。大八洲において、根本の霊鏡とした。火珠によりできた神である。

天津《アマツ》彦々《ヒコヒコ》火《ホ》瓊々《ニニ》杵尊《キノミコト》(136)

天照大神の太子《ヒツキノミコ》、正哉吾勝々速日天忍穂耳尊、天皇天御中主神《アメノミヲヤアマノミナカヌシノミコト》(137)ノ太子《ヒツキノミコ》、高皇産霊皇《タカミムスヒノミコトスヘラ》帝《ミコト》(138)ノ女《ミムスメ》、栲幡豊秋津姫命《タクハタトヨアキツヒメノミコト》ヲ娶りテ、天津彦々火瓊々杵尊を生ス《アレマ》。高皇産霊尊と謂《もう》すは、豊葦原中津水穂国ノ主玉《スヘラミコト》と為《な》る光明天子(139)也。

爾時《イマシ》(140)、八十《ヤソ》柱《ハシラ》諸神《モロカンタチ》曰《ノタマ》ハク(141)、中国《なかつくに》ハ初契《ハシメ》(142)、天下ノ尊《ミコト》ニ主無《キミナカ》ランヤ(143)。冥応ニ非ずバ(144)、之を治《ヲサ》ムルコト(145)能《アタ》ハジ。誰ノ神乎《ミコトヲヤ》(146)。神達曰はク(147)「皇《スヘ》孫《ミマノ》杵《コ》独王《トクノミコト》(148)也。以て此の大神ヲ尊《ミコト》トすベシ(149)。皇孫尊(150)、中国《なかつくに》の皇《ミコト》ト(151)為《な》シテ、三十三天の諸魔軍障(152)ヲ去《さ》リタマハンガ為《ため》ニ、称《申》ス所《トコロ》ノ玄龍車(153)、真床之縁錦衾《マトコノウエノフスマヲキセマツテ》(154)・八尺流大鏡《ヤサカニノミタマ》(155)、亦、玉宝《ミタカラノ》鈴《スヽ》(156)・草薙《くさなぎ》の八握剣《やつかのつるぎ》ヲ(157)追《モ》テ(158)、之を寿《ヒタ》シテ曰《ノタマ》ハク(159)、嗟呼《アあ》(160)、汝杵《いまシみこと》、吾寿《カレヒタシ》を敬承《ウヤマイウケ》テ(161)、手《ミテ》ニ流鈴ヲ抱《と》リて(162)、無窮無念(163)ニシテ以御《マシマ》シテ、爾《イマシ》ガ祖《ミヲヤ》、吾《ヤツカレ》ガ鏡中《ミタマノナカ》ニ在《アラ》ハレマサン(164)。

天津彦々火瓊々杵尊

天照大神の太子、正哉吾勝々速日天忍穂耳尊が、天皇天御中主神の太子、高皇産霊皇帝の女である栲幡豊秋津姫命を娶って、天津彦々火瓊々杵尊を生んだ。高皇産霊尊というのは、豊葦原中津瑞穂国の主玉である光明天子である。

その時に、大勢の神々が「この中つ国には、最初に天の下を治めるような尊である主はいないのだろうか。我々高天原の神々が認めなければ治められない。いったいどの神にしたらよいだろう。」といった。すると、神々が「皇孫である杵独王がいる。この大神を尊とすべきだ。」といった。そこで、皇孫尊を中つ国の皇として、三十三天の諸摩の軍障を除き去るために、いわゆるマトコオフスマを着せて、八尺流大鏡・玉宝鈴・草薙八握剣を授けて、天津彦々火瓊々杵尊を祝って「おお、おまえ杵独王よ。謹んで祝福を受けよ。代々伝えられるべき鈴を手にとり、無窮無念の境地になれば、おまえの先祖である私は鏡の中に在るだろう。」といった。

御余宝《ミヨタカラノ》十種《トクサノ》神財《かんだから》は、[165]
瀛都鏡《ヲキツカヽミ》[166]一面〔天字[167]、五輪形[168]。豊受皇大神[169]。〕
辺都鏡《マヱツカヽミ》[170]一面〔地字[171]、円形にして外縁は八咫《やた》の形[172]。天照皇大神。〕
八握剣《ヤツカノツルキ》一柄[173]〔天村雲剣《あめのむらぐものつるぎ》[174]は草薙剣《くさなぎのつるぎ》。八葉形を表す[175]。〕
生玉《イキタマ》[176]一〈如意宝珠[177]、火珠[178]。〉
死玉《シニタマ》[179]一〈如意宝珠、水珠[180]。〉
足玉《たりたま》[181]一〈文の上の字を表す[182]。〉
道反玉《ヲヽウラノ》[183]一〈文の下の字を表す[184]。〉
蛇比礼《シャノひれ》[185]一枚〈木綿《ゆう》[186]の本源、白色、中の字を表す[187]。〉
蜂比礼《ハチノひれ》[188]一枚〈一の字を表す[189]。〉
品物比礼《シナヽヽノモノヽひれ》一《ひとつ》[190]〈宝冠[191]。〉
是の如き十種の神財は[192]、一切衆生《モロヽヽノアラヒトクサ》ノ為ニ、之を受与《サツケアタ》フ。眼精ヲ守るガ如くスベシ。魂魄二無くして、一心の玉《ミタマ》生《アレマ》シテ、平等不二ノ妙文也[193]。

残りの十種類の神の財宝とは、以下の通りである。
瀛都鏡一面〔天の字の形。五輪のような形である。豊受皇大神の御神体である。〕
辺都鏡一面〔地の字の形。内部は円形で外縁は八稜形である。天照皇大神の御神体である。〕
八握剣一柄〔天村雲剣・草薙剣ともいう。八葉形を表現する。〕
生玉一〈如意宝珠の形。火珠である。〉
死玉一〈如意宝珠の形。水珠である。〉
足玉一〈文様は上という字を表わす。〉
道反玉一〈文様は下という字を表わす。〉
蛇比礼一枚〈「ゆう」の本源で白色である。中という字を表わす。〉
蜂比礼一枚〈一という字を表わす。〉
品物比礼一〈宝冠である。〉
これら十種の神財は、一切衆生のために受与するのである。目や瞳を守るように大切にすべきである。魂と魄は別なものではなく、一つの心の玉から生じ、平等不二の玄妙なる文様

一二三四五六七八九十は、[194]一切衆生の父母、天神地祇の宝也。[195]亦ハ、波瑠布由良々々《ハルヘユラゆら》、而布瑠部由良々々《ニフルヘユラゆら》、由良止布理部《ユラトフレヘ》。[196]金剛宝山の呪也。[197]法の中には、縛日羅駄都鑁《ばざらだとばん》、阿尾羅吽欠《あびらうんけん》、阿縛羅佉々《あばらかきや》。[198]

波瑠布由良々々

而布瑠部由良

由良止布瑠部

天照皇大神、宝鏡を持して祝《ホ》ギテ宣《ノタマ》ハク。[199]「吾　児《やつかレガミコ》、此ノ宝鏡ヲ視《ミソナ》ハシメテ、[200]当猶視吾《ワカカタシロトテ》、[201]与《とも》に床《ユカ》ヲ同《ヲナ》ジク殿《みあらか》ニ共《ナラ》ベテ、[202]以て、斎鏡と為《タテマツ》ルベシ。[203]宝祚《アマノヒツキ》ノ隆《サカ》ヘシホド、[204]当《まさ》ニ天壌　窮《アメツチキハマルコト》無《ナ》ク与《シラ》スベシ。[205]」則ち八坂瓊曲玉《やさかにのまがたま》及び八咫鏡《やたのかがみ》・

である。

「一二三四五六七八九十」という唱えごとは、一切衆生の父母であり、天神地祇の宝でもある。また「ハルヘユラユラ　ニフルヘユラユラ　ユラトフルヘ」という唱えごとは、金剛宝山の呪である。仏法では「バザラダトバン　アビラウンケン　アバラカキャ」に当たる。

「アバラカキャ」は、「ハルヘユラユラ」に対応する。

「アビラウンケン」は、「ニフルヘユラユラ」に対応する。

「バザラダトバン」は、「ユラトフルヘ」に対応する。

天照皇大神が、宝鏡を持って言祝《ことほ》いで言った。「吾が児（ホノニニギ）よ、この宝鏡を視るときは、まさに、この私を視ているように視なさい。そして、おまえの寝床と同じ建物の中に安置して、神聖な鏡として祀りなさい。そうすれば、天皇の位が隆盛し、天地のように終わりがなくなるであろう。」

草薙剣《くさなぎのつるぎ》の三《み》種神財《くさのかむだから》(206)ヲ授けテ、永《ヒタスラ》ニ天璽《あめノシルシ》ト地玉《くにのみたま》と為《な》しテ(207)、天ト言はず、地と言はず(208)、永劫より、永劫に至るまで変はらず(209)。八坂瓊之勾玉《クセたま》(210)及び白銅鏡《ますみのかがみ》(211)ヲ荷肩《ニナ》ひテ(212)、山川海原《ワタノハラ》ニ行《ミユキ》ストモ(213)、草薙剣《みつるぎ》を腰ニ挿《ハサ》ミ、悪事《まがごと》を平《たいら》ぐ(214)。天児屋根命《あめのこやねのみこと》(215)を呼びて、持《モ》ツ所ノ金剛宝柱ノ中ニ色葉文《イロハノもん》ヲ誦《じゅ》しテ(216)、浄事を為《な》し(217)、元の如く成《な》さしめ給へと伏して乞ふ(218)。

彦火々出見尊《ヒコホホイテミノ》(219)

天津彦々火瓊々杵尊《アマツヒコヒコホニニキノ》の第二の王子。母《イロハ》ハ木花開《コノハナサク》耶姫《ヤノヒメ》(220)、大山祇神《オホヤマツミノミコト》(221)ノ女《ムスメ》也。上奉物《ワタシタテマツルモノ》、左の如し(222)。

彦波瀲武鸕草葺不合尊《ヒコナキサタケウカヤフキアハセスノ》(223)

彦火々出見尊《ひこほほでみ》の太子《ヒツキノミコ》。母《イロハ》は豊玉姫《トヨタマヒメ》、海童《ワタツミ》ノ二《ふた》女《むすめ》(224)也。渡《ワタ》シ奉ること左の如し。

凡そ天照太神、天地大冥《あめつちオホカスメ》ノ時(225)、日月星辰ノ像《かたち》ヲ現はしテ、虚空ノ代《ナカ》ヲ照らして(226)、神足、地を

そう言って、八坂瓊曲玉と八咫鏡と草薙剣からなる三種の神器を授けて、皇位の象徴として、天上と地上の両方において永遠に変わらないのである。（ホノニニギは）肩に八坂瓊勾玉や白銅鏡をかつぎ、草薙剣を腰に挿して山にも海にも出て行き、悪事を平定していったのである。そして天児屋根命を呼んで、所持していた金剛宝柱に向かって祓詞を唱えさせて、解除（祓）を行なわせ、本来あるべき秩序ある状態にお戻しくださるようにと祈誓したのである。

彦火々出見尊

天津彦々火瓊々杵尊の第二の王子。母は木花開耶姫、大山祇神の女である。三種の神器を継承し、前代と同様に皇位を受けた。

彦波瀲武鸕鷀草葺不合尊

彦火々出見尊の太子。母は豊玉姫、海童の二女である。三種の神器を継承し、前代と同様に皇位を受けた。

およそ天照大神は、天地が暗黒であった時に、日・月・星々を出現させて、何もなかった時代に光を照らし、地上

履《ふ》みテ[227]天瓊戈《アマノトホコ》ヲ[228]豊葦原中国《とよあしはらなかつくに》[229]ニ興《タ》テテ、上に去り下に来たりて六合《あめのした》を鑒《テラ》シ[230]、天原《あまのはら》ヲ治《シロシメ》シテ天《アマ》を耀かスこと紱《おびただ》し[231]。皇孫杵独王《スヘマココトクおう》[232]、人寿八万歳の時[233]、筑紫日向高千穂《たかちほ》の槵触《くしふる》の峯に天《あま》降坐《くだりましま》してより以降《このかた》[234]、彦波瀲武鸕鶿草葺不合尊の終年に至る迄《まで》、三主《みはしらノキミ》[235]、百七十九万二千四百七十六歳を治《シロシメ》ス也。

凡そ神[236]、陰陽太神《メノコヲノコオホカンタチ》等《ラ》ハ[237]五大龍王・百大龍王[238]の上首に坐《ましま》ス。面貌《かたち》[239]は天帝釈梵王[240]ノ如シ。〔以下、別記[241]に在り。〕

日本磐余彦天皇《ヤマトイハヨヒコスヘラミコト》[242]

彦波瀲武鸕草葺不合尊《ひこなぎさたけうがやふきあへずのみこと》の第四子也。母《イロハ》は玉依姫と曰ふ。海童《わたつみ》の大女《おほむすめ》[243]也。日本の人皇の始《ハシメ》[244]、天照太神五代の孫《ミマコ》也。庚午の歳誕生《みあれ》ます[245]と云々。

天皇《スヘラミコト》、草創《ハシメ》テ天基《アマツヒツキ》ノ日[246]、皇天《ミヲヤ》の厳命《ミコトノリ》ニ任

に降り立たち、その足で初めて地面を踏んだのである。そして天瓊戈を豊葦原中国に建て、天上と地上を上り下りしながら、全世界を鏡にてらして、高天原を統治して、おびただしいほどの光で耀かせたのである。皇孫杵独王が、人の寿命で八万歳の時、筑紫日向高千穂槵触の峯に天降ってから、彦波瀲武鸕鶿草葺不合尊の時代の終わり至るまで、三神の統治した年数は、白七十九万二千四百七十六年に及ぶ。

およそ神、陰陽の大神たちは、仏典に説かれる五大龍王や百大龍王の上席におられる。その顔容は帝釈天・梵天のようである。〔以下のことは、別記に在る。〕

日本磐余彦天皇

彦波瀲武鸕鶿草葺不合尊の第四子。母は玉依姫と言う。海童《わたつみ》の長女。日本の人皇の始めで、天照大神から五代目の孫である。庚午の歳に生まれたということである。

天皇が皇位についた日に、皇祖の厳命によって八柱の霊

せテ、[247]八柱ノ霊神《ミタマノミコト》ノ式《ヨソヲイ》ヲ斎《イツキタテマツ》りテ、[248]鎮《トコシナヘ》ニ御魂神《ミタマノミコト》ノ為《ため》ニ、[249]以来《このかた》、上《おもて》は則ち乾霊《アメノミタマ》ノ授く国《クニ》ノ徳ヲ合《アツ》メテ、[250]下《うら》は則ち皇孫の養正《ヒタシマツル》の心《ミコヽロ》ヲ弘む。[251]是《コレ》、神ノ一徳[252]は四海に益《マスヽ》満《フカ》シ、[253]和光ノ影《カケ》[254]は普《アマネ》く八州《やシマ》ニ浮かびテ、[255]能く君臣ヲ赦《タス》く。[256]上下悉《ことごと》く八苦ノ煩悩ヲ除き、[257]天壌《あめノミチキハマルコト》窮無く、[258]日月長久にシテ、夜守《ヨルノマホリ》、日護《ヒルノマホリ》、愐幸《メンカウ》ニシテ生坐《アレマスモノ》ヲヤ。[259]誓《クシヒ》シテ言《ノタマ》ハク[260]「孔《ハヤ》く照《テラ》シタマへ。[261]」故《かれ》八百万《やおヨロツ》ノ神等《カンタチ》ノ中ニ、八柱ノ御魂神《ミタマノミコト》ヲ以テ天皇の玉体《ミタマノスカタ》ト為《な》し、[262]春秋ノ二季斎祭《イツキマツリタテマツ》ルベシ。[263]惟《これ》、魂《ミタマ》ノ元気《ハジメノキ》也。[264]清気、[265]上《ノホ》リ斎《イツ》クヲ天神ト為《な》シ、濁気《キ》、沈《シツ》ミ下《クタ》ルヲ地祇ト為《な》ス。[266]清濁ノ気《キ》、通ジテ陰陽ト為《な》り、[267]五行と為《な》りテ、陰陽、共ニ万物ノ類ヲ生ズ。[268]是《これ》、水火ノ精[269]也。陽気、因ヲ生ジテ、[270]以て魂ヲ名づけて心ト為《な》す。故ニ、安静を以て命ト為《な》す。[271]是、道の本《ハシメ》也。神《ミタマ》、故《カレ》ヲ神魂ト名づくる也。[272]陰気、意と為り、性と為る。[273]故《かレ》

神を祀り、永遠にその「御魂神《みこと》」を鎮めてから、上に対しては皇祖が国を授けた徳にかない、下に対しては皇孫の正しさを養う心を弘めた。その結果、神の純粋な徳はますます四海に満ち、そのやわらかな光はあまねく国中に及んで、よく君臣を助ける。天上も地上も悉く八苦の煩悩を除かれ、天地は窮まり無く、日月は永遠で、夜も昼も守護し、恵みや幸せが生じている。天皇は誓って言った。「大変輝かしい。」これが、八百万の神等のうち、八柱の「御魂神」を天皇の玉体のために、春と秋の二季にお祀りする由縁である。これは魂の元初となる気である。清気が上り清まって天神となり、濁気が沈み下って地祇となった。清濁の気が交わって陰陽となり五行となった。陰と陽の二つが合わさって万物を生じた。陰陽のそれぞれは水と火の本質である。陽気がもととなって生じたものを、「魂」と名づけ、「心」とするのである。だから安静であることが求められるのである。これが道の本源である。そこでこれを「神魂」と名づけるのである。一方、陰気は「意」となり「性」となる。そこでこれを「精魄」と名づける。であるから、八

ヲ精魄ト名づくる也(274)。故ニ、八斎神ノ霊《ミタマ》(275)ヲ祭《イツキマツ》ル。則《すなは》ち(276)世間の苦楽は皆《みナ》是、自在ナリ(277)。天神の作用(278)、広大慈悲ノ八心(279)ナリ。即《すなは》チ生ヲ続《ツ》グの相(280)、真実にシテ畏《ヲソレ》無《ナ》キヲヤ(281)。太元《カミノミヲヤノ》神《ミコト》の地に鎮坐し(282)、湯津石村《ユツイハムラ》(283)の如き長生不死ノ神慮なり(284)。謹請再拝シテ(285)、国家幸甚々々(286)。

天地麗気記(287)

斎の神霊を祀れば、世間の苦楽は、皆、思い通りになる。天神のはたらきは、広大に慈悲深く、八心の様に成長していくのである。つまり、その牛命が流転していく様相は、真実であり畏れることは無い。（御魂の神となった八柱の神は）太元の神のいる所に鎮座した。これが陽津石村《ゆついわむら》のように長生不死をもたらす神慮である。謹請再拝、国家幸甚々々。

天地麗気記

【註釈】

(1) 天　地　麗　気　記《カミツカタシモツカタウルハシキイキトウリヲキス》＝左・世左・宝左［神仏仏神ウルハシキコトヲキス］、朱・守左［カミニモシモニモウルワシキヲモムキオシルス］、国・宮左・天左［神仏仏神］、国左［アマツカミクニツカミウルワシキイキシルス］、府［カミツカミシモツカミウルハシキイキトヲリヲシルス］、府左［神仏アマツカミ仏神クンツカミウルワシキコトヲしるす］。『制作抄』［カミツカタシモツカタウルハシキイキトホリヲキス］と訓み「神仏ウルハシキ事」と記す。『私鈔』は「カミツカタシモツカタウルハシキイキトトヲリヲシルス。天ハ神。地ハ仁ナリ」と記す。

「天地麗気」という標題を「神仏仏神」と訓むことについて、『聞書』に、

一、天地ヲ神仏ト注スル事。神ハ幽玄微妙形故ニ、彼ヲ以テ之ヲ類スト云々。地ハ顕相兼曠ノ故ニ、仏ヲ以テ之ヲ類スル也。麗ヲ仏ト名ヅクル事、神仏同ナルベケレドモ、先ヅ利益衆生ノ義、イツクシミ顕シ給フト云フ意也。気ヲ神ト注スル事、或書ニ云ハク、天地二気ヲ受ケ和グル気《イキ》ヲ神ト云フ。是、人道ノ始也。然ラバ、人ノ元《ハシメ》ヲ知ルヲバ神ト云フ也。神ノ元ヲ知ルニ天地也。天地ノ始ヲ知ルヲバ混沌也。混沌ノ所ニ至リヌレバ、凡聖ノ善悪無キ也〈取意文〉。

とある。これによれば、神と仏とは本来同体であるが、「天」は幽玄ですぐれた形相である神、「地」は姿を顕現させた仏、「麗」は衆生を利益する仏、「気」は天地の二気を受けた人道の始めである神、ということになる。「麗気」については、解題「『麗気記』とは何か」、①註1を参照。

(2) 天　神　七葉《カミツカタカケリマシマスナ、ハ》ハ＝朱左［アマツカミノナナヨハ］、国［アメミカミナ、ハ、］、国左［アマワカミノホリマシマス］、守左・宮左［アマツカミナナハ］、天左［カミツカタニカケリマスナナツハ］。『私鈔』「天神カミツカタニカケリマシマス」。

天神七代のこと。ここでは以下に見るように、①国常立尊、②国狭槌尊、③豊斟渟尊、④泥土煮尊・沙土煮尊、⑤大苫辺尊・大戸之道尊、⑥面足尊・大富道尊・惶根尊、⑦伊奘諾尊・伊奘冊尊をあげている。これは『麗気記』②「神天上地下次第」でも同じ。ただし⑥の富道尊は通常とは異なる（→②註43・45）。

なお、本巻における天神七代の記載は、『天地麗気府録』「天神七代次第」に、

夫天神七代、謂二天七星一也、地神五代、謂二方五神一矣、過現未三劫成仏、法報応三身久遠正覚云々、

〈神〉国常立尊《クニトコタチ》〈亦名二常住毘尊一也、無上極尊所化神云々、〉

「（傍書）円已地已阿已」

惟是三世常住妙法身、天神地祇本妙元神也、以二一

（常脱カ）

身一分二七代一、形体顕言為レ陰為レ陽、化二生日神・月神一、説法利生不可思議、不可思議、

〈法〉国狭《サ》立尊〈毘盧舎那仏〉国狭槌《サツチノ》尊

〈仏〉豊斟《トヨウチ》渟尊〈盧舎那仏〉豊香節《サシ》野尊

已上三身謂二即一妙神一也、

埿煮《ウイチニ》尊〈是名二句留尊一也、〉沙土煮《スイチニ》尊〈名二宝蔵摩尼尊一也、〉

大戸《オホト》之道《ユキミチノ》尊〔名二句那含一也、亦龍尊王、〕

大苫《オホウチ》辺《メ》尊〈名二句那含牟尼如来一云々、〉

面足尊〈名二毘波尸仏一也、〉

埋根尊〈名二毘葉羅如来一云々、〉

已上天地分陰陽化生死迷悟祖元也、

伊弉諾《キ》尊〔亦名二天鼓音香仏一云々、〕

伊奘册《ミノ》尊〈亦名二開敷花王仏一云々、〉

伊弉諾尊、是東方善持蔵愛護善通神、本地阿閦、過去五十三仏威音王是尊也、

伊奘册尊者、南方妙法蔵愛鬘《アイマンツ》行識《カウシン》神、五十三仏内伊気《イキ》仏是也、

とあることと対応する。また、『大和葛城宝山記』「神祇」に、

天神上首

天御中主尊〔無宗無上而独能化、故曰二天帝之神一、亦号二天宗廟一、到二天下一則以二三身即一無相宝鏡一崇二神体一、祭二伊勢止由気宮一也、〕

極天祖神

高皇産霊皇帝〔此名二上帝一、是高皇産霊尊者、極天之祖皇帝坐也、故皇王祖師也、〕

大日本州造化神

伊弉諾尊・伊弉册尊〔此一柱尊者、第六天宮主大自在天王坐、爾時、仟二皇天宣一受二天瓊戈一、以二呪術力一加二持山川草木一、能現二種々未曾有事一、往昔大悲願故、而作二日神月神一、照二四天下一矣、昔於二中天一度二衆生一、今在二日本金剛山一、〕

とあり、梵天王の八子で天地人民を生んだ神が天神（別名天帝之祖神）であり、天神上主に天御中主尊、極天祖神に高皇産霊皇帝、大日本州造化神に伊弉諾尊・伊弉册尊をあてている。そして、地神六合大宗に大日孁貴と天津彦々火瓊々杵尊、大和葛上下坐神祇に諾册二柱尊と葛木二上尊・豊布都霊神・大国魂尊・一言主神などを挙げている（↓註5）。

(3) 過去ノ七仏＝朱左「イレハレのナ、モトリシ」、「過去」守左「インシ」、「七仏」守「ナ、モトリシ」。釈迦出世以前の七つの仏。①毘婆尸仏、②尸棄仏、③毘舎浮仏、④拘留孫仏、⑤拘那含牟尼仏、⑥迦葉仏、⑦釈迦牟尼仏。

(4) 転ジテ天ノ七星ト呈《アラ》ハル＝「呈」底・真・世・宮は「星」に作る。守「ウタタシテ天ノ七星トアラハル」。「転」宝左・守左・

天左・府左・宮左〔ハタシテ〕。「呈」国〔アラハシタマフ〕、「星」朱左〔アラハレタマフ〕。「天七星」朱左〔アメノミヤノナ、アマセ〕。

「天七星」は、北斗七星のこと。それぞれ貪狼・巨門・禄存・文曲・廉貞・武曲・破軍と名づく。仏教による北斗法の影響を受けた説明か。なお、天神七代を七星に、地神五代を五行にあてる理解は、いわゆる両部神道系の諸書に散見する。『大和葛城宝山記』に、

星者日気所生、故其字、日与レ生為レ星也、五星者、経津主・磐筒々男神等応変也、〔謂二天神七代神一〕、則天七星、地神五代、則地五行来也、」

とある他、『両宮形文深釈』巻下に「天神七代天七星、地神五代亦言二五行神一也、」とあり、『天地麗気府録』「天神七代次第」（↓註2）に「夫天神七代謂二天七星一也、地神五代謂二方五行神一矣、」とあり、『神祇秘抄』巻上に「所謂天神七代者天之七星、地神五代者地之五行也、」とあり、『日本得名』に「天神七代天七星、地神五代地五行、」とある。また、『神代秘決』「天神地神品第一」に、

日本紀神代秘決弘法大師釈云、天神七代者指二天七星一言也、亦名二過去七仏一也、亦云二七仏薬師一也、能々可レ秘レ之、已上七代畢、

とあり、『同』「天照太神品第二」に「地神五代者指二五行一言也、亦真言五仏也、」とある。

(5) 地神五《シモツカタニカケリマスイツ》葉《ハ》＝朱〔クニノカミノイヨハセハ〕、国・天左・宮〔シモツカタカケリマスイツハ〕、国左〔クニツカミクタリマシマシテ〕、守〔シモツカミカケリマス五葉者〕、守左・宮左〔クニツカミノイツハ者〕、天・府〔シモツカタクタリマシマスイツハ〕、府左〔クニツカミイツハは〕、宮別〔シモツカミミタマ〕。『私鈔』「地神シモツカタニカケリマシマス」。

地神五代のこと。ここでは、①天照大神、②天忍穂耳尊（オシホミミ↓註131）、③火瓊々杵尊（ホノニニギ↓註136）、④彦火々出見尊（ホホデミ↓註219）、⑤鸕芽葺不合尊（ウガヤフキアエズ↓註223）を指す。

なお、本巻における地神五代の記載は、『天地麗気府録』「地神五代次第義」（註77の続き）に、

〈第一〉天照皇大神〔下転神変向下随順、遍照尊《ホニイツルカミ》、天疎《アマサカル》向津《ムカツ》媛命《ヒメノミコト》、幡荻《ハタス、》穂出神《ホニイツルカミ》是也、〕

御気都神与二尸棄光天女天王如来一上化下化名、但上在時、大梵天王功徳無上、下化時、尸棄光天女功徳無等々也、八洲降化現二大日靈貴一、天照皇太神念力熾盛端厳美麗形也、

夫天地開闢之初、神宝日出之時、御饌都神《天生》与二尸棄女《地生》一予結二幽契一、永治二天下一言寿宣、肆或為レ日為レ月永懸二大空一不レ落、照二一四天下一興二無量梵摩尼殿一以降、建二正覚正智一、令レ成二真如平等智一三界建立、于時以二堅淪一為レ地、以二和濯一為レ天、定後、以レ天為レ神、以レ地

為レ神、後百億万劫間、九山八海無レ主之時、第六天魔王伊舎那魔化修羅・毘盧遮那魔醯修羅鳴動忿怒、無二天下魂一、此時遍照三明月天子下成二堅牢地神一、国平思食事八十万劫、其後草木生結レ菓、々落成二種字一、種字変成二有情一、々々中有二凡聖一、依二元初一念一凡聖分、現二遍照三明日天子一、所成如レ是、如二媛鋼銅神一賜二善悪一故、土公・土牢・土堅・土神王、如律令、開二敷八葉蓮花一故、大空無相月輪座、其中有二実相真如月輪一、是為二如々安楽地一、亦名二花蔵世界密厳浄土一、是名二大光明心殿一、亦名二法性心殿一、亦名二伊勢二所両宮正殿一者也、自性《在敷》大三昧耶形大梵宮殿表也、下化有想文義云、伊弉諾・伊弉冉尊持二左手金鏡一陰生、持二右手銀鏡一陽生、名曰二日天子・月天子一、是一切衆生倶生眼目坐也、故一切火気変成レ日、一切水気変成レ月、三界建立日月是也、于時以二瀛都鏡・辺都鏡一為二国璽霊一、而日神・月神自送二于天宮一、而照二六合一給矣、

〈第二〉正哉吾勝々速日天忍穂耳尊

天照大神捧二八坂瓊曲玉於九宮一化生神也、是名二火珠所成神一、常懐二掖下一化生故、名二掖子一也、

〈第三〉天津彦々火瓊々杵尊〔亦名杵独《キトク》王、亦名示法《ツケノリ》神、
亦名愛護《アイコ》神、亦名左天《マコトヲアラハス》神、亦名相殿《タスケミヤノ》神、
亦名皇孫《スメラミマコノ》尊、〕

天照太神太子、正哉吾勝々速日天忍穂耳尊、娶二天皇天御中主神太子高皇産霊皇帝女栲幡豊秋津姫命一、生二天津彦々火瓊々杵尊一、謂二高皇産霊尊一者、極天之祖皇帝也、能令三造化表二於無形一、元尊自謀立二天津彦々火瓊々杵尊一為二葦原中津国王一也、

爾時八十諸神達議曰、中国初業天下無主、非レ応レ命者不レ能レ治レ之、能干之者、其在二誰神一乎、諸神議曰、皇孫杵独王也、尊以為レ然曰、中国《ナカツ》初定二万物有霊所一以二草樹一称レ宮、魔神競扇《ソコカシ》、今以レ杵就レ之為二中国王一、賜二玄龍車《ヲクルマノ》・追真床《マトコ》之縁錦衾《ウヘノキヌノフスマ》・八尺流大鏡《ヤツハナサキノオホツカヽミ》・赤《明ナル》玉《タマ》宝鈴・薙草八握剣《ツカノ》而寿之《コトホキテ》曰、嗟呼汝杵《アヽイマシタマフテウ》敬承《ウケタマヘ》二吾寿手《ホキコトヲミツカラソタヘタル》一抱二流鈴一以御《ヲハシマス》二無窮無念一、爾《イマシ》祖吾在《ワレヲカシツクニ》二鏡中一矣、

爾時御祖天王如来天御中主神極天祖高皇産霊皇、詔授二天璽瑞宝十種於杵独大土一給矣、

〈天〉瀛都《タキト》鏡一面〔是天表《シルシ》字也、五輪形也、天王如来
　宝鏡、豊受皇天神御霊鏡坐、〕

〈大〉辺都《メント》鏡一面〔大表《シルシ》字、円形内輪表《シルシ》也、外輪八
　咫形、大照皇大神霊鏡坐、〕

〈破〉八握剣一面〔天村雲剣、亦名草薙剣是也、五鈷
　形表《アラハス》也、〕

〈魂魄〉生玉一、如意宝珠、謂二火珠一是也、〈心珠、〉
死玉一、如是宝珠、謂二水珠一是也、

〈父〉足玉一、父体形表也、上字示也、
〈母〉道反玉一、母体形表也、下字示也、
生化宝玉、則天王如来摩訶御捧、縛日羅宝玉為二衆生魂魄一、是無二一心玉平等不二姿也、不二不思儀神変加持玉也、
〈水〉蛇比礼一枚〔謂領巾《ヒレ》也、亦木綿襁明衣本源表也、
白色因以為二水字一、是清浄義也、以二白色一為レ本也、〕
〈火〉蜂比礼一枚〔陰懸帯襁《タスキ》表也、火字元也、故赤色也、〕
比礼是宝冠、所謂領巾《ヒレ》是也、亦是明衣表也、頓(開カ)受二厳衣之妙服、不レ求而自得、無レ功頓成二万善一之淵府矣、是無上大衣、名号二明衣一也、
〈宝冠〉品物比礼一枚〈宝冠也、〉
天祖教詔曰、若有二痛処一者令三茲十宝謂二一二三四五六七八九十一、而布留部《シホロシホロ》由良由良《ユラユラ》止布留部《シホロシホロ》、
「〈傍書〉天王如来秘真言三十七尊惣呪云々、九日遍照、」
如レ此為レ之者死人反生矣、是則所謂布留之言本《コトノモトナリ》矣、
天照皇大神持二宝鏡一而祝レ之宣、吾児視二此宝鏡一当レ猶レ視レ吾、可下与同レ床共レ殿以為中斎鏡上、宝祚之隆当下与二天壌一無上レ窮矣、則授二八坂瓊曲玉及八咫鏡・草薙剣三種宝物一、永為二天璽牙玉一自従矣、
盟《チカヒテ》宣、如二八咫瓊《ハチエウノ》之勾《ヒロコレルカ》一「須弥山名也、」以二曲妙《タクミナルコトヲ》一治二天下一、且如二白銅《アラスミノ》鏡一以照二両眼一、看二行《ミヲナイ》山川海原一、乃提二是霊剣一、平《ナラシ》二天下悪事《サカフコト》一矣、以二児屋命一為二常祷大将軍神王一、太玉命為二掌レ幣神一、天鈿女為二納レ珠神、石凝姥為二納レ鏡神一、玉屋為二納レ玉神一、乃使レ陪レ孫而降レ之、是大己貴帰二化上天皇帝一以レ礼還レ之、是実上天之祖、含霊之本、故追二上尊号一曰二高皇産霊無上極天大祖尊皇帝一矣、
〈第四〉彦火々出見尊
天津彦々火瓊々杵尊第二子也、母木花開耶姫、大山祇神女也、
〈第五〉彦波瀲武鸕草葺不合尊
彦火々出見尊太子、母豊玉姫、海童二女也、
凡天照太神、天地大冥之時、現二日月星辰像一、照二虚空一之代、神之履レ地、而興二于天瓊戈於豊葦原中国一、上去下来而鑒二六合一、治二天原一耀二天紘一、皇孫杵独王、人寿八万歳時、筑紫日向高千穂槵触之峯天降坐以降、迄レ至二于彦瀲武鸕鷀草葺不合尊終年一矣、三主治百七十九万二千四百七十六歳也、

とあることと対応する。また、『大和葛城宝山記』には、

地神六合大宗
大日孁貴尊〔此名二日神一也、日則大毘盧遮那如来、智慧月光之応変也、梵音毘盧遮那、是日之別名、即除暗遍照之義也、日者天号、故常住之日光与二世間之日光一、

於二法性体一有二相似義一故、名二大日霊貴天照太神一也、以二八天流大境一、秘二崇伊勢太神之正体一是也、豊葦原
瑞穂中国主上、〕
天津彦々火瓊々杵尊〔神勅曰、以二天杵尊一為二中国主一、賜二玄龍車・追真床之縁錦衾一是縁也、【今世称二小車之錦衾一是縁也、】・八尺流大鏡・赤玉鈴・草薙剣一而寿之曰、嗟乎、汝杵、敬承二吾寿一、手把二流鈴一、以御無窮無念、爾祖吾在二鏡中一宣久、凡中国初、定二万物一、有レ霊所以二草樹一、称言魔神兢扇、今以レ杵就レ之故、名称二皇孫杵独王一也、今世曰、伊勢国山田原坐止由気太神相殿坐也、〕

大和葛上下坐神祇

諾冊二柱尊

葛木二上尊、豊布都霊神〔亦名二武雷尊一、是法起王、亦熊野権現是也、〕　大国魂尊、国津神大将軍坐也、

一言主神〔飛行夜叉神所変、号孔雀王是也、一乗無二法守護之故、名二一言主尊一、故当処名二一乗峯一也、惟是天神降坐金剛坐実相、住心品国、仏法人法即一無貳平等国、一切諸法、皆了、々覚、了知、正覚、自証三菩提国、因之名安国、亦名二大和国一也、我国昔為レ海時、天降二当峯一、始而成二国土一、名二大日本国一、釈迦与二皇天一、従二往昔一已来、当山峯上住、三世常住身、名二大自在天王一、度二衆生一施レ益、故名二豊布都一、亦号二武雷尊一也、皇天神与二釈迦文一、従二初禅一以降、到二大和中国一、上転二神変一下転二神変一、上去下来而度二群品一、
是大悲本願力也、〕

とあり、地神についての異なる見解が示されている。

(6)現在ノ四仏＝朱〔アラハレマレマスコトヨモシトリ〕、守〔ヨモリニアラハレマスコトハ〕、守左〔四仏現在〕。

過去七仏の後半の四仏。「現在」とは、現在の住劫のことで、賢劫ともいう。この四仏は賢劫に出現したので、このようにいう。天神七代・地神五代との関係をめぐり四仏が重複する点について、古来問題視されたらしく、『私鈔』では、

過去七仏・現在四仏等ハ七仏ノ内ノ四仏ナレドモ、且ク七・五ノ数ヲ配スルカ。或イハ、再来ノ化現カ。

と述べている。また、『神仏一致抄』では、

過去七仏ニモ現在ノ四仏ヲ入ヲヤ。如何。答フ、過去ノ七仏ト云フモ尺尊迄ヲ取ル也。過去ノ七仏ト説ク方ニテハ、天神七代也ト中ス也。過去ノ七仏中ニ現在賢劫ノ四仏ヲ別ニ取リテ報身舎那内証ヲ加ヘテ地神五代ニ取リ合ハル意カ。見ニハ七仏ト中スモ、機縁ニ応同スルモ不同也。内証ノ体ハ之ト同ジトスベシ。天神・地神モ衆生利益ノ方便ニ其ノ不同ヲ顕ハス。然レドモ、其ノ神体ハ之ト同ジトスベシ。暫ク約束ノ不同ト心得ベシト云々。

と説明している。

(7)舎那ヲ加増《クハ》ヘテ五仏ト為《な》り＝「舎那」朱［モトノヒトナリ］、守［人ノ人ヲ］、「増加」朱・守［クハエマセハ］、国・府［増加シテ］、「増」守左［ハタシテ］、「為五仏」朱・守［イツモトリトナル］。

「舎那」とは、盧舎那仏（↓註51）、すなわち報身のこと。『神仏一致抄』に「天神七代（中略）加増舎那トハ、四仏ハ応身也。舎那ハ報身也。内証ノ舎那ヲ加ヘテ五代ノ神トスル心也。」とある。

(8)化シテ＝朱・守・府左「ハケテ」。

(9)地ノ五行神＝朱・守［クニノコキヤウノシン］。

「五行」とは木火土金水のこと。地神五代を五行神とする説は、『大和葛城宝山記』（↓註4）参照。

(10)十六葉の大神＝守［十六ハノヲン神ヲ］。

天神地神十二代に、天神四～七代の対偶神の重複を加えて十六神とし、賢劫の十六尊に対応させたもの。

(11)賢劫の十六尊也＝朱［賢劫ノ十六尊ナリ］。

現在の住劫における最高の十六尊。「賢劫」とは、過去荘厳劫・未来宿星劫に対する現在賢劫のことで、この間に一千の仏が出現するという。「十六尊」は、賢劫一千仏の上首で、千仏を代表する。金剛界曼荼羅（↓【図2】）の三昧耶会・微細会・羯磨会・降三世会・降三世三昧耶会に並ぶ十六尊。『略出念誦経』には、東方四尊として①弥勒、②不空見、③捨悪趣、④催憂悩、南方四尊として⑤香象、⑥勇猛、⑦虚空蔵、⑧智幢、西方四尊として⑨無量光、⑩月光、⑪賢護、⑫光網、北方四尊として⑬金剛蔵、⑭無尽意、⑮弁積、⑯普賢の菩薩を挙げている。『二巻教王経』『賢劫十六尊』『観相曼拏経』『金剛界七集』などにも見られるが、それぞれ名称や持物を異にする。

(12)憶《ここ》に昔《むかし》、因地ニ在りて＝「憶昔」朱［コヽニムカし］、守［ココニムカシヲオモフニ］、宝・守左・府・宮［イクムカシ］。「在」朱［在テ］、守［ナシナシテ］、府［マシマシテ］。

「因地」とは、未だ成仏に至らない菩薩修行の段階。果地の対。因位ともいう。『聞書』に「憶昔在因地〈文〉。天神七代・地神五代ノ神達、利益衆生ノ為ニ菩薩ノ道ヲ行ジ給フト云フ意也。」とあり、諸神は菩薩修行する因地にあるとみなしている。

(13)千《チタヒ》を生《アレマ》して万《モヽタヒ》を生す＝朱［チタヒムマレモヽタヒムマレテ］、守［チタヒアレマシテモモタヒ生マス］。「万」国・宮左・府［ヨロツタヒ］、天［ヨロヅ］。

(14)百《もも》葉《は》より百《モヽ》世《よ》を＝守［モモハヨリ百世ヲ重ネテ］。「百葉」国・宝・府［モモハ］。底「百世ニ」を朱［モヽ世ヲ］などにより改める。

(15)千《ち》々《ち》ニ亘りテ国を守る神に坐す＝「千々」朱［チチ］。「守国神坐」守［国守ルアラ人カミニシテ］。「神坐」朱［アラヒトカミニオマシマス］。「守」府［マホリマス］、宮［マモリマス］。

(16)下々しテ＝朱［ケスヽヽシクシテ］。

下界に下りてきて、という意味で、天孫降臨のことか。

(17) 中神《ナカツミタマ》仁王《オホキミ》ヲ=国［ナカツミタマノヲ、キミヲ］、守［ナカツカミノミタマヲホホミヲ］、天［ナカツカミヲホキミ］。『私鈔』「中神ナカツミタマ、仁王ヲ、キミ」。

天孫瓊瓊杵尊および代々の天皇を指すか。『聞書』では、

中神仁王〈文〉。此ノ国ヘ降臨ノ時、十種神宝ヲ持チ給ヒテ下リ給フ瓊々杵尊也。此ノ神ヲ天地ノ中神ト云フ也ト云々。

と、「中神」を瓊々杵尊とする。「仁王」は「人王（人皇）」に通じ、天皇を意味するか（↓註244）。

(18) 神財の戦具=守［神ン財ラ戦ヒノクハ］、天［カンタカラタタカヒノソナヘ］。「戦具」朱［タヽカヒクハ］。

ここでは、後出の十種神財（↓註165）が武器に見立てられている。同様の説は、『正殿観』（↓註19）に見える。

(19) 十種《とくさ》の玉神鏡神本霊《みたまのみたまのみたまのみことのもとのみたま》=「十種」朱左［トツヽタネ］、宮［トクサ］。「十種玉」天・府［トクサノミタマノ］。「玉神鏡本神霊本覚」を底は「玉神鏡本霊神本覚」とし［ミタマノミコトノミタマノモトノミコトノミタマ］、朱左［タマヲシナラシメタマフモトノみことのミタマ］。「玉神鏡本神霊本覚」国［ミタマノミタマノ神モトノミタマヲ］、宮［ミタマノミタマノミタマノミタマノモトノミタマ］、守［ミタマノミタマノミコトノミタマノ］。「玉神」左［ミタマミタマ］。「本霊」守［モトノミタマハ］、天・府［ミモトミタマヲ］、宮左［ミモトノミタマ］。

「十種の玉神鏡神」とは十種神財（↓註165）のことか。『先代旧事本紀』（↓註165）に天神が饒速日尊に授けた天璽瑞宝を記す。これらが武器と考えられていたことは、『正殿観』に「神宝日出時、二所皇大神可レ為ニ治天下一神財戦具類也、」とあることからも窺える。

(20) 本《ハシ》メテ覚《サト》レバ=朱左［モトノヲモカケ］。守・天・府［ハシメテサトル］。

ここでは、本体という意味を仏教的に表現しているか。「本覚」とは、本来の覚性、一切の衆生が本来的に具有している悟りの智慧のこと。

(21) 天国《あまツクニ》ノ璽《シルシ》・地神《クニツカミ》ノ印《シルシ》=国［天国シルシ地神シルシナリ］。

「天国」とは高天原のことで、天つ神から授与され、尊重されている十種神宝ということか。ただし、後段では天照大神がホノニニギに「三種神財」（↓註206）を授けて「天璽・地玉」（↓註207）となしたとある。

(22) 百大僧祇劫=朱左［モヽニカサネカシコニカサネテ］。

「僧祇劫」は前出（↓①註130）。阿僧祇劫の略で、無量無数の時間の単位。

(23) 劫数にして無量無数劫も変らず常住にシテ=守［劫数無量無数劫ニカハルコトモナク常住ニシテ］、守左［劫数無量無数劫マテモカハラス］。「劫数」を朱は「々数」として［ヲ、イヨリ］。「無量無数劫」朱［ハカリモナクタクヒモナシ］。「不変常住」朱［カヘルコトモナクワカハタチカ］。

(24) 三種ノ神物＝宮［ミクサノタカラ］。「三種」朱［ミツノシナ］。「神物」天・府左［カンタカラ］。
三種の神器。註206参照。

(25) 我が五世の時ニ余《アマ》レル置《コトナ》シ＝朱［ワカイツヨノヲリアマレヲク］、国［…アマリ、我がイツ世ノ時ニ置テ］、守［…アマルコトナシ、ワカ五世時ニ置テ］、府・天は「余量置我五世時」とし、府［アマルカナシ、ステヽイツヨノ時ニ置テ］、天［アマルコトナシ、ステニイツヨノ時ニ置テ］、宮［ステニ五ツ世ノ時ニアマレルヲ量置シ］。天左は「量」に「此字ナシ」とする。
「我が五世の時」とは、地神五代の世を指す。『私鈔』に「五世時、イツヨノトキトハ、地神五代也。」とある。また、「我」を［ステニ］と読む異訓について、『聞書』には「我五世時〈文〉。我ノ字ヲスデニト読メリ。五世時トハ、地神五代ト云フ事也。」とあり、「すでに地神五代の時に」と解釈する。

(26) 尊《ミコト、ヲモ》重ク為シテ、相並びテ崇《アカメ》敬《ウヤマ》イ奉るべき本《モト》ノ御霊《ミタマ》ハ＝「為尊重」国［ミコトトなシテ、ヲモク…］。守［ミコトト為シテヲモクシ］、府［みこト丶シテオモク］。「重」守左［重シテ］。
「相並びテ」とは、十種神財や三種の神器を並べてという意味か。

(27) 金色の如意宝珠＝朱［タカラノタネの如意宝珠ハ］。守は「本御霊金色如意宝珠」を［もトノミタマノ金色如意宝珠］。
「如意宝珠」は前出（↓①註75）。

(28) 浄菩提心の宝珠ト為《ナ》ル＝朱左［サネトナルマテタカラモノナリ］、守［浄菩提心の宝ノマネト為ス］。
すべてを成仏へ導く宝珠の意味か。「浄菩提心」とは、密教の初地、真言行者初心の位で、一切衆生が成仏することの正因とされる。「菩提心」は前出（↓①註54）。

(29) 国常立尊《クニトコタチノミコト》ノ心神《ミタマノミタマ》＝「心神」朱左［ヲモシカタチ］、守［ミタマニテ］、天［ミタマミコト］、宮［ミタマ］。『私鈔』「心神ミタマノミタマ」。
天地初発の神である国常立尊の精神ということか。「国常立尊」は前出（↓②註11）。「心神」は、精神・魂・神心のこと。

本巻における以下の構成を見ると、「国狭槌尊」「豊斟渟尊」から「日本磐余彦天皇」までの神統譜・皇統譜がもとになっていたと考えられ、当然、最初に天神七代の最初とされる「国常立尊」の項目があったものと想像される。それは、『天地麗気府録』（↓註2）に「〈神〉国常立尊」という項目があることからも窺える。ところが、その項目は消滅し、国常立尊については仏教的に世界生成を説明する序文の中に吸収され、三種の神器と同様に尊敬すべき如意宝珠が「国常立尊の心神」であり、「法中の大毘盧遮那仏」であり、「本有満字の御形文」であるという言説に展開している。なお、同様の項目名の欠落は、「天照大神」（↓註

77）にも認められる。

(30)本有《ほんぬ》ノ満字ノ御形文＝「本有」朱左［モトヨリアラハル、］。「満字」朱［ヨロツタナツモノナリ］、朱左［タネノシルシモンナリ］。「御形文」守［御形ノ文］。

「本有」とは、①本来固有の、はじめからある。②生まれてより死ぬまでの身。「本有満字」とは「本有円満」と同義で、本来的に悟っており、かつ十分に満ちていること。あえて「満字」とするのは、金剛界大日の種字である鑁字（↓①註71）を指すか。ここでは鑁字に象徴される伊勢神宮の御形文（↓①註108）という意味か。

(31)法中の大毘盧遮那仏＝「法中」宝・府・宮［ノリノナカノ］、守・府左［ノリノナカニハ］。

法身としての毘盧遮那如来（大日如来）を指す。『麗気記』②「神天上地下次第」には「大慈毘盧遮那如来者、爰云二国常立尊一、」とある。『天地麗気府録』（↓註2）では、「〈神〉国常立尊〈亦名二常住毘尊一也、無上極尊所化神云々、〉」「惟是三世常住(常脱カ)妙法身、天神地祇本妙元神也、」とし、さらに「〈法〉国狭《サ》立尊〈毘盧舎那仏〉国狭槌《サツチノ》尊」「〈仏〉豊斟《トヨウチ》淳尊〈盧舎那仏〉豊香節《サシ》野尊」と合わせて「已上三身謂二即一妙神一也、」としている。本巻では、国常立尊を法身「大毘盧舎那仏」、国狭槌尊（↓註50）を報身「毘盧遮那仏」、豊斟淳尊（↓註51）を応身「盧舎那仏」としていると考えられる。『聞書』（↓註53）参照。なお、毘盧遮那如来をめぐる三身論（↓①註27）や「毘盧遮那仏」「盧舎那仏」の使い分けについては、註51参照。

『麗気記』④「天照皇大神宮鎮座次第」⑤「豊受皇太神鎮座次第」⑥「天地麗気記」⑨「万鏡本縁神霊瑞器記」は、『天地麗気府録』とほぼ対応している。しかし、註29で指摘したとおり、この段落に対応する『天地麗気府録』（↓註2）の部分は「国常立尊」の項目が立てられて簡単な注記が施されているに過ぎない。それが、巻の冒頭にあり、天神七代・地神五代の総説や十種神財・三種の神器など巻全体の内容を盛り込んで、序文のようになったが、その反面、神統譜としての体裁は失われ、結果として毘盧遮那如来の三身を三神にあてはめる説も不明確になっている。

(32)生身の所《みもと》に＝「所」朱・国・守・府・天・宮［ミモトニ］。

法身としての大日如来が生身として姿を現わした場合は、という意味か。

(33)五百の執金剛神

「執金剛神」とは、金剛杵を持って仏法を守護する神。金剛は如来の堅固な智を象徴する。『大日経疏』一（大正蔵三九・五八〇b）に「生身仏、常有二五百執金剛神一、」とある。

(34)常恒三世

前出（↓①註6）。過去・現在・未来の三世にわたって永遠に。

(35)《ハサラヒリ》〈伐折羅〉

金剛杵のこと。なお、以下の梵字表記について、『聞書』では「〇〈文〉。五百執金剛神ノ所持物也。注ヲ以テ一一ニ意ヲ得ベシト云々。」とし、それらが執金剛神の所持物であることに言及するのみで、個々については本文の傍注から知れるとして、詳細には触れない。梵文の訓の校合は、校異④19参照。

(36) 《ラ》〈螺〉
法螺貝。楽器として用いられ、山伏も携帯して合図に吹いた。

(37) 《キタラ》〈白杖〉
「キタラ」は「杵（キーラ）」すなわち金剛杵か。

(38) 《タランシャハシャケイ》〈無量般若篋〉
数え切れないほど多くのすぐれた箱という意味か。「般若」は、智慧。

(39) 《タランシャシンタマニ》〈無量真陀摩尼〉
「摩尼」は宝石、「真陀摩尼」は如意宝珠（↓①註75）のこと。

(40) 《タランシャヒリユシャシキタラ》〈無量百僧祇戦具〉
数え切れないほど多くの戦いの道具という意味か。「僧祇」は「阿僧祇」と同じで「無量無数」の意。

(41) 《タランシャマニマニマカマニ》〈無量摩尼摩尼摩訶摩尼〉
数え切れないほどたくさんの大小の如意宝珠という意味か。「摩訶」は「大」のこと。

(42) 《タランシャレイレイ》〈無量鳴物〉
無数の楽器。
なお、底本は「等」の前（梵字の最後）で改行するが、意味により続けた。

(43) 重々の層縷《ソウロウ》＝守［チウ、、ノスウロウ］、「層縷」守左・温・宝左・府・天［イトスチ］、天左［ソンノロウ］。
幾重にもなる高層の楼閣。『聞書』に「重々層縷〈文〉。国常立尊ノ御座処ノ宮殿楼閣ヲ指ス也。」とあり、国常立尊が住む宮殿の楼閣とする。

(44) 重々の堺内・重々の堺外＝守［重々ノ境内ニ（…を持す）、重々ノ境外ノ］。
欲界・色界・無色界にわたる三界の内と外。『聞書』に「堺内〈文〉。常ノ如ク三界也。堺外〈文〉。欲・色・無色ノ外ト云フ事也ト云々。」とある。

(45) 外仙番々＝諸本により「外」を補う。守［外セン番々ニ］。
神々が順番に、という意味か。『聞書』に「外仙〈文〉。界内・界外ノ神達ヲ惣《フサ》ネテ外仙ト云フ也。」とあるように、「外仙」とは、三界の内外に存在する諸神を指す。

(46) 精進《しょうじん》の仁《ヒト》ニ福ヲ付せしめ、穢悪《えお》の者には罰ヲ蒙らしむ＝「仁福」府［ヒチニサイワイヲ］。「福」温［サイハイ］。
「精進」とは、俗縁を絶って仏教修行に身を委ねること。特に、魚鳥の肉を食べないこと。ただし、院政期以降、神祇信仰に基づく潔斎である「斎《いみ》」と同義で使われることも

多い。「穢悪」とは、斎の期間にたずさわってはならない禁忌の一。『神祇令』に、

凡散斎之内、諸司理レ事如レ旧、不レ得二弔レ喪、問レ病、食レ完（六）、亦不レ判二刑殺一、不レ決二罰罪人一、不レ作二音楽一、不レ預二穢悪之事一、致斎、唯為二祀事一得レ行、自余悉断、其致斎前後、兼為二散斎一、

とあるが、これは唐の『祠令』に倣って作られた条文である。この「穢悪」についての解釈が、後に、人と動物の死と出産、そして失火（火事）を「穢」とし、「触穢」の人による神事への関与を禁止する規定となり、『延喜式』巻三・臨時祭に明文化された。中世では神社ごとの規定も作られ、『諸社禁忌』『服忌令』などの形で流布した。伊勢神宮のものに『文保記』『伊勢大神宮参詣精進条々』『太神宮ぶつきりやう』『明応仮名字服忌令』『永正記』などがある。

(47) 神《ミタマ》の神《ミコト》ト名づく＝国［ミタマノミタマト名］、守・府［カミノミコト名］。下の「神」朱左［シン］。「名」朱［名ク］。「神々」『私鈔』「神之神ミタマノミコト」。

「神の神」とは、本文に挙げられているような執金剛神・外仙などのような神に使われる神、という意味か。

(48) 天地鏡＝朱左［アメツチマシワリマシマス］、守［亦ハ天地ノマシハリ在ト名ク］、守左［天地鏡ト名］、府［天地ノ鏡ト名］。「鏡」天［ミタマ］。

『私鈔』に「天地鏡・辟鬼神、是仁王経ノ説也。天鏡神、アメカヽミノミコト。地鏡尊、クニカヽミノミコト〈如前〉。」とあるとおり、この部分は『仁王般若波羅密経』下（大正蔵八・八三二c）に「大王、是般若波羅密、是諸仏菩薩一切衆生心識之神本也、一切国王之父母也、亦名神符、亦名辟鬼珠、亦名如意珠、亦名護摩珠、亦名天地鏡、亦名龍宝神王、」とあることに基づく。

(49) 辟《へ》鬼《きき》神《しん》＝国［ハツキ］守［シヤキ神］。「辟」天［ヒヤツ］。悪鬼を避ける神という意味か。『仁王般若波羅密経』（↓註48）に「辟鬼珠」とある。『私鈔』には「辟鬼神、鬼面ノ独股也。」とあり、『麗気記』⑯「神体図二」に見える三種神器の神璽（神璽図の中央にある人面）を指すとする。

(50) 国《クニ》狭《サ》槌《ツチ》尊《ノミコト》〈毘盧遮那仏〉＝「国狭槌尊」守［国ノサツチノ尊ハ］。

「国狭槌尊」は前出（—②註32）。『日本書紀』では天神七代の第二代の神。『天地麗気府録』（↓註2）では「〈法〉囷狭《サ》立尊〈毘盧舎那仏〉囷狭《サ》槌《ツチノ》尊」として二神並記している。ここでは、報身として「毘盧遮那仏」と注記されている。

(51) 豊《トヨ》斟《クム》渟《ヌ》尊《ノミコト》〈盧舎那仏〉＝守・府［豊クンヌノ尊］。

「豊斟渟尊」は前出（↓②註33）。『日本書紀』では天神七代の第三代の神。「盧舎那仏」は毘盧遮那仏と同じであるが、ここでは応身の意味で使い分けられている。

「毘盧遮那」と「盧舎那」は、もともと『華厳経』の訳

による音写の違いで、前者が八十巻本（新訳・唐訳）、後者が六十巻本（旧訳・晋訳）による。ただし、「遮」と「舎」は混同されることが多く、『麗気記』諸本でも区別されていない（↓校異④25・26）。けれども、三身論（↓①註27）にあてはめて論じる場合には、それぞれの用語を厳密に使い分けるので、ここでもそれに従った。例えば、天台宗では、「毘盧遮那」を法身、「盧舎那」を報身、「釈迦」を応身として区別するが、究極的には「毘盧遮那」に帰着するとする。法相宗では、「毘盧遮那」を自性身、「盧舎那」を受容身とし、変化身として「釈迦」を立てる。華厳宗では、「毘盧遮那」を十身具足の身とし、三身を立てずに「毘盧遮那」「盧舎那」「釈迦」は同一仏身の異称とする。密教では、「毘盧遮那」を理智不二（↓⑥註150）の大日法身とみなす。このように、法・報・応の三身にいずれをあてるかは諸宗によって理解を異にするが、『麗気記』『天地麗気府録』に見られるような「大毘盧遮那仏（＝国常立尊）」を法身、「毘盧遮那仏（＝国狭槌尊）」を報身、「盧舎那仏（＝豊斟渟尊）」を応身とする説の原拠は不詳。

(52)天《アメ》ニ浮《ノホ》リ地《クニ》ニ跡《クタ》リテ＝朱左［ヲモカケウツテクニ、アトヲタレマシマス］、国・天［アメニウキクニ、クタリ］、守［アメニノホリクニ、クタリ］。「浮」府［ウキ］、天左［ノホリ］。

(53)報応の二身＝「報応」朱左［マシマス］。

仏の三身（↓①註27）のうち、報身と応身。ここでは、『聞書』に「国常立尊［法身］・国狭槌尊［報身］・豊斟渟尊［応身］。府録ニ云ハク、已上三神ヲ三身即一ノ妙神ト謂フ也。」とあるとおり、天神初代の国常立尊を法身（大毘盧遮那仏）とし、二代国狭槌尊（↓註50）を報身（毘盧遮那仏）、三代を豊斟渟尊（↓註51）を応身（盧舎那仏）に配当したことを指している。

(54)青黒二色ノ宝珠

『麗気記』⑰「神体図三」によると、青色の宝珠は胎蔵、黒色の宝珠は金剛界を表わしている。

(55)青色は衆生《しゅじょう》果《か》報《ほう》の宝珠

「果報」とは、因果応報のこと。『神仏一致抄』に「青色ハ衆生ノ果報ノ宝珠也トハ、報身如来ノ意也。理智冥合ノ体、即チ衆生ノ果報ト立テラル也。」とある。

(56)黒色は無《む》明《みょう》調伏《ちょうぶく》の宝珠

「無明」とは、生老病死などすべての苦をもたらす原因となる無知、すなわち根本煩悩のことであり、しばしば闇黒にたとえられる。『神仏一致抄』に「黒色ハ無明調伏ノ宝珠トハ、応身同ジクシテ機ニ無明ヲ調伏スベキ徳有レハ云々尓カ。」とある。

(57)三《ミハシラノ》神神《カミイマ》す＝宝・守・府［ミハシラノカミマス］。

国常立尊・国狭槌尊・豊斟渟尊の三神を指す。『私鈔』に「三神、ミハシラノカミマストハ、陽神三代ノ結文。」とある。

(58) 葉木国漂蕩《ハコクニタヽヨ》エリ＝守［ハコクニタヽヨフテ］、国・府［葉木国タヽヨヒシ］、温［葉木国タヽヨウテ］。「葉木国」宮［ハコカミ］。

「葉木国」について、『日本書紀』神代上・第一段一書第一には、豊斟渟尊の別名として「葉《は》木《こ》国《くに》野《の》尊」の名が見える。しかし、『聞書』に「葉木国〈文〉。神代巻ニハ是ヲ神ノ名ト用ヒシ也。此ノ書ハ然ラズ。国ノ形也ト云々。是、口伝ノ一也。」とあるように、ここでは地勢に由来する日本国土を指す。「鶏子《トリノコ》ノ如シ」は前出（↓①註73）。

(59) 漸々《ヤウヤク》＝朱左［ヤヽ］、温・宝・守・府・宮［ヤウヤクノホリ］。『私鈔』「ヤウヤクノホリ」。

(60) 万々《モヽタビチタヒヨロツタヒ》の時《トキ》＝朱左［アラヽヽナレルヲリ］、国［ノホリヨロツタヒクタル時ニ］、守［モヽタヒヨロツタヒ］、守左［モモタヒチタヒ時］、温・天［ヨロツタヒリヨロツコトナルトキ］、府・天左・宮［モヽタヒチタヒヨロツヨトナルトキ］。「万々」府左［ヨロツタヒクタリ］。『私鈔』「モヽタビチタビヨロヅトナルトキ」。

(61) 一十々々《ムカシイマハシメイマ》の時《トキ》＝守［ハタトナルトキ一十トキ］、守左［ハシメモヲハリモヲハリモハシメモ］、温・府・天［ハジメイマノトキ］、天左［ムカシイマキハマルヲハルトキ］。「一十」府左［ムカシイマ］。「々々時」朱左［ヲハリモハシメモ］、国［ハシメノ］。

この一節の読みについて、『聞書』に「一十一十〈文〉。初メノ一十ヲバ昔今、後ノ一十ヲバ始今ト読メリ。本書ニ仮名ヲ、付スベカラズ。」とあり、『私鈔』に「一十、ムカシイマ。十一、ハシメキハマルトキ。」とある。なお、「一」を「ムカシ」、「十」を「イマ」と読む例は、『麗気記』①「二所大神宮麗気記」にも見える（↓①註7・9）。

(62) 化生《ナリイカル》の神有《カミイマ》ス＝「化生之」朱左［マコトニハケモノユク所ノ］、「生」天［イツル］、温・府・宮［ナリイツル］。

(63) 浮経《フツ》＝「浮」朱左［ウキヽ二］。『私鈔』「フツ」。

『日本書紀』一書に豊斟渟尊の別名として「浮経《うかぶの》野《の》豊買《とよかふ》尊」が見える。「フツ」と読む理由はわからないが、「フツヌシ・フツノミタマ」と同様とすれば、剣の刃状のものを言うか。『麗気記』②「神天上地下次第」に「三果半月浮経者、葦葉形也」とある（↓②註160・161）。また、『御鎮座本紀』冒頭（↓②註158）に「天地初発之時大海之中有二一物浮形一如二葦牙一、其中神人化生、名号二天御中主神一、故号二豊葦原中国一、亦因以曰二豊受皇太神一也、」とあり、『類聚神祇本源』神道玄義篇では、それを引用した後に「両神共自二一物之中一出化也、以二浮形字一作二浮経一、」と記す。これらによれば、「浮経」とは天地開闢に先立って漂える「葦牙」を指すと思われる。

(64) 卜《とつ》古《こ》卜成りテ大日本州《オホヤマトノクニ》卜成る＝「卜古」国［トツコ］。

「卜古」は、独鈷のこと。前出（↓①註45）。この一文は、日本国土を独鈷とみなす説に基づく。『聞書』に「成独古成大日本州〈文〉。此ノ国ノ形、独古ナルニ付テ之多シ。尋ヌベシ。」とある。

(65)此の玉の人を罰する時は横に成りて＝「玉」朱左［タマノ］、府・天［ツルキ］。守「成横」朱［スチカヘテナル］、国・守［ヨコサマニナリ］、宝・守・温・府・天［ヨコシマニナル］。

以下、この独股金剛であり日本国でもある玉が、人を罰する時・許す時・失う時で、それぞれ形態を横（斜め）・下向き・上向きに変えるとし、それを「本図」によって理解するようにといっている。『聞書』には「此玉人罰時〈文〉。古来口伝、之ヲ知ラズ。師良遍云ハク、当章第十七伝ノ旋巻ニ小剣三有リ。彼ヲ以テ見考フルベシ。」とある。これに従えば、『麗気記』⑰「神体図三」に載せる「三光智剣」を指すか。これについては、天地開闢神話の中世的展開を踏まえなければ理解しにくい。天地開闢の初めに出現した神聖が「葦牙《あしかび》」状のものであったという『日本書紀』神代の神話は、様々なシンボルとして読み替えられて行く。「葦牙」が「天瓊戈」と結びついて、葦の葉のように鋭く尖ったもの、独鈷金剛杵、さらには日本の国土へと転換してゆく。したがって、この部分も直前の「化生の神有す、浮経に乗る」から連続して見る必要がある。すなわち本文の順に従えば、「浮経→葦の葉→独股金剛→大日本州→此の玉」という展開である。とすれば、この「玉」は球形のものではなく、むしろ細く尖ったものをイメージすべきであろうか。天理本では「玉」に「ツルギ」とルビが振られていることも、こうした解釈を裏付ける。良遍の『聞書』で「小剣三有リ」と言っているのは、⑰「神体図三」に載せる「上向きの剣」「下向きの剣」「斜めの剣」の三図を指していると考えられる。本文と剣の対応を考えると、「横に成る」のが斜めの剣、「下に臥す」のが切っ先が下向きの剣、「立て」るのが上向きの剣であろう。それらが人を罰したり許したりすることを意味する根拠は不明。解説「「神体図」との関連について」参照。

(66)許す時は下に臥せり＝守・宝・府［許ス時ハサカサマニフス］。「下臥」守左［シモニフセリ］、温［サカサニフス］。

罪を許す時には、柄を上に剣を下にした状態になる。

(67)失ふ時ハ之を立てり＝国・守［ウシナウ時ハ之を立テリ］、府・天［ウシナフ時ハ之を立ツ］。

人を殺す時は剣先が上に向いているということか。

(68)本図を以て意を得べし

先に註65で述べたように、この部分の本文は『麗気記』⑰「神体図三」を前提としていると見られる。註49・54でも触れたように、「神体図三」は、剣の図だけでなく、全体が『麗気記』④「天地麗気記」と対応している。三本の剣の前には、巻頭から「金色の宝珠」「青色の宝珠」「黒色の宝珠」「三弁の宝珠」が描かれているが、それぞれ「国常立尊」「国狭槌尊」「豊斟渟尊」「三神」に対応すると思われる。なお『麗気記』のイコノロジーについては、下巻で詳説する予定である。

(69) 埿《ウヒ》土《チ》煮尊《ニノミコト》〈毘婆戸如来〉

「埿土煮尊」以下の神は、『日本書紀』天神七代の第四・五・六代の対偶神に基づく。ただし、『私鈔』に「大苫辺大冨道、両神ト為スルコト、本記ニ似ズ。前ノ不審ノ如シト云々。」とあるように、大富道尊（大戸之道尊の別名）を加えて七神としている（この点は『麗気記』②「神天上地下次第」と同じ）。また、「毘婆戸如来」以下は過去七仏（↓註3）であるが、六番目にあたる「迦葉仏」が落ちて代わりに未来仏である「弥勒仏」が入っている。この点について、『神仏一致抄』には、

埿煮尊ヨリ惶根尊マテ七仏ニ取合ス。然ルニ迦葉ヲ除キ弥勒ヲ取ルトハ、此等ヲハ仏法渡テ後ニ取合ル事ナル故ニ、時ニ随ヒ准ズベカラズ。窮メ無カルベキナル也。失論有ルベカラズ。

とある。なお、『聞書』に、

符録ニ云ハク、埿土煮尊、是、句留尊ト名ヅクル也。埿土煮尊、宝蔵摩尼尊ト名ヅクル也。大戸之道、句那舎ト名ヅクル也。赤龍尊王。大戸間辺、句那含牟尼如来ト名ヅクト云々。面足尊、毘波戸仏ト名ヅクル也。惶根尊、毘葉羅如来ト名ヅクト云々。已上、天地分カレテ陰陽ト化ス。生死迷悟ノ祖元也〈文〉。

とあるとおり、天神七神にそれぞれ七仏を配当するこの所説は『天地麗気府録』（↓註2）と共通する。

(70) 毘葉羅如来＝府［ヒユウラ如来］。

過去七仏の一で、「毘舎浮」の別名。

(71) 伊《イ》弉《ヒ》諾《ナキノ》尊は金剛界、俗体男形。馬鳴《めみよう》菩薩の如し

イザナギは前出（↓②註49）。ここでは、この男神イザナギが金剛界曼荼羅に、女神イザナミが胎蔵曼荼羅に配当されている。これは、豊受大神を祀る伊勢外宮を金剛界、天照大神（女神）を祀る伊勢内宮を胎蔵界に配当するイメージを、イザナギ・イザナミにあてはめたものか。ただし、イザナギは馬鳴菩薩、イザナミは阿梨樹王の如しとしており、大日如来としているわけではない。『聞書』では「伊弉諾〈文〉。府録ニ云ハク、亦、天鼓音香仏ト名ヅク〈文〉。伊弉册〈文〉。府録ニ云ハク、亦、開花王仏ト名ヅクト云々。」として、『天地麗気府録』（↓註2）との相違を述べる。

「馬鳴菩薩」は、絹綿や衣服をつかさどる菩薩。一般に像容は六臂で、左手に杼・火焔・糸、右手に管・秤を持ち、白馬に乗る。『麗気記』⑪「神形注麗気記」にも、

神体如㆓馬鳴菩薩㆒、乗㆓白馬㆒、左持㆓日輪㆒、右持㆑斤、令㆑量㆓知一切衆生善悪㆒法、

とある。『私鈔』に「馬鳴菩薩ノ如シ。阿梨樹王ノ如キ事、両ナカラ本図ノ如シ。大凡ハ天帝天ノ如キ也。」とあるように、この一文には「神体図」との連関が窺える。絵像の詳細について、『聞書』には、

如馬鳴菩薩〈文〉。当章十二巻ニ此ノ如キ文勢見タリ。

当段ト等シキ故ニ、彼ノ第十二（五イ）巻ニ、白馬ニ乗ル絵像ト看ル也。然レドモ師良遍云ハク、地神第三皇孫尊、此ノ国ニ降臨ノ質ト云々。実ニハ夫レ、阿梨樹王荷葉説法ノ文ノ如シ。第十六（五イ）巻ノ香花ヲ備ヘタル絵像ノ文勢ト首尾シタラバ然ルベシ。又、荷葉ニハ座セズ。師良遍云ハク、彼又、皇孫四海ノ政ニ成シ給ヒシ儀式也ト云々。当段諾冊ノ二ノ尊ノ絵ハ無キ也。切出別ニ有ルベキカ。

とある。これによれば、『麗気記』⑮「神体図一」で「内守護八天」と「四天女」の間に載せる神像をこれにあてる説もあったらしい。解説「『神体図』との関連について」参照。

(72) 手に斤《はかり》を持して＝朱［手ニハカリヲ持テ］、守・府［ミテニハカリヲ持テ］。「持斤」国［ハカリヲ持シタマフ］。「持」守左・府左［持シタマフ］。

右手に秤を持つ馬鳴菩薩の形像をふまえる。

(73) 阿梨樹王

不詳。「阿梨」もしくは「阿梨樹枝」は、実が落ちると七つに割れる植物をいう。『法華経』陀羅尼品（大正蔵九・五九b）の偈に「若不順我呪　悩乱説法者　頭破作七分　如阿梨樹枝」とある。『麗気記』⑪「神形注麗気記」には「九尊阿梨樹王如㆓説法相㆒、八葉仏菩薩利生方便加持説法体也、」とある。『聞書』（↓註71）では「阿梨樹王荷葉説法ノ文」として「第十六（五イ）巻ノ香花ヲ備ヘタル絵像ノ文勢」を挙げるが、現行の『麗気記』⑯「神体図二」にはそれらしい図像は見えない。内容からみて、『麗気記』⑱「神体図四」の「九尊形」がそれにあたるか。なお、『聞書』のこの記述によると、良遍が依拠した『麗気記』の「神体図」は、現行本とは構成が異なるようである。解説「『神体図』との関連について」参照。

(74) 説法利生す＝守左［ツツケノリヲ以テ利生す］。

(75) 実位ハ大日本国金剛宝山ニ＝「実位」朱［マコトニヲテ］、国［マコトニハ］。府・天は「実住」とし、府［マコトニハ］、天は「位」と右に傍書あり。

「金剛宝山」は前出（↓①註4）。

(76) 両宮心柱《しんノミハシラ》ノ上《ウエ》ニ化座《ナリイテマシ》マス

伊勢両宮の心の御柱を独鈷と見たてることは、前出（↓①註50）。『天地霊覚秘書』には、

一儀云、心御柱者独股形也、即蓮華台也、頂上奉ㇾ覆㆓八重榊葉㆒、是八葉花台表徳也、岩根者五股蓮花根也、亦四十二字阿字門也、亦法界大地也、其八重榊上神聖坐、是花台之上有㆓月輪㆒故也云々、

とあり、心の御柱の上端が榊の葉で飾られているのは、八葉の蓮華を表しているとする。度会行忠『心御柱秘記』では、飾りの榊の葉は八枚とされており、この記述と合致する。

(77) 側《ほのか》ニ聞ク＝国［ヒソカニキクナラク］、守［ホノカニキク］。「側」

朱「ハカリ」、天左［ヒソカ二］。

ここまでは、国常立尊（↓註29）からイザナギ・イザナミに至るいわゆる「天神七代」についての説明である。また後の方では、オシホミミ（↓②註77・④註131）・ホノニニギ（↓②註80・④註136）以下の諸神の項目が立てられている。とすると、「天照大神」の項目が欠落していることがわかる。そこで『天地麗気府録』との対応関係を見てみると、「天神七代次第」（↓註2）と「地神五代次第義」（↓註5）の間に、

大日霊祖元神、大毘盧遮那如来、常住三昧修行、三界建立主、是尊座也、

吾聞、神是天然不動之理、即法性身也、通是元壅《ヨウ》不思議慧即報身也、力是幹用自在即応身也、夫神一之妙孕《ハラ》レ気含レ精至二虚空一、応二群変一而常寂、生二万物一而無レ心、不レ為レ事、

凡一切有情有形有心、為二形陰一為二心陽一、雖レ為二両陰陽一、身色心、々々不二故、従二色法一、濯二心法一、従二心法一濯二識法一、陰陽一故、化有形有心、心宿レ骨、々人主、亦木、木大円鏡智三昧耶形、亦大円鏡智能断智体、亦毘盧本身、亦法身三昧耶形、亦独古、独古即心御柱、心御柱即一切衆生心量、亦大日本国異名、亦国璽、境柱、亦名二国心柱一、亦国主、々即人、人神主、〔謂、非レ心不レ明故、以レ心為レ主、〕神人神《タマシイ》、神《マツルナリイケルナリ》神、人即生、生即凡夫、々々即五穀情(精)、々々々即心上妙法蓮花、是開時如レ覚二大無一、生時始天乳、死時終地乳故、迷悟在レ心云々、爾時、大日覚王以二四種神力一、本際以来、恒度二衆生一、一上転神変、二下転神変、三亦上亦下神変、四非上非下神変、三際不変一念運在二云々、釈曰、一心有二二転一、一者向上随順、二者向下随順、向上随順者、従信乃至金剛、能為二菩提果一、随順方便故、〔始覚成道成仏外迹、非二真正覚一、〕向下随順者、自性浄妙蔵乃至第一念、能為二耶邪地一、随順方便故、〔実無覚無成者、本覚本初元神也、元神者、自而本分無心作也、〕于レ時為二下化衆生一、天王如来天御中主尊詔二伊弉諾伊弉冉二尊一曰、有二豊葦原千五百秋瑞穂中津地一、宜二汝往修一レ之、賜二天瓊戈一而詔寄賜也、二柱尊奉レ詔立二於天浮雲之上一、共計謂、有二一物一、若浮膏、其円中有レ国乎、廼以二天瓊戈一〈天独杵〉探レ之、獲二八葉滄海図形一、則投二下其戈一而固尽二滄溟一而引上之時、自二矛末一落垂適瀝之潮、凝結為レ嶋、〔印明本無、〕名曰二磤馭盧嶋一矣、〔娑婆世界、〕則以二天瓊矛一指二下於磤馭盧嶋之上一、次為二国中之天柱一也、天瓊杵謂二真如界変成二金剛宝杵一、々々変成二風気一、々々転成レ神、々変成レ生、々転成二魂魄一、魂魄転成二人体一故、八葉蓮台座自在安楽也、是如意赤玉徳也、元神用化也、故祖師曰、瓊戈是天神地祇種字也、以レ日為二胎蔵一、以レ月為二金剛一、天地陰陽侶《大歟》、万物諸識心源也、故杵尊大王皇孫尊授与尸棄大梵光明天梵二天王文曰、

根本正覚灌頂儀　往古菩薩智法身
為成如来体性故　汝応受此金剛杵

如レ是受持、建立三界、凡聖相分、始爾二大梵天王、相分天地納之、一持男〔外現〕一持女也〔内蔵〕、是不二平等杵、亦名持金剛也、為レ度二衆生界一、分化現身、興《タテ、》二于国柱一、是国境柱也、夫心柱者、元初皇帝御璽也、興《タテ、》二于阿字心地一上(成)二鑁字正覚一、定恵不二一心不乱、常住不去不来妙法座、伊弉諾・伊弉冉二尊天二降其嶋一、則化二堅八尋殿一共住二同宮一矣、号曰二大日本日高見国一、〔大日本者三光殿本名、〕今世号二葛木神祇峯一、是日天子・月天子化《アラハレマス》生産所名也《トコロノナナリ》、

とある文章が欠落していることがわかる。その中でも、本巻の「側ニ聞ク」の一段は、「爾時」以下の部分に対応し、「地神」の第一である「天照皇大神」へのつなぎの役割を果たしていたと考えられる。

(78)本在ヨリ以降＝守・府・天〔モトヨリコノカタ〕、温〔モトヨリコノ〕。「本在」朱左〔ホンサイヨリ〕、国・宝〔モトヨリ〕。「以降」朱〔コノカタ〕。

(79)二界の遍照如来は＝朱〔二界遍照ノ如来ハ〕、守〔二界ノ遍照如来〕。胎蔵・金剛両界の大日如来のこと。『聞書』に「二界遍照如来〈文〉。諾冊二尊也。二界ト云フ事、諾尊ハ金剛界ト云ヒ、冊尊ハ胎蔵界ト云フ故也ト云々。」とある。

(80)幽契《ミトノマクハイ》為《シ》テ所産《アレマ》ス＝「為幽契」朱左〔カスカニチキリヲナシテ〕、温〔カスカナルチキリの為ニ〕、守〔ミトノマクハヒ為シテ〕、天左〔ミトミトノマクハイ〕、守左〔カスカニ契リヲナシテ〕、天左〔ミトミトノマクハイ〕、宮左〔カスカナルチキリヲ〕。「所産」国〔ウミタマフ〕。守左は「所産一女三男」として〔一女三男ヲアレマス〕。

「幽契」は、本来、神仏との秘かな契約のこと。『古語拾遺』「垂仁天皇」(↓①註61)に「始在二天上一、預結二幽契一、衢神先降、深有レ以矣、」とある。しかし、『聞書』にも「為幽契〈文〉。三字引キ合テ、ミトノマクハイト読メリ。読曲《ヨミクセ》ハ、ミカクレタルチギリヲナシテト読メリ。」とあるように、二神の交合の意味に用いている。胎蔵・金剛両界の大日如来が交合するというのはイメージ的にもやや無理があるが、「幽契」という言葉に交合の意を持たせることによって、両者を結びつけようとしているか。以下の御饌都神と尸棄光天女、光明・尸棄両大梵天王のモチーフも、この「幽契」に性的イメージを含意させることにより、一連のものとして成り立たせていると思われる。なお、『倭姫命世記』冒頭に、

天地開闢初、神宝日出之時、御饌都神与二大日孁貴一、予結二幽契一、永治二天下一、言寿宣、肆或為レ月為レ日、永懸而不レ落、常以無レ窮、光華明彩、照二徹於六合之内一以降、

という記述がある。これは契約の意であるが、あるいは「交合」という解釈に道を開くきっかけとなったのかも知れない。

(81) 一女は天照皇大神＝守・府〔一女トハアマテルスヘホンカミ〕。「天照皇大神」は前出（↓①註10）。前に述べたように、この段落は『天地麗気府録』では「天照皇大神」という項目へのつなぎの部分にあたる。しかし、本巻では、「光明大梵天王・尸棄大梵天王」（↓註89）の前にあるべきその項目名が欠落しており、この文章の主語が明確でなくなっている。そのため、以下の一文は「天照大神＝大日孁貴」について書かれたとも読めるが、『天地麗気府録』（↓註77）では「磤馭盧嶋」の話があり、本文でも続けて二神和合の話があるので、イザナギ・イザナミについての補足説明とも考えられる。

(82) 地神ノ始ノ玉《ミタマ》ノ霊《みたま》、霊鏡《ミタマシイ》＝「玉霊」朱左「タマノミタマ」、温「ミタマミタマシヒ」、府「ミタマシイノ」、天「ミタマシイ」、天左「ミタマノミタマシイ」、宮「ミタマノミタマ」。「霊鏡」底「ミタマシイニシテ鏡」。『私鈔』「玉霊々鏡ミタマノミタマシヒノミタマミカヽミ」。

(83) 下転神変シテ、向下随順ス
本来は、仏が衆生を教化するために、自在に姿形を変えてこの世に現れることを言う。『大元神一秘書』には、

天照太神〔大日孁貴、火性神也、〕治天上〔三光天、高天原、〕
豊受太神〔御饌都神、水性神也、〕治中津国〔豊葦原瑞穂国、〕
大日経疏云、覚王有二四種之神力一、本際以来恒度二衆生一、一上転神変、二下転神変、三亦上亦下神変、四非上非下神変、三際不変一念運在、
私云、釈論云、一心有二二転一、一者向上随順、二者向下随順、向上随順者、従レ信乃至金剛、能為二菩提果一随順方便故、〔始覚成道成仏外迹、非二真正覚一、〕向下随順者、従二自性浄妙蔵一乃至第一心信、能為二邪々地一、随順方便故、〔実無覚無成者、本覚本初元神也、元神者、自而本分十心也、〕
私云、今此邪々地者神道、大疏云、蛇者蛇也云々、〔道経曰、曲則全、謂二曲レ己従一レ衆、不二自専一則全也、枉則直、謂下枉二屈己一而申上レ久、久自得レ直也、〕亦同釈論云、最初対治根本無明、乃至最後対治滅相故、簡異始覚般悟次第故、何故、始覚背レ凡向レ聖、上去々々為二次第転一、〔是一代断惑証理義、釈迦始覚一門聖造、是上転神変也、〕次随染本覚背レ聖向レ凡、下々来々為二次第一転、〔是不断而断忘無覚無成正覚〕法爾故〔是則疏中当下転神変也、〕

とあり、また『両宮形文深釈』もほぼ同様の文を引いている。『理趣摩訶衍』上巻には、

亦大廟ノ御前ニ立二テ𑖀字本不生ノ鳥居一ヲ、𑖪字門生身歓喜灌頂ト与二ヲ解謝祓一授与ス云々、向上随順ノ時ハ無覚無為ニシテ善悪共ニ随順ス云々、向下随順ノ時ハ八坂瓊ノ曲玉《に》八咫《やた》ノ鏡及ヒ草薙ノ剣トノ三種ノ神財ヲ授二賜皇孫《すへみま》ニ一、天璽ハ国柱、普門法

界大日輪、実鏡斎鏡無相無為之上宮ノ御影有《うつろ》フ大白鏡、
御誓シテ天津彦々火瓊々杵尊、伴《とも》ノ天児屋根命ヲ宣ク、我等本
有常住ノ三十七尊天降《あまくたり》タマヒテ治メタマフ二天下一ヲ故ニ所遮《さへきり》来ル
也、

とあって、向下随順と天孫降臨とを関連させている。『聞書』には「下転神変〈文〉。四種神変ノ事、神代聞書ニ委細ナル故ニ之ヲ略スル也。」とある。

(84) 御気都神《ミケトノカミ》＝府・天は「伊弉諾」と傍書す。温・府［ミケトノシム］。「御食津神」「御饌津神」とも書き、「みけつかみ」と訓む。食物神のこと。外宮の祭神である豊受大神は、本来、食物神であり、天照大神に食物を捧げる神であったとされている。『私鈔』には「御饌都神、ミケツカミトハ諸神ニモノマイラスル神ノ事也。是ハ此ノ国ノ神ト云フ意也。」とあるのみだが、『聞書』では「御饌都神〈文〉。伊弉諾尊ヲ云フ也。」とあるように、イザナギとする。

(85) 尸棄《しき》光明《こうみよう》天女ト＝府・天は「伊弉册」と傍書す。府［シキ光天女］。

不詳。尸棄大梵天王（↓註89）が女性神格化したものか。『倭姫命世記』冒頭（↓註80）や、『御鎮座伝記』「豊受皇太神一座」に、

故天地開闢之初、神宝日出之時、御饌都神天御中主尊、与二大日靈貴天照太神一、二柱御大神、予結二幽契一、永治二天下一〈免〉、或為レ日為レ月、永懸而不レ落、或為レ神為レ皇、常以無レ窮矣、光華明彩、照二徹於六合之内一矣、

とあるのを参考にすると、「尸棄光明天女」は天照大神の別称とも解せる。げんに『神皇系図』には「大日靈貴天照皇神」を「凡上座時名二之尸棄光天女天照太神一」とする。ただし、『聞書』では「尸棄光明大梵一、下座時名二之尸棄光明天女〈文〉。伊弉册尊也。」とあるように、イザナミとする。

(86) 同じ会《ふすま》の中ニ交《ちぎ》りて＝朱［ヲナシフスマノシタマシワテ］、温・守［ヲナシフスマノナカニマシハリマシヽヽテ］、府［同シフタマノナカニマシハリマシイテ］、天左［ヲナシヤフスマノナカニマシハリマシマシテ］。「会」国［フスマノ］。「会中」天［アタマノナカニハ］。「中交」守左［うチニ交テ］。「交」国［マシハテ］、宝・宮［マジハリマシマシテ］。『私鈔』「交同会中ヲナシフスマノウチニマシハリマシヽヽテ」。

「会」は「ふすま」と読んでいることから、「衾」に通ずるか。

(87) 上下ノ法性ヲ立テ＝左［タチマチケシテミノリヲクタリテヒトヽナル所］、守［上下ノ法性ヲタテタマフ］。

「法性」は前出（↓①註93）。なお、『天地麗気府録』「天神七代次第」（↓註77）では（伊奘諾尊・伊奘册尊の項に続けて）、「大日霊祖元神（イザナギ・イザナミ）」の「天然不動の理」が法性身であるとの説を伝えている。『聞書』は「上下法性〈文〉。下ニ委細見ヘタリ。」として、以下の文に説明

されているとしているが、むしろ、大日孁貴（天照大神）が大日如来の法性身であるとする『大和葛城宝山記』（→註5）の説や、伊勢両宮が法性心殿（→註122）であるとする説を考え合わせるべきか。

(88)下々来々し給ふ＝朱左［ケ、ライ、、シタマヘリ］、守［下々来々シ給］。『制作抄』に「マタクウコカサルトコロノ神也」という付訓がある。これは、二神が建てた国柱が「元初皇帝御璽」で、「定恵不二一心不乱」「常住不去不来妙法座」であるとする『天地麗気府録』（→註77）のイメージと対応するか。

(89)光明大梵天王・尸棄大梵天王＝府・天は「光明大梵天王」に「伊奘諾」、「尸棄大梵天王」に「伊奘册」と傍書する。

尸棄・光明の両大梵天王は、中世神道書において、本来の梵天王信仰を離れて、独特の展開を見せることが知られている。「大梵天王」は前出（→①註109）。『法華経』序品（大正蔵九・二a）に「娑婆世界主梵天王、尸棄大梵・光明大梵等、与其眷属万二千天子俱、」とあり、この解釈として『法華義疏』第一（大正蔵三四・四六四c）に、

大梵天王名尸棄者、有人言、大梵天王即初禅梵王、尸棄即二禅梵王、光明大梵即三禅梵王、言等者第四禅也、光宅所用是也、有人言、娑婆世界　主者摩醯首羅、第四禅梵王也、尸棄者三禅梵王也、光明者二禅梵王也、等者初禅梵王也、

とあり、尸棄大梵天王は第二禅の梵天王、光明大梵天王は第三禅の梵天王という説を伝えている。「尸棄大梵天王」については、「大梵天王」と同じで初禅の主であるとの説（『法華経玄賛』第二本）、第四禅の天主とする説（『真言宗教時義』↓註107）があり、更には、過去七仏の第二である尸棄仏と梵天思想が融合されたという解釈もある。『理趣摩訶衍』上巻では冒頭部分に「娑婆世界主天王・尸棄大梵・光明大梵等之法報応化三身、」とあって、これら三天王に三身説を結びつけた解釈を引いている。

両部神道書においても、当初はこれらの解釈を受け継いで、まず尸棄大梵天王を中心に取り込まれた。『大和葛城宝山記』では「一言主神」の項目に「伝曰」として、

劫初在二神聖一、名二常住慈悲神王一、〔法語曰二尸棄大梵天王、神語名二天御中主尊一、〕大梵天宮居焉、為二衆生等一、以二広大慈悲誠心一、故作二百億日月及百億梵天一、而度二無量群品一、故為二諸大子之大宗一、三千大千世界之本主也、

とある。すなわち尸棄大梵天王は、劫初の神聖である常住慈悲神王の法語名で、大御中主尊（→②註158）と同体とされる。また『同』「水大元始」（→①註50）では、霊物から化生した神聖が天神であり、別名を「大梵天王」とも「尸棄大梵天王」ともいうとしている。

「光明大梵」と「尸棄大梵」を同格のものとして並置す

る言い方は、『仙宮院秘文』に見え、

尸棄大梵天王〈此云二天御中主神一、亦名曰二伊勢国天照坐豊受太神宮一是也、〉

光明大梵天王〈此云二大日霊貴一、亦名号二伊勢国天照坐皇太神宮一是也、〉

とあって、両天王をそれぞれ内外両宮にあてている。同様の説は『麗気記』⑥「豊受皇太神鎮座次第」にも見える。ただし、『聞書』には「光明大梵天王〈文〉。諾冊二尊也。」とあって、この二大梵天王をイザナギ・イザナミのこととしている。この他、『麗気記』⑦「心柱麗気記」⑧「神梵語麗気記」⑨「万鏡本縁神霊瑞器記」⑫「三界表麗気記」なども参照。

なお、以下の文は『天地麗気府録』「地神五代次第義」（↓註5）の第一「天照皇大神」の部分と対応しており、この前にあった「天照皇大神」という項目名が落ちたものと考えられる。

(90)一体無二ノ誓願シテ掌ヲ合はす＝府「合掌在上時」として「合掌シテ上ニ在ス時ニハ」。

『聞書』では「誓願合掌〈文〉。和合ノ事也。」とし、光明大梵天王・尸棄大梵天王すなわちイザナギ・イザナミが誓願をして交会することと解釈する。これより「一体無二の誓願」とは、諾冊二尊が行なった神生み・国生みに先立つ誓いを指すと考えられる。なお、『日本書紀』神代上・第四段本文には「因問二陰神一曰、汝身有二何成一耶、対曰、吾身有二一雌元之処一、陽神曰、吾身亦有二雄元之処一、思下欲以二吾身元処一合中汝身之元処上、是於陰陽始遘合為二夫婦一、」とある。

(91)上ニ在る時ハ功徳無上ナリ＝守［上ニ在ス時ハ功徳無上ナリ］。

「上」朱［カミ］。「在」朱［マス］。「功徳」朱［イ丶ツカニシテ］。朱は、返り点を「無二上下一」と振り、「上に在る時は功徳、上下無し」と読ませている。

(92)下に化する時ハ功徳無等々ナリ＝「下化時」府［下ニナリタマフ時ハ］。「化時」朱［ハケユクトキ］。「無等々」朱［ヒトシキモナシ］。

『聞書』にも「在上下化時〈文〉。上下法性也。府録ニ云ハク、但シ上ニ在ル時ハ、大梵天王ノ功徳無上。下ニ化ス時ハ、尸棄光天女ノ功徳無等〈文〉。」とあるように、『天地麗気府録』「地神五代次第義」（↓註5）では、上に在る時は大梵天王、下に化す時は尸棄光天女で、それぞれの功徳が最高で差別ないとしている。

(93)神宝日出づるの時＝温［ミタマノミタマヲテリイテマシ丶トキ］、天左・宮［ミタマノミタカラテリイテマシマストキ］、府［カンタカラヒイテノ時］。「神宝」天［カンタカラ］。守は「化神宝日出之時」とし［ハケノミタマノミタカラテリイテマストキ］。

「神宝」は、三種の神器（↓註206）。「日出づるの時」は、三種の神器が光り輝くさまをいう。『聞書』に「神宝《ミタマミタカラ》日出之時《テリイテマシマストキ》〈文〉。三種神祇（ママ）ヲ指ス也。或書ニ云ハク、三《ミ》種神宝照耀《タマミタカラテリイデマシマス》〈文〉。」とあり、『私鈔』に「神宝日出之時、ミタマノミタカラテリイツルトキ〔日照〕。是ハ両神和曜之時ノアリサマナリ。」とある。なお、この箇所から「永懸大空不落」の箇所までは、『中臣祓訓解』に、

所以嘗天地開闢之初、神宝日出之時、法界法身心王大日、為レ度二無縁悪業衆生一、以二普門方便之智恵一、入二蓮花三昧之道場一、発二大清浄願一、垂二愛愍慈悲一、現二権化之姿一、垂二跡閻浮提一、請二府璽於魔王一、施二降伏之神力一、神光神使駅二八荒一、慈悲慈檄領二於十方一以降、忝大神、外顕下異二仏教一之儀式上、内為下護二仏法一之神兵上、

とあることと対応しているが、そこでは法身の大日如来が神として垂迹している。なお、以下の本文と類似の記述については、『倭姫命世記』冒頭（↓註80）、『天地麗気府録』「地神五代次第義」（↓註5）などの他、『御鎮座次第記』に「当二神宝日出之時一、天照大日孁貴与二止由気皇大神一、予結二幽契一、永治二天下一以降、」とあり、『理趣摩訶衍』上巻に、

夫天地開闢之始、神宝日出時、御饌都神《みけつ》ト与二尸棄光天女一、同時成レシテ契ヲ永ク治二ム天下一ヲ、言寿宣《ひとことい》肆或ハ為レリ月ト為レリ日ト、永ク懸二リテ大空一ニ不レ落チ、照三スヨリ一四天下ト与二無量梵摩尼殿一以降、建二立シテ正覚正知一ヲ、令レム成二真如平等智一ヲ、三界建立ノ時、以二テ堅輪一ヲ為レシ地ト以二テ空輪一ヲ為レス天ト、空後以レテ天ヲ為レシ神ト、以レソ知ヲ為レス仁ト、復百億萬劫間、九山八海無レキ主之時、第六天魔王伊舎那魔醯修羅、毘盧遮那魔醯修羅、鳴動忿怒ソテ無二シ天下魂一、此時無二シ天上明一、月天子下《くだり》テ成二リ堅牢地神一ト、国ヲ平ケント思食スコト八十萬劫、其後草木生シテ結レフ菓ヲ、菓落チテ成二ル種子一ト、種子変シテ成二ル有情一ト、有情中有二リ凡聖一、依二リテ元初一念之心一ニ、凡聖分ルル故、遍ネク照二ス三明一ヲ、日天十下リテ成二ル□□□神一ト、則チ蓋レフカ悪ヲ故ニ、土公土牢土堅土神王如二シ律令一ノ、開二敷スルカ八葉蓮華一ヲ故ニ、大空無相ノ日輪坐二ス其中一ニ、有二リ実相真如ノ日輪一、是名二ク如如安楽地一ト、亦名二ク華蔵世界密厳浄土一ト、是名二ク大光明心殿ト一、亦名二ク法性心殿ト一、亦名二ク両宮正殿ト一者也、此正殿ノ形貌《かたち》ハ自性大三昧耶形也、大梵宮殿在二リ其中一ニ、

とある。「幽契」（↓註80）を結ぶ二神の組み合わせの相違については、註94を参照。

(94) 二神《フタハシラ》ノ大神《オホンカミ》　『聞書』（↓註89）に従えば、イザナギ・イザナミのことを指すと解釈される。ただし、「幽契」を結ぶ二神の組み合わせについては諸書に相違があり、『天地麗気府録』（↓註5）と『理趣摩訶衍』（↓註93）では御饌都神と尸棄光天女、『倭姫命世記』（↓註80）では御饌都神と大日孁貴、『御鎮座伝記』（↓註85）では御饌都神天御中主尊と大日孁貴天照太神、『御鎮座次第記』（↓註93）では止由気大神と天照大日孁

貴になっている。

(95) 予結幽契《ミトノマクハイ》シテ＝府左［アラカシメカクレタルチキリヲムステ］、天左［ココロヨクタヘタルチキリヲムスヒ］。

男女が交わること。男女が婚合すること。『聞書』には、予結幽契〈文〉。四字引キ合テ、ミトノマクハイト読メリ。読曲ニト云ハク、アラカジメカクレタルチギリヲムスンデトヨメリ。

とある。なお、前段の「幽契」（↓註80）、『麗気記』②「神天上地下次第」の「婚合」（↓②註47）も「ミトノマクハヒ」と訓んでいる。

(96) 永ク天下《あめのした》を治《ヲサ》メタマフ＝府・天［ヒタスラアメカシタヲヲサメ］。「治」国［シツメント］。

(97) 言宣《ミコトノリシテノタマハク》＝宮は「言レ宣」とし［ミコトノリヲノタマハク］。『倭姫命世記』（↓註80）『天地麗気府録』（↓註5）『理趣摩訶衍』（↓註93）などでは「言寿宣」としている。

(98) 肆《マコト》ニ或いは日と為《な》り月と為《な》り＝「肆」府左［カルカユヘニ］。『聞書』に「肆〈文〉。マコトニトモ読ム。カルカユヘニトモ読メリ。」とあり、「肆」について二通りの読み方を提示している。

(99) 永《ナカ》ク懸《ハルカ》ニ大空《オホソラ》ニシテ落ちず＝守［永クハルカニヲホソラニシテクタラス］。「永懸」府・天［ヒタスラニカカリテ］。「懸大空」朱左［大空に懸テ］。

解釈は朱に従い、（二神が日・月となって）大空に留まって落ちない、とした。「日と為り月と為り永く懸かりて落ちず」の句は、『倭姫命世記』（↓註80）『理趣摩訶衍』（↓註93）などにも見える。

(100) 一四天下《ケ》ト無量ノ梵摩尼殿トヲ照シテ以降《コノカタ》＝「一四天」天左［ヨモツアメカ］。「照」宝・府［テラシマシテ］、守［テラシマシマシテ］。

「四天下」とは、須弥山の四方に広がる世界、すなわち南瞻部洲・東勝身洲・西牛貨洲・北倶盧洲のこと。「一」は「全て」の意と考えられる。すなわち「一四天下」で地上世界のことと解釈される。「梵摩尼殿」は「梵摩尼」が大梵天王の如意宝珠のことであることから、大梵天王の住む殿を清く輝けるものとして称したものか。ただし、『天地麗気府録』（↓註5）には「照二一四天下一興二無量梵摩尼殿一、以降、」とあり、これによれば「地上世界を照らし、無量にある梵天の住む宮殿を興して、それ以来、」という意味となる。

(101) 正覚正知ヲ建テ、真如ノ智ヲ成シテ、三界を建立ス＝「建」を国は「遠」、府・天は「達」とする。

『天地麗気府録』（↓註5）には「建二正覚正知一、令レ成二真如平等智一三界建立、」とあり、「正しい覚りと正しい知識をうちたてて、それによって真であり偏りのない智慧を完成させて、三界を建立した。」ということになる。「三界」は前出（↓①註101）。

(102) 清陽ヲ以ては天と為《な》し、重濁を以ては地と為《な》す＝守［清陽ヲ以テ天ト為シ、ヲモクニコレルヲ以テはチト為ス］。「清陽」府・天［スミアキラカナルヲ］。「為天」府［アメトナリ］。「重濁」朱［重濁ナルヲ］、国・天［ヲモリニコレルヲ］、府［ヲモキニコレルヲ］。「為地」国・府［クニトナル］。『私鈔』「清陽トスミアキラカナルヲモツテハアメトシ、重濁トカサナリニコレルヲモツテハツチトス」。

『天地麗気府録』（↓註5）はこの箇所を「以二堅淪一為レ地、以二和濯一為レ天、」としており、「堅く沈むものを地として、柔らかく明らかなものを天とした」と解釈される。『聞書』には、

以清陽《スミアキラカナルヲ》者〈文〉。以下世界建立ナリ。此ノ段聊カ見悪シ。其ノ故ハ、上ニ先能居神ヲ挙テ彼ヲ釈スル故也。然レドモ此ノ書ハ相連ヲ本ト為サザルガ故ニ、カシココヽ段々ニ釈スル也ト云々。

とある。ここでは、元来『日本書紀』神代上の冒頭（↓①註73）では「及二其清陽者薄靡而為レ天、重濁者淹滞而為レ地、」とし、国常立尊・国狭槌尊・豊斟渟尊の造化三神が生まれる以前、天地が開闢しはじめる状態を述べた詞章であったものが、『麗気記』では神々が生誕した後に地上世界の形成を述べているという相違が指摘されている。

(103) 和曜《ヤハラカニカヽヤク》ト一二定《アメツチサタマ》りテ後＝守［ヤワラヒカヽヤクコトアメツチト定マテ後］、、宮［ヤワラカニカヽヤキアメツチナヲサタメテ］。「和曜」国［和ニカヽヤキタマヘリ］、温［ヤハラカニカヽヤイテ］。

柔らかに輝いて天地が定まってから、という意味か。この一節について、『制作抄』け右訓に「ワエウトイチ二定メテ」、左訓に「ヤハラカニ宿ス、マタナレル」とし、「マタナレルト云ハ、アマタニナルヲ云フ也。」という注を加えている。『聞書』には、

和曜〈文〉。ヤハラカニウキ給ヘリトモ、カヽヤキ給ヘリトモ読メリ。

一二定後《アメツチサタマリテノチ》〈文〉。俗書ニ云ハク、一二ハ道従リ万物起コリ、一二ニ依リテ生ズト云々。

とある。『私鈔』には、

和曜与ト、ヤハラカニヤトリ。一二定ト、ツマヒラカニサタメテノチアメヲモテカミトシツチヲモテヒトヽスト云々。

とあり、また、

和曜与一二定後等事。此ニ二ノ訓点在リ。一ニハ向ノ如シ。二ニヤハラカニカヽヤクアメツチトサタマリテノチト云々。与ハ将与ナリ。一二ハ天一地二也。

として二通りの読み方を示している。これらの訓注から、「和曜」は「柔らかに輝く」「柔らかに宿す」「柔らかに浮く」の意ととれる。現代語訳では「ヤハラカニカガヤキ」という読みに従った。「一二」を「アメツチ」と読ませる

のは、一が奇数で陽、二が偶数で陰となるからである。『易経』繋辞上に「天一、地二、天三、地四、天五、地六、天七、地八、天九、地十、」とあることに拠る。また、『聞書』の理解は、『老子』に「道生一、一生二、二生三、三生万物、」とあることに基づく。なお『天地麗気府録』（→註5）は「和曜」を「和濯」として、前項の通り天を成すものの性質としており、「与一二」の文言を欠いて「以㆓和濯㆒為㆑天、定後以㆑天為㆑神、以㆑地為㆑仁、」としている。

(104) 百億万劫ノ間

極めて長い時間。「劫」は前出（→②註3）。『天地麗気府録』（→註5）は「後百億万劫間」としている。

(105) 九山八海

前出（→①註33）。世界の中心に聳える須弥山の周囲の世界を取り囲む九つの山と八つの海。

(106) 第六天の伊舎那《いしゃな》魔化修羅《まけいしゅら》＝府・天では「摩化修羅」に「欲界頂」、天は更に「伊舎那」に「反大自在」と傍書あり。

『天地麗気府録』（→註5）は「第六天魔王伊舎那摩化修羅」に作る。

「第六天」は、欲界六天（六欲天）の最高位で「他化自在天」（→⑥註178）を指す。この天に生まれたものは、他の天の作った楽事（欲）を自由に受容して自分の楽にするといい、また魔王の住所ともされる。

「伊舎那」は、サンスクリットのイーシャーナの音写で支配者の意。「大自在天」ともいい、第六天の主。「摩醯修羅天」（→③註127）は、サンスクリットのマヘーシュヴァラの音写で「伊舎那」の別名。つまり、両者は同じものを指すこととなる。『聞書』には、

伊舎那摩醯首羅〈文〉。第六天ト云々。委細ハ神代聞書ノ如シ。伊舎那ハ梵語也。彼イシヤナマケイシュラ天ニ住ミ給フト云々。

とあり、「摩醯修羅天」を天界と捉え、伊舎那がそこに住むと解釈する。また、『真言宗教時義』四（大正蔵七五・四三五b）では、

今真言宗云、伊舎那天忿怒之身名㆓魯駄羅㆒、亦名㆓摩醯修羅㆒、是第六天宮魔王也、入大乗論云、摩醯首羅有㆓二種㆒、一伊舎那摩醯首羅、二毘盧舎那摩醯首羅、前是第六天魔也、後是第四禅天王也、

と、「摩醯修羅」は「伊舎那」の忿怒形の名の一つで第六天宮の魔王とする説、および『入大乗論』で二種に分けた「摩醯修羅」のうち「伊舎那摩醯修羅」を第六天魔とする説などを紹介する。現代語訳では、次項「毘遮那摩醯修羅」と合わせて、『入大乗論』の説を採択した『真言宗教時義』の考えに従った。なお、「摩醯修羅」については他にもさまざまな解釈があり、『麗気記』③「降臨次第麗気記」の『聞書』（→③註127）では、色界の最高位・色究竟天に住むとし、ここの『聞書』の所説と抵触している。

(107)毘遮那魔醯修羅《びしゃなまけいしゅら》＝府・天は「毘遮那」に「色界頂」と傍書あり。

「毘遮那」は「毘遮舎」の誤記か。『真言宗教時義』四（↓註106）では、二種の摩醯修羅の一つで第四禅天王とする説が紹介され、更に、

第四禅天主亦名二摩醯修羅一、此云二大自在一也、即諸論云、後報利二益摩醯修羅天宮一是也、即大千界主、亦名二尸棄一、とも記す。また「大集経云、復有二魔王領大千界一、入大乗云二毘遮舎摩醯修羅一是也、」として「毘遮舎摩醯修羅」は大千界を領する魔王であるともしている。現代語訳では、「毘遮那」の表記は底本のままにし、これら『真言宗教時義』の説に沿って解釈した。

(108)天下に魂《カケルモノ》無し＝国［アメノ下ニカケルモノ無し］、府・天［アメノシタニミタマ無し］。「魂」朱左・国左・温・守・宮左［ミタマ］。

この世に生き物がいなかった状態を意味するか。『聞書』に「天下魂〈文〉。魂ヲカケルモノト読ム事。読曲也。只ミタマト読ム也。」とあるように、「魂」に「カケルモノ」という読み癖があったらしい。

(109)遍照三明の月天子《がってんし》

「遍照三明」は単に「月天子」の装飾語で、極めて明るいことを意味するか。「遍照」はあまねく隅々まで照らすこと。「三明」は、仏・阿羅漢が備えている三つの智慧のことで、過去のことを明らかにする宿命明、未来のことに通達する生死（天眼）明、現在のことを明らかにして煩悩を断ずる漏尽明をいう。

「月天子」は、本来、九曜の中の蘇摩の月曜のことであるが、ここでは「日天子」（↓註117）の対語として、月を神格化した「月天《がってん》」（十二天・二十天の一）と同義で用いられていると考えられる。後段では、イザナギ・イザナミが右手に銀鏡を持って生んだ陽神を「月天子」としている。また、中世神道説では「日天子」と「月天子」が対で説明され、『宝基本記』裏書に、

古人秘伝云、伊勢両宮、則胎・金両部大祖也、

日天子

天地未レ割、陰陽不レ分以前、是名二混沌一、万物霊、是名二虚空神一、亦曰二大元神一、亦国常立神、亦名二倶生神一、希夷視聴之外、氣氳気象之中、虚而有レ霊、一而無レ体、故発二広大慈悲一、於二自在神力一現二種々形一、随二種々心行一、為二方便利益一、所レ顕名曰二大日孁貴一、亦曰二天照神一、為二万物本体一、度二万品一、世間人児如レ宿二母胎一也、

月天子

天地之間、気象質木二相離一、是名二渾淪一、所レ顕尊形、是名二金神一、生化本性、万物惣体也、金則水不レ朽、火不レ焼、本性精明、故亦名曰二神明一、亦名二大神一也、任二大慈悲本誓一、毎レ人随レ思雨レ宝、如二龍王宝珠一、

利二万品一、如二水徳一、故亦名曰二御気都神一也、金玉則衆物中功用尤勝、不レ朽不レ焼、不レ壊不レ黒、故為レ名、無二内外表裏一、故為二本性一、謂、人乃受二金神之性一、須レ守二混沌之始一云々、故則敬レ神尊レ仏、清浄為レ先云々、

従レ正以為二清浄一随レ悪以為二不浄一、悪者不浄之物、鬼神所レ悪也、

とある。

(110) 堅牢地神＝「堅牢」天［ケラウ］。

大地をつかさどる神。その形像は赤肉色で、左手に鮮花を盛った鉢を捧げる。胎蔵現図曼荼羅では、外部東方伊舎那天の近くに位置する。

(111) 瑠璃の平地に業塵《ごうじん》を聚《あつ》めテ五色《ごしき》ノ地ヲ生ジテ＝「聚」朱［アツマレ］。「生五色地」国［五色のクニトナシタマヘリ］、府［五色ノ地ヲナシタマヘリ］。

「瑠璃の平地」は、宝石の如く素晴らしい土地、という意味か。「業塵」とは、本来は悪業によって身が汚れることを塵に譬えていった語であるが、文脈から見ると「様々な塵」の意味で使用しているようである。「五色」は本来、青・赤・黄・白・黒であるが、ここでは「様々な」という程度の意味か。『天地麗気府録』(↓註5)『理趣摩訶衍』(↓註93) などにこの部分はない。

(112) 漸《ようや》ク草木生ジ、花指《ヒラ》ケ、真菓《コノミ》ヲ成す＝守左［漸ク草木サイテヲイ］。

「真菓」は、果実のことか。『天地麗気府録』(↓註5) は「其後草木生結菓」としている。

(113) 菓《ミ》落チ種子《タネ》ト成ル＝「菓」を朱左は「々」として［コノミ］。守［コホレテタネト成ル］。

(114) 種子変《カハ》りテ有情《うじょう》と成る＝守［種子変シテ有情ト成ル］。「変」守左・府［カヘテ］。

「有情」は、この世に生きていて情を理解できる一切の生物。

(115) 凡聖《ぼんしょう》

凡夫と聖者のこと。

(116) 元初の一念

それぞれの有情が生まれた時の最初の一念。『私鈔』に、

依元初一念凡聖分現等ノ事。元初ノ一念ハ不招報ノ一念ナレバ、凡トモ聖トモ分ツベカラズ。サレドモ無念ノ本分起動スルハ即チ是、微細流注ノ初ナレバ、忽然念起名為無明ト云ハレテ、凡ト成ル。元初一念当処ノ一心ニシテ更ニ廻迂無ケレバ、無為寂然ノ一心ト云ハレテ、本覚妙明元清浄ノ本分也。是ヲ名ヅケテ聖トス。サレバ、三千在理同名無明三千果成咸称常楽ト云フハ此ノ意也。

とある。

(117) 日天子《にってんし》ト現《アラ》ハレテ＝「現」府［アラハシテ］。

「日天子」は、日宮殿に居て、四天王に属し、帝釈天の内

臣とされる。大日如来の化身ともされる。また、太陽を神格化した「日天」（二十天・十二天の一）と同義に使われる。後段では、イザナギ・イザナミが左手に金鏡を持って生んだ陰神（天照大神）を「日天子」とし、「月天子」（↓註109）と対照させている。

(118) 八葉の蓮華

八枚の蓮華にかたどられている中台八葉院のこと。胎蔵曼荼羅（↓【図1】）の中央にある。すなわち、この段の終わりまでは光明大梵天王と尸棄大梵天王が地上世界を胎蔵曼荼羅の世界としたことをいっている。『天地麗気府録』（↓註5）は「如㆓律令㆒、開㆓敷八葉蓮花㆒故、」としている。

(119) 大空無相の日輪

現象世界を超越した絶対的な日輪ということか。「無相」はものの姿形のあることを示す「有相」に対する語で、姿形のないことを示すのであるが、また、対立概念としての「有相」「無相」を超越した「空」のことをもいう。「大空」はその「有相」「無相」の概念を捨て去ることをいい、阿字本不生の理を悟ることをいう。『天地麗気府録』（↓註5）は「大空無相月輪座、其中有㆓実相真如月輪㆒、是為㆓如々安楽地㆒、」としている。

(120) 如々《によによ》安楽の地＝府・天［ココロノママノクニ］。

真実にかなった悟りの境地。『聞書』には「如々安楽地〈文〉。読曲ニ云ハク。心ノ任《ママ》ノ国ト読メリ。」との読み癖を記す。

(121) 大光明心殿

「光明心殿」は密教で本来から備わった覚りのことをいう。これを大日如来の住所としての世界に譬えたものか。

(122) 法性心殿

「法性」は前出（↓①註93）。大光明心殿と同様に、永遠の真理としての法性を大日如来の世界に譬えたものか。『麗気記』⑤「天照皇大神宮鎮座次第」に「胎蔵界法性心殿」（↓⑤註95）とある。

(123) 自性の大三昧耶《さまや》大梵宮殿

「大三昧耶大梵宮殿」は、大日如来の悟りの境地がそのままに現われている宮殿。「三昧耶」は前出（↓①註47）。また、⑤註92も参照。『天地麗気府録』（↓註5）には「自性《在歟》大三昧耶大梵宮殿表也、」とある。『理趣摩訶衍』（↓註93）も参照。

(124) 伊弉諾・伊弉冊二神の尊＝「二神尊」朱［フタハシラノミコト］、天［フタハシラノオホンカミ］。

イザナギ・イザナミは前出（↓②註49・50）。以下の所説は、『天地麗気府録』（↓註5）では、「下化有想文義云」として筆録される。また『日本書紀』神代上・第五段一書第一に、

一書曰、伊弉諾尊曰、吾欲㆑生㆓御宇之珍子㆒、乃以㆓左手㆒持㆓白銅鏡㆒、則有㆓化出之神㆒、是謂㆓大日孁尊㆒、右手持㆓白銅鏡㆒、則有㆓化出之神㆒、是謂㆓月弓尊㆒、又廻㆑首顧眄之間、則有㆓化神㆒、是謂㆓素戔嗚尊㆒、

とあることが素地になっていると思われる。

(125) 左の手ニ金鏡ヲ持ちて陰《メカミ》ヲ生《アレマ》ス＝府［左ノミテニカ丶ミヲ持ちタマヒテメカ丶ミアレマス］。

(126) 銀鏡ヲ＝府［カ丶ミヲ］。

(127) 名《ミナ》ヲ＝府［シナヲハ］。

(128) 瀛都鏡《オキツカヽミ》・辺都鏡《マエツカヽミ》＝「瀛都鏡」守左［キトケイ］。

「奥津鏡・辺津鏡」とも書かれる。「瀛」と「辺」は対語。それぞれ「沖」「海岸」の意味であることから、航海安全の呪鏡とも考えられている。註165・166・170も参照。

この二鏡は、剣・玉・比礼などの神宝とともに、八種《やくさの》神宝《かむだから》（『古事記』↓註166）ないし十種神宝（『先代旧事本紀』↓註165）に含まれるもの。『類聚神祇本源』（ただし朱注）には、瀛都鏡・辺都鏡をそれぞれ前出の「金鏡」「銀鏡」に結びつけた解釈も見える。この二鏡にまつわる所説として、「灌頂天女伝」（『類聚神祇本源』『旧事本紀玄義』『古語類要集』所引逸文）では、「瀛都鏡・辺都鏡二面、奉レ授二天孫一、天降居爾時、一面淡路地八大龍神奉レ鎮、一面日向宮奉レ崇也、」とある。参考までに、以上の関係を一括して図示する。

左手…金鏡…陰…日天子…切火気…日…瀛都鏡
右手…銀鏡…陽…月天子…切水気…月…辺都鏡
（以上二行を括って）三界建立／照六合

また、二鏡の図像の諸相については、伝空海撰『十種神宝図』や慈遍『古語類要集』に所掲の「十種神宝図」の他、『宝鏡開始』『神宝図形神秘書』などにも見える。

(129) 国璽尊霊《クニノシルシノミコトノミタマ》＝守・府［国ノシルシノミタマ］、宮［クニノシルシノミタマノミタマ］。

国を治めるにあたっての象徴としての神璽、ということか。

(130) 六合《アメノシタ》＝朱左［ムクニ］、国［アメカシタヲ］、温［アメノアヒタ］、温左［リツカウ］、守左［クニノ内］。

天地（上下）と四方。全宇宙。『荘子』斉物論に「六合之外、聖人存而不論、六合之内、聖人論而不議、」とあることに由来する。この言い方は、『日本書紀』神代上・第五段本文に、

於レ是、共生二日神一、号二大日孁貴一、〔大日孁貴、此云二於保比屢咩能武智一、孁音力丁反、一書云、天照大神、一書云、天照大日孁尊、〕此子光華明彩、照二徹於六合之内一、

とあるのをはじめ、『御鎮座次第記』冒頭「天照坐皇太神一座」（↓註225）や、『御鎮座伝記』（↓註85）『倭姫命世記』冒頭（↓註80）などでも使われている。

(131) 正哉吾勝々速日天忍穂耳尊《マサヤワレカツカツハヤヒアマノヲシホミヽノミコト》

オシホミミは前出（↓②註77）。『天地麗気府録』（↓註5）は「火珠所生神」の他に「掖子」という名を伝えているが、その由来は、『古語拾遺』に、

於レ是、素戔嗚神、欲レ奉二辞日神一、昇レ天之時、櫛明玉命奉レ迎、献以二瑞八坂瓊之曲玉一、素戔嗚神受レ之、転奉二日神一、仍共約誓、即感二其玉一、生二天祖吾勝尊一、是以、

天照大神育二吾勝尊一、特甚鍾レ愛、常懐二腋下一、称曰二腋子一、〔今俗、号二稚子一謂二和可古一、是、其転語也、〕

として、天照大神が脇の下に抱いて育てたことによるとされている。

(132) 八坂瓊曲玉《ヤサカニノマカタマ》＝守〔ヤサカニノクセタマ〕、朱左・守左・宮〔ヤサカニノクセタマ〕。

大きな勾玉。「八坂」は「八尺」の当て字で、大変長いという意味。『日本書紀』神代上・第六段などによれば、スサノヲが八坂瓊曲玉を天照大神に捧げ、二人の間にオシホミミなど五男神と三女神が生まれた。

(133) 大八州《オホヤシマ》

「大八洲国」は、大日本豊秋徒洲《おおやまととよあきづしま》・伊予二名洲《いよのふたなのしま》・筑紫洲《つくしのしま》・億岐洲《おきしま》・佐度洲《さどしま》・越洲《こしのしま》・大洲《おおしま》・吉備子洲《きびのこしま》の総称。すなわち、日本のこと。

(134) 本霊鏡《モトノミタマノミタマ》＝守〔ヲホミ玉ノミタマ〕、府・宮〔ミコトノミタマノミタマ〕。温・宝・府・天は「大靈鏡」に作り、温〔ミコトノミタマ〕、府〔ミコトノミタマノミタマノ〕、天〔ミコトノミタマノカカミ〕、天は「大」に「本」を傍書して天左〔モトノ〕。

(135) 火珠所成の神《ミタマ》＝「神」守〔カミ〕、守別・府・宮〔ミコト〕。

「火珠」は、火を象徴する宝珠（→①註75）ということか。内外両宮を五行に当てはめた場合、内宮は火徳、外宮は水徳に相当し、それぞれ火珠と水珠（→①註74）に象徴される。また、『神皇実録』に、

五十鈴宮御霊形者、天瓊玉柞象表也、是天地発初、万像根本、火珠所成霊坐、白銅鏡形八面、是大八洲神霊居坐、部類三十二神列也、

とある。

(136) 天津彦々火瓊々杵尊《アマツヒコヒコホニニキノミコト》

ホノニニギは前出（→②註80）。『日本書紀』神代下の冒頭には「天照大神之子正哉吾勝勝速日天忍穂耳尊、娶二高皇産霊尊之女栲幡千千姫一、生二天津彦彦火瓊瓊杵尊一」とあるように、本来、ホノニニギは天照大神の子オシホミミとタカミムスビの娘栲幡千千姫《たくはたちぢひめ》（→⑤註121）の間に生まれたとされていただけであった。ここでは更に、高皇産霊尊が天御中主神（→②註158）の太子として位置づけられている。これにより、天御中主神からホノニニギまでが一つの神統譜で結び付けられている。この理解は、伊勢本『古語拾遺』に、

天地剖判之初、天中所レ生之神名曰二天御中主神一、其子有二三男一、長男高皇産霊神（注略）、次津速産霊神（注略）、次神皇産霊神（注略）、其高皇産霊神所生之女、名曰二栲幡千千姫一、

と見え、『神皇実録』にも「高皇産霊神〔皇祖神、故亦名高貴神、天御中主神長男也、〕」とあることと一致する。このような神統譜改変の背景に、外宮祭神豊受大神を天御中主神と同体だと主唱する度会氏がおり、天孫降臨譚を中世伊勢神道における外宮の主神と血統という最も強い紐帯

で結びつけようとする意識が働いていたと指摘されている。ここに見られる『麗気記』『天地麗気府録』の叙述は、こうした天御中主神と高皇産霊神の親子関係の擬制を、いちはやく天孫降臨譚に当てはめた例と見なせる。

(137) 天《アメノ》皇《ミヲヤ》天《アマノ》御《ミ》中主《ナカヌシ》神《ノミコト》＝「天皇」府左［アマスヘラキ］。

「天御中主神」は前出（↓②註158）。『聞書』に「天皇〈文〉。ミヲヤト読メリ。読曲ニ云ハク、アメスベラギト読メリ。」とある。

(138) 高皇産霊《タカミムスヒノミコト》皇帝《スヘラミコト》＝府［タカミムスヒノスヘラミカト］。

「高皇産霊（タカミムスビ）」は、『日本書紀』神代上・第一段一書第四で天御中主に次いで高天原に生まれた神とされる。『古事記』では天地初発時に高天原に化成した造化三神の第二として「高御産巣日」と表記される他、国譲りの途中から「高木（大）神」とも表記される。高天原の最高神としてホノニニギに降臨の命令を下す。ここでは天御中主神（↓②註158）の子で、「（日本の主玉となる）光明天子」であるとされている。『天地麗気府録』（↓註5）では「極天之祖皇帝」と記されている。

(139) 豊葦原中津水穂国ノ主玉《スヘラミコト》と為《な》る光明天子＝「為」守［申ス］。

「主玉光明天子」朱左［主ノタマノミタマノアメノツヘ］。「主玉」宮［スヘラミコトノミタマ］、「主王」として温［スヘラミコト］、守左［アルシ］、府［アルシミタマ］、天［アルシミタマノスヘラミコト］。「光明天子」守［タマノミタマノアニ］。

「豊葦原中津水穂国」は日本のこと。「葦原中国」は前出（↓①註39）。「水穂国」は「中水穂国」（↓①註68）参照。「豊《とよ》葦原中国《あしはらなかつくに》」（↓註229）と同じ。その「主玉」である「光明天子」と表現することは、高皇産霊尊を玉としてイメージしているか。

(140) 尓時《イマシ》＝府［イマシ時ニ］。

以下は「天孫降臨」について書かれている部分。その叙述は、『制作抄』に「爾時八十柱ヨリ由良止布理部マデハ、聖徳太子御作、旧事本紀ト云フ書ニアリ。」とあり、また『私鈔』に「惣シテ爾時八十柱ヨリ由良止布理部ト云フニ至ルマデ、聖徳太子ノ御作、旧事本記ニアリ。」とあるように『先代旧事本紀』巻三「天神本紀」の「正哉吾勝々速日天押穂耳尊」（↓註165）に典拠をもつ。

(141) 八十《ヤソ》柱《ハシラ》諸神《モロカンタチ》曰《ノタマ》ハク＝「諸神」温左・守左［ヨロツノカミタチ］。

豊葦原中津水穂国の平定に遣わす神として誰がふさわしいかを議論する場面。最初に問を発した者を、『日本書紀』神代下・第九段本文ではタカミムスビ、『古事記』では天照大神と高木神（タカミムスビ）、『先代旧事本紀』（↓註165）では天照大神としているが、『麗気記』『天地麗気府録』などで書かれておらず、命令の主体があいまいになっている。

(142) 初契《ハシメ》＝守左［初ノカヨヒ］。国・府・天は「初契天下」として「アメカシタをヲサメムン」。

(143)主無《キミナカ》ランヤ＝守左［アルシモ無］、天［アルジナカランカ］、天左［キミナカレ］、宮左［主タルヘキ也］。国は「尊無主」で［ミコトタルキミハ無シ］。

『制作抄』には「無主《ナカシアルシ》時《キ》ヲ一分ニ心也。主トハ仏法也。」とあり、『私鈔』には、

無主トハ、一説ニ云ハク、アルシナカレ。言ハ主トハ仏法ヲ云フ也。謂ナカツクニノハシメハ、ヒノ天ノミコノミコトノミコナリ。此ノ神道ノ一ニシテ又仏道ト云フ事ヲアラセシト云フ意也ト云々。一説ニ云ハク、言フ心ハ、アルシナカランヤト云フ也。謂ハシメハヒノアメノミコトノ尊也。又アヒツクアルシナカランヤト云フ意也。一説ニ云ハク、若シ是、無ノ字誤リカ。宜シク元ノ字ニ造ルベシ。言フ心ハ、初ヨリヒノアメノミコノミコト、モトノアルシ也ト云フ事也ト云々。

とある。つまり、①「アルジナカレ」、②「アルジナカランヤ」、③「モトノアルジ」の三説があったとされる。ここでは諸本の傍訓を参照した上で、②の読みに沿って解釈した。

(144)冥応ニ非ずバ＝府左・天［ミコトニオハシマサズハ］。「冥応」国・府［メイヲウニ］。

「冥応」とは、神仏が衆生に感応して加護を垂れること。『聞書』に「非冥応〈文〉。ミコトニヲハシマサズバト読メリ。」とある。これによれば、「ミコト（天孫＝尊）でなければ」と解せる。ただし、『天地麗気府録』（↓註5）では「非㆑応㆑命者」とあり、「高天原の神々の命令によらない者」という意味に読みとれる。

(145)治《ヲサ》ムルコト＝守・温・宮［シリヲサムルコト］。

(146)誰ノ神乎《ミコトヲヤ》＝国［タレノカミヲヤ］、守左・温［誰カミコトヲヤ］、府・天［タレノカミゾヤ］、天左［ミコトヲヤナランヤ］。

(147)神達曰はク＝国［カミタチ日ク］、府［カンタチノ日ク］。

以下の文は、『大和葛城宝山記』に、

天津彦々火瓊々杵尊〔神勅曰、以㆓天杵尊㆒為㆓中国主㆒、賜㆓玄龍車・追眞床之縁錦衾【今世称㆓小車之錦衾㆒是縁也、】・八尺流大鏡・赤玉鈴・草薙剣㆒而寿㆑之曰、嗟乎、汝杵、敬承㆓吾寿㆒、手把㆓流鈴㆒、以㆓御無窮無念㆒、爾祖吾、在㆓鏡中㆒宣久、凡中国初、定㆓万物㆒有㆑霊所以㆓草樹㆒、称㆓言魔神㆒兢扇、今以㆑杵就㆑之故、名称㆓皇孫杵独王㆒也、今世日、伊勢国山田原坐止由気太神相殿坐也、〕

とあることに拠るか。

(148)皇孫《スヘミマノ》杵《コ》独王《トクノミコト》＝守・温［スヘミマコノキ独ノ王］、府［皇ミカコキトクノミコト］。「杵独王」国［コトコノキミ］、守左［コトクノミコト］、天［キトクノミコト］、天左［キトクノキミ］。

ホノニニギ（↓②註80）のこと。「杵独王」の名の由来については、『大和葛城宝山記』（↓註147）がもっとも早いと思わ

れる。それによれば、天尊降臨の神勅において「天杵尊を中つ国の主と為せ」と命じたうえで、八尺流大鏡・赤玉鈴・草薙剣等の神宝を下賜して、「汝杵よ、手に流鈴を把って、無窮無念にすれば、汝の祖である私は鏡中に汝とともにある。」と宣べたとされる。これは、『日本書紀』神代下・第九段一書第二に見える、天照大神がオシホミミに宝鏡を授けて「吾児視二此宝鏡一、当レ猶レ視レ吾、」と述べた、いわゆる同殿同床の神勅が変形したものであると思われる。『大和葛城宝山記』はさらにホノニニギを、杵をもって中つ国の万物の霊を治めるがゆえに「皇孫杵独王」と呼び、今その神は伊勢豊受大神の相殿に坐す、としている。

また、『天地麗気府録』(↓註5)では、ホノニニギに「杵独王・示法神・愛護神・左天神・相殿神・皇孫尊」と六種の別名をあげ、さらに、

爾時八十諸神達議曰、中国初業天下無主、非レ応レ命者不レ能レ治レ之、能王之者、其在二誰神一乎、諸神議曰、皇孫杵独王也、尊以為レ然曰、中《ナカツ》国初定二万物有霊所一以二草樹一称レ宮、魔神競扇《ウコカシ》、今以レ杵就レ之為二中国王一、賜二玄龍車《ヲクルマノ》・追真床《マトコ》之縁錦衾《ウヘノキヌノフスマ》・八尺流大鏡《ヤツハナサキノオホツカヽミ》・赤玉《明ナルタマ》宝鈴・薙草八握《ツカノ》剣一而寿《コトホキテ》レ之曰、嗟呼汝杵《アヽイマシタマフテウ》敬承《ウケタマヘ》二吾寿一　手抱《ホキコトヲミツカラツタヘタル》二流鈴一以御《ヲハシマス》二無窮無念一、爾祖吾《イマシワレヲカシツクニ》在二鏡中一矣、

爾時御祖天王如来天御中主神極天祖高皇産霊皇、詔授二天璽瑞宝十種於杵独大王一給矣、

という、『大和葛城宝山記』とは若干異なる伝を載せる。ここでは諸神は最初から「皇孫杵独王」と呼んでいる。さらに「杵独大王」という表現も見え、また別の箇所には「杵尊大王皇孫尊」という表現も見える(↓註77)。

「杵独王」は「瓊瓊杵尊」の「杵」が、独鈷杵(↓①註44)と結びついて出来上がったイメージと思われる。降臨にあたって下賜された神宝の中には独鈷杵が含まれていないにもかかわらず、「杵を以て」中国の王となるという表現には、皇孫ホノニニギ自身がレガリアである独鈷金剛杵と一体化しているイメージを読みとることができる。これに「天瓊戈」と「心御柱」が重ね合わされることによって、イザナギ・イザナミによる国土創成とホノニニギの天孫降臨と伊勢両宮の正殿とが、垂直の軸をもって貫かれる。『麗気記』において、男女二神の婚合と天孫の降臨との境界がしばしば曖昧となるのは、この理由による。なお、この垂直の軸が、曼荼羅の中心であり、大日如来の位置を示していることはもちろんである。

(149) 以て此の大神ヲ尊《ミコト》トすベシ＝守・府・天〔以テ此ノヲヽン神ヲミコトヽすヘシ〕。「尊」国〔ミコトヽス〕。

ホノニニギを「尊」として豊葦原中津水穂国の統治者にとする、ということか。「尊」を「ミコトトス」と読むことは、先の「冥応ニ非ずバ」を『聞書』(↓註144)で「ミコト

ニヲハシマサズバ」と読むことと対応し、高天原の神々がホノニニギを正統な天孫として命を下したという意味にとれる。これは、『日本書紀』神代上・第一段冒頭（↓①註73）の「国常立尊」に割注で「至貴曰レ尊、自余曰レ命、並訓二美挙等一也、下皆効レ此、」として、「ミコト」という尊称でも特に尊貴なものに「尊」の字をあてるという用例に基づいた表現であろうか。また、後で「中国の皇」の「皇」を「ミコト」と読ませることとも対応するか。

(150) 皇孫尊＝守［皇孫尊ヲ］、守左［皇ラ孫尊］。「皇孫」温・宮［スヘミマコノ］。

ホノニニギ（↓②註80）のこと。

(151) 中国《なかつくに》の皇《ミコト》ト＝守・府［中ツ国ノキミト］。「皇」守左［スヘラミコト丶］、宮［キミ］。

豊葦原中津水穂国の統治者。

(152) 三十三天の諸魔軍障

「三十三天」とは、六欲天の一、忉利天のこと。須弥山の頂上にあり、中央には帝釈天、四方の峰にそれぞれ八天がいるので、あわせて三十三天と称する。『私鈔』に、

三十三天ノ摩軍障等ハ、忉利天ノ主ト為シテ、其ノアスラ王難ヲ除破スル故ニ、卅三天之摩等ト云フ。具ニハ下ノ如キ也ト云々。

とある。

(153) 称《申》ス所《トコロ》ノ玄龍車＝「所称」守左［カマウル云トコロ］、府・天［イフトコロ］、宮［申トコロヲ］、宮左［イフトコロヲ］。「玄龍車追」とし、守［ケンシヨノヲクルマキシテ］、府［ヒタヱノヲクルマヲ丶ヒ］、天［ヒトヘノクルマヲ丶ヒの］。「玄龍車追」。宝は「玄龍車追真床之縁錦衾奉授」とし、［玄龍車ニ追レマトコヲノウヘノキヌキセマツリテ］。

『大和葛城宝山記』（↓註147）の割注に「今世称二小車之錦衾一是縁也、」とあり、『宝基本記』に「太神宮屋形文錦御衣者、皇天常住之本居義、豊受宮小車錦御衣者、乗二宝車一廻二四天下一度二万類一由也、」とあるように、中世には「マトコオフスマ」を「伊勢外宮の小車の錦の衾」とする説が広く共有されていたと考えられるので、ここでも諸本（宝・守・府・天）のように「玄龍車 追《おおい》真床之縁錦衾」と続けて読むべきか。なお、『天地麗気府録』（↓註5）では「賜二玄龍車、追真床之縁錦衾、八咫大流鏡、赤玉宝鈴、薙草八握剣一、」とあるが、この「賜」が省略されたため、読みに混乱が生じたか。また、以下の文は『日本書紀』神代下・第九段本文に「于レ時高皇産霊尊、以二真床追衾一、覆二於皇孫天津彦彦火瓊瓊杵尊一使レ降之、」とあり、『同』同段一書第一に、

故天照大神、乃賜二天津彦彦火瓊瓊杵尊、八坂瓊之曲玉及八咫鏡・草薙剣、三種宝物一、又以二中臣上祖天児屋命・忌部上祖太玉命・猨女上祖天鈿女命・鏡作上祖石凝姥命・玉作上祖玉屋命、凡五部神一、使二配侍一焉、因勅二皇孫一

曰、葦原千五百秋之瑞穂国、是吾子孫可㆑王之地也、宜爾皇孫、就而治焉、行矣、宝祚之隆、当与㆓天壌㆒無㆑窮者矣、

などとある天孫降臨神話を素地とする。

(154) 真床《マトコ》之《ノ》縁《ウエノ》錦衾《フスマヲキセマツテ》 ＝宝［マコトノウエノキヌキセマツリ］。温・守・宝・府・天左は「真床之像錦衾」とし、［マコトノウヘノキヌキセマツリテ］、府左［マトコノウエノキヌニシキノフスマ］。「真」温左［ミコトノ］。「錦衾」守左［ニシキノシトメ］。国は「追真床之縁錦衾」とし、［真床之縁ヲフスマにヲ、ヒ］。なお、守・宝・府・天はこの後に「奉授」の二字があり、返り点を付す。天は「真床之像錦衾奉授」に［マトコノウヘノキヌニニシキノフスマキセマツリ］。

真床襲衾。ホノニニギはこれにくるまって降臨した。前項「玄龍車」および「マトコオフスマ」については、『制作抄』に、

公家ヨリ豊受大神ニ奉献セル御服ニ三有リ。一ニハ玄龍ノ車追ノマフスマノキムカエ。是ハウキヲリ物ニ龍ト車トヲヌリ侍ル御服也。二ニハフセテウノ御車ノ御衣。是ハ水ニ車ト龍トニ白雪ヲヲリタル也。〔三、白雲龍ヲクルマノ御服。此ノ車、龍白雲ヲリタル也。〕已上ノ御服ハ外宮ノ御服也。本モト天ヨリフレル也。厚サ三寸計アリト云々。

『私鈔』に、

玄龍車追真床之縁錦衾ノ事、本記ノ私抄ノ如シ。

『聞書』に、

玄龍車ト〈文〉。ヒトヱノ車ト読メリ。或ハヒタヘノ小車トモ読メリ。小車ノ文ノ大衾也。錦是ヲ指《サシ》車トモ云フ也。真床之縁錦衾マトコノヲホブスマト読メリ。読曲ニ云ハク、マトコノウヱノキヌニシキノフスマト読メリ。

とある。この他、聖冏『日本書紀私鈔』に、

真床追衾、マトコノオブスマトハ、天地麗気巻云、玄龍車追真床之縁錦衾、従㆓公家㆒奉㆓献天照太神㆒御服有㆑三、一、玄龍車追マフスマノキンガ□、是ウキヲリモノニ龍与車ヲリ付也、二、フセデウノ小車ノ御衣、是水車龍ヲリタリ、三、白雲龍小車御服、是車龍白雲ヲリタル也、此三種皆云㆓真床追衾㆒、厚三寸也、此今迄学作神明奉給也、所㆑云玄龍非㆓是黒龍㆒、玄龍天地異称故、天龍云事也、是円内龍織タル也、惣龍顔鳳質云十善位成リヌルニハ鳳龍紋奉也、取㆑其□□仙洞東宮同龍円鳳円也、其外親王□已下王子達皆飛龍鳳紋也、今真床追紋衾円有ルヘキ也、広韻云、袞天子服也文、玉篇云、袞古本切衣画為龍文、

良遍の『日本書紀巻第二聞書』に、

真床追衾、是ニ二種アリ、謂、内宮真床追衾ハ屋形文ノ錦也、屋形文ト者、柱十一本立タル家ノ形ヲ文ニ織リ顕ス也、文ノ分限ハ二、三寸程也、是ヲ船ニ覆申也、十三

重ノ上ノ錦ト云是也、外宮真床追衾ト者、小車ノ文ノ錦也、是又文ノ勢二、三寸程也、刺車ノ錦ト云是也、此錦ヲモテ蓋クイナル八角ノ船ヲ巻ク故長ク入也、是ヲ第三重ノ表示ト云是也、或歌云、小車ノ錦手向クル神路山幾世ノ秋ニ廻リ遇覧文、神路ト者伊勢ナル事、神武天皇ノ歌ニ見タリ、此事、上ノ巻聞書ニ見タリ、故略レ之矣、上ニ所レノ云二種ノ錦ハ、仮殿御遷宮ニ是ヲ着セ申スト云々、

『神代巻抄』（叡山文庫蔵）に、

真床追衾事、是御即位時御衣也、或玄龍車追トモ麗気書也、同物也、

とあるなど、中世にはさまざまな解釈が試みられていた。

(155) 八《ヤ》尺《サカ》流《ニノ》大鏡《ミタマ》＝国［ヤサガリオホツカ丶ミ］、宮［ヤサカニノヲホミタマ］。守・温・宝・府・天は「八咫鏡」とし、守・温［ヤサカニノヲホミタマハ］、府・天［ヤタナラシテヲホミタマハ］、府左・天左［ヤサカリノヲ丶ミタマ］。

三種の神器の一つとされる八《や》咫鏡《たのかがみ》（↓註206）のことか。本巻にも述べられているように、天孫降臨に際してホノニニギに授けられた。『聞書』に、

八尺流大鏡〈文〉。ヤサカリノヲ丶鏡ト読メリ。読曲ニ云ハク、ヤツハナサキノヲウツ鏡ト読メリ。八尺ニ非ズ、八寸也。

とある。これによれば、八寸ほどの大きさの鏡らしい。

(156) 亦、玉《ミ》宝《タカラ》鈴《ノス丶》＝国［亦ハ、タマカラノス丶］、温・宝・府・宮・天左［マタハ、ミタカラノス丶］。天（世・守・宝・府は異本注記）は「赤玉宝鈴」とし、［アキラカナルタマタカラノス丶］（府左［アキラカナルタマ鈴］［ヒトルタマ鈴］）。

不詳。『聞書』にも「亦玉〈文〉。亦カ。本ニ赤也。赤玉ヲバ、アキラカナル玉トヨメリ。読曲ニ云ハク、ヒトル玉ト読メリ。」として、「赤玉宝鈴」に作る本があり、その読みを伝えている。また、『天地麗気府録』（↓註5）も「赤玉宝鈴」とし、「赤玉」に「明ナルタマ」（右）「ヒトルタマ」（左）の訓を付している。

(157) 草薙《くさなぎ》の八《や》握剣《つかのつるぎ》ヲ＝温［クサナキヤツカノツルキヲ］。「草薙八握剣而」国［草薙ノ八握剣ヲモテ］。守・天は「…クサナキノヤツカノミツルキヲ授け奉りて」、宝・府は「…クサナキノヤツカノミツルキヲ奉授」とする。

「草薙剣」は前出（↓②註174）。「八握剣」は、八握りの長さもある長い剣。「握」に、指四本を並べた長さの意味がある（↓註173）。

(158) 追《モ》て＝温［ツカハシテ］。国は「真床之縁錦衾を追」とし、「追」国［モチ］国左［ヲ丶イ］、宝［モテ］。「而」国［モテ］。

この読みは、底・温・宝本の返り点による。諸本によって「玄龍車追真床之縁錦衾」とつなげて読んだりしている（↓註154）。また、「衾」と「八咫大流鏡」の間に「奉授」を入

れる場合は、「八咫流大鏡、亦玉宝鈴・草薙八握剣を授け奉り。」と読む（↓註157）。

(159) 之を寿《ヒタ》シテ曰《ノタマ》ハク＝国・天・府左［コトヲシシテノタマハク］。「寿」守別［ヰテ］、府左［マシナイ］。「曰」守左［イフ］。

『聞書』には「壽文曰〈文〉。マシナイノタマハクト云フ事也。」とある。以下の記述は、『日本書紀』では神代下・第九段一書第二に、

是時、天照大神、手持二宝鏡一、授二天忍穂耳尊一、而祝之曰、吾児視二此宝鏡一、当レ猶レ視レ吾、可与三同レ床共レ殿、以為二斎鏡一、復勅二天児屋命・太玉命一、惟爾二神、亦同侍二殿内一、善為二防護一、又勅曰、以二吾高天原所御斎庭之穂一、亦当レ御二於吾児一、則以二高皇産霊尊之女号萬幡姫一、配二天忍穂耳尊一為レ妃降之、故時居二於虚天一而生レ児、号二天津彦火瓊々杵尊一、因欲下以二此皇孫一代レ親而降上、故以二天児屋命・太玉命、及諸部神等一、悉皆相授、且服御之物、一依レ前授、

とある部分に対応する。これによれば天照大神がオシホミミに三種の神器を授けて「吾児視二此宝鏡一、当レ猶レ視レ吾、」と言ったことになる。ところが先述のように（↓註141・153）、『日本書紀』では、第九段の本文でタカミムスビが諸神に葦原中国平定に誰を遣わすかを諮ること、同段の一書第一に天照太神がホノニニギに三種の神器を授けたことが書かれている。『麗気記』『天地麗気府録』では、このような『日本書紀』の異説を接合したために、主語がはっきりせず、「八十柱諸神達」が言ったように読める。このような主語を曖昧にした構造は、『先代旧事本紀』巻三「天神本紀」に、

高皇産霊尊勅曰、吾則起二樹天津神籬及天津磐境於葦原中国一、亦為二吾孫一奉レ斎之矣、乃使三天太玉・天児屋二神陪二従天忍穂耳尊一以降之時、天照太神手持二宝鏡一、授二天忍穂耳尊一而祝之曰、吾児視二此宝鏡一当レ猶レ視レ吾、可三与同レ床共レ殿以為二斎鏡一、宝祚之隆当下与二天壌一無上レ窮矣、則授二八坂瓊曲玉及八咫鏡・草薙剣三種宝物一永為二天璽一、矛玉自従矣、

とあることと比較的近いといえる。

(160) 嗟《ア》呼《ヽ》＝府左［ツキイキ］。

『聞書』に「嗟呼〈文〉。アヽト読メリ。ツキイキトモヨメリ。」とある。

(161) 汝杵《いまシみこと》、吾寿《カレヒタシ》を敬承《ウヤマイウケ》テ＝底本「汝《いまシ》、吾寿《カレヒタシ》を杵敬承《ウヤマイウケ》テ」を諸本により改める。「汝杵」国・府・天［イマシミコト］、天朱［汝キ］、宮［汝シユルス］、守・温・宝は「汝許」とし［イマシユルス］。「汝」朱［ヲノレカ］。「敬承吾寿」国［わカホキコトヲウケタマハレ］、守・宝・府［敬テヤツカレヒタシウヤマヒノ承テ］、天［ヤツカレヒタシ承ケテ］、温［ヤツカレヒタシウヤマヒノ承テ］、天左［ワカイノチをウヤマイウケテ］。「吾寿」朱［吾イル所ノ］、守左［ヲノレカモチ物ヲ］。

(162) 手《ミテ》ニ流鈴ヲ抱《と》りて＝国［ミテニウツヲノス丶ヲトラ］、守［手ニウツホノス丶ヲトリ］、守左［カチヲアマシマシマサヤ］、府［手ニウツホカルス丶ヲトリ］、天［手ニツタヘ鈴ヲトリ］。「把」府左［トリツタヘタマフ］。「流鈴」朱［ウツヲナルレイハ］。「流鈴」は、諸本の訓から、空（うつぼ）の鈴ということか。『聞書』には、

手把(ママ)流鈴〈文〉。常ノ鈴ヲ取ルト云フ意也。口伝ニ由シ事相等ニ依テ尋ヌベシ。但シ、抱流ヲ読曲ニ引合テ、トリツタヘタマフト読ミテ、鈴ヲバス丶トモ読ムナリ。

とあり、「流鈴」をいつもの鈴とする説と、「抱流」を「取り伝え給ふ」と読む説をあげている。

(163) 無窮無念　きわまりなく一念もなき境地。『聞書』には、

無念爾祖在鏡中〈文〉。文ヲ切テ引ク等ノ事、神代聞書ノ如シ。或ル歌ニ云ハク、ウツリ行ク鏡ノ影ニ随ヒテ人ノ心ヤカハリ行ラント云々。思案スベキ也。

とある。いわゆる「天譲無窮の神勅」の変容した語彙と考えられる。「無念無窮」の語は、『大和葛城宝山記』の「天津彦々火瓊々杵尊」の割注（↓註147）にも見える。また、『天地麗気府録』に、

誓曰、手抱二流鈴一以御二無窮無念一、爾祖吾在二鏡中一、其貌《カタチ》如レ日、其心如レ海、其恵如レ天、其徳如レ地、修二善道一摂レ心為レ先、精進行、正念為レ本、夫一切法自性空、依二遍照如来相一、当レ知、空寂為レ体、無相為レ相、無性為レ性、無得為レ得、為レ利二益衆生一、如来作二異相一、是故、諸仏応化、菩薩万行、五通行相、十界差別、皆是如来方便、其実帰二空一理一、不レ着二諸相一、為二不可得一、々々々、即如来正覚、般若修行之要道、其至極既以如レ是、故天女曰、伊勢両宮、無始無終大元宗神、亦一念不生神、羅二列万法心一、故絞二結万像体一、嗚呼為レ法無二因利一、為レ神無二縁守一、無二無窮妙体辺際一、無二利生力用休息一、屏《シリソケキ》二仏法息一、息二諸神影一、無辺法界心量、故捧二両部合掌蘂一、備二法性随縁机一、薫二一切無作香一、焼二平等無際檀一、不レ供供、不レ受受給矣、

とある。なお、同様の文章が、度会行忠の所持本として伝わる祓の秘本「七種祓本」（神道大系『中臣祓註釈』所収『氏経卿記録』）の中にも祓詞の一つとして見ることができる。

(164) 爾《イマシ》ガ祖《ミヲヤ》、吾《ヤツカレ》ガ鏡中《ミタマノナカ》ニ住《アラ》ハレマサン＝「爾祖」国［ナンチカミヲヤ］。「吾在鏡中」朱左［ワカミヲヤノヲモカケウツリマシマス］、国［ワレハ鏡ノ中ニ在サン］、温［ヤツカレハカ丶ミノナカニマシ丶丶］。「吾」天左［アレ］。「鏡中」守・府・天［カカミノナカニ］。「在」府・天・宮［マシマサン］。内容から考えれば、アマテラスの神勅と見るべきであるが、文の構造からすると神勅を発した神は明確でない。註159参照。

(165) 御《ミ》余《ヨ》宝《タカラノ》十《ト》種《クサノ》神財《かんだから》は＝国［ミ御タカラノトクサノ神財は］、守

［ミヨタカラトクサノカンタカラトハ］、府［ミヨマシマサンタカラノトクサノカンタカラトハ］、天［ミタカラノトクサノカンタカラトハ］、天左［ノコシマシマスタカラトクサノカンタカラト申ハ］。「御余宝」朱左［カタチヲアマレマシマス］。「十種」守左［十シナノ］。

以下は、三十三天の諸魔の軍障を除き去るために、三種の神器と共に授けられた、残りの神宝である「十種神宝」と、それにまつわる呪文について語られる部分である。

十種神宝は、もともと『先代旧事本紀』巻三「天神本紀」の「正哉吾勝々速日天押穂耳尊」に、

天照太神詔曰、豊葦原之千秋長五百秋長之瑞穂国者、吾御子正哉吾勝々速日天押穂耳尊可レ知之国、言寄詔賜而、天降之時、高皇産霊尊児思兼神妹万幡豊秋津師姫栲幡千々姫命為レ妃、誕二生天照国照彦天火明櫛玉饒速日尊一之時、正哉吾勝々速日天押穂耳尊奏曰、僕欲二将降一装束之間、所レ生之児、以レ此可レ降矣、詔而許レ之、天神御祖詔、授二天璽瑞宝十種一、謂、羸都鏡一・辺都鏡一・八握剣一・生玉一・死返玉一・足玉一・道返玉一・蛇比礼一・蜂比礼一・品《クサクサノ》物比礼一是也、天神御祖教詔曰、若有二痛処一者、令二茲十宝一謂二一二三四五六七八九十一而布瑠部、由良由良止布瑠部《ユラユラトフルヘ》、如レ此為レ之者、死人反生矣、是則所レ謂布瑠之言本矣、

とあるように、ニギハヤヒが降臨する際に、天神御祖《あまつかみのみおや》が十種の神宝と、それに関する呪文を授けたとされている。本巻では、十種神宝は、ニギハヤヒではなくホノニニギ（杵独王）が降臨する際に、三十三天の諸魔軍障を除き去るために三種の神器と共に授けられたものとされる。このことは『天地麗気府録』（→註5）にも「爾時御祖天王如来天御中主神極天祖高皇産霊皇、詔授二天璽瑞宝十種於杵独大王一給矣、」とあり、裏付けられる。ただし、この十種神宝のくだりは、前後の記述が三種の神器の話題に集中していることからもわかるように、文脈上ほとんどつながりがなく、ホノニニギに三種の神器が授けられたことに引きずられる形で挿入されたものと思われる。

しかし、十種神宝は、「麗気灌頂」という儀礼面においては非常に重要視されていた。国本には「御余宝十種神財者」に「自レ之至二天照皇太神一、天札之後之伝授、」との注記が付さている（→校異④116）。また『聞書』にも、先ず、

十種神財〈文〉。絵図、別紙ニ在リ。空海、月（日カ）輪ニ乗リ、御殿ニテ直ニ書写シ給フ故ニ、極深秘事也。唯一人ニ授クト云々。

として、秘事として一人だけに授ける絵図が別にあったことを指摘し、続けて、

一、御余宝十種ヨリ皇太神マデハ、天札ノ後ニ伝授セシムル也。

と記す。つまり、この十種神宝のくだりは、「麗気灌頂」

において『麗気記』十八巻の内で最極秘とされていた「天札」（天札巻＝⑫「三界表麗気記」）が伝授されるまでは明かしてはならない秘伝であったというのである。「十種神宝」の文脈上のつながりが希薄だったのは、秘伝である故に本来は読まれることがなかったからだろう。三種の神器ならまだしも、なぜ十種神宝が最極秘とされたのか、明確な答えは見いだせない。しかし、『麗気記』⑤「天照皇大神宮鎮座次第」での天照大神の「密号」（↓⑤註104）や、⑥「豊受皇太神鎮座次第」での豊受大神の「金剛号」（↓⑥註14）も、同じく天札巻の後に伝授されるべきものとされており、これらに匹敵するほどの重要な位置を占めていたことは間違いない。註194も参照。

(166) 瀛《ヲキ》都《ツ》鏡《カヽミ》＝朱左［ギツトツケイ］、守左［キトケイ］、温［ヲ丶ツカ丶ミ］。『天地麗気府録』は「瀛都」を［タヰト］。前出（↓註128）。『聞書』は「瀛都鏡〈文〉。府録ニ云ハク、是、天ノ表也。五輪形也。天王如来宝鏡、豊受皇太神御霊鏡ニ坐ス也。」と、『天地麗気府録』（↓註5）を引く。なお『先代旧事本紀』（↓註165）などでは「十種神財」の一とするが、『古事記』中巻「応神天皇」では、於レ是、天之日矛、聞二其妻遁一、乃追渡来、将レ到二難波一之間、其渡之神、塞以不レ入、故、更還泊二多遅摩国一、（中略）故、其天之日矛持渡来物者、玉津宝云而、珠二貫、又、振レ浪比礼・〔比礼二字以レ音、下效レ此、〕切レ浪比礼・振レ風比礼・切レ風比礼、又、奥津鏡・辺津鏡、并八種也、〔此者伊豆志之八前大神也、〕

とあるように、天之日矛が新羅国から持ち渡った「八種神宝」に含まれるとする。

(167) 天字＝朱左［テンシ］、守［天ノ字］、天［天ノナナリ］。

(168) 五輪形＝朱［五輪ノ形］、守［五輪ノ形チ］、国・府［五輪ノ形ナリ］。

外形が五輪塔を形どった鏡とは考えにくい。すると、円鏡の鏡背に、五輪塔か五輪を分解した図を配したものか。または、鏡面に五輪塔を描いた御正体か。いずれにせよ、特殊な鏡であり、一般的ではない。なお、『宝鏡開始』には「興津鏡図」として五弁の化状の図を載せる。

(169) 豊受皇大神＝「豊受」朱左［トヨケ］。前出（↓①註169）。

(170) 辺《マエ》都《ツ》鏡《カヽミ》＝朱左［ヘントツケイ］。守別［ヘトケイ］。『天地麗気府録』は「辺都」を［メント］『十種神宝図』では「ヘツ」「マヘツ」の両訓をあげる。

『聞書』は「辺都《ヘツ》鏡〈文〉。府録ニ云ハク、地表字団形内輪表也。外輪八咫形、天照太神御霊鏡〈文〉。」とあるが、所引の『天地麗気府録』（↓註5）は「〈大〉辺都鏡一面〔大表字、円形、内輪表也、外輪八咫形、天照皇大神霊鏡坐、〕」とする。

(171) 地字＝朱［地ノ字］、国［地ノアサナ丶リ］、府［地ノアサナ］。

『天地麗気府録』（↓註5）では「大」の表字とし、『聞書』（↓註170）では「地」の表字とする。これは、『十種神宝図』などにみられる「辺都鏡」が、「大」または「土（＝地）」の字形に見えることを表現しているか。

(172) 円形にして外縁は八《や》咫《た》の形＝「円形」国［円形ニシテ］。「外縁八咫形」朱［ホカノヘリハヤタカタチナリ］、守［外ノ縁ハ八咫ノ形チナリ］。「外縁」府・天［ソトノハ、］。「八咫形」天左［ハナハタ］。

八稜鏡を表現していると思われる。ここでは、鏡背文様の内区が円形のものを指すか。八稜鏡は中国唐時代や、日本の平安時代に流行した。『宝鏡開始』には「辺津鏡図」として、八稜鏡に類似した図を載せる。なお、「咫」は、周代の長さの単位で約十八センチ、日本では「た」と読み親指と中指を開いた長さとする。

(173) 八握剣《ヤツカノツルギ》一柄＝府［ヤツカノキヒトカラ］。「剣」朱［ミつるぎ］。「一柄」朱［ヒトカテラ］、天は「一面」とし［ヒトカオ］。

「八握剣」は前出（↓註157）。草薙剣（↓②註174）の別称。『聞書』には「八握剣〈文〉。府録ニ云ハク、草薙剣是也。五股形ヲ表ハス也〈文〉。八輻輪也。摧破ノ義ト云々。」とある。なお、『日本書紀巻第一聞書』では、十握剣を「如レ云レ先五古握歟、」とし、九握剣を「五古握ノ一方ノ中古無歟、」とし、八握剣を「一方ハ五古、一方ハ三古握歟、」として、金剛杵の形をした剣の柄部分の爪数で分類する説を載せる。

(174) 天村雲剣《あめのむらくものつるぎ》

三種の神器の一つ。熱田神宮に奉安する。草薙剣（↓②註174・④註157）の別称。

(175) 八葉形を表す＝守［八葉ノ形チヲ表ス］。

胎蔵曼荼羅の中台八葉院を象徴しているか。

(176) 生玉《イキタマ》＝国［イクたま］。

生命を司る霊力があり、長寿を与えることができる玉という意味か。『聞書』には「生玉〈文〉。如意宝珠。謂ハク火珠是也〈文〉。魂魄ト云ヒ、或ハ火取玉ト云フ也。」と『天地麗気府録』（↓註5）を引いた上で、「魂魄」「火取玉」という異称をあげる。

(177) 如意宝珠

前出（↓①註75）。

(178) 火珠

前出（↓註135）。

(179) 死玉《シニタマ》＝朱左・守左［カヘリ玉］、国［イカル玉］、守・温・府［ナヲシノタマ］、守別［シニ玉］、宮［シヽタマ］。

人に死を与えることのできる玉の意味か。『先代旧事本紀』（↓註165）は「死反玉《まかりかへしのたま》」とする。これだと、死者を生き返らす霊力のある玉の意味になる。『聞書』には「死玉〈文〉。如意宝珠。謂ハク水珠是也〈文〉。心珠ト云々。此ノ二種ハ、生死ノ二ツ也ト云々。或ハ水取玉ト云フ

〈文〉。」と『天地麗気府録』（↓註5）を引き、「心珠」「水取玉」という異称を挙げる。

（180）水珠
前出（↓①註74）。

（181）足玉《たりたま》＝朱左［タリタマ］、守別・温・府・天［タルタマ］、守左［タシ玉］、天左［アシ玉］。府・天は「裏書ニ或ハ𑖪𑖽字ヲ云フ也」と注記する。
『聞書』には「府録ニ云ハク、父体形ヲ表ス也。上字示ス也〈文〉。或ハ𑖪𑖽《ばん》字ト云フ。」と『天地麗気府録』を引き、「𑖪𑖽字」にあてる。『旧事本紀玄義』は「是陽魂也」とする。

（182）文の上の字を表す＝朱［モンヲアラワスシノアラハ］。
『制作抄』に「十種神財下ノ注ニ、上字・中字・下字ト云フハ、大師御筆ノマスタノ碑文ヲ見ルニ、⊥《上》|《中》一《下》、此ノ三字ヲバ此ノ如ク遊バレタリ。」とあり、空海撰『大和州益田池碑銘并序』で、上を表わす「⊥」の文様のことを意味しているとされる。同様に註184の「文の下の字」は「一」の文様、註187の「中の字」は「|」の文様のことと考えられる。

（183）道反《ヲ、ウラノ》玉＝国［ヲホウラノ玉］、温・府［ヲウランノ玉］、府左・天［ミチカヘシノタマ］、天左［ミチウラ玉］。「反」天別［ヘン］。『聞書』［トウラ玉］［ミチカヘシ玉］［カヘリノ玉］。府・天は「裏書ニ或ハ𑖀字ヲ云フ也」と注記する。
『聞書』は「道反玉《トウラ》〈文〉。府録ニ云ハク、母体形表ス。下字示也〈文〉。或ハ𑖀《あ》字ト云フ也〈文〉。已上四種、合ハセテ神璽ト為ス也。」と『天地麗気府録』を引いた上で、「生玉」「死玉」「足玉」「道反玉」を合わせて「神璽」と解釈する。

（184）文の下の字を表す＝朱［モンノシタノシノヘウ］、国左・府左［文ノシタオナヲアラハス］。
註182参照。

（185）蛇《シャノ》比礼《ひれ》＝守・温・府・天［ヲロチノヒレ］。「比礼」朱［ヒレ］。府・天は「裏書ニ或ハ[illegible]字ヲ云フ也」と注記する。
ここでは、蛇除けのヒレの意味か。「ヒレ」とは、「領巾」とも記し、薄く長い布。頭から肩・胸に懸け、振り動かして、塵埃や虫類を払い除けるのに用いる呪布。『古事記』（↓註166）に記す八種神宝にも、振浪《なみふる》比礼・切浪《なみきる》比礼・振風《かぜふる》比礼・切風《かぜきる》比礼がみられる。『聞書』には、
蛇比礼〈文〉。府録ニ云ハク、領巾《ヒレ》ト謂フ。亦木綿《ユフ》繦《タスキ》、明衣木漂表也。白色因テ以テ水字ト為ス。是、清浄ノ義也。白色ヲ以テ本ト為ス也〈文〉。
と『天地麗気府録』を引き、さらに、
委細ハ神代聞書ノ如シ。蛇比礼タスキト云フ事アリ。彼ノ聞書ヲ見ルベシト云々。或ハ吽《うん》字ヲ云フ也。
と追記する。当該箇所は『日本書紀巻第一聞書』に見える。
なお、『古事記』上巻には、

故随㆓詔命㆒而、参㆓到須佐之男命之御所㆒者、其女須勢理毘売出見、為㆓目合㆒而、相婚、還入、白㆓其父㆒言、甚麗神来、尓、其大神出見而、告、此者謂㆓之葦原色許男命㆒即、喚入而、令㆑寝㆓其蛇室㆒、於㆑是、其妻須勢理毘売命、以㆓蛇比礼㆒〔二字以㆑音、〕授㆓其夫㆒云、其蛇将㆑咋、以㆓此比礼㆒三挙打撥、故如㆑教者、蛇自静、故平寝出之、亦来日夜者、入㆓呉公与㆑蜂室㆒、亦授㆓呉公蜂之比礼、教如㆑先、故平出之、亦鳴鏑射㆓入大野之中㆒、令㆑採㆓其矢㆒、故入㆓其野㆒時、即以㆑火廻㆓焼其野㆒、於㆑是、不㆑知㆓所出㆒之間、鼠来云、内者富良々々、〔此四字以㆑音、〕外者須々夫々、〔此四字以㆑音、〕如㆑此言故、蹈㆓其処㆒者、落隠入之間、火者焼過、尓、其鼠、咋㆓持其鳴鏑㆒出来而奉也、其矢羽者、其鼠子等皆喫也、

とあり、スサノヲがスセリビヒメから蛇比礼・蜈蚣比礼・蜂比礼を授かり、更に鼠から呪文を教わって、難を逃れたとする。

(186) 木綿《ゆう》=朱［ユラシキノ］、国・天［ユウノ］、守［ユラシテノ］、温［ユフ］、天左［ミテタラノ］。

由布とも。神に供する幣帛の一種。クワ科の穀木（カジ）の皮の繊維から布を製作したもの。穀木は楮《こうぞ》・カミノキともいう。いわゆる「もめん」とは異なる。

(187) 中の字を表す=朱［ウチノシノヘウ］、守［中ノ字ヲ表ス］。

註182参照。

(188) 蜂《ハチノ》比《ひ》礼《れ》=守［ハチノヒレ］。「比礼」朱［ヒレ］。府・天は「裏書ニ或ハ秒字ヲ云フ也」と注記する。

蜂除けの呪布の意味か。『聞書』には、

蜂比礼〈文〉。府録ニ云ハク、陰懸帯縄表也。火字元也。故赤色也〈文〉。是又、蜂比礼縄ト云フ事アリ。神代聞書ノ如シ。或ハ云ハク、部論字也。此ノ二種ノ宝剣也ト云々。彼ノ二種ヲ剣ト云フ事ハ、毒蛇蜂、人ヲ指スニハ尾也。彼剣ト云フ也。已上九種也。

と『天地麗気府録』（↓註5）を引いたうえで、「蛇比礼」「蜂比礼」を「二種宝剣」とみなす説をあげる。

(189) 一の字を表す=朱［一ノシノヘウ］、国・守［一ノ字ヲ表ス］。

(190) 品　物《シナ、、ノモノ、》比《ひ》礼《れ》一《ひとつ》=守［シナ、、モノ、ヒレ一〔枚イ〕］。「品物」国［クサ、、ノモノ、］、国左［シナ、、］。「比礼一」朱［ヒレヒトツ］。

『聞書』には、

品物比礼〈文〉。極秘也。前九ヲ合セテ一ノ宝冠トスル也。帝王御即位ノ時、着ラル也ト云々。

と、極秘の説として前の九宝を合わせたものが、この宝冠の形をした「品物比礼」であるという説をあげ、続けて『天地麗気府録』（↓註5）に細字で書かれていることを引きながら、

付録ニ云ハク、天祖教ノ詔ニ曰ハク、若シ痛処有ラバ、茲ノ十宝ヲシテ一二三四五六七八九十ト謂ハシメ、而布

瑠部由良々々止布瑠部、此ノ如ク之ヲ為サバ死人反ニ生マル。是則チ、所謂布瑠ノ言本ナリ矣〈文〉。此ノ布留ノ言ニ付テ一切衆生ノ玉シヅメノマツリト云フ事アリト云々。而布留等ノ文ハ、天王如来秘真言、三十七尊惣呪ト云々。口伝別ニ在リト云々。

と記し、以下に記される呪文（金剛宝山の呪↓註197）が「天王如来秘真言」「三十七尊惣呪」であるとする口伝を伝えている。

(191)宝冠

『十種神宝図』は「心数心王冠」と注記して、密教図像で多見する筒状の宝冠を表現する。また、『天地麗気府録』（↓註5）は「蜂比礼」と「品物比礼」の間に、

比礼是宝冠、所謂領巾是也、赤《赤》是明衣表也、頓受二厳衣之妙服一、不レ求而自得、無レ功頓成万善之淵《(闕カ)》府矣、是無上大衣、名号二明衣一也、

の一文を入れ、「比礼」が宝冠で、明衣の表であり、自然に得られる「無上の大衣」であるとの説を伝えている。

(192)是の如き十種の神財は＝朱［是ノ如き十種ノ神財ハ］。

この部分は、『先代旧事本紀』（↓註165）では「天神御祖教詔曰」としてあり、『天地麗気府録』（↓註5）では「天祖教詔曰」として細字で書かれている。註190参照。

(193)眼精ヲ守るガ如くスベシ。魂魄二無くして、一心の玉生《ミタマアレマ》シテ、平等不二の妙文也＝「如守眼精魂魄無二一心」朱［眼精ト魂魄ヲ守るが如く、無二にシテ一心トシ］。「如守眼精魂魄無二一心玉生」守［眼精ヲ魂魄ヲマモル如クスヘシ、二ツ無クシテ一心ノミタマアレマス］。「一心玉生」府左［一心ノタマヨリス］。「一心」朱［ヒトツヲヒトツトシ］、「一心玉」朱左［一心ノ玉ナリ］。「玉生」国［玉ヨリ生ス］、天［玉アレマス］。

この部分は、諸本により読みが混乱し、難解である。『麗気記』には「平等平等不二の神」（↓①註137）「両宮は両部不二」（↓⑥註148）などの表現があり、「目や瞳を守るような、魂・魄の区別がない、一体の神として生じた、内外両宮の妙文である。」という意味にも解せる。

「眼精」は眼睛と同じ。「眼」は、まなこ、め、目全体。「精（睛）」は、ひとみ、くろめ。「魂魄」は、たましい、霊魂。人の精神を主宰する陽の生気を「魂」、肉体を主宰する陰の生気を「魄」といい、死後に「魂」は天上にのぼり、「魄」は地上にとどまる。「一心」は、万有の実体真如のことで、「一」とは平等絶対の義、「心」とは堅実性を表わす。なお、『神皇系図』には「天神七代」の「天御中主尊」（↓①註74）に「亦号二大葦原中津国主豊受皇神一也、凡以二一心一分二大千一、形レ体顕レ言、為レ陰為レ陽矣、蓋従二虚無一到二化変一、天月地水感応道交、故在二名字相一云々、」とあり、「地神五代」の「大日孁貴天照皇神」の項に「遍照智光、法レ陰法レ陽、両部不二、平等一心、同殿同床、三神即一所座矣、［尸棄大梵・尸棄光天女・杵独天王、］」と

あるように、豊受・天照の両方に陰陽一体とする解釈が見られる。また、慈遍『旧事本紀玄義』巻三で三種の神器について触れる中で、

　謂海宝者陰所レ極也、彼天宝者陽所レ極也、今此珠陰陽一極、論二其徳一者、天地一心、所以天御中主〔豊受外宮〕・大日孁尊〔天照内宮〕、相和奉レ授二皇孫一而已、当レ知、天地神皇並譲二一人一、其神璽者百王心也、各随二帝徳一、応現無レ窮、但契二元心一、須レ知二珠心一、其無心者非レ如二木石一也、即名レ無二自他親疎等一、若取レ霊者、無私之心也、

として、神璽（如意宝珠）を「陰陽一極」とし、それを「天地一心」として豊受・天照二神が「一人（ニニギ）」に託したことと関連づけている。あるいは、『聞書』（↓註179）で「生玉」「死玉」を「生死ノ二ツ也」としたり、『旧事本紀玄義』巻九に「亦成足玉、及日死玉〔陰魂水地〕、亦成道反、皆同陰陽、元気所変、瓊玉分作云々、」とあり、さらに、

　六足玉者、府録曰、表二父体形一也、示上字也云々、図形如レ旧、即在二別紙一、可レ准二生義一、是陽魂也、

　七道反玉者、府録曰、表二母体形一也、示下字也云々、図形如レ旧、即在二別紙一、可レ反二死道一、是陰魄也、

とあるように、「足玉」を「陽魂」、「道反玉」を「陰魄」とすることに関係するか。

(194) 一二三四五六七八九十は＝「一」「二」に、朱はそれぞれ〔ヒトツヲヒトツトシ」〔フタツヲフタツトシ」とあるので、以下も同様に読むべきか。『神道大辞典』では「ひふみよいつむふななやここのたりや」と読む。

死人を復活させるための呪文。十種神宝（↓註165）を「一二三四五六七八九十」と唱えて振ることについては、『令集解』巻二「神祇官」における「鎮魂」の「穴云」に、

　饒速日命、降レ自レ天時、天神授二瑞宝十種一、息津鏡一・部津鏡一・八握剣一・生玉一・足玉一・死反玉一・道反玉一・蛇比礼一・蜂比礼一・品之物比礼一、教導若有二痛処一者、合二茲十宝一、一二三四五六七八九十云而布瑠部、由良々々止布瑠部、如レ此為レ之者、死人反生矣、

『江家次第』巻十「十一月」「鎮魂祭」に、

　次御巫衝《ツキ》宇《ウ》気《ケ》〔神琴師弾二和琴一、衝宇気、神遊儀也、神代上巻、ウケ船フミトヽロカス義也、以二賢木一衝二艘上一、也、【結レ糸自レ一至レ十、宇麻志麻治命十種宝振レ之返レ死之縁也、用レ糸自レ一至レ十レ計之也、】〕

などとあるように、その淵源が天皇の鎮魂祭で行なわれる猿女の神楽にあり、死者復活の儀と説明されていたことは明らかである。また、『先代旧事本紀』巻三「天神本紀」（↓註165）も『令義解』「穴云」とほぼ同文を引き、ニギハヤヒが降臨した時に、天神御祖《あまつかみのみおや》がこれらの天璽瑞宝《あまつしるしみずたから》十種《とくさ》を授けて唱えごとを教えたと記し、さらに『同』巻五「天孫本紀」の「弟《イロト》宇摩志麻治命」に、

凡《スヘテソノ》厥鎮祭之日、猿《サルメノ》女君等主二其神楽一、挙二其言一、大《オホキニ》一二《ツ》三四五六七八九十《ナヽツヤツコヽノツトヲ》、而《テ》神楽歌舞《ウタヒマウ》、丈縁《モトモヨルトイフ》二瑞《ミツノ》宝ニ一、
蓋謂《シ》レ斯《コレヲ》歟、

として、ニギハヤヒの子の宇摩志麻治命がこれらを用いて鎮魂祭を始めたことを記す（『同』巻七「天皇本紀上」では神武天皇元年（辛酉）十一月丙子朔庚寅条に載せる）。

その読みについて、慈遍『旧事本紀玄義』巻九では、「一津《ひとつ》二津《ふたつ》……九津《ここのつ》十雄《とお》」とする。あるいは、十種神宝を一つ一つ観念しながら唱えるのか。

(195)一切衆生の父母、天神地祇の宝也＝朱［一切衆生ノ母ハ、天神地祇ノたからナリ］、守［一切衆生ノイロハ、天神地祇ノたから也］。

(196)亦ハ、波瑠布由良々々《ハルヘユラゆら》、而布瑠部由良々々《ニフルヘユラゆら》、由良止布理部《ユラトフレヘ》＝底本「理」は諸本「瑠」により改める。しかし『制作抄』は「理」とする。守［亦ハ、ハルホユラ、、、シホロヘ由良、、、ユラシホロヘ］、宮［亦ハ、ハルフユラユラ、ニフルヘユラユラ、ユラトフルヘ］。府左は「已下不読」とある。「布」朱左［ホ］。「々々」朱［ユラ］。「而布瑠部由良」朱左［シホ理ホ由良］、温［モフルヘユラ］、府左［シホル部由良］。「止布瑠部」温・守左・府［トフリヘ］、朱左は「止布理部」として［シホルホ］。『制作抄』（註140の続き）に「此ノ文ノ中ニ部ノ字二所アリ。是ヲハヨマザル也。」とあり、『私鈔』（註140の続き）にも「部字ヲハ二処ナカラ読マザル也ト云々。」とある。これに従えば、「ハルヘユラユラ、ニフルユラユラ、ユラトフル」と読むことになる。また、『制作抄』ではさらに「波瑠布由良○此ハ金剛宝山呪也。又イセノ禰宜、此ノ呪ヲハ唱フ也。」と、これを「金剛宝山」ないし「伊勢禰宜」の呪文という説を挙げる。

(197)金剛宝山の呪＝朱［金剛宝山ノ呪］、守［金剛宝山ノ呪なリ］。「金剛宝山」は前出（→①註4）。葛城山を密教的に象徴した名前。前述の如く、この呪は、『先代旧事本紀』（→註165）では「天神御祖教詔日」として記されている。

(198)法の中には、縛日羅駄都鑁《ばざらだとばん》、阿尾羅吽欠《あびらうんけん》、阿縛羅佉々《あばらかきゃ》＝「法中」朱［法ノ中ニハ］、守［法中ニハ］。「阿尾羅吽欠」天［アビラウンケン］。「阿縛羅佉々」守・天は「阿縛羅加佉」とし、守［阿ハラカキヤ］、守左［阿縛羅加イケ］、天［アハラカケン］。なお守は、次の梵文一句ごとにルビで「一」「二」「三」の番号を付し、「而布瑠部由良」守［ニフル部由良々々］守左［シホロ部由良々々］、「由良止布理部」守［ユラトフルヘ］守左［由良シホロ部］。

「法の中には」とは、仏法のおいては、という意味か。「縛日羅駄都鑁《ばざらだとばん》」は、金剛界大日如来の真言。「阿尾羅吽欠《あびらうんけん》」は、胎蔵大日如来の真言。両者共に、頭に「ॐ《おん》（唵）」を加えて唱えることもある。また逆に唱える場合もある。「阿縛羅佉々《あばらかきゃ》」は、五大（五輪→①註187）を象徴する五文字で「地・水・火・風・空」を表わす。次に相当するる真言

を載せるが、順序は逆に「《アバラカキャ》」「《アビラウンケン》」「《バザラダトバン》」として、それぞれを「由良止布瑠部」「而布瑠部由良由良」「波瑠布由良由良」にあてる。なお『私鈔』では、『麗気記』⑦「心柱麗気記」に記された真言についても金剛宝山呪と対応させた解説をしている。

(199)宝鏡を持して祝《ホ》ギテ宣《ノタマ》ハク＝守〔宝鏡ヲ持テ而モ之を祝ぎノたまはク〕、府〔宝鏡ヲ持チホキテノタマヘリ〕、「祝之宣《久》」朱左〔ミコトノリシテノタマハク〕、「而祝之宣」温〔コトホキテノタマハク〕。

「宝鏡」は、八咫鏡（↓註206）のこと。「祝ぐ」とは、希望する結果に導くために、詞を述べること。良い結果をもたらすために、たたえて、言祝《ことほ》ぐ。また、悪い結果になるように呪う、という意味もある。ここでは前者。

この文は、『日本書紀』神代下・第九段の天孫降臨神話を踏襲しているが、前半は、一書第二に、

高皇産霊尊因勅曰、吾則起二樹天津神籬及天津盤境一、当為二吾孫一奉レ斎矣、汝天児屋命・太玉命、宜持二天津神籬一、降二於葦原中国一、亦為二吾孫一奉レ斎焉、乃使二二神一、陪二従天忍穂耳尊一以降之、是時、天照大神、手持二宝鏡一、授二天忍穂耳尊一、而祝之曰、吾児視二此宝鏡一、当レ猶レ視レ吾、可三与同レ床共レ殿、以為二斎鏡一、復勅二天児屋命・太玉命一、惟爾二神、亦同侍二殿内一、善為二防護一、又勅曰、以二吾高天原所御斎庭之穂一、亦当レ御二於吾児一、

と記す所謂「宝鏡同床同殿の神勅」（↓②註131）に相当し、後半は、一書第一に、

故天照大神、乃賜二天津彦彦火瓊々杵尊、八坂瓊曲玉及八咫鏡・草薙剣、三種宝物一、又以二中臣上祖天児屋命・忌部上祖太玉命・猿女上祖天鈿女命・鏡作上祖石凝姥命・玉作上祖玉祖命、凡五部神一、使二配侍一焉、因勅二皇孫一曰、葦原千五百秋之瑞穂国、是吾子孫可レ王之地也、宜爾皇孫、就而治焉、行矣、宝祚之隆、当下与二天壌一無上レ窮者矣、

とある所謂「天壌無窮の神詔」に相当する。これが、『古語拾遺』では、

于レ時、天祖天照大神・高皇産霊尊、乃相語曰、夫葦原瑞穂国者、吾子孫可レ王之地、皇孫就而治焉、宝祚之隆、当下与二天壌一無上レ窮矣、即以二八咫鏡及薙草剣二種神宝一、授二賜皇孫一、永為二天璽一、〔所謂神璽剣・鏡是也、〕矛・玉自従、即勅曰、吾児視二此宝鏡一、当レ猶レ視レ吾、可三与同レ床共レ殿、以為二斎鏡一、仍以二天児屋命・太玉命・天鈿女命一、使二配侍一焉、因又勅曰、吾則起二樹天津神籬〔神籬者、古語、比茂侶伎、〕及天津磐境一、当下為二吾孫一奉上レ斎矣、汝天児屋命・太玉命二神、宜下持二天津神籬一、降二於葦原中国一、亦為二吾孫一奉上レ斎焉、惟爾二神、共侍二殿内一、能為二防護一、宜下以二吾高天原所御斎庭之穂一、〔是稲種也、〕亦当上レ御二於吾児一矣、宜下太玉命率二諸部神一、供二

奉其職一、如中天上儀上、仍令二諸神亦与陪従一、復勅二大物主神一、宜下領二八十万神一、永為二皇孫一奉上レ護焉、仍使下大伴遠祖天忍日命、帥二来目部遠祖天・津大来目一、帯レ仗前駆上、

として合併され、以後その形が『先代旧事本紀』巻三「天神本紀」(↓註159)や中世神道書(『倭姫命世記』『御鎮座本紀』『神祇譜伝図記』「高皇産霊神」など)に踏襲されることになる。ここでも両者を一つの神勅に作るが、順序を逆にし「宝鏡」を強調した内容となっている点が注目される。

(200) 吾《やつかレ》 児《ガミコ》、此ノ宝鏡ヲ視《ミソナ》ハシメテ＝守［ワカミコ、此ノ宝ノ鏡ヲミソナハシテ］、宮［わレカミコノ、此ノ宝鏡ヲミテ］、国は「五児視此宝鏡」とし［五カミコ、此宝鏡ヲミマサンコト］、温・宝は「吾児神此宝鏡」とし［アレカミコ、此宝鏡をミテ］、府・天は「吾児神視此宝鏡」とし［アレカミコノミコ、此ノ宝鏡ヲミマサンコト］。「吾児」朱左［吾カチコ］、天左［ヤツカレカミコ］。「視」宝別［ミマセンコト］。

ここから「斎《イツキ》 為《タテマツ》ルベシ」までが、宝鏡を大切にして、天皇との同床同殿を命じた神勅(宝鏡同床同殿の神勅↓②註131・④註199)に相当する。

(201) 当猶視吾《ワカカタシロトテ》＝底・温・府［ワカカタシロトテ］、左［当にヤツカレヲミルコトクすベシ］、国・府左［当ニ吾を視カ猶クスヘシ］、宝・守左［ワカヽタシロヲ］、宝イ［マサニワカヽタヒロノごトクスヘシ］、宮［ワカタカシロトテ］、天［当ニナヲ吾ヲミルカコトクスヘシ］。「吾」守［ワレナ］。

自分の形代として、という意味。天照大神が「この鏡を見る時はまさに自分を見るようにせよ」と命じたことから、鏡が「形代(＝依代)」と同じように解釈され、「ワガカタシロトテ」という読みがなされたと考えられる。

(202) 与《とも》に床《ユカ》ヲ同《ヲナ》ジク殿《みあらか》ニ共《ナラ》ベテ＝国［とモニ床ヲ同シミアラカニマツリ］、守［与にゆカヲ同ノシ殿ヲ共ニシテ］、温［与ユカヲオナシクシ殿ヲナラヘテ］、府［トモニユカヲ同シクミアラカヲナラヘテ］、宮［アタヘニカヲ同シテ殿ニナラヘ］。「共」守左［ナラヘテ］、府［ヒトツニシテ］。「殿」天左［ヲトヽヲ］。

宝鏡をホノニニギの子孫(天皇)が寝る場所(宮殿)と同じ所に安置すること。崇神天皇が天照大神の神威を恐れて別の所に遷そうとする以前の状態を意味する(↓②註131)。

(203) 以て、斎鏡と為《タテマツ》ルベシ＝底は「以下…為下斎中鏡宝祚之隆上」とし「以て、鏡《ミタマ》ヲ宝祚《アマノヒツキ》ノ隆《サカ》ヘシホド斎《イツキ》 為《タテマツ》ルベシ」と読む(宮［以て、ミタマニアマノヒツキノサカヘムコトイツキベシ］)。諸本により改めた。国［イツキノ鏡トタテマツル可シ］、守［イツキミタマヲタテマツルヘシ］、温［イツキイモヲリタテマツルヲすヘシ］、府［イマハリテ鏡をミタテマツルヘシ］、天［以て、テイツキノカヽミト為スベし］。「以為」守イ［ヲモヘラク］、宝・天左［タテマツル］。「斎鏡」守左・宝［イミヲリノ鏡］［イハイノ鏡］、府左・天左［イツキノカヽミト］。「鏡」朱左［ヲムカタシロヲハ］。

(204)
宝祚《アマノヒツキ》ノ隆《サカ》ヘシホド＝国［アマツヒツキノサカヘシホト］、守［アマツヒツキノサカヘシヲ］、温［ミタマヲアマノヒツキノサカヱンコト］、府［アマツヒツキノサカリナランコト］、天［アマツヒツキ之サカンナランコト］。「宝祚之隆」朱左［アマノヒツキノサカハンコト］。「隆」朱左［カミヨリ］、守左［ナランコト］。

「宝祚」は天皇の位。皇位の悠久なることをたたえた神勅。天孫降臨神話において、ホノニニギに葦原中国の統治を命じた、いわゆる「天壌無窮の神詔」の一節（↓註199）。ちなみに、『聞書』には「此ノ一段、神代聞書ノ如シ。故ニ之ヲ略ス也。」とあり、『日本書紀巻第二聞書』に、

宝祚之隆〈文〉、宝祚ト者位名トハ云ヘトモ、古来未決也、師〈良遍〉云、宝祚ト者則三種ノ神器也、王ヲ三種神器ノ位ト云此意也、或又宝祚長遠等ト云者易㆑知矣、実夫、三種神器有ム程ハ人王百代等盛間断不㆑可㆑有云意也、

と見える。

(205)
当《まさ》ニ天壌《アメツチ》窮《キハマルコトナ》無ク与《シラ》スベシ＝国［当ニアメツチ与無窮］、守・宝・府［当ニアメツチトキハマリ無カルヘシ］、天［当ニアメツチトトモキハマリナカルヘシ］。「天壌」朱左［アマノタマヤカナル］。

「天壌」は、天地。「天壌無窮」は、天地とともに永久に存在すること。永遠に続くこと。

(206)
八坂瓊曲玉《やさかにのまがたま》及び八咫鏡《やたのかがみ》・草薙剣《くさなぎのつるぎ》の三種神財《みくさのかむだから》＝「八坂瓊曲玉」朱別・守左・温［ヤサカニノクセタマ］、守・宮［ヤサカニノマカタマ］。「八咫鏡」朱［ヤタカ、ミ］。「草薙剣」朱［草薙ノ剣ノ］、「剣」守［草薙ノミつるぎ］。「三種神財」守［三クサノ神財］、府［三クサノかンたかラ］、宮［ミクサノ神財］。

三種の神器。「八坂瓊曲玉」（↓註132）と「八咫鏡」（↓註155）は、『日本書紀』神代上・第七段一書第三に、

於是、天児屋命、掘㆓天香山之真坂木㆒、而上枝懸㆓以鏡作遠祖天抜戸児石凝戸辺所作八咫鏡㆒、中枝懸㆓以玉作遠祖伊弉諾尊児天明玉所作八坂瓊之曲玉㆒、下枝懸㆓以粟国忌部遠祖天日鷲所作木綿㆒、乃使㆓忌部首遠祖太玉命執取、而広厚称辞祈啓㆒矣、

とあり、天照大神の天岩戸に隠れた時、それぞれ石凝戸辺《いしこりとべ》（石凝姥神《いしこりどめ》↓②註182）と天明玉《あまのあかるたま》によって作られたとされる。「草薙剣」（↓②註174・④註157）は前出。ここにあるように、天孫降臨に際して「天壌無窮の神勅」によってホノニニギに授けられた。『聞書』には、

三種宝物ト書テ、ミクサノカンツタカラト読メリ。府録ニ云ハク、天王如来日ハク、一字、千理ヲ含ミ、即身、法如ヲ証ス。是、而布留ノ也〈文〉。又云ハク、神語ニ日ハク、而布留部由良本妙座正智正覚〈文〉。

とあり、『天地麗気府録』の、

天王如来日、一字含㆓千理㆒、即身証㆓法如㆒、是而布瑠《シホロ》之言本也《コトノモトナリ》、故杵独王受㆓之言㆒、大八洲伝㆑之、持㆓明鏡㆒照

二心月一、是妙法最頂梵王真言也、無為事不レ言レ教、是人真心也、

神語曰、而布瑠部《シホロヘ》由良由良《ユラ、、》止布瑠部《シホロヘ》、
応化度衆生　本妙正智正覚

という一文と関連づけている。また、『麗気記』②「神天上地下次第」の「三種ノ神光神璽」（↓②註136）も参照。

なお、先の『日本書紀』神代下・第九段一書第一（↓註199）では「三種宝物」とあり、これを皇孫に授けてから「天壌無窮の神勅」を述べたことになっている。また、一書第二の「宝鏡同床同殿の神勅」では「宝鏡」のみで他の八坂瓊勾玉と草薙剣は含まれない。ここで「宝鏡」を授けた後で、さらに八咫鏡を含む「三種神財」を授けたとしているのは、二つの伝承を組み合わせた『古語拾遺』（↓註199）や『先代旧事本紀』（↓註159）の系譜を引いている。

(207) 永《ヒタスラ》ニ天璽《あめノシルシ》ト地玉《くにのみたま》と為《な》しテ＝国［永く天ノシルシクニノシルシト為ス］、守［ヒタフルニ天ノしるシトクニノミ玉ト為シテ］。

「地玉」府［クニノミタマト］、天［ミタマ］［シルシ］。

「天璽・地玉」とは、天上の璽（しるし）と地上の玉（たから）という意味か。本巻の冒頭には「天国ノ璽・地神ノ印」（↓註21）とある。玉で作られた天子の印を「玉璽」といい、皇位を指すこともある。よって、これを天上・地上を支配する天皇の持ち物の象徴という意味に解釈できる。「神璽」は前出（↓②註188）。『聞書』には「天璽・地玉〈文〉。三種ノ神祇（器カ）ヲ云フ也。」とあり、三種の神器を指すとしている。また『天地麗気府録』（↓註5）のこの部分を「永為二天璽牙玉一自従矣、」とし、「地玉」は「天璽」の対句として用いられたとも解釈できる。

(208) 天ト言はず、地と言けず＝朱［テントモイワシ、チトモイワシ］。ただし「チトモイワシ」は「地玉」に付く。守［アメトモイハス、クニトモイハず］。「不言」国・府［モノイハ不］。

(209) 永劫より、永劫に至るまで変はらず＝守［永劫より永劫ニ至ルマテタカハス］。「自」朱［ヨリ］。「永劫」天［ナガキトキ］。

「不変」朱［タカハス］。

永遠不滅のものである。

(210) 八坂瓊之勾玉《クセたま》＝「勾玉」国・守［クセタマ］、守左［マカタマ］。

「勾」朱左［ツリモノ］。

八坂瓊曲玉《まがたま》（↓註132・206）と同じ。

(211) 白銅鏡《ますみのかがみ》＝朱・国・守・温・宮［マスミノカヽミ］。

ここでは、宝鏡である八咫鏡（↓註155・206）のこと。真経津鏡（↓⑤註109）ともいう。高天原で石凝姥《いしこりどめ》（↓②註182）が天香具山の銅で鏡を作ったことは、『日本書紀』神代上・第七段や『古語拾遺』に書かれている。ただし、「白銅鏡」という語は、『日本書紀』神代上・第五段一書第一（↓註124）や『御鎮座次第記』（↓註225）では、イザナギが天照大神と月読尊を生むときに左右の手に持った鏡とされている。

(212) 荷《ニ》肩《ナ》ひテ＝国・守［カタニニナヒ］、守左［アフス］、府［カタニ

ニナキ」、天朱［カタニニナフ」、宮［カタニニナテ」。諸本に従い「肩に〜を荷ひて」と読むべきか。

ここでは、勾玉と鏡を肩にかついだのはホノニニギであったと解釈できる。しかし、『古事記』や『日本書紀』神代下・第九段一書第一（↓註199）では、アメノコヤネ（中臣氏上祖）・フトタマ（忌部氏上祖）など五神が付き従ったとあり、祝詞では「忌部〈能〉弱肩〈爾〉太多須支取挂〈弖〉、持由麻波利仕奉〈礼留〉幣帛〈平〉、」とあり、勾玉と鏡を肩にかついだのはフトタマであったと考えられる。この部分についても『天地麗気府録』（↓註5）の記載の方が原資料に近く、『麗気記』④「天地麗気記」で大幅に省略された可能性が高い。

(213) 海原《ワタノハラ》ニ行《ミユキ》ストモ＝「海原」朱左［ウナハクラニ」。「行」守［行トモ」、守イ［ミユキス」、府［ミユキスレトモ」。

(214) 草薙剣《みつるぎ》を腰ニ挿《ハサ》ミ、悪事《まがごと》を平《たいら》ぐ＝国・守［草薙ノミつるぎヲコシニサシハサミ、マカコトヲハ平ケ」。「平」府［ナヲシ」。

『聞書』に、

荷負草薙剣〈文〉。三種神祇(器)ハ則チ正直・慈悲・智恵ノ三ナル故ニ、山河海ニ至ルトモ、此ノ三ヲ挿ミテ修行スベシト云フ心也。当書ノ正直・慈悲・智恵ノ三ハ剛・藁《コウ》・正直ノ三徳ト〈文〉。

平天下悪事〈文〉。点ノ平ヲバ、ナヲシト読ム。事ヲバ、マカコトト読ム也。

とある。三種の神器が正直・慈悲・智慧の三徳を象徴するという所説は、『麗気記』⑧「神梵語麗気記」の『聞書』にも、

当段ノ意ハ、諸波羅蜜トハ和国ノ風儀、正直・慈悲・智恵ノ三種ノ神器ヲ挿ミ、物ヲ忌ミ正直清浄ナルヲ諸波羅蜜ノ修行ト云々。

と見える。これは、北畠親房『神皇正統記』に記す、

此三種ニツキタル神勅ハ正ク国ヲタモチマスベキ道ナルベシ、鏡ハ一物ヲタクハヘズ、私ノ心ナクシテ、万象ヲテラスニ是非善悪ノスガタアラハレズト云コトナシ、其スガタニシタガヒテ感応スルヲ徳トス、コレ正直ノ本源ナリ、玉ハ柔和善順ヲ徳トス、慈悲ノ本源也、剣ハ剛利決断ヲ徳トス、智恵ノ本源也、此三徳ヲ翕受ズシテハ、天下ノヲサマランコトマコトニカタカルベシ、

という叙述に淵源する。

(215) 天児屋根命《あめのこやねのみこと》

中臣氏の上祖とされる神。平岡・春日社の祭神。出自は、興台産霊の子（『日本書紀』）、神皇産霊神の子（『古語拾遺』）、津速魂命三世の孫（『新撰姓氏録』）などの諸説がある。天岩戸の神事で祝詞を唱え、天孫降臨でホノニニギに随伴した五部神の一。天皇を補弼する神とも考えられた。中臣氏が神祇官人として大祓詞などの祝詞を宣る役を勤めていたので、アメノコヤネも祓の神とも考えられるようになったの

であろう。『聞書』に、

呼天児屋根命〈文〉。彼ノ尊ハ祓ヲツカサドリ御座ス也。意ニ云ハク、罪障懺悔シテ一心正直ニ持ツヲ、此ノ国ノ修行スル也。故ニ云ハク、彼ノ神ヲ呼ブ也ト云々。

とあり、天児屋根命は祓をつかさどる神であるために呼び出したと解釈する。

(216) 持《モ》ツ所ノ金剛宝柱ノ中ニ色葉文《イロハノもん》ヲ誦《じゅ》しテ＝「所持金剛宝柱中」守左［ヲサムル所の金剛宝柱］、府［金剛宝柱ノ中ニモツ所ノ］。「所持」国［ヲサムルトコロノ］。「持」温・宝左［ヲサムル］。「色葉文」国・天［イロハノフミ］。

天児屋根命が祓詞である色葉文を唱えたこと。「金剛宝柱」は前出（↓①註53）。金剛宝山に最初に建てられた宝柱のこと。「色葉文」は、本書の記述からだけでは何を指しているのかわからないが、『聞書』には「色葉文〈文〉。祓ノ詞也。色葉ノ文トテ切出ニアリ。」とあり、色葉文は祓詞のひとつで切紙伝授されていたらしいことがわかる。なお、伊勢の祓書である『尚重解除鈔』（『大祓詞註釈大成（上）』所収）の「七種祓本」には「色破文」として、

藤原浜成《ノハマナリノ》朝臣　大八州　天神地祇　君臣上下《ノ》　色破文《イロハノ》

虚　天地　山　河　草木　神　仏　法　日月
大道
无　星辰　皇帝王　君臣　仁義礼智心　神《イキウト》仏《シニウト》

色破《ハ》是《レ》以如来《ノ》加持神力《ヲ》、能《ク》壊二衆生之煩悩一真言也、

とある。これは藤原浜成に仮託された祓詞で、『麗気記』の「色葉文」と関係するものと考えられる。先後関係は不明だが、伊勢と共通の祓詞が存在していたことは興味深い。

(217) 浄事を為《な》し＝守［キヨメハナシタマフ］、府・天［キヨメコトヲナシテ］。「為浄」朱［ヨキコト］、天［キヨメコト］。

解除（祓）を行なうという意味か。

(218) 元の如く成《な》さしめ給ふと伏して乞ふ＝守［はしメノ如クナサシメ給フヲ、システニ下ヘリ］。「如元」温・府・天［モトノ如］、天は「如無」とし［モトノ如］。「伏乞」府・天［伏シテ乞フ］。

(219) 彦火々出見尊《ヒコホホイテミノ》＝「出見尊」朱左［テミノミコト］。

ホホデミは前出（↓②註83）。ホノニニギとコノハナサクヤヒメの子。山の幸を得るヤマサチヒコ（山佐知毘古・山幸彦）のこと。

(220) 木花開耶姫《コノハナサクヤノヒメ》＝府［コノハナサクヤヒメ］。

オオヤマツミの娘。ホノニニギの妻となり、一夜で妊娠し、火中で三神を生んだ。

(221) 大山祇神《オホヤマツミノミコト》＝朱左［ヤマノカミノ］。

(222) 上奉物《ワタシタテマツルモノ》、左の如し＝「上奉物」宮［ワタシタテマツルモノ］、温・宝・府・天は「奉物」。「如左」国［カクノ如シ］、守は「如先」とし［カクノコトシ］。

皇位のしるしである三種の神器を継承した、という意味か。次のウガヤフキアヘズの項にも「渡《わた》し奉ること左の如し」とあるが、「左」を「右」ないしは「先」とする諸本がある。「如右」「如先」であれば、先の内容を受けていること

とになる。「如左」であれば、「凡天照太神」以下の文を指していることになる。なお、この文は『天地麗気府録』(↓註5)にない。

(223) 彦《ヒコ》波《ナ》瀲《キサ》武《タケ》鸕《ウ》草《カヤ》葺《フキ》不合《アハセスノ》尊＝「波」朱左〔ナミ〕。彦《ひこ》波《な》瀲《ぎさ》武《たけ》鸕《う》鷀《が》草《や》葺《ふき》不合《あへず》尊が正しい。ウガヤフキアエズは前出(↓②註85)。ホホデミとワタツミの娘トヨタマヒメの子。神武天皇の父。トヨタマヒメが出産の時、海岸に設けられた産屋の屋根が葺き終わらないうちに御産が始まって生まれたのでこの名がある。出産を見られた母はこの子を草に包んで海辺に置いていったので、叔母であるタマヨリビメに育てられた。

(224) 海童《ワタツミ》ノ二女《ふたむすめ》＝「海童」国〔ワタスミノ〕。「二」国〔ヲトムスメ〕、国左〔ツキノ〕。

(225) 天地《あめつち》大冥《オホカスメ》ノ時

天地がくらやみであった時。『聞書』に「大冥之時〈文〉。ヲヽカスメノ時ト読メリ。或ハ大クラカリシ時トモ読ム也。」とある。この部分は『大和葛城宝山記』に、

天孫崇二天照太神一、天照太神則貴二天御中主神一、故二柱太神霊鏡、属二皇孫杵独王一、降二居如々安楽地一、治二天下一、度二君臣万民一矣、爾時、天帝、大和姫皇女託宣、人各念二天地大冥之時一、日月星辰像、照二現於虚空一之代、神足履レ地興二于天御量柱一、〔神語、天瓊戈、亦天逆戈、亦杵独王矛、亦常住慈悲心王柱、〕於二中都国一、而上去下来見二六合一、而天照太神悉治二高天原一、〔三光天、〕耀二天紋一、皇孫杵独王専治二豊葦原中国一、受二日嗣一、聖明所レ覃、莫レ不二砥属一、宗廟社稷之霊、得一無貳之盟、百王鎮護神宣孔照矣、

とあるように、天帝が倭姫命(↓①註152)に託宣したこととして伝えられる。また、『御鎮座次第記』に、

天照坐皇太神一座、〔在二伊勢国度会郡宇治郷五十鈴河上一、〕記曰、伊弉諾尊曰、吾欲レ生二御寓之珍子一、乃以二左手一持二白銅鏡一〔天鏡尊所レ作三面宝鏡也、〕則有二化出之神一、是謂二大日孁貴一、亦号二天照大日孁貴一也、此御子光華明彩照二徹於六合之内一、〔天地開闢之後神足履レ地而行、身光転滅、天地大冥也、于レ時為レ度二衆生一日月星像現二於虚空一、名二日神・月神一也、〕

とある。

(226) 日月星辰ノ像《かたち》ヲ現はしテ、虚空ノ代《ナカ》ヲ照らして＝「現日月星辰」を守は「以日月星辰像」とし〔日月星辰ノミヨヲ以〕。「像」朱〔カタチ〕。「照虚空代」朱〔虚空ヲ照テ代〕、国・府左〔虚空ヲ照セシの代〕、府〔虚空ノナカヲ照シ〕。「虚空代」天〔ヲヲソラヲナカク〕。「代」朱左〔ミヨ〕、府〔ナカク〕、府左〔ヨ〕。

(227) 神足、地を履《ふ》みテ＝「神足」朱左・守・天〔カンアシ〕。「履地」国〔クニヲ履テ〕、府〔ツチヲフンテ〕、守〔チヲフムテ〕。

本来ならば、国生みをしたイザナギ・イザナミであるが、ここでは天照大神が地上に降り立ったことを意味してい

る。

(228)天瓊戈《アマノトホコ》ヲ＝朱左［ニキノサカホコヲ］。

玉で飾った立派な戈。イザナギ・イザナミが国生みに使った。『聞書』では「天瓊戈《ノトホコ》〈文〉。金剛杵ト〈文〉。正統《トウ》記ニ云ハク、天逆戈トモ天ノ魔辺《マカヘ》ノ戈トモ云フ也ト云々。」と異名を載せる。所引の『神皇正統記』には、

コヽニ天祖国常立尊、伊弉諾・伊弉冊ノ二神ニ勅シテノ給ハク、豊葦原ノ千五百秋ノ瑞穂ノ地アリ、汝往テシラスベシトテ、即天瓊矛ヲサヅケ給、此矛又ハ天ノ逆矛トモ、天魔返ホコトモイヘリ、

とある。同様の天瓊矛をめぐる異説は、『大和葛城宝山記』『神宮秘文』『天口事書』などに散見する。

(229)豊葦原中国《とよあしはらなかつくに》

「豊葦原中津国」前出（↓註139）。日本のこと。

(230)上に去り下に来たりて六合《あめのした》を鑒《テラ》シ＝「上去下来而」国［カみサリクタテ］、守［カミ去リ下来テ］、府［カミニ去リシモニ来テ］。「鑒六合」国［アメノシタヲカヽミタマフ］、守［アメノシタテラシ］、温・府［アメカシタヲテラシ］、天［アメノシタヲカカヤカシ］。「鑒」温左・守左・宝左［カカヤカシ］、宮は「監」とし、宮［テラシ］、宮左［カヽヤカシ］。

「六合」は前出（↓註130）。「鑒」は、かがみ、手本、かんがえる、鏡にてらしてみる、見るなどの意味がある。ここでは読みから天上と地上を照らした、と解釈した。

(231)天原《あまのはら》ヲ治《シロシメ》シテ天《アマ》を耀かスこと紱《おびただ》し＝底・宮は「治天原耀天紱皇孫杵独王《アマツスヘマココトクおう》ヲ耀かス」と読むが、諸本により改めた。「治天原耀天紱」国［天ノ原ヲ治メ天ニ耀クコトヲビタヽシ］、府［アマノハラヲシロシメシテアメヲ耀シヲしタヽシ］、天［アマノハラヲシロシメシテアメニカカヤクコトヲビタシ］、守は「治天原耀天給紱」とし、守［天原ヲシロシメシテあメヲ耀スタマフオヒタヽシ］、温・宝は「治天原耀天給」とし、温［天原ヲシロシメシテ天を耀ス給］、宝［アマノハラヲシメシテ天ヲ耀ス給］。「治天原耀天」守左［あマノ原治、天耀シ在ス］。「耀」府左［耀クコト］、天朱［テラス］。

「天紱」天朱［アマノツラヲ］。

「紱」の意味は、①ひも。印綬。②まつりの服。③まとふ。身につける。など。『大和葛宝山記』（↓註225）にも「耀二天紱一、皇孫杵独王専治二豊葦原中国一、」とある。

(232)皇孫杵独王《スヘマココトクおう》＝守［スヘミマコトクミコト］、温［スヘミマココトクノミカト］、宝［スヘミマココトクノミコト］、府・天［スヘノミマコキトクノミコト］。「杵独王」国・府左［コトクノミコト］。「王」守イ［キミヲ］、宮［キミ］、宮左［ミコト］。底は「天紱皇孫杵独王」とし、底［アマツスヘマココトクキミ］、朱左［アマメヲスヘミマコノギトク王］、宮［アマツスヘマココトクキミ］。

(233)人寿八万歳の時

前出（↓註148）。

「人寿八万歳」とは、『倶舎論』の「四劫観」に基づく説で、人間の寿命が八万歳であった時をいう。『倶舎論』によれば人間の寿命はもと八万歳であったが、百年に一歳ずつ寿命がだんだん縮まっていき最終的には十歳にまで縮まり、寿命が十歳に至ると逆に再び百年に一歳ずつ寿命が増していき八万歳に至るのだという。この寿命が増減を繰り返す期間をそれぞれ一劫（増劫・減劫）と考え、この二劫を合わせたのが一小劫、この小劫を二十合わせたのが一中劫、中劫四つで一大劫といい、一大劫の中の四中劫には、成（世界の成立時期）・住（世界の安定時期）・壊（世界が破壊される時期）・空（世界が完全に破壊され完全に無となる時期）の四つの期間がそれぞれ配当される。このように世界が成立と破壊を繰り返して循環することを四劫観といい、皇孫杵独王が人寿八万歳の時に降臨したという説はこの四劫観を受けている。なお『麗気記』⑥「豊受皇太神鎮座次第」でも豊受大神が人寿四万歳の時に降臨したことが記されている（→⑥註103）。ちなみに『水鏡』の歴史観も四劫観によっており、序によれば第九の減劫に過去七仏が出現し、同じく第九減劫の人寿百歳の時に釈迦が出現、第十の減劫において弥勒菩薩が降臨するとされている。

(234) 高千穂《たかちほ》の槵触《くしふる》の峯に天降坐《あまくだりましま》してより以降《このかた》＝朱［タカチホノクシフルノミネニアマクタリマシマシヽヨリコノカタ］。「槵触」府［クシナル］。「天降坐以降」国［アマクタリマシマシテヨリ］、温［アマクタリマシヽヽテヨリコノカタ］。「槵触」は前出（→②註22）。

(235) 終年に至る迄《まで》、三主《みはしらノキミ》＝守［至ル迄、シウネンミハシラノきミ］。「終年」府・天は「給年」とし［給リノ年ニ］。「迄至」天左［ヲヨフマテ］。「三主」朱左・守左［ミツノヲアルシ］、国［ミキミ］、温［ミハラキミ］。

「三主」とは、ホノニニギ・ホホデミ・ウガヤフキアエズの三代。『私鈔』に、

終年ハ、年経ルヲ云フ也。終日終夜ト云フガ如シト云々。一説ニ云ハク、葺不合尊ノ終ノ年ト云フ事也ト云々。三主ハ、瓊々杵尊・火火出見尊・不葺合尊也。

とある。ただし、『制作抄』には「終年トハ年数ヲフル事也。三主トハ天・地・人ノ主也。」とあり、天神・地神・人皇とする。

次に示された「百七十九万二千四百七十六歳」という年数は、ホノニニギの降臨からウガヤフキアエズまでの三代の地神の治世年数で、『日本書紀』神武天皇即位前紀に記す「一百七十九万二千四百七十余年」とほぼ一致するが、『麗気記』②「神天上地下次第」の年数とは十万年の差がある（→②註81・⑥註85）。

(236) 凡そ神

以下の部分は『天地麗気府録』（→註5）にはない。ただし『聞書』では「注ニ云ハク、以下、別記ニ在リ〈文〉。付

録等ノ事也。」とする。

(237) 陰陽《メノコヲノコ》太神《オホカンタチラ》等ハ＝国［メカタチハ太神タチハ］、守・温・宝・府［メカミヲカミヲホカンタチラハ］、天［ヒメカミヲカミヲンカンタチハ］、宮［ヒメカミヲカミオホカムタチラ］。「陰陽」守左・温左・天左［メノコヲノコ］。

(238) 五大龍王・百大龍王＝「五大龍王」天左［イツカタノシソメノキミ］。「百大龍王」天左［モモカタノシソメノミコト］。

仏典に説かれる魔力を持つ神。蛇が神格化したもの。八大龍王（『法華経』）・百八十五大龍王（『請雨経』）などは良く知られるが、五大龍王・百代龍王は不詳。③註148も参照。

(239) 面貌《かたち》＝守［ヲモスカタハ］、天［カホカタチハ］、天左［スカタ］。

(240) 天帝釈梵王

帝釈天（↓①註124）と梵天（↓①註109）。

(241) 別記

『聞書』（↓註236）では『天地麗気府録』などを想定するが、不詳。

(242) 日本《ヤマト》磐余《イハヨ》彦天皇《ヒコスヘラミコト》＝守［ヤマトイハレヒコノスヘラミコトハ］、府［ヤマトイハアレヒコ天皇］。「磐余彦」朱左［イワサクラノヒコノ］。

神武天皇（↓②註97）。紀では「神日本《かむやまと》磐余《いはれ》彦天皇《ひこのすめらみこと》」、記では「神倭《かむやまと》伊《い》波《は》礼《れ》毘《び》古《この》命」。以下の部分は、『神皇実録』「人皇首」に、

神日本磐余彦天皇

彦波瀲武鸕鶿草葺不合尊第四子也、母曰二玉依姫一、海童之大女也、

日本人皇始、天照太神五代孫、庚午歳誕生、年十五為二太子一、

辛酉春正月庚辰朔、天皇即二帝位於橿原宮一、是歳為二天皇元年一、〔五十二歳、〕尊二正妃一為二皇后一、生二皇子神八井命・神渟中川耳尊一、故吉語称レ之曰二畝傍之橿原一也、太二立宮柱於底磐之根一、〔天御柱、金石坐、〕峻二峙搏二風於高天之原一、〔雲路即乗二風雲一縁也、〕而始馭二天下一之天皇号曰二神日本磐余彦火々出見天皇一焉、初天皇二草創天基一之日也、凡徳合二天地一、智合二神霊一称二皇帝一、上則答二乾霊授国之徳一、下則弘二皇孫養レ正之心一焉、

甲子四年春二月壬戌朔甲申、詔曰、我皇祖之霊也自レ天降鑒光二助朕体一、今諸虜已平、海内無レ事、可下以郊二祭礼天神一用申中大孝上者也、乃立二霊時於鳥見山中一、其地号二上小野榛原下小野榛原一、用祭二皇祖天神一焉、

任二皇天乃厳命一斎二八柱霊神一、而式為レ鎮二御魂神一、為二天皇乃玉体一、春秋二季斎祭也、惟魂元気也、清気上升為レ天、濁気沈下為レ地、清濁之気通而為二陰陽五行一、陰陽共生二於万物之形一、是水火精陽気生、因以名レ魂為レ心、故以二安静一為レ命、是道大也、神語大者人霊也、〔云二久志備一、〕名レ之号レ魂也、〔顕露形也、〕

惣以二八洲八斎八心一、因以為二大象一者也、古語陽気為レ心為レ神、故名レ魂也、陰気為レ意為レ性、故名二精魄一也、因レ茲祭二八斎神霊一、則世苦楽皆是自在天神之作用、広大慈悲之八心、即続生之相、真実而無畏、鎮二坐大元神地一、如二湯津石村一長生不死之神慮、謹請再拝、国家幸甚々々、

とある文章の一部を省略したもの。なお、『天地麗気府録』（註5の続き）に、

〈人代〉神日本磐余彦天皇

彦波瀲武鸕草葺不合尊第四子也、母曰二玉依姫一、海童之大女也、日本人皇始、天照大神五代孫也、庚午歳誕生云々、

天皇草二創天基一之日、任二皇天乃厳命一斎二八柱霊神一、式為レ鎮二御魂神一以来、上則答二乾霊授国之徳一、下則弘二皇孫養正之心一、是神一徳、益満二四海一、和光影普浮二八州一、能赦二君臣上下一、悉除二八苦煩悩一、天壌無レ窮、日月長久、夜守日護、恤幸生坐、誓言、孔照也、故八百万神等之中、以二八柱御魂神一為二天皇玉体一、春秋二季斎祭也、惟魂元気也、清気上升為二天神一、濁気沈下為二地祇一、清濁之気通為二陰陽一為二五行一、陰陽共生二於万物之類一、是水火精也、陽気生レ因以名レ魂為レ心、故以二安静一為レ命、是道本也、神語大者人霊也、名レ之号レ魂者也、亦云、陽気為レ心為レ神、故名二神魂一也、陰気為レ意為レ性、故名二精魄一也、故祭二八斎神霊一、則世間苦楽皆是自在天神之作用、広大慈悲之八心、即続レ生之相、真実而無畏、鎮二坐大元神地一、如二湯津石村一長生不死之神慮、謹請再拝、国家幸甚々々、

とあり、『麗気記』④「天地麗気記」の文よりも『神皇実録』に近い文を伝えている。

(243) 海童《わたつみ》の大女《おほむすめ》＝守［ワタツミノヲホムスメ也］。「海童」温［ワタウツミ］。「大女」国［オホムスメ］。

「海童」は「海神」とも記す。玉依姫の父のことで、『日本書紀』神代下・第十段一書第一に「海神豊玉彦《わたつみとよたまびこ》」とある。「大女」は、姉の意味。『日本書紀』では「少女《おとむすめ》」として妹とするように、本来玉依姫は豊玉姫の妹に当たるが、『倭姫命世紀』『神名秘書』『簾中抄』でも「大女《おほむすめ》」と記す。

(244) 日本の人皇の始《ハシメ》＝守［ヤマトノスヘラミコとノ始メ］。

「人皇」とは「神代」と区別し、神武天皇以後の天皇をいう。

(245) 誕《み》生《あれ》ます＝守［ムマレタマヘリ］、天［ミアシマス］。

『聞書』には「誕生〈文〉。ミアレト読メリ。」とある。「ミアレ」は、一般に「御生・御阿礼」と記し、神が誕生することをいう。

(246) 天皇《スヘラミコト》、草創《ハシメ》テ天基《アマツヒツキ》ノ日＝「日」底などは「日」とし［ノタマハク］と訓むが、朱左に［ヒ］とあり、真・国により改めた。

守・府［スヘラミコト天ノヒツキヲハシメテのタマハク］。

初めて天皇の位に就いた日。『日本書紀』では辛酉年元旦とするが、『麗気記』②「神天上地下次第」では甲寅説をとる（↓②註99）。『聞書』には「天皇○之日〈文〉。天照大神ヨリ以来、代々御門ニ伝フルト云フ詞也。」とある。

(247) 皇天《ミヲヤ》の厳命《ミコトノリ》ニ任せテ＝「任」守・府［ヨサシテ］。「厳命」守左［イツクシキ命］、温・宝左・府左［イツクシキミコトノリニ］。『聞書』には「任《テ》二皇天之厳命《ミコトノリニ》一〈文〉。是又、天照太神、皇孫ニ鏡ヲ進ゼ給ヒシ如クニ、代々御門ニ意得スベキ也ト云々。」とある。『古語拾遺』（↓註248）では、このくだりを「皇天二祖の詔」として、天照大神および高皇産霊尊の詔とする。

(248) 八柱ノ霊神《ミタマノミコト》ノ式《ヨソヲイ》ヲ斎《イツキタテマツ》りテ＝「斎」守［イツキタテマツリテ］。「八柱霊神」守［ヤハシラノミタマノミコト］、府・天［ヤハシラノミタマヲ］、温・宮［ヤハシラノミタマノミコト］。「霊神」天朱［ミタマノミコト］。「式」国・守［モテ］、府［ヲヤマテシテ］、天［ウヤマテ］、とする場合は「八柱ノ霊神ヲ斎りテ、式テ」と読む。底も「斎二八柱霊神一式二」と返り点を両様に付け、二つの読みを並記する。また、温・守イは「式為」で温［ヨソヲイヲセシ］、守イ［ミコトノリニセシ］。

「八柱の霊神」は八神殿に祀られる神々。神武天皇が即位した時に八柱神を祀った話は、『古語拾遺』に、

逮二于神武天皇東征之年一、大伴氏遠祖日臣命、督二将元戎一、剪二除兇渠一、佐レ命之勲、無レ有二比肩一、物部氏遠祖饒速日命、殺レ虜帥レ衆、帰二順官軍一、忠誠之効、殊蒙二褒寵一、大和氏遠祖椎根津彦者、迎二引皇舟一、表二績香山之巓一、賀茂県主遠祖八咫烏者、奉レ導二宸駕一、顕二瑞菟田之径一、妖気既晴、無二復風塵一、建二都橿原一、経二営帝宅一、仍令下天富命〔太玉命之孫也、〕率二手置帆負・彦狭知二神之孫一、以二斎斧・斎鉏一始採二山材一、構中立正殿上、所謂、底都磐根〈仁〉宮柱〈布都之利〉立、高天〈乃〉原〈尓〉搏風高〈之利〉皇孫命〈乃〉美豆〈乃〉御殿〈乎〉造奉レ仕也、故其裔、今在二紀伊国名草郡御木・麁香二郷一、〔古語、正殿、謂二之麁香一、〕採レ材斎部所レ居、謂二之御木一、造レ殿斎部所レ居、謂二之麁香一、是其証也、又令下天富命率二斎部諸氏一、作中種々神宝、鏡・玉・矛・盾・木綿・麻等上、櫛明玉命之孫、造二御祈玉一、〔古語、美保伎玉、言祈祷也、〕其裔、今在二出雲国一、毎レ年与二調物一共貢二進其玉一、天日鷲命之孫、造二木綿及麻并織布一、〔古語、阿良多倍、〕仍令下天富命率二日鷲命之孫一、求二肥饒地一、遣二阿波国一、殖中穀麻種上、其裔、今在二彼国一、当二大嘗之年一、貢二木綿・麻布及種種物一、所以、郡名為二麻殖一之縁也、天富命、更求二沃壌一、分二阿波斎部一、率二往東土一、播二殖麻穀一、好麻所レ生、故謂二之総国一、穀木所レ生、故謂二之結城郡一、〔古語、麻謂二之総一、今為二上総・下総二国一是也、〕阿波忌部所レ居、便名二安房郡一、〔今安房国是也、〕天富命、

即於二其地一立二太玉命社一、今謂二之安房社一、故其神戸有二斎部氏一、又手置帆屓命之孫、造二矛竿一、其裔、今分在二讃岐国一、毎レ年調庸之外、貢二八百竿一、是其事等証也、爰仰二従皇天二祖之詔一、建二樹神籬一、所謂、高皇産霊・神産霊・魂留産霊・生産霊・足産霊・大宮売神・事代主神・御膳神、〔已上、今御巫所レ奉レ斎也、〕櫛磐間戸神・豊磐間戸神、〔已上、今御門巫所レ奉レ斎也、〕生嶋、〔是大八洲之霊、今生嶋巫所レ奉レ斎也、〕坐摩、〔是大宮地之霊、今坐摩巫所レ奉レ斎也、〕

とあり、『先代旧事本紀』巻七にも即位の時に八柱神を祀ったことが記される。また『神皇実録』（註242の続き）に、

八御魂神

高皇産霊〔神武天皇以二高皇産霊尊一朕親作二顕斎一、用二汝道臣命一為二斎主一、〕

神皇産霊〔八頭烏霊坐、亦伊勢朝臣上祖、神日本磐余彦天皇欲レ向二中洲一之時、山中嶮絶跋渉失レ路、於レ是神魂命孫鴨武建津命化如二大烏一、翔飛奉レ導、遂達二中洲一、天皇喜二其功一時厚褒賞、天八咫烏之号従レ此始也、故導徳霊坐、〕

魂留産霊〔元気精霊坐、〕

生産霊〔生気化現精魄霊坐、〕

足産霊〔大地主大己貴神、大弁才天所化坐、〕

大宮売神〔天狐辰王、亦名二専女一、是従二諸宮一、是太玉命霊神、如二今世内侍一、〕

御膳神〔粟国祖神大御食都姫神、名二世間保食神一是也、神語供レ神物名曰二由加物一也、亦雑器贄同為二由加物一也、故神語名二御食津一称二由賀神一其此縁也、〕

事代主神〔大己貴神児、八万四千鬼類大将軍坐也、〕

件八神則八洲守護神、八斎霊命、八心府神、因以合二大象一、是生化霊明也、国家幅田也、故式為二皇帝一乃鎮二御魂一崇祭矣、依二神祇官請奏一諸司輸二祭料一、宮主御巫供二奉御食料一、稲二束、其日御巫於二神祇官斎院一舂レ稲、簸以二庶筥一、炊以二朝竈一、畢即盛二蔺笥一、納積居レ案、神部二人執二向祭所一供レ之、于レ時加二大直日神一座一也、天種子命招レ魂続レ魄祓二除不祥一也、

と八神をあげた上で、祭祀の由来を説明する。『聞書』では、

八柱霊神〈文〉。神祇官ノ八神殿也。天皇鎮魂八神殿。玄義四ニ云ハク、

一、高皇産霊尊　〔此ノ尊ハ、極天ノ皇祖帝也。〕
二、神皇産霊神　八咫烏
三、魂留産霊神　玉作
四、生産霊神　生魂
五、足産霊神　生嶋・足魂・道返魂
六、大宮売神　専女
七、御膳神　保食神

八、事代主神　〔素盞烏ノ子ト云々。大己貴神ノ長子。〕

北ヨリ南ヘ一二ノ次第也。西ハ後、東ニ向フ也。十一月中ノ寅日、之ヲ政ル也。今ハ九社有ル也。其故ハ、勘解由小路殿〈武衛〉、祝宮ヲ一社造添ヘ給フ故ナリ。

として、『旧事本紀玄義』巻四を引いて説明する。

(249) 鎮《トコシナヘ》ニ御魂神《ミタマノミコト》ノ為《ため》ニ＝府・天［ミタマノカミヲシツメントシテヨリ］。「為」守［為ニセシ］。「鎮」天イ［マホリノ］。「神」天イ［マコト、］。

「鎮」について、諸本の読みから「とこしえに」「守りの」とする解釈と、「鎮める」とする解釈とが存在したことがわかる。

(250) 上《おもて》は則ち乾霊《アメノミタマ》ノ授く国《クニ》ノ徳ヲ合《アツ》メテ＝国・府・天は「上則合二乾霊一授二国之徳一」とし、国［ヲモテニハ則、ケンレイニカナテ、国ノイキヲイヲさツケ］、府・天［ヲモテニハ則チ、アマツミヲヤニカナヒ、国ノイキヲイヲ授ケ］。「上」天左［カミハ］。「合」宮・天左［アツメ］。「合乾霊」守・温・宝［アマツミヲヤノミタマノ］、守左［マツメアメノケンレイノ］。「乾霊」府左［インレイニ］、天左［アメノミタマノ］。「徳」府左［ヨヲヲヒヲ］。

「乾霊」は天神・皇天のこと。ここでは天照大神を指す。

「乾」は「天」の意。

この部分は『日本書紀』神武天皇の即位前紀己未年三月辛酉朔丁卯条に、

三月辛酉朔丁卯、下レ令曰、自二我東征一、於茲六年矣、頼以二皇天之威一、凶徒就戮、雖二辺土未レ清、余妖尚梗一、而中洲之地、無二復風塵一、誠宜恢二廓皇都一、規二摹大壮一、而今運属二屯蒙一、民心朴素、巣棲穴住、習俗惟常、夫大人立レ制、義必随レ時、苟有レ利レ民、何妨二聖造一、且当披二払山林一、経二営宮室一、而恭臨二宝位一、以鎮二元元一、上則答二乾霊授レ国之徳一、下則弘二皇孫養レ正之心一、然後、兼二六合一以開レ都、掩二八紘一而為レ宇、不二亦可一乎、観夫畝傍山〔畝傍山、此云二宇禰縻夜摩一、〕東南橿原地者、蓋国之墺区乎、可治之、

とある、宮室を造り「八紘一宇」を宣言する記述を受ける。また『御鎮座本紀』『神皇系図』『先代旧事本紀』巻七などにも見える。

(251) 下《うら》は則ち皇孫の養正《ヒタシマツル》の心《ミコヽロ》ヲ弘む＝国は「下則弘二皇孫一養二正之心一」とし、国［ウラニハ則、スヘミアキを弘メ、タヽシキ心ヲヤシナウ］。「下則」府 天［ウラニハ則チ］。「皇孫」守・温［スヘミマコ］、府［皇孫ノ］。「養正」府・天［シタシタヽシテ］。

(252) 一徳＝天［メクミ］。

純一で一点の汚れもない特性のこと。

(253) 四海に益《マスヽヽ》満《フカ》シ＝朱左［アマリ四海にミチテ］、天［マスヽヽ四海ニ満テ］。「満」守左・温・宝・天イ・宮左［ミツヘシ］、府［ミ

チ」、天左［アカシ］。

(254) 和光の影《カケ》

「和光」は徳の光を和らげ包んだ、穏やかな威光のこと。「影」は光の意。

(255) 浮かびて＝朱左［ウツル］、国［ウカフ］。

(256) 能ク君臣ヲ赦《タス》ク＝「能赦君臣」朱左［ワウノシロシメスニハ］。「赦」を国・守・温・宝・府・天は「救」とし、守・宝・府・天［能ククンシンヲスクフ］、「救」国［スクウニ］。

(257) 八苦ノ煩悩ヲ除き＝守［八キウサハリなやミヲ除ク］。

「八苦の煩悩」とは、人生の苦悩の根本原因である生・老・病・死の四苦に愛別離苦・怨憎会苦・求不得苦・五陰盛苦の四苦を加えたもの。

(258) 天壌　窮《あめノミチキハマルコト》　無く＝国・守・府・天［アメツチ］。

「天壌無窮」とは、天地と共に永遠に続くこと。『日本書紀』神代下・第九段一書第一（↓註199）では、「行矣、宝祚之隆、当下与二天壌一無上窮者矣、」として、天照大神がホノニニギを送り出す時に宝祚長久を約束した言葉とされている。

(259) 愐幸《メンカウ》ニシテ　生坐《アレマスモノ》ヲヤ＝「愐幸生坐」朱左・守［スミヨキ所ニハヲハシマシテ］、温［シンツカラニシテアレマス］、守左［シユンカウニシテアレマス所ヲヤ］、宮［メンカウヲアレマスモノヲヤ］。「愐幸」守左イ［メクミサキハヘ］、国は「憻幸」とし、国［センカウニ］、国左［メムカウトシテ］、宝・府は「垣幸」とし［シュンカウニシテ］、天は「恤幸」とし［シュツ幸］。「幸」天左［アナル］。「生坐」国［ナリマシマス］、天［イハトナラシヲモ］、天イ［ミアレマス］。府は「生誓言」とし［アレマスモノヲヤ］。『制作抄』は「恤幸生坐」とし［アヒモナルサイナシヲモイハシ］。『私鈔』「恤幸アイヲモナル生イハトナシ　坐《マシ、、モヲヤ》ヲモヒハシ」。

不詳。『聞書』に、

憻《垣イ》幸〈文〉。メクミサイハイト読ム也。師良遍云ハク、字書ヲ以テ勘見ルニ、シユンカウト読ムヘシト云々。古来メンカウト云々。

とある。「愐」には、つとめる・おもうの意、「恤」には、めぐむ・すくうの意、「憻」は「坦」に通じ、やすらか・たいらかの意がある。底本朱書の読みなどを勘案すれば、「恵まれて安らかな住みやすいところが生じた」という意味になるであろうか。

(260) 誓《クシヒ》シテ　言《ノタマ》ハク＝国［セイシテノタマハク］、守［クシヒシテノタマハク］、守左・天［チカコトシテ］、守左別［ミノリシテイハク］、温［ウケヒテ言］、天別［モノウヤ］、天左［ウケヒシテノタマフコト］。『制作抄』［チカイモイハク］。『私鈔』［ウケイシテいワク］。

神武天皇の言葉と考えられる。

(261) 孔《ハヤ》ク照《テラ》シタマへ＝「孔照也」国［ハナハタシナリ］、守・温・府・天［アナテルヤ］、府左・天左［ハナハタアキラカナリ］。『制作抄』［ハヤクテラス］。『私鈔』「アキラカナリ。ハナハタテレリ」。
『聞書』に「孔照《コウセウ》〈文〉。ハナハタアキラカ也ト読メリ。」とあるように、「孔」は甚だしいの意で、明るく照らすように、ということか。ただし、この表現は『御鎮座本記』には、

皇天倭姫内親玉託宣〈久〉、各念、天地大冥之時、日月星神像現二於虚空一之代、神足履レ地、而興二于天御量於中国一、而上去下来而来、見二六合一、天照太神悉治二天原一、耀二天統一、皇孫尊専治二葦原中国一、受二日嗣一、聖明所レ覃莫レ不二砥属一、宗廟社稷之霊、得一無貳之盟、百王之鎮護孔照、是以、従人本二天地一続レ命、祀二皇祖一標レ徳、深二其源根一、恭二宗祖神一、令下朝二四方之国一、以観中天位之貴上、弘二大業一明二天下一、夫逆レ天則無レ道、逆レ地則無レ徳、而外二走本居一、没二落根国一、斉二情天地一、乗二想風雲一者、為二従レ道之本一、為二守レ神之要一、将除二万言之雑説一、而挙二一心之定準一、配二天命一而嘗二神気一、理実灼然、故祭レ神清浄為レ先、我鎮以二得一一為レ念也、神主部・物忌等、諸祭斎日不レ触二諸穢悪事一、不レ行二仏法言一、不レ食レ宍、亦迄レ至二神嘗会日一不レ食二新飯一、常謐レ心、慎摂レ掌、敬拝斎仕矣、

とあり、倭姫命の託宣として語られる。『大和葛城宝山記』（→註225）でも、天帝が倭姫命に下した託宣の最後に「百王鎮護神託孔照矣」とある。

(262) 天皇の玉体《ミタマノスカタ》ト為《な》し＝守・温・府・天［スヘラミコトノミタマノミスカタト為ス］。「天皇」天別［アマノスヘラ］、宮［スヘラミコト］。
「玉体」は天子の体の意。「玉体」と呼ぶ由緒について、『聞書』に、

天皇玉体〈文〉。惣ジテ王ヲ玉体ト云フ事、大嘗会ノ時、神祇官ノ八神殿ニテ御衣カヘラルヽ時、八人女出来テ、玉ノ衣装ヲ着奉ル。之ニ依リ、彼ノ御質約シテ玉体ト申ス也。謂フ、玉ニムスビタル大御事等トハ御衣ノ事ト云々。

とある。

(263) 春秋ノ二季斎祭《イツキマツリタテマツ》ルベシ＝「春秋二季斎祭也」守・府・天［春秋ノ二季ニイツキマツルヘシ］。「斎祭」守左［斎ルヘキモノナリ］。
『聞書』では「春秋二季斎祭〈文〉。彼又、八神殿ノ政也。追テ尋ヌベシ。」とし、神祇官西院にあった八神殿における祭祀を指すとしている。八神殿は、新嘗祭・大嘗祭の前日に鎮魂祭を行なう所であり、そこに祀られる神は祈年祭・月次祭・新嘗祭の官幣に預かっていた。「八神」については、註248参照。

(264) 惟《コレ》、魂《ミタマ》ノ元気《ハジメノキ》也＝「惟魂」国［コノキタイヲ］。「魂」朱左［コレハ］。「気」天［イキフヒ］天別［イキトヲリ］、天左［キミ

ナリ」。『私鈔』「元気ハシメノイキトヲリナリ」。魂の本源的な気という意味か。『制作抄』では「元気无也。元・无共ナシトヨム也。」とあり、「元気」の右に「クエンキ」左に「ナシイキトヲリ」、「无也」の右に「イキトヲリナシト」、「元无」の右に「イヘリナシノ字」と訓を振る。「元」を「無」として解釈したものか。

(265) 清気＝守・府・天「スメルイキ」、天左「セイキ」。「気」天別「イキトヲリ」。

以下の記述は、『日本書紀』神代上の冒頭部分（→①註73）を受けるか。

(266) 濁気、沈《シツ》ミ下《クタ》ルヲ地祇ト為《な》ス＝「濁気」守「にごレルキ」、府「ニコルキ」。「気」守左「イキ」。「為」守左「ナル」。「地祇」府「クニツカミト」。

(267) 清濁ノ気《キ》、通ジテ陰陽ト為《な》り＝守「清濁之イキ通シテ陰陽トナリ」。

以下の記述は陰陽五行説による。例えば、周濂渓『太極図説』に、

　無極而太極、太極動而生レ陽、動極而静、静而生レ陰、静極復動、一動一静、互為二其根一、分レ陰分レ陽、両儀立焉、陽変陰合而生二水火木金土一、五気順布、四時行焉、五行一陰陽也、陰陽一太極也、太極本無極也、五行之生也、各一其性、無極之真、二五之精、妙合而凝、乾道成レ男、坤道成レ女、二気交感、化二生万物一、万物生生、而変化無窮焉、

とある。

(268) 五行と為《な》りテ、陰陽、共ニ万物ノ類ヲ生ズ＝「為五行陰陽共生万物之類」底「五行陰陽と為《な》りテ、共ニ万物ノ類ヲ生ズ」を諸本により改める。「為五行」国「五行ト為」、守「五行トナル」、守左・温・宝「五行ヲナシテ」、府「五行ヲトナシテ」、天「五行トナシテ」。「陰陽共生万物之類」守・温・宝・府・宮「陰陽共ニ万物之類ヒヲ生ス」。「生」天「アレマス」。

「五行」とは、万物を生じ、万象を変化させる五気。木・火・土・金・水。「行」は運行の意で、木→火、火→土、土→金、金→水、水→木と、それぞれを生じるとする相生《そうしょう》説、木は土、土は水、水は火、火は金、金は木に、それぞれ剋《か》つとする相剋《そうこく》説（相勝説）とがある。「陰陽」は、相反する性質を持つ「陰」と「陽」の二気。両者の相互作用によって万物が作り出されるとされた。「五行説」と「陰陽説」は中国の戦国時代に別々に成立したが、漢代に合わさって「陰陽五行説」となり、万象を解釈・説明する思想として天文学・医学・暦法・易法などの根底にあった。

(269) 水火の精＝「精」天「タマシイ」。

伊勢神宮においては、内宮に「火」、外宮に「水」が配される。『仙宮院秘文』では、

　応化之状謂二天照坐皇太神一、則胎蔵界地曼荼羅御形文図、五行中火輪、即独鈷形坐也、豊受皇太神、則金剛界天曼

茶羅御形文図、五行中水輪五智位、故有二五月輪一也、と記す。①註74など参照。

(270) 陽気、因ヲ生ジテ＝朱左・守・守左［陽気生スル。コレヲ］。「生因」国［生シテヨテ］。

(271) 以て魂ヲ名づけて心ト為《な》す。故ニ、安静を以て命ト為《な》す＝守［以テ魂ト名ク。ミト為スルカ故ニアンセイヲ以テ命ト為ス］。「魂」天［コン］。「安静」守左［アンシヤウ］。

以下の記述では「陽気・魂・心・神魂」と「陰気・意・性・精魄」とが対応すると考えられる。『神皇実録』（↓註242）ではより明確な対応が見られ、「古語陽気為レ心為レ神、故名レ魂也、陰気為レ意為レ性、故名二精魄一也、」とする。

(272) 是、道の本《ハシメ》也。神《ミタマ》、故《カレ》ヲ神魂ト名づくる也＝守［是道ノハシメ也。ミタマカレヲ神魂ト名クルなり］、宮［是ノ道ノハシメ也。アタマカレヲ神魂ト名くる也］。「神故」守左［カンヲハコトサラニ］。国・府・天は「是道本神也、故名神魂也」とし、「道本神也」府・天［道ノハシメノ神也］。

『神皇実録』（↓註242）に「是道大也、神語大者人霊也、〔云二久志備一、〕名レ之号レ魂也、〔顕露形也、〕」とあり、これが前注の部分に混入した可能性も考えられ、そうだとすれば「道大」が「道本」に書き改められたことになる。また「是、道本神也、」とすると、本巻の最後で神武天皇が初めて神を祀ったと説明していることから、これが神道の始まりの意であるとも解釈できる。

(273) 陰気、意と為り、性と為る＝守［陰キヲ意トナリ、セイトナル］。「陰気」守左［ヲンケヲ］。

(274) 故《かし》ヲ精魄ト名づくる也＝守［カレヲ精魄ト名ルナリ］。「名精魄」府［セイハクト名ク］。

「精魄」は、たましい。また、からだ。精魂。

(275) 八斎神ノ霊《ミタマ》＝国［八斎ノシンレイ］、天左［ヤハシラノイツキカミノミタマ］。

「八柱の霊神」（↓註248）のこと。『聞書』には「八斎神霊〈文〉。彼又八神殿也。玄義第四ニ云ハク、天皇鎮魂八神ハ日域守護ノ諸神也〈文〉。」とあり、前と同じく『旧事本紀玄義』を引いて説明する。『私鈔』では、八斎神霊事。ヤハシラノイツキカミ。一説、国常立尊・イサナキノ尊・イサナミノ尊・地神五代也〈親王〉。一説、天御中主ノ尊・一ラノ尊ト高皇産尊ト地神五代也〈太子〉。とし、「親王」「太子」の両説を併記する。

(276) 則《すなは》ち＝国・府・天［トキンハ］。

(277) 自在ナリ＝「自」朱左［ミツカフ］。守は「自在天神之作用」で［天神ノ作用ニ自在ナリ］。

ここでは底本の読みに従ったが、この部分は、「世間の苦楽」は皆「自在天神の作用」であるとも読める。「自在天神」は、万物創造の最高神・娑婆世界の主で、仏教の護法神となった「自在天」（↓③註127・⑥註17）のことか。

(278)天神の作用＝「作用」朱左〔サユウニアリ〕。
ここでは、皇祖神の働きのことか。

(279)広大慈悲ノ八心
「八心」は、種子・芽・疱・葉・敷華・成果・受用種子・嬰童心のことで、『大日経』住心品（大正蔵一八・二b）に、

秘密主、愚童凡夫類猶如羝羊、或時有一法想生、所謂持斎、彼思惟此少分、発起歓喜、数数修習、秘密主、是初種子善業発生、復以此為因、於六斎日、施与父母男女親戚、是第二芽種、復以此施、授与非親識者、是第三疱種、復以此施、与器量高徳者、是第四葉種、復以此施、歓喜授与伎楽人等及献尊宿、是第五敷華、復以此施、発親愛心而供養之、是第六成果、復次秘密主、彼護戒生天、是第七受用種子、復次秘密主、以此心生死流転、於善友所、聞如是言、此是天大天、与一切楽者、若虔誠供養、一切所願皆満、所謂自在天、梵天那羅延天、商羯羅天、黒天自在子天日天月天龍尊等、及倶吠濫、毘沙門、釈迦、毘楼博叉、毘首羯磨天、閻魔閻魔后、梵天后、世所宗奉、火天、迦楼羅子天、自在天后、渡頭摩、徳叉迦龍、和修吉、商佉、羯句啅剣、大蓮、倶里剣、摩訶泮尼、阿地提婆、薩陀、難栣等龍、或天仙、大囲陀論師、各各応善供養、彼聞如是、心懐慶悦、殷重恭敬、随順修行、秘密主、是名愚童異生、生死流転無畏依、第八嬰童心、

とあるように、凡夫の善心が起こるさまを草木の成長過程にたとえたもの。後の「畏れ無し」は、第八心の嬰童心の説明「是名愚童異生、生死流転無畏依、第八嬰童心、」を受ける。なお、『制作抄』では「八心即続。〔八心者、八正道。〕」とし、『私鈔』では「八心ハ、此ノ八斎神ハ我等ガ八識心也ト云フ意也。」とし、それぞれ「八正道」と「八斎神」に結びつけた解釈を載せる。

(280)即《すなは》チ生ヲ続《ツ》グの相＝守〔即チ生ヲ続ツク之相〕、府・天〔即チ生ヲツクカタチナリ〕。「続」天別〔ゾク〕。朱は「相二真実一」とし〔真実ヲヲモフ〕。

(281)真実にシテ畏《ヲソレ》無《ナ》キヲヤ＝守・温・宝・府・天〔真実ニシテヲソレ無ク〕。「真実而」天左〔ヲモクシカクシテ〕。『制作抄』では「真実」を〔ヲモウシマコトナルハ〕（「実」に左〔カタウシテ〕）と訓み「ヲモウシトハ重也。カタウシトハ堅也。」と注する。

(282)太元神《カミノミヲヤノミコト》の地に鎮坐し＝宝〔カミノミヲヤノミコトニマシ、、ノ地〕、守〔カミノミヲオヤノミコトニマシマシテ〕。「地」国〔クニ、、〕、府〔トコロニ〕、天〔ミトコロニ〕。「鎮座」天〔シツマリマシテ〕、天左〔マシマシテ〕。
ここでは原初の神の居る所に鎮坐す、という意味か。『御鎮座本紀』（↓①註72）に「蓋聞、天地未レ剖、陰陽不レ分以前、是名二混沌一、万物霊是封名二虚空神一、亦曰二大元神一、亦国常立神、亦名二倶生神一、」とあり、『御鎮座次第記』「天照坐止由気皇太神一座」（↓②註158）に「古語曰、大海之中

有二一物一、浮形如二葦牙一、其中神人化生、号二天御中主神一、〔亦名二国常立尊一、亦曰二大元神一、〕」とあり、『宝基本記』裏書（↓註109）の「日天子」の説明に「天地未レ割、陰陽不レ分以前、是名二混沌一、万物霊、是名二虚空神一、亦曰二大元神一、亦国常立神、」とあるように、中世神道説では、「大元神」を絶対原初の神とし、国常立尊（↓②註11）または天御中主神（↓②註158）にあてる。また、『中臣祓訓解』『両宮形文深釈』上（↓①註38）では天照大神の別称として「大元尊神」をあげる。

(283)湯津石村《ユツイハムラ》＝守・府・天〔ユツノイハムラノ〕、「湯津」守左〔タラシムノ〕。守の末尾に「私云、湯津云々トハ持隻山ノ南ノ岸ノ岩屋也。何ナル時モ不二動破致一也」との注記がある。

神聖で清浄な場所。「湯津」は「斎つ」で、神聖・清浄を意味する接頭語。「石村」は、岩石の群という意。『古事記』上巻に、

於是、伊耶那岐命、抜二所御佩之十拳剣一、斬二其子迦具土神之頚一、尓、著二其御刀前一之血、走二就湯津石村一、所成神名、石析神、次、根析神、次、石箇之男神、〈三神、〉次、著二御刀本一血亦、走二就湯津石村一、所成神名、甕速日神、次、樋速日神、次、建御雷之男神、亦名建布都神、〔布都二字以レ音、下効レ此、〕亦名豊布都神、〈三神、〉

とあり、イザナギがカグツチの首を切った際、その血が飛び散ったことにより神々が生成された場所とする。ただし『日本書紀』神代上・第五段の一書第六・第七では「五百箇磐石」とある。また、『延喜式』祝詞「祈年祭」「月次祭」などに、

御門〈能〉御巫〈能〉辞竟奉皇神等〈能〉前〈尓〉白〈久〉、櫛磐間門命・豊磐間門命〈登〉御名者白〈弖〉、辞竟奉者、四方〈能〉御門〈尓〉湯都磐村〈能〉如塞坐〈弖〉、朝者御門開奉、夕者御門閇奉〈弖〉、踈夫留物〈能〉自レ下往者、下〈乎〉守、自レ上往者上〈乎〉守、夜〈能〉守・日〈能〉守〈尓〉守奉故、皇御孫命〈能〉宇豆〈乃〉幣帛〈乎〉称辞竟奉〈久登〉宣、

とあり、盤石な場所のたとえとして使われている。

(284)長生不死ノ神慮なり＝府〔長生セ不死の神慮ニ〕、天〔チヤウセイ不死ノ神リョニ〕。「長生不死之神」守〔長生不死之神ナリ〕。「慮」守は「盧」とし、守左〔サモアラハアレ〕。温は「如二湯津石村長生不死之神慮一」とし〔ユツイハムラ長生不死の神リョニカナフ〕。宝は「如二湯津石村長生一不死之神盧」とし〔ユツイハムラ長生スル如、不死の神盧ニ〕。

『聞書』「長生不死〈文〉。師云、君ヲイワウ詞也ト云々。」

とあるとおり、天皇に対する祝言。

(285)謹請再拝シテ＝守・天〔キンセイサイハイシテ〕。

謹んで再度礼拝する意。神に礼拝する時に用いる。『聞書』に「謹請再拝〈文〉。是又、神慮奉仕ノ詞也。」とある。

なお、『聞書』には、続けて宮中の神事などについて注

解を加えて、

一、大嘗会《ヲホナメエ》ハ、其ノ王ニ付ヒテ一度也。
一、新嘗《ニイナヘ》会ハ、十一月中寅日、神祇官八神ヲ斎ク也。
一、神嘗《カンナヘ》会ハ、伊勢ニ九月十六日・十七日ニ斎ク也。
一、相嘗会《アイナヘノマツリ》ハ、賀茂祭ヲ云フ也。十一月始ノ卯日也。
一、石八井ノ壇トハ、神祇官ノ前ニアリ。
一、開　白度遇《アツカカリマウスワタライ》　敢　紹書中ノ文字ノ訓也。

とあるが、相嘗祭を賀茂祭とするなど、必ずしも正確とはいえない。

(286)国家幸甚々々

結句の一種。「国家」とは天皇のことを指す。「幸甚《こうじん》」は非常に有難いという意。なお、『制作抄』に、

国家幸甚々々。国家幸甚ハ拍掌ノ名也。拍掌ノ音ハ国家幸甚ト云フ音也。陰陽共ニ万物ノ類ヲ生ム。是、火水ノ精也。今文、上下能々見合ハスベシ。

『私鈔』に、

国家幸甚云々ハ拍掌ノ名也。拍掌ノ音ハ国家幸甚云々ト云フ音也。

『神仏一致抄』に、

謹請再拝国家幸甚々々。今モ伊勢神人ハ唱フル言也。神拝ノ時ハ笏ヲ持テ四度額ヲ打テ合掌シテ国家幸甚々々ト唱ヘテ、笏ヲ取テ額ヲ四ツ打テ合掌シテ国家幸甚々々ト唱フ也。両度ハ再拝ノ心カ。

などとあるように、中世にはこの文言は、神拝の際の拍掌の音と重ねあわせて理解されていたらしい。

(287)※府・天は巻末に、

本云、欲㆘開㆓九識心蓮㆒結㆗五智果実㆖敬以此妙喜模矣、

とある。

『麗気記』⑤　書下し文・現代語訳・註釈

天照皇大神宮鎮座次第

本巻の冒頭に「天照皇大神」の項目名があり、胎蔵曼荼羅の諸尊について記され、続いて天香鼻山命以下の天孫降臨に従った三十二神が列記され、諸経典の文が引用された後に、密号が遍昭金剛、神体が八咫鏡であることが示される。そして、相殿座神として天手力男命と栲幡豊秋津姫命、摂政別宮として荒祭神、摂社として朝熊神社について、それぞれの法号や神体が明かされる。次いで記されている外金剛部二十天・四角鎮壇・四方結護は金剛界曼荼羅、四門守護・二生天守護は理趣経曼荼羅によるが、本巻全体としては天照大神＝伊勢内宮が胎蔵曼荼羅と重ね合わされて理解されている。これは、次巻「豊受皇太神鎮座次第」で、豊受大神＝外宮が金剛界曼荼羅にあてはめられていることと対をなしている。なお、本巻にのみ尾題の後に『麗気記』成立にまつわる伝説を記した一文が付されている。

《キーワード》大悲胎蔵界(2)・相殿ニ座ス神(111)・天鏡尊(131)

【書下し文】

天照皇大神宮鎮座次第(1)

天照皇大神《アマテルスヘオヲンカミ》(2)

大悲胎蔵界(3)、八葉中台(4)、五仏四菩薩(5)。五大院ニ五尊(6)。蓮花部院ニ廿一尊、眷属同じ(7)。仏母院ニ五尊(8)。薩埵院ニ廿一尊、眷属十四尊(9)。虚空蔵院ニ廿尊(10)。蘇悉地院ニ八尊(11)。釈迦院ニ四十一尊(12)。文殊院ニ廿五尊(13)。除蓋障院ニ九尊(14)。地蔵院ニ九尊(15)。四大・四神等ノ二院ニ二百二尊(16)。大悲胎蔵の一曼荼羅ノ中ニ四百十尊有る(17)表体の御形文(18)也。

現体《マノアタリ》の四百余尊、各々に諸別宮ヲ加ふ(19)。我九億四万三千七百九十二神ノ上首(20)、娑婆界ニ帰して、大神力有り(21)と云々。

天香鼻山命《アマノカコヤマノミコト》(22)〔金剛鈎菩薩(23)　上首〕

【現代語訳】

天照皇大神宮鎮座次第

天照皇大神

大悲胎蔵界には、八葉中台院に五仏四菩薩。五大院に五尊。蓮華部院に二十一尊、および眷属。仏母院に五尊。薩埵院に二十一尊、および眷属十四尊。虚空蔵院に二十尊。蘇悉地院に八尊。釈迦院に四十一尊。文殊院に二十五尊。除蓋障院に九尊。地蔵院に九尊。四大・四神等の二院に二百二尊。大悲胎蔵界曼荼羅の中に四百十尊がおり、内宮の御形文に表われている。

姿を現わした四百余尊は、各々に諸別宮を加えている。我は九億四万三千七百九十二神の上首であり、娑婆世界にあって、大神力を持っている。

天香鼻山命〔金剛鈎菩薩　上首〕

天《アマノ》鈿《ヲ》売語《スメノ》命《ミコト》〈金剛薩埵菩薩(24)〉
天太玉《フトタマノ》命《ミコト》〈金剛王菩薩(25)〉
天児屋《コヤネノ》命《ミコト》〈金剛愛菩薩(26)〉
天櫛玉《クシタマノ》命《ミコト》〈金剛喜菩薩(27)〉
天道根《ミチネノ》命《ミコト》〔金剛索菩薩　上首(28)〕
天神玉《カンタマノ》命〈金剛宝菩薩(29)〉
天椹野《クノヽノ》命〈金剛光菩薩(30)〉
天糠戸《カストノ》命〈金剛幢菩薩(31)〉
天明玉《アキタマノ》命〈金剛笑菩薩(32)〉
天村雲《ムラクモノ》命〔金剛鎖菩薩　上首(33)〕
天背男《シナヲノ》命〈金剛法菩薩(34)〉
天御蔭《ミカケノ》命〈金剛利菩薩(35)〉
天造日女《ツクヒメノ》命〈金剛因菩薩(36)〉
天世手《ヨテノ》命〈金剛語菩薩(37)〉
天斗麻祢《トマネノ》命〔金剛鈴菩薩　上首(38)〕
天背斗女《セナトメノ》命〈金剛業菩薩(39)〉
天玉櫛彦《タマクシヒコノ》命〈金剛護菩薩(40)〉
天湯津彦《ユツヒコノ》命〈金剛牙菩薩(41)〉

天鈿売語命〈金剛薩埵菩薩〉
天太王命〈金剛王菩薩〉
天児屋命〈金剛愛菩薩〉
天櫛玉命〈金剛喜菩薩〉
天道根命〔金剛索菩薩　上首〕
天神玉命〈金剛宝菩薩〉
天椹野命〈金剛光菩薩〉
天糠戸命〈金剛幢菩薩〉
天明玉命〈金剛笑菩薩〉
天村雲命〔金剛鎖菩薩　上首〕
天背男命〈金剛法菩薩〉
天御蔭命〈金剛利菩薩〉
天造日女命〈金剛因菩薩〉
天世手命〈金剛語菩薩〉
天斗麻禰命〔金剛鈴菩薩　上首〕
天背斗女命〈金剛業菩薩〉
天玉櫛彦命〈金剛護菩薩〉
天湯津彦命〈金剛牙菩薩〉

天神魂《カンタマノ》命〈金剛拳菩薩〉(42)
天三降《ミクタリ》命〈金剛喜菩薩〉(43)
天日神《ヒノミタマノ》命〈金剛鬘菩薩〉(44)
天乳速《ニハヤヒノ》命〈金剛歌菩薩〉(45)
天八《ヤ》板彦《タヒコノ》命〈金剛舞菩薩〉(46)
天活玉《イクタマノ》命〈火天〉(47)
天小《コ》彦根《ヒコネノ》命〈水天〉(48)
天湯彦《ユツヒコノ》命〈風天〉(49)
天表春《ウハカセノ》命〈地天〉(50)
天下春《シタカセノ》命〈金剛焼香菩薩〉(51)
天月神《ツキミタマノ》命〈金剛花菩薩〉(52)
天伊佐布魂《イサフタマノ》命〈金剛燈菩薩〉(53)
天伊岐志迩保《イキシニホノ》命〈金剛塗香菩薩〉(54)

経に曰はく(55)「本体は盧舎那、久遠《くおん》に正覚《しょうがく》(56)を成ず。衆生《しゅじょう》を度さんが為《ため》の故に、大明神と示現す。」〈文〉。

亦、曰はく(57)「本体は観世音、常に補陀落《ふだらく》(58)に在

天神魂命〈金剛拳菩薩〉
天三降命〈金剛喜菩薩〉
天日神命〈金剛鬘菩薩〉
天乳速命〈金剛歌菩薩〉
天八板彦命〈金剛舞菩薩〉
天活玉命〈火天〉
天小彦根命〈水天〉
天湯彦命〈風天〉
天表春命〈地天〉
天下春命〈金剛焼香菩薩〉
天月神命〈金剛花菩薩〉
天伊佐布魂命〈金剛燈菩薩〉
天伊岐志迩保命〈金剛塗香菩薩〉

経に言う。「本体は毘盧舎那仏であり、永遠の昔に正しい覚りを成就し、衆生を済度するために、大明神として現われたのである。」

また、経に言う。「本体は観世音菩薩である。観世音菩

り。衆生を度さんが為の故に、大明神と示現す。」〈文〉。

亦、曰はく[59]「応に執金剛神《しっこんごうしん》[60]を以て得度すべき者には、即ち執金剛神と現じて、為に法を説く。」〈文〉。

『首楞厳経《しゅりょうごんぎょう》』に云はく[61]「尽空[62]の如来の国土の浄穢の有無は、皆是、我が心の変化《へんげ》[63]の所現なり。識性は無量の如来を流出す。[64]」〈文〉。

『円覚《えんがく》経』に云はく[65]「無上妙覚[66]は、諸十方に遍じて、如来を出生す。一切の法[67]と同体平等なり。」〈文〉。

『花厳経』に云はく[68]「法身は恒に寂静《じゃくじょう》[69]・清浄にして無二の相なり。衆生を度さんが為の故に、種々の形を示現す。」〈文〉。

『同』に曰はく[70]「涅槃《ねはん》は寂静にして、未だ曾て異ならず。智行[71]の勝劣に差別《しゃべつ》有り。譬《たと》へば虚《こ》空《くう》[72]の体性の一なるが如く[73]、普《あまね》く一切の虚空界

薩は常に補陀落山にあって、衆生を済度するために、大明神として現われたのである。」

また、経に言う。「仏は執金剛神によって得度できる者に対しては、すなわち執金剛神の姿となって現われて、その者のために法を説くのである。」

『首楞厳経』に言う。「無限なる如来の国土においては、浄らかさや穢れの有無は、すべて自分の心の変化に依拠して現出したものに過ぎない。認識の作用が無量の如来を出現させるのである。」

『円覚経』に言う。「仏の得た悟りは、あらゆるところに遍満し、如来として出現する。一切の現象的存在と同体にして平等である。」

『華厳経』に言う。「仏の法身は常に煩悩を離れた清浄な存在で、唯一絶対である。衆生を済度するために様々な姿形になって現われるのである。」

同じく『華厳経』に言う。「涅槃は静かでやすらかな境地であり、常に一定である。智慧と修行の優劣によって違いが生じる。例えば虚空の本質が一つであるように、虚空

に遍ず。諸《もろもろ》の衆生の心智[74]の殊なるに随ひて、聞く所、見る所、各《おのおの》差別あり。」〈文〉。

「自性《じしょう》及び受用《じゅゆう》[75]、変化《へんげ》并びに等流《とうる》[76]。仏徳三十六[77]、皆、自性身に同じ。」〈文〉[78]。

「天王[79]は諸《もろもろ》の天子の法身の性なり。諸の凡《ぼん》夫[80]・声聞《しょうもん》[81]・辟支仏《びゃくしぶつ》[82]等は、法身平等無差別なり。」〈文〉[83]。

「釈迦如来、我が滅度の後、悪世中[84]に於《お》いて、大明神と現じ、広く衆生を度さん。」〈文〉[85]。

天王如来[86]、衆生を度さんが為《ため》に、上去下来す。上は飛空天より[87]、下は大八州《おおやしま》に至る[88]。大日本《おおやまと》伊勢《いせ》度会《わたらい》郡宇治《うじ》郷の五十鈴《いすず》の河上に御鎮座《ちんざしたまふ》[89]。是、秘密大乗法[90]、法入法界宮[91]、自性三昧耶《さまや》[92]、根本大毘盧舎那[93]、神変加持[94]、胎蔵界法性心殿[95]、入仏三昧耶[96]、法界生[97]、妃生眼[98]、転法輪所[99]、八葉中台真実覚王[100]、金剛不壊《ふえ》大道場[101]、周遍法界心の[102]、所伝図十三大院[103]也。

の世界すべてに遍満している。けれども、諸々の衆生の心の智のはたらきが異なっているのに従って、衆生の聞くもの見るものに様々な違いが生ずるのである。」

「仏身には自性身と受用身、変化身と等流身とがある。仏の具えている三十六の徳は、皆、自性身と同体である。」

「天王は諸々の天子の法身の本性である。諸々の凡夫や声聞や縁覚は、法身のもとでは平等であり本質的な差異はない。」

「釈迦如来は、入滅の後に悪世の中に大明神となって現われて、広く衆生を済度するであろう。」

天王如来は衆生を済度するために、天地を去来し、上は飛空天から下は大八洲に至った。日本の伊勢国度会郡宇治郷の五十鈴川の河上に鎮座している天照皇大神がそれである。秘密の大乗の教え。認識の拠点としての法界宮。自性三昧耶。根本の大毘盧舎那仏。神変加持の胎蔵界の法性心殿。入仏三昧耶、法界生、悲生眼の印明、転法輪の三昧耶の場所。八葉中台の真実の覚王、金剛不壊の大道場。あまねくゆきわたる大日如来の功徳。その意味するところは所

密号(104)　遍照金剛(105)
神体は八咫鏡《ヤタカヽミ》(106)に座《ましま》す也。〔火珠所成の玉(107)、本有《ほんぬ》法身の妙理也。亦、辺都鏡《マヘツカヽミ》(108)と名づく。亦、真経津鏡《マフツカヽミ》(109)と名づく。亦、白銅鏡《マスミノカヽミ》(110)と名づく也。〕

相殿《アヒトノ》ニ座《マシマ》ス神《ミコト》(111)
左ハ天手力男命《アマノタチカラヲノミコト》(112)〔亦、靡開神《ヲシヒラキノ》(113)と名づく。宝号(114)は唇多摩尼《しんたまに》尊(115)。金剛号(116)は持法金剛(117)。〕
神体は八葉霊鏡(118)、下《うら》に八葉形二重(119)、神宝《かんたから》は弓にて座す、大刀にて座す(120)。
右ハ栲幡豊秋津姫命《タクハタトヨアキツヒメノ》(121)〔亦、慈悲心王(122)と名づく。是、群品母儀破賀尊《ワカツカツカミ》(123)ニテ座ス也。神体前《まへ》ニ並ブ也(124)。〕
摂政別《マツリコトフサネヲサム》宮荒祭神《アラミタマノミコト》(125)〔亦、随荒天子(126)、閻羅法王所化の神《ミコト》ト名づく(127)。天照荒魂神《アマテラスアラミタマノミコト》(128)。瀬織《セトヲリ》津比咩神《ツヒメノミコト》(129)と名づく。〕

伝曼荼羅に描かれる十三大院である。

天照皇大神の密号は遍照金剛である。

神体は八咫鏡である。〔火珠から変化して成った玉は、本来実在するところの法身のこよなき真理を表わす。また辺都鏡と名づけ、また真経津鏡と名づけ、また白銅鏡とも名づける。〕

相殿に鎮座する神
左は天手力男命〔亦の名を靡開神と言う。宝号は唇多摩尼尊、金剛号は持法金剛と言う。〕
神体は八葉の霊鏡で、裏に八葉形を描く。二重の神宝は弓と大刀である。
右は栲幡豊秋津姫命〔亦の名を慈悲心王と言う。これは様々なものの母である破賀尊である。神体は前に並んでいる。〕
摂政別宮荒祭神〔亦の名を随荒天子と言う。閻羅法王の変化した神である。天照大神の荒魂神であり、瀬織津比咩神とも呼ぶ。〕

神体、鏡にて座す。是《コレ》、天鏡《アメノミタマ》也。[130] 天鏡《アメノミヲヤノ》尊《ミコト》[131]の宝鏡、是也。

摂社朝熊神社《フサネヲサムルアサクマノミコトノミヤシロ》[132]

是、仏眼仏母[133]、日月応化遍照宝鏡ナリ。[134] 葺不《フキアハセ》合尊《スノミコトミヲヤノ》金鏡[135]、是也。朝熊神六座《アサクマノミコトムハシラマシマ》ス。倭《ヤマト》姫命崇祭《ヒメノミコトアカメイツキマシマ》スの宝鏡二面。[136] 日天月天《ヒノミオヤアメノミヲヤ》両眼《フタツノミタマ》ノ精鏡ナリ。[137] 倭姫命の宝鏡と云々。

外金剛部二十天[138]

那羅延天《ならえん》　狗摩羅天《くまら》[139]　傘蓋毘那夜迦《さんがいびなやか》[140]

梵天　帝釈　日天

月天　花鬘《けまん》毘那夜迦[141]　彗星[142]

熒惑天《けいわく》[143]　羅刹《らせつ》天　風天

衣服《えぶく》天　火天　多聞天

猪頭《ちょず》天　琰魔《えんま》天[144]　調伏《ちょうぶく》天

象頭《ぞうず》天　水天

四角鎮壇[145]

降三世明王　軍荼利明王　大威徳明王

神体は鏡である。これは天鏡である。天鏡尊は宝鏡のことである。

摂社朝熊神社

これは仏眼仏母である。日月が変化したもので、世を遍ねく照らす宝鏡である。彦波瀲武鸕鷀草葺不合尊《ひこなぎさたけうがやふきあへずの》の金鏡がこれである。朝熊神は六座である。倭姫命が崇め祀った宝鏡二面を安置する。これは日天・月天が両眼となったすばらしい鏡であり、倭姫命の宝鏡であるという。

外金剛部二十天

那羅延天・狗摩羅天・傘蓋毘那夜迦・

梵天・帝釈・日天・

月天・花鬘毘那夜迦・彗星・

熒惑天・　羅刹天・風天・

衣服天・火天・多聞天・

猪頭天・閻魔天・調伏天・

象頭天・水天

四角鎮壇

降三世明王・軍荼利明王・大威徳明王・金剛夜叉明王

金剛夜叉明王
四方結護[146]
金剛波羅密　宝波羅密　法波羅密
羯磨波羅密
四門守護[147]
金剛色天〈東門〉　金剛声天〈南門〉
金剛香天〈西門〉　金剛味天〈北門〉
二生天守護[148]
内鳥居[149]〔金剛時春天、金剛時雨天〕
外鳥居[150]〔金剛時秋天、金剛時冬天〕
内は、秘密灑水《しゃすい》を授くる神、沐浴懺悔《もくよくさんげ》を表する也。[151]
外は、解捨祓《ケシャハラヘ》ノ神《ミコト》、穢悪《えお》不浄ヲ除く也。[152]

天照皇大神麗気記

四方結護
金剛波羅密・宝波羅密・法波羅密・羯磨波羅密
四門守護
金剛色天〔東門〕・金剛声天〔南門〕・
金剛香天〔西門〕・金剛味天〔北門〕
二生天守護
内鳥居〔金剛時春天、金剛時雨天〕
外鳥居〔金剛時秋天、金剛時冬天〕
内は秘密の香水を注ぎかける神であり、沐浴して懺悔することを表わす。
外は施しにより祓をする神であり、穢悪や不浄を取り除くのである。

天照皇大神麗気記

神代金剛宝山記(153)并びに日本書紀中に(154)、天照大神の事、明かす所多しと雖も、十八所の後(155)、伊勢伍什鈴河上に鎮座の事、諸記具《つぶさ》ならず。深義なるが故に。即位十一年(156)正月一日、偽殆を発《お》こして(157)仏に祈り神に告ぐ。同二十一年正月十八日、秘密灌頂壇に入りて、加持の冥力を以て奥旨を龍神の指南に獲《え》て、記する所、右の如し(158)。輒《すなわ》ち(159)披見に及ばば、冥応を加へ治罰せしめ給ふ耳《のみ》(160)。

『神代金剛宝山記』や『日本書紀』の中には、天照大神について多くのことが述べられているが、十八ヶ所の土地を巡行の後、伊勢の五十鈴川の河上に鎮座したことは、諸記には詳しく述べられていない。深義であるからである。

即位十一年正月一日、疑問が生じたのでそれを明らかにしようと仏に祈り、神に告げた。同二十一年正月十八日、秘密灌頂壇に入って、加持の不思議な力により、龍神の導きに従って、奥深い真意に到達した。その内容が以上の記述である。たやすく他人に見せれば、神仏の力によって、厳しい罰を加えられるであろう。

【註釈】

(1)天照皇大神宮鎮座次第＝国・守イ〔天照皇大神宮シツマリマシマス次第〕、守〔天照皇大神宮ノ鎮座ノ次第〕。『私鈔』〔アマテラススベラヲ、ンカミノミヤシヅマリヲハシマスツイデ〕。『制作抄』に「第五、鎮座麗気記、内題、天照皇太神鎮座次第」とある。底本の外題は「天照大神鎮座次第」。

(2)天照皇《アマテルスヘ》大神《オヲンカミ》＝守〔アマテラス皇大神〕、守イ〔天テルスヘヲホンカミ〕、宝〔アマテルスヘオホヒカミ〕、天〔アマテルスヘヲンカミ〕、府〔アマテルスヘオホンカミ〕。

前出（→①註10）。伊勢内宮に鎮座するこの神について解説した以下の文章は、後の経典（→註55・61・65・68・70・78・83・85）の引用文も含めて、『天地麗気府録』（④註242の続き）「伊勢二所皇大神宮御鎮座次第深秘義」に、

天照皇大神

大悲胎蔵八葉花台始十三大院表体御形文也、内外五百余尊、亦現体三百五十二尊、各各加二別宮一、我九億四万三千七百九十二神上首、帰二娑婆界一有二大神力一、亦不生神不レ来レ従レ天従レ地不二出生一、亦不レ来二他方一、忽前身相現云々、

文曰、本体盧舎那、久遠成正覚、為度衆生故、示現大明神、

亦曰、本体観世音、常在補陀落、為度衆生故、示現大明神〈文〉、

亦曰、応以執金剛神得度者、即現執金剛神而為説法〈文〉、

首楞厳経云、尽空如来国土浄穢有無、皆是我心変化所現、識性流出無量如来〈文〉、円覚経云、無上妙覚遍諸十方出生如来、与一切法同体平等〈文〉、

花厳経云、法身恒寂静清浄無二相、為度衆生故、示現種種形〈文〉、

同曰、涅槃寂静、未曾異智行、勝劣有差別、譬如虚空体性一普遍一切虚空界、随諸衆生心智殊所聞所見各差別〈文〉、

自性及受用変化并等流、仏徳三十六、皆同自性身〈文〉、

天王諸天子法身之性、諸凡夫・声聞・辟支仏等、法身平等無差別〈文〉、

釈迦如来、我滅度後、於悪世中、現大明神広度衆生〈文〉、

天王如来、為レ度二衆生一、上去下来、上従二飛空天一、下至二大八洲大日本伊勢度会郡宇治郷五十鈴河上一御鎮座、是秘密大乗法法入二法界宮一、自性三昧耶根本大毘盧舎那神変加持胎蔵界、法性心殿入仏三昧耶、法界生妃生眼転法輪所、八葉中台真実覚王金剛不壊大道場、

周遍法界心所伝図十三大院也、
密号、遍照金剛
神体、八咫鏡座也、〔火珠所成玉、本有法身妙理也、
亦名二辺都鏡一、亦名二真経津鏡一、亦名二白銅鏡一也、〕

とあることと対応する。『聞書』には、

天照皇太神〈文〉。皇ノ字ヲバ外宮ニ許サズ。其ノ故ハ、先年外宮ニ於テ額ニ皇ノ字ヲ打ツ。時ニ内宮ヨリ之ヲ防グ。其ノ時ニ至リテ外宮ヨリ在京シテ沙汰ヲ致ス。先ヅ外宮ノ訴状ニ云ハク、外相ヲ内外ニ分ツト云ヘトモ、終ニ是一体無二ノ本体也。両部不二ノ源底、豈ニ箇別ヲ分タンヤ等ト云々。此ノ時ニ道理極成スル間、外宮ニ皇ノ字許スベキノ由、宣下セラル。内宮ノ陳状ニ云ハク、夫レ天照皇太神ハ同殿共床ノ一ヨリ、金輪王ノ威ヲ増シ、国家ノ豊饒ヲ祈ルト云々。然ルニ内外一体、両部不二ト云フ事ハ、是、豈ニ異隔ヲ致サンヤ。然ルニ往古ヨリ皇ノ字、内宮ニ属スベシ。其ノ故ハ世ニ二仏無ク、国ニ二王無キガ故ニ、此ノ国土ニ皇二人御座スベキ事、一天ノ不吉、此ノ事ト云々。是又、道理至極ノ故ニ、永劫ニ於イテ、皇ノ字内宮ニ属スベシ。重ネテ宣下セラルト云々。

と、いわゆる「皇字論争」について触れ、また、

一、飛空自在天照太神ヲ釈シテ云ハク、無始無念円明天照非本非迹独朗ナルハ太神〈文〉。

と記している。

(3)大悲胎蔵界

胎蔵曼荼羅のこと。両部曼荼羅のひとつ。正しくは大悲胎蔵生曼荼羅といい、如来の大悲より生ずるために大悲胎蔵界という。【図1】(三八八頁)参照。

以下、天照大神＝内宮と胎蔵界が重ね合わされ理解されていく。『聞書』に「大悲胎蔵界〈文〉。内宮ハ胎蔵界也。両部ノ在位ヲモテ意得ベシト云々。」とあるように、中世神道説では、伊勢の内宮・外宮を、それぞれ両部曼荼羅の胎蔵・金剛界にあてはめる説が数多く見られ、本巻でも内宮が胎蔵界に当てはめられている。しかし、後半部分で登場する神名に注記されている菩薩・天は、金剛界に配当されている尊格ばかりで、冒頭で内宮に対して胎蔵界が設定されていることと矛盾する(→⑤註23)。

通常、①「二所大神宮麗気記」、③「降臨次第麗気記」、⑥「豊受皇大神鎮座次第」などに見られるように、金剛界は豊受太神＝外宮に対して設定されており、内宮に配当されることはない。そのため両者が混同され誤って使用された可能性もある。しかし興味深いことに、⑥「豊受皇大神鎮座次第」では、外宮＝豊受大神に金剛界が配当されているにも関わらず、豊受大神とともに記される相殿四神に当てはめられる仏尊は、胎蔵界中台八葉院中の四菩薩に近いなど、金剛界と胎蔵界との混同が見られるのである(→⑥註3)。もしかしたら、金剛・胎蔵両部曼荼羅を意図的に混

在させ、暗に伊勢の内宮＝天照大神＝胎蔵界と、外宮＝豊受大神＝金剛が一体であること、二宮一光であることを曼荼羅を介して示しているのかもしれない。

(4)八葉中台
中台八葉院のこと。胎蔵界曼荼羅の中央にある。

(5)五仏四菩薩
中台八葉院を構成する大日（中央）・宝幢（東）・開敷華王（南）・無量寿＝阿弥陀（西）・天鼓雷音（北）の五如来と、普賢・文殊・観音・弥勒の四菩薩。

(6)五大院ニ五尊
「五大院」は持明院ともいう。中台八葉院の西方に配置される。勝三世・大威徳・降三世・不動の四明王と般若菩薩の五尊がいる。

(7)蓮花部院ニ廿一尊、眷属同じ＝「眷属同」守〔眷属同シ〕。
「蓮華部院」は観音院ともいう。中台八葉院の北方に配置される。聖観音を中心に、如意輪観音・馬頭観音などの二十一尊がいる。現図曼荼羅では伴尊を十五尊とするが、ここでは「眷属同」とあり、二十一尊という説をあげている。

(8)仏母院ニ五尊＝「仏母院」守〔仏モ院ニ〕。
「仏母院」は、遍知院ともいう。空海『秘蔵記』では仏母院。中台八葉院の東方に配置される。一切如来智印と大安楽不空真実金剛（普賢延命）・大勇猛菩薩（如来如意宝）・仏眼仏母（虚空眼）・七倶胝仏母（准胝観音）の五尊がいる。

なお、現図曼荼羅では加えて優楼頻螺迦葉・伽耶迦葉の二尊が描かれるが、ここでは数えられていない。

(9)薩埵院ニ廿一尊、眷属十四尊
「薩埵院」は、金剛手院ともいう。中台八葉院の南方にある。金剛薩埵を中心とする二十一尊がいる。現図曼荼羅では伴尊を十二尊とするが、ここでは十四尊としている。

(10)虚空蔵院ニ廿尊
「虚空蔵院」は、持明院の西方にある。虚空蔵菩薩を中心とする二十尊がいる。伴尊は八尊であるが、ここでは数えられていない。

(11)蘇悉地院ニ八尊
「蘇悉地院」は四波羅密院ともいう。虚空蔵院の西方にある。「蘇悉地」は妙成就の意。不空供養菩薩・孔雀王母菩薩・一髻羅刹女・十一面観自在菩薩・不空金剛菩薩・金剛軍荼利・金剛将菩薩・金剛明王の八尊がいる。

(12)釈迦院ニ四十一尊
「釈迦院」は、遍知院の東方にある。現図曼荼羅では、釈迦牟尼仏を中心とする三十九尊がいるが、ここでは四十一尊とする。

(13)文殊院ニ廿五尊
「文殊院」は、釈迦院の東方にある。文殊菩薩を中心とする二十五尊がいる。

(14)除蓋障院ニ九尊＝「除蓋障院」天〔除ガイ障院〕。

「除蓋障院」は、金剛手院の南方にある。除蓋障菩薩を中心とする九尊がいる。

(15)地蔵院ニ九尊

「地蔵院」は、蓮華部院の北方にある。地蔵菩薩を中心とする九尊がいる。

(16)四大・四神等ノ二院ニ二百二尊

「四大院」は、四大護院のこと。曼荼羅の四方を守護する四金剛神が位する一画。『大日経』の具縁品・秘密品に説かないので現図曼荼羅には描かない。『同』転字輪品に、第一重の外において四方を守護する難降・金剛無勝・不可越護門・相向守護門の四尊を説く。また、四方の門を守護する守門天などをあてる説もある。

「四神院」は、外金剛部院のことで、最外院・諸天院ともいう。胎蔵界曼荼羅の外周（第四重）にある。仏教を守護する諸天部の集合で、毘沙門天などの護世八方天を主体として星宿などを加える。現図曼荼羅では、東方三十九尊、南方六十二尊、西方四十八尊、北方五十三尊、計二百二尊とするが、高雄曼陀羅では二百五尊、子島本では二百四尊とする他、二百五尊あるいは百九十三尊などの説もある。

ここでは「二院ニ二百二尊」とあり、四大護院の四尊が数えられていない。

(17)一曼荼羅ノ中ニ四百十尊有る＝「有」守［有マス］、天・府［マス］、天イ［マシマス］。

現図曼荼羅では四百十尊とする。善無畏系のいわゆる阿闍梨所伝曼荼羅では四百八十四尊、眷属を加えて七百余尊という。『天地麗気府録』（→註2）では「内外五百余尊、亦現体三百五十二尊、各各加ニ別宮一、」としており、数が異なる。また『天下皇太神本縁』には「都大悲胎蔵八葉花台始、十三大院表体御形文也、内外五百余尊、亦現体三百十二尊、各々加ニ別宮一、」とある。

(18)表体の御形文

胎蔵曼荼羅の四百十尊が内宮の御形文として現れていることを言うか。形文は前出（→①註108・②註266・③註147）。形文を構成する飾り金具の数は、大六十八枚・小四十四枚とするのが普通であり、四百十尊との整合は不明である。しかし「現体四百余尊、各々加諸別宮、」以下の文は胎蔵曼荼羅の諸尊から天照太神へと視点が移っていると思われるので、ここは内宮正殿の御形文のことを指していると考える方が妥当であろう。

(19)現体《マノアタリ》の四百余尊、各々に諸別宮ヲ加ふ

伊勢内宮における神格の数を指し、別宮の祭神を加えて胎蔵界曼荼羅の四百十尊と同じとするか。「別宮」は、本宗と仰ぐ根本の神社に対して枝葉にあたる社。用例は非常に広範で、摂社・末社・新宮・今宮・枝宮・枝社などと同じ意味でも使われる。伊勢神宮では、宮号を有する所管の社を指し、正宮に次いで官幣を受け、式年造営もある。内宮

の別宮として、『延喜式』巻四「伊勢太神宮」では荒祭宮・伊佐奈岐宮・月読宮・瀧原宮・瀧原並宮・伊雑宮の六宮を挙げるが、後に月読荒御魂宮・伊佐奈弥宮・風日祈宮・倭姫宮の四宮を加えた十宮とされる。外宮の別宮についてい は、③註16参照。

(20) 我九億四万三千七百九十二神ノ上首＝「我」国・府［ステ二］、守［われ］、天［ステヽ］。「上首」守・天［上首トシテ］、温［上首ヲ］。

この数の出拠は不明。『日諱貴本紀』や『天下皇太神本縁』には「金剛薩埵儀軌云、」として、

我九億四千七百九十二神上首、常娑婆界有二大神力一、亦不生神、不レ来レ従二天地一、不二出生一、亦不レ来二他方一、忽前身相云々、故無来無去神云々、亦九万八千五百七十二神上首、常為レ興二神道一、人間界有二大威勢一、覆二其国一無二、故国無二二主一、宗廟亦照二三界一、無レ主故、天無二二日一、天宮、

と見える。「我」の訓について、『聞書』に「我九位等〈文〉。我ノ字ヲ、スデニト読メリ。口伝有ルベキ事也。」とある。「上首」は、一座の最上位の者。以下、五神ごとを一グループとし、その最初の神を「四摂菩薩」にあてて「上首」としている。

(21) 娑婆界ニ帰して、大神力有り＝「帰」守［帰シテ］。「有」国・天・府［マス］、守・天イ［アリ］。

「娑婆」は前出（↓①註97）。衆生の住む世界。「神力」は、神の威力。神の不思議な力。

(22) 天《アマノ》香《カ》鼻《コ》山《ヤマ》命《ノミコト》＝「天香鼻山命」天・府［アマノカヒクヤマノミコト］。

「天香鼻山命」以下の三十二神は、天孫降臨に従った神。ここでは、これらの神々を曼荼羅の諸尊に当てはめている。『瑚璉集』下「三十二神降臨事」に「麗気府録〈注付三十二菩薩云〉」としてこれらの神名・菩薩名が列記されているが、現存する『天地麗気府録』にはない。『聞書』には「天香鼻山命ハ天《ノ》伊《イ》岐《キ》志《シ》迩《ニ》保《ホノ》命〈文〉。是、卅二供奉ノ神ト云フ也。」とある。もとは、『先代旧事本紀』巻三「天神本紀」の「正哉吾勝々速日天押穂耳尊」（④註165の続き）に、

高皇産霊尊詔曰、若有二葦原中国之敵一拒二神人一而待戦者、能為二方便一誘欺防拒而、令二治平一、令下三十二人並為二防衛一、天降供奉上矣、

天香語山命、　尾張連等祖、
天鈿売命、　猿女君等祖、
天太玉命、　忌部首等祖、
天児屋命、　中臣連等祖、
天櫛玉命、　鴨県主等祖、
天道根命、　川瀬造等祖、
天神玉命、　三嶋県主等祖、

天椹野命、〈天村雲命麗気有レ之〉中跡直等祖、
天糠戸命、　鏡作連等祖、
天明玉命、　玉作連等祖、
天牟良雲命、　度會神主等祖、
天背男命、　山背久我直等祖、
天御陰命、　凡河内直等祖、
天造日女命、　阿曇連等祖、
天世手命、　久我直等祖、
天斗麻祢命、　額田部湯坐連等祖、
天背斗女命、　尾張中嶋海部直等祖、
天玉櫛彦命、　間人連等祖、
天湯津彦命、　安芸国造等祖、
天神魂命、〈亦云三統彦命、〉葛野鴨県主等祖、
天三降命、　豊田宇佐国造等祖、
天日神命、「県主」対馬県主等祖、
乳速日命、　広沸神麻続連等祖、
八坂彦命、　伊勢神麻続連等祖、
伊佐布魂命、　倭文連等祖、
伊岐志邇保命、　山代国造等祖、
活玉命、　新田部直等祖、
少彦根命、　鳥取連等祖、
事湯彦命、　宛尾連等祖、
八意思兼神児表春命、　信乃阿智祝部等祖、
次下春命、　武蔵秩父国造等祖、
月神命、　壹岐県主等祖、

とあり、順番・神名に多少の異同はあるが、それぞれの神が氏族の祖神として記されている。『神祇譜伝図記』の「裏書（四）」では、『日本書紀』神武天皇四年二月甲申条を引用した後に、これらの神と氏族の名を列記する。また、『先代旧事本紀』巻五「天孫本紀」には、それぞれの神についての詳しい記載がある。なお、天孫降臨に際して三十二神が従う様子は神道五部書などにも記され、『倭姫命世記』に、

太玉命捧二青和幣・白和幣一〈介〉、天牟羅雲命取二太玉串一〈天〉、三十二神前後〈仁〉相副従〈比天〉、各闢二天関一〈岐〉、披二雲路一〈介弖〉、駈仙蹕〈比〉、天之八重雲〈毛〉、伊頭之千別〈爾〉千別〈天〉、筑紫日向高千穂槵触之峯〈仁〉、天降到給〈比弖〉、治二天下一卅一万八千五百卌三年、是時、天地未レ遠、故以二天柱一挙二於天上一焉、

『御鎮座伝記』に、

亦以二大小神祇三十二神一使二配侍一焉、因勅二皇孫一曰、葦原千五百秋之弥図穂国、是吾子孫可レ王之地也、宜二爾皇孫就而治一焉、行矣、宝祚之隆、当下与二天壌一無上レ窮者也、

と描かれている。

(23) 金剛鉤菩薩＝天〔金剛コウ菩薩〕。
「金剛鉤菩薩」は、金剛界曼荼羅成身会（→③註76・【図3】）

の四摂菩薩の一。第二重の東門に位置する。

　以下、各神名に注記されている菩薩・天は、金剛界曼荼羅成身会に配置されている「四摂菩薩」「十六大菩薩」「八供養菩薩（内四供養菩薩・外四供養菩薩）」「四大神」の三十二尊。天孫降臨に従った供奉神が三十二神であったことからの連想か。成身会における配置は以下の通り。（　）内は本巻での表記。

・四摂菩薩
　東…金剛鉤（金剛鈎）　南…金剛索
　西…金剛鏁（金剛鎖）　北…金剛鈴

・十六大菩薩
　東…金剛薩埵・金剛王・金剛愛・金剛喜
　南…金剛宝・金剛光・金剛幢・金剛笑
　西…金剛法・金剛利・金剛因・金剛語
　北…金剛業・金剛護・金剛牙・金剛拳

・内の四供養菩薩
　東南…金剛嬉（金剛喜）　南西…金剛鬘
　西北…金剛歌　北東…金剛舞

・四大神
　東南…火天　南西…水天
　西北…風天　北東…地天

・外の四供養菩薩
　東南…金剛香（金剛焼香）　南西…金剛華（金剛花）
　西北…金剛燈　北東…金剛塗（金剛塗香）

「四摂菩薩」は、成身会の第二重の東・南・西・北の四門に配置され、中尊大日如来の徳を衆生に摂化する菩薩をいう。「十六大菩薩」は、東南西北の四輪の中尊である四仏（阿閦・宝生・阿弥陀・不空成就）の四方を、それぞれ四菩薩ずつ囲む形で配置される菩薩をいう。「内四供養菩薩」は大金剛輪の四隅に配置されている菩薩で、大日如来から四仏への供養菩薩をいう。「四大神」は、大金剛輪の外側でそれを支えるように四隅に配置されている地・水・火・風の四天をいう。「外四供養菩薩」は、第二重の四隅に配置されており、四仏から大日如来への供養菩薩をいう。

　本巻では東・南・西・北に配置される「四摂菩薩」がそれぞれ「上首」とされ、それに「十六大菩薩」が各方に四菩薩ずつ配当されて五尊一組の四グループが作られ、その後に続けて「内の四供養菩薩」「四大神」「外の四供養菩薩」が配置されている。

　なお、後半に登場する「外金剛部二十天」は、成身会の最も外側の第三重に配置されるもの。次の「四角鎮壇」は外金剛部の四隅に描かれる金剛杵のこと。「四方結護」は成身会の中尊である大日如来の四方を囲む「四波羅蜜菩薩」のことであり、本巻に列挙される諸尊は（「四門守護」以下を除き）一貫して金剛界成身会を念頭において作成されている。ただし通常『麗気記』では、①「二所大神宮麗気記」

③「降臨次第麗気記」⑥「豊受皇太神鎮座次第」などに見られるように金剛界成身会は豊受太神＝外宮に対して設定されており、本巻冒頭で天照太神＝内宮に対して胎蔵界が設定されていることと矛盾していることから両者が混同された可能性がある。

また本巻では、金剛会成身会の主尊三十七尊（↓①註177・③註76）のうち三十二尊（「四大神」を除き「四波羅蜜菩薩」を加えた三十二尊）が登場しているが、中心尊格である五仏（大日・阿閦・宝生・無量寿・不空成就）は記されていない。これに関して『神仏一致抄』には、

　相殿四座ハ、正殿廻リニ四所ノ御坐アリ。金剛界ノ五仏ヲ表ル意也。外宮ハ金界也。

とあり、豊受大神の相殿神（↓①註175・⑥註23）を四座とし、豊受大神と合わせて金剛界の五仏にあてる説のあったことが知られる。『麗気記』①「二所大神宮麗気記」も「三十二供奉神及相殿四座、正殿内中真光玉三十七尊、」と同様の数え方をしており、このことからも、これら一連の仏教諸尊は本来は外宮に関して作成された可能性が高いと思われる。『私鈔』には、

　天香鼻山命事
鉤《上首并》・索・鏁・鈴ノ四大菩薩。
薩《阿閦如来眷属》・王・愛・喜、宝《宝姓仏眷属》・光・幢・笑、法《無量寿仏眷属》・利・因・語、
業《不空成就眷属》・護・牙・剣、十六菩薩。
伎・鬘・歌・儛ノ四荘厳。
火・水・風・地ノ四天。
香・花・灯・塗ノ四供養。
惣合シテ三十二神ノ真体也。天照皇太神ノ共ニ八三十三神ノ尊天也。

と本巻と同様の理解が見られ、また『理趣摩訶衍』上巻には、

　一、御降臨供奉人三十二神、金剛界自性教令十六大菩薩・内外八供・金剛天女子等三十二体也、亦加三四方四仏与二中央大毘盧遮那仏一三十七尊、依二一心無二願力一、合掌照二一四天下一時、南閻浮提第一乗二善根一国土大八洲大日本国土大八洲被レ廻下可二定置一之御謀上、各叉レ手宣言、

との理解が見られる。

(24) 天鈿売語命《アマノヲスメノミコト》〈金剛薩埵菩薩〉＝「天鈿売語命」国［天ウススウノ命］、守［天ノウスメコノ命］、宝［アマノウスメノ命］。
「金剛薩埵菩薩」は前出（↓③註57・105）。

(25) 天太玉命《フトタマノミコト》〈金剛王菩薩〉＝「天太玉命」天［天ノフトダマノ命］。
「天太玉命」は後出（↓⑥註38）。
「金剛王菩薩」は、十六大菩薩の一。阿閦仏の北方に位置する。別称、金剛蔵菩薩（↓③註106）。

(26) 天児屋命《コヤネノミコト》〈金剛愛菩薩〉
「天児屋命」は前出（↓④註215・⑥註38）。

「金剛愛菩薩」は、十六大菩薩の一。阿閦仏の南方に位置する。別称、金剛弓菩薩（→③註107）。

(27) 天櫛玉命《クシタマノミコト》〈金剛喜菩薩〉＝「天櫛玉命」天［天ノクシダマノ命］。

「金剛喜菩薩」は、十六大菩薩の一。阿閦仏の東方に位置する。別称、金剛善哉菩薩（→③註108）。

(28) 天道根命《ミチネノみこと》［金剛索菩薩　上首］＝「金剛索」天［金剛サク］。

「金剛索菩薩」は、四摂菩薩の一。第二重の南門に位置する。

(29) 天神玉命《カンタマノミコト》〈金剛宝菩薩〉＝「天神玉命」守［天ツカンタマノ命］、宝・天［天ノカンタマノ命］。

「金剛宝菩薩」は、十六大菩薩の一。宝生仏の北方に位置する。別称、金剛胎菩薩（→③註109）。

(30) 天椹野《クノヽノ》命〈金剛光菩薩〉＝「椹野命」左・天［天ヒラノ、命］、守・府・天［天ノクシノ、命］、守イ［天ク、野命］、守イ［天ヒラノ命］、府イ［天ヒフツ命］。

「金剛光菩薩」は、十六大菩薩の一。宝生仏の東方に位置する。別称、金剛威徳菩薩（→③註110）・金剛威光菩薩。

(31) 天糠戸《カストノ》命〈金剛幢菩薩〉＝「天糠戸命」国・守・天［天ヌカトノ命］、守イ［天カソ戸］、府イ［天フカ戸］。

「金剛幢菩薩」は前出（→③註111）。十六大菩薩の一。宝生仏の西方に位置する。

(32) 天明玉《アキタマノ》命〈金剛笑菩薩〉＝「天明玉命」守イ［天アカリ玉命］、宝［ヒフツノ、命］、天［天ノアカルダマノ命］。「金剛笑」天［金剛セウ］。

「金剛笑菩薩」は前出（→③註112）。十六大菩薩の一。宝生仏の南方に位置する。

(33) 天村雲《ムラクモノ》命［金剛鏁菩薩　上首］＝「天村雲命」守［あメムラ雲ノ命］。「村」天イ［クシ］。「金剛鏁」天［金剛サ］。

「金剛鏁菩薩」は、四摂菩薩の一。第二重の西門に位置する。

(34) 天背男《シナヲノ》命〈金剛法菩薩〉＝「天背男命」左［天ヒトミステノ命］、国［天セヲノ命］、守イ［天ヒトスチノ命］、温［天ヒトスキノ命］、府左［天ヒトミスチノ命］、天［天セナヲ命］、天イ［ヒトマステノ命］。

「金剛法菩薩」は、十六大菩薩の一。阿弥陀仏の東方に位置する。別称、金剛眼菩薩（→③註113）。

(35) 天御蔭《ミカケノ》命〈金剛利菩薩〉

「金剛利菩薩」は、十六大菩薩の一。阿弥陀仏の南方に位置する。別称、金剛剣菩薩・金剛受持菩薩（→③註114）。

(36) 天造日女《ツクヒメノ》命〈金剛因菩薩〉＝「天造日女命」左［天ヒノツクリツシメノ命］、守［あメノツクリヒメノ］、府イ［天ヒノツクリタメル］。

「金剛因菩薩」は、十六大菩薩の一。阿弥陀仏の北方に位置する。別称、金剛輪菩薩（→③註115）。

(37) 天世手《ヨテノ》命〈金剛語菩薩〉＝「天世手命」左・守イ［天チマテタ

マテノ命」、守・天「あメヨテノ命」、守イ「天世ワノ命」、府イ「天テニテタマノ命」、天イ「テヨテタマキノ命」。

「金剛語菩薩」は前出（↓③註116）。十六大菩薩の一。阿弥陀仏の西方に位置する。

(38) 天斗麻祢命《トマネノ》「金剛鈴菩薩　上首」＝「天斗麻祢命」守イ「天ノツリタマヨノ命」。
「金剛鈴菩薩」は、四摂菩薩の一つ。第二重の北門に位置する。

(39) 天背斗女命《セナトメノ》〈金剛業菩薩〉＝「天背斗女命」守イ「天セナカレヲノ女命」。
「金剛業菩薩」は、十六大菩薩の一。不空成就仏の南方に位置する。別称、虚空庫菩薩・金剛羯磨菩薩（↓③註117）。

(40) 天玉櫛彦命《タマクシヒコノ》〈金剛護菩薩〉＝「天玉櫛彦命」守「天ツタマクシヒコノ命」。
「金剛護菩薩」は、十六大菩薩の一。不空成就仏の西方に位置する。別称、金剛友菩薩・金剛精進菩薩（↓③註118）。

(41) 天湯津彦命《ユツヒコノ》〈金剛牙菩薩〉＝「金剛牙」天「金剛ゲ」。
「金剛牙菩薩」は、十六大菩薩の一。不空成就仏の東方に位置する。別称、金剛摧伏菩薩（↓③註119）。

(42) 天神魂命《カンタマノ》〈金剛拳菩薩〉＝「天神魂命」守イ「天神ヲヤノ」、府イ「天ミタマノ」。「金剛拳」天「金剛ケン」。
「金剛拳菩薩」は前出（↓③註120）。十六大菩薩の一。不空成就仏の北方に位置する。

(43) 天三降命《ミクタリ》〈金剛喜菩薩〉＝「天三降命」国・宝・府・守・天「天ミクタリノ命」。「金剛喜」天「金剛キ」。
「金剛喜菩薩」は金剛嬉菩薩。八供養菩薩の一。大日如来の東南の月輪に位置する。

(44) 天日神命《ヒノミタマノ》〈金剛鬘菩薩〉＝「天日神命」国・守・府・天「天ヒミタマノ日」、守イ「天日ヒカケノ命」。
「金剛鬘菩薩」は、八供養菩薩の一。大日如来の西南の月輪に位置する。

(45) 天乳速命《ニハヤヒノ》〈金剛歌菩薩〉＝「天乳速命」守イ「天ツチツラハヤヒノ命」、府・天「天チハヤノ命」。
「天乳速命」を『先代旧事本紀』は「乳速日命」、『鼇頭旧事紀』『神祇秘抄』『瑚璉集』は「天乳速日命」、『神祇譜伝図記』は「乳連日命」とする。

「金剛歌菩薩」は、八供養菩薩の一。大日如来の西北の月輪に位置する。

(46) 天八板彦命《ヤタヒコノ》〈金剛舞菩薩〉＝「天八板彦命」左・守「天ヤサカヒコノ命」、府・天「天ヤイタヒコノ命」。
「天八板彦命」を『神祇秘抄』『瑚璉集』『元々集』は「天八坂彦命」、『先代旧事本紀』『神祇譜伝図記』は「八坂彦命」、『先代旧事本紀』卜部兼永本は「八板彦命」とする。

「金剛舞菩薩」は、八供養菩薩の一。大日如来の東北の月輪に位置する。

(47) 天活玉命《イクタマノ》〈火天〉＝「天活玉命」天「天ノイクダマノ命」。

「火天」は、十二天の一。金剛界成身会では大円輪外の東南隅に位置する。なお、『聞書』には、

一、就中、彼ノ三十二神ノ中、天活玉命、火天〈文〉。天小彦根命、水天〈文〉。天湯彦命、風天〈文〉。天表春命、地天〈文〉。以上四神絵巻ニ之無シ。之有ルベキカ。

とある。ここで「絵巻」と言っているのは『麗気記』⑮「神体図一」のことを指していると思われる。「神体図一」には内守護八天・四天女・外八天の都合二十体の神像を載せる。ここで挙げられた三十二神との対応を見ると、前半は五神づつが四組をなしているが、その各組の「上首」とされる天香鼻山命・天道根命・天村雲命・天斗麻禰命の四神、後半の天三降命・天日神命・天乳速命・天八板彦命の四神と天活玉命・天小彦根命・天湯彦命・天表春命の四神にあたる神像がない。「神体図」についての『聞書』を見ると、良遍は「神体図四」に描かれた四神二組の天女像が天香鼻山命以下の四神と天三降命以下の四神にあたるとしており、そうすると天活玉命以下の四神にあたる図像だけが欠けていることになる。解説「「神体図」との関連について」参照。

(48)天小彦根《コヒコネノ》命〈水天〉＝「天小彦根命」左・守イ［天ヲ彦根命］、天イ［天ワカヤ根命］。
「水天」は、十二天の一。金剛界成身会では大円輪外の西南隅に位置する。

(49)天湯彦《ユツヒコノ》命〈風天〉
「風天」は、十二天の一。金剛界成身会では大円輪外の西北隅に位置する。

(50)天表春《ウハカセノ》命〈地天〉＝「天表春命」左・宝イ［天表ハル命］、守［天ウハハルノ命］、府・天［天ウハカスノ命］、府イ・天イ［天ハルナヒ命］。
「地天」は、十二天の一。金剛界成身会では大円輪外の東北隅に位置する。

(51)天下春《シタカセノ》命〈金剛焼香菩薩〉＝「天下春命」左・国左［天下ハル命］、守［あメノシタハルノ命］、府・天［天シタカスノ命］。
「金剛焼香菩薩」は金剛香菩薩ともいう。八供養菩薩の一。東南隅に位置する。

(52)天月神《ツキミタマノ》命〈金剛花菩薩〉＝「天月神命」天イ［天ノミタマノ命］。
「金剛華菩薩」は、八供養菩薩の一。西南隅に位置する。

(53)天伊佐布魂《イサフタマノ》命〈金剛燈菩薩〉
「天伊佐布魂命」と次の「天伊岐志迩保命」は、『先代旧事本紀』(↓註22)では八坂彦命の後にある。

「金剛燈菩薩」は、金剛界八供養菩薩の一。曼荼羅第一重の西北隅に位置する。

(54)天伊岐志迩保《イキシニホノ》命〈金剛塗香菩薩〉＝「天伊岐志迩保命」守［天イキシミマヒノ命］、守イ［天伊岐シニヲコノ命］。

「金剛塗香菩薩」は、金剛界八供養菩薩の一。曼荼羅第一重の東北隅に位置する。

(55)経に曰はく

出典不明。『聞書』には「経云、広度衆生〈文〉。是則チ所現無量証文也。」とある。『天地麗気府録』(↓註2)は「文云」とする。貞慶の「春日権現講式」に「伽陀を唱へて曰く」として、

本体盧舎那　久遠成正覚　為度衆生故　示現大明神

とあるように、講式等に散見される句である。また『撰集抄』巻一にも同じ句が見える。なお『尚重解除鈔』には、

一法身常住天宗廟、地種子生元、
本体盧舎那　久遠成正覚　為度衆生故　示現大明神〈伊勢〉
化諸神垂迹大願也、
本地観世音　常在補陀落　為度衆生故　示現大明神〈太子〉
仏諸大師等現化、
釈迦如来　我滅度後　於悪世中　現大明神　広度衆生〈弘法〉
已上三体、三身、明鏡三面、在二箱底一云々、
天王如来、為レ度二衆生一、上去下来、而上従二飛空天一、下至二大八洲一、故名二大日本国一云々、

とあり、これらの偈が天照太神・聖徳太子・空海の作った句として、祓に取り込まれていたことがわかる。

(56)正覚《しょうがく》

完全なる悟り。大乗仏教では、諸仏が等しく成就する無上・不偏の悟りを意味する。

(57)亦、曰はく

出典不明。貞慶『弁財天女講式』には、

本地観世音　常在補陀洛　為度衆生故　示現弁財天

と類似の頌を載せ、これも講式等の句かと思われる。『天地霊覚秘書』には、『華厳経』の文として、

帰命日天子　本地観世音　為度衆生故　普照四天下
一称一礼者　滅罪除苦悩　臨終住正念　往生安楽国

とあり、さらに『心地観経』の文として七句目「臨終住正念」を「現世安穏楽」に入れ替えたものも載せている。ただし、どちらの経にもこれらの句は見えない。なお、『本朝神仙伝』四「泰澄」に、

於二稲荷社一数日念誦、夢有二一女一、出レ自二帳中一告曰、
本体観世音、常在補陀落、為度衆生故、示現大明神、

という類似文がある。また、『梁塵秘抄』巻二(二七五)に、

本体観世音、常在補陀落の山《せん》、為度《ゐど》や衆生、生々示現《じげむ》大明神、

とあり、院政期に観音が補陀楽山に常住して衆生を救済し、大明神として示現しているという説が一般化していたことが知られる。他に、『神代秘決』「神代巻秘神条崇廟品第四」に、

三明経説権社神者、観音授記「経」云、本体観世音常在補陀洛、為度衆生故、示現大明神。〈文〉。

とある。

(58)補陀落《ふだらく》

補陀落山。サンスクリットの音写。南方海上の山で、観音

菩薩の住む所とされる。

(59)亦、曰はく

『法華経』観世音菩薩普門品（大正蔵九・五七b）に、

応以執金剛神、得度者、即現執金剛神、而為説法、

とある。

(60)執金剛神《しっこんごうしん》

前出（→②註154）。『法華経』大正蔵本（→註59）は「執金剛身」とするが、春日本には「執金剛神」とある。

(61)『首楞厳経《しゅりょうごんぎょう》』に云はく

羅什訳『首楞厳三昧経』三巻、あるいは『大仏頂如来密因修証了義諸菩薩万行首楞厳経』十巻の略名。ここでは後者の経典を指す。「首楞厳」とはサンスクリットの音写で、三昧の意味。健相・健行・一切事竟と漢訳する。けがれを摧破する勇猛な仏の三昧の意。この部分は、『同』巻五（大正蔵一九・一二八a）に、

至然灯仏出現於世、我乃得成無上妙円識心三昧、乃至尽空如来国土浄穢有無、皆是我心変化所現、世尊我了如是唯心識故、識性流出無量如来、今得授記次補仏処、

とあることに基づく。

(62)尽空

不明。「尽虚空界」のことか。広大で無限な虚空界のこと。

(63)変化《へんげ》

形を変じて種々の相を現わすこと。

(64)識性は無量の如来を流出す

認識の中から無数の仏が現実世界に現われるということか。「識性」は、認識する主体。対象を認識する作用。「流出」は、「流出外道」のことか。万物が根本の一つの世界原因から流れ出たという説による。

(65)『円覚経《えんがくきょう》』に云はく

仏陀多羅訳『大方広円覚修多羅了義経』のことで、文殊・普賢など十二菩薩のために円覚の理を説く。『同』（大正蔵一七・九一七c）に、

爾時世尊、告威徳自在菩薩言、善哉善哉、善男子、汝等乃能為諸菩薩及末世衆生、問於如来如是方便、汝今諦聴、当為汝説、時威徳自在菩薩奉教歓喜、及諸大衆黙然而聴、善男子、無上妙覚遍諸十方出生如来、与一切法同体平等、於諸修行実無有二、方便随順其数無量、円摂所帰循性差別当有三種、善男子、若諸菩薩悟浄円覚、以浄覚心、取静為行、由澄諸念、覚識煩動、静慧発生、身心客塵従此永滅、便能内発寂静軽安、由寂静故十方世界諸如来心於中顕現、如鏡中像、此方便者名奢摩他、

とある。

(66)無上妙覚

仏の得た悟り。

(67)一切の法

物質的なものをも含めた現象として現われる一切のもの。

(68)『花厳経』に云はく
実叉難陀訳『大方広仏華厳経』八十巻本（八十華厳、新訳華厳経ともいう）のこと。『同』巻六十九「入法界品第三十九之十」（大正蔵一〇・三七五b～c）に、
爾時善財童子、得此解脱已、心生歓喜、合掌向喜目観察衆生夜神、以偈讃曰、

無量無数劫　学仏甚深法
随其所応化　顕現妙色身
了知諸衆生　沈迷嬰妄想
種種身皆現　随応悉調伏
法身恒寂静　清浄無二相
為化衆生故　示現種種形
於諸蘊界處　未曾有所著
示行及色身　調伏一切衆
不著内外法　已度生死海
而現種種身　住於諸有界
遠離諸分別　戯論所不動
為著妄想者　弘宣十力法
一心住三昧　無量劫不動
毛孔出化雲　供養十方仏
得仏方便力　念念無辺際
示現種種身　普摂諸群生
了知諸有海　種種業荘厳
為説無礙法　令其悉清浄
色身妙無比　清浄如普賢
随諸衆生心　示現世間相

と見える偈文の一部。また『神代秘決』釈迦如来品には、
華厳経云、法身恒寂静、清浄無二相、為度衆生故、示現種々形々法身者、大神本覚本不生神是也、
とある。

(69) 寂静《じゃくじょう》
静かなさとりの世界。涅槃《ねはん》の異名。

(70)『同』に曰はく
『華厳経』（八十華厳）巻八十「入法界品第三十九之二十一」（大正蔵一〇・四四四a）にある最後の偈文に、

涅槃寂静未曾異　智行勝劣有差別
譬如虚空体性一　鳥飛遠近各不同
仏体音声亦如是　普遍一切虚空界
随諸衆生心智殊　所聞所見各差別

と、ほぼ同文がある。

(71) 智行
智慧と修行。

(72) 虚空《こくう》
無為法の一つ。物の存在しうる場としての空間の意。「虚空界」は、虚空の領域。『大日経』「住心品」にみえる。

(73) 体性の一なるが如く＝「一」守［一ナル］、天［一ナレトモ］。

「体性」とは、物の実体が不変であること。本性。

(74)心智

①心の智の働き。②人間の心中に潜む本来の智慧。③心は体、智は用で、体と用とを並べて「心智」という。ここでは②。

(75)自性《じしょう》及び受用《じゅゆう》

「自性」とは、「自性身」のこと。法身（→①註27）に同じ。『金剛頂経』など密教経典に説かれる四種法身の一。自然《じねん》法爾《ほうに》の体性で、理智を具し、自眷属と共に三密説法する仏をいう。

「受用」とは、「受用身」のこと。四種法身の一。さとりの結果、法を享受し、また他の人々に享受させるもの。

(76)変化《へんげ》並びに等流《とうる》

「変化」とは、「変化身」のこと。四種法身の一。救うべき相手がいれば生じ、縁が去れば滅することから変化という。応身としての釈尊などをいう。

「等流」とは、「等流身」のこと。四種法身の一。仏が人間や天人や畜生と同じ姿を現ずること。

(77)仏徳三十六

「仏徳」は、仏の具えている功徳。「三十六」は、不明。三十六部神・三十六物・三十六鬼などのように、仏教の象徴的な数として使われる。

(78)〈文〉

「自性」以下の文は、『金剛頂瑜伽分別聖位修証法門』（大正蔵一八・二九一a）に、

梵本入楞伽偈頌品云、自性及受用、変化并等流、仏徳三十六、皆同自性身并法界身、総成三十七也、

として引かれている。また、『異本即身成仏義』（弘法大師全集一一・七六）の最後にも、

今且依二金剛頂分別聖位経一立レ之、其文云、

自性及受用、変化并等流、仏徳三十六、皆同自性身、并法界身故、成二三十七一也、

とある。なお、『大乗入楞伽経』巻七「頌品十二之二」（大正蔵一六・六三一c）には「自性及受用、化身復現仮、仏徳三十六、皆自性所成、」とある。

(79)天王

それぞれの天を支配する王。四王天の王である持国天・増長天・広目天・多聞天（毘沙門天）などの四天王や、忉利天の王である帝釈天（→①註124）、初禅天の王である大梵天王（→①註109）など。また、大自在天の異名ともされる。ここでは「天王如来」（→註86）と同じか。

(80)凡夫《ぼんぷ》

仏教の道理を理解していない者。俗人。

(81)声聞《しょうもん》

仏の教えを聞いて悟りを得る者。サンスクリット原語は、教えを聴聞する者の意。大乗仏教では、自己の悟りのみを

得ることに専念し、利他の行を欠いた出家修行僧としてさげすまれた。

(82)辟支仏《びゃくしぶつ》
仏のいない世に出現し、寂静を好んで自然に独りで悟った仏。畢勒支底迦仏・鉢攞底迦仏・鉢刺翳迦仏陀。サンスクリット原語は、各自に悟った者の意。縁覚・独覚と訳す。天台では、無仏世の悟道を「独覚」、仏世に十二因縁を観じて得道することを「縁覚」と区別する。

(83)〈文〉
出典不明。

(84)悪世中＝底・国は「悪中」とするが、諸本により改めた。
「悪世」は末世と同義か。

(85)〈文〉
出典不明。『山家要略記』巻六に「厳神霊応章云」として、

悲華経云、我滅度後、於末法中、現大明神、広度衆生、
涅槃経云、汝勿啼泣、於閻浮提、或復還言、現大明神、

『渓嵐拾要集』巻十七に、

悲花経云、汝勿啼泣、我滅度後、現大明神、度衆生、

などと見えるように、『悲華経』の文としてしばしば引かれる句であるが、現行本の『悲華経』には見えない。宝思惟訳『大陀羅尼末法中一字心呪経（一字陀羅尼経・一字心呪経）』（大正蔵一九・三一六b）の「我滅度之後、分布舎利已、当隠諸相好、変身為此呪、」から作文されたもので、それが平安末に作られた五百条の誓願からなる「悲華経」という名の偽経に収められ、『悲華経』の文として流通するようになったのではないかと、三﨑良周『密教と神祇信仰』では推測している。

(86)天王如来
提婆達多が成仏した後の称号。「神の王」の意。『法華経』提婆達多品（大正蔵九・三五a）に、

爾時王者、即我身是、時仙人者、今提婆達多是、由提婆達多、善知識故、令我具足、六波羅密、慈悲喜捨、三十二相、八十種好、紫磨金色、十力、四無所畏、四摂法、十八不共、神通道力、成等正覚、広度衆生、皆因提婆達多、善知識故、告諸四衆、提婆達多、却後過無量劫、当得成仏 号曰天王如来、応供、正遍知、明行足、善逝、世間解 無上士、調御丈夫、天人師、仏、世尊、世界名天道、時天王仏、住世二十中劫、広為衆生、説於妙法、恒河沙衆生、得阿羅漢果、無量衆生、発縁覚心、恒河沙衆生、発無上道心、得無生忍、住不退転、

とある。けれども、『私鈔』には「天王如来トハ、大梵天王ハ、毘盧舎那如来也。故ニ天王如来ト云フ也。」とあり、天王如来は大梵天王（→①註109・④註89）のことで、毘盧遮那如来であると解釈している。『豊受皇太神宮継文』では、

於二光明飯世界一、建二名大毘盧遮那如来一、於二極楽浄土一、是名二天王如来一、於二師子国一、是名二大牟尼尊一、於二大日

本国一、是名二大日孁貴・豊受太神一是也、不来不去神、
本覚不生元神、一切衆生慈父、常住不変妙理也、

として、毘盧遮那如来の極楽における名前が天王如来であるとし、更に、インドでは釈尊、日本では天照大神と豊受大神であるともしている。天王如来を内外両宮と同体と見る説は、『理趣摩訶衍』上巻に、

大毘盧遮那如来変成二大日孁貴一、今下化神是也、両宮太神坐、雖二内外両宮各別一、実一味平等、亦天上地下殊異故、暫宛二二宮一、其現在非レ無二勝利一、形文神体各別、尋二本地一金剛界遍照如来久遠正覚尊也、上在曰二天王如来一、下在曰二皇太神一、

『大神宮両宮御事』に、

過去八万切大導師、於二無照国土一天王如来、於二大日本国一二所大神宮、両部実ハ一界一仏也、

とあることとも共通する。また、『天地麗気府録』に、

于時為二下化衆生一、天王如来天御中主尊詔二伊弉諾・伊弉冉二尊一曰、有二豊葦原千五百秋瑞穂中津地一、宜二汝往修一レ之、賜二天瓊戈一而詔寄賜也、二柱尊奉レ詔立二於天浮雲之上一共計謂、有二一物一、若二浮膏一、其円中有レ国平、

とあるように、天王如来を天御中主とする見解がある他、「尸棄光天女天王如来」（→④註85）などの語も見られる。

(87)上は飛空天より＝「上」国［かミ］。
「飛空天」は不詳。天上界、高天原のことを指すか。

(88)下は大八州《おおやしま》に至る＝国は「下下至大八洲日本伊勢度会郡宇治郷五十鈴河上上」として「至」［ソマシテ］。「至」府［至マテ］。
「大八洲国」は前出（→④註133）。日本のこと。

(89)伊《い》勢《せ》度会《わたらい》郡宇《う》治《じ》郷の五十鈴《いすず》の河上に御鎮座《ちんざしたまふ》＝「度会郡」天［ワタラヒノコヲリ］。「宇治郷」国・守・天・府［宇治ノサト］。「河上」守［河ノカミ］。「御鎮座」天［ヲハシマス］。
伊勢神宮の鎮座地。

(90)是、秘密大乗法＝守［是レ秘密大乗ノ法］。「是」国［是ナリ］。

(91)法入法界宮
知覚能力によって認識される胎蔵界大日の宮殿、という意味か。

「法入」とは、十二入の一で、認識の生ずる拠点としての存在。認識の出入口としての存在領域。意根によって知覚される概念を含むすべての存在。十二入は十二処ともいい、感覚器官としての六根（眼・耳・鼻・舌・身・意）とその対象となる六境（色・声・香・味・触・法）の総称。

「法界宮」とは、胎蔵界の大日如来の住まう宮殿。広大金剛法界宮という。

(92)自性三昧耶《さまや》
ここでは、本来的に備わっている時を超越した大日如来を意味するか。『麗気記』④「天地麗気記」に「自性大三昧耶大梵宮殿」（→④註123）とある。

「自性」とは、もの・ことが常に同一性と固有性を保ち、

それ自身で存在するという本体。独立して孤立している実体。

「三昧耶」は前出（↓①註47）。時の意。今説法しようとする如来と、それを全身を挙げて聞こうとする時のこと。密教では、法身如来が常に説法しつつある超時間的三昧現前の時間をいう。また、①修行者と仏が平等である、②衆生を救済しようという仏の誓願、③悟りを妨げる障害を除去する、④悟りに至らない修行者を驚かして自覚させる、という意味がある。

(93) 根本大毘盧舎那

「毘盧舎那」は前出（↓②註10・④註31・51）。

(94) 神変加持

仏が不可思議な力を示して衆生を守護すること。

(95) 胎蔵界法性心殿

胎蔵界大日の宮殿ということか。「法性心殿」は前出（↓④註122）。

(96) 入仏三昧耶

仏心の種子を衆生の心田に下し、聖胎に託するという義を表わす。胎蔵三三昧耶の一。「胎蔵三三昧耶」とは、胎蔵三部三昧耶の印明である入仏三昧耶・法界生・転法輪（金剛薩埵）の三種をいう。これは、法報応の三身、仏蓮金三部の三摩地に対応するという。

(97) 法界生

胎蔵三三昧耶（↓註96）の一。この印言を結誦すれば法界体性が忽ちに出生顕現するという。

(98) 妃生眼

悲生眼の誤り。「悲生眼」とは、一切仏世依悲生眼、仏眼印ともいう。この印明で両眼を加持すれば、眼根を浄めて仏眼を成就し、如来深密の境界を見ることができるという。

(99) 転法輪所

「転法輪」は、胎蔵三三昧耶（↓註96）の一。金剛薩埵（↓③註57）加持の印明。

(100) 八葉中台真実覚王

胎蔵曼荼羅の中台八葉院（↓註4）の主尊、すなわち大日如来。

「覚王」は、仏の尊称。覚皇ともいう。

(101) 金剛不壊《ふえ》大道場＝守［金剛不壊大道場ナリ］、天［金剛不壊ノ大道場］。

密教で𑖀字のことを「不壊句」というので、これも胎蔵界大日が説法するところという意味か。ただし、「不壊金剛光明心殿」といった場合、金剛界大日如来の説法処をいう。

(102) 周遍法界心の＝守［周遍法界心ノ］。

「周遍法界」は前出（↓①註12）。法身大日如来の功徳があまねく一切の万物にゆきわたること。

(103) 所伝図十三大院＝守［所伝ノ図十三大院］、府・天［伝図スル所の十三大院ニアリ］、天左［十三大院ヲ伝図スル所］。国は「心ニ所伝図一十三大院」とするが、返り点の誤りか。

「所伝図」とは、阿闍梨所伝曼荼羅と言われるものを指すか。「十三大院」は、胎蔵界曼荼羅の中台八葉院をはじめとする諸院の総称と考えられる。しかし、現図曼荼羅は左右三重、上下四重で構成され、中台八葉院を加えても十二院にしかならない。台密ではこれに現図に描かれない四大護院を加えて十三大院と称するが、ここでの数え方はそれとはまた異なると思われる。

『神代秘決』「胎蔵界曼荼羅品第六」には、

見今現図曼陀羅只有二十一院一、不レ足二二院一、故者於二胎蔵界曼陀羅一可レ有二二義一、一可現図曼陀羅者、是善無畏、此天竺埵駄羅国金粟王塔本居住給時、金粟王云、我授二大法一給云々、于時三蔵為授レ之、故見二大日経十万頌三百巻一、文義広博深奥、故可レ授レ之無二才覚一、故取二一大日経一独向二大虚空中一観想云、我三蔵以二如レ是迷惑一文理不レ達二経義一、何況末世弟子以レ何得レ知レ之、思食向レ天乞二聖加一給于時、於二空中一現二悉皆金色曼陀羅一、可二世流布一十一重曼荼羅是也、無畏三蔵図レ之、名二現図曼荼羅一、前後四重左右三重、故十一重曼荼羅、無二千手院及一百八臂二院一、故不レ合二経説十三重曼荼羅一也、以二其仏菩薩銘及印明等一録二別巻一、是大日経第七巻是也、是名二供養法巻一、自二此巻一今出二胎蔵供養次第一也、四明二阿闍梨所伝曼陀羅一者、大日経所説四方四重、故十三重曼荼羅是也、入二千手院及一百八臂二院一、故仏菩薩亦自二現図曼陀羅一多也、

とある。すなわち阿闍梨所伝曼荼羅では、最外郭の外金剛部院を除き、中台八葉院の左右に百八臂院と千手院を加えて十三とするという。しかし、この文の後に付された図は、二院を加える以外は現図曼荼羅とまったく同じ構成であり、『大日経疏』巻六に説く阿闍梨所伝曼荼羅とは異なる。

また『天下皇太神本縁』の冒頭には、

大日本国伊勢国度会郡宇治郷五十鈴河上御鎮座者、秘密大乗法、法入法界宮、自性三昧耶、根本毘盧舎那、神変加持、胎蔵界法性心殿、入仏三昧耶、法界生、妃生眼、転法輪所、八葉中台真実覚王、金剛不壊大道場、周遍法界心所伝図十三大院也、

と本文と同文が記され、その後に胎蔵曼荼羅図を載せる。その構成を現図曼荼羅と比較すると、地蔵院の下に「六三昧院」、除蓋障院の下に「般若院」を書き加え、下部の虚空蔵院と蘇悉地院の位置が入れ替わっている。六三昧院・般若院がいかなるものであるかは不明。上部の釈迦院と文殊院が入れ替わるのは善無畏系の胎蔵曼荼羅の特徴であるが、下部の二院が入れ替わる例は見えないように思われる。

ここで「十三大院」を持ち出す理由はよくわからない。あるいは「是秘密大乗法」以下「周遍法界」までの文を十三句に分かち、十三院に当てはめようとしているか。

(104) 密号

密教で諸の仏尊を密教名で呼ぶ称号。金剛号(↓註116)・金剛名号ともいう。例えば、阿弥陀仏は「大慈金剛」というように、諸尊はみな密号を持つ。また、伝法灌頂の際、投花が落ちた曼荼羅上に描かれた仏との関係により授かる「〇〇金剛」という称号を指す。

国・世・守・府・天本には、ここに頭書して「自レ之已下、天札之後伝レ之」とする。『聞書』でも「相殿神〈文〉。是ヨリ以下、天札ノ後、伝授スベシト云々。」といい、本巻の題の前に「麗気聞書下 列 六之内天札」とある。「天札」とは『麗気記』⑫「三界表麗気記」のことを指すとされる。ここは、天照大神の密号と神体については最極秘であって、天札巻の伝授を受けてはじめて教えられる、と言っていると思われる。『聞書』序文(↓③註148)では、残りの十七巻が神泉苑の龍神の指南によるものであるのに対し、この天札のみは「法爾天然の札」であるとする。また良遍『神代巻私見聞』に、

麗気事、示云、真言云レ汀(灌頂)、神道云二麗気一、同事也、汀異名也、是神代事悉廃不レ知レ之、爰帝王嫡々相承三種神器持玉ヘトモ三種神器様不レ知レ及、延喜御門時天下諸宗人有二御尋一、然倶不レ知レ之、殊一紙書在レ之、更其様不レ知、帝悲レ之思食仏神祈御時、神泉苑池ヨリ青衣着女人来奉レ教、是天照太神御使也云々、此書者麗気第十二天札巻也、此巻奉レ教以二君仏法貴御座故、日本弘通祖師達判置ケルヲ、以二神道事一能知玉ヘト云シカハ、去弘法・伝教等御釈引所レ造書今麗気也、麗気根本第十二天札巻不二知給一リ事起出来也、天札巻印明等在二別紙一、

とあり、第十二天札巻こそが『麗気記』の根本であり、他の巻は天照大神の使である神泉苑の龍女が、弘法・伝教等の祖師たちの釈を引いてそれを解説したものだとする。なお、天札巻の詳しい内容については、本書続巻の⑫「三界表麗気記」において述べる。

(105) 遍照金剛

後出(↓⑥註15)。大日如来の密号。

(106) 八咫鏡《ヤタカヾミ》

前出(↓④註155・206・211)。三種の神器の一。天照大神の天岩戸隠れに際して石凝姥神《いしこりどめ》が作った鏡で、ホノニニギの天孫降臨の際に預けたとされる。伊勢内宮にも天照大神の御杖代として奉斎される。

なお、神体の神鏡については、様々な説がある。『宝基本記』に、

神鏡坐事、
一面者、従二月天一所二顕現一明鏡、〔円形、〕崇二止由気宮一是也、
一面者、八百万神等以二石凝姥神一奉レ鋳宝鏡、是則崇二太神宮一也、〔一名日像八咫鏡是也、八咫謂八頭、花崎八

葉鏡也、中台円形座、清明也、〕
一面者、日前宮坐也、石凝姥神鋳作鏡也、初度所レ鋳不レ
合二諸神之意一、紀伊国日前神是也、
一面者、内侍所神鏡坐也、磯城瑞籬宮御宇天皇、漸畏二
神威一、同殿不レ安、故更令二斎部氏一率二石凝姥神裔・天
目一箇裔二氏一、更鋳二造剣鏡一、以為二護身御璽一也、
二面者、日神月神所化之真経津鏡也、〔謂真者、以二天
道一為レ神、以二地道一為レ祇、津者人道也、鏡者霊明心鏡
也、万物精明之徳、故照二混沌之前一、帰二元始之要一、斯
天地人之三才、当受レ之以レ静、求レ之以レ神、視レ之以二無
形一顕実、故則以二無相鏡一為二神明御正体一也、〕
神代伊弉諾・伊弉冉尊所二捧持一宝鏡、天地開闢之始出現
鏡也、一気化為二天地一、天地化為二鬼神一、鬼神化為二明
鏡一、是斯日月変化、水火徳用、万物大意也、故式為二荒
祭宮高宮神形一者也、是二所太神宮為二摂神一、謂二荒魂宮
和魂宮一是也、倭姫命更鋳二造日月所化神鏡一、納二朝熊神
社一者也、

とあることをはじめ、内宮・日前宮・内侍所の三面の鏡を一式として、石凝姥神に結びつける説は諸書に見える。

(107) 火珠所成の玉

「火珠」は前出（→④註135）。火を象徴する宝珠（→①註75）。内宮や天照大神の象徴ともされる。④註135参照。『麗気記』⑥「豊受皇大神鎮座次第」で豊受大神の神体を飛空自在天とし、「水珠所生の玉」（→⑥註19）とするのと対照される。

(108) 辺都鏡《マヘツカヽミ》=国［ヘツカヽミ］、天イ［前ツノ鏡］。

前出（→④註128・170）。八種神宝ないし十種神宝の一。

(109) 真経津鏡《マフツカヽミ》=守イ［マフツノ鏡］。

八咫鏡の別称。『日本書紀』神代上・第七段に「中枝懸二八咫鏡一、〔一云二真経津鏡一、〕」とあり、『御鎮座次第記』「天照坐皇太神一座」に、

記曰、伊弉諾尊曰、吾欲レ生二御寓之珍子一、乃以二左手一
持二白銅鏡一、〔天鏡尊所レ作三面宝鏡也、〕則有二化出之神一、
是謂二大日孁貴一、亦号二天照大日孁貴一也、（中略）以二八
坂瓊之曲玉・八咫鏡及草薙剣三種之神財一〈天〉、授二賜皇
孫一、永為二天璽一、視二此宝鏡一当レ猶レ視レ吾宣〈岐〉、亦云二
真経津鏡一、惟天照太神入二天岩窟一、閉二磐戸一而幽居、
爾乃六合常闇〔志天〕、昼夜不レ分、庶事燎レ燭弁、群神愁
迷〈弖〉、八百万神深思遠慮、天御中主・高貴高皇神勅曰、
令下石凝姥神取二天香山銅一、以鋳中日像之鏡上、其状美麗、
今崇二祭伊勢太神宮一御霊是也、

とある。また、『同』「多賀宮一座」（①註175の続き）に、

止由気皇太神荒魂也、伊弉諾尊到二于筑紫日向小戸橘之
檍原一而祓除之時、洗二左眼一、因以生二日天子一、是大日
孁貴也、天下現レ名曰、天照太神之荒魂荒祭神是也、
復洗二右眼一、因以生二月天子一、天御中主霊貴也、天下降
居而、名二止由気太神之荒魂多賀宮一是也、亦曰二伊吹戸

主神一是也、御霊形鏡坐也、是天鏡尊所レ造三面宝鏡、伊弉諾尊右手〈爾〉令二捧持一〈天〉、月神所レ化〈乃〉真経津鏡是也、

とあり、『御鎮座伝記』「神鏡座事」に、

一面者、従二月天一顕現之明鏡、〔円形坐、三光天衆五飛龍守護神五座、是天鏡尊之鋳造白銅宝鏡也、月天所レ作三面之内也、〕崇二祭止由気宮一是也、

大田命白〈久〉、崇神天皇御宇、止由気皇太神天降坐〈弖〉、天照皇太神与一処双坐、于時従二天上一御随身之宝鏡是也、神代天御中主神所レ授白銅鏡也、是国常立尊所レ化神天鏡尊、月殿居所二鋳造一之鏡也、三才三面之内、一面是也、今二面者、天鏡尊子天万尊伝二持之一、次沫蕩尊、次伊弉諾・伊弉冉尊伝持〈天〉神賀吉詞白賜〈弖〉、日神・月神所化〈乃〉真経津鏡是也、天地開闢之明鏡也、三才所レ顕之宝鏡也、当下受レ之以二清浄一而求レ之以二神心一、視レ之以中無相無住上、因以為二神明之正体一也、今崇祭一面者荒祭宮御霊、一面者多賀宮御霊坐、已上三面辞竟奉〈支〉、

一面者、八百万神等以二石凝姥神一奉レ鋳宝鏡、是則崇二伊勢太神宮一也、〔一名日像八咫鏡是也、八咫古語八頭也、八頭花崎八葉形也、故名八咫也、中台円形座也、円外日天八座、〕

一面者、日前宮坐也、石凝姥神鋳造鏡也、初度所レ鋳不レ合二諸神意一、紀伊国日前神是也、

已上、神代宝鏡是也、

とあり、『御鎮座本紀』に、

依二天照太神御託宣一、太神第一摂神多賀宮〔伊弉諾尊洗二右眼一、因以生、名号二伊吹戸主神一也、即大神分身坐、故亦名曰二大神荒魂一也、〕奉レ傍二止由気宮一也、〔御形霊鏡坐、在昔天鏡神鋳造三面真経津鏡是也、一面者天御中主神宝鏡、二面則伊弉諾・伊弉冉尊相受転二持左右掌一、日神・月神所レ化之宝鏡是也、一面荒祭神御霊坐也、〕

とあるように、中世神道書では日神・月神所化の鏡をも真経津鏡と称する。また、『麗気記』⑨「万鏡本縁神霊瑞器記」にも、

三種神璽

白銅鏡〔梵言二阿羅清美一、神言二真澄身一、〕

草薙剣〔亦名二天牟羅雲剣一是也、為二本名一也、〕

八坂瓊之曲玉〔大日覚王宝珠也、〕

とある。

(110) 白銅鏡《マスミノカヽミ》 前出(→④註211)。伊弉諾尊が天照大神と月読尊を化出した鏡。『麗気記』では八咫鏡・真経津鏡の別称としても用いられる。

(111) 相殿《アヒトノ》ニ座《マシマ》ス神《ミコト》 =国[相殿ニマスカミ]、守[アイトノマシマスシン]、天・府[アイトノニマシマスカミ]。

「相殿」は前出（→①註175）。主祭神と同殿に合祀または配祀される神のこと。

相殿神の数や神名をめぐる秘説について、『麗気記』は強い関心を寄せており、①「二所大神宮麗気記」（→①註175）のほか、③「降臨次第麗気記」（→③註19）、⑥「豊受皇大神鎮座次第」（→⑥註23）でも繰り返し採りあげている。このように相殿神を問題とするのは、それが神宮の最極の秘説であったからであろう。秘説の出処としては、当然神宮祠官の存在が考えられるが、それが『麗気記』成立への直接的関与なのか、あるいは情報ソースにとどまるのかについては、今後さらに検討が必要である。

内宮の相殿神について、『御鎮座次第記』は、

相殿神二座
左、天手力男命、〔元是御戸開神坐、霊御形弓坐、是神代輪王所レ造也、〕
右、万幡豊秋津姫命、霊御形剣坐、是神代龍神所レ造也、

と『麗気記』と同様の説を記すが、『倭姫命世記』は、

相殿神二座〔左、天児屋命、形弓座、〕〔右、太玉命、形剣座、〕
一書曰、天手力男神、万幡豊秋津姫命、

と別説を載せる。そこで『御鎮座伝記』を見ると、

天照座皇太神一座〔亦曰、大日孁貴、〕
相殿神二座〔後座也、左、天児屋命霊、右、太玉命霊、〕
御戸開前神二座〔前社、左、天手力男神霊、右、万幡豊秋津姫命霊、〕

とあって、もとは御戸開神とされていた二神が相殿神へ昇格するという神格の交替があったことがうかがわれる。

さらに、この相殿神に関しては隠された神があるという秘説があったようで、『聞書』には次のような図を載せて、

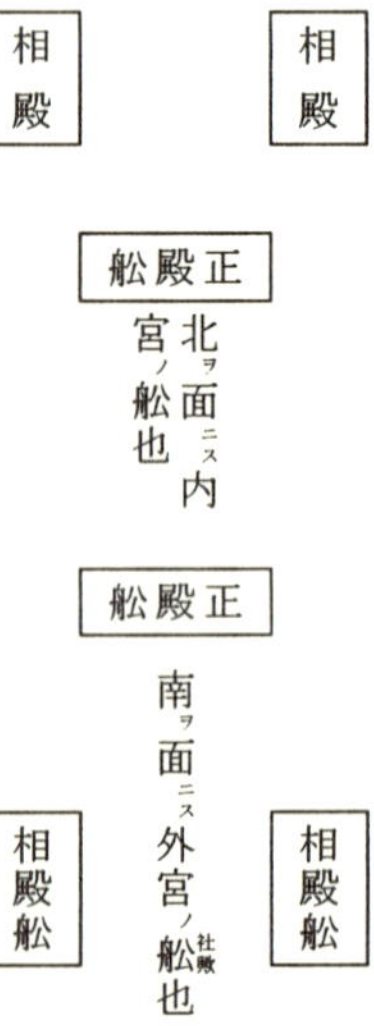

一、外宮ノ相殿ハ四柱也。一神ヲ隠シテ三神ト云フ事深秘也。謂ハク、右ノ船ニハ天児屋命・太玉命也。左ノ船ニハ瓊瓊杵尊也。三柱ト云ヘドモ、衣装ヲバ四下シ申ス也。一柱隠シ申ス、御名ハ天上玉杵尊也。天上玉杵尊トハ神代巻ニ此ノ名無シト云々。深秘深秘、云フベカラザル也。尊勝吾二第地ト云々。

一、内宮ノ相殿トハ、是又、三柱ヲ一神隠シ申シ二柱ト申ス也。是モ御衣装ヲバ三降ナル也。謂ハク、左船ニハ太力雄尊、右船ニハ栲幡千千姫也。一神隠レ申ス。御名ハ此又深秘也。命兼思也。

と述べる。「尊勝吾二第地」は「地神第二吾勝尊」、「命兼思」は「思兼命」を指す秘文と思われる。内宮の相殿神に

隠れた神があるとする説はあまり見られないものである
が、『神皇実録』「天神首」の「高皇産霊神」の項に、
栲《大女》幡豊秋津姫命〔皇孫尊母也、高貴女神、〕
思《妹》金命〔智性霊坐、相殿姫神、〕　天手力雄神〔石戸開
神坐、相殿神、〕
とあり、天手力雄神と対となる女神と考えられていたらし
い。外宮の相殿神については、⑥註23にて詳説する。
なお、以下の部分は、『天地麗気府録』（註２の続き）に、
相殿座神
左、天手力男神〔亦名靡開神、金剛号持法金剛、〕宝
号脣多摩尼尊、神体　八葉霊鏡、下八葉形二重、神宝
弓座、大刀座、
右、栲幡豊秋津姫命〔亦名慈悲心王、是群品母儀、破
賀尊座也、神体前並也、〕
摂政別宮荒祭神〔亦名随荒天子、閻羅法王所化神、記云、
天照荒魂神、名二瀬織津比咩神一、〕神体　鏡坐、是天鏡
也、天鏡尊宝鏡是也、
摂社朝熊神社
是仏眼仏母、日月応化遍照宝鏡、葺不合尊金鏡是也、
社記云、朝熊神六座、倭姫命崇祭之宝鏡二面、日天・
月天両眼精鏡、倭姫命宝鏡云々、
とあることと対応する。

(112) 左ハ天《アマノ》手《タ》力《チカラヲ》男命《ノミコト》＝「左」国〔ソハ、〕、府・天〔ヒダリハ〕。
「天手力男命」守イ〔天ミツルキノミヲトコノミコト〕。

タヂカラヲは、天の岩戸神話において、天岩戸を押し開いて天照大神を引き出した神。『御鎮座伝記』（→註111）に載せるように、天手力男神は、もと「御戸開神」とされていたものが相殿神に昇格したか。また『天地霊覚秘書』には、「御戸神二柱」として大手力男神・国手力男神という男神の組み合わせを載せる。

(113) 靡開《ヲシヒラキノ》神＝左〔ミトヒラキノ神〕、守イ〔ヒトヒラキノシン〕、温〔ヲシヒラキミコト〕、天〔ヲシヒラキノカミ〕、天イ〔ミトキノ神〕。
『聞書』に「亦名靡開神〈文〉。ヲシヒラキ尊ト読メリ。或ハ、ミトヒラキノ尊ト読メリ。」とある。

(114) 宝号
前出（→③註13）。

(115) 脣《しん》多《た》摩《ま》尼《に》尊＝守〔シン多摩尼尊〕。「脣」天〔クチヒル〕。
「脣多摩尼」とはサンスクリットの音写で、如意宝珠（→①註75）のこと。「脣多摩尼尊」が何を指すかは不明だが、サンスクリットでチンターマニを冠する尊格としては、如意輪観音が挙げられる。『私鈔』にも「脣多摩尼ハ、脣多〈如意〉摩尼〈宝〉。」とある。

(116) 金剛号
密教における呼び名。密号（→註104）と同じ。

(117) 持法金剛

不明。「持宝金剛」ならば如意輪観音の密号なので、あるいは字の誤りか。如意輪であれば、先の唇多摩尼尊とも符合する。天本は、下に細字で「如意輪也」と注す。また、『天下皇太神本縁』は相殿神二座について、

尊形　黄金色如意輪観自在菩薩
宝号　唇多摩尼尊
金剛号　持法金剛
神体　八葉霊鏡、下八葉形二重
神号　摩開神

などと記しており、やはり如意輪と考えるべきであろう。

(118)八葉霊鏡＝天［八ツハノ霊ノかがミ］。
八稜鏡のことか。八稜鏡は、鏡縁が八弁菱花形をした銅鏡。中国唐代に盛行し、日本にも伝来した。

(119)下《うら》に八葉形二重＝「下」国・守・府［ウラニ］、天［ウラハ］。守［八葉カタチ二重ニテアリ］。国・府・天は「八葉形二重神宝」として、国［八葉形二重ノかンタカラ］、府・天［八葉形二重ノカンタカラノ］、天イ［八葉形フタヘノ神宝］。
タヂカラヲの神体の鏡は裏にも二重に八葉の形がある、ということ。「八葉形」は前出（↓④註175）。

(120)神宝《かんたから》は弓にて座す、大刀にて座す＝「神宝」府・天［カンタカラノ］。「弓座」国［ユミニマシ］、守［ハリユミノ座］。「太刀座」国［タチニマス］、守［ヲ﹅カタナニテマシマス］、宝［ツルキノサナリ］、府・天［タチニテマシマス］。
タヂカラヲ・タクハタトヨアキツヒメ両神の神体（御霊形）をそれぞれ弓・剣とすることは、『御鎮座次第記』『伊勢二所太神宮神名秘書』などにも見える。

(121)栲《タク》幡《ハタ》豊秋津《トヨアキツ》姫《ヒメノ》命
タクハタトヨアキツヒメ。オシホミミ（↓④註131）の妻、ホノニニギ（↓④註136）の母。『日本書紀』神代上・第九段本文では栲幡千千姫、『同』同段一書第一では萬幡豊秋津媛とする。双方を折衷した名を付けるのは『先代旧事本紀』で、「天孫本紀」には「豊秋幡豊秋津師姫栲幡千千姫命」とする。

(122)慈悲心王＝守［アカヌヒトタマト云］。
不詳。次項で見るように、慈母のイメージか。

(123)群品母儀破賀尊《ワカツカツカミ》＝「群品母儀」国［クンヒンノ母儀ナリ］、守［シナモノ﹅ハワヨソヲイ］、府［クンヒン母儀］、天［グンヒン母キ］。「破賀尊」国［ハカシヤノ尊］、守［ワカツヨロコヒノミコト］、守イ［カツ﹅﹅カフミ］、温［サカツカミ］、宝［ワカツカミニ］、府［ハカツカミ］、天は「破」に濁点記号を打ち［バカ尊］と読ませる。
『聞書』に「注云群品母儀〈文〉。一切衆生ノ母ト云フ事也。例ヘバ仏ヲ薄伽梵ト云フガ如シト云々。」とある。「薄伽梵」（↓①註132）は仏陀の尊称。『大日経疏』巻一（大正蔵三九・五七九c）に、「謂二女人一為二薄伽一、」とあり、また「謂二女人一者、即是般若仏母、」とある。般若の力が仏を生み

出すところから、般若あるいは般若菩薩を「般若仏母」と呼ぶ。「破賀尊」はこの般若仏母を指しているか。

(124)神体前《まへ》ニ並ブ也＝守〔神体前ニナラヒマシマス〕、温〔神体マエニ並フ也〕。

本来ならば、栲幡豊秋津姫命の神体が記されるべきところである。ここでは、二通りの解釈が考えられる。ひとつは『御鎮座次第記』（↓註11）により、「神体はすでに前項（天手力男命）で並んで挙げられている」ととり、「弓座、太刀座」を指しているとみる解釈。『私鈔』はこの解釈を採り、

神体前並ハ、前ノ神宝、弓ハ手力男命ノ神体、大刀ハ栲幡姫ノ神体也。左右ノ神宝一所ニ之ヲ置ク。故ニ前並ト云フ也。

として、弓と大刀が一所に置かれているため、このような書き方になったとしている。もうひとつは『御鎮座伝記』（↓註11）により、「主神（天照太神）の前に並んでいる」ととる解釈。『聞書』の図（↓註11）は、この相殿神の位置関係を示しているように思われるが、内宮の相殿は正殿の後ろに描かれている。ここに描かれた正殿と相殿の位置関係は、内外両宮の正殿と東西宝殿の位置関係と同じである。相殿と宝殿の関係の有無は不明。

(125)摂政別《マツリコトフサネヲサム》宮荒祭神《アラミタマノミコト》＝「摂政」守イ〔セツ政〕。「荒祭神」守・府・天〔アラマツリノミコト〕、守イ〔荒マツリノシン〕、温・天イ〔アラミタマノカミ〕、宝〔アラマツリカミ〕、府イ〔アラマツリノカミ〕。

荒祭宮。天照大神の荒御魂《あらみたま》（荒魂）を祀る。「荒御魂」は、外面に現われた荒々しい、戦闘的、積極的な方面の作用。これに対し、平和的、仁慈的な方面の作用を「和魂」という。「摂政別宮」という呼称の出拠は不明。『御鎮座伝記』では、

摂神、
荒祭宮一座〔皇太神荒魂伊弉諾尊到二筑紫日向小戸橘之檍原一而祓除之時、洗二左眼一、因以生二日天子一、大日孁貴也、天下化生名曰二天照太神荒魂荒祭神一也、謂祓戸神瀬織津比咩神是也、〕
瀧原宮一座〔皇太神遥宮也、伊弉諾・伊弉冉尊所レ生河神、名曰二水戸神一、亦名速秋津日子神也、〕
伊雑宮一座〔皇太神遥宮也、天日別命児玉柱屋姫命也、依二神託一崇二祭之一、〕
已上、天照太神宮部類従神之専一是也、

とあり、「摂神」として荒祭・瀧原・伊雑の三宮を挙げる。『御鎮座次第記』には、

荒祭宮一座〔天照大日孁貴荒魂、霊御形鏡坐、〕
伊弉諾尊洗二左眼一、因以生神号曰二天照荒魂一、亦名二瀬織津比咩神一也、記曰、天鏡尊月殿居焉、所二鋳造一之宝鏡三面之内、二面者、伊奘諾・伊弉冉尊伝持〈天〉、神賀吉詞白賜〈弖〉、日神所レ化〈乃〉真経津鏡一面座也、

因レ茲為二御霊一也、

とある。また『私鈔』には、

荒祭神事。是ハ八十柱津日ノ神是也。伊弉諾尊ノ御子也。随荒天子トハ此ノ神ハ大荒神ニテマシマス。故ニアラマツリノ神ト云フ。閻魔法皇ノ化身。亦、速河瀬ノ瀬織津姫ト云フ。速河瀬トハ喪津河也。但シ三途河ノ老姥ニアラズト云々。

とある。八十枉津日神は、イザナギが黄泉国から帰って禊をしたときに生まれたのひとつで、『古事記』および『日本書紀』の一書に見える。

(126)随荒天子

不詳。荒御魂の性格を仏尊的な呼称で表現したものか。『天地霊覚秘書』にも、

第一荒魂荒祭神〔八十柱日神、瀬織津比姫神、随荒天子、焔魔法王所化也〕

と見える。随荒天子については、『天照太神儀軌』に、

尋上位者、華蔵世界毘盧舎那仏、色界初禅梵衆天也、御身長半踰繕那、御寿一中劫、索以来、有二大王守護誓一故、名二照皇天一、我朝名天照皇太神宮申也、又奉レ名二大日遍照尊一、〈中略〉然後慈尊三会暁令値二遇十一有王子一、以為二支者一、第一名二随荒天子一、閻羅法王所化也、此名二荒祭宮一、第二名二龍宮天子一、難陀龍王也、名二瀧原宮一、第三名二水神王子一、抜難陀龍王也、此瀧祭申、第四名二月夜宮一、天官也、第五名二月読宮一也、地官也、第六名二伊象宮一、又司命神也、第七名二伊忍天子一、此名二伊佐奈岐一、司禄神也、第八名二高山天子一、此名二高宮一、泰山府君也、第九名二並宮名五所神一、並在五所神也、第十名二風宮一、風伯神也、第十一興玉水神宮也、此十一天子各有二四百万億眷属一、

と、天照大神に随身する十一王子の一であるとする説を載せる。

(127)閻羅法王所化の神《ミコト》ト名づく＝「所化神」国〔ハクル所ノミコト〕、守・天〔所化ノミコト〕、府〔ハクルミコト〕。

「閻羅法王」は、閻魔の別称。焔摩。閻羅。閻魔王。閻魔羅闍。地獄に堕ちる人間の生前の善悪を審判・懲罰するという地獄の主神、冥界の総司。もとはインド神ヤマで、閻魔はその音写。仏教に取り入れられた当初は、天界の王の一人であったが、後に死者の王とされた。また中国で人間の寿命の支配者とされる泰山府君《たいざんふくん》（→⑥註62）と結びつき、死者を裁く十王の一人とされるようになる。唐代の蔵川述と伝わる『十王経』には、死者が五七日（五番目）に裁判を受けるのが閻羅王（閻魔）であるとする。地蔵信仰とも集合し、経典によっては地蔵菩薩の化身とされる。密教では二十天（→③註39・⑤註138）の一とする。

(128)天照荒魂神《アマテラスアラミタマノミコト》＝国・守・温・府・天・宝〔アマテルアラミタマノミコト〕。

(129)瀬織津比咩神《セトヲリツヒメノミコト》
セオリツヒメ。祓をつかさどる祓戸神の一。『延喜式』祝詞「大祓」に、勢いよく流れ下る川の女神セオリツヒメが、罪を大海原にまで流し去るという表現が見える。『聞書』には「注云瀬織津比咩〈文〉。阿朝臣真勝祓義解ニ云ハク、悪事ヲ除ク神〈文〉。」と見える。また、『中臣祓訓解』に、

瀬織津比咩神〔伊弉那尊所化神、名二八十枉津日神一是也、天照大神荒魂号荒祭宮、除二悪事一神也、随荒天子、焔魔法王所化也、〕

とある。

(130)天鏡《アメノミタマ》=国〔アメマシハリ〕、守〔アメマシハルカ丶ンヤキミ〕。
ここでは、天鏡尊が鋳造した鏡。⑥註65参照。

(131)天鏡尊《アメノミヲヤノミコト》=守〔天鏡ルみこト〕、天イ〔アマカ丶ミノ尊〕。
『日本書紀』神代上・第二段一書第二では、「国常立尊生二天鏡尊一、天鏡尊生二天万尊一、天万尊生二沫蕩尊一、沫蕩尊生二伊弉諾尊一、」として、国常立尊の子とする。ただし、詳しい記述がなく神格などは不明。『私鈔』では「天鏡尊ハ、是、陽神ニ非ズ。異説五代ノ第二アメノカガミノ尊ト云々。」とある。また、中世の伊勢神道説においては、根源神としての国常立尊の系譜に連なるものとして重視されていた。

例えば『御鎮座伝記』では、

凡神代霊物之儀、猿田彦神謹啓白〈久〉、夫天地開闢之後、雖二万物已備一、而莫レ昭二於混沌之前一、因レ茲万物之化、若レ存若レ亡、而下下来来〔志天〕、自不レ尊。于時国常立尊所レ化神、以二天津御量事一、地輪之精金白銅撰集、地大水大火大風大神、変通和合給〔比天〕、三才相応之三面真経津宝鏡〈乎〉、鋳造表給〔倍利〕、「(傍書)豊受宮・荒祭宮・高宮霊也、已上三面也、」故此鋳顕神名、曰二天鏡尊一、尓時神明之道明現、天文地理以存矣、亦剣者〔大刀子・小刀子、〕土精金龍神所レ造也、弓箭者輪王所レ造、陰陽義、故名二天之香子弓・地之羽々矢一也、玉者日天・月天之光精也、笏者天之四徳、地之五行、自然徳也、物皆為二神霊一、敢誰無レ私耶焉、

とし、天地開闢後の混沌の前を照らすものとして、国常立尊の所化神である天鏡尊が「三才相応之三面真経津宝鏡」を鋳造し、そのうち一面は豊受大神が天降りした際に身に付けていた宝鏡、他の二面は荒祭宮と高宮の御霊であるとの説を展開している。神宮の神鏡に対する強い関心が、元来さほど重要な神ではなかった天鏡尊を、国常立尊の変化神という地位にまで上昇させたと言えよう。また⑨「万鏡本縁麗気記」では、「天鏡尊心月輪鏡」として、尸棄大梵天王宝鏡・光明大梵天王宝鏡・世界建立金剛日輪鏡の三面をあげており、荒祭宮・高宮等の霊鏡から、より抽象的で根源的な鏡へと展開している。詳しくは⑨「万鏡本縁麗気記」において解説する予定。また、『御鎮座伝記』「神鏡座事」(↓註109)『御鎮座次第記』「荒祭宮一座」(↓註125)も参

照。

(132) 摂社朝熊神社《フサネヲサムルアサクマノミコトノミヤシロ》＝「摂社」国・守・府・天〔フサネヲサムルヤシロ〕。「朝熊神社」守左〔カラサクマ神ミヤ〕。「神」守イ〔シン〕。「社」左〔ミヤ〕。

現在の鏡宮神社。『聞書』には「朝熊神〈文〉。伊勢ニ鏡ノ宮トテアリ。追テ尋ヌベシト云々。朝熊六座〈文〉。是又伊勢ニアリ。石松木等六也。」とある。もとは五十鈴川の河中の岩の上に二面の鏡を祀った鏡宮と、河岸の朝熊社とからなる。『小朝熊神社神鏡沙汰文』は、建久十年（一一九九）、この岩上の神鏡が紛失した事件をめぐる記録。『倭姫命世記』には、

朝熊神社〔櫛玉命、霊石坐、保於止志神、石坐、桜大刀神、花木坐、苔虫神、石坐、大山祇、石坐、朝熊水神、石坐、宝鏡二面、日月所レ化白銅鏡是也、〕

とあり、『御鎮座伝記』も同じ六座を挙げた後、

件神社之宝鏡二面、是則日天・月天之所レ化白銅鏡、依ニ神託一、倭姫命之御制作也、凡天照太神御入座之時、大年神・大山津見・山祇・朝熊水等、奉レ餐ニ此之処一、故神社定給也、

と記す。この六座の神明について、『私鈔』には「朝熊神事。是、不葺合尊ニテマシマス。此ノ神六座ハ是、不葺合尊・玉依姫命・彦五瀬神・稲飯命・三毛入野命・神日本磐余彦尊也。」と、ウガヤフキアエズ以下六座であるという異説を載せる。

なお「摂社」は、一般に主祭神と特別な関係をもつ神を祀る社を指すが、必ずしも固定した呼称ではない。たとえば『御鎮座伝記』（→註125）では滝原宮・伊雑宮を「皇太神宮遥宮」と呼んでいるが、朝熊神社に関しては特別な扱いをしていない。『類従神祇本源』では、すべてをまとめて「別宮」と呼んでいる。現在伊勢では、『延喜式』神名帳に載せるものを「摂社」、『儀式帳』に載せるものを「末社」としているが、これは明治以降の規定である。

(133) 仏眼仏母＝守〔ハッケンハツモ〕、守イ〔仏眼仏ホ〕、府イ・天イ〔ハツカンハツホ〕。

仏眼尊とも言う。如来の眼を神格化して生まれた尊格。朝熊社の神体が二面の鏡であることから、それを両眼に見立てて、仏眼仏母を連想したと思われる。仏眼仏母は、現図曼荼羅では中台八葉院のすぐ上方、遍知院に配置される。仏眼は悟りを開く仏智のはたらき、仏母は三世諸仏の母胎であることを意味する。そこから大日如来・金剛薩埵・釈迦如来などの変化ともされる。

(134) 日月応化遍照宝鏡ナリ＝「日月応化」府イ〔シチケツノヨウケ〕、天イ〔ニチケツノヨウケ〕。「遍昭宝鏡」国・守〔遍照ノ宝鏡ナリ〕。

(135) 葺不合尊金鏡《フキアハセスノミコトミヲヤノ》＝「葺不合尊」守〔カヤフキアハセスノみことノ〕。「金鏡」守〔コンナン〕、守イ〔ミヲヤ〕、温・宝・府・

天［ミヲヤノミコト］。「葺不合尊」は、ウガヤフキアエズ（↓②註85・④註223）。「金鏡」の意味は不明だが、『私鈔』（↓註132）に、朝熊社の祭神をウガヤフキアエズとする説が見える。

(136) 倭姫命《ヤマトヒメノミコト》崇祭《アカメイツキマシマ》スの宝鏡二面＝「崇祭」府・天［アカメイツキマス］。「二面」府・天［二面ナリ］、天イ［フタヲモテ］。倭姫命は前出（↓①註152）。垂仁天皇の皇女で、天照大神を伊勢に奉斎した。『私鈔』には、

倭姫命事。宝鏡二面ハ日天・月天フタツノ眼精、ミタマト名ヅケテ斎祭《アカメマツリ》マス。此乃チ我身倭姫ノ宝鏡ニテヲハシマス故、倭姫ノ皇女ハ正ニ是、天照太神ノ霊精ニテマシマスト云フ事ヲ知リヌ。

とあり、日天・月天の二つの眼に相当するとし、倭姫命は天照大神の霊精に他ならないとする。

(137) 日天《ヒノミオヤ》月天《アメノミヲヤ》両眼《フタツノミタマ》ノ精鏡ナリ＝「日天月天」宝［ヒノミヲヤアカメノミヲヤ］、府・天［ヒノミヲヤツキノミヲヤ］。「両眼精鏡」国［両カンノセイ鏡］、守［ふたツノ眼ノセイケイ］、守イ［両ミタマ精鏡］、宝・府［フタツノミタマ精鏡］、天［フタツノミタマノミタマナリ］。

(138) 外金剛部二十天

金剛界曼荼羅の成身会の最外郭に描かれる二十天（↓③註39）のこと。通常は次の二十天をあげる。

・東方五天

那羅延天・倶摩羅天・金剛摧砕天（傘蓋毘那夜迦）・梵天・帝釈天

・南方五天

日天・月天・金剛飲食天（華鬘毘那夜迦）・彗星天・熒惑天

・西方五天

羅刹天・風天・金剛衣服天（衣服天）・火天・毘沙門天（多聞天）

・北方五天

金剛面天（猪頭天）・閻魔天・調伏天・毘那夜迦天（歓喜天）・水天

本巻にある「象頭天」の名がこの二十天の中に見えないが、おそらくは象の頭を持つ歓喜天のことを指すのであろう。なお、胎蔵曼荼羅の最外院も外金剛部院と呼ばれるが、こちらは現図曼荼羅で二百一尊を数えるものでここでの外金剛部とは異なる。【図2】（三八八頁）参照。

なお、以下の部分は『天地麗気府録』に見えない。

(139) 狗摩羅《くまら》天＝国・府［クンハラ天］、府イ・天［クハラ天］。

(140) 傘蓋毘那夜迦《さんがいびなやか》＝天［ザン蓋毘那夜迦天］。

(141) 花鬘《けまん》毘那夜迦＝天［花マン毘那夜迦天］。

(142) 彗星＝国・府イ［シユセイ天］、守・天［セイ丶丶天］、府［彗セイ天］、天イ［サイシヤウ天］。『聞書』には「彗星〈文〉。セイセイト読メリ。或ハ、ハ

ウキ星トモ読メリ。或書ニ云ハク、東方ニ彗星出レバ必ズ国ニ乱有リ。」とある。

(143)熒惑《けいわく》天＝国・宝・府・天［ケイコク天］、天イ［ケイワク天］。

「熒惑」は「けいこく」とも訓む。天本に朱で「熒惑天ト云フ九曜中ノ火星也」」とある。

(144)琰魔《えんま》天＝府・天［サイ魔天］。

(145)四角鎮壇＝天［四角鎮タン］。

外金剛部の四隅に描かれる金剛杵のことで、それぞれ降三世・軍荼利・大威徳・不動の四明王を表わしている。降三世の代わりに金剛夜叉とする場合もある。ここでは誤って不動が落ちて、代わりに金剛夜叉が記されている。

(146)四方結護

金剛界曼荼羅の中輪で、大日の四方を囲む四波羅蜜菩薩をさす。阿閦・宝生・無量寿・不空成就の四仏がそれぞれ大日を供養するために生み出した金剛波羅蜜・宝波羅蜜・法波羅蜜・羯磨波羅密の四菩薩のこと。

(147)四門守護

理趣経曼荼羅において東西南北の四門を守護する尊格。現図曼荼羅にこのような四天は見えない。『理趣経』のあげる十七清浄句の第十四句から第十七句は、それぞれ色・声・香・味にあてられており、これら知覚世界がみな清浄であり、菩薩の心を表わしていると説く。理趣経曼荼羅は『理趣経』の世界を曼荼羅化したもので、いくつかのバリエーションが存在する。補陀洛院版の理趣経曼荼羅では理趣釈の解釈に従って、金剛薩埵を中尊とし、外郭の四隅に春金剛・雲金剛・秋金剛・冬金剛を安じ、東西南北の四門にはそれぞれ色金剛・香金剛・声金剛・味金剛を配している。本文の記述は、明らかにこの理趣経曼荼羅が念頭にあるものと思われる。

(148)二生天守護

不明。前項と同様、理趣経曼荼羅の四隅を守る春・雲（夏）・秋・冬の各金剛を、内鳥居（二の鳥居）・外鳥居（一の鳥居）にあてたと思われる。鳥居を仏閣の山門に見立て、左右の金剛力士が守護するイメージと重ねている。

(149)内鳥居＝国・府・天［ウチノ鳥居］。

(150)外鳥居＝国・府・天イ［ソトノ鳥居］、天［ホカノ鳥居］。

(151)内は、秘密灑水《しゃすい》を授くる神、沐浴懺悔《もくよくさんげ》を表する也＝国［ウチハ秘密灑水を授くる神ナリ。沐浴懺悔ヲ表ハス也］、守［内トイふハ、秘密灑水を授クル神ノ沐浴懺悔へウ也］。「灑水」天［シヤ水］。「神」天［ミコト］。「沐浴懺悔」天［モクヨク懺悔］。「表」天［表ハス］、天イ［表スルニ］。

「灑水」は水を注ぐことで、灌頂を指す。ここでは「沐浴懺悔を表する」とあるので、二の鳥居の手前、五十鈴川の水で禊をすることと重ね合わせているか。

(152)外は、解捨祓《ケシャハラヘ》ノ神《ミコト》、穢悪《えお》不浄ヲ除く也＝「外」国・府・天［ソトハ］、守［外トイふハ］。「解捨祓神」国［ケツサハラヘノミコト」、温・天［ケハシヤハラヘノミコト」、府［ケツシヤハラヘノミコト」。

「解捨祓神」とは、贖物《あがもの》によって祓をする神を意味するか。前項を考え合わせると、一の鳥居の手前で「穢悪不浄を除く」ために祓をするということか。『聞書』には「解捨祓〈文〉。神代之聞書ノ如シ。科ニ依リテ贖銅ヲ出サスルヲ云フ是也。」とあるが、これは良遍『日本書紀巻第一聞書』に、

贖〈文〉、アガフト読メリ、今モ伊勢ニ科ヲシタル物ニハ、罪科ニヨテ銭ヲ出サセツレハ命ヲ続ク、是ヲ贖ハ銅トモ云イ、又ハアカナフトモ云也、又大嘗会之時御禊御即位ニアカ物ト申ハ物ソナフルヲ云也、

とあることによる。あるいは、一の鳥居付近で、贖罪のために投銭をするような風習があったのだろうか。

「穢悪」は前出（↓④註46）。

(153) 神代金剛宝山記

『大和葛城宝山記』（↓②註144）のことか。この部分は、尾題「天照皇太神麗気記」よりも後に記されており、あるいは、後の書き込みが本文化したものであろうか。『聞書』は、

神代金剛宝山○令治罰給耳〈文〉。醍醐ノ天皇ノ御詞、此ノ書ノ奥書也。

とする。また『私鈔』は、

此ヨリ已下ハ醍醐大王自ラ龍神指南ノ事ヲ挙グル也。此ヲ挙ゲテ上下ヲ通ゼシムル也。

と述べる。

(154) 日本書紀中に＝国［日本書紀中ニハ」、天［ヤマトフミノ紀トノ中」。

(155) 十八所の後

天照太神が、崇神天皇六年に倭笠縫邑を出てより、垂仁天皇二十六年に五十鈴川上に鎮座するまで、各地を巡行遷座したことをさす。『麗気記』②「神天上地下次第」参照。

(156) 即位十一年

『聞書』（↓註153）に従って、醍醐天皇のことだとすると、その即位は寛平九年（八九七）であるから、即位十一年は延喜八年（九〇八）、同二十一年は延喜十八年（九一八）となる。『私鈔』も「即位十一年ハ延喜八年戊辰也。同二十一年トハ同延喜十八年戊寅也。」とする。

(157) 偽殆を発《お》こして＝国［偽リヲ発シ、ホコウト」、天左［ウタカヰヲ発しホトント」。

「偽殆」は「疑殆」か。疑い恐れること。疑い危ぶむこと。

(158) 右の如し＝国・府・天［カクノ如」。

(159) 輒《すなわ》ち＝国・天イ［タヤスク」。

(160) 冥応を加へ治罰せしめ給ふ耳《のみ》＝国［冥応ヲ加ヘ治罰セシメ給ヘ耳」。

「冥応」は、冥々のうちに神仏が感応して加護や利益を与

えること。冥感。「治罰」は、退治し懲罰すること。罰す

ること。

豊受皇太神鎮座次第

正式には「五十鈴河山田原豊受皇太神鎮座次第」という本巻では、前巻と対応するように豊受大神＝外宮が金剛界曼荼羅と重ねて理解され、その相殿座神・摂政別宮・摂社について祭神名・法号・神体が明らかにされている。ただし、後半では「大神鎮座次第」として、先ず内宮に天照大神が鎮座した経緯が簡単にまとめられ、次いで豊受大神が（人間の寿命が四万歳であった時に）淡路の三上嶽に降臨したことと、崇神天皇の時に丹波国与謝郡比治山頂の麻井原で天照大神と一緒に遷座したことなどが記される。ここでは、豊受大神と天照大神がやりとりした歌なども詳しく記されている。そして、外宮についての一通りの言説を終えた後で、内外両宮が両部不二の関係にあり、実は外宮の内部に並んで鎮座しているという秘説へと展開する。この部分は①「二所大神宮麗気記」と用語・思想面で共通し、前半の言説を総括しているようである。

《キーワード》金剛界成身会(3)・豊受皇大神(102)・両宮ハ両部不二(148)・過去威音王仏(162)

【書下し文】

伍什《イ》鈴河《ス、カハ》山田原豊受《トヨケ》皇《スヘ》太神《オヲンカミ》鎮座次第[1]

豊受皇大神[2]

金剛界成身会《じょうしんえ》、及び一印・四院・大供養羯磨《かつま》・微細《みさい》・三昧耶《さまや》・降三世《ごうさんぜ》三昧耶・降伏三世・理趣等ノ九会[3]ノ中ニ一千四百四尊の尊達等《たちら》[4]有《マ》シマス。併《シカシナカ》ラ其の姿を直さず[5]、本有《ほんぬ》無身[6]を山頂・山下・樹林・海岸・河上に現じ、願に依り各《おの》々《おの》鎮座してより以降《このかた》[7]、九会を正殿に分かつは[8]、成身会を以て鎮座と為《な》す。五大月輪《がちりん》の五智円満の宝鏡[9]、実相真如の五輪の中台[10]、常住三世浄妙法身の大毘盧遮那仏[11]ナリ。亦《また》ハ法性自覚尊ト名づく[12]。亦ハ熾盛《しじょう》大日輪と名づくる也[13]。

金剛号は[14]遍照金剛[15]。

神号は天御中主尊《アメミナカヌシノミコト》[16]。

【現代語訳】

五十鈴河山田原豊受皇太神鎮座次第

豊受皇大神

金剛界は、成身会・一印会・四印院・大供養羯磨会・微細会・三昧耶会・降三世三昧耶会・降三世会・理趣会の九会からなっており、その中には千四百四尊がいる。その仏たちは姿を現わさず、本来身体はないけれども、山頂・山下・樹林・海岸・河上に出現し、自らの誓願によって鎮座してから、金剛界の九会を社殿としてあてはめると、豊受皇大神は成身会に鎮座しているのである。五大月輪が五智を象徴する円形の宝鏡であり、実相真如の五解脱輪の中央にいるものであり、三世永遠の真理そのものである大毘盧遮那仏である。また、別名を法性自覚尊とも、熾盛大日輪ともいう。

金剛号は、遍照金剛。

神号は、天御中主尊。

神体ハ飛空自在天[17]、説法談義の精気[18]也。
　水珠所成の玉[19]。常住法身の妙理也。御正体《みしょうたい》ハ輪の中に五輪有《あ》り[20]。中ノ輪ノ長さハ六寸、余の四輪は長さ四寸也[21]。是、御正体と名く。輪二尺四寸、径八寸也[22]。

相殿座神[23]

左ハ皇孫尊《スヘミマコノミコト》[24]・天上玉杵命《アマノホリタマコノミコト》[25]の二柱《フタハシラ》、一《ヒトヘコロニ》座《アレマス》[26]。

宝号ハ観自在王如来[27]。金剛号ハ蓮花金剛[28]。

神号ハ天津《アマツ》彦々《ヒコヒコ》火《ホ》瓊々《ニニ》杵尊《キノミコト》[29]。亦ハ独一尊王ト名《もう》ス[30]。亦ハ杵独王[31]ト名づく。亦ハ示法神[32]ト名づく。亦ハ愛護神[33]ト名づくナリ。

亦ハ左ハ天神天上玉杵命《アマツカミアマノホリタマコノミコト》ト名《申》ス[34]。

宝号ハ、阿逸多王如来[35]。

金剛号ハ、奮迅金剛[36]。

神体は、飛空自在天であり、これは説法談義の神髄である。水珠が玉となったもので、常に存在する、こよなき真理である。

　正体の円形の輪の中には五つの輪がある。その中央の輪の長さは六寸、他の四つの輪の長さは四寸である。これを御正体と名づける。その輪の周囲は二尺四寸、直径は八寸である。

相殿座神

左は皇孫尊と天上玉杵命の二柱であるが、一所にいて一神の如くである。

　皇孫尊の宝号は、観自在王如来。

金剛号は、蓮華金剛。

神号は、天津彦々火瓊々杵尊である。別名を独一尊王、杵独王、示法神、愛護神という。また、もう一柱の左の相殿座神は、天神天上玉杵命という。

　天上玉杵命の宝号は、阿逸多王如来。

金剛号は、奮迅金剛。

神体ハ八葉形の霊鏡、無縁円輪《ふちなしまろわ》の御霊鏡[37]也。

右ハ天児屋命《アマノコヤネノミコト》〔前後〕・太玉命《フトタマノミコト》〔後前〕[38]。

天児屋命ノ宝号ハ曼殊師利菩薩[39]。金剛号ハ利剣金剛[40]。亦は閻曼金剛[41]。神号ハ天児屋命。亦ハ天八重雲剣《アマノヤヘクモノミツルキノ》神[42]ト名づく。亦ハ左右上《ノホリ》下神《クタリノミコト》[43]ト名づく。亦ハ頭振女神《ツフリフリメノミコト》[44]ト名づく。亦は百大龍王命《ヲチカタノ、シリメノミコト》[45]ト名づく也。

神体は切金方笏《キリカネホウシャクノ》御霊鏡[46]。

太玉命《フトタマノミコト》の宝号ハ普賢菩薩[47]。金剛号ハ円満金剛[48]。神号ハ太玉命。亦ハ大日女荒神《オヲヒルメノアラミタマ》[49]ト名づく。亦ハ月絃神《つきハリノミコト》[50]と名づく。亦ハ月読命《ツキヨミノ》[51]と名づく。

神体は二輪《フタワノ》御霊鏡[52]。

右二柱の霊鏡は[53]、梵篋《ぼんきょう》ノ中ニ之を蔵《カク》ス[54]。一百三十六両の朱[55]ヲ以て各《おのおの》之を埋蔵《ウツミカク》ス。赤色は敬愛の表也[56]。此の神は善悪ニ染着《ぜんじゃく》[57]せず、唯、

この二柱の神の神体は、八葉形の霊鏡と縁無しの円形の御霊鏡である。

右は天児屋命〔霊鏡の表面を後に向けて安置する〕と、太玉命〔霊鏡の裏面を前に向けて安置する〕である。

天児屋命の宝号は、文殊師利菩薩。金剛号は、利剣金剛。別名を閻曼金剛ともいう。神号は、天児屋命。別名を天八重雲剣神、左右上下神、頭振女神、百大龍王命ともいう。

神体は、切金方笏の御霊鏡。

太玉命の宝号は、普賢菩薩。金剛号は、円満金剛。

神号は、太玉命。別名を大日女荒神、月絃神、月読命ともいう。

神体は、二重の縁がある御霊鏡。

右の二神の霊鏡は、梵篋の中に納められている。百三十六両の朱丹に別々に埋めて納めている。この朱丹の赤色は敬愛を表わすのである。この神は善悪に執着せず、ただ外

外相は[58]法身《ノリノ》の姿《スカタ》ヲ[59]、内心《ウチ》ニハ慈悲の至極を現《アラ》ハス也[60]。

摂政《マツリコトフサネオサム》別宮多賀御前神《ノミコト》[61]
亦ハ泰山府君《たいざんふくん》[62]ト名づく也。止由気皇太神《トヨケスヘオヲカミ》ノ荒《アラ》魂《ミタマ》[63]也。亦は伊吹戸主神《いふきのぬしのしん》[64]ト名づく也。御霊《ミタマシヰ》は天鏡《アメマシリノミコト》に坐《ましま》す[65]と云々。
神宝鏡《カンノホウキヤウ》ハ廿二面[66]、之を蔵《カク》ス。内一面天鏡《あまつかがみ》[67]なり。朱を以て文ノ形を蔵す也[68]。左右ニ各《おのおノ》一合、都《すべ》テ四十四鏡表《アラ》ハス[69]也。

摂社《フサネヲサムル》大土祖神《ツチノミヲヤノミコト》[70]
亦は五道大神[71]ト名づく。双《ならび》テ五所ノ大明神《おおあきつかみ》[72]ニ座《マシマ》ス。山田ノ原ノ地主神也。亦ハ鎮護神ト号す[73]。
大年神子《ヲオトシノミコト》[74]、大国玉神子《ヤマトミタマノミコト》[75]、宇賀神一坐《ノミコトヒトハシラマシマ》ス[76]。大土御社一座《ツチノミヲヤヒトハシラマシマ》ス[77]。御体ハ瑠璃ノ壺《ツホ》一

には法身の姿のみにして、心の内には慈悲の至極を表現するのである。

摂政別宮多賀御前神
また、泰山府君の名を持つ。止由気皇大神の荒魂である。また、別名を伊吹戸主神という。御神体は天鏡であるとのことである。
神宝の鏡は、二十二面が秘蔵されている。そのうちの一面が天鏡である。朱丹で裏の文様が見えないようにしてある。鏡は左右それぞれの箱に納められているので、全部で四十四の鏡を表わしているのである。

摂社大土祖神
また、別名を五道大神という。五所の大明神が並んで鎮座している。豊受大神が鎮座する山田原の地主神である。また、鎮護神ともいう。
大年神子と大国玉神子と宇賀神とで一座、それに大土祖神が一座。御神体は、瑠璃の壺一口、華形をした霊鏡二面

口、霊鏡二面、花形《ハナカタ》ニ座す(78)と云々。神宝《カンノミタカラ》の名石一面、日象《ヒノミカタチ》の扇一枚に在ス(79)。

右、大神《おおみかみ》鎮座の次第(80)。天照皇大神《アマテルスヘヲオンカミ》、皇御孫《スヘミマコ》ノ杵独《コトク》王(81)、三十二柱の従神《ミコト》(82)、筑紫日向の高千穂《たかちほ》ノ槵触《くしふる》の峯ニ跡《あと》を天降《あまくだ》り(83)、三代に以逮《イタ》ルマデ(84)、歴年治合《ヲサメマシマ》スコトニ一百七十九万二千四百七十余歳ナリ(85)。神武天皇より開化天皇に至りテ九代、歴年六百三十余歳ナリ(86)。帝ト神と、其の際未《キハいま》ダ遠からズ、同じキ殿《テン》ニ座《マシマ》ス(87)。崇神天皇六年己丑《とシ》ノ歳、漸《ようや》ク神威ヲ畏れテ、同殿に安からずシテ(88)、倭《ヤマト》の笠縫邑《かさぬいのサト》ニ就いて(89)、殊《こと》ニ神籬《ひもろぎ》(90)ヲ立テ之を祭《イツキマツ》ル。垂仁天皇即位廿五年丙辰、天照大神(91)の正体を、倭姫命《やまとひめのみこと》をして之ヲ戴《いただ》き奉《たてまつ》りて(92)、伊勢国宇治五十《い》鈴河《すずかわ》の際《ほとり》、伊蘇宮《いそのみや》ニ坐ス(93)。明年丁巳冬十月甲子、天照大神を度遇《ワタラヒ》の五十《い》鈴川《すずカハノ》上に奉遷《ミユキ》する也(94)。詔《ミコトノリ》シテ曰《ノタマ》ハク(95)「常世思金神《トコヨノヲモイカネノミコト》(96)・手力雄命《タチカラヲノミコト》(97)・天石別神《アマノイシワケノミコト》(98)、

であるということである。神宝の名石一面と太陽を象《かたど》った扇が一枚ある。

以上、大神の鎮座のありさま。天照大神とその孫である杵独王が、三十二の従神と共に筑紫国日向高千穂槵触峯に天下ってから、三代の神が治めた年数は、百七十九万二千四百七十余年である。人代に至り、神武天皇から開化天皇まで九代で、六百三十余年が経ったが、天皇と神の隔ては遠くなく、同じ殿舎で過ごしていた。

崇神天皇六年己丑になると、ようやく神威を畏れるようになり、同じ殿舎では憚りもあるということで、大和国の笠縫村に移して、特別に神籬を建てて天照大神を祀った。

垂仁天皇二十五年丙辰、天照大神の御正体は、倭姫命に戴かせて、伊勢国宇治、五十鈴川の近くにある伊蘇宮に遷座した。翌年丁巳の冬十月甲子、天照大神は度会郡、五十鈴川の上流に遷座した。御託宣には「常世思金尊・手力雄尊・天石別神よ。この宝鏡をひたすらに天照大神の御霊として、私を拝するように、この鏡をお祀り申し上げよ。」

此ノ宝鏡《タカラノミタマ》を[99]専《もっぱ》らニ天照大神の御霊《ミタマシイ》と為《し》て[100]、「吾《ヤツカレ》ヲ拝する如く、前《サキ》ニ斎祭《イツキマツ》リ奉《タテマツ》ルベシ[101]。」

豊受皇大神《トヨケスヘ》ハ[102]、人寿四万歳の時[103]、淡路国三上《みかみの》嶽《たけ》ニ御降臨坐《マシマ》ス[104]。次に布倉《フクラ》ニ遷坐す[105]。次に八《や》輪嶋《ワタノしま》ニ遷坐す[106]。

次に御間城入彦五十瓊殖天皇《ミマキイルヒコイスニニノスヘラミコト》ノ御宇ニ[107]、丹波乃《タンハノ》国与謝之郡比治山《クニヨサノコヲリヒチヤマ》ノ頂《イタヽキ》ニ麻井原《マヰノハラ》ニて[108]、天照大神ト一所に座《マシマ》シ給ふ[109]。其ノ後《のチ》、竹野《チクノヽ》郡奈具《ナクノ》宮[110]ニ坐ス。時ニ奈具神《ミコト》、朝御気《アサミケ》ヲ奉り、御饗《みあえ》と為《な》す[111]。亦、白黒《テイリ》酒神《サカツヒメノミコト》を奉《たてまつ》り上《あ》ぐ[112]也。亦、天照大神に夕御気《ユウミケ》ヲ備《ソナ》へ進《マイ》ラスル儀式《ヨソヲイ》[113]、朝御気《アサミケ》ヲ備《ソナ》ウル如き也。

心御柱《しんノミハシラ》ヲ採《サイ》シテ奉ル儀式《ヨソヲヒ》、前の如し[114]。是《コレ》、宮を造るノ事ノ始也[115]。

日鷲高佐山《アスノタカサヤマ》ハ[116]、是、日本鎮府ノ験所《トコロ》ナリ[117]。十二箇の石室在《あ》り[118]。玄扈《ヲヘ》ト号する也[119]。謂ク大己《ヲオミ》貴命《ナンチノミコト》・天日別命《アメヒワケノミコト》ノ居所《ヰトコロ》ナリ[120]。亦ハ伊勢津《ツ》

とあった。

豊受皇大神は、人間の寿命が四万歳であった時、淡路国三上嶽に降臨した。次に布倉に遷座した。次に八輪嶋に遷座した。

次に崇神天皇の御時に、丹波国与謝郡比治山の頂にある麻井原において、天照大神と一所に遷座された。その後、竹野郡奈具社に遷座した。その時、奈具神は、朝御饌を奉り饗応した。白酒や黒酒も奉った。また、天照大神に夕御饌を供える儀式は、朝御饌を供えた時と同じであった。

心御柱を伐採して立てる儀式は、前に記した通り（内宮と同じ）である。これが、外宮造営の最初である。

日鷲高佐山は、豊受大神が日本国を守護する霊所である。十二の石室があり、玄扈という。伝えるところによると、大己貴命と天日別命の居る所であるという。また、伊勢津

彦神《ヒコノミコト》の石屈(121)なり。亦は春日戸神《トノミコト》ノ霊堀《レイクツ》(122)也。惣《すべ》テ高倉山《タカクラヤマ》ト名づく(123)。是《こレ》、常ニ天童・天女《あまつをんな》(124)、白雲に乗りて、臨《のぞ》みて松栢の本に遊びて(125)、妙音の天楽を奏す。時に響ニ応じ(126)、傍山を風音と名づく也(127)。彼の風音一嶽に(128)、白鈹鼓《かっこ》・金銀の面象・宝鈴等、之を蔵《かく》す(129)。是、天女大和姫《おおやまとひめ》の神態《みことのシワサ》也(130)と云々。

山田原造宮の間《あいだ》(131)、沼木《エノキ》ノ高河原《タカカハラ》離宮木丸殿《きノまるトノ》ニ御座《ヲハシマ》ス(132)。天衆降居して妙音楽ヲ奏す(133)と云々。

与佐宮《よさのみや》ノ御出《いでたまふ》ノ時ニ(134)、地主明神詠《よ》みテ曰はク(135)、

奈具身尓《アカヌミニ》、奈具我宮《アカヌワカミヲ》、伊豆間《イツノマニ》、今波照出《イマハトニテ》、
御明給《コラウシタマヘ》(136)。

彦神の石窟であるとも、春日戸神の霊窟であるともいわれている。総じて高倉山と呼ばれている。高倉山には常に天童・天女が白雲に乗って飛来し、松柏の木のもとで遊び戯れ、妙なる天上の音楽を奏《かな》でている。傍らの山々は、その音が木霊《こだま》のように響くので、風音といわれている。その風音の一嶽に、白鈹鼓・金銀の面象・宝鈴など、奏楽のための道具を隠し納めた。これは、天女である倭姫命の仕業であるという。

山田原に外宮を造営する間、豊受大神は沼木の高原の離宮である木丸殿に居た。そこに天人・天女が天降り、妙なる音楽を奏でたということである。

豊受大神が与佐宮からお出ましになった時、奈具の地主明神は次のように歌を詠んでお迎えした。

なぐのみに　なぐのわがみや　いつのまに　いまはてりでて　ごろうじたまへ

（心なごやかな私の奈具の宮に、いつのまにか豊受大神がお出ましになる。大神よ、今こそ与佐から出て、輝かしい

一説に云はく「安賀奴美尓《アカヌミニ》、阿賀奴小宮乎《アカヌワカミヲ》、伊豆流万尓《イツノマニ》、今者外尓出々《イマハトニテテ》、照覧悟《コラウシタマヘ》也(137)。」

亦、山田原に迎接《ムカイタテマツ》ル時《トキ》(138)、天照大神柏手忍手《ヲモシロシノヒテ》(139)、

御詠《ウテシテノタマ》曰ハク(140)、

増鏡《マスカヽミ》、雲位《クモヰ》合《アワセテ》、御覧尊《コラウセヨ》、千代千年世《チヨニチトセヲ》、

重重《カサネカサネツ》(141)。

亦、天御中主霊尊《アメミナカヌシノミコト》、大日霊貴《ヲオヒルメノムチ》天照神拝したまふ

文ニ曰はク(142)、

一心我頂礼　　久住舎那尊(143)

姿を顕わしてこの地を照らしてください。）

この歌を一説には、次のように伝える。

あかぬみに　あかぬわかみやを　いづるまに　いまはとにでて　ごろうじたまへ

（満ち足りないこの身ではありますが、閉ざされた天の岩戸であるこの宮をお出ましになり、今こそ外にお出になって、この地をお照らし下さい。）

また、豊受大神を天照大神が山田原に迎えて応接した時、天照大神が喜んで大きく小さく手を打って、満たされた心持ちで、次の歌を詠んだ。

ますかがみ　くもいあはせて　ごらうせよ　ちよにちとせを　かさねかさねて

（よく澄んではっきりと映る増鏡のように空にあって、わたし（天照大神）と天空からともに、この世界を照らしましょう。いつまでも永遠に、ともに心と時を重ねつつ。）

天御中主霊尊である豊受大神は、大日霊貴である天照大神を拝する次の文を作った。

一心我頂礼　　久住舎那尊

本来我一心　衆生共加護(144)

時ニ天照神返礼ノ文ニ曰はク(145)、

天宮誓願　久遠正覚(146)

法性如々　同在一所(147)

両宮ハ両部不二(148)、三世常住の神《ミコト》に座《ましま》す也(149)。理智ノ形(150)ニ応じて、天照太神・豊受太神に座す也(151)。是、両部ノ元祖《ミヲヤ》、仏法の本源也(152)。

（心をこめて、私は最上の敬礼をいたします。永遠なる胎蔵界の大日如来よ。）

本来我一心　衆生共加護

（あなたは本質的に私と一心である。金剛界の私と共に、衆生を加護しましょう。）

そこで、天照大神は、豊受大神に返礼として次の文を送った。

天宮誓願　久遠正覚

（天宮で必ず衆生を救おうと誓いました。すでに遥かな昔に完全なる悟りを得ています。）

法性如如　同在一所

（一切の事象のあるがままの真実の言葉があります。私たちは常に同じ真理の境地。同じ場所にあるのです。）

伊勢の両宮は、金剛界・胎蔵界の両部不二の関係にあり、過去・現在・未来にわたって永遠に常住する神である。各々、理と智という両部の形に対応して、天照大神、あるいは豊受大神として鎮座しているのである。いうならば、両部の元祖

夫《そ》れ以《おもんみ》れば[153]、尸棄大梵天王《しきだいぼんてんのう》[154]ハ水珠《すいじゅ》所成の玉[155]なり。水珠トイフハ月珠[156]、月珠トイフハ玉[157]、玉トイフハ𑖪𑖽《ばん》字[158]、金剛界根本大毘盧遮那如来[159]ナリ。是《これ》、天上大梵天王《アメノウヘノだいぼんてんのう》ハ[160]、虚空無垢《こくうむく》ノ大光明遍照如来[161]ナリ。過去威音王仏、是也[162]。三十三天ノ中ニ[163]、皆《みな》是、大梵天皇《てんのう》ト名づく。是、尸棄大梵天王ト為《な》す。是、天御中主尊と名《もう》ス[164]。亦は豊受皇大神ト名スと云々[165]。

光明大梵天王《こうみょうだいぼんてんのう》[166]ハ火珠《かじゅ》所成の玉[167]なり。火珠ハ日珠[168]、日珠トハ玉、玉は𑖀《あ》字[169]、𑖀《あ》字トハ如意宝珠[170]、宝珠トハ蓮花の理ナリ[171]。理トハ胎蔵界毘盧舎那遍照如来[172]ナリ。𑖀《あ》字《じ》本不生《ほんぷしょう》不可得の儀[173]、万法皆空《ばんぽうかいくう》無自性門《むじしょうもん》[174]、是也。過去花開王仏《けかいおうぶつ》[175]、是也。三十三天の中ニ、皆是《これ》、大梵天王ト名づく。是《これ》、光明大梵天王と名づく。是、天御中主尊[176]と名づく。亦ハ天照皇大神[177]と名づく。他仮自在天《たけじざいてん》の化身[178]、大毘

であり、仏法の本源なのである。

さて、尸棄大梵天王とは、水珠によって成った玉である。水珠とは月珠であり、月珠は玉であり、玉とは鑁字、金剛界根本の大毘盧遮那如来である。それは天上の大梵天王であり、虚空に清浄な光明が照りわたる仏である。遙か昔の最初の仏である威音王仏に他ならない。切利天《とうりてん》においては、皆これを大梵天王と呼び、これを尸棄大梵天王とする。それは天御中主尊とも、また豊受皇大神とも名づけるという。

光明大梵天王とは、火珠によって成った玉である。火珠とは日珠、日珠は玉、この玉は阿字を表わす。阿字は如意宝珠、宝珠は蓮花の理、理は胎蔵界毘盧舎那遍照如来である。阿字は、本不生不可得儀にして、万法皆空無自性門のことである。過去仏の花開王仏がこれである。切利天においては、皆これを大梵天王と呼び、これを光明大梵天王とする。天御中主尊とも、また天照皇大神とも名づけている。他化自在天の化身であり、大毘盧舎那如来のことである。これを摩醯首羅天王

盧舎那如来ナリ。是、摩醯首羅天王《まけいしゅらてんのう》(179)と名づく。亦は大自在天王(180)ト名づく。昔、威光菩薩と為《な》り(181)、日宮ニ住《す》みテ(182)阿修羅王《あしゅらおう》ノ難ヲ破ル(183)。今ハ日域に居《い》テ天照大神と成《な》り(184)、金輪聖王《こんりんじょうおう》ノ福ヲ増ス(185)。三千大千世界、所有の有情ノ(186)、善男子善女人《ぜんなんしぜんにょにん》を初め(187)、醜陋頑愚《しゅうるがんぐ》(188)、盲聾瘖瘂《もうろうおんな》(189)、四重八重《しじゅうはちじゅう》(190)、七逆越誓(191)、謗方等経(192)、一闡提《いちせんだい》等ノ無量ノ重罪(193)、現在生の中に無明を頓断するモ(194)、皆是《これ》、神ノ誓ナリ(195)。大乗の善根成就《じょうじゅ》の形相《ぎょうそう》なり(196)。有頂天《うちょうてん》上《じょう》(197)、及び無間極《むけんごく》(198)、已塵浮塵《いじんふじん》(199)、性相《しょうそう》常住、無辺異相(200)、皆是《これ》、神体ナリ(201)。皆是《これ》、大覚ナリ。皆是《これ》、仏身ナリ。永ク生死《しょうじ》ヲ離れテ、常ニ衆生《しゅじょう》を利し、間断有《あ》ること無《な》シ。十方如来、同じくハ三昧に入リ(202)、三世諸仏、皆《みナ》、授記を為《な》す(203)、自在神力ナリ(204)。両宮修行、功徳甚深《じんじん》にシテ(205)、本来の自《じ》性《しょう》、本妙の像形《かたチ》(206)、念々ニ動せずシテ、即ち阿字門ニ入ると云々(207)。

と名づけ、また大自在天王と名づけている。その昔、威光菩薩となって、太陽の宮殿に住んで阿修羅王による災難を破った。現在は日本にあって天照大神となり、金輪聖王の福徳を増している。宇宙全体の全ての生ける者が、男女の仏教信者はもちろん、姿が醜く、頑《かたく》なで愚かな者、盲人・聾唖者、戒律を犯した僧尼、七つの重罪や誓願を破った者、大乗経典を非難する者、仏性を持たない者たちのように無量の重罪があっても、現在の世で、無明煩悩をたちまちに断ずることができるのであるが、これは皆、神の誓願なのである。大乗仏教の善根を過去に植えたことにより、完成した悟りの姿なのである。上は有頂天から、下は無間地獄まで、塵のような煩悩が無くなった者・まだある者、物の本体と現象が常に変わりなくあり、限りなく様々な姿をとること、これらも皆、神体であり、大いなる覚りの境地であり、仏の身なのである。永く生死の苦を離れ、常に衆生を利益することは、途絶える間が無い。あらゆる方角の如来は、同じく深い瞑想に入り、過去・現在・未来のどの仏も皆、成仏の証明を授ける。それは自由自在な神通力のなせるわざである。両宮を瞑想修行す

今、両宮ハ則《すなわ》ち両部ノ大日[208]。色心《しきしん》和合シテ一体ト成《な》る[209]。則ち豊受皇大神宮ノ内ニ一所に並び坐《ましま》す也[210]。此の事《こト》、発言せしむること勿《なか》レ[211]。両宮崇め坐すべきが故ニ[212]。夫《そ》れ、梵号と密号、及び独古と、本より一也[213]。一を以て二に分かち天地《あめつち》と為《な》す[214]。天地を以て両宮と為《な》す[215]。両宮を以て両部の二神と為《な》す[216]。暫《しばら》く迷悟を立て給ふ故ニ[217]。化儀《けぎ》[218]ヲ内外に分かつと雖《いえど》も、本有《ほんぬ》平等にして[219]、一理周遍法界ノ故ニ[220]、一大三千界主にて坐す也[221]。[222]

ることは、とても深い功徳があり、本来持っている性質やもともとの姿形を一瞬たりとも変化させずに、そのまま阿字門に入る、ということである。

今、両宮はすなわち金胎両部の大日如来である。両部大日は色心和合して一体となっている。すなわち豊受皇大神の宮殿内に一所に並んで鎮座しているのである。この事は他に知らせてはいけない、ということである。それは、両宮を崇め奉るためである。さて、梵号と密号、そして三昧耶形である独鈷杵は、もともと一つなのである。一であるものを二に分けて天地とし、天地を両宮とし、両宮を両部の二神とした。これは仮に迷悟の区別をたてられたのである。人々を導く方便として、内宮と外宮とに分かれているけれども、両宮は本来、平等不二であり、普遍的な同一の理法である大日如来の功徳があまねく行き渡っているから、この大宇宙の主なのである。

【註釈】

(1)伍什鈴河《イス、カハ》山田原豊受皇太神《トヨケスヘオヲンカミ》鎮座次第＝「山田原」国〔山田原ニ〕。「鎮座次第」守〔鎮座ノ次第〕。『私鈔』〔イス、カハヤウタハラトヨケスヘラヲホンカミイシツマリオハシマスツイテ〕。『制作抄』は「第六、鎮座次第々々《(麗気記)》、内題、五什鈴河云々。」とし、「五十鈴トハ内外両宮共ニ此ノ内ニ鎮坐ス也。山田原トハ但外宮ノ鎮坐ス処也。」とある。

(2)豊受皇大神＝国〔トヨケスヘヲホムカミ〕。前出（→①註169・⑥註102）。伊勢外宮の祭神。『聞書』に「玄義注ニ云ハク、豊トハ天御中主尊ノ本号也。受トハ皇孫尊ノ承ハリ得ル尊号ト云々。」として豊受の本号が天御中主で、皇孫尊という尊号もあることが示されている。これは慈遍『旧事本紀玄義』巻四に、

豊則豊葦、中則中主、皇則皇産、受則継皇、故豊受者即名㆓本末㆒、何以得㆑知、如㆓実録云㆒、天照太神之太子、正哉吾勝々速日天之忍穂耳尊、娶㆓皇天御中主尊長男、高皇産霊尊之女、栲幡豊秋津姫命㆒、生㆓天津彦々火瓊々杵尊㆒、故皇祖高皇産霊尊特鍾憐愛、以崇養焉、因以受㆓皇天尊号㆒称㆓皇御孫尊㆒也、遂欲㆔皇孫尊以為㆓大葦原中国之主㆒矣、高天原神留坐〔天御中主神、天照大神、正哉吾勝尊、高皇産霊尊、神皇産霊尊、津速産霊尊、〕皇親〔天御中主、天照大神、〕神漏伎〔高皇産霊神、亦名高貴神、〕神漏美命〔栲幡豊秋津姫命、〕以八百万神等、神集々賜、而神議々賜焉、我天皇御孫尊、豊葦原水穂之国〈平〉安国〈度〉平〈久〉所㆓知食㆒〈度〉事依奉〈支〉、乃至亦曰、天照大神与㆓天御中主㆒則是天孫命之大祖也、以㆓高皇産霊神㆒為㆓皇親神漏岐㆒也、謂親者祖也、故属㆓二祖尊号㆒、名曰㆓皇孫㆒也、故豊受者天御中主神、皇御孫尊、二柱惣名也、〔豊者天御中主皇神本号、受者皇孫尊承得尊号、〕因以名㆓大八洲㆒、而称㆓豊葦原中国㆒、其此縁也、

とあることに基づく。

なお、この部分は、『天地麗気府録』「伊勢二所皇大神宮御鎮座次第深秘義」（⑤註111の続き）に、

天照豊受皇太神

常住三世浄妙法身大毘盧遮那、亦名㆓法性自在尊㆒、亦名㆓自覚本初大菩提心㆒、亦名㆓熾盛大日輪㆒、亦名㆓根本正覚尊㆒、〈天照大神与不二神座也、〉金剛号、摩訶摩抽良《ハキイユラ》金剛、亦名㆓遍照金剛㆒。神号、天御中主《アメミアタリメノ》尊、亦名曰㆓御饌都神㆒、亦名㆓御水雲神㆒、亦名㆓相殿《タスケミヤノ》神㆒、亦名㆓御気都神㆒、亦名㆓天宮《ヒラキツクル》太玉皇大神㆒、亦名㆓天上皇太神㆒、已上六種異名是也、神体、飛空自在天、同聴発言精気霊鏡也、〔水珠所成玉、常住法身妙理也、正体輪中有㆓五輪㆒、中輪長六寸余、四輪各長四寸也、是名㆓御正体㆒、輪二尺四寸、径八寸也、〕

とあることと対応する。

(3)金剛界成身会《じょうしんえ》、及び一印・四院・大供養羯磨《かつま》・微細《みさい》・三昧《さま》耶《や》・降三世《ごうさんぜ》三昧耶・降伏三世・理趣等ノ九会

金剛界曼荼羅に描かれた九会の曼荼羅のこと。会とは曼荼羅のことを意味し、一般的には、成身会・一印会・四印会・供養会・微細会・三昧耶会・降三世三昧耶会・降三世会・理趣会の九会をいう（→【図2】三八八頁）。中心に位置する成身会から三昧耶会・微細会・供養会・四印会・一印会の六会は『金剛頂経』の第一章から第五章により、降三世三昧耶会と降三世会は同じく『金剛頂経』の第六章から第七章に、理趣会は『般若理趣経』による。九種の曼荼羅から成り立っていることから九会曼荼羅という。

本巻では、これら金剛界に豊受大神＝外宮が重ね合わされ理解されていく。中世神道説では、伊勢の内宮・外宮を、それぞれ両部曼荼羅の胎蔵・金剛界にあてはめる説が数多く見られる。『聞書』に「金剛界成身会〈文〉。外界《(宮カ)》ハ金剛界也。両部ノ座位ヲモテ検シテ知ルベシト云々。」とあるように、ここでも外宮を金剛界にあてはめ、内宮を胎蔵界にあてはめた⑤「天照皇大神宮鎮座次第」と対比させている。外宮を金剛界の成身会にあてることは①「二所大神宮麗気記」や③「降臨次第麗気記」にも見られ、また、豊受大神に相殿四神と供奉三十二神を加えた三十七神が、金剛界曼荼羅成身会の主尊三十七尊に配当されることが多く、本巻を含め数ヶ所で確認することができる（→①註177・③註76・⑤註23）。以下、本巻では成身会が外宮の正殿であるとの理解が見られ、成身会に見られる五つの円輪を念頭においたと思われる記述が続く。

成身会は、五仏（大日・阿閦・不空・宝生・阿弥陀）の住居である宝楼閣を表わす大円輪（大金剛輪）と、五つの中円輪（五解脱輪）、そこに含まれる五仏・諸尊を囲む小円輪（月輪）とから構成されている（→【図3】三八九頁）。おそらく後にある「五大月輪五智円満宝鏡」とは、五つの月輪に住む五仏が持つ智慧（五智）がひとつに完全に備わっている円形の一枚の宝鏡のことであり、「実相真如五輪中台」とは、成身会の大円輪に含まれる五つの中円輪の中心に位置する中尊のことで、これらが毘盧舎那如来（大日）であり、天御中主尊であり、また豊受大神である、との理解をしているのであろう。しかしながら、ここで豊受大神とともに五仏とされる相殿神四座に配当される仏尊は、観世音如来（阿弥陀如来）・弥勒・文殊・普賢の四尊であり、（観世音如来が観世音菩薩でないことを除けば、）金剛界成身会の五仏中の四仏（阿閦・不空・宝生・阿弥陀）というよりは、むしろ胎蔵界中台八葉院を構成する五仏四菩薩中の四菩薩に近い。こうした胎蔵界と金剛界の混同は、⑤「天照皇大神宮鎮座次第」にも見られることから、あるいは、天照大神＝内宮＝胎蔵界と豊受大神＝外宮＝金剛界が、同体・二宮一光であることを曼荼羅を介して暗に示しているのかもしれない（→⑤註3）。

(4)一千四百四尊の尊達等《たちら》＝「達等」国・府［たチラ］、守・府イ［タチ］。

現図曼荼羅では、金剛界九会それぞれの尊数は、成身会が

一〇六一、三昧耶会・微細会・供養会が各七三、四印会が一三、一印会が一、理趣会が一七、降三世会が七七、降三世三昧耶会が七三であり、合計で一四六一尊であり、この説とは相違する。あるいは「一千四百余尊」の誤記か。

(5)其の姿を直さず＝国・守・天［其姿ヲ直サず］。天は「姿現」とし［スカタヲアラハシ］。

姿を変えない、または、じかに現われない、ということか。『聞書』に「不直其姿〈文〉。此等ノ神達、利益衆生ノ為メ、カシコノ岩鼻、コヽノ岩村ナンドニ変現スト云フ意也。」とあることによれば、衆生利益のために和光同塵（↓①註98）して自然界の様々な場所に出現するという意味となる。また『渓嵐拾葉集』巻六「山王御事」にも「以二五大輪一為二神明ノ法体一、」「凡ッ神明者、不レ出二五行精神ヲ一、所謂大地ノ精神ト者、或堅牢地神、或山王等是也、」とある。

(6)本有《ほんぬ》無身＝底は「作」を行間補書し「本有無作身」とする。守・府［本有無身ナレトモ］。

真実の法そのものであり、本来姿が無いものだということ。「本有」（↓①註200）は、本来固有の意。凡聖ともに先天的に本覚仏性を具し、果徳を有していること。「無身」は、①身体のないこと。個的存在として存在しないこと。②無我のこと。

(7)鎮座してより以降《このかた》＝「鎮座」国・府・天［チンサシタマヒシヨリ］。「以降」守・府・天［このかタ］。

(8)九会を正殿に分かつは＝国［九会正殿を分ツ］、府［九会ノ正殿ヲ分ツ］、天［九会正殿ヲ分ツ］。

「正殿」は前出（↓①註174）。ここでは社殿、神の鎮座場所という意味か。『聞書』（↓註3）も内外両宮を胎金両部の曼茶羅にあてはめるとしている。なお、この部分は「九会に分かつ。正殿は」と読み、諸神の降臨した場所を九会に分け、豊受皇大神の正殿としては成身会をあてる、と解釈することもできるが、底本などの返り点に従った。

(9)五大月輪《がちりん》の五智円満の宝鏡＝「五智円満宝鏡」＝守［五智円満ノ宝鏡］。

五大（水・火・地・空・風）を象徴する五つの輪の付いた円形の宝鏡。「五大月輪」は前出（↓①註188）。「五智」は前出（↓③註9）。なお、『麗気記』⑪「神形注麗気記」（↓①註177）に、

一鏡中有二五大月輪一、々々間有二八輻金剛輪一、修生本有十六大菩薩境界、二十二尊与二五大月輪一三十七尊、無為無碍表体也、

とあり、図も掲示されている。解説「『神体図』との関連について」参照。

(10)実相真如の五輪の中台

大日如来の居る場所。ここでは金剛界成身会の中央の意味。「実相」も「真如」も真理の意であるが、東密ではそれを抽象概念としてではなく、実相真如の理そのものである大日如来ととらえる。「五輪」は、通常、地・水・火・風・空の五大を指すが、ここでは金剛界の五智如来を囲む五大月輪（五解脱輪）のことを言っていると思われる。「中台」は、一般的に、中尊を安置する台、または胎蔵界曼荼羅の

中台八葉院を指すが、ここでは五大月輪の中央の月輪に住することを言っていると思われる。『麗気記』⑧「神梵語麗気記」には

此言二大日本国一、亦授二五鏡一給、五鏡者五輪、五輪者五智也、

（略）

外宮々中々台相殿神、五柱大神坐也、

（略）

内宮々中々台相殿神、四柱大神座也、

とあって、外宮の宮中の「中台」と相殿座神が合わせて五柱、内宮の宮中の「中台」と相殿座神が合わせて四柱であるとの記述が見える。

(11)常住三世浄妙法身の大毘盧遮那仏＝「浄妙法身大毘盧遮那仏」守［浄妙法身ノ大毘盧遮那仏ナリ］。

過去・現在・未来の三世に渡って常に存在し、清らかで、真理そのものである大日如来。「常住三世浄妙法身」は前出（→②註13）。「大盧舎那仏」は大日如来のこと（→①註47）。

(12)法性自覚尊ト名づく＝国［法性自覚ノ尊ト名ケ］、守［法性自覚尊ト名ク］。

本来の悟りそのものを尊格化した言い方。「法性」は前出（→①註93）。法の真実なる本性、万有の本体。「自覚」は前出（→註①182）。自分で悟ること。

(13)熾盛《しじょう》大日輪と名づくる也＝国［熾盛大日輪ト名クル也］。

盛んに照り輝く太陽を象徴した言い方。「熾盛」は、さかんなこと。

(14)金剛号は＝守［金剛号ハ］。

前出（→⑤註116）。密号・金剛名号ともいう。なお、国・府・天本に「天札以後之伝也」などと頭書があり、『聞書』にも「金剛号〈文〉。以下、天札、未ダ得授セザルノ仁《ヒト》に伝フベカラザル也。但シ右ノ大神鎮座ヨリ読ムベキ也。」とあるように、「金剛号」以下は、『麗気記』⑤「天照皇大神宮鎮座次第」の「密号」（→⑤註104）以下と同様、最極秘で「天札巻」とも呼ばれる⑫「三界表麗気記」の後に伝授されたらしい。なお、国本には「右大神鎮座次第」（→註80）の上に「自レ之伝レ之」とあるので、そこから先の縁起的な部分を先に伝授したのであろう。

(15)遍照金剛＝府・天［ホニイツルカミ］、府左・天左［ハナス、キホニイツルカミ］。

①大日如来の密号。②空海の密号。ここでは①。なお、府・天本の訓や、『聞書』に「遍昭尊〈文〉。読曲ニアリ。一ニハ三字引合テ、ホニイツルカミト読ム也。或ハ三字引合テ、ハナス、キホニイツル神ト読ム也。」とあるが、「ハナススキ」（花薄）とは穂の出た薄のこと。序詞の終わりに置いて「穂に出ず」を引出すのに使われることもあり、「穂に出ず」とは表面に現れる意味の枕詞としても使用される。薄の穂が顕現するように現われる神の意味か。また、この読み癖については次のような秘説の存在が考えられる。『制作抄』で「天村雲命事」の最後に「扁召直岡［ハナス、キホニイツ］〈口伝也云々。〉」と記されているように、ここでは天尊降臨に付き従った天村雲命の別名であるとしてい

るようである。これに従えば、天村雲命のことか。ただし、『神仏一致抄』所収の『制作抄』ではその一つ前の条である「神璽事」の最後にこれが記されている。ここでは神璽の起源が語られている。この神璽は元来、外宮鎮座の後、相殿神＝太玉神として祀ったというものであるという。倭姫命が五百歳で死去した後、内外宮の間にある中村の小家で臼の上に杵を横にして居た。よく見ると中に周長が一寸の米粒となっていたので、これを取って神璽の形に造って元の神璽と取り替えて内裏に進覧したという（『榻鴫暁筆』追加「神宮鎮座ノ事」にも行尊の「日本紀聞書〔下巻〕」を引いて類同説を載せているが口伝の読みは記されていない）。つまり、米粒となった倭姫命は、元の神璽の代わりに神宮に安置され、代わりに神宮の相殿神＝太玉神と呼ばれた元の神璽が内裏の神璽となったというものである。内裏の神璽とは元来、伊勢外宮の相殿神である太玉神との説明がなされており、ここでは太玉神が「扁召直岡〔ハナス丶キホニイツ〕」と呼ばれていることとなる。なお、倭姫命が最初、箱の中の虫のような姿であったという説は、慈遍『豊葦原神風和記』中巻「両宮鎮坐事」や『神祇秘抄』上巻「御鎮坐事」、山田大路元長『参詣物語』第三にも見える。

(16)神号は天御中主尊《アメミナカヌシノミコト》＝「神号」守〔神号ハ〕。
「神号」は、前出（↓③註12）。神祇の別名として加える称号。「天御中主尊」は前出（↓②註158）。

(17)飛空自在天＝府・天は「梵天」と傍書する。
不祥。飛空する自在天の意か。「自在天」は、大自在天・摩醯首羅（↓③註127）ともいう。府・天本に注記する「梵天」は前出（↓①註109）。万物創造の最高神・娑婆世界の主で、仏教に入って護法神となった。中世神道初期から外宮の天御中主が梵天（「尸棄人梵天王」）と習合していく（『大和葛城宝山記』『伊勢太神宮仙宮秘文』）が、『麗気記』は更にこれに金剛界大日如来を付会させることとなる。『聞書』には「飛空自在天〈文〉。或ハ第六天ト、非々相天ト云フ也ト云々。」とあり、『私鈔』には「飛空自在天ハ、色究竟天主也。」とある。また、『麗気記』⑦「心柱麗気記」冒頭では「飛空自在梵天王」とする。この他、『麗気記』⑨「万鏡本縁神霊瑞器記」⑬「現図麗気記」「豊受皇太神宮継文」など参照。

(18)説法談義の精気＝守〔説法談義ノ精気〕。
「説法談義」とは、仏法の教え、経典の意義、物事の道理を説ききかせること。

「精気」とは、①万物生成の元気。②生命の源泉たる元気。精力。③物の純粋な気。たましい。精神。

(19)水珠所成の玉＝国・守〔水珠所成ノタマ〕。国はこの部分を「神体…」と同じ高さで書くが、特に別筆で「一字下ム可シ」と注記する。
「水珠」は前出（↓①註71）。『麗気記』⑤「天照皇大神宮鎮座次第」で天照大神の神体である八咫鏡を「火珠所生の玉」（↓⑤註107）とするのと対照される。

(20)御正体《みしょうたい》八輪の中に五輪有《あ》り＝「御正体」国・府〔ヲ正体〕。
「御正体」とは、鏡の表面に神像・仏像・梵字などを線刻し、社寺に奉納、礼拝したもの。本来、鏡は神社の神体として祀られる場合が多かったが、神仏習合によってこれに本地仏の姿や種子を刻出するようになり、鏡像とも呼ばれた。

ここで「輪中有五輪、中輪長六寸余、四輪者長四寸也、」とあるのは、御正体鏡の背に刻出された五大月輪の寸法を言っていると思われる。中央の円輪と周囲の円輪のバランスは、『麗気記』⑪「神形注麗気記」や⑫「三界表麗気記」に載せる図と合致するが、すぐ次の「輪二尺四寸、径八寸也」という記述と矛盾する。これについては、『私鈔』(↓註22)参照。

(21)中ノ輪ノ長さハ六寸、余の四輪は長さ四寸也＝国・守は「輪中有五輪中輪長」として、国［輪ノ中ニ五輪有り、中ノ輪長ハ］、守［輪中ニ五輪有リ、中輪長］。「余四輪」国・守・府・天［余ノ四輪］。

(22)輪二尺四寸、径八寸也＝「名御正体輪」国・府・天［ヲ御正体輪ト名づく］。「輪」天・府［ワタリ］。

「御正体」の外周と直径のことか。諸本および『私鈔』では「御正体輪」とする。この寸法については、『私鈔』に、二尺四寸径八寸ハ、問、是何者ノ寸方ナルカ。答、是知リ難シ。若シ御正体輪ノ寸方ナラバ、中長六寸余四輪各四寸ノ故、五輪惣輪ノ寸分、径リ一尺四寸、周囲四尺二寸ナルベシ。今周住更ニ相順ハズト云々。今私ニ之ヲ思フニ、第一巻ニ云ハク、此ノ国ニ降臨ノ時ニ先立テ鹿嶋・香取ノ二神、此ノ国ノ中金剛宝山ニ金剛宝柱ヲ興シ、金剛不壊自在王三摩耶形是也。長一丈六尺、径八寸、廻リ二尺四寸矣。是ハ天地開闢ノ瓊矛、鬼面独股ノ形表、金剛宝柱、天御中主尊ノ直真躰相、ヒルサナ如来ノ三摩耶形也。故ニ第二巻ニ云ハク、金剛杵トハ、天ノ瓊杵ノ表体也。天地ニ直ク《(亘リカ)》、上下無ク、空ヨリ天ヲ降シ地ヨリ水ヲ輪ス。是、天御中主尊ノ所為也。亦、両宮降化ノ通名也。然ルニ今、此ノ事ヲ云ハンガ為ニ宝山心柱ヲ挙ゲ、此ノ如ク之ヲ言フカ。語脈ヲ継ガズ、若シクハ是文脱ルカ。

と述べられているように、御正体の寸法とすれば先の記述と矛盾がある。あるいは、ここで指摘されるように、『麗気記』①「二所太神宮麗気記」に「金剛宝々宝柱、長一丈六尺、径八寸、廻二尺四寸、是過去十六丈仏長表也、」と記された「金剛宝柱」(↓①註53)の寸法と同じであることから、何か脱文があるのかもしれない。金剛宝柱は、中世神道説において独鈷(↓①註44)であり心御柱(↓①註50)であるとみなされる。

(23)相殿座神＝朱［アイトノ丶座シン］、国［アイトノニマスミコト］、守［アイトノ丶座シン］、府［アヒトノミマスミコト］、天［アイトノニミマスミコト］。「相殿」府左・天左［タスケミヤ］。

「相殿」は前出(↓①註175)。主祭神と同殿に合祀または配祀される神のこと。そこに安置される鏡については、③註19参照。『聞書』には「相殿〈文〉。二字引合ヒテ、タスケミヤトモ読メリ。」とある。

古来、外宮の相殿神は三座であるが(『止由気宮儀式帳』『延喜式』）、中世ではその内訳を、左が一座で瓊々杵尊、右が二座で天児屋命・太玉命とするのが一般的である（『御鎮座伝記』『神名秘書』等）。ただし、ここでは左が皇孫尊・天上玉杵命の二柱一座、右が天児屋命・太玉命となっている。これは『御鎮座次第記』（→①註175）において、外宮相殿の左の「皇御孫尊」の霊鏡が大小の二面で、大を西に、小を東に安置するが、西の大の鏡を上位とするとなっており、更にこれは極秘で、左の二神の霊鏡は「不二即一」であり、二面をもって一座とすると注記されているのに対応している。また度会家行『瑚璉集』（→①註175）では、左座に皇孫尊と天上玉杵命の二神をあげるが、天上玉杵命は、たやすく外聞に及ばないので、世間はこれを知らないと説明している。『聞書』（→⑤註111）では、外宮の相殿は四柱であるが、一神を隠して三神ということは深秘であるとする。更に「右ノ船ニハ天児屋命・太玉命也。左ノ船ニハ瓊々杵尊也。」として三柱というが、衣装は四つで、その隠れた一神が天上玉杵命であり、この神は神代巻には見えないとしている。また『神代秘決』には「豊受皇大神宮鎮座次第ニ云ハク」として、

外宮五社者、一者天御中神主尊、是国常立尊是也、二者左皇御孫尊、三者右天上玉杵尊、四者天津児屋根尊、五者太玉尊、是月読尊別名也、
神号麗気記云、名天大廟神天御中主尊極先浄天高皇産霊尊、是天御中主尊尸棄大梵天王也、此云大日如来〈文〉、除㆓第一神㆒四神各有㆓二面鏡㆒、合四面也、
万鏡本縁起云、葺不合所作也、

と記し、主神の天御中主尊と合わせて五社とする説を載せる。『麗気記』③「降臨次第麗気記」では豊受大神の「五智円形御霊鏡」の中の水（円形）・火（三角形）・風（半月形）・空（団円形）を表わす「四智御霊鏡」はそれぞれ外宮別宮の土宮・角宮・風宮・高社にあるとされ、同時にこれが相殿の神の鏡であるともされる。なお、外宮四所別宮（→③註16）は、高宮・土宮・月読宮・風宮である。こうして外宮相殿四神と主神天御中主神を加えた外宮五神が五大に重ね合わされていた。

なお、この部分は、『天地麗気府録』「天照豊受皇太神」（註2の続き）に、

相殿座神
左、皇孫尊、天上玉杵命二柱一座、
宝号、観自在王如来、金剛号蓮華金剛、
神号、天津彦々火瓊々杵尊、亦名㆓独一尊王㆒、亦名㆓杵独《キトク》王㆒、亦名㆓示法《ツケノリノ》神㆒、亦名㆓愛護《アイコノ》神㆒、亦名㆓左天《マコトナル》（奮）神天上玉杵命㆒、宝号、阿逸多王如来、金剛号、分迅金剛、
神体八葉形霊鏡、無縁《フチナシ》円輪御霊鏡也、
右天児屋命〔前後〕・太玉命〔後前〕、
天児屋命、宝号、曼殊師利菩薩、金剛号、利剣金剛、
亦闍曼金剛、神号、天児屋命、亦名㆓天八重雲剣神《カキシム》㆒、
亦名㆓左右上下《コトヽリカセフタ》神㆒、亦名㆓頭振《カフリヌノ》女神㆒、亦名㆓百大龍玉《カネタカオネタマ》命㆒也、

神体、切金方笏《キリカネマスノキノ》御霊鏡、
太玉命、宝号、普賢菩薩、金剛号、円満金剛、神号、
太玉命、亦名㆓大日女荒神㆒、亦名㆓月絃神㆒、亦名㆓月
読命㆒、神体二輪御霊鏡、右二柱霊鏡者、梵篋中蔵㆑之、
以㆓一百三十六両朱㆒各埋㆓蔵之㆒、赤色敬愛表也、
此神者不㆑染㆓着善悪㆒、唯外相法身姿、現㆓内心慈悲至
極㆒也、亦霊鏡外宝珠・剣・杵・牙笏・賢蒼神宝、奉㆑
旁㆑之、崇㆓祭之㆒、醍醐天皇御宇、玉佩一流進㆓納之㆒
以来、御代毎度被㆑立㆓大神宝使㆒其縁也云々、

とあることと対応する。

(24) 左ハ皇孫尊《スヘミマコノミコト》＝国・天［ソハ〻スヘミマノミコト］、温［左スヘミマゴノ尊］。

「皇孫尊」はホノニニギ（↓②註80）のこと。天照大神の孫、オシホミミの子。天照大神の命によってこの国土を統治するため、高天原から日向国の高千穂峰に降った。

(25) 天上玉杵命《アマノホリタマコノミコト》＝朱左［アマノフタノホリノ□チマロノ命］、国［アメノホリタマキノミコト］、温イ・天・府［アマノホリタマキノミコト］。「玉杵」守イ［タママロノ］。

外宮相殿の四神のうちの、隠れた神。『聞書』に「左天上玉杵尊〈文〉。神代ニハ此ノ神ノ御名見ヘズ。尋ネ秘スベキ也。」とあるように、記紀には見られない中世独自のもの。ここでは皇孫尊と同体であるとも説明されている。また、⑤「天照皇太神宮御鎮座次第」についての『聞書』（↓⑤註111）には「深秘々々、云フベカラザル也。」としながら、この神を「尊勝吾二第地」すなわち「地神第二吾勝尊」としている。

(26) 一座《ヒト、コロニアレマス》＝国［ヒトツニマシマス］、府イ天［ヒト、コロニマス］、守［一サニテヲハシマス］。

(27) 宝号ハ観自在王如来

「宝号」は前出（↓③註13）。「観自在王如来」は、密教で阿弥陀仏の本命とされる。この場合、阿弥陀は徳称とされる。「観自在」とはもろもろの存在をみることが自由自在であること。ただし、『瑚璉集』（↓①註175）では「観自在菩薩」とする。

(28) 蓮花金剛

蓮花を金剛号化した言い方か。「蓮華」は、密教で胎蔵界の標識とされる。衆生本有の心を表わす。

(29) 天津彦々火瓊々杵尊《アマツヒコヒコホニニキノミコト》

ホノニニギ（↓②註80）。

(30) 亦ハ独一尊王ト名《もう》ス＝「亦名」国［亦ノ名ハ］。

「独一尊王」は不詳。この説によれば、ホノニニギの別称。杵独王・示法神・愛護神ともいう。

(31) 杵独王＝国［コトコノキミ］、守・温［キ独王］、府・天［コトクノキミ］。

前出（↓④註148）。ホノニニギの別称。独鈷の化身の神。

(32) 示法神＝朱［示法ノ神］、府イ［ツケノリノカミ］、天［ノリノカミ］。

不祥。この説によれば、ホノニニギの別称。『聞書』に「示法神〈文〉。ツゲノリノ神ト読リ」とあることなどから、仏法を告げ示す神の意と考えられる。『麗気記』③「降臨

次第麗気記」では「愛鬘尾命」（↓③註63）を「ツケノリノカミノ命」と訓む。

(33)愛護神
不詳。この説によれば、ホノニニギの別称。『麗気記』③「降臨次第麗気記」では、外宮神供奉の三十二神の内に「愛護尾命」（↓③註64）が見え、「キキノリノカミノ命」と振っている。なお、『神皇系図』天神七代の「伊弉諾尊〈男〉・伊弉冊尊〈女〉」に、
蓋聞、伊弉諾尊、則東方善持蔵愛護善通由賀神、梵所名二之伊舎那天一也。伊弉冊尊、則南方妙法蔵愛鬘行識神、亦名二伊舎那后一也、凡従二自性浄妙蔵一乃至二邪蛇地一、為二下化衆生一随順方便故、仮所化義興二生滅形一、依二無為行満一即得二正果一、是大慈大悲神慮也、
とあり、伊弉諾尊＝伊舎那天の別名が「東方善持蔵愛護善通由賀神」、伊弉冊尊＝伊舎那后の別名が「南方妙法蔵愛鬘行識神」であるとする。示法［ツゲノリ］＝法を告げる神に対し、［キキノリ］＝法を聞く神という意味か。

(34)亦ハ左ハ天神天上玉杵命《アマツカミアマノホリタマコノミコト》ト《申》名ス＝「亦」左・守・宝・府・天［ナラヒニ］。「左」国［ソハ、］。「天神」国［あメノカミ］、守イ［天神ヲハ］。「天上玉杵命」国・府・天［あめノホリタマキノ命］。府・天「亦名左」とし「名」に［マウス］。もう一柱の左の相殿神として「天神天上玉杵命」という名の神がいる、という意味か。「天神天上玉杵命」は前出（↓註25）。註23も参照。

(35)阿逸多王如来
弥勒菩薩の異称か。守・天木は「弥勒菩薩」と傍書する。「阿逸多」は打ち負かされない者の意で、弥勒菩薩の字とされる。『瑚璉集』（↓①註175）では「弥勒菩薩」とする。

(36)奮迅金剛＝守・温［フンシン金剛］。
不詳。「奮迅」は、勢いはげしくふるい立つこと。「奮迅明王」といった場合は「忿怒」と同義で、不動明王など忿怒威猛の相を現じた尊格を指す。

(37)八葉形の霊鏡、無縁円輪《ふちなしまろわ》の御霊鏡＝「八葉形霊鏡」朱・底イ・守イ［ヤヨスキノアラハレマシマス霊鏡］。「無縁円輪」朱・国［フチナシマロワノ］。
それぞれ豊受大神の相殿神である皇孫尊・天上玉杵命の神体の霊鏡のこと。『御鎮座次第記』（↓①註175）では、大（西）・小（東）の二面の金鏡で、同じ「御船代」に納められるとされる。『私鈔』は、
神体八葉形等ハ、次ノ如ク皇孫尊・玉杵命両神ノ神体ヲ並ベテ、故ニ八葉形無縁円輪等ト云フ。八葉形トハ八花形也。無縁円輪トハ打平シテ作ル也。
としていて、鏡の裏面の文様ではなく、外縁の形や処理方法のことを言っている。

(38)天児屋命《アマノコヤネノミコト》［前後］・太玉命《フトタマノミコト》［後前］＝「天児屋命」宝［アマツコヤネノ］。「前後」府［まエヲ後］、府イ［後ノ前ニス］、天［マヘヲウシロニス］。「後前」国［後ヲ前ニス］。
「天児屋根命」（↓④註215・⑤註26）と「太玉命」（↓⑤註25）は、天照大神の岩戸籠もりの際、その出現を祈って祭祀を行なった。それぞれ、中臣氏の祖、忌部氏の祖とされる。天児

屋根命は天孫ホノニニギの降臨に従った五部神の一でもある。

なお、割注の「前後」「後前」とは、『聞書』に、

注ニ云ハク、前ヲ後ニス〈文〉。船ノ内ニ置キ申ス時、前ヲ後ニシテ居《ス》ヘ申ス也。注ニ云ハク、後ヲ前ニス〈文〉。是又、船内ニ置キ申ス時ノ事也。

とあるように、それぞれの御神体とされる霊鏡の安置の仕方のことである。けれども、「前（表面）を後にする」と「後（裏面）を前にする」との相違が何かはよくわからない。『制作抄』に、

右天児屋命〔前後〕・太玉命〔後前〕。マヘウシロハ、マヘトハ面也。ウシロトハ裏也。前ヲ始ニスルハ男神也。後ヲ始ニスルハ女神也。

『私鈔』に、

〔前後　後前〕ノ事。前ハ面也。後トハ裏也。言フ心ハ、前ヲバハシメニスルハ男神也。後ヲハシメニスルハ女神也。

とあることから、これは置き方の問題ではなく、男神・女神の違いを観念的に言っているのかも知れない。

(39) 曼殊師利菩薩

文殊菩薩。文殊師利菩薩。『瑚璉集』（→①註175）では「文殊師利菩薩」とする。仏の智慧（般若）を象徴する菩薩で、『般若経』で特に説かれる。諸菩薩の上首とされ、普賢菩薩と共に釈迦如来の脇侍（左）ともされる。また、獅子に乗って描かれる。中国の五台山がその聖土として尊信される。胎蔵曼荼羅で、中台八葉院の西南に描かれる他、文殊院の主尊ともされる。また、文殊菩薩を本尊とする密教修法として（一字・五字・六字・八字の）文殊法があり、そのための別尊曼陀羅が作られる。

(40) 利剣金剛＝国〔利ケ剣金剛〕。

不詳。「利剣」は鋭利なつるぎ。仏が煩悩を破りくだく智（特に文殊の智）をたとえていう語。また、阿弥陀如来の名号。

(41) 闇曼金剛

「闇曼」は「閻魔」（→⑤註127）か。

(42) 天《アマノ》八《ヤ》重《ヘ》雲《クモノ》剣《ミツルキノ》神＝国・宝・温〔天八重雲ノツルキノミコト〕。

不祥。天孫降臨、すなわちホノニニギが天照大神の命によってこの国土を統治するため、天児屋根命・太玉命・天村雲命等や三十二供奉神とともに高天原から日向国の高千穂峰に降る時、「天八重雲」を押し分けて降臨する表現がある（『中臣祓訓解』『倭姫命世記』『豊受本紀』『御鎮座伝記』『御鎮座次第記』など）。『麗気記』①「二所太神宮麗気記」にも外宮神降臨の場面にこの表現が見られ、ここから名付けられた尊格か。

(43) 左右上《ノホリ》下《クダリノ》神《ミコト》＝府・天〔ヒタリミキノボリクダリノミコト〕。「左右」朱左・底イ〔トテモヒラキノ〕、守イ〔トテモヒラノ〕。

不詳。『制作抄』に「左右上下神。左右ヲ上ヘフリ下ヘフル也。」とあり、『私鈔』に「左右上下神、カセフリメノミコト。左右ヲ上ヘフリ下ヘフル也。」とあるように、左右を上下に振る神としている。風が雲を払うイメージが投

影されているか。

(44)
頭振女神《ツフリフリメノミコト》＝国［ツフリフリヘノ神］、守［カフリフリメノミコト］、府・天［カフリメノカミ］。「頭」朱左［カシ］。『制作抄』［カシラフリメノミコト］。

不詳。頭を振る女神のことか。『制作抄』に「頭振女神、カシラフリメノミコト。カシラヲフル也。今ノ世ノミコ《命》マヒ《舞》トハ此ノ神ノシタマヘルスガタ也。」とあるように、巫女が頭を振って舞う姿がイメージされていると考えられる。

(45)
百大龍王命《ヲチカタノヽシリメノミコト》＝朱［ヲチカタヒラキタマウ命］、国［ヲチカタシリメノミコト］、守イ［ヲヽカタヒラキタマフミコト］、府イ［ヲチ龍王］、天［ヲホカタノシリメノミコト］。

不詳。「龍王」は、八部衆の一で、龍神ともいう。また、八大龍王は、仏教を守護する神として『法華経』序品などに見える。「百大」の訓に「オチカタ」とあるが、これは「彼方」「遠方」を意味するか。『私鈔』に「百大龍王命、ヲチカタノヽシリメノ尊。是、健雷命ト三所同類ノ故也。」とあり、春日社に天児屋根命・経津主（剣）・武甕槌の三神が同殿していることと関連づけている。

(46)
切金方笏《キリカネホウシヤクノ》御霊鏡＝「切金方笏」国［キリカネノホウシヤク］、府イ・天［キリカネマスキノ］。

切金が施された笏を表わす霊鏡のことか。切金とは金・銀・銅・錫の箔または薄板を線状または三角・四角などに細かく切り、これを貼付して種々の文様を施す技法。主として仏画・仏像の彩色に用い、また蒔絵中にも置く。ここでは天児屋命の神体であるとされる。この笏について『聞書』には、「切金方笏《キリカネホウシヤク》〈文〉。手ニ持ツ笏也。春日ノ禰宜等ガ所持スル也ト云々。方笏ヲマスキノトモ読メリ。」とあり、春日の禰宜等が所持するとしている。天児屋根命が春日社の神主《かんぬし》・預《あずかり》を世襲する大中臣・中臣氏の祖とされることから解釈されたのであろう。天児屋根命の神体を笏とするのは一般的で、『御鎮座次第記』（→①註175）では「霊形笏」であり「天津賢木」が付属しているとする。また『御鎮座次第記』（→①註175）では、その「霊形笏」が「牙像」で「珠玉一双」「賢木二枝」が付属しており、天岩戸開の時に天児屋命が捧げ持って祝詞を読んで鎮め祀った笏と賢木であるとする。しかし、ここでは切金方笏の御霊鏡であって笏そのものを指してはいない。なお、『神代秘決』「神代巻秘決神条天照太神品第二」には、

次宝鏡十四面製作日記云、一面大自在天宝鏡、是外宮御体也、天御中主尊製作也、一面光明大梵天王宝鏡、一面世界建立金剛日輪宝鏡、已上三面是天御中主御製作也、一面日前宝御鏡者於㆓天磐戸㆒取㆓天香山金㆒、八百万神達所㆓鋳損㆒第一番鏡是也、亦一面八咫鏡者八百万神於㆓天磐戸㆒所㆓鋳直㆒第二鏡是也、伊勢内宮御体也、二面無縁円輪宝鏡、二面切金方笏霊鏡者相殿四社御体也、以㆓天香山金㆒葺不合製作也、一面聖武天皇大仏開眼鏡者、万鏡本縁記云、大梵王両眼作尊明鏡云云、知㆓大梵王製作㆒也、三面化現金鏡者、豊受皇大神別宮多賀宮坂下底岩根蔵置者、不㆑知㆓作者㆒、大和姫皇女作歟、一面大和姫尊

朝熊也、崇神天皇御宇所㆓鋳改㆒内侍所宝鏡也、

とあり、相殿の左右に御神体として安置された四面の鏡について、「無縁円輪宝鏡」二面と「切金方笏霊鏡」二面は「相殿四社御体」であり、香具山の金でウガヤフキアエズが制作したとしている。『麗気記』⑨「万鏡本縁神霊瑞器記」も参照。

(47) 普賢菩薩

仏の理法・修行の面を象徴する菩薩。文殊菩薩と共に釈迦如来の脇侍（右）となる。白象に乗る。一切菩薩の上首として常に仏の教化・済度を助けるともいう。胎蔵曼陀羅では、中台八葉院の東南と、文殊院に描かれる。金剛界曼陀羅では、賢劫十六尊の一とされる。

(48) 円満金剛

不詳。「円満」とは、成就したこと。完成したこと。完全に具足したこと。

(49) 大日女荒神《オヲヒルメノアラミタマ》＝朱左［ヲヽメアラフルカミ］、底イ［ヲヽメアラフルカミ］、守イ［ヲヽメアラフルカミ］。

天照大神の別名である大日孁貴《おおひるめのむち》の荒魂のことか。ここでは、太玉命の別称とされる。

(50) 月紘神《つきハリノミコト》＝朱左・守イ［月ツルウチ神］、国［ツキハリノ神］、守・宝［月ハリユミノミコト］、守イ［月ツルヲンノ神］、府・天［ハリユミカミ］。

不詳。ここでは太玉命の別称で、月読命であるとされる。

(51) 月読《ツキヨミノ》命

ツクヨミ。記紀神話では、イザナギの子で、天照大神の弟とする。『私鈔』に、

月読命ノ事。ツキヨミノ尊、是、月神ヲ月読ト云フニ非ズ。亦是、此ノ神ノ異名也。彼ハ彦神、此ハ姫神也ト云云。

として、月神の女神としての異名であるという説も掲げている。なお、外宮四所別宮（→③註16）に月読宮があるが、『制作抄』に、

二輪ノ御霊鏡〈文〉。月読命月神也。内宮ヨリ河ヲヘダテヽ別ノ御社也。外宮ヨリ二町計ヘダテヽ御坐ス也。其ノ処ノ人、此ノ御名ヲ宇佐宮ト云フハ然ルベカラザル事也。

とあるように、内宮にも月読宮という別宮がある（→⑤註19）。

(52) 二輪《フタワノ》御霊鏡

不祥。『私鈔』に「二輪御霊鏡、フタワタノミタマノミタマトハ、二重縁ノ円鏡也。」とあることよれば、二重の縁がある鏡のことか。

なお、太玉命の神体は、『御鎮座本紀』『神名秘書』（→①註175）には「瑞曲珠」であるとする。『御鎮座次第記』（→①註175）によれば、この「霊形八坂瓊之曲玉」は「円筥《まろきはこ》」に納められ、この「円筥」は「霊異物」であり事に触れて効《しるし》がある。「円筥」は混沌の形であり、故に万物の種子を蔵するのだと説明している。しかし、ここでは二輪の御霊鏡としている。

(53) 右二柱の霊鏡は＝国［右フた柱ノ霊鏡ハ］、守［右ノ二柱ノ霊鏡ハ］。

『聞書』に、

右二柱〈文〉。古来、此ノ文見悪シ。或義ニ云ハク、神体八葉形。霊鏡ト切金方笏御霊鏡ヲ指スト云々。此ノ義、信用スベカラズ。師良遍云ハク、児屋根太玉ト云々。

とあり、『天地麗気府録』（↓註23）にはこの「霊鏡」以外にも「宝珠、剣杵、牙笏、賢蒼」といった神宝があったと記している。つまり一般的に右の相殿には笏（天児屋命の神体）や瑞曲珠（太玉命の神体）が奉られているとされるが（『御鎮座伝記』『御鎮座次第記』『御鎮座本紀』など）、別にこのように二面の「霊鏡」が存在したと考えられていたらしい。『御鎮座次第記』（↓①註175）にも「右二座（極秘、箱内蔵二霊鏡一、不レ知レ人云々。」」とあり、極秘であって「箱」の内に「霊鏡」を蔵することを人は知らないと注記されている。

(54)
梵篋《ぼんきょう》ノ中ニ之を蔵《カク》ス＝「梵篋中」国［ホンケウノ中ニ］、国イ［梵ハコ中］。「之」国・守［之ヲ］。

「梵篋」とは、宝の小箱。また、多羅葉に記したインドの経典で、貝葉を重ね、版木で両端をはさみ、縄でこれを結び、あたかも箱に入れたように見えるから、この名がある。日本では、山伏の負籠《おいづる》のこともいう。

『聞書』に「梵篋〈文〉。府録注云、樋代是也〈文〉。」とあるように、『天地麗気府録』（↓註23）は「梵篋」に傍書で「樋代」と注し、頭注で「天女伝曰、船代者龍頭形平」「四海沿六合表示也、謂辰帝図也」とある。『聞書』（↓註38）ではまた、「注云」として「霊鏡」を「船ノ内ニ置申ス」と表記し、『麗気記』⑤「天照大神宮鎮座次第」の『聞書』（↓⑤註111）にも『右ノ船』に天児屋命・太玉命、「左ノ船」に瓊々杵尊を納めると図付きで記述している。

「御樋代《みひしろ》」とは神体を納める筒方の容器のこと。普通はこれを更に方形の御船代《みふなしろ》に安置する（『御鎮座本紀』『宝基本記』『古老口実伝』など）。確かに『御鎮座次第記』（↓①註175）では左の相殿の二面の御霊鏡は御船代に納められているとあり、相殿には御樋代はなく御船代だけであったと考えられる。しかし、右の相殿についてはその記述はなく（そもそも本文に「霊鏡」の記述自体がない）、上記のように注記として「霊鏡」を蔵するのが「箱」であると記されている。つまり「梵篋」を『天地麗気府録』は御樋代、『聞書』は御船代と理解していることになり、『御鎮座次第記』ではこれが「箱」に当たるのであろう。なお、『麗気記』④「天地麗気記」に「無量般若篋」（↓④註38）とある。

(55)
一百三十六両の朱＝国・守・宝・府［一百三十六両ノシュヲ］。

「朱」は、赤色の顔料。朱には水銀朱やベンガラ等がある。ここでは水銀朱を指すか。水銀朱は、天然に産出する辰砂《しんしゃ》（主成分は硫化水銀）を細かく磨り潰して不純物を取り除くことにより得られる。また神宮に近い飯高郡（現在は多気郡に所属）の丹生は、古代から近世初頭まで日本有数の水銀の産地であり、伊勢水銀として知られていた。「両」は、令制で大両＝小量三両で、十六両が一斤。中世では、京目一両＝四匁五分、田舎目一両＝四～五匁。明治八年（一八七五）に、一両＝四分＝三七・五グラム。

(56)
之を埋蔵《ウツミカク》ス。赤色は敬愛の表也＝「埋蔵之赤色敬愛表也」国

〔赤色ニウツミカクス、敬愛表也〕。「赤色敬愛表也」守〔赤色ハ敬愛ヲ表ル也〕。

朱を以て鏡を蔵すことは、高宮の神宝の天鏡についても見える（↓註68）。度会家行『類聚神祇本源』「神鏡篇」には「瑞器記曰」として「三面天鏡尊心月輪鏡、一面尸棄大梵天王宝鏡、」という文を引いた後に、「私云、以㆑朱埋㆓文形㆒、已見在也、」という注記があり、実際に朱が用いられていた事が窺える。

(57) 染着《ぜんじゃく》

心が外のものに染まって離れないこと。執着すること。とらわれること。執着。

(58) 唯、外相は＝底〔トニハソムテ〕、国〔唯シ外相ハ〕、守〔たタそトニハ〕、守イ〔そトニハソムキ丶丶丶〕、宝温〔そトニハ〕、宝イ・府イ・天イ〔唯ソムキ相〕、天〔タ丶シソトハ〕。「相」左〔ソムキ〕、左朱・守イ〔アイトモナワス〕。

(59) 法《ノリノ》身の姿《スカタ》ヲ＝国〔法身ノスカタニシテ〕。「法身」左・守イ〔ノリノミチヲ〕。「姿」守イ〔姿ニテ〕、府〔カタチヲ〕、天〔カタチヲナシ〕。守は「姿現」とし〔スガタヲアラハス〕。

(60) 内心《ウチ》ニハ慈悲の至極を現《アラ》ハス也＝国〔内心ハ慈悲ノ至極ヲアラハス〕、守〔ウチニハ慈悲ヲアラハシテカナシミヲナシタマフ〕。

「法身」は前出（↓①註27）。

「内心」天〔ウチハ〕。

(61) 摂《マツリコト》政《フサネオサム》別宮多賀御前神《ノミコト》＝「摂政別宮」国・天〔マツリコトヲオサムル〕、守・宝〔ヲサムマツリコト別宮〕、守イ〔フサネヲサム別宮〕、府〔マツリヲサム別宮〕、宝〔摂フセキ別宮〕。

「御前神」朱左・守イ〔ミマエノシン〕、守・宝・府・天〔ミサキノミコト〕。

多賀宮は多加宮（↓③註16）とも書く。『麗気記』③「降臨次第麗気記」では、豊受大神の水火風空の四智御霊鏡の内、「空　団円形」を「多加社」とする。『聞書』には「多賀宮〈文〉。下空開白神也ト云々。」とある。多賀宮に関しては、『御鎮座伝記』（①註175の続き）に、

多賀宮一座〔止由気皇神荒魂也、伊弉諾尊到㆓于筑紫日向小戸橘之檍原㆒而祓除之時、洗㆓左眼㆒、因以生㆓日天子㆒、是大日孁貴也、天下化、名曰㆓天照太神之荒魂荒祭神㆒、復洗㆓右眼㆒、因以生㆓月天子㆒、天御中主霊貴也、天下化、而名㆓止由気太神之荒魂多賀宮㆒是也、亦洗㆑鼻、因以生神、号㆓速佐須良比売神㆒、土蔵霊貴也、素戔嗚尊与合㆑力座給也、

多賀宮則伊吹戸主神・祓戸神、天照太神第一摂神也、以㆓神誨㆒奉㆑傍㆓止由気宮㆒也、〕

とある他、『御鎮座次第記』「多賀宮一座」（↓⑤註109）『御鎮座伝記』「神鏡座事」（↓⑤註109）『御鎮座本紀』（↓⑤註109）『倭姫命世記』（↓①註153）などの神道五部書に、本書と類似の説が散見する。また、この部分は、『天地麗気府録』（註23の続き）に、

摂政別宮多賀御前神

亦名㆓泰山府君㆒也、社記云、止由気皇大神荒魂也、

亦名㆓伊吹戸主神㆒也、御霊天鏡坐云々、

神宝鏡廿二面、竹目木蔵㆑之、内一面天鏡、以来蔵之

形也、左右各一合、都四十四鏡表也、

とあることと対応する。

(62) 泰山府君《たいざんふくん》

中国の泰山に住み、人の生命や禍福をつかさどるとされる神。元来、道教の神であったが、仏教と習合し、閻魔王などとされる。『中臣祓訓解』に、

気吹戸主神〔伊弉那諾尊所化神、名二神直日神一也、豊受宮荒魂、号二多賀宮一、以二善悪不二之心智一、諸事垂二広大慈悲一給、聞直見直給神也、高山天子大山府君也、〕

とあり、伊吹戸主神＝豊受宮荒魂＝泰山府君という説が見える。また『神代秘決』「神条天照太神品第二」にも、

次以二大神宮一名二炎魔王宮一者、問、死生必帰二大独古一故〔有二口伝一〕名二炎魔王宮一、有二証拠一哉、答、有レ之、弘法大師中臣払注云、豊受皇大神宮荒魂尊多賀宮以二善悪不定心智一、諸事垂二広大慈悲一給、聞直見直神也、太山府君所化也〈文〉、府君者炎魔法王異名也、亦云、速佐須烏尊者炎魔法王也、司命司録等神所化也〈文〉、速佐須烏尊者天照大神表〔裏〕、亦云、摂政別宮荒魂「裏」祭神者名二閻魔法王所化一、云二天照太神荒魂神一也、

として、『中臣祓訓解』の説を引き、更に摂政別宮を天照大神荒魂という説を展開している。『私鈔』には「泰山府君ハ、炎魔王ノ太子也。」とある。

(63) 止由気皇太神《トヨケスヘオヲカミ》ノ荒魂《アラミタマ》＝「止由気」温〔トユケノ〕。

多賀宮が豊受大神の荒魂であることは、『中臣祓訓解』や神道五部書に見える。「荒魂」は、荒御魂《あらみたま》（→⑤註125）。

(64) 伊吹戸主神《いぶきのぬしのしん》＝朱〔イフキノヌンノシン〕、国・守・宝・温・府・天〔イフキトヌシノミコト〕。

伊吹戸主神は、大祓詞に登場する神。祓をつかさどる。多賀宮が伊吹戸神であることも、『中臣祓訓解』や神道五部書などに見える。『聞書』には「伊吹戸主神〈文〉。」という項目のみである。

(65) 御霊《ミタマシヰ》は天鏡《アメマシリノミコト》に坐《ましま》す＝「天鏡坐」朱〔アメマシワリマシマス〕、国〔アメマシハリニマスト〕、守・温〔アメマシハリノミコトマシマス〕、『制作抄』〔ミツカ、ミましまス〕。

高宮の神体のこと。「天鏡」は前出（→⑤註130）。天鏡尊の鋳造した鏡。『麗気記』⑤「天照皇大神宮鎮座次第」では、内宮の両別宮の神体を「天鏡」と称している。『御鎮座次第記』（→⑤註109）では、多賀宮（高宮）の神体を天鏡尊（→⑤註131）の造った三面の宝鏡の一つとする。ただし、このすぐ後に神宝鏡二十二面の内の一面は天鏡であるという記述があり、理解に苦しむが、『元亨元年十一月廿二日高宮仮殿日記』にも、

今度御体奉レ戴二一人、八十一面御鏡四合四人也、而去五月御出現之時、天鏡已下八十一面、皆四合取入之間、今度悉被レ改二御座一之間、於二殿内一経二数刻一云々、

とあるように、神体の鏡とは別に天鏡と呼ばれる霊鏡が存在したことが見えており、天鏡という名で呼ばれるものは一定していなかったようである。また『制作抄』は「天《ミツ》鏡《カヽミ》坐《ましまス》〈文〉。ミツカヽミトハ、ルリ《（瑠璃）》ノ鏡也。」と注している。この「ミツカガミ」という呼称は、『神皇実録』に

「天鏡尊〔独化神、天津水鏡神三坐、是神鏡始元、三光面目明白、此時也、〕」とある天鏡尊＝水鏡神という説に基づくか。なお、『麗気記』⑨「万鏡本縁神霊瑞器記」では「三面化現金鏡、豊受皇大神別宮多賀宮、坂下底津岩根〈爾〉蔵置也、」として、天鏡は多賀宮の坂下の岩に隠し納められたという伝承を載せる。これは、『天照大神口決』に、
高宮ヲハ都坂ト云也、此坂ノ本ニ有㆓大石㆒、下有㆓口伝㆒、可㆑聞㆑之、弘法大師御入定ノ所也、委細ニハ別記ニアリ、最極秘事也、
と見られる、多賀宮の坂の下に弘法大師が入定したという口伝と何らかの関わりがあるか。

(66) 神宝鏡《カンノホウキヤウ》ハ廿二面＝「神宝鏡」底は欄外上に〔カミノミタカラアラハレクサ〕、守〔カンホウキヤウハ〕、守イ〔神ミタカラヲン鏡〕 温〔カムタカラノミタマ鏡〕、府イ・天〔カムタカラノ鏡〕。
多賀宮〔高宮〕の神鏡を二十二面とする根拠は不明。

(67) 天鏡《あまつかがみ》＝朱左〔アマツカヽミ〕、守イ〔ミツ鏡〕、国〔天マシハリ〕、府・天〔マシハリ鏡〕。

(68) 朱を以て文ノ形を蔵す也＝国〔朱ヲ以テ之ヲ蔵す形也〕、守〔朱を以てモンノ形ヲカクス也〕。
朱を以て鏡を蔵すことは相殿の天児屋命・太玉命の神宝についても見え、赤色は「敬愛表」であるとする（↓註56）。「朱蔵文形」については、『私鈔』に「以朱蔵文形也トハ、此ノ二十二面ノ内、天鏡一御座ス。然ルヲ何ヲモ皆朱ヲ以テ裏ノ文形ヲカクス。」とあり、朱で裏の文形を隠してあるとする。

(69) 都《すべ》テ四十四鏡表《アラ》ハス＝守〔すべテ四十四鏡ノアラハス也〕。
四十四面の鏡が何を意味するのかについては不明。『麗気記』⑧「神梵語麗気記」の「豊受皇太神」の項にも「相殿及四十四鏡奉仕《ツカヘタテマツル》仁《アヲシトクサ》」とある。『聞書』に「各一合〈文〉。四十四鏡ヲ箱ニ合ニ二十二面宛《づつ》、之ヲ入ルト云々。」とあり、『私鈔』に「而シテ左右ニ一ツナレバ都合四十四枚ヲ、皆、面ヲアラハス故ニ表ト云フ也。」とある。これに対し『高宮盗人闖入怪異事』に収める元亨元年（一三二一）の注進状には、「抑八十一面神鏡、御㆓座于高宮殿中㆒也、其内八十面者、御㆓現在㆒、今一面靈鏡、豈有㆓御紛失㆒哉、」とあり、高宮には神体の他に八十一面の鏡が存在したとしている。いずれにしても、実際にいくつの鏡があったのかは俄かには判断できない。また、『御鎮座本紀』「宝宮棟梁天表御形文」に、
天照太神宮御形、象㆓日天尊位㆒坐也、
止由気皇太神宮御形、象㆓月天尊位㆒坐也。
惟天神地祇、明㆓元八洲㆒、利㆓物形体㆒、故皇天久坐、而配㆓日月㆒、照㆓宇内之昏衢㆒、国家合㆓天地㆒、㆒、而宝暦長久、天真之明道、鬼神之変通、人民式幸甚々々、
東西左右惣四十四座、
とあり、四十四座とは内外両宮の総数とみなされているとすれば、多賀宮は伊勢を体現する宮として存在することになるか。

(70) 摂社《フサネヲサムル》大土祖神《ツチノミヲヤノミコト》＝「摂社」国〔フサネヲサムルヤシロ〕。「大

土祖神」朱左〔ヲ、ト祖神〕、国〔大ツチノミヲヤ〕、宝〔ツチノミコト〕、天〔ツキノミヲヤノカミ〕。国は「亦」から「日象扇一枚」まで、守・温・宝・天は「鎮護神也」までを割注とする。

「大土祖神」は土宮（↓③註16）。『麗気記』③「降臨次第麗気記」では、豊受大神の水火風空の四智御霊鏡のうち、「水円形」を土宮とする。土宮については、『御鎮座伝記』（註61の続き）に、

山田原地主大土御祖神二座〔大年神子、大国魂神子、宇賀之御魂神一座、素戔嗚神子土乃御祖神一座、亦衢神大田命、神宝石宝形一面座、是神財也、〕

とある。ただし、続いて記される「調御倉神」「酒殿」についての記載は、本書にない。なお、以下の文は『天地麗気付録』（註61の続き）に

摂社大土社神〔亦名二五道大神一、雙五所明神座也、社記云、山田原地主神也、亦名二鎮護神一、大年神子大国玉神子、宇賀神一坐、大土御祖一座、御体瑠璃壺一口、霊鏡二面、花形座云々、〕在二神宝一、各石一面、日象扇一枚、

とあることと対応する。

(71)五道大神

六道の内、修羅道を地獄に含めた五道をつかさどる冥官。『私鈔』には「五道大神ハ、炎魔王ノ第一の大臣也。」とあり、閻魔王の第一の臣とする。『中臣祓訓解』には、

速開都比咩神〔伊弉那美尊所化神也、水門神也、【二柱座、】一名二速秋津日子神一、天照大神別宮、号二瀧原一、龍宮天子所化、難陀龍王妹速秋津比売神、天照太神別宮、号二並宮一、五道大神所化、消二滅一切悪事一也、〕

とあり、滝原宮にあて、一切の悪事を消滅するとしている。

(72)五所ノ大明神《おおあきつかみ》＝朱〔ヲ、アキツカミニテ〕。

ここでは、大年神子・大国玉神子・宇賀神・大土御祖の四神しかあげられていないが、詳細は不明。または、『私鈔』に、

雙五、ナラフルイツハシラノ神トハ、児屋・太玉・多賀宮・大土ノ祖《ミヲヤ》共ニ四ハシフナリ。何ゾ五ハシラノカミト云ハンヤ。是ハ今ノ第四大土祖神ノ部類ノ神アハセテ五ハシラアル事ヲ註ス也。又此五ハシラ大土祖神ノ外、宇賀神一ハシラ、太十御祖一ハシラトモニ七ハシラニテアルナリ。

とあるように、大土祖神の部類の神が省略されているか。なお、神宝については、五つあげあれている。また、『御鎮座伝記』（↓註70）では二座、『御鎮座本紀』（①註175の続き）には、

亦素盞嗚尊孫大土祖一坐、衢神大田命一座、宇賀魂大年神一座、山田原之地護神定祝祭也、〔大土祖、霊鏡坐、大田命、霊銘石坐、宇賀魂、霊瑠璃壷坐也、〕

とあるように三座とする。

(73)山田ノ原ノ地主神也。亦ハ、鎮護神ト号す＝「山田原」国・府イ・天〔ヤウタノ原ノ〕。「地主神」守〔地主ノ神也〕。〔鎮護神〕国〔チコノ神〕、府イ〔チコ神〕。

山田原は前出（↓①註167）。豊受大神の鎮座地。「鎮護神」は、

鎮守神のことか。

(74) 大年《ヲオトシノ》神子《ミコト》＝朱左〔ユキカサナルカミノミコ〕。

『私鈔』には、

大年神トハ、ヲヽトシノカミハ素盞烏ノ尊ノ子也。此ノ神子ハ宇賀神ノ一ニテ座ス。御体ハ瑠璃壺ニテ一口ヲハシマス。

とあり、素盞烏尊の子とする。『倭姫命世記』垂仁天皇二十六年条に、

次櫛玉命・大年神・大山津見神・朝熊水神等奉㆑饗、彼処〔仁志天〕、神社定給、留㆓置神宝㆒、〔伊弉諾・伊弉冉尊所㆓捧持㆒白銅鏡二面是也、是則日神・月神所化之鏡也、水火二神為㆓霊物㆒也。〕

などとあるように、天照大神が伊勢に鎮座した時に御饌を奉った神とされる。また『御鎮座伝記』（↓⑤註132）も参照。

(75) 大国《ヤマト》玉《ミタマノ》神子《ミコト》＝朱左〔ヲヽクニノタマノ神子〕、宝〔ヤマトタマノミコト子〕宝イ〔ヲヽクニノタマノミコト子〕、天〔ヤマトクニタマノミコトノミコ〕。

「大国玉神」は、大国主神《おおくにぬし》＝大己貴命《おおなむち》（オオナムチ）の別名。『日本書紀』神代上・第八段一書第六に、

一書曰、大国主神、亦名大物主神、亦号㆓国作大己貴命㆒、亦曰㆓葦原醜男㆒、亦曰㆓八千戈神㆒、亦曰㆓大国玉神㆒、亦曰㆓顕国玉神㆒、其子凡有㆓一百八十一神㆒、

とあり、『倭姫命世記』に、

大国玉比売神二座〔大己貴命一座、佐々良比売命一座。〕

右大己貴神〔亦名大国主神、大物主、国作大己貴、葦原醜男、八千戈神、大国玉、顕国玉神。〕

とある。大国主神＝オオナムチは、葦原中国を平定、高天原から遣わされたタケミカヅチに国譲りをして幽界に身を隠した。もと出雲系の国土造成神が記紀神話に取り込まれたと考えられている。『私鈔』には、

大国玉神ハ、大己貴神ノ異名。亦顕国《アキクニ》玉ノ神トモ云フ。是モ、ソサノヲノ尊ノ子也。此ノ神ノ子ハ、大土御祖一坐。御体ハ日象ノ扇一枚《ヒラ》ヲハシマス。神宝ノ霊鏡二面ヲ一面ヅツ各両所ニヲキタテマツル。

とある。

(76) 宇賀神《ノミコト》一《ヒトハシラ》坐《マシマ》ス＝朱左〔ミユキシタマフ神〕、国・守〔宇賀ノ神〕。「一坐」朱左〔ヒトシメマシマス〕、国〔一ニマス〕。

「宇賀神」は、中世以降信仰された尊格。宇賀辨財天とも称した。辨財天と集合し、『塵添壒囊抄』によれば、記紀神話に登場する食物神ウカノミタマ（宇迦之御魂神、倉稲魂命）に由来するという。また『御鎮座伝記』（↓註70）には「宇賀之御魂神一座」とある。なお、『私鈔』には、

宇賀神ノ一ニテ坐ス。御体ハ瑠理ノ壺ニテ、一口ヲハシマス。

とある。

(77) 大土《ツチノ》御社《ミヲヤ》一《ヒトハシラ》座《マシマ》ス＝「大土御祖」朱左〔ヲヽトノミヲヤ〕、国〔ツチノミヲヤ〕。「一座」国〔一ニマス〕、天〔ヒトハシラマス〕。『御鎮座伝記』（↓註70）には「素戔烏尊子土乃御祖神一座」とある。『私鈔』には「所謂ヲヽツチノミヲヤハ、今ノ鎮護神ノ御祖神カ。」とする。

(78)御体は瑠璃の壺《ツボ》一口、霊鏡二面、花形《ハナカタ》に座す＝「花形座」守［ハナカタニテマスト云ヘリ］。

土宮の御神体の説明。今までみてきたどの神と対応するのかについては判然としない。『御鎮座本紀』（↓註72）では、大年＝宇賀神の神体を瑠璃壺、大土祖の神体を霊鏡とし、『私鈔』（↓註74・75）では、大年＝宇賀神の神体を瑠璃壺、大土祖の神体を扇としている。

(79)神宝《カンノミタカラ》の名石一面、日象《ヒノミカタチ》の扇一枚に在ス＝「神宝」守・宝・府・天［カンタカラ］。「名石」朱［石ト名づく］、国・府［メイセキ］、守［セキト名づく］。「日象」国［ヒノカタノ］、天［ヒノカタチノ］。

土宮の神宝。石一面は、『御鎮座伝記』（↓註70）では太田命の御神体となっている。なお、『聞書』に、

五品明神〈文〉。文云、瑠璃壺一口、霊鏡二面、神宝名。○石一面、日ノ象《カタチ》扇大枚ト云々。已上五所明神也。○神宝名石トハ、石ニ文字アリ。日象扇トハ、団扇ノ石ノ如シト云々。此ノ五所ハ、外宮ノ池ヲヘダテテ向ヒニ土ノ御前トテ有ル也。

とあり、「神宝名石」を文字の書かれている石、「日象扇」を石のような団扇《うちわ》と解釈している。また、『制作抄』に「扇一枚、石扇也。扇ノ形ノ石也。」とあり、『私鈔』に「又、日象扇トハ団扇ノ形ノ石也。故ニ一本ト云ハズ。而ルニ一枚ト云フト云々。」とあるように、石と扇が一つの物と考えられていた可能性がある。

(80)右、大神《おおみかみ》鎮座の次第＝守［右ノ大神ノ鎮座ノ次第］。

以下は、豊受大神の話ではなく、天照大神の遷座の経緯を記す。そして当該部分の後に豊受大神の遷座の経緯が記される。これについて、『私鈔』では「右太神鎮座次第等ヨリ已下ハ、五・六両巻ノ惣結也。」として、『麗気記』⑤「天照皇大神宮鎮座次第」⑥「豊受皇太神鎮座次第」両巻のまとめであるとしている。国本はこの上に「自㆑之伝㆑之」と記されており、伝授のされ方を考える上でも興味深い。伝授の際には「金剛号」（↓註14）からこの前の「日象扇一枚」（↓註79）までを特別に「天札」後にまわし、先ずこれ以後を伝えたと考えられる。

記紀神話（天孫降臨神話）では、高天原から下されるのはホノニニギ（杵独王）で、天照大神は高天原に留まるが、ここでは伊勢内宮に天照大神が鎮座することを説明するために、ホノニニギと共に降臨したことになっている。なお、この部分は、『天地麗気府録』（註70の続き）に、

右大神鎮座次第、天照皇大神、皇御孫杵独王、三十二柱従神、筑紫日向高千穂槵触之峯天降跡、以逮㆓于三代㆒、歴年治合一百七十九万二千四百七十余歳、従㆓神武天皇㆒至㆓開化天皇㆒九代、歴年六百三十余歳、帝与㆑神其際未㆑遠、同殿座、

崇神天皇六年〔己丑〕歳、漸畏㆓神威㆒、同殿不㆑安、就㆓於倭笠縫邑㆒、殊立㆓神籬㆒祭㆑之、

垂仁天皇即位廿五年丙辰、天照太神正体、令㆓倭姫命奉㆑載㆑之、伊勢国宇治五十鈴河際伊蘇宮坐、明年丁巳冬十月甲子、奉㆑遷㆓于天照大神於度遇五十鈴川上㆒也、詔曰、

常世思金神、手力雄命、天石別神、此宝鏡専為二天照大神御霊一、如レ拝二我前一奉二斎祭一矣、

とあることと対応している。

(81) 皇御孫《スヘミマコ》ノ杵独《コトク》王＝「皇御孫」朱［すへラみまこ］、国［スヘミマ］、守［スヘラミマコノミコト］。「杵独王」朱・温・宝［キ独王］、守・府・天［キトクノキミ］、国［コトコノキミ］、宝［コトクキミ］。

(82) 三十二柱の従神《ミコト》＝「三十二柱」朱［タマ丶、フタハシラノ］、国［三十二柱ノ］、府［三十二はしラヲ］、天［ミソフタハシラノ］。「従神」国・府・天［シユ神トシテ］。

前出（↓②註80・④註136・148）。ホノニニギのこと。

前出（↓①註156・⑤註22）。天孫降臨の時、ホノニニギに供奉した神々。

(83) 槵触《くしふる》の峯ニ跡《あと》を天降《あまくだ》り＝「槵触」朱・守［クシフル］。「天下跡」国［天クタリマシ］、守［跡ヲ天降テ］、府［アマクタリマシマイシ］、天［アマクダリマシマシテ］。

「槵触」は前出（↓②註22・④註234）。

(84) 三代に以《イ》逮《タ》ルマデ＝「以逮」朱左［ヲヨフマテニ］。「三代」朱［ミユキシロニ］。

ホノニニギ・ホホデミ（↓②註84・④註219）・ウガヤフキアエズ（↓②註83・④註223）の三代。

(85) 歴年治合《ヲサメマシマ》スコトニ一百七十九万二千四百七十余歳ナリ＝「歴年」国・府［年ヲヘ］、守［歴年ニ］。「治合」国［ヲサメアワスルヲ］、府［アハスルコト］。「歳」朱左・守イ［タモチヲハシマス］。

この年代については、前出（↓②註81・④註235）。この年代は『日本書紀』の年数と一致する。

(86) 歴年六百三十余歳ナリ＝「歴年」国［年ヲ歴ルコト］、府［年ヲ暦ルコト］。「余歳」国［余歳ハ］。

神武天皇から開化天皇に至る九代、六百三十余年間、天皇と天照大神は同じ殿に住していたことをいう。『倭姫命世記』（↓②註102）に、

稚日本根子大日々天皇以往九帝、歴年六百三十余歳、当二此時一、帝与レ神其際未レ遠、同殿共床、以レ此為レ常、故神物官物亦未二分別一焉、

『御鎮座伝記』「神日本磐余彦天皇」（↓②註130）の項に、

自二神武天皇一迄二開化天皇一九帝、歴レ年六百卅余歳、天皇与同レ殿坐也、此時帝与レ神、其際未レ遠、同レ殿共レ床、以レ此為レ常、故神物・官物、亦未分別矣、

などとあり、神道五部書に類似した文言を見ることができる。神武から開化までを六百三十余年とする根拠は不明。各天皇の紀年を総計は、『日本書紀』によれば五百五十九年、『麗気記』②「神天上地下次第」によれば五百五十八年となる。これについて『私鈔』は、

九代暦年六百三十余歳等ハ、神武天皇〔辛酉〕ヨリ開化天皇〔癸未〕ニ至ルマデ、第二巻ノ挙グル所ノ如キハ五百五十八年也。支干ヲ以テ実事ヲ勘フルニ五百六十三年也。今六百三十余歳ト云フ、追テ之ヲ尋ヌベシ。凡ソ九代ノ間ハ神皇未ダ分タズ、祭宮物ノ同ジ。開化天皇ノ御宇ニ倭姫ノ御計ヲ以テ、神器ヲ崇敬シ、之ヲ別所ニ安ズ。

我ガ身ヲシテ内侍ノ頭《カミ》ト為シ、諸ノ内侍ヲ以テ昼夜ニ神ヲ礼《イヤ》ス。内侍所住ハ神ヲ敬スルヲ本ト為シ、所ヲ呼ブヲ神ト顕ハス。故ニ内侍所ト云フ。然ルト雖モ未ダ王宮ヲ出ザル者也。崇神天皇六年ニ始メテ倭笠縫ノ邑ニ移シ奉ル。其ノ後間ニ十八転所在リ。垂仁天皇二十六年、今ノ内宮ニ鎮座スル也云々。已上内宮ノ事畢リヌ。

と述べる。

(87) 帝ト神と、其の際《キハ》未《いま》ダ遠からズ、同じキ殿《テン》ニ座《マシマ》ス＝「帝与神」府・天［ミカトとカミと］。「其際」守［其ナハ］。「遠」朱［トヲカラ］。「同殿座」守［同シ殿ヲマシマス］、守イ［殿を同シテ座］、府［同シ殿ニ座］、天［同シミアラカニマシマス］。

(88) 同殿に安からずシテ＝朱左［ヲナシトノスルコトヤスカラスオホシメ］、守［殿を同スルコト安ぜずシテ］。

(89) 倭《ヤマト》の笠縫邑《かさぬいのサト》ニ就いて＝「笠縫邑」朱左・国・守・宝・天［カサヌイノサト］。「就於」朱左［ニツイテ］。

「笠縫邑」は前出（→②註172）。奈良県田原本町新木のあたりとされる。

(90) 神籬《ひもろぎ》＝朱・守イ［カンカキ］、国［ミツカキ］、守・宝・府・天［ヒホロキ］。

前出（→②註173）。神の降臨の場所として特別に設ける神聖なところ。樹木など。

(91) 天照大神＝朱［アマテルヲヽンカミ］。

前出（→①註10）。

(92) 倭姫命《やまとひめのみこと》をして之ヲ戴《いただ》き奉《たてまつ》りて＝朱［ヤマトミメノミコトヲシテコレをイタヽキタテマツテ］。「奉戴之」国［之ヲのセ奉マツリ］、守［之ヲ戴奉テ］、府［之ヲイタヽキマツリシム］。

「倭姫命」は前出（→①註152）。垂仁天皇の皇女。天照大神の御杖代として、大神を祀るべき場所を求めて諸国を歴遊した。倭姫命による天照大神の伊勢遷幸については、『日本書紀』垂仁天皇二十五年三月丙申条（→①註61）『皇大神宮儀式帳』（→②註201）『太神宮大神宮諸雑事記』第一「垂仁天皇」（→②註207）『倭姫命世記』（→②註213・233）などの他、『麗気記』②「神天上地下次第」を参照。

(93) 伊勢国宇治五十《い》鈴河《すずかわ》の際《ほとり》、伊《い》蘇宮《そのみや》ニ坐ス＝「宇治」天［宇治ノサト］。「五十鈴河」朱［イス、カワノ］、国守天［五十鈴河ノ］。「際」国・府・天［ホトリ］。底・与・守・温・宝は「際」を「降」とし、「降伊蘇宮坐」底［伊蘇宮ニクタリ坐ス］、守・宝［イソノミヤニアマクダリマス］。「伊蘇宮」朱［イソノミヤ］。

「伊蘇宮」は前出（→②註234）。

(94) 度遇《ワタラヒ》の五十《い》鈴川《すずカハノ》上に奉遷《ミユキ》する也＝「度遇」守［ワタライノ］。「五十鈴川上」朱［イスヽカハカミニ］、守［五十鈴ノ川上］。

垂仁天皇二十六年十月に度会郷に天照大神が遷座した。なお、『倭姫命世記』（②註233の続き）に、

廿六年丁巳冬十月甲子、奉レ遷二于天照太神於度遇五十鈴河上一〈留〉、今歳、倭姫命詔二大幡主命、物部八十友諸人等一、五十鈴原〈乃〉荒草・木根苅掃〈比〉、大石・小石造平〈弖〉、遠山・近山〈乃〉大峡・小峡〈爾〉立材〈乎〉、斎部之斎斧〈乎〉以〈天〉伐採〈天〉、本末〈平波〉山祇〈爾〉奉レ祭〈弖〉、中間〈乎〉持出来〈弖〉、斎鉏〈乎〉以〈天〉斎柱立、［一名天御柱、一名心御柱、］高天原〈仁〉千木高知〈利〉、

下都磐根〈仁〉大宮柱広敷立〈天〉、天照太神並荒魂宮・和魂宮〈止〉奉鎮座、于時美船神・朝熊水神等、御船〈仁〉乗奉〔利弖〕、五十鈴之河上〈仁〉遷幸、于時河際〔仁志天〕倭姫命御裳𧝒長、計加礼侍〔介留於〕洗給〔倍利〕、従レ其以降、号二御裳須曽河一也、采女忍比売造二天平賀八十枚一、令下天富命孫作二神宝鏡・大刀・小刀・矛・楯・弓箭・木綿等一、備中神宝大幣上矣、

『宝基本記』に、

纏向珠城宮御宇廿六歳丁巳冬十月甲子、奉レ遷二于天照太神於五十鈴原一、今年、倭姫命詔二物部八十友諸人等一、五十鈴原〈乃〉荒草木根苅掃〈比〉、大石・小石造平〈弖〉遠山・近山〈乃〉大峡・小峡〈爾〉立並木〈乎〉、斎部之斎斧〈乎〉以〈天〉伐採〈天〉、本末〔於波〕山祇〈爾〉奉レ祭〈弖〉、中間〈乎〉持出来〈弖〉、斎鍬〈乎〉以〈天〉斎柱立、〔一名天御柱、一名心御柱、〕高天原〈爾〉千木高知〈天〉、下津磐根〈爾〉大宮柱広敷立〈弖〉、天照太神並荒魂宮・和魂宮・伴神等〈於〉鎮座也、其造宮之制者、柱則高太、板則広厚〈礼〉、是皇天之昌運、国家之洪啓〔事波〕、宜レ助二神器之大造一〈奈利〉、即承二皇天之厳命一〈天〉、移二日小宮之宝基一造二伊勢両宮一焉、

などと、同年に行なわれた内宮造営の事が記されている。これについての記載は『麗気記』にないが、『天地麗気府録』（註80の続き）には、

造営義則大梵天女大和姫命、承二皇天之教令一移二飛空天宝基一、而興二于神籬於神風伊勢五十鈴原一矣、而時大和姫命、採二天香山精金一為二朝熊山一、調二備種種神宝一、瀧祭宝宮底津石坐蔵《イハクラニ》二祭之一、奥里山〈爾〉《ヲクヤマニ》椨雙瑞材《オヒナラヘルミツノミカキ》〈乎〉持来《モチモウテ》〈天〉、為二天御量柱一而、下津石根〈爾〉大敷立〈天〉、高天原〈爾〉千木高知〈天〉、称辞定奉也、是名二鎮地祭一也、

とある。

(95) 詔《ミコトノリ》シテ曰《ノタマ》ハク

天照大神による所謂「宝鏡同床同殿の神勅」（→②註131・④註199）。ただし、ここでは『古事記』上巻の天孫降臨の段に、

尓、天児屋命・布刀玉命・天宇受売命・伊斯許理度売命・玉祖命、并五伴緒矣支加而天降也、於レ是副二賜其遠岐斯、〔此三字以レ音、〕八尺勾璁・鏡及草那芸剣、亦常世思金神・手力男神・天石門別神一而詔者、此之鏡者、専為二我御魂一而、如レ拝二吾前一、伊都岐奉、次、思金神者、取二持前事一為レ政、此二柱神者、拝二祭佐久々斯侶、伊須受能宮一、〔自レ佐至レ能以レ音、〕

とあるのを原拠とするか。

(96) 常世思金神《トコヨノヲモイカネノミコト》 ＝朱左〔トコヨサシトオホシメス神〕、宝〔トコヨノヲモイカネテミコト〕。温〔トコヨノヲモヒカナノミコト〕、オモイカネ。『日本書紀』神代上・第七段一書第一に「時有二高皇産霊之息思兼神者一、有二思慮之智一、乃思而白曰、」とあるように、様々な思慮を兼ね備えた神として、天岩戸・葦原中国平定・天孫降臨などの場面で重要な発言をした。また、天孫降臨に際してホノニニギに随伴して地上に降りた。

(97)手力雄命《タヂカラヲノミコト》

タジカラオ。『古事記』では「天手力男神」とする。天岩戸に隠れた天照大神の手を取って引き出した。また、天孫降臨ではホノニニギに随伴した。

(98)天石別神《アマノイシワケノミコト》＝国・府［アマイシワケノ神］、守イ［天イハ別神］、温［天石ハケ神］。

アメノイワトワケ。『古事記』では「天石門別神」とし、「櫛石窓神」「豊石窓神」という別称があるとする。天岩戸を神格化した神で、天孫降臨ではホノニニギに随伴した。

(99)宝鏡《タカラノミタマ》を＝守・府・天［ミタカラノカヽミヲ］。

(100)専《もっぱ》ら二天照大神の御霊《ミタマシイ》と為《し》て＝底・宝［専《もっぱ》ら二天照大神の為《コト》ク御霊《ミタマシイ》ヲ］とするが、諸本の訓・返り点により改めた。「為」底・守・温［コトク］、守左［シテ］、宝［コトノ］。「御霊」底・温［ミタマシイヲ］、朱左［ミタマノオンタメ二］、国［御霊ト］、守・天［ミタマシイト］。

(101)吾《ヤツカレ》ヲ拝する如く、前《サキ》二斎祭《イツキマツ》リ奉《タテマツ》ルベシ＝「前」左・守左［マツ］。国・府・天は「如拝吾前」とし［ヤツカレマヘヲ拝スルガ如］。「奉斎祭」国［イツキ奉ナリ］、守［イツキイワマリタテマツルヘシ］。

(102)豊《トヨ》受《ケ》皇《スヘ》大神ハ＝守［トヨケノスヘ太神ハ］。

これまで天照大神の遷座について述べたのに対し、ここからは豊受大神の遷座について簡略に述べる。一般的に、豊受大神は御饌都神であり、天照大神の御饌を安んじるために招かれた食物神とされているが、『麗気記』では天照大神とまったくの同格の神、もしくは、内宮よりも上位ですらある豊受皇大神と位置付け、食物神的な性格を排除している。外宮の神格を高めた五部書でも、御饌都神と記し、旧来の表記を受け継いでいるが、『麗気記』では「御気都神」の表記によって、形而上的な神格に替えようとしているようである（↓④註84）。後出の竹野郡奈具宮の記述についてみても、外宮で内宮に対して行われている日毎朝夕大御饌祭の起源譚に相当し、『御鎮座伝記』『御鎮座本紀』でも豊受大神と同神らしき神が、天照大神に神酒を奉っているが、ここでは豊受大神も奈具神らより御饌を奉られる側とされているようである。また、『風土記』逸文の奈具神は豊宇賀能売命であり、豊受大神とみられるが、ここでは、朝夕の御気を奉る奈具神は、豊受大神よりもはるかに格の低い地主神として書されている。これらの『麗気記』独特の操作は豊受大神に対する食物神イメージを引き離すための工夫といえよう。

神道五部書における関連する記載としては、『御鎮座本紀』に、

宮中大小神祇四至神等鎮〈理〉定〈理〉座居由、中臣祖大御食津臣命称辞竟、神善奉祝詞言〈佐久〉、度会乃山田乃原乃下都磐根〈爾〉大宮柱広敷立〈弖〉、高天原〈爾〉千木高知〈弖〉、皇御麻乃命〈乃〉称辞定奉〈留〉、天照坐〈須〉止由居乃皇太神乃広前〈爾〉恐〈美〉恐〈美毛〉申給〈波久〉、天照皇太神、神魯岐・神魯美命〈爾〉言寄任〈天〉、天之小宮之宝殿〈於〉、此霊処〈爾〉奉二移造一〈利天〉、以二今日一〈天〉奉二移鎮一〈留〉御坐〈須〉状〈於〉、平〈久〉安〈久〉令二知食一〈度〉

申給〈登〉、言寿鎮居白〈八〉、宮人皆参、終夜宴楽、猿女祖天鈿女裔歌女舞姫、来目命裔屯倉男女、小男童・笛生・琴生・籥生・篳篥生、諸命等一時起歌舞、其絲竹音鏗鏘而満二六合一、天神地祇受二和気一而随二実用一、天下栄楽、海内太平焉、凡神楽起、在昔素盞鳴神奉二為日神一行甚無レ状、種々陵侮、于時赫怒、入二天石窟一、閉二磐戸一而幽居焉、爾乃六合常闇、昼夜不レ別、群神愁迷、手足罔厝、凡厥庶事、燎レ燭而式弁、天御中主神〔止由気皇太神是也、〕太子高皇産霊神命宣〈天〉、会二八十万神於天八湍河原一、〔雲漢是也、〕深思遠慮、於二天石窟戸前一挙二庭火一、畢作二俳優一、猿女君祖天鈿女命採二天香山竹一、其節間雕二風孔一、通二和気一、〔今世号レ笛類是、〕亦天香弓興並叩レ絃、〔今世謂二和琴一其縁也、〕木木合而備二安楽之声一、移二和風一顕二八音一、即猿女神手伸レ手抗レ声、或歌或舞、顕二清浄之妙音一、供二神楽曲調一、当二此時一、欻解二神怒一、妖気既明、無二復風塵一、以来風雨時若、日月全レ度、一陰一陽万物之始也、一音一声万楽之基也、神道之奥賾、天地之霊粋、糸竹之要、八音之曲、已以為レ貴、故依二旧氏之権一、猿女氏率二来目命孫屯倉男女一、転二神代之遺迹一、而今供二三節祭一、永為二後例一也、

とあることがあげられる。また、『天地麗気府録』（註94の続き）に、

豊受皇大神、人寿四万歳時、御二降臨淡路国三上嶽《ミカミノタケ》一坐、次布倉《フクラ》遷坐、次八《ヤ》輪嶋《ワタシマ》遷坐、次阿波国与二讃岐国一中山八《ヤク》国嶽《ニノタケ》遷座、次御間城入彦五十瓊殖天皇御宇、丹波之国与謝之郡比治山頂麻井原〈天〉、天照大神与一所座給、其後竹野郡奈具宮坐、于時奈具神奉二朝御気一為二御饗一、亦奉二上白黒神酒一也、亦天照大神〈爾〉夕御気備進儀式如二朝気備一也、

とあることと対応する。また「豊受皇大神」に頭書で「灌頂天女伝曰、瀛都鏡・辺都鏡二面霊鏡奉レ授二天孫一天降居、爾時一面淡路地八大龍神奉レ鎮、一面日向宮奉レ崇也、」とある。

(103)人寿四万歳の時

人間の寿命が四万歳であった時をいう（↓④註233）。

(104)三上嶽《みかみのたけ》ニ御降臨坐《マシマ》ス＝「三上嶽」［ミカンノタケニ］、温［ミカミカタケ］、天［ミカミノダケ］。「降臨」守［アマクタリタマテ］。「坐」国［マス］。

「三上獄」は前出（↓③註4）。

(105)布倉《フクラ》ニ遷坐す＝「遷座」国・府［ミユキシマシ］、守［ウツリマシマス］、天［ミユキス］。

「布クラ」は前出（↓③註20）。『聞書』には、

次布倉座〈文〉。淡路国布倉ノ渡トアリ。浦ノ名也。凡ソ神社ヲ布倉ト云フ事アリ。文段ヨリ意ヲ得ベキ也。

とあるように、淡路国の港である「福良」にあてる説と、神殿の異称とする説とがある。

(106)八輪嶋《やワタノしま》ニ遷坐す＝「八輪嶋」国［ヤワノ嶋］、温［ヤウタノ嶋］、府［やワタ嶋］。「遷坐」国［ミユキシイます也］、守・府［遷リ坐］。

「八輪嶋」は前出（↓③註21）。

(107)御間城入彦五十瓊殖《ミマキイルヒコイスニ》天皇《ニノスヘラミコト》ノ御宇ニ＝「御間城入彦五十瓊殖天皇」国［ミマキイリヒコ五十ニニノスヘラミコト］、温［ミマキイルヒコイスヰ丶キスヘラノミコノ］、宝・府［ミマキルヒコイスニキスヘラノミコトノ］、天［ミマキイリヒコノイヲニキスヘラミコト］。「御宇」国［アメカシタシロシメス］、宝府［キヨウ］、府イ・天［アメノシタシロシメス］。

「御間城入彦五十瓊殖天皇」は前出（→②註169）。崇神天皇。『聞書』に「御間城入彦五十瓊殖《ミマキイリヒコイサニ》天皇《キアメスヘラミコト》〈文〉。垂仁天皇ノ御事也。」とあるのは誤り。『麗気記』②「神天上地下次第」では、崇神天皇三十九年に天照大神が丹波国吉佐宮に遷幸したとする。そこで豊受大神が天照大神と一所に坐したことは、諸書で確認できる。註109参照。

(108)丹波乃国《タンハノクニ》与謝之郡《ヨサノコヲリ》比治山《ヒチヤマ》ノ頂《イタヽキ》ニ麻井原《マヰノハラ》ニて＝「比治山頂」国［ヒヌ山ノいただキ］。「麻井原」国［マナヰノハラニ］守［マナイノハラニテ］、宝・天［マナイハラニテ］。

「麻井原」は前出（→③註24）。ここでは与佐宮（→②註190）のこと。与謝郡は和銅六年（七一三）、丹波国から分地された丹後国に編入されるが、このことについて『聞書』に「丹波国〈文〉。昔、皇孫降臨ノ時ハ丹波也。今ハ丹後ノ国也ト云々。卅三ヶ国ト六十六ヶ国トノ不同アル故也。」とある。

(109)天照大神ト一所に座《マシマ》シ給ふ＝「一所座給」国［一所ニマシマシノ］、守・天［一所ニマシ給］。

豊受大神が天照大神と麻井原（与佐宮）で一所に坐したことについて、『倭姫命世記』（→②註171）に、

（崇神天皇）三十九年壬戌、遷二幸但波乃吉佐宮一、積二四年一奉レ斎、此レ従更倭国求給、此歳豊宇介神天降坐奉二御饗一、

『御鎮座伝記』に、

御間城入彦五十瓊殖天皇三十九歳壬戌、天照太神〈平〉遷二幸但波乃与佐宮一、積二四年一奉レ斎、今歳止由気之皇神天降坐〈天〉、合レ明斎レ徳給、如二天小宮之義一〈志天〉、一処双座〈須〉、于時和久産巣日神子豊宇気姫命〔稲霊神也、〕奉レ備二御神酒一、〔今世謂二丹後国竹野郡奈具社座豊宇賀能売神一是也、亦元昇天女、昇女・姮娥、謂従二月天之紫微宮一天降坐天女是也、〕亦丹波道主貴〔素戔鳴尊孫粟御子神是也、〕奉レ備二朝大御食・夕大御気一奉レ仕矣、其功已辞竟〈天〉、止由気太神復二上高天原一〈支〉、此処〔仁志天〕、以二白銅宝鏡一〈弖〉道主貴・八小男童・天日別命崇祭奉焉、

『御鎮座本紀』に、

御間城入彦五十瓊殖天皇三十九歳壬戌、天照太神遷二幸但波乃吉佐宮一、今歳、止田気之皇太神結二幽契一天降居、于時大御食津臣命・建御倉命〔中臣祖也、〕・屋船命〔草木霊、今号二度相郡坐清野井庭神社一也、〕・宇賀之御魂稲女神〔今号二小俣神社也、〕・宇須乃女神〔五穀霊、号二宇須野社一也、〕・須麻留売神〔今号二須麻留売社一是也、〕・宇賀乃大土御祖神〔素盞嗚尊子也、度相山田原地護神、〕・若雷神〔今世号二北御門大明神一是也、〕・彦国見賀岐建与来命〔号二度相国見神社一也〕・天日起命〔伊勢大神主祖神也、〕・振魂命〔玉串大内人祖、〕・相従以

戻止矣、爾時天照皇太神与ニ止由気皇太神一合レ明斎レ徳居焉、如ニ天上之儀一、一処双座焉、和久産巣日神子豊宇可能売命〔屋船稲霊神也、〕生ニ五穀一而善醸レ酒奉ニ御饗一、御炊神氷沼道主〔素盞嗚尊孫也、亦名ニ粟御子神一、今世号ニ御炊物忌一其縁也、〕率ニ四九三十六竈神一、而朝御大御気・夕大御気〈於〉炊備テ奉ニ御饗一〈留〉、

とあり、崇神天皇三十九年のこととしている。『私鈔』には、

天照太神与一所坐等ハ、崇神天皇廿九年〈卅カ〉〔壬戌〕三月三日ニ、天照太神、和国笠縫邑ヲ出デテヨリ、丹後ノ吉佐宮ニ遷幸シ坐ス時ニ、天御中主尊、亦、其ノ時、淡治国八輪嶋ヲ出デテ、同ジク与謝ノ地ニ遷幸シ坐ス。故ニ与一所坐ト云フ也ト云々。〔但シ、豊受、天照ヨリ前《サキ》ニ彼ノ与佐ノ宮ニ遷幸スル也。〕

とあり、豊受大神の方が天照大神より先に与佐宮への遷幸したと注記している。

(110) 竹野《チクノヽ》郡奈具《ナクノ》宮＝「竹野郡」国〔タカノヽ郡〕、守〔チクノこほり〕、温〔タカヽノ郡〕、府〔タカヤノ郡〕、天〔タカヤ郡〕。

『延喜式』神名下・丹後国竹野郡に「奈具神社」がある。竹野郡奈具社に遷座したことは、『麗気記』③「降臨次第麗気記」に見えない。『丹後国風土記』逸文「奈具社」（↓③註24）に天女伝説を載せ、老夫婦に追い出された天女〈豊宇賀能売命〉が各地をさまよった後に、

復至ニ竹野郡船木里奈具村一、即謂ニ村人等一云、此処我心成ニ奈具志久一、〔古事平善者云ニ奈具志一、〕乃留ニ居此村一、斯所謂竹野郡奈具社坐豊宇賀能売命也、

として最終的に留まったところとする。『麗気記』の説はこの天女伝説に基づくと思われる。『麗気記』では奈具神が朝餉と白黒酒神を供えたとする。『御鎮座伝記』（↓註109）では豊宇気姫命〈丹後国竹野郡奈具社〉が神酒を奉り、丹波道主貴が朝御饌・夕御饌を供えたとあり、『御鎮座本紀』（↓註109）でも、豊宇可能売命が酒を醸して奉り、丹波道主貴の娘八乎止女が朝御饌・夕御饌を供えたとある。

(111) 奈具神《ミコト》、朝御気《アサミケ》ヲ奉り、御饗《みあえ》と為《な》す＝「奈具神」国〔ナクノカミ〕。「奉朝御気」国・守イ〔アサミケツヲタテマツテ〕。「為御饗」朱〔ミヤイトシテ〕、国・府・天〔ミアカヘト為シ〕、守〔ミアヘノミヤと為〕、宝〔ミアヘト為〕。

「奈具神」は、奈具社の祭神、奈具の地主神か。註135も参照。「朝御気」とは、神の朝食。ここでは、朝大御饌《あさのおおみけ》のこと。『聞書』に「朝御気〈文〉。朝ノ御膳ヲ云フ也。」とある。「御気」は、御饌・御膳・御食などとも書き、神または天皇の食事、供物の意。「御饗」は、貴人・神への飲食のもてなし、その飲食物。

伊勢神宮では毎日、朝夕二回神饌を奉る儀式があり、朝大御饌・夕大御饌と呼ぶ。その由来について、『神宮雑例集』は、

皇太神宮倭姫命戴奉〈天〉、五十鈴宮〈爾〉令ニ入坐一坐鎮〈理〉給時〈爾〉、大若子命〈乎〉大神主〈止〉定給〈天〉、其女子兄比女〈乎〉物忌定給〈天〉、宮内〈爾〉御饌殿〈乎〉造立〈天〉、其殿〈爾〉為〈天〉抜穂田稲〈乎〉令ニ抜穂抜一〈天〉、大物忌

大宇祢奈〈止〉共為〈天〉、令㆓春炊供奉始㆒〈支〉、と述べ、倭姫命が大若子命の女を物忌と定めて、御饌殿を造立して、供奉せしめたのが始まりであるとする。『止由気宮儀式帳』「二所太神朝御饌・夕御饌供奉行事」では「供膳物《ミケツモノ》」として、

天照坐皇太神御前〈御水四毛比、御飯二八具、御塩四坏、御贄等、〉

止由気太神御前〈御水四毛比、御飯二八具、御塩四坏、御贄等、〉

相殿神三前〈御水六毛比、御飯三八具、御塩六坏、御贄等、〉

をあげており、古くは水・飯・塩などであったことがわかる。

(112) 白黒《テイリ》　酒　神《サカツヒメノミコト》を　奉《たてまつ》り上《あ》ぐ＝「白黒酒神」を真・国は「白黒神酒」、世・守・温・宝は「白黒酒姫神」（守左〔ワカテ人ノテヲモテカイライヲ〕）、府・天は「白黒酒姫神々」とする。「白黒」国〔テイリノ〕、温〔テクリ〕。「酒神」朱左〔カイナイヲ〕、「神酒」国・府〔ミワヲ〕、「酒姫神」守・宝・府〔カイナイヲ〕、温〔サカツヒメノ神〕、天〔サカツ姫ノミコト〕。「奉上」国〔タテマツリアグ〕。

「白黒酒神」は、白酒・黒酒を醸して奉る神、という意味か。「白酒《しろき》」「黒酒《くろき》」は、大嘗祭・新嘗祭などで供えられる特別に醸成された酒。醴酒《れいしゅ》（あまざけ・こさけ・ひとよさけ）に臭木《くさぎ》の焼灰を入れたものを黒酒、入れないものを白酒という。室町時代には醴酒を白酒とし、これに黒ごまの粉を入れたものを黒酒として用いた。ただし、『聞書』には「白　黒《サカツヒヌノ》〔白酒　清酒　黒酒〕神酒《ミコト》〈文〉。清濁ノ二酒也。黒ハ清酒也ト云々。」とあり、白酒《しろざけ》＝濁酒（どぶろく）の対として、黒酒《くろざけ》＝清酒とする見解をとる。真・国本は「白黒神酒」とするが、「神酒（しんしゅ・みき）」は、神に捧げる酒の意。「白黒酒姫神」とする諸本もあるが、これは『御鎮座伝記』（↓註109）に、与佐宮で豊宇気姫命が奉った「御神酒」の割注として「今世謂㆓丹後国竹野郡奈具社座豊宇賀能売神㆒是也、亦云是天女、昇女・姮娥、謂従㆓月天之紫微宮㆒天降坐天女是也、」と記されることに基づくか。

(113) 夕御気《ユウミケ》を備《ソナ》ヘ進《マイ》ラスル儀式《ヨソヲイ》＝「備進」国〔ソナフル〕、府・天〔備ヘマイラス〕。

「夕御気」とは、夕《ゆうの》大御饌のこと。『聞書』に「夕御気〈文〉。是ノ文、夕ノ御膳也。」とある。

(114) 心《しんノ》御柱《ミハシラ》ヲ採《サイ》シテ奉ル儀式《ヨソヲヒ》、前の如し＝「奉採」国〔タテルサイシキ〕、守〔採リ奉ル〕、府〔奉サイシキ〕。

心御柱を山から切り出してから、心柱として立てるまでの一連の儀式。これは、奈具宮でのことではなく、伊勢における儀式である。「如前」というのは、内宮の儀式と同様という意味と考えられるが、『天地麗気府録』（↓註94）にある内宮造営の記載が『麗気記』では省略されているためにわかりにくくなっている。また『天地麗気府録』（註102の続き）に、

雄略天皇即位廿一年丁巳冬十月一日、倭姫命託宣〈久〉、吾如㆓天上坐㆒〈爾〉天下〈仁弖毛〉一所耳坐〈爪〉御気〈毛〉

安不二聞食一〈須〉、丹波国与佐乃見比沼之真井之原座道主王子、八乎小女、斎二奉御饌都神一止由気皇神〈乎〉我坐国欲〈度〉天照大神誨覚給〈支〉、爾時任レ勅宣奉二布理一〈利〉、明年戊午七月七日、率二三十二神一従二丹波国余佐宮一〈与利〉、伊勢国渡遇山田原〈爾〉大宮柱太敷立〈天〉、高天原〈仁〉千木多賀志利〈天〉、八百万神達祝言〈天〉、定鎮坐号二豊受皇大神一是也、亦相殿杵独王皇孫尊坐、社記云、度会山田原大宮処鎮府祭物等、採二用天金山之精金一、而造二備天目牙《（ネ）》・鏡・大刀・神形・人形・八坂曲玉・流鈴・品物比礼・色々神財一〈天〉、度遇乃高佐山上法華山〈丹〉鎮府祭也、次奉レ採二心御柱一儀式如レ前、是造宮事始也、

とあり、与佐宮（与謝宮）から遷座して伊勢国度会山田原に鎮座するまでのことを記すが、ここではこの叙述が欠落している。雄略天皇二十一年から二十二年にかけての外宮鎮座の経緯は、『大神宮諸雑事記』や神道五部書（→①註153）に詳しく記されているが、『麗気記』においては①「二所大神宮麗気記」の最後に付記されている。このために、意図的に省略されたとも考えられる。

(115) 宮を造るノ事ノ始也＝国［造宮ヲツカサトリハシム也］、守［造宮ノコト始メなリ］、府［サウクウシノ始也］、府イ［造リミヤツカサトリ始ム也］、天［造リミヤヲツカサトル始也］。

はじめて伊勢に外宮を造営したということ。ここで、豊受大神が外宮に鎮座するまでの経緯が省略されていることについては、註114参照。

(116) 日鷲高佐山《アスノタカサヤマ》ハ＝朱左・守イ［ヒタカノ高佐山者］、国・府イ［ヒワシノタカサノ山トは］、守・府・天［アスカノタカサ山ハ］。

高倉山のこと。外宮の東南に位置する、標高一一六メートルの小山。その頂には高倉山古墳があり、現在も遺る全長一八・五メートルの横穴式石室は、六世紀後半〜七世紀前半の築造と推定されている。かつてはその近くに小型の円墳十数基も存在していたらしい。山の周囲には、度会之国御神社、度会之大国玉姫神社などの古社や、宮崎氏神社、田上大水社などの氏神社が点在しており、ここが在地豪族度会氏の祭祀の中心地であったことが窺知される。しかし、時代が降ると共にこれらの石室はその本来の意味が忘れ去られ、密教や神仙思想などと結び付けて解釈されていった。例えば『石窟本縁記』冒頭に、

神祇供秘文曰、開天宮於浮橋示下海降、日本伊勢天照太神是也、而第二之山高庫蔵、是五蔵中大蔵也、故納二万宝之種一、省二衆之蔭一、

記曰、高庫蔵者、名曰二天小宮一、亦名二天磐座一、是也、書曰、天帝修機玄扈、此徳丹陵、春秋合誠図曰、玄扈石室名也、亦曰、帝坐二玄扈一、洛上臨二観鳳凰図一、置二帝前一、黄帝再拝受図也、

とあるように、高倉山のタカクラとは万宝の種を納める宝蔵としての高庫蔵の謂であり、それが天小宮、天磐座に比定され、更に黄帝の居所であった玄扈でもあると説かれている。『倭姫命世記』にも、

一書曰、神倭磐余彦天皇御宇、悪神伊不加理弖、人民亡、火気発起而、天下不レ安佐留仁、以二天日別命一遣レ使、大

己貴神復レ命〈弖〉、発レ兵従二西宮一徙二此東洲一之時、崇二祭大国玉神一〔大己貴命〕、復レ命、天皇大歓、詔曰、宜下取二伊勢国一〈天〉、即為中天日別命之村地上、此世不レ堪二火気一、伊勢多賀佐山嶺〈仁〉、造二石宅一住居〈天〉、天日別命殺二戮荒振神一、罰二平不レ遵、堺二山川一〈仁〉定二地邑一者也、以二天日別命子一崇祭、是度会国御社也、彦国見賀岐建与束命是也、

とあり、天日別命が「伊勢多賀佐山」に「石宅」を造って住居としたとする。石室については、註118参照。また近世では、『毎事問』に、

此の岩窟を以て神代の遺跡に准擬するに於ては其の山上の平かなる地を取て、又た神代の巻に云る高天原に准擬ん事無しとも云べからざるか。此処も承応の比には庇も無き板を敷きて人に拝ませたるが、寛文五年より如此宮殿の体に成たるなり。

とあるように、石室の辺りに実際に舞台が組まれ、神楽などの興行が行われていた。「日鷲高佐山」という異名については、『聞書』に、

日鷲高佐山〈文〉。伊勢ニ今十二石屋アル処也。是ヲ法華山トモ云フ。意ニ云ハク、入日ノ時、彼ノ山ノ粧、更ニ鷲ニ似タリ。仍テ日鷲高佐山ト云フ也。

とあり、日没の際に浮かび上がる山の姿が鷲に似ていることから付いたとする。

なお、以下の部分は『天地麗気府録』（註114の続き）に、

日鷲高佐山者、是日本鎮府験所在十二箇石室号玄扈也、謂大己貴命天日別命居所、亦伊勢津彦石窟。亦春日戸神霊窟也、惣名高倉山是也、常天童天女垂白雲臨遊松栢本奏妙音天楽、于時心響傍山名風音也、彼風音一嶽丹白・鼓金銀面象宝鈴等蔵之、是天女大和姫神態也云々、

とあることに対応する。

(117)日本鎮府ノ験所《トコロ》ナリ＝国〔日本ノチンフノ験トコロナリ〕、府〔ヤマトチンフノ験所〕、天〔ヤマト鎮府トコロナリ〕。高倉山を（豊受大神が）日本国を守護する場所とする説は他に見えない。後に見える天日別尊や大己貴命の故事と関連するか。あるいは、『倭姫命世記』に、

至二于大泊瀬稚武天皇御宇一自退甍、爾時倭姫皇女、大神主・物忌等〈仁〉託宣〈久〉、天照太神〈波〉、日月〈止〉共〔志天〕、寓内〈仁〉照臨給〔倍利〕、豊受太神〈波〉、天地〈止〉共〔志天〕、国家〈於〉守幸給〔倍利〕、故則天皇御宇、二柱霊尊訪二神風之地〈比〉、尋二重浪之国一〈天〉、天降鎮坐給〔倍利〕、

とある倭姫命の臨終時の託宣で、豊皇大神を日本国守護の神としていることに基づくか。『聞書』は「鎮府験所〈文〉。御《ミ》鎮《シツマリ》座《マシャス》処ト云フ意也。」として、単なる鎮座地と解釈している。

(118)十二箇の石室在《あ》り＝国〔十二カノユウムロ在リ〕。「石室」府〔セキシツ〕、府イ〔ユワムロ〕、大〔イハムロ〕。

(119)玄《ヲ》扈《ヘ》ト号する也＝国〔ヲヘトナツクルナリ〕、府・天〔ヲトヘト号也〕。

「玄扈」は、もとは中国陝西省の洛水の南にある山名で、黄帝のいた石室があるとされ、転じて天子のいる所を指す

こともある。ここではそれを、高倉山の石室を指すのに用いている。『石窟本縁記』冒頭（↓註116）では、やはり黄帝の石室の故事を引いて説明している。『同』は更に「神宮雑記云」として、

宮崎大海原坐天牟羅雲命霊社以北、玄扈者、宮子斎王父、大神主小事石窟也、欽明天皇丙戌冬十月八日、大倭神祇宝山与利孔雀王霊石乎奉迎之後、石窟以北仁崇二敬之一、亦曰、高倉石窟則天日別命・大貴国主神霊、大弁才天宇賀辰王像安置之間、万寿二年己丑春三月一日、一禰宜常親為権任之時、一千日敬礼修行利益炳焉也云々、

とあり、度会氏の祖である天牟羅雲命を祭る社（宮崎氏神社か下御井社であろう）の北に、石窟があると記す。石窟の数については、『聞書』に

玄扈《ヲヘ》〈文〉。伊勢ノ高倉山ニ十二石屋アリ。二八人見ル也。十八知ラズト云々。高倉山ハ外宮山ノ上ニ有リ。ヲヘノ石屋ト云フ也。

と見えるほか、坂十仏の『大神宮参詣記』には四十八、近世の『宮川日記』には二十八、九ヶ所とするなど、諸説がある。

（120）謂ク大己貴命《ヲオミナンチノミコト》・天日別命《アメヒワケノミコト》ノ居所《ヰトコロ》ナリ＝「謂」国・守［イワユル］。「大己貴命」朱左［ヲヽナンチノミコト］、国［ヲホ己貴ミコト］。「居所」国［キヨ前ナリ］、宝［ヰヨトコロナリ］、守イ［ヲル所］。

「大己貴命」はオオナムチ（↓註75）。『倭姫命世記』（↓註116）に、神武天皇の命で兵を起こして内乱を鎮めたことにより、天皇から高佐山に住むことを勧められたとある。

「天日別命」は、度会氏の祖神。『先代旧事本紀』巻十「国造本紀」に、

伊勢国造、
橿原（神武）朝、以二天降天牟久怒命孫天日鷲命一、勅二定賜国造一、

とある。『度会氏系図』によれば、天御中主尊の十四世孫、天牟羅雲命の孫。『伊勢国風土記』「伊勢国号」（『万葉集註釈』巻一所収逸文）に、

伊勢国風土記云、夫伊勢国者、天御中主尊之十二世孫天日別命之所二平治一、天日別命、神倭盤余彦天皇、自二彼西宮一、征二此東州一之時、随二天皇一到二紀伊国熊野村一、于時随二金鳥之導一、入二中州一而到二於菟田下県一、天皇勅二大部日臣命一曰、逆党膽駒長髄、宜二早征罰一、且勅二天日別命一曰、国二有天津之方一、宜レ平二其国一、即賜二標剣一、天日別命奉レ勅、東入数百里、其邑有レ神、名曰二伊勢津彦一、天日別命問曰、汝国献二於天孫一哉、答曰、吾覓二此国一、居住日久、不レ敢レ聞レ命矣、天日別命、発レ兵欲レ戮二其神一、于時、畏伏啓云、吾国悉献二於天孫一、吾敢不レ居矣、天日別命問云、汝之去時、何以為レ験、啓曰、吾以二今夜一起二八風一吹二海水一、乗二波浪一将二東入一、此則吾之却由也、天日別命整レ兵窺レ之、比レ及二中夜一、大風四起、扇二挙波瀾一、光耀如レ日、陸海共朗、遂乗レ波而東焉、古語云二神風伊勢国、常世浪寄国一者、蓋此謂レ之也、

とあり、天御中主尊の十二世孫で、神武天皇の東征に随い、

伊勢に住んでいた伊勢津彦を平定したとする。また『同』「度会郡」（『倭姫命世記』裏書所収逸文）に、

風土記曰、夫所三以号二度会郡一者、畝傍樫原宮御宇神倭盤余彦天皇詔二天日別命一、覓国之時、度会賀利佐嶺火気発起、天日別命視云二此小佐居加毛一、使遣令レ見、使者還来申曰、在二大国主神一、賀利佐到于時、大国主神遣レ使奉レ迎二天日別命一、因令レ造二其橋一、不レ堪二造畢一于時到、令下以二梓弓一為レ橋而度上焉、爰大国主神資二弥豆佐々良姫命一参来、迎二相土橋郷岡本邑一、天日別命覩地出レ之、参会曰、刀自爾度会焉、因以為レ名也、

として、大国主神から度会の地を国譲りされたという伝承を載せている。『聞書』には「天日別命〈文〉。是レ神璽也。」とある。

(121) 伊勢津《ツ》彦神《ヒコノミコト》の石屈＝「石屈」国・守・府［イワヤ］、守イ［イシホリ］、府イ［イシクツ也］、天は「石嵓」として［イワヤ］。「伊勢津彦神」は、天日別命に伊勢を追われた神。『伊勢国風土記』「伊勢国号」（↓註120）参照。大己貴命の子とする。また『伊勢国風土記』「伊勢」（『日本書紀私見聞』所収逸文）に、

伊勢国風土記云、伊勢云者、伊賀安志社坐神、出雲神子、出雲建子命、又名伊勢都彦命、又名二櫛玉命一、此神、昔、石造レ城坐二於此一、於レ是、阿倍志彦神来奪不レ勝而還却、因以為レ名也、

とあり、伊賀国の安志社（現在の三重県阿山郡柘植町の穴石神社）の神で、出雲神の子で出雲建子命、別名を櫛玉命といい、石で城を造っていたという。『聞書』に、

伊勢津彦神石屈〈文〉。伊勢高倉山天岩戸トテ参詣スル是也。

として、伊勢津彦神の石窟とされる高倉山を天岩戸として参詣する風習があったことを伝えている。

(122) 春日戸神《トノミコト》ノ霊堀《レイクツ》＝「春日戸神」国［カスカノトヘノミコトノ］、守・宝［カスト神ノ］、守イ［イフキトノ神］、温［かすカトノ神］。

「春日戸神」は、春日神のこと。『石窟本縁記』所引「神宮雑記」（↓註119）では、豊受皇大神の伊勢鎮座の後、河内国高安郡に移り、天照大神高座神社として現われたとする。『聞書』に「春日戸神〈文〉。春日大明神是也ト云々。」とある。

「霊崛」は「霊窟」の意か。

(123) 惣《すべ》テ高倉山《タカクラヤマ》ト名づく＝「惣名」国［ソウミヤウ］。

「高倉山」は前出（↓註116）。

(124) 天童・天女《あまつをんな》＝朱・守［アマツリラハノアマツヲンナ］。

(125) 白雲に乗りて、臨《のぞ》みて松栢の本に遊びて＝「乗」朱・守［乗テ］。「臨」朱［ノソンテ］、国［クタリ］、守［ノリテ］。「臨遊」府［臨遊シ］。「遊」朱［アソノテ］。「松栢本」朱［ショウハクノモトニ］。

雲に乗って青々と繁った木々のところに来る、という意味か。

「松栢」は松と柏、四季を通じて緑を保つ常磐木の総称。永く栄えるめでたさの象徴。

(126) 響ニ応じ＝国・府［ヒヽキニヲウスル］、守［響ニ応シテ］、天［応ヒゞキ］。

(127) 傍山を風音と名づく也＝「傍山」国・守・温・府［カタハラノ山ヲ］、天［ソハヽラノ山］。「風音」朱［タカヲトヽ］、国・守・府［カサヲト］。

まわりの山々に天楽が木霊《こだま》する音を、風の音と聞き違えたとこによる命名か。『聞書』に、

風音〈文〉。毎日一大《イッタイ》三千世界ノ神達、集会シテ音楽ヲ奏シ給フ。麓《フモト》ノ里人、聞キテ風音カト立テリ。之ニ依リテ、名ヅケテ風音ト云フ也。

とある。

(128) 彼の風音一嶽に＝「彼風音」国・府［彼ノカサヲノ］、守［カノ風音ハ］、天［彼カサヲト］。「一嶽〈丹〉」朱［一ツイワカノスニタントシテ］、国・府・天［ヒトミネに］、守［一嶽ニシテ］。

天楽が木霊するまわりの山ひとつひとつが輝いて、という意味か。

(129) 白鈸鼓《かっこ》・金銀の面象・宝鈴等、之を蔵《かく》す＝「白鈸鼓」朱・守イ［シラツヽミ］、国［白カツコ］、守［白タク］、温・府・天［白カコ］。「金銀面象」朱・守［金銀ノシウサウラ］、守イ［ヒラ象］。「蔵之」国［之ヲカクセリ］、守［カクス之］、府・天［カクセリ之］。

「鈸鼓」は、鞨鼓。奈良時代に中国から渡来した鼓。雅楽に用いられる。『聞書』には「白鈸鼓《カネノツツミ》○蔵ㇾ之〈文〉。彼ノ高山ニ大和姫、無量ノ財宝ヲ納メ給フ。彼ヲ挙グル也。」とあるように、倭姫命が高倉山に財宝を納めたことを楽器に象徴させたか。また「白鈸鼓〈文〉。三字引合セテ、ガクコト読メリ。」とある。

(130) 天女大和姫《おおやまとひめ》の神態《みことのシワサ》也＝「天女大和姫神」朱［アメノ女ヲヽヤマトミメノミコトノ］、国［天女ヤまと姫ノミコトノ］、守［あメノミムスメノヤマトヒメノミコト］。「神態」国［ミコトノシワサ］。

「大和姫」は、倭姫命《やまとひめのみこと》（↓①註152）。「神態」は「神事（かんわざ）」で、神の仕業という意。

(131) 山田原造宮の間《あいだ》＝「山田原」朱・温・宝［山田原ノ］、国・府・天［ヤウタノハラ］、守［山田ノ原ニ］。「間」朱［アイタ］。

豊受宮（外宮）を造営する期間。この部分は、『天地麗気府録』（註116の続き）に、

山田原造宮之間、沼木高河原離宮木丸殿御座、天衆降居奏二妙音楽一云々、

とあることと対応する。

(132) 沼木《エノキ》の高河原《タカカハラ》離宮木丸殿《きノまるトノ》ニ御座《ヲハシマ》ス＝底・温は「沼木の高河原に宮を離れテ木の丸殿にニ御座ス」と訓む。「沼木高河原」朱［ヌテノ木高河原］、国［ヌキノタカカワラニ］、守［ヌキノタカカハラ］、温［エノキノタカかハラノ］、府［ヌノキノタカカハラニアリ］、府イ［エイキ高河］、天［ヌマキタカカハラニアル］。「離宮」（尊・温は「離ㇾ宮」）朱左［リケウ］、国・府［カリミヤ］、守［リクウニ］、守イ［カリノミヤ］、天［ナリミヤ］。「木丸殿御座」朱左［タマカキノモトノミヤシロノミマシ所］、国［キノマロトノニマシヽヽシニ］、府［キノマワトノニヲワシマスニ］、天［キノマトノ御座スニ］。

「木丸殿」は、はんの木の皮を剥がずに造営した仮殿。黒《くろ》木造《きづくり》の建物。『聞書』に「木丸殿〈文〉。榛《ハンノキ》ヲ以テ皮ヲムカズ仮殿ヲ造レルヲ云フ也。但シ、此ノ木ヲ伊勢ニハ、ハイノ木ト云フ。近江ニハ、ハム木ト云フ也。」とある。

(133) 天衆降居して妙音楽ヲ奏す＝「降居」国［カウコソ］、守［クタテ］、府［カウコシテ］。「奏妙音楽」国・府［妙音ノ楽ヲ奏ス］。

(134) 与佐宮《よさのみや》ノ御出《いでたまふ》ノ時ニ＝朱・守［与サノ宮ヲ］。「御出時」国［キヨ出ノ時ニ］、守イ［イテタマフ時］。

「与佐宮」は前出（→②註190・⑥註109）。天照大神と同座した与謝の麻井原を出て、竹野郡奈具宮へ移った時。この部分は、『天地麗気府録』（註131の続き）に、

与佐宮御出時、地主明神詠曰、
奈具身爾《ナクノミニ》　奈具我宮《ナクノワカミヤ》　伊豆間《イツノマニ》　今波照出《イマハホニイテ》、　御明給《コラムシタマフ》

一説云、
安賀奴美爾《アカヌミニ》　阿賀奴小宮乎《アカヌワカミヤヲ》　伊豆流万爾《イツルマニ》
今者外爾出々《イマハトニイテ、》　照覧《コラムシタマフ》悟也

亦山田原迎《ムカヘトリタマフ》　接　時、天照大神柏手《カシハテ》忍手《シノヒテ》、御詠《ヲナヒラキ》曰、
増鏡《マスカヽミ》　雲位合《クモリアラセテ》　御覧尊《コラムセヨ》　千代千年世《チヨニチトセヲ》　重々《カサネカサネテノタマハク》

亦天御中主霊尊、大日孁貴、天照神拝文曰、
一心《シテ》　我頂礼《ス》　久住《シテ》　舎那尊《ナリ》　本来我《ト》一心《ナリ》
衆生共《ヲトモニ》　加護《セン》

爾時天照神返礼文曰、
帰命金剛秘密神　令持令程久住者
世出世間利群生　引道化縁及法界
如是々々、天上地下《シテモ》　為レ度ニ衆生一、両宮威光頓首再拝、
死罪々々、

とあることと対応する。

(135) 地主明神詠《よ》みテ曰は　ク＝守［地主明神ノウタヨミシタマハク］。国・府・天［トナヘテノたまはく］、温［詠ニ曰ク］。

「地主明神」は不詳。次の歌で「奈具我宮」を読み込んでいることから、与佐の地主神ではなく、前の部分で豊受大神に朝御気を供した奈具宮の地主明神である奈具神（→註111）のことであろう。ただし、前出の「摂社大土祖神」が山田原の「地主神」と明記されているのに対し、与謝と奈具について「地主神」「地主明神」の記載は無い。

(136) 奈具身尓《アカヌミニ》、奈具我宮《アカヌワカミヲ》、伊豆間《イツノマ一》、今波照出《イマハトニテ、》、御明給《コラウシタマヘ》＝「奈具身爾」国［ナクノミニ］、宝［アサカヌミニ］、府［アカクミニ］、府イ［奈具ミ、ニ］、天［アヤクミニ］。「奈具我宮」朱左［奈具我ネヤ］、国［ナクノリカミヲ］。「今波照出」左［今波テリ出］、守［イマハテリテ、］。

訓み、意味ともに不詳。奈具神が、与佐宮から奈具宮に豊受大神を迎えるために詠んだ歌か。豊受大神を歓迎し、今やその真の智慧の光りに照らされる身となったことを喜ぶ意か。ここでは、底本および諸本の訓を生かして現代語訳した。以下同じ。なお、これらの歌について、『聞書』『私鈔』などの解説はない。

「なぐ（和・凪）」は、①和む、心がしずまる、おだやか、なぐさむ。②風が止む、並みが穏やかになる、空がよく晴れる。③穏やかになる。「あかぬみに（飽かぬ身に）」なら

ば、満足できない身、悟りを得られないでいる身という意か。「いつのまに」は、いつのまにか。「とにでて」は、外に出て、戸口に出ての意か。「ごろうじたまへ」は、地主神が豊受大神に照らしてご覧になるよう促す意か。

(137) 安賀奴美尓《アカヌミニ》、阿賀奴小宮乎《アカヌワカミヲ》、伊豆流万尓《イツノマニ》、今者外尓出々《イマハトニテテ》、照覧《コラウシタマヘ》悟也＝「阿賀奴小宮乎」守［アカヌワカミテ］、府［アカヌワカミヤ］、天［アカヌワカミヤヲ］。「伊豆流万爾」国・天［イツルマニ］。「今者外爾出弖」守［イマハトニイ丶］、天［イマハトニイテ丶］。「照覧」左［テラシ］。

不詳。最後の一句を除き万葉仮名で書かれている。

(138) 山田原に迎接《ムカイタテマツ》ル時《トキ》＝「山田原」国・府［ヤウタノハラニ］、守［山田ノ原ニ］。

前出。天照大神が豊受大神を伊勢の山田原に迎えた。

(139) 柏手忍手《ヲモシロシノヒテ》＝「柏手」朱左・守イ［テウチシテ］、国［ヲモシロク］、守・宝［ヲモシロノ］、府イ［カシハテ］。「忍手」守［ミケヲクヒテ］、守イ［シノヒテウチ］、宝［ミテヲクシテ］。

「柏手《かしわで》」は拍手とも書き、神を拝むときに手をたたくこと。「忍手《しのびて》」は、音をたてない拍手のことで、葬儀や伊勢神宮の祭式などでする。ここでは拍手によって神の返事を伝える、返祝詞《かえしのつと》の類か。『聞書』に「拍手忍手〈文〉。カシハテ、シノヒテ打チ給フト読ム也。」とある。

(140) 御詠日《ウテシテノタマ》ハク＝「御詠日」国［トナヘテ詠ノたまはく］、守イ［ウタヨミシテノ玉ハク］、温［ヲクシテノタまハク］、宝［御詠タマハク］、府［コ丶ロユキテノタマハク］、府イ［ウチタマフ］。『聞書』に「御詠日〈文〉。ココロユキテノ玉フ、ト読リ。」とある。

(141) 増鏡《マスカヽミ》、雲位合《クモヰアワセテ》、御覧尊《コラウセヨ》、千代千年世《チヨニチトセヲ》、重重《カサネカサネツ》＝「尊千代」朱左・守イ［タカキモヒキ丶モ］。

「増鏡《ますかがみ》」は「まそかがみ」とも訓む。真澄鏡《ますみのかがみ》の約で、よく澄んではっきり映る鏡のこと。

「雲位《くもい》」は「雲居」「雲井」と書き、雲、空、遠く離れた所、宮中、都などの意。「雲位合わせて」で、神体としての鏡を納める神殿を並べて、と解釈することもできるか。

「御覧尊」の「尊」を命令形セヨにあてて読む事例は不詳。豊受大神への敬意を文字で表現したものか。

(142) 天御中主霊尊《アメミナカヌシノミコト》、大日霊貴《ヲオヒルメノムチ》天照神拝したまふ文ニ日はク＝「霊尊」温［ミタマノミコト］。「大日霊貴」天［オホヒルメムチ］。「天照神拝文日」＝朱［天照太神拝シタマフ文に日く］、守［天照太神ヲ拝シタマフ文ニ日ク］。

天御中主霊尊である豊受大神が大日孁貴である天照大神を拝する文。「天御中主尊」は前出（→②註158・⑥註16）。豊受大神の神号でもある。「大日霊貴」は前出（→①註120）。大日孁貴。天照大神の別称。この「神拝文」は伊勢流の祓書にみられる偈文で、『中臣祓天神祝詞』に、

一心我頂礼　久住舎那尊　本来我一心　衆生共加護
帰命金剛秘密神　令持令程久住者
世出世間離群生　引道化縁及法界
根本正覚灌頂儀　往古菩薩智法身
為成如来体正故　汝応授此金剛杵

とある（『皇天記』もほぼ同様）。このうち最初の一行が引か

れている。

(143) 一心我頂礼　久住舎那尊＝国・府〔一心シテ我頂礼ス、久住シテ舎那尊ナリ〕。

「一心」は、①究極の根底としての心。万有の実体真如。一は平素絶対、心は聖実性の意。衆生の根底にある一心識、阿頼耶識。②心を統一すること、禅定。③心を込めて、一心不乱に。「頂礼《ちょうらい》」はインドの最敬礼で、頭を地につけて礼拝すること。「一心頂礼」で、一心に尊い人の足に手を触れ礼拝すること。

「久住《くじゅう》」は、久しく住すること。特に「令法久住（法をして久住ならしめよ）」と、仏法が末長く弘められて、多くの人々を救えるように祈る。「舎那尊」は、盧舎那仏（↓①註47）。大日如来のこと。

(144) 本来我一心　衆生共加護＝国〔本来我ト一心衆生ヲ共加護セム〕、府〔本来我ト一心衆生ヲ共加護セン〕。

「本来」は、もともと。本質的に。「共加護」は、日の護り月の護りをいうか。

(145) 天照神返礼ノ文ニ曰はク＝朱左〔アマテルヲンカミヲカヘシテナシテノタマワク〕守〔天照太神ソテヲカヘシテシルシナシテノタマハク〕。

前の文を受けての、天照太神から豊受大神への応答。なお、『天地麗気府録』（↓註134）では、以下の部分のみ文言が著しく異なり、

帰命金剛秘密神　令持令程久住者
世出世間利群生　引道化縁及法界

として、先の『中臣祓天神祝詞』（↓註142）などに引かれる伊勢流祓の偈文の二行目・三行目と同文を載せ、また「如是々々、天上地下　為《シテモ》レ度二衆生一、両宮威光頓首再拝、死罪々々、」という一文を付す。

(146) 天宮誓願　久遠正覚

「天宮《てんぐう》」は、天上界の宮殿、あるいは大梵天宮殿と同義か。「誓願」は、①心に願うこと。②願い。願をおこしてなしとげようとすること、特に仏菩薩が必ず成し遂げようと誓うこと。四弘誓願の他、薬師の十二願・阿弥陀の四十八願・釈迦の五百大願などがある。

「久遠正覚《くおんしょうがく》」は、永遠の昔にすでに悟っていること。久遠実成と同義。「久遠」は、久しい間、過去、遠い過去、永遠の昔。「正覚」は、①真理を悟ること、完全なる悟。「三藐三菩提」に同じ。大乗では諸仏が等しく成就する無常・不備の悟り。②完全に悟った者。仏。

(147) 法性如々　同在一所

「法性如如《ほっしょうにょにょ》」は、一切の事象のあるがままの絶対の真理。諸々の事象はすべて真如でないものはないということ。「法如如」「法性真如（仏の悟りの内容をなす万有の本性）」と同義か。

「同在一所」は、天照大神と豊受大神が同じく伊勢に鎮座することを意味するか。

(148) 両宮ハ両部不二

内外の両宮は、胎蔵・金剛界の両部曼荼羅のように不二の存在であること。「両宮」（↓①註50）「不二」（↓①註138）は前

出。密教では、色（地水火風空の五大）を離れて心はなく、心を離れて色もないから、色心不二無碍という。また、色は境・理であり、心は智であるから、境智一如、理智無碍（理智不二）ともいう。これを理と智の二徳に分けて表現したものが胎蔵・金剛界の両部曼荼羅であり、よって「両部不二」という。註150も参照。

本巻では、この段落から内外両宮が二にして一であるという特殊な関係についての密教的な説明となり、最後の段落で、実は外宮の中に二宮があるという秘伝を提示する。つまり、豊受大神を祀る外宮についての巻でありながら、両宮の関係を総括しているのである。また、この部分は、巻頭の①「二所大神宮麗気記」と内容や用語に共通する点が多く、まさに『麗気記』世界の前半を締めくくるようになっているといえる。

なお、この部分は、『天地麗気府録』（註134の続き）に、

伊勢二所両宮、両部不二、三世常住神座也、応二理智形一、天照太神・豊受大神座也、是両部元祖、仏法本源也、

「（傍書）一人之外不受之云々、神道極秘是也、」

夫以、尸棄大梵天王、水珠所成玉、水珠者月珠、々々者玉、玉者金剛界大日、根本大毘盧遮那如来、是天上大梵天王、虚空無垢大光明遍照如来、過去威音王仏是也、三十三天中皆是名二大梵天皇一、是為二尸棄大梵天王一、是名二天御中主尊一、亦名二豊受皇大神一云々、光明大梵天王、火珠所成玉、火珠者日珠、々々日珠者玉、玉者阿字、々々者如意宝珠、々々者蓮華理、々者胎蔵界毘盧舎那遍照如来、阿字本不生不可得儀、万法皆空無自性門是也、過去花開王仏是也、三十三天中皆是名二大梵天王一、是名二光明大梵天王一、是名二天御中主尊一、亦名二天照坐皇大神一、他化自在天化身、大毘盧舎那如来、是名二摩醯首羅天王一、亦名二大自在天王一、昔為二威光菩薩一、住二日宮一、破二阿修羅王難一、居二日域一天照大神、増二金輪聖王福一、三千大千世界所有有情、初於二善男子善女一、醜陋頑愚、盲聾瘖瘂、四重八重、七逆越誓、傍方等経、一闡提等無量重罪、現在生中頓断無明、皆是神誓、大乗善根成就形相、有頂天上及無間極、已塵浮塵、性相常住、無辺異相、皆是神体、皆是大覚、皆是仏身、永離二生死一、常利二衆生一、無レ有二間断一、十方如来同入二三昧一、三世諸仏皆為二授記一、自在神力、両宮修行、功徳甚深、本来自性、本妙像形、不動念々、即入二阿字一云々、

「（傍書）師伝曰、外本無法身大日根本座内現化応身大日霊尊、天照大神皇孫命順孝道対生崇先霊停正果也、故崇天照大元豊受神給、亦皇孫命奉斎天照太神理也、」

今両宮則金剛胎蔵両部大日如来座也、両部大日色心和合成二一体一、即金剛界大日故、不二不思儀変成為二豊受皇大神宮内一所並座一也、此事不レ可レ令二発言一者也、可二両宮崇坐一云々、

とあることと対応する。「夫以」のところに細字（高野山三宝院文庫本の注記）で「一人之外不レ受レ之云々、神道極秘是也、」とあることを考えると、『天地麗気府録』では伝授の際にこれ以降の部分を最も重視していたようである。

(149) 三世常住の神《ミコト》に座《ましま》す也＝守［三世常住ノミコトノリシシテマシマス］。「神座也」底イ［ミコトノリシシテマシマスナリ］、国［神ニイマス也］、温［神マセス也］。
「三世常住」は前出（→①註104）。過去・現在・未来の三世にわたり常に存在していること。

(150) 理智ノ形＝「形」守イ［スカタ］。
大日如来（→①註47）が両部曼荼羅において、胎蔵の理法身と金剛界の智法身とに描き分けられていること。胎蔵は、理を表わす理平等門であり、その中台大日を理法身とする。金剛界は、智を表わす智差別門であり、その中の大日を智法身とする。このように曼荼羅で大日如来は理・智に分けられているけれども、二身は不離の関係にあり、「理智不二」の体をなしている。なお、「理智」は、「事智」を有漏智というのに対し、一切の煩悩妄想を離れた清浄の智慧という意味で、無漏智という。よって「理智形」を「無漏身」、すなわち清浄で消滅変遷しない仏身の意として解釈することもできる。しかし、ここでは続いて「天照太神・豊受太神座也」とあり、内宮を胎蔵、外宮を金剛界としているので、密教による解釈がふさわしい。

(151) 天照太神・豊受太神に座す也＝「豊受太神」国・府［トヨケヲホムカミニマス也］、守［豊受太神ニテまシマス也］。

(152) 両部ノ元祖《ミヲヤ》、仏法の本源也＝「仏法本源也」＝守［仏法ノ本源ニテマスマス］。

(153) 夫《そ》れ以《おもんみ》れば＝守［夫レ以ハ］、天［ソレヲモンミレハ］。

(154) 尸棄大梵天王《しきだいぼんてんのう》
前出（→④註89）。ここでは豊受大神のことで、光明大梵天王（→註166）を天照大神として対比している。ただし、『聞書』（→④註89）では、両大梵天王をイザナギ・イザナミの二尊として解釈している。

(155) 水珠《すいじゅ》所成の玉＝朱［水珠所成ノ玉］、国府天［水珠所成ノキミナリ］、守［水珠所成玉ナリ］。
「水珠」は前出（→①註74・⑥註19）。水を象徴する如意宝珠。

「火珠所成の玉」（→⑤註107・⑧註167）の対。

この部分について、『天地麗気府録』（→註148）では、鑁字についての記載を欠き、その代わりに「玉者金剛界大日」の一文が入れられている。なお、次の段落で「火珠」を「蓮花の理」としているのに対し（→註171）、ここでは「水珠」が「智」であるという解説が抜けている。

(156) 水珠トイフハ月珠＝国［水珠トは月珠］、守［水珠ハ月珠ナリ］。
「月珠」は、月を象徴する玉珠（→①註75）のことか。金剛界曼荼羅は月輪曼荼羅ともいい、大日如来の智の象徴で、月輪を観じ、その中に蓮花座があり、座の上に種字がある。このことから月珠が連想されるか。日珠（→註166）の対。

(157) 月珠トイフハ玉＝国・守［月珠トハ玉］、府・天［月珠ハ玉］。

(158) 玉トイフハ𑖪𑖽《ばん》字＝国・守・府［玉トは𑖪𑖽字］、天［玉ハ𑖪𑖽字］。
「𑖪𑖽字」は鑁字（→①註71）。金剛界大日如来の種字。

(159) 金剛界根本大毘盧遮那如来
金剛界曼荼羅の大日如来。

(160) 是《これ》、天上大梵天王《アメノウヘノだいぼんてんのう》ハ＝「是」国・府［これナリ］。
「大梵天王」は前出（→①註109）。

(161)虚空《こくう》無垢《むく》ノ大光明遍照如来
永遠で清浄な大日如来。「虚空」は、作られたものでない、限りない「無限」の譬。「無垢」は、けがれのない、清らかな、という意。「大光明遍照如来」は大日如来のこと。遍照如来、遍昭尊ともいう。

(162)過去威音王仏、是也＝「過去」守［過去ノ］。「是也」国・府［コレナリ］。
過去の世界における最初の仏。『私鈔』に、

過去威音王仏等ハ、甚深秘密ノ義ヲ以テ名ヅケテ過去ト為ス。即チ是、不現前ノ意也。三世ノ中ノ過去ニハ非ザルナリ。身密ノ威ト云ヒ、語密ノ音ト云ヒ、意密ヲ王ト云ヒ、ヒルサナ如来ノ三密同体ニシテ一密ノ処ヲ名ヅケテ仏ト曰フ。［下ノ過去花開王仏モ亦、此ノ如シ。］

とあり、「過去」とは「現前しない」という密教的な意味で、過去・現在・未来の「過去」という意味ではないとする。

過去威音王仏は、『麗気記』①「二所大神宮麗気記」冒頭の、役行者が金剛宝山で聞いた宝喜蔵王如来の三世常恒の説に「一《ムカシ》威音王如来より以降、十《ムカシ》我等ニ及びテ、天照皇太神の御寓勅を周しタマふ」とある「威音王如来」に同じ(→①註8)。ものごとのはじまり以前のはかりしれない遥かな昔における、最初の仏である。

ここでは、両宮の鎮座の経緯を通じて両部不二を述べた後、水徳の金剛界根本毘盧遮那如来を、過去威音王仏であるとしており、①「二所大神宮麗気記」の「はじまり」の叙述を呼び起こしつつ、尸棄大梵天王たる天御中主尊、つまり豊受大神こそが、始元の神であることを示そうとしているように読める。一方、火徳の胎蔵界毘盧舎那遍照如来は、光明大梵天王たる天御中主尊であり、天照大神であって、その昔の威光菩薩であったとし、神の誓いとして、衆生を利すための、様々な絶えることのない行ないを記しており、外宮が久遠の威音王仏であるのに対して、内宮は実際に衆生を利益する菩薩という位置付けのようである。本巻は最後に極秘として、両宮は豊受皇大神宮の内に一所に並び坐すことを言い、①「二所大神宮麗気記」から⑥「豊受皇太神鎮座次第」までを総括している。この場合の豊受大神宮とは、両宮のうちの外宮ではなく、「一を以て二に分か」つ前の一、「色心和合して一体」と成る、内外両宮の本の一を称しているのではないだろうか。

(163)三十三天ノ中ニ＝守［三十三天ノ中ニ八］。
「三十三天」は前出(→②註5)。帝釈天の住む切利天《とうりてん》のこと。
なお、以下の文について『私鈔』は数々の疑問を呈して、

三十三天中皆是名大梵天王等ハ、問フ。卅三天トハ是、切利天ノ翻名也。即チ是、欲界第二天也。大梵天王ハ色界初禅ノ王也。何ゾ切利天王ト云ハンヤ。又、次下ニ同ジク、卅三天中乃至光明大梵等ト云フ。既ニ是ヲ天御中主ト云フ。然ラバ応《まさ》ニ亦ノ名ノ豊受皇太神ト云フベシ。何ゾ天照ト云フヤ。況ヤ天御中主ノ事ハ上ニオイテ已ニ畢レルニ、何ゾ重ネテ此ニ之ヲ云ヘルヤ。又、他化自在ハ第六天也。マケイスラ(摩醯首羅)ハ色究竟天也。何ゾ亦名ヅク等ト云ハム。答フ。先ヅ、卅三天中等ハ、是、妙高山頂ノ

卅三天ニ非ズ。即チ是、天ノ御中主ハ、金剛界ノ大日。従神天潜尾《クリヲノ》命等ノ卅二神ハ、成身会中卅二人ノ執金剛神也。卅二ノ天ト大梵天トハ卅三天中ニオイテ、余ノ天ハ皆、此ノ大梵天王天御中主ヲバ大梵天王ト敬ヒ申シ奉ル也。又、一義ニ云ハク、七金山ノ天仙ノ所住所与、堅首天・持鬘天・常憍天、及ビ廿八天、并ビニ大自在天宮。是、卅三天ト云フカ。次ニ天御中主、亦名天照等ハ、上ノ返礼文ニモ、法姓(性カ)如如同在一如、ト云フ。又、両宮ハ両部不二、三世常住神ニテ坐ス也。理智ノ形ニ応ジテ、天照太神・豊受太神ニ坐ストモ云フ。又、下ノ文ニ、今、両宮、則チ両部ノ大日ナリ。色心和合シテ一体ト成ル。故則チ豊受皇太神宮ノ内ニ一所ニ並ビ坐ス也トモ云フ。故ニ知リヌ、内宮ヲ豊受神宮ト云ヒ、外宮ヲ天照神宮ト云ハル、強チニ相違ニ非ズ。但シ、今ハ内外交《コモヽヽ》言ヒ下ル故ニ、天御中主尊ト云フマデハ、外宮ノ御事也。亦、名天照等ノ下、化身ニ至ルハ内宮ノ御事也。内宮神也。故ニ化(他)化自在天ノ化身ト云フ。上天ニハ男女根無シ。形文夫《それぞれ》ナル故也。大ヒルサナ如来等ヨリ已下ハ、初ノ金剛界根本ヒルサナ如来ニ返ッテ、外宮ノ御事ヲ云フ。其故ハ、伊舎那商佉羅摩醯首羅同ジク自在天ト名ヅク。然ルニ、イサナハ他仮自在天也。商佉羅ハ初禅梵王自在天也。摩醯首羅ハ第四禅色究竟天ノ梵王大自在天也。今是、分別センガ為ニ、此ノ如ク交錯シ之ヲ挙グ也。言フ心ハ、同ジク身在(自)天トハ(摩醯首羅)云フトイヘドモ、内宮ハ他仮自在天化身也。外宮ハマケイスラ智処城ノ来下也。故ニ云ハク、

亦、大自在天ト名ヅク也ト云々。但シ天御中主尊、先ニハ、シキ大梵ト云ヒ、今、マケイスラ(摩醯首羅)天王ト云フ。是、前後相違ニ似タリ。是ハ害ハ、マケイスラ(摩醯首羅)天王ナレドモ、下々《クダリヽヽ》来々《キタリヽヽ》ノ時、初禅王トモ云ハレ、第六天王トモ云ハレ、卅三天尊トモ云ハレタマフ。只此、天御中主尊也ト意ヲ得ベシト云々。今両宮則両部等ヨリ已下、合シテ両宮不二ノ深義ヲ明カニス。

とあり、三十三天（忉利天）の王を大梵天王とすることについては、三十三天を天御中主尊（＝金剛界大日）と随従した天潜尾命（→③註41）以下の三十二神（＝成身会中の執金剛神）であるとし、その随身たちが天御中主尊を大梵天王として崇めた、と解釈している。

(164) 是、天御中主尊と名乄《もう》＝朱［コ、ニハ、アメミナヲノミコト、名］、国・守・府・天［是ヲ、天御中主尊ト名ク］。

(165) 豊受皇大神ト名スと云々＝国［トよ受皇大神ト名クト云々］。「云々」の訓について、『聞書』に「云々〈文〉。神書ノ習ヒ、只「云ヘリ」ト読メリ。」とある。

(166) 光明大梵天王《こうみょうだいぼんてんのう》
前出（→④註89）。

(167) 火珠《かじゅ》所成の玉＝国［火珠所成ノ玉］、守［火珠所成ノ玉ナリ］。
前出（→⑤註107）。「水珠所成の玉」（→註155）の対。

(168) 火珠ハ日珠＝府［火珠トは日珠］。
「日珠」は、日を象徴する宝珠（→①註75）のことか。月珠（→註156）の対。

(169) 玉は𑖀《あ》字＝国・守［玉トは𑖀字］。

「𑖀字」は前出（↓①註41）。胎蔵大日如来の種字。

(170) 𑖀《あ》字トハ如意宝珠

「如意宝珠」は前出（↓①註75）。あらゆる願いをかなえる不思議な玉。

(171) 宝珠トハ蓮花の理ナリ

「蓮花」は、泥中に生じても泥に汚されず清浄であり、煩悩から解脱して涅槃の境地を目指す仏教の象徴とされるが、密教では、理の表徴として胎蔵を意味し、この蓮花の上に智の月輪を置いて尊像を描く。これに対し、智の表徴としての金剛界は月輪（↓註156）で表わされる。

(172) 胎蔵界毘盧舎那遍照如来

胎蔵曼荼羅の大日如来。

(173) 𑖀《あ》字《じ》本《ほん》不《ぶ》生《しょう》不可得の儀＝「儀」朱［ヨソヲイ］。

「阿字本不生」の境地は客観的に知覚されるものでないことをいう。「阿字」は前出（↓①註41）。「本不生」は、本来、不生不滅で、宇宙の本源は生滅・断常・一異・去来を絶して常住寂然であること。「本不生際」ともいう。「阿字本不生」は、密教の教義を説明する語として古来重視されている術語。万法は、縁によって生じたものであるため、かならず本がある。さらにそれを突き詰めていくと、法の根本本初は無自性であり、新たに生まれたものは無く、常住寂然であるという。これを「本不生」「本不生際」という。つまり「阿字本不生」とは、梵字の𑖀字がこの本初不生の万法の根元を表わすということ。そして、この「本不生」の妙境は理解・認知できない（不可得）から、これを「阿字本不生不可得」という。『大日経疏』巻七（大正蔵三九・六五一c）に、

経云、謂阿字門一切諸法本不生故者、阿字是一切法教之本、凡最初開口之音皆有阿声、若離阿声則無一切言説、故為衆声之母、凡三界語言皆依於名、而名依於字、故悉曇阿字、亦為衆字之母、当知阿字門真実義、亦復如是、遍於一切法義之中也、所以者何、以一切法無不従衆縁生、従縁生者、悉皆有始有本、今観此能生之縁、亦復従衆因縁生、展転従縁誰為其本、如是観察時則知本不生際、是万法之本、猶如聞一切語言時即是聞阿声、如是見一切法生時、即是見本不生際、若見本不生際者、即是如実知自心、如実知自心即是一切智智、故毘盧遮那、唯以此一字為真言也、

とあり、「阿字」は万法の根源であるとする。また「阿字」は、法身毘盧遮那仏の体を表わすとし、自己も万法も法身毘盧遮那仏の顕現に他ならないとする。

(174) 万法皆空《ばんぽうかいくう》無《む》自《じ》性門《しょうもん》

すべては空であって、一切のとらわれのない悟りの境地を表わしていること。「阿字本不生不可得」と同義。

「万法皆空」は、万法は縁によって生じるが、因縁によって生じるものには必ず本があり、それにも本があり、究極的には法の根本の無自性に行き着く。「無自性門」の「自性」とは、それ自身で孤立的に存在する本体。あるいは独立し孤立している実体のこと。もの・ことが常に同一性と固有性を保持していること。この実体と実体的な「自性」

が、龍樹の縁起説によって根底から覆され、自性の否定である無自性が鮮明にされ、「空」と結びつけられた。「無自性」は自由で広大な「空」であり、実体的な思考は排除され、一切のとらわれのない悟りの境地を如実に表わす。

(175) 過去花開王仏《けかいおうぶつ》＝国・守［過去ノ華開王仏］。
不詳。胎蔵曼荼羅中台八葉院の南方の開敷華王如来が華開敷王とも称されるが、ここでいわれる「過去華開王仏」とは異なると思われる。また、『仏説仏名経』『現在賢劫千仏名経』の両経に見える諸仏の中に、華開仏の名が見えるが、これらとの関係も不明である。なお、「過去」について『私鈔』（→註162）では、威音王仏と同様に秘密という意味で使っているとする。

(176) 天御中主尊＝底イ［アメミナヲノミコト］。
前出（→②註158）。前段落で尸棄大梵天王＝天御中主尊＝豊受大神としながら、この段落で光明大梵天王＝天御中主尊＝天照大神としていることについて、『私鈔』（→註163）は先の「天照神返礼文」（→註145）や後に「豊受皇太神宮ノ内ニ一所ニ並ビ坐ス」（→註210）などとあることを指摘して、内宮を豊受神宮といい、外宮を天照神宮というのは「強チニ相違ニ非ズ」としながら、この「天御中主尊」までは外宮のこと、「亦名天照皇大神、他仮自在天、」の部分は内宮のこと、そして次の「大毘盧舎那如来」からは再び外宮のことに返るという読み方を合わせて提示している。

(177) 天照皇大神＝朱［アマテラシマシマス大神］、国［アマテラシマシマススヘ大神］、府［アマテラシスヘ太神］、天［アマテラススヘヲ、ンカミ］。

(178) 他仮自在天《たけじざいてん》の化身＝朱・国・守［他化自在天ノ化身］。
「他仮自在天」は、六欲天の一で、欲界の最上位にいて、下天の楽事を自在に受けて楽しむという意。他仮天、第六天（→④註106）ともいい、音写して波羅尼蜜、波羅維摩婆奢ともいう。もとは天魔の一で、釈迦の成道時に降伏された。胎蔵現図曼荼羅では、外金剛部院の東方に帝釈天の眷属として描かれる。なお、ここで天照大神を他仮自在天の化身とし、さらに大毘盧舎那如来であり、摩醯首羅とすることについて、『私鈔』（→註163）では、内宮は他仮自在天の化身、外宮は「摩醯首羅智処城ノ朩下」であるとする。

(179) 摩醯首羅天王《まけいしゅらてんのう》＝天［マケイシュラ天王］。
「摩醯首羅」は前出（→③註127・④註106）。大自在天のこと。なお、『私鈔』（→註163）は、天御中主尊は実は摩醯首羅天王であるけれども、降臨の時に、初禅王（大梵天王）とも、第六天王（他仮自在天）とも、三十三天尊ともいわれるとしている。

(180) 大自在天王
摩醯首羅（→③註127・④註106）と音写し、自在天・自在天王・天王・商羯羅・伊舎那など非常に多くの異名を持つ。シヴァ神が仏教化した尊格で、暴悪と治療の両面を持つ性格から、ついに唯一最高の天地創造神とされるようになった。ここで大毘盧舎那如来の別名とあるのも、そのためと考えられる。胎蔵現図曼荼羅では外金剛院の西方に描かれる。

(181) 昔、威光菩薩と為《な》り＝国守イ［威光菩薩ト為シテ］、守［威光菩薩と為リ」。守は「摩利支天也、弘法大師也、」と注記する。

「威光菩薩」は不詳。『私鈔』は「昔為威光菩薩等ハ、已下、武文ノ徳ヲ挙グ。威光菩薩トハ、是、摩利支天菩薩也。」として、摩利支天とする。摩利支天は、日光を神格化したもので、風神、あるいは梵天の子として崇拝された。自ら形を隠し、かつ常に障難を除滅して利益を施すとして、日本でも特に武士の守本尊として崇められた。また、小野流の成尊が康平三年（一〇六〇）に後冷泉天皇の勅により撰進した『真言附法纂要抄』（大正蔵七七・四二一c）に、

昔為₂威光菩薩₁、〔摩利子天神、大日化身也、〕常居₂日宮₁、除₂阿修羅王難₁、今遍照金剛、鎮₂住日域₁、増₂金輪聖王福₁、神号₂天照尊₁、刹（邦カ）名大日本国乎、

と同様の文が見え、威光菩薩は摩利子天・大日の化身であり、今は日本を守る遍照金剛（弘法大師空海）であり、その神号は天照大神であるとしている。『聞書』にも、

昔為威光菩薩〈文〉。遍照天照一体ノ習、之在ル也。故ニ大師ノ讃ニ之ヲ書ス也。

と、遍照金剛（空海）と天照大神が一体であるという説を述べる。

(182) 日宮ニ住《す》みテ＝国・府「シツキウニ住シテ」。

「日宮」は、日天子の宮殿。ただし、『聞書』は「住日宮〈文〉。ヒノワカミヤニスミ給フ、ト読メリ。深秘ノ跡也。口外スベカラズ、ト云々。」とし、『日本書紀』神代上・第六段本文でイザナギが国生み後に住んだとする天上の「日之少宮《ひのわかみや》」を暗示させるような秘説を載せる。『私鈔』には「住日宮トハ、隠形ノ卯也。彼ノ尊ノ三摩耶形ハ、是、日像ノ扇也。日輪中ニ入リテ住ス。日像扇ヲ上ニ以テス。便チ曰ハク、唵摩利支曳。」とあり、日象《ひのかたち》の扇（↓註79）を神宝とする外宮の摂社大土祖社（↓註70）との関係で解釈しているか。

(183) 阿修羅王《あしゅらおう》ノ難ヲ破ル＝「破」国・府「破シ」。

帝釈天が、阿修羅王との戦いに敗れて窮地に立たされた時、逃げることにより、そこにいた金翅鳥《こんじちょう》（または蟻《あり》）を踏み殺して戒を破ってしまうことを潔しとせず、その場で立ち向かったので、逆に阿修羅王が恐れをなして蓮の穴に籠もってしまった。つまり、持戒によって急難を逃れることができたということ。『法苑珠林』巻六十四「慈悲篇第七十四・観音部第五」所引の『雑阿含経』巻四十六にあり、『今昔物語集』巻一「帝釈与₂修羅₁合戦語第三十」などにも載録されている。『聞書』には「阿修羅〈文〉。」とあるだけである。

(184) 今ハ日域に居《い》テ天照大神と成《な》り＝「居日域」天「シチイキニ居シテ」。「成天照大神」国「天照大神ト成リ」。

(185) 金輪聖王《こんりんじょうおう》ノ福ヲ増ス＝国「金輪聖王ノ福ヲ増シタマフ」」、天「コン輪ジヤウ王福ヲ増ス」。

「金輪聖王」は、世界を支配する転輪聖王の一。即位の際に感得する輪宝により、金銀銅鉄の四種に分かれ、金輪王は四州、銀輪王は東西南の三州、銅輪王は東南の二州、鉄輪王は南閻浮提の一州を支配する。ここでは、日本における支配者として、天皇を指すか。

(186)三千大千世界、所有の有情ノ＝「所有」守［アラユル］。国・府は「有情初」として、国［有情ヲ初テ］、府［有情ノ初テ］。「三千大千世界」は前出（↓①註14）。全宇宙、または世間のこと。「有情」は、心の働きを持っている一切のもの。なお、『私鈔』に「三千世界所有々情等ノ已下ハ、神道仏道無二無別ノ旨ヲ云フ也ト云々。」とあり、ここからは神道と仏教が異なるものでないことを述べるという。

(187)善男子《ぜんなんし》善女人《ぜんにょにん》を初め＝「初於」朱［ハシメノハシメ］。「善男子善女人」は、①宿世に善根を積んで、仏法を聞信することができた人。②今生で浄信ある人。③念仏する男女。ここでは①の意味か。

(188)醜《しゅう》陋《る》頑愚《がんぐ》＝国・府・天［シュルクワン愚］、守［シュロ頑愚］、温［シムルクワンク］。「醜陋」は、容貌がみにくいこと。「頑愚」は、かたくなで、おろかなこと。『聞書』に、醜陋○瘖瘂〈文〉。先業ノ所感ニ依リテ、善悪ノ果報ヲ受クル等ノ類ヲ挙グル也ト云々。之ニ依リ、大集経十来文ニ云ハク、端正ハ忍辱ノ中ヨリ来タリ、貧窮ハ慳貪ノ中ヨリ来タリ、高貴ハ礼拝ノ中ヨリ来タリ、卑賎ハ憍慢ノ中ヨリ来タリ、瘖瘂ハ誹謗ノ中ヨリ来タリ、盲聾ハ不信ノ中ヨリ来タリ、長命ハ慈悲ノ中ヨリ来タリ、短命ハ殺生ノ中ヨリ来タリ、諸根不具ハ破戒ノ中ヨリ来タリ、六根具足ハ持戒ノ中ヨリ来タル。とある。

(189)盲聾《もうろう》瘖瘂《おんな》＝「盲聾」天［マウレウ］。「瘖瘂」守［ヲンア］。「盲聾」は、目の見えない人と、耳の聞こえない人。「瘖瘂」は、口のきけない人。

(190)四重八重《しじゅうはちじゅう》
比丘戒の四波羅夷罪と、比丘尼戒の八波羅夷罪を合わせたもの。破戒の罪の中で最も重いとされる。「四重（四重罪・四波羅夷罪）」は、殺生・偸盗・邪淫・妄語の四つの戒を犯した重罪。「八重（八重罪・八波羅夷罪）」は、先の四重に、触（男身に触れる）・八事（下心のある男と座したり、寄り添ったりする八種の行為）・覆（他人の罪を隠す）・随（作法を守らずに衆僧と共住）の四つを加える。『聞書』には「四重〈文〉。婬盗殺妄也。八重〈文〉。」とある。

(191)七逆越誓＝守は「越二誓謗」とする。「七逆」は、『梵網経』に説く七種の重罪。出仏身血・殺父・殺母・殺和尚・殺阿闍梨・破羯磨転法輪僧・殺聖人。「越誓」は、誓願を破ること。『聞書』には「七逆〈文〉。」とのみある。

(192)謗方等経＝「方等経」守「方等経ハ」。仏教の経典を誹謗すること。方等経とは大乗経典を指す。『聞書』に「謗方等経〈文〉。仏経等ヲ謗スル人ヲ云フ也ト云々。」とある。

(193)一闡提《いちせんだい》等ノ無量ノ重罪
「一闡提」は、成仏できない者。仏性を持たない者。サンスクリットの音写。なお、後には「一闡提の菩薩」というものも考えだされた。これは、すでに仏位に登ることができる修行と功徳を積んだ菩薩が、衆生を救済するために、

わざと菩薩の地位に留まることをいう。地蔵菩薩や観音菩薩がその代表。『聞書』に、

一闡堤〈文〉。梵語也。此ニハ焼種ト云フ。仏ニ成ルべキ種ヲ焼クト云フ意也。今悪業ノ衆生ニ取テノ事也。凡ソ菩薩ノ行ニオイテ、一闡堤ト云フ事有リ。謂ハク、彼ノ誓ノ願ニ云ハク、我、一切衆生ヲ度シ尽クシテ正覚ヲ成ゼント誓ヒ給フ間、一切衆生ヲ度シ尽スべキ事、有ルニ非ザル故ニ、遂ニ菩薩ノ時体ニシテ、仏ニ成ルべキ事有ルべカラズ。故ニ、焼種ト云フ也。故ニ、地蔵・観音等ヲ殊更ニ、一闡堤ノ菩薩ト云フ也。故ニ経ニ云ハク、若我誓願大悲中一人不成二也、願我堕虚妄罪過中、不還本覚検大悲〈文〉。

とある。

(194) 現在生の中に無明を頓断するモ＝国・守・府［現在生ノ中ニ頓ニ無明ヲ断ス］。

「頓断」は、多くの煩悩を一時に断ずること。「無明」は、無智。倶舎では大煩悩地の一、唯識では根本煩悩の一とする。

(195) 皆是《こレ》、神ノ誓ナリ＝守［皆是ノ神ノ誓ナリ］。

(196) 大乗の善根成就《じょうじゅ》の形相《ぎょうそう》なり＝守［大乗ノ善根ヲ成就形相］、府・天［大乗善根、成就形相ナリ］。

(197) 有頂天上《うちょうてんじょう》＝守［有頂天上リ］、天［ウチウ天上］。

「有頂天」とは、三界（欲界・色界・無色界）のうち、存在（有）の世界の最上（頂）である色究竟天（阿迦尼吒天《あかにだてん》）を指す。一説に、天上界（無色界）の最上である非想非非想処天とする。

(198) 無間極《むけんごく》

無間地獄。八熱（八大）地獄の第八。閻浮提の下、二百由旬にある極苦の場所。すなわち、最も下層の場所。五逆など最悪の大罪を犯した者が墜ちる。阿鼻地獄ともいう。

(199) 巳塵浮塵《いじんふじん》＝「巳塵」を国・府・天は「巳座」とし、国［ステニナリ］、府・天［ステニ座ナリ］。

「巳塵」とは、塵を煩悩に譬え、煩悩が滅した状態を指しているか。また「浮塵」とは、ここでは、空中に浮かぶ塵のように、煩悩が盛んな状態を指しているか。諸本により「巳塵」を「巳座」とするものがあり、『聞書』にも、

巳座浮塵〈文〉。異本ヲ以テ之ヲ検スルニ、巳座ハ巳塵トアリ。追テ尋ヌべシト云々。

とある通り、かなり早い段階から混乱があったようである。「巳座」では意味不明なので、ここでは採らなかった。

(200) 性相《しょうそう》常住、無辺異相＝国・府・天［性相常住、無辺ノ異相］、守［性相常住シテ、無辺ノ異ル相］。

本質は変わらず、永遠に変化する、ということか。「性相」は、万物の本体と現象。ここでは「異相」と対比する語として、「本質」の意味か。「異相」は、ものが変化して止まない相。諸法の生より滅に至る過程を四段に分けたうちの一。

(201) 皆是《こレ》、神体ナリ＝守［皆是ノ神体ナリ］。

(202) 同じく八三昧に入り＝「同」国・守・府［同ク］。

「三昧」は、心を一つの対象に集中した状態。深い瞑想状

態。これによって正しい智慧が起こり、対象が正しくとらえられる。サンスクリットの音写で、三摩提・三摩地とも書き、定・正定・等持とも訳す。

(203)授記を為《な》す＝国［授記ヲシタマフ］、守［授記のたメノ］、府［授記為シタマフ］。
「授記」は、仏から、未来に成仏する予言を受けること。

(204)自在神力ナリ＝国［自在神力ニシテ］。

(205)両宮修行、功徳甚深《じんじん》にシテ＝「両宮修行」国［両宮ノ修行］。「甚深」国［甚深ナリ］。
「両宮修行」は不詳。この後に「阿字門に入る」とあることから、現代語訳では神宮（の神体）を観想することと解した。これについて『聞書』は、「両宮修行〈文〉。三種神器ヲ心ニ捽《つか》ムヲ云フ也。深秘ノ義トテ之ヲ略ス。」とする。この説明も難解だが、やはり三種の神器を観想することをいうか。

(206)本来の自性、本妙の像形《かたチ》＝国［本来ノ自性本妙像ノカタチナリ］、府・天［本来自性本妙像ノかたチヲ］。

(207)念々に動せずして、即ち阿字門に入ると云々＝「不動念々」国［念々ヲ動セズ］、府・天［念々ヲ動せズシテ］。「即入阿字門」国［即チ阿字門ニ入ルト］。
「念々」とは、主として、①一念毎に、②心にかける、③刹那・一瞬、の三つの意味があり、ここでは③を採った。『聞書』は「不動念々即入𑖀字〈文〉。深秘々々、云フベカラズト云々。」とする。「阿字門」とは、万物の本源である阿字を観想し、あらゆる事物は不生不滅であることを体得すること。「阿字本不生」（↓註173）も参照。

(208)今、両宮ハ則《すなわ》ち両部ノ大日
『私鈔』（↓註163）に「今両宮則両部等ヨリ已下、合シテ両宮不二ノ深義ヲ明カニス。」とあるように、ここから伊勢の内外両宮が不二であることについて述べる。ただし、『天地麗気府録』（↓註148）では多生文言が異なり「今両宮則金剛胎蔵両部大日如来座也、」とあり、金剛院本ではその行間に補書して、
師伝曰、外本無法身大日根本座内現化応身大日霊尊、天照大神皇孫命順孝道対生祟先霊停正果也、故崇二天照大元豊受神レ給、亦皇孫命奉レ斎二天照太神一理也、
とある。

(209)色心《しきしん》和合シテ一体ト成《な》る＝「成一体」国・守［一体ト成ル］、守イ［一体ト成ス］。
「色心和合」は、色心不二（↓註148）・色心互融と同義か。「色」は物質をいい、密教では色を離れて心なく、心を離れて色がないことをいう。また、心法と色法は、理智の二徳を表わし、胎蔵・金剛界の両部曼荼羅であるとする。ここでは、金剛界の大日を色とし、胎蔵の大日を心として、「両部不二」を表現しているか。

(210)豊受皇大神宮ノ内ニ一所に並び坐《ましま》す也＝「豊受皇大神宮内」国［豊受皇大神ミヤウチニ］、守［豊受ノスヘ太神宮ノ内ニ］、府［豊受ノスヘ大神ノミヤウチニ］、天［トヨケノスヘヲホンカミノミヤウチ］。「一所並坐也」尊イ［一所並テ坐ス也］、国［一所ニナラヘマスナリ］、守［一所ニ並テ座ス也］。

金剛界曼荼羅で、智を表わす月輪の中に理を表わす蓮花座を置いて大日如来の尊像を描くことから来る説か。胎蔵曼荼羅では反対に、蓮花座の上に月輪を置いて尊像を描く。なお、東密では胎蔵を本有因曼荼羅とし、金剛界を修生果曼荼羅とするが、台密では逆にし、胎蔵を果とし、金剛界を因と位置づける。本巻では、豊受＝金剛界の立場に立って説明するので、外宮の中に内宮があるという説明になったのではなかろうか。

(211) 発言せしむること勿《なか》レ＝国・府［ハツケンせしむコト勿］、宝・府・天［ホカニシラしむルコト勿レ］。底・宮は「勿令発云々」とし［ホカニシラしメ勿レと云々］。守は「勿令発」とし［ホカニシラスベカラざレ］。

この部分は、『天地麗気府録』（→註148）や諸本の訓から意味をとった。

(212) 両宮崇め坐すべきが故ニ＝「可両宮崇坐故」朱［両宮タ、リマシマスヘキカ故］、国［両宮ヲ崇坐スベキ、故ニ］、守［両宮タタリマスヘキカユヘン］。「崇坐」天［アカメまス］。

「崇」について、「崇」とする本はないが、「タタリ」という訓があり、そのように解釈されていた可能性もある。

(213) 夫《そ》れ、梵号と密号、及び独古と、本より一也＝「従本一也」国・守・府・天［本よりヒトツ也］。

「梵号」は、梵語で表現したインド風の名。「密号」は前出（→⑤註104）。密教で用いる称号。金剛号（→⑤註116）ともいう。「独古」は、独鈷・独鈷杵（→①註45）のこと。ここでは三昧耶形を象徴する。この部分について『天地麗気府録』（註148の続き）では、

夫梵号与二密号一一也、根本一也、独古一也、一心二分為二
以因果一立二両部大日一、故全不二、因果本不二、事理本
同、故伊勢両宮一体無二、神暫迷悟立給故、名分二内外一、
実一方、豊受皇大神宮内並座、如三金剛界与二胎蔵界一、
本有周生名故、一大三千世界主両宮座也云々、

とあり、梵号と密号が一であり、独鈷は一つであることの象徴として書かれているが、『麗気記』では、梵号と密号と独鈷が一体であるように読める。

(214) 一を以て二に分かち天地と為《な》す＝「以一分二」国・守［一を以テ二に分チ］、守・天［一を以て二ニ分テ］。「為天地」朱［あメっチトス］、国・府・天［天地ト為セリ］。

『日本書紀』神代上・第一段本文の冒頭（→①註73）にある、清陽が天となり、重濁が地となるというイメージが投影されているか。さらに、天地が伊勢の内外両宮で、胎蔵・金剛界の両部大日であるという論へと展開する。『聞書』には、

以一分二〈文〉。不二而二ノ道理、之ヲ思フベシ。

とあり、密教の不二而二（→①註138）との関係を指摘している。

(215) 天地を以て両宮と為《な》す＝国［天地ヲ以テ両宮ト為シ］、天［天地ヲ以テ両宮ト為ス］。「以天地」朱［あメっちヲ以］。

(216) 両宮を以て両部の二神と為《な》す＝「為両部」国・守・府［両部ト為ス］。

内外両宮の神は、それぞれ胎蔵・金剛界の大日如来である

という こと。

(217) 暫《しばら》く迷悟を立て給ふ故ニ＝朱［暫迷悟ヲタテタマフ故］、国［シハラク迷悟ヲ立給フ故ニ］、守［暫ク迷悟ヲ立テ給フカ故ニ］。国・守・府・天は「二神暫立迷悟給故」とし、「二神」を主語とする。

「迷悟」は、迷いと悟り。

(218) 化儀《けぎ》 仏が衆生を悟りに導くための教化方法。化法（仏が修正化導のために説いた教法の内容・義理）の対。

(219) 本有《ほんぬ》平等にして＝朱・守［本有平等ニシテ］。府・天は「本有平等一理周遍法界故」とし［本有平等ノ一理周遍法界ノ故ニ］。

「本有」は、本来固有のこと。はじめよりあること。「平等」は、不同で一様であること。区別なく等しいこと。一切にあまねくこと。

(220) 一理周遍法界ノ故ニ＝朱左・守イ［周辺法界ナリ。カルカユエニ］。大日如来の功徳が同じく行きわたるから、という意味か。

「一理」は、普遍的な同一の理法。「理」は、不生不滅の絶対・平等の法性真如の体のことで、密教では、生滅の差別的存在そのままに不生不滅の理体であると説く。「周遍法界」は前出（↓①註12）。法身の功徳が無辺の法界に及ぶこと。

(221) 一大三千界主にて坐す也＝「一大三千界主〈仁天〉坐也」国・府［一大三千界ノアルシにて坐也］。「坐」朱・守［坐ス］。

「一大三千界」は前出（↓①註14・⑥註186）。全宇宙、または世間のこと。

(222) 府・天は巻末に「豊受太神鎮座次第四」と尾題を記し、さらに、

為下蒙二威光菩薩擁護一破二四魔三障難一頓預二天照太神冥威一増中喜福延寿営敬上横二此抄一〈云〉矣、妙書矣、

とある。

【図1】胎蔵曼荼羅

1 大日如来
2 宝幢如来
3 開敷華王如来
4 無量寿如来
5 天鼓雷音如来
6 普賢菩薩
7 文殊師利菩薩
8 観自在菩薩
9 弥勒菩薩

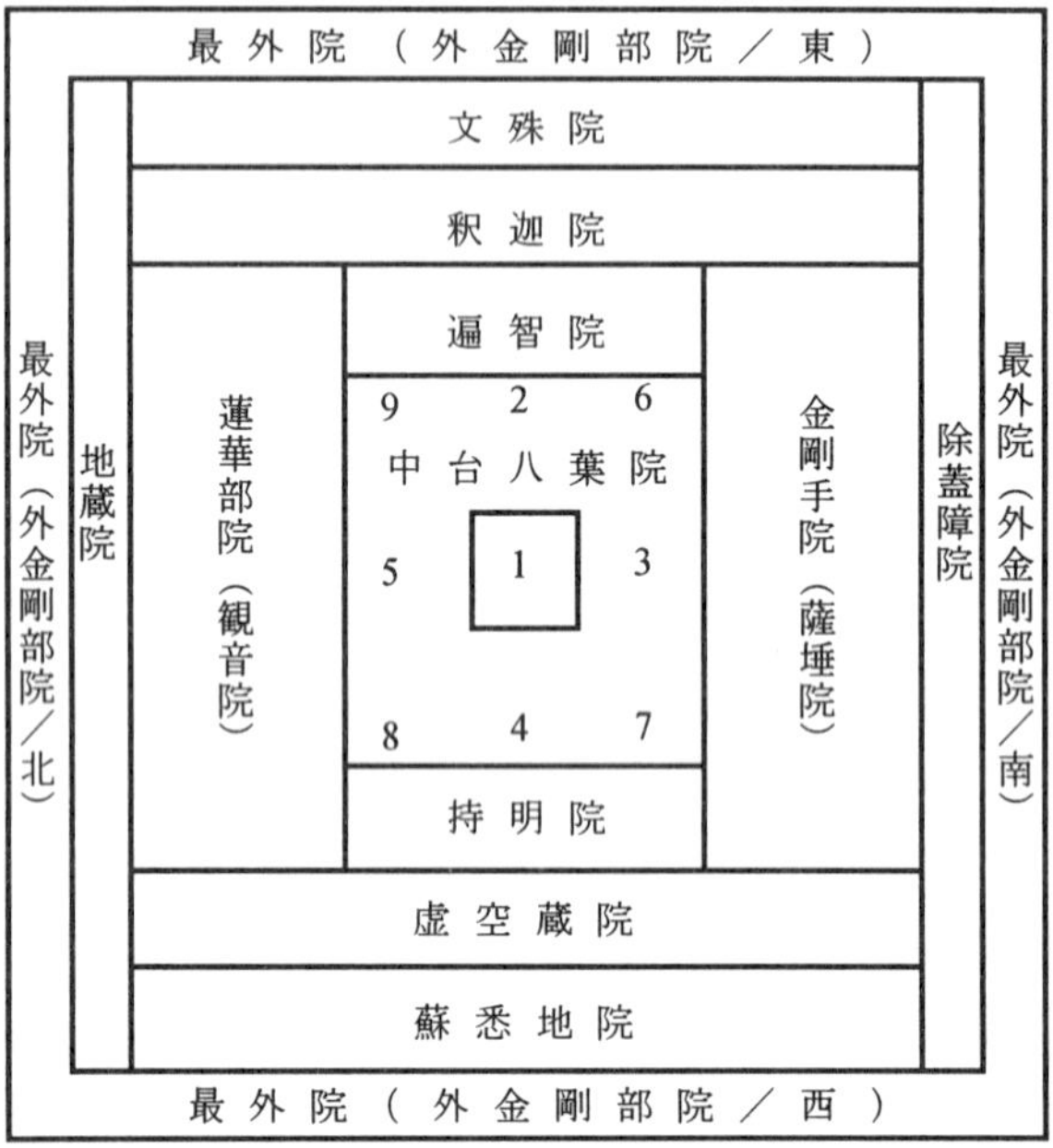

【図2】金剛界曼荼羅

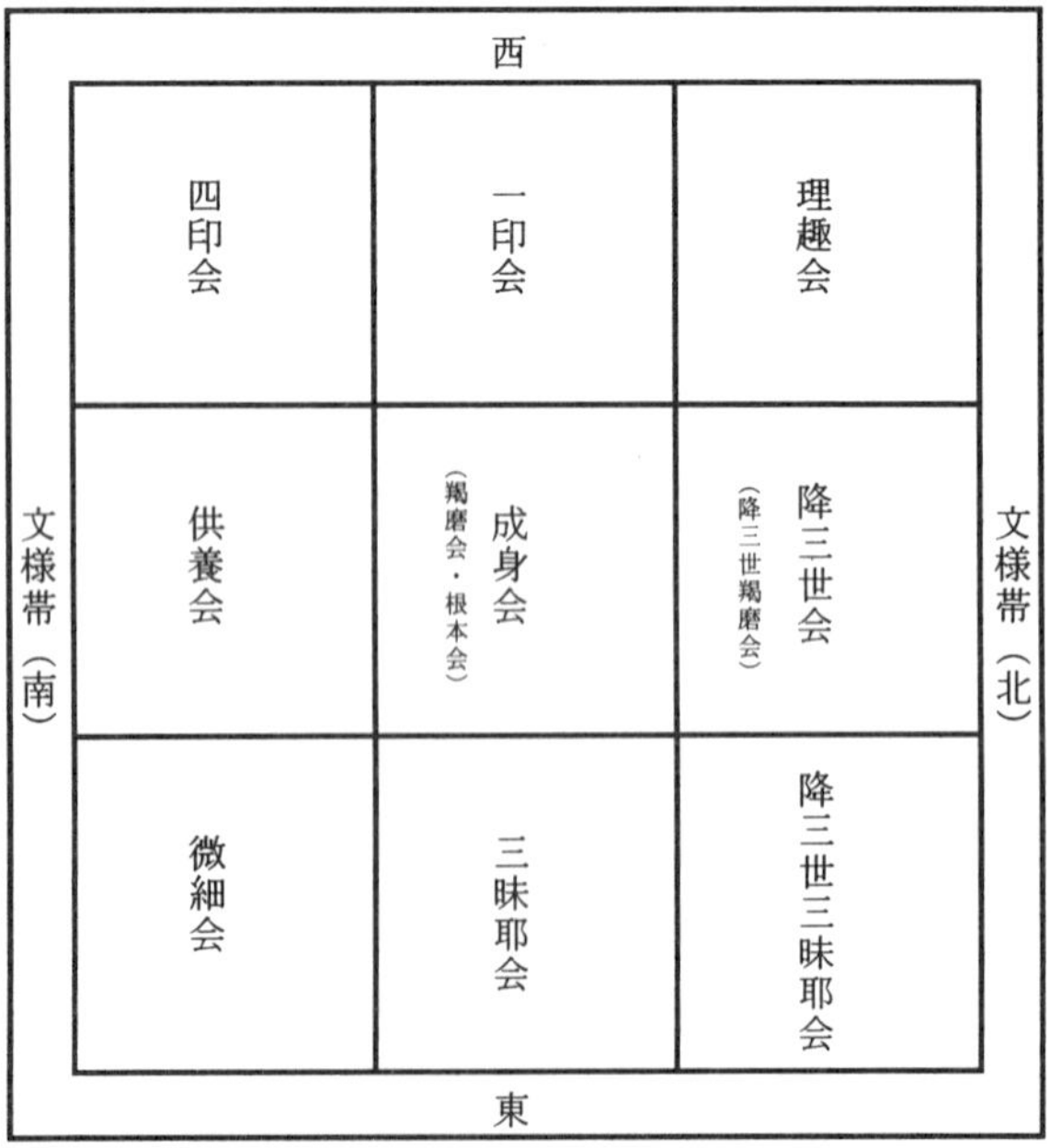

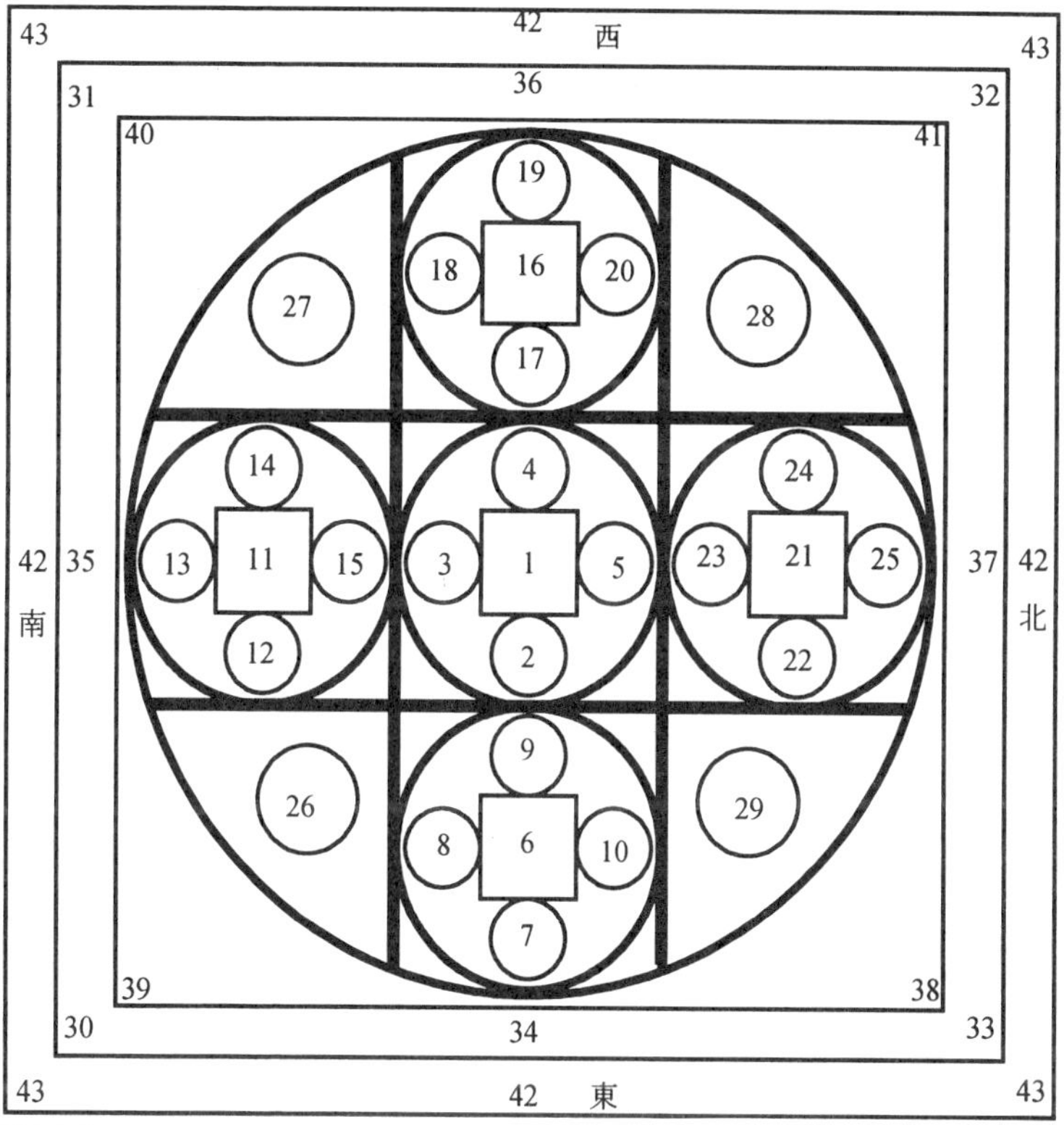

【図3】金剛界成身会

〈諸尊の配置〉

1 毘盧遮那如来
2 金剛波羅蜜菩薩
3 宝波羅蜜菩薩
4 法波羅蜜菩薩
5 羯磨波羅蜜菩薩
6 阿閦如来
7 金剛喜菩薩
8 金剛愛菩薩
9 金剛薩埵
10 金剛剛王菩薩
11 宝生如来
12 金剛光菩薩
13 金剛笑菩薩
14 金剛幢菩薩
15 金剛宝菩薩
16 無量寿如来
17 金剛法菩薩
19 金剛語菩薩
20 金剛因菩薩
21 不空成就如来
22 金剛牙菩薩
23 金剛業菩薩
24 金剛護菩薩
25 金剛拳菩薩
26 金剛嬉菩薩
27 金剛鬘菩薩
28 金剛歌菩薩
29 金剛舞菩薩
30 金剛焼香菩薩
31 金剛華菩薩
32 金剛燈菩薩
33 金剛塗香菩薩
34 金剛鉤菩薩
35 金剛策菩薩
36 金剛鏁菩薩
37 金剛鈴菩薩
38 地天 39 水天 40 火天 41 風天
42 二十天
東／那羅延天・倶摩羅天
・金剛摧碎天・梵天・帝釈天
南／日天・月天・金剛飲食天
・彗星天・熒惑天
西／羅刹天・風天・金剛衣天
・火天・多聞天
北／金剛面天・閻魔天
・調伏天・毘那夜迦天・水天
43 金剛杵（四角鎮壇）

校本・校異

凡例

一、『麗気記』全十八巻の前半に相当する「二所大神宮麗気記」「神天上地下次第」「降臨次第麗気記」「天地麗気記」「天照皇大神宮鎮座次第」「豊受皇太神鎮座次第」六巻の【校本】【校異】の作成に使用した写本とその略号は、次の通りである。

《諸本》　《略号》

尊経閣文庫本（底本）→底
真福寺本・甲→真
国会図書館本→国
神宮文庫本・甲＝世義寺本→世
神宮文庫本・乙＝荒木田守晨本→守
温泉寺本→温
高野山宝寿院本→宝
京都府立総合資料館本→府
天理大学図書館本・乙→天
宮内庁書陵部本・甲→宮

一、底本を改めた部分については、【校本】の左に傍線を施し、【校異】にその根拠を示した。

一、漢字はすべて常用漢字に改めた。異体字や異体字と同様に扱われているものに関しては、その別を示さなかった（例「無・无」「径・俓」「体・躰・體」「密・蜜」「弁・辨」「斎・斉」「舞・儛」「証・證」「浜・濱」など）。また、明かな略体字（「古（股）」「尺（釈）」「广（摩・磨）」「羊（羯）」など）や略字（「廾（菩薩）」「廾（菩提）」など）は用いず、意味により改めた。ただし、「第」と「弟」、「宇」と「禹」のような字体の変化に関わる文字については、必要と認めた場合に限りその異同を示した。また「大」と「太」、「島」と「嶋」、「竜」と

「龍」、「燈」と「灯」などの違いは示した。

一、梵字については判読不能のものも多いので、基本的なもの以外は、【校本】に底本の字をルビと共にそのまま写し、【校異】で諸本のものと対照できるようにした。また、梵字の傍（主に左側）に書かれた字については、〔　〕で示した。

一、割注は〔　〕、小字は〈　〉で示した。ただし、「云々」「矣」など文末における慣例的な用法に関しては、そのままとした。

一、万葉仮名に関しては、1/4角文字を使用した。

一、「〃」（踊字）は「々」とした。

一、行内・行外の別の場所に補書された文字や関しては『　』で示し、異本との違いについての注記は〔『　』〕で示した。それらの補書・注記が記されていた場所については、○字（㊤は上の欄外、㊦は下の欄外、㊨は文字の右（行間右）、㊧は文字の左（行間左）、㊥は同じ行内の別の場所＝この場合「○」がその挿入されるべき場所）で表わした。一部写本の異本注記に範囲が示されている場合は「□□□□」として表わした。また、朱書については（底本以外は写真版で判明する場合のみ）㊤㊦㊧㊨㊥として区別した。

一、文字消しが施されている場合は、「~~文字~~」として示した。

一、改行には内容に関わる重要な意味がある考え、【校異】において★（底本で改行して諸本で改行していない場合）ないし☆（諸本で改行し底本で改行していない）を付し、【校本】との違いを明らかにした。

一、諸本に見られる挿入文や錯簡・脱文・重複などについては、【校異】に※を付けて注記した。特に、宮本に見られる錯簡については、【校本】の該当部分にも※を付した。

一、②「神天上地下次第」と③「降臨次第麗気記」の巻末にある図（御形文）は、底本にないので、【校異】に諸本の図を正確に写した。

一、諸本の書写に関わる奥書などは省略した。諸本の系統的な整理や伝来・書写に関する考察は、森本仙介「『麗気記』の諸本」（本書解説）を参照。

【校本】

[1]二所大神宮麗気記[2]

蓋以、去白鳳年中[3]、攀上[4]金剛宝山、聞宝喜蔵王如来[5]三世常恒説者[6]、従一[7]威音王如来以降、及十我等、周天照皇太神[8]御寓勅[9]、[illegible]《テイ》〔周遍法界仏土〕[illegible]《メイ》[illegible]《マンタ》[illegible]〔以達磨為本師〕[illegible]《タ》[illegible]《メイ》[illegible]〔一大三千界間〕[illegible]《ラ》[illegible]《マン》[illegible]〔以神為主〕[10]、是役塞行者説也、[11][illegible]〔空海〕[12]言、留如来三密利衆生、留経巻如来語密、余[13]舎利如来身密、現神明如来意密也[14]、所以者何、雖隠仏日西天、弘達磨[15]東土、諸仏得機顕三身、神明於仁[16]現利生、故普門法界、昔空劫先興[17]空劫[18]、所化間以無相為神体、九山八海中以日月為指南、仏法人法主者[19]、[20]以虚無神為尊皇、是名大元尊神[21]、葦原中国心王如来也、阿字原者[illegible]字[22]一点也、阿字五点、阿伊宇[23]翳唵一也、其形如杵、仏法中金剛杵独股金剛也、大日本国者此名也[24]、独股杵者大日如来三昧耶身也、持之名阿闍梨、々々々[25]者大日別名心字也、亦両宮[26]心柱[27]也、此国降臨時、先立[28]鹿嶋香取二神、此国中興金剛[29]宝山金剛宝柱、発阿耨多羅三藐[30]三菩提心、金剛不壊[31]自在王三摩耶形是也、金剛宝々柱[32]、長一丈六尺、径[33]八寸、廻二尺四寸、是過去十六丈仏[34]長表也、内宮柱者以垂仁天皇長、模[35]八尺、約仏尺成五尺五寸、用[36]桧椙、正殿大床下興之、当朝主与[37]古先王[38]霊、形国璽奇瑞天御量柱、中水穂国為心柱、所奉崇重也、中水穂国者、大日世界宮[39]、鑁字大悲智水[40]也、如鶏子者、是水珠也、是如意宝珠也[41]、是仏果万徳至極也、真如絶色、待色乃悟、仏身自本無体[42]、以体[43]現之、事々理々始也、是神明具徳、真理[44]明珠、霊鏡正体也、[45][illegible][46]言[47]、一百余部金剛乗教者、不越神明神通〈文〉、[48][illegible][49]云、釈云[50]、此観究竟名妙覚、猶居寂光妙土[51]、非無明所感土、万法悉不出法性[52]故、三土即寂光也、釈云、豈離伽耶別求常寂[53]、非寂光外別有娑婆〈文〉、故和光同塵居穢土利衆生、内証全不動寂光之本土〈文〉[54]、仏土離三界同法界、湛然平等三世常住、神応化世界交塵沙、寂然一体常住三世、両宮亦如此、両宮形文者、[55]大梵天其形、日神月神、本妙蔵摩尼珠也、[56]従本[57]垂跡故、一切衆生父母神、[58]無来無去形体也、蔵王菩薩言、天照大神[59]最貴最尊神[60]無比于[61]天下諸社、[62]大日霊尊[63]照天下無昼夜、通内外無息、大日霊貴[64]不貴諸物、[65]不起仏見法見、竪至最頂横遍十方、百億無数梵摩尼珠、[66]百億無数天帝釈、百億無数諸天子、百千陀羅尼金剛蔵、百千菩薩全身体[67]百千万数[68]諸仏身、塵数世界大導師、百大僧祇金剛寿、無量無辺[69]大身量、沙妙[70]法身薄伽梵、上々下々混沌文、[71]去々来々禅那定、一々如々[72]同一体、在々処々[73]本垂跡、[74]平等々々[75]不二神、不二而二々々[76]不二尊、互有[77]同一所、法性常寂光、過去前方便、現外現在位、不思議不可思議、[78]一向皆無言一生、得自在口外即天罰、両宮莫知事、[79]

行者云、[80]再拝々々、宝喜跡交仁云大神[81]也、上天成光謂天照大神[82]也、[83]

五十鈴天皇[84]国吏第[85]十一帝、[86]二十二大泊瀬稚武天皇[87]廿一年〔丁巳〕十月朔、倭姫命教覚天、明年〔戊午〕秋七月七日、以大佐々命[88]奉布理留[89]、三十二神共奉神等従神之[90]若雷神、天之八重雲四方[91]仁薄靡天[92]為垣作蓋、従丹波吉佐宮[93]遷幸倭国宇太乃宮[94]一宿、伊賀穴穂宮[95]二宿、遷幸渡相沼木[96]平尾興于行宮天[97]、七十四日[98]、同九月十七日遷幸山田原之新殿、奉鎮坐之以降、[99]豊受皇太神[100]奉祭始、〔降化本縁有別記、〕[101]如上大泊瀬朝倉宮[102]取長以上造之、豊受大神宮[103]玉殿床下興之為心柱、三十二供奉神[104]及相殿四座[105]正殿内中真光玉[106]三十七尊、五大輪中開自性輪壇、入秘密曼荼羅[107]位、[108]秘三密無相義説自然自覚法、内外両宮太神[109]等在一所無二無別、分外相於二宮顕定恵相応深意、実仁波不生一義也、五十鈴河者[110]五輪字、五大月輪、[111]々出五智[112]水灑五穀、春[113]五智塔婆、限未来際[114]無尽、奉仕此二神、始神主天益人等各[115]莫緩怠、[116]存内人者蔵観想、[117]両部遍照如来本有作[118]形文、[119] 平等法界体、実相真如御正体、十智円満之鏡也、為髪長行者上々者耶々也、[120]

二所大神宮麗気記 121

【校異】

1※温宝府は一行前に「二所大神宮麗気記二〈十八巻内〉」、天は一行前に「二所大神宮麗気記二」とある。

2「二所大神宮麗気記」＝守「二所太神宮麗気記」。国「二所大神宮麗気記第一」、守「二所太神宮麗気記巻第一〈『真ヲ写合スル事』㊨〉〈『融慶三本賀吽之本同之』㊦〉」。

3「年中」＝底「年『中』㊧」。真世温宝「年」。

4「攀上」＝守真「挙上」。

5「蔵王如来」＝府「蔵玉如来」。宝「宝喜蔵如来」。

6「者」＝守なし。

7「従一」＝守「〇一『従』㊥」。

8「天照皇太神」＝温宝府天宮「天照皇大神」。

9「御寓勅」＝守温宝府天「御宙勅」。宮「御寓〈『宙イ』㊨『雷イ』㊧〉勅」。

10底「[illegible]《テイ》〈『周遍法界仏土』㊧〉[illegible]《メイ》[illegible]《マンタ》〈『以達磨為本師』㊧〉[illegible]《タ メイ》@〈『一大三千界間』㊧〉[illegible]《ラ マン》〈『以神為主』〉㊧」。

真「[illegible]〈『周遍法界仏土』㊧〉[illegible][illegible]〈『以達磨為本師』㊧〉[illegible]@〈『一大三千界間』㊧〉[illegible]〈『以神為主』㊧〉」。

国「[illegible]《シャナウヤアタライタトホタラテイ》〈『周遍法界仏土』㊧〉[illegible]《メイタ》[illegible]《ルマタルマヤハタハタ》〈『以達磨為本師』㊧〉[illegible]《イタラアカサンツ》[illegible]《タトメイ》〈『一大三千界間』㊧〉[illegible]《タラタ マンマンアヤヤハン》〈『以神為主』㊧〉」。

世「[illegible]《シャナウヤマタラタトホタラテイ》〈『周遍法界仏土』㊧〉[illegible]《メイタ》[illegible]《ルマヤヤ アンタハタ》〈『以達磨為本師』㊧〉[illegible]《タラ サンタク》[illegible]《トメイタラ》〈『一大三千界間』㊧〉[illegible]《タ マンアンマヤヤ》『以神為主』㊧〉」。

守「[illegible]《シャナウヤマタラマタトホタラ》〈『周遍法界仏土』㊧〉[illegible]《テイメタ》[illegible]《ラアヤヤマムタ、》〈『以達磨為本師』㊧〉[illegible]《イタラアカサンタラタ》[illegible]《トメイ》〈『一大三千界間』㊧〉[illegible]《タラタ、ヤヤー》〈『以神為主』㊧〉」。

温「[illegible]《ハナマハエハヲ》〈『周遍法界仏土』㊧〉[illegible]《ホタラタマハエ》[illegible]《マモハノキリ》〈『以達磨為本師』㊧〉[illegible]《イタラマカサム ニ ハ》〈『三界間』㊧〉[illegible]《ヲマタラヲキリエムママモハム》〈『用地神為主』㊧〉」。

宝「[illegible]《ハナマハエハタホタラタ》〈『周遍』㊧〉[illegible]《マハエマモハノキリ》〈『以達磨』㊧〉[illegible]《イタラマカサム ニ ハ ヲ マ》〈『三界間』㊧〉[illegible]《タラタキリエムママモハ》〈『神』㊧〉」。

府[illegible]《シャナウヤマタラマタトホタラテイメイ》〈『周遍法界仏土』㊧〉[illegible]《タ》[illegible]《ルマタルマヤハタハタ》〈『以達磨為本師』㊧〉[illegible]《イタラマカサンツ》

《タトメイ》〔『一大三千界開』㊧〕《タラタ、マムマムマヤヤハム》『以神為主』㊧〕」。

天《シャホウヤマタラマタトホタラテイテイメイ》〔『法界仏土』㊧〕《タルマ》《タルマヤヤハタハタ》〔『以達磨為為本師』㊧〕《イナラマカサン》《ツタト》〔『大三千界』㊧〕《メイタラタマヘマムマムマヤヤハン》『那以神為主也』㊧〕」。

宮「《シャナウヤ》〔『《マ》』㊤〕《タラマタトホタラテイ》〔『周遍法界仏土』㊧〕《メイタラマヤヤアンタク》〔『以達磨為本師』㊧〕《イタラマア》《ヒタタトメイタラ》〔『一大三千界間』㊧〕《タ》《アン》『以神為主』㊧〕」。
★真国守温宝府天は改行せず

11 ★府天は改行せず。

12 底「〔『空海』㊧〕」=真「《ホキャサンホタラノ》〔『空海』㊧〕」。国「《モキャサンモウ》〔『空海』㊧〕」。世「《ホキャサンホタラノ》〔『空海』㊧〕」。守「《ホキャサムホタラノ》〔『空海』㊧〕」。温「《ホキャサムホタラノ》」。宝「《ホキャサムホタラノ》」。府「《ホキャサンホタラノ》〔『空海』㊧〕」。天「《ホキャサンホタラノ》〔『空海』㊧〕」。宮「《ホキャサンホタラノ》〔『空海』㊧〕」。

13 「余」=国府天は㊤に「余〔〕」とある（天は一行前）。

14 「也」=底守なし。諸本（真国世温宝府天宮）により補う。

15 「達磨」=宝「達魔」。

16 「仁」=天「人」。

17 「興」=天「与」。

18 「空劫」=世「空」。

19 「仏法人法主」=温「仏法『人法』㊨主」。

20 「者」=宮なし。

21 「大元尊神」=温宝「太元尊神」。守「太元尊神〔『法身明』㊨〕」。

22 「字」=真「『阿』㊨字」。国温「阿字」。宮「字」。

23 「字」=宝府「字〔『宇』㊤〕」。

24 「也」=温宝なし。

25 「々々々」=天「阿闍梨」。

26 「両宮」=国「西宮」。

27 「心柱」=府天「柱」。

28 「先立」=天「先」。

29 「興金剛」=宝「典害利」。天「与金剛」。

30 「三蕤」=国「三狼」。

31 「壊」=天「壊〔『壊』㊦〕」。

32 「々柱」=宝「柱」。

33 「径」=宝「侄」。宮「経〔『侄イ』㊨〕」。

34 「十六丈仏」=守「十六丈仏〔『拘留孫仏』㊨〕」。

35 「模」=温「横」。

36 「用」=宮「由〔『用イ』㊨〕」。

37 「与」=守温宝なし。

38 「古先王」=天「古光玉」。守温府「古先玉」。

39「世界宮」＝底「世界宮｛『殿』㊧｝」。守「世界宮殿｛『イ無』㊧｝」。

40「智水」＝底真温宝宮「智」。国世守府天「知水」。

41「是如意宝珠也」＝宮なし。

42「無体」＝宮なし。

43「以体」＝天なし。

44「真理」＝底「『真』㊨理」。世宮「理」。温「真」。

45☆温府天は改行。

46「[illegible]」＝底「[illegible]｛『[illegible]』㊤｝」。真「[illegible]」。国「□□(欠字)」。世「[illegible]《ホタラノ》」。守「[illegible]《ホタラノ》｛『空海』㊧｝」。温「[illegible]《ホタラ》｛『空海』㊧｝」。宝「[illegible]《ホタラノ》｛『空海』㊧｝」。府「[illegible]《ホタラノ》｛『空海』㊧｝」。天「[illegible]《ホタラノ》｛『空海』㊧｝」。宮「[illegible]」。

47「言」＝守「云｛『言』㊨｝」。

48☆府は改行。

49「[illegible]」＝真「[illegible]」。国「□□(欠字)」。世「[illegible]《サイテウ》」。守「[illegible]《サイテウ》」。温「[illegible]《ソタラン》｛『役行者』㊧｝」。宝「[illegible]《ソタラム》｛『役行者』㊧｝」。府「[illegible]《サイテウ》｛『最澄』㊧｝」。天「[illegible]《サイテウ》｛『最澄』㊧｝」。宮「[illegible]」。

50「云、釈云」＝守「玄釈云、或本[illegible]《フタラン》｛私云最澄ハ伝教ノ御名也、亦ハ役行者云々也､｝」。

51「猶」＝世天「独」。温「独｛『猶』㊨｝」。府「猶｛『独イ』㊨｝」。

52「法性」＝国「法」。

53「常寂」＝世「常寂『光土』㊨」。守温宝宮「常寂光」。府天「常寂光土」。

54「文」＝温府天「云々」。守「文云々」。

55「者」＝温宝なし。

56「摩尼珠」＝宮「尼珠」。

57「従本」＝天「従来」。

58「神」＝守「神也」。

59「天照大神」＝国守府「天照太神」。

60「最貴最尊神」＝底「最貴○尊神『最』㊥」。真「最尊神」。天「寂貴寂尊神」。

61「于」＝守なし。

62「諸社」＝真「諸社諸社」。

63「大日霊尊」＝天「大日孁尊」。

64「大日霊貴」＝天「大日孁貴」。

65「不貴諸物」＝底「『不貴』㊧諸物」。真世温宝宮「諸物」。

66「摩尼珠」＝温宝「摩尼」。

67「全身体」＝底「金｛『全』㊨｝身体」。底本傍書と諸本(真国世守温宝府天宮)により改める。

68「百千万数」＝宝「百万数」。

69「無辺」＝真「辺」。

70「沙妙」＝底「沙｛『浄』㊨｝妙」。守「浄妙」。宝「恒沙」。国温府天「恒河沙妙」。

71「混沌文」＝底真国世「混屯文」。天「混沌文也」。

72 「一々如々」＝温「一々『如々』㊨」。
73 「処々」＝守温宝府天「所々」。守「所〔『処』㊨〕」。
74 「本垂跡」＝温「従本垂跡」。府天「従来垂跡」。
75 「平等々々」＝天「平等『々々』㊨」。
76 「而二々々」＝府「而二々而」。天「而二二而」。
77 「互有」＝真「牙有」。守「互在」。
78 「不可思議」＝真「不可思儀」。温宝宮「不思議」。府天「々々々」。
79★守温府天は改行せず。
80 「云」＝守「言」。
81 「大神」＝底宮「太神」。
82 「天照大神」＝真「大照大神」。守天「天照太神」。
83★守温宝府天は改行せず。
84 「五十鈴天皇」＝守「五十鈴天皇〔『垂仁御事也』㊧〕」。府左天「五十鈴天皇〔『垂仁』㊧〕」。
85 「国吏第」＝底真世温宝宮「国吏苐」。国「国史第」。守「国吏〔『吏イ』㊧〕苐」。府「国夾苐」。天「国狭第」。
86 「帝」＝国守府天「帝及」。宮「帝『及』㊨」。
87 「大泊瀬稚武天皇」＝宝宮「大泊瀬雅武天皇」。守「大泊瀬稚武天皇〔『雄略天皇御事也』㊧〕」、温府天「大泊瀬稚武天皇〔『雄略』㊧〕」。
88 「大佐々命」＝守天「大佐佐命」。府「大佐々命〔『雄略勅使』㊧〕」。
89 「留」＝温なし。宮は大字。
90 「共奉神等従神之」＝底「共奉『神等従』㊤神之」。世「共奉神等『従神』㊦神之」。守「供奉神等従神」。温「供奉神云」。宝「供奉神之」。府「供奉神等従神之」。天「供奉神等従来」。宮「之」。
91 「八重重雲」＝宮「八重雨雲」。
92 「天」＝府は大字。
93 「丹波吉佐宮」＝真「波吉佐宮」。守温府「丹波吉作宮」。宝「丹彼吉作宮」。宮「丹波吉佐〔『作イ』㊨〕宮」。
94 「宇太乃」＝底真宝府宮「于大乃」。諸本（国世守温）により改める。天「宇多乃」。
95 「穴穂宮」＝底守温宝「六穂宮」。諸本（真国世府）により改める。宮「六穂宮〔『穴イ』㊨〕」。
96 「沼木」＝真「沼本」。
97 「天」＝国なし。
98 「七十四日」＝宮「十七回日〔『七月四日イ』㊨〕」。
99 「鎮坐」＝温宝宮「鎮座」。
100 「皇太神」＝真国温宝府「皇大神」。
101 「〔降化本縁有別記、〕」＝国「〔降他本縁有別記、〕」。宝「〔降化本像有別記、〕」。天「降化本縁在別記」。
102 「大泊瀬朝倉宮」＝真国「泊瀬朝倉宮」。府「大泊瀬朝倉宮〔『雄略』㊧〕」。
103 「大神宮」＝守「太神宮」。

104 「供奉神」＝国「供奉」。
105 「四座」＝天「四坐」。
106 「真光玉」＝温宝「真告玉」。守「真告〔『光』㊧〕玉」。
107 「秘密」＝世「秘」。
108 「曼荼羅」＝守温宝府天「曼陀羅」。
109 「太神」＝温宝府天「大神」。
110 「五十鈴河」＝温府天「五十鈴川」。宝「五十余鈴川」。
111 「々」＝府「輪」。宮「々々」。
112 「五智」＝天「五知」。
113 「春」＝宝「眷」。

114 「未来際」＝宮「未来降〔『際イ』㊨〕」。
115 「各」＝宮「名〔『各イ』㊨〕」。
116 「緩怠」＝真国「緩急」。
117 「観想」＝国「想『観』㊨」。
118 「有作」＝守府天「有無作」。
119 「形文」＝宝温「行文」。
120 「上々者」＝宝「上々者上々者」。府「上上者」。
121 「二所大神宮麗気記」＝底宮「二所太神宮麗気記」。国「二所太神宮麗気記第一」。世なし。守「二所太神宮麗気記巻第一」。温「二所大神宮麗気記二」。

【校本】

[1]神天上地下次第[2]
蔦耳、劫数無始無終、従妙高山頂三十三[3]天帝釈宮中摩訶摩尼最勝楼閣[4]、高[5]日国金剛宝山降化坐大慈毘盧遮那[6]如来者、国常立尊神霊玉三弁坐[7]、大慈毘盧遮那[8]如来者、爰云国常立尊、亦云三世常住浄妙法身[9]、
第二摂津国那尓輪里那尓輪仁天、二如意宝珠一所並居給云也、[10]
第三阿波国桂之岩栖里、々々々[11]岩上如鶏子[12]三弁坐云也、[13]
第四筑紫日向国[14]高千穂槵触之峯坐、[15]
一書云、日向者、日輪光明焃赫[16]、自余所焃坐[17]云也、高千穂者、云妙高山異名也、爰云名良彼天阿留也、槵触者、依玉光明[18]焃[19]天、草木皆千火、槵字木患云也、触光角蜀云也、此送星霜世代久云也、[20]
国常立尊[21]
国狭槌尊[22]
豊斟渟尊[23]

此三柱尊、其形宝珠坐、直之于今神霊作鏡。々者交儀[24]・亘儀[25]・光儀、無相無為[26]体也。[27]
埿土煮尊[28]〔本体如常、俗体男形如図[29]、〕[30]
沙土煮尊〈女〉[31]
大苫辺尊〈男〉[32]
大戸之道尊〈女〉[33]
面足尊〈男〉[34]
大富道尊〈女〉[35]
惶根尊〈女〉
此七柱尊、雖交[36]男女、無婚合儀、只体能生也、
伊奘諾尊〈男〉[37]
伊奘冉尊〈女〉[38]
此二神時始婚合、男神言、上下来未[39]世界悉且[40]、草木及万物情非情[41]一切衆生、継諸穀思、[42]𑖦𑖦𑖜𑖰《ママニ》、𑖀𑖦𑖨𑖸𑖩𑖲《アマレル》肉𑖀𑖨𑖰《アリ》、𑖀𑖀𑖜𑖰《アアニ》、𑖎𑖲𑖮𑖺𑖦𑖸𑖩𑖲《クホメル》穴𑖀𑖨𑖰《アリ》、𑖦𑖦𑖜𑖰𑖀𑖨𑖸𑖝《ママニアレタ》、𑖀《ア》𑖜𑖰《ニ》、𑖂𑖨𑖸𑖝𑖨𑖮《イレタラハ》、𑖦𑖦《ママ》、無元光明、不決上々、難上

重濁、《イカニハレモヤ》、身重出立夜昼、《ハハナ》
《シカエイイカン》、[43]上瀬《波》荒、下瀬《波》穢、中瀬《天》上、[44]荒塩《於》去、
中塩[45]三度、次七度洗濯、如本座坐[46]、上々同、下々同、
左良波[47]為一切衆生犯禍時、三七清浄如本云也、[48]二柱
神[49]犯禍[50]多故、女神下々下、[51]男神上々上、[52]三十三天[53]中
入[54]下四天[55]之最下、天上之代亘上下天然不動無為無碍
姿也、

天照皇大神〈女〉[56]
正哉吾勝々速日天忍穂耳尊〈男〉[57]
此二神、一向主地底無二無別也、
天津彦々火瓊々杵尊〈男〉[58]
治天下四十一万八千五百四十三歳、[59]〔陵在日向国愛
山[60]也、〕
彦火々出見尊〈男〉[61]
治天下六十三万七千八百九十二歳、[62]〔陵在日向国高
屋山、[63]〕
彦波瀲武鸕草葺不合尊〈男〉[64]
治天下八十三万六千四十二年、[65]〔陵在日向吾平山[66]、〕

此三柱尊共、天八重雲皆吉里中坐也、天神地神[67]以上
十七尊達者、十六大菩薩、国常立尊後代身余給也、
但如是神等者[68]、男女難定、依時応物、在々処々成男
成女、利益不可思議[69]、一心無念無相[70]無作而平等々々
也、[71]

神日本磐余彦天皇[72]〔大倭国橿原宮[73]、号神武[74]、人皇始、〕[75]
元年〔甲寅〕歳冬十月、発向日本国也、[76]〔東征[77]是也、〕[78]
即位八年、建都橿原[79]、経営帝宅《天》、四方国《平》安国《止》平《久》[80]
知食《須》天津璽《乃》剣鏡《平》捧持賜《天》称辞竟[81]、治天下七十六年、
神渟名川耳天皇[82]〔葛城高岡宮、陵在[83]大和国桃花鳥田丘[84]、〕
治天下三十三年[85]、
磯城津彦玉手看天皇[86]〔片塩浮穴宮、陵在大和国畝火西
山[87]、〕
治天下三十七年[88]、
大日本彦耜友天皇[89]〔御陰井曲峡宮、陵在[90]同国畝火南山[91]、〕
治天下三十四年[92]、

観松彦香殖稲天皇[93]〔腋上池心宮[94]、陵在[95]脇上[96]博多山、〕[97]

治天下八十三年、

日本足彦国押人天皇[98]〔室秋津嶋宮、陵在大和玉手丘上、〕[99]

治天下百二年、

大日本根子彦太瓊天皇[100]〔黒田盧戸宮[101]、陵在[102]片岡馬坂、〕[103]

治天下七十六年[104]、

大日本根子彦国牽天皇[105]〔軽堺原宮[106]、陵在大和剣池嶋上、〕[107]

治天下五十七年[108]、

稚日本根子彦太日々天皇[109]〔春日率川宮、陵在大和率河坂上[110]、〕

治天下六十年、[111]

以往九帝者、帝与神同殿共床故、神物官物未分別、然霊応冥感稍滂流[112]、仍奉崇敬三種神光神璽[113]者[114]、本有常住仏種也、大空三昧表文、法界体身量也[115]、[116]三果上立剣者[117]、三世諸仏智体、降魔成道利剣也、[118]法中謂三弁宝珠也[119]、[120]

宝山記云、[121]

宝珠者神璽異名宝剣字也[122]、以象両体也、亦文字起一之字也[123]、是有十種形、品如本図、[124]

密語云[125]、

独股[126]金剛、世界建立心王[127]大日尊也、両宮心御柱是也[128]、

勇猛忿怒執金剛神所持三昧耶形也、[129]

金剛杵者、天瓊杵[130]表体也、亘天地無上下、自空降雨、自地輸水[131]、是天御中主尊所為也[132]、亦両宮降化通名也、[133]

三果半月[134]浮経者、葦葉形表[135]也、法中云阿字、々々[136]本有体《波》[137]月也、月形《波》一日月也、三日月与円満月、水本性、々々水体者、月心水也、心水者[138]、𑖪字、々々月、円満月合宿際[139]也、[140]

宝山記云、[141]

月与水本性心水也〈文〉[142]、

御間城入彦五十瓊殖天皇[143]〔大倭国磯城瑞籬宮、〕[144]

即位[145]六年〔己丑〕秋九月、倭国笠縫邑[146]立磯城[147]神籬、奉遷天照大神[148]及草薙剣、令皇女豊鋤入姫奉斎、以往、雖同殿共床、漸畏神霊共住不安《志天》、別興[149]神籬《天》[150]後、石凝姥神裔天目一箇裔二氏[151]、更鋳造鏡剣、以護身璽焉、〔践祚日所献之神璽[152]鏡剣也、〕[153]

三十九年[154]〔壬戌〕三月三日、遷幸但波乃吉佐宮[155]、雲聳現榎下坐[156]、秋八月十八日作瑞籬、積四年奉斎矣[157]、
四十三年〔丙寅〕九月九日[158]、遷倭国伊豆加志本宮[159]、現剣坐、八年奉斎[160※]、
五十一年〔甲戌〕四月八日、遷木乃国奈久佐浜宮、河底岩上余瑠璃鉢坐、三年奉斎[161]、
五十四年〔丁丑〕十一月十一日、遷吉備国名方浜宮[162]、神崎[163]岩上残水御壺坐[164]、四年奉斎[165]、
五十八年〔辛巳〕五月五日、遷倭弥和乃御室嶺上宮、留杉中円輪霊鏡坐[166]、二年奉斎[167]、
六十年〔癸未〕二月十五日、遷于大和宇多秋志野宮、臼座上居霊鏡、四年奉斎[168]、
六十四年[169]〔丁亥〕霜月廿八日、遷幸伊賀国隠市守宮、雲霞中[170]現霊鏡坐、二年奉斎[171]、
六十七年〔己丑〕[172]冬十二月[173]一日、遷于同国穴穂宮[174]、稲倉上居霊鏡[175]、四年奉斎、
崇神天皇治天下六十八年[176]〔陵在大和国城上郡[177]山辺勾[178]、〕
活目入彦五十狭茅天皇[179]〈纏向珠城宮、〉[180]

即位元年〔癸巳〕夏四月四日[181]、遷于伊賀国敢都美恵宮、八重雲聳円満霊鏡坐[182]、二年[183]奉斎[184]、
四年《三敷》[185]〔乙未〕夏六月晦、遷[186]淡海[187]甲可日雲宮[188]、雲成屏風、又其上[189]赤雲帯[190]霊鏡[191]坐、四年奉斎[192]、
八年《七》〔己亥〕[193]秋七月七日、遷于同国坂田宮、千木[194]高広敷[195]板上現霊鏡坐、二年奉斎[196]、
十年《九》[197]〔辛丑〕秋八月一日、遷幸于美濃国伊久良河[198]宮、御船形上案楼台現神霊坐、四年奉斎、
次遷于尾張国中嶋宮、聳雲垂錦蓋現神霊坐、両鹿守護之、〔鹿嶋・香取両社也、〕[199]三箇月[200※]奉斎、
十四年《三》[201]〔乙巳〕秋九月一日、遷幸于伊勢国桑名野代宮、椋杜三株[202]中現神霊坐、四年奉斎、
次鈴鹿奈其波志忍山[203]《尓》神宮造奉《天》、遷神霊給、六箇月[204]奉斎、
十八年《七》[205]〔己酉〕夏四月十六日、遷坐于[206]阿佐加藤方片樋宮[207]、葛藤巻纏中艸形[208]上現神霊坐、四年奉斎[209]、
二十二年〔癸丑〕[210]冬十二月廿八日、遷飯野高宮、奉斎、編懸障泥[211]形屋三箇年[212]、

廿五《四》年[213]〔丙辰〕春三月、従飯野高宮、遷幸于伊蘇宮
令坐《支》[214]、于時倭姫命南山末見給《止天》[215]、御宮処覓《尓》[216]、奉戴
天照大神《天》[217]、宇久留士《天仁志》[218]御船《仁》奉《天》、過狭田・坂手《天》[219]、
寒河《尓》[220]御船留《天》、過相鹿瀬・瀧原[221]・和比野[222]・久求[223]・園
相[224]・目弖野・積良山・沢路《天》、[225]※向田《天仁》奉于御船《天》、小浜《天仁志》
御水御饗[226]奉《天》、二見浜見津《仁》[227]御船留《天》、山末河内見廻給《天》、
鹿乃見《利与》[228]家田々上宮遷幸《支》、于時[229]太田命[230]参《弖》[231]五十鈴之河
上宮処《仁》[232]礼祭《止倍志》[233]申《利勢》、即彼処《仁》[234]往給《天》[235]甚喜給、[236]
廿六年[237]〔丁巳〕冬十月〔甲子〕、奉遷于天照大神[238]於
度遇五十鈴河上《天》[239]御鎮座、[240]
垂仁天皇[241]治天下九十九歳[242]、〔陵在大和国菅原伏見野
中〕[243]

[244]

〔図〕[245]

倭姫皇女移天上梵宮造如此、[246]

降臨次第麗気記[247]

【校異】

1※守は一行前に「降臨次第麗気記巻第二〔『二イ』㊨〕〈十八巻内〉」とある。温宝府は一行前に「降臨次第麗気記五〈十八巻内〉」とある。天は一行前に「〔『已下無之』㊨〕降臨次第麗気記五〈十八巻内〉」とある。

2「神天上地下次第」＝国「神天上地下次第第二」。

3「三十三」＝守温「卅三」。宝「卅」。

4天は二行目と三行目の間に朱で「表書云、已上摂真実経文也、文云仏境界トモ云也、此経名也」とある。

5「高日」＝宮「高月」。

6「毘盧遮那」＝真「毘霊遮那」。温「ヒルサナ」。

7「三弁」＝天「三并」。

8「大慈毘盧遮那」＝温「〔『大カ』右〕慈ヒルサナ」。

9「法身」＝天「法身〈文〉」。

10★温は改行せず。

11「々々々」＝天「岩栖里」。

12「鶏子」＝宮「鶏不」。

13★温は改行せず。

14「日向国」＝府「日向」。

15★守温宝府天は改行せず。

16「烋赫」＝守天「赫奕」。温宝「赫烋」。府「赫奕」。

17「烋坐」＝守天「奕坐」。府「奕坐」。

18「玉光明」＝宮「王光明」。

19「烋《天》」＝宝「烋」。府「奕」。天「奕」。

20「此送星霜世代久云也」＝真「此送星霜世代久々也」。世「〔『此送星霜世代久云也』㊧〕」。温「此送皇霜世代久云也」。府「比送星宿世代久云也」。天「此送星宿〔『霜』㊨〕世代久云也」。

21「国常立尊」＝天「〔『天神第一』㊨〕国常立尊」。
★世守温府天は改行せず。
22「国狭槌尊」＝天「〔『第二』㊨〕国狭槌尊」。
★守温宝府天は改行せず。
23「豊斟渟尊」＝天「〔『第三』㊨〕豊斟渟尊」。
★守温宝府天は改行せず。
24「々者交儀」＝真「々者災〔『交』㊨〕儀」。世「々者々者交儀」。

25「亘儀」＝府天「直儀」。宮「亘」。

26「無相無為」＝底「『無相』㊨無為」。

27★温は改行せず。

28「渥土煮尊」＝宝温「泥土煮尊」。天「〔『第四』㊨〕泥土煮尊」。

29「如図」＝温宝天「如図也」。

30★守温宝府天は改行せず。

31★温は改行せず。

32「大苫辺尊〈男〉」＝府「大戸之道尊〈男〉」。天「〔『第五』㊨〕大戸之道尊〈男〉」。

★守温宝府天は改行せず。

33「大戸之道尊〈女〉」＝府「大苫辺尊〈女〉」。天「大苫辺尊〈女〉〔『此二神イ＝上下男女替アリフシン』〕」。

★温は改行せず。

34「面足尊〈男〉」＝天「〔『第六』㊨〕面足尊〈男〉」。

★守温宝府天は改行せず。

35「大富道尊〈女〉」＝温「大富道尊〔『異名』㊧〕〈女〔『男』㊨〕〉」。

★温府天は改行せず。

36「交」＝真「災〔『交』㊨〕」。

37「伊弉諾尊〈男〉」＝天「〔『第七』㊨〕伊弉諾尊〈男〉」。

★守温宝府天は改行せず。

38「伊弉冉尊〈女〉」＝温宝宮「伊弉册尊〈女〉」。

39「来末」＝守「来々末〔『イ無』㊧〕」。温宝府「来々」。天「来々〔『末』㊨〕」。

40「悉旦」＝国世「悉且」。守「悉檀〔『旦イ』㊨〕」。宝府「悉檀」。天「悉壇〔『直』㊨〕」。

41「情非情」＝守温宝府「有情非情」。

42☆府は改行。

43底「《ママニ》、《アマレル》肉《アリ》、《アアニ》、《クホメル》穴《アリ》、《ママニアレタ》、《アアニ》、《イレタラハ》、《ママニ》、無元光明、不決上々、難上重濁、《イカニハレモヤ》、身重出立夜昼、《ハハナシカエイカン》、」。

真「、肉、、穴、、、、無元光明、不決上々、難上重濁、、身重出立夜昼、」。

国「《マイニ》、《アマレル》肉《アリ》、《アアニ》、《クホメル》〔『裏云女』㊤〕穴《アリ》、《マイニアレタ》〔『裏云女』㊤〕、《アアニ》、《イレタラハ》、《イイニ》、無元光明、不決上々、難上重濁、《ア》《アニイカニハレモヤ》、身重出立夜昼、《ハハナニカエイカン》『』㊨、」。

世「《ママ》、《マレル》肉《アリ》、《アアニ》、《クホ》『』㊨穴《アリ》、《ママニアレタ》、《アニ》、《イレイタラハ》、《アアニ》、無元光明、不決上々、難上重濁、《アノイカニハレ》□、身濁〔『重』㊧〕出立夜昼、《ハハナウシ》□《カム》」。

守「《ママ》、《アマレイ》肉《アリ》、《アアニ》、《クホモ》〔『イ』㊨〕《ル》穴《アリ》、《ママニアレナウ》〔『イ』㊨〕、《アアニ》、《イ》《レタラハ》、《ママニ》、無元光明、不決上々、難上重濁、《アアニ》《イカニハレハヤ》、身重出立夜昼、《ハハナニカエイカンイカン》。

温「《ママ》、《アニレイ》肉《アリ》、《アク》、《マメイマモハ》穴《アリ》、《マ》《マアレイナウ》、《イレイタラハ》、《ママ》無元光明、不決上々、難上重濁、《イカニハモマ》身重出立夜昼、《ナ》

〔『[illegible]』㊨〕[illegible]《ニカエイ》、」。

宝「[illegible]《マ》、[illegible]《レイ》〔[illegible]肉〕[illegible]《リ》、[illegible]、[illegible]《クモモモ》穴[illegible]《リ》、[illegible]、[illegible]《ナウ》、[illegible]《イレタラ》[illegible]、無元光明、不決上々、難上重濁、[illegible]身量出立夜昼、[illegible]《ナニカエ》、」。

府「[illegible]《ママ》、[illegible]《アマレイ》肉[illegible]《アリ》、[illegible]《アア》、[illegible]《クマモマモタ》穴[illegible]《ア》、[illegible]《ママアリナウ》、[illegible]《アア》、[illegible]《イレイタラハ》、[illegible]《ママ》、無元光明、不決上々、難上重濁、[illegible]《アアイカニハレマや》、身重〔『量』㊧〕出立夜昼、[illegible]《ハハナウヒカエイム》

天「[illegible]《ママ》〔『[illegible]』㊧〕、[illegible]《アマレイ》肉[illegible]《アリ》、[illegible]《アア》〔『[illegible]』㊧〕、[illegible]《クマモマモタ》〔『[illegible]《エメヤマル》』㊧〕穴[illegible]《アリ》、[illegible]《マ》『[illegible]《マ》』㊧[illegible]《アリ》[illegible]《ナウ》、[illegible]《ア》、[illegible]《イレイタラハ》、[illegible]《ママ》、無元光明、不決上上、難上重濁、[illegible]《アアイカニハレマ》〔『[illegible]《モ》』㊧〕[illegible]《ヤ》、身重〔『量』㊨〕出立夜昼、[illegible]《ハヽナウヒ》〔『[illegible]』㊨〕[illegible]《カエイム》」。

宮「[illegible]、[illegible]肉[illegible]、[illegible]、[illegible]穴[illegible]、[illegible]、[illegible]、[illegible]、[illegible]、無元光明、不決上々、難上重濁、[illegible]、身重出立夜昼、[illegible]」。
☆府天は改行。

44 「中瀬天上」＝守温宝天「中瀬仁天上」。世「中瀬天上」。
45 「中塩」＝守「中塩於」。
46 「座坐」＝国「座」。温天宝「座々」。
47 「左良波」＝底真世温宝宮「者良波」。諸本（国守府天）により改める。天「左〔『者』㊨〕良波」。
48 「云也」＝真「々也〔『云也』㊨〕」。
49 「二柱神」＝宝「二種神」。
50 「犯禍」＝守「化禍」。温「犯福〔『禍』㊨〕」。
51 「下々下」＝天「下々々」。
52 「上々上」＝天「上上々」。
53 「三十三天」＝守温府天宝「卅三天」。
54 「入」＝守「入〔『八イ』㊧〕」。温宝「八」。
55 「四天」＝底「四天下」。諸本（真国世守温宝府天宮）により改める。
56 「天照皇大神〈女〉」＝府「天照皇太神〈女〉」。天「〔『地第一』㊨〕天照皇太神〈女〉」。
★守温宝府は改行せず。
57 「正哉吾勝々速日天忍穂耳尊〈男〉」＝真「正哉吾勝々速天忍穂耳尊〈男〉」。宝府「正哉吾勝々速日天忍穂耳尊」。天「〔『第二』㊨〕正哉五勝々速日天忍穂耳尊〈男〉」。
58 「天津彦々火瓊々杵尊〈男〉」＝天「〔『第三』㊨〕天津彦々火瓊々杵尊〈男〉」。
59 「四十一万八千五百四十三歳」＝天「四〔『三イ』㊨〕十一万八千五百四十三歳」。宝「四十一万八千五百四十歳」。
60 「愛山」＝守「可〔『無イ』㊧〕愛山」。温宝「可愛山」。天「可愛山〔『愛邑也』㊧〕」。
61 「彦火々出見尊〈男〉」＝府「彦火火出見尊〈男〉」。天「〔『第四』㊨〕彦火々出見尊〈男〉」。

62 「治天下六十三万七千八百九十二歳」＝守「治天下六十三万七千〔『九千イ』㊨〕〔『十イ』㊨〕八百九十二歳」。

★府は改行せず。

63 「高屋山」＝底真「高産山屋」。諸本（世温府宮）により改める。国「高彦山」。守「高屋〔『産』㊧〕山也」。宝「高屋山也」。天「高彦屋山」。

64 「彦波瀲武鸕草葺不合尊〈男〉」＝守宝「彦波瀲武鸕草葺不合尊〈男〉」。府「彦波瀲武鸕鷀草葺不合尊」。天「〔『第五』㊨〕彦波瀲武鸕鷀〔『ナシ』㊧〕草葺不合尊〈男〉」。

65 「八十三万六千四十二年」＝宮「八千〔『十歟』㊨〕三万六十〔『千歟』㊨〕四十二年」

66 「日向吾平山」＝温「日向国吾平山」。天「日向国吾〔『五』㊨〕平山」。

67 「天神地神」＝温宝「天神」。

68 「神等」＝守「神達」。

69 「不可思議」＝世守宝府「不可思議也」。天「不可思儀〔『議』㊧〕也」。

70 「無相」＝天「無〔『為』㊨〕相」。

71 ★底真は二行分あき。国世守温宝府天はあきなし。宮は四行分あき。

72 「神日本磐余彦天皇」＝温「〔『人王第一』㊨〕〔『神武天皇』㊧〕神日本盤余彦天皇」。府「〔『神武　一』㊤〕神日本磐余彦天皇」。天「〔『人皇第一』㊨〕〔『神武　一』㊤〕神日本磐余彦天皇」。

73 「橿原宮」＝府宮「櫓原宮」

74 「号神武」＝温「并神武」。

75 ★守温宝府天は改行せず。

76 「日本国也」＝守「日向国〔『日本国ニ』㊨〕」。宝府「日本国」。

77 「東征」＝真「東后〔『征シ』㊨〕」。

78 ★守温宝府天は改行せず。

79 「橿原」＝府「櫓原」。宮「櫓〔『原』㊧〕」。

80 「安国《止》平《久》」＝底「安国《止》平《天》〔『久本』㊧〕」。諸本（真国守温宝府天宮）により改める。世「安国《止》平《天》」。天「安国《止》平《久》〔『天』㊧〕」。宮「安国《ト》平《久》」。

81 「称辞竟」＝府「称辞竜」。天「称辞龍〔『竟』㊧〕」。

82 「神渟名川耳天皇」＝温「〔『第二』㊨〕〔『綏靖天皇』㊧〕神渟名川耳天皇」。府「〔『綏靖　二』㊤〕神渟名川耳天皇」。天「〔『第二』㊨〕〔『綏靖　二』㊤〕神渟名川耳天皇」。宮「神渟名川耳天」。

83 「在」＝底真世なし。諸本（国守温宝府天）により補う。宮「下」。

84 「大和国桃花鳥田丘」＝温府天「大和国桃花鳥田岳」。世「大和国批花鳥田丘」。宮「和国桃花鳥田丘」。

★守温宝府天は改行せず。

85 「三十三年」＝世「三十年」。
86 「磯城津彦玉手看天皇」＝温「〔『第三』㊨〕〔『安寧々々』㊧〕磯城津彦玉手看天皇」。府「〔『安寧　三』㊤〕磯城津彦玉手看天皇」。天「〔『第三』㊨〕〔『安寧　三』㊤〕磯城津彦玉看天皇」。
87 「大和国畝火西山」＝府「大和国『畝』㊧火西山」。天「大和国『畝字』㊧火西山」。宮「和国畝火西山」。
★守温宝府天は改行せず。
88 「三十七年」＝温「卅七年」。宮「三七年」。
89 「大日本彦耜友天皇」＝底世「大日本彦秬友天皇」。真「大日大彦秬友天皇」。守宝「大日本彦耜友天皇」。温「〔『第四』㊨〕〔『懿徳々々』㊧〕大日本彦耜友天皇」。宝「大日本彦耜友天王」。府「〔『懿徳　四』㊤〕大日本彦拒友天皇」。天「〔『第四』㊨〕〔『懿徳　四』㊤〕大日本彦拒友天皇」。宮「大日本彦耜支天皇」。
90 「在」＝温なし。
91 「畝火南山」＝宮「畝火布山」。
★守温宝府天は改行せず。
92 「三十四年」＝府「八十三年」。天「八十三年〔『三十四年』㊨〕」。
93 「観松彦香殖稲天皇」＝温「〔『第五』㊨〕〔『孝照々々』㊧〕観松彦香殖稲天皇」。府「〔『孝昭　五』㊤〕観松彦否殖稲天皇」。天「〔『第五』㊨〕〔『孝昭　五』㊤〕観松彦香殖稲天皇」。宮「観松彦番殖稲天皇」。
94 「腋上池心宮」＝国「〔『腋上池心宮』㊨〕」。
95 「在」＝底真世宮なし。諸本（国守温宝府天）により補う。
96 「脇上」＝天「脇山〔『上』㊨〕」。
97 ★守温宝府天は改行せず。
98 「日本足彦国押人天皇」＝温「〔『第六』㊨〕〔『孝安々々』㊧〕日本足彦国押人天皇」。府「〔『孝安　六』㊤〕日本足彦国押人天皇」。天「〔『第六』㊨〕〔『孝安　六』㊤〕日本足彦国押人天皇」。
99 「大和玉手丘上」＝真守「大和国玉平丘上」。世「大和玉手岳上」。国「大和玉手丘『上』㊨」。温府「大和国玉手岳上」。天「大和国玉手〔『平』㊨〕岳上」。宮「大和玉平岳」。
★守温宝府天は改行せず。
100 「大日本根子彦太瓊天皇」＝温「〔『第七』㊨〕〔『孝霊々々』㊧〕大日本根子彦太瓊天皇」。府「〔『孝霊　七』㊤〕大日本根子彦太瓊天皇」。天「〔『第七』㊨〕〔『孝霊　七』㊤〕大日本根子彦太瓊天皇」。
101 「黒田盧戸宮」＝底宝「里田盧戸宮」。諸本（真国世守温府天宮）により改める。
102 「在」＝底真世宮なし。諸本（国守温宝府天）により補う。
103 ★守温宝府天は改行せず。
104 「七十六年」＝天「七〔『五』㊨〕十六〔『七』㊨〕年」

105 「大日本根子彦国牽天皇」＝温「〔『第八』㊨〕〔『孝元々々』㊧〕大日本根子彦国牽天皇」。府「〔『孝元　八』㊤〕大日本根子彦国牽天皇」。天「〔『第八』㊨〕〔『孝元　八』㊤〕大日本根子彦国牽天皇」。

106 「軽堺原宮」＝府「軽堺原」。宮「握境原宮」。

107 「大和剣池嶋上」＝守温府天宮「大和国剣池嶋上」。

★守温宝府天は改行せず。

108 「五十七年」＝天「五〔『七』㊨〕十七〔『六』㊨〕年」

109 「稚日本根子彦太日々天皇」＝温「〔『第九』㊨〕〔『開化々々』㊧〕稚日本根子彦太日々天皇」。府「〔『開化　九』九』㊤〕稚日本根子彦太日々天皇」。天「〔『第九』㊨〕〔『開化

110 「大和率河坂上」＝底真世「率河坂上〔『大和』㊥〕」。国「大和率河坂上」。守温宝府天「大和国率川坂上」。宮「率河坂上大和」。

★守府天は改行せず。

111 「治天下六十年、」＝温宝なし。

★国は二行分あき。

112 「冥感」＝国「冥」。

113 「滂流」＝守温宝府天「傍流」。

114 「神璽」＝宝「物璽」。

115 「身量」＝天「性身量」。

116 ★国温府天は改行せず。

117 「三果上」＝天「三果『杲』㊨〕上」。

118 ☆守は改行。

119 「三弁宝珠」＝温「二弁〔『変』㊨〕宝珠」。

120 ★守温宝府は改行せず。

121 ★守温宝府天は改行せず。

122 「宝剣字」＝府「剣字」。

123 「也」＝守宝なし。

124 ★守温府は改行せず。

125 「云」＝温「日」。

★守温宝府天は改行せず。

126 「独股」＝真「猶〔『独』㊤〕股」。

127 「心王」＝宝「心」。

128 「也」＝守温宝なし。

129 ★国守温天は改行せず。

130 「天瓊杵」＝天「天瓊々〔『イ二無』㊨〕杵」。宮「天瓊」。

131 「輪水」＝天「輪水」。

132 「也」＝宝なし。

133 ★守温府は改行せず。

134 「三果半月」＝天「二果〔『杲』㊨〕半月」。

135 「形表」＝府「形文」。天「形文〔『表』㊨〕」。

136 「阿字、々々」＝温宝「阿字、」。天「阿〔『𑖀』㊨〕字、阿字〔『々々』㊨〕」。

137 「本有体[波]」＝天「本有体[波]〔『ナシ』㊨〕」。

138「心水」＝府「水」。
139「際」＝世「降」。
140★守温宝府は改行せず。
141★守温宝府天は改行せず。
※世は下に「□□□□ニ所太神遷幸時代記ニ此間不省也、」とある。
142「文」＝守「云」。温宝なし。天「文〔『ナシ』㊨〕」。
※世は以下なく、「明応三年（甲寅）八月八日書之、讃州岸上於光明寺義全御後　伊勢山田世義寺田中坊宗密、」という奥書を記す。
143「御間城入彦五十瓊殖天皇」＝守「〔『遷幸時代抄ヨリアフヘシ』㊤〕御間城入彦五十瓊殖天皇〔『崇神天皇人王十代也』㊧〕」。温は一行前に「〔『第十』㊨〕崇神天王」とある。府「〔『崇神　十』㊤〕御間城入彦五十瓊殖天王〔『崇神天皇』㊨〕」。天「〔『第十』㊨〕〔『崇神　十』㊤〕御間城入彦五十瓊殖天皇」。

144「大倭国磯城瑞籬宮」＝真国は小字一行とする。
★宝府天は改行せず。
145「即位」＝天「即位〔『崇神天皇』㊧〕」。
146「笠縫邑」＝宮温「笠継邑」。
147「磯城」＝府「礒城」。
148「天照大神」＝国守宮「天照太神」。
149「興」＝府「与」。
150「神籬《天》」＝宝「神籬」。
151「二氏」＝宝「二代」。
152「神璽」＝府「神霊」。
153★守宝府天は改行せず。
154「三十九年」＝宝「三十九」。
155「但波乃」＝温「丹波乃」。宝府「但波《乃》」。天「但波〔『丹後』㊧〕《乃》」。
156「現榎下坐」＝天「現榎下坐〔『闕ナシ』㊥〕」。
157「矣」＝温なし。
★府天は改行せず。
158「九月九日」＝府「九月」。
159「伊豆加志本宮」＝国「伊豆加《志》本宮」。守「伊豆加志〔『根イ』㊧〕本宮」。
160★府天は改行せず。
※宮A＝宮に錯簡あり（この位置「…斎」160宮A→200宮B「月…」～「…路《天》」225宮C→160宮A「五十一年…」～「…三箇」200宮B、以後『中臣祓訓解』となる）。
161★府は改行せず。
162「吉備国」＝宝「告備国」。守「吉備国〔『作ヲ也』㊨〕」。
163「神崎」＝天「神碕」。
164「残水」＝府「淺水」。天「淺〔『残』㊨〕水」。
165★府天は改行せず。
166「霊鏡」＝国「霊〔『鏡』㊨〕」。

167「二年奉斎」＝天「二年奉斎〔『弥第十一崇神御姫也』㊨〕」。※底真以外の諸本は、改行して以下の文がある。（温は一字分上げて書き始める。府は改行せず。）
国「豊鋤入姫命于時倭比売《仁》事依奉《利》御杖代《止》定給、〔崇神天皇御姫也、伊勢斎宮始也、遷幸時代抄《ニ》有之、〕」。
守「豊鋤入姫命于時倭比売《仁》事依奉《利》御杖代《止》定給、〔『崇神天皇御姫也、伊勢斎宮始也、遷幸時代抄《ニ》有之、』㊧『此後根本本落ツルカ、遷｜時代抄有之、仍書出云々、』㊧〕」。
温「豊鋤入姫命尓時姫倭比売《仁》事依奉《利》御杖代《上》定給、〔崇神天王御姫也、伊勢斎宮始也、遷幸時代抄《ニ》有之、〕」。
宝「豊鋤入姫命尓時倭比売《仁》事依奉《利》御杖代《上》定給、〔崇神天王御姫也、伊勢斎宮始也、遷幸時代抄《ニ》有之、〕」。
府「豊鋤入姫命于時倭比売《仁》事依奉《利》御杖代《上》定給、〔崇神天王御姫也、伊勢斎宮始也、遷幸時代抄《ニ》有之、〕」。
天「豊鋤入姫命尓時姫倭比売《仁》事依奉《利》御杖代《止》定給、〔〔『大字ニアリ』㊨〕崇神天皇御姫也、是伊勢斎宮始也、〔『此後根本本落チタリ』㊨『是ヨリ細字ニアリ、仍書入』㊧〕遷幸時代抄有之、〕」。
宮「豊鋤入姫命于時姫倭比売《仁》事依奉《利》御杖代《止》定給、」。

168「奉斎」＝府「春斎」。
★府は改行せず。

169「六十四年」＝守府「六十五〔『四イ』㊨〕年」。温宝「六十五年」。

170「雲霞」＝宝「霊〔『雲』㊨〕霞」。

171★府天は改行せず。

172「六十七年〔己丑〕」＝温「六十七年」。宝「六十七年〔壬『己イ』㊥寅『丑イ』㊥〕」。天「六十七〔『六』㊨〕年〔庚〔『己』㊨〕寅〔『丑』㊨〕〕」。府「六十七年〔壬寅〕」。

173「十二月」＝天「十二〔『ナシ』㊨〕月」。

174「穴穂宮」＝底真温宝宮「八穂宮」。諸本（国守府天）により改める。守「穴〔『六』㊨〕穂宮」。天「穴〔『六』㊧〕穂宮」。

175「居霊鏡」＝天「居霊鏡座」。

176「六十八年」＝天「六十〔『九』㊨〕八〔『ナシ』㊨〕年」。

177「城上郡」＝府「礒城上郡」。天「礒〔『葛』㊨〕城上郡」。

178「勾」＝真国宮「句」。温「勺」。府「勾上」。天「勾上〔『ナシ』㊧〕」。

179「活目入彦五十狭茅天皇」＝温「〔『第十一』㊨〕〔『垂仁　十一』㊤〕活目入彦五十狭茅天皇」。府「〔『垂仁　十一』㊧〕活目入彦五十狭茅天皇」。天「〔『垂仁　十一』㊤〕活目入彦五十狭茅大皇」。宮「治目入彦五十狭茅天皇」。

180「〈纏向珠城宮、〉」＝守天「〈纏向珠城宮、〉〔『垂仁天皇也』㊧〕」。
★守宝府天は改行せず。

181「四日」＝府「四」。

182「円満霊鏡」＝宝「円満鏡」。

183 「二年」＝守「三〔『二イ』㊧〕年」。温宝府「三年」。天「三〔『二イ』㊨〕年」。
184 ★天は改行せず。
185 「四《三敷》年」＝底「四〔『三敷』㊨〕年」。真国温守宝府宮「四年」。天「四〔『三イ』㊨〕年」。
186 「遷」＝宮なし。
187 「淡海」＝守「淡海〔『路イ』㊨〕」。温「淡路」。
188 「甲可日雲宮」＝温「甲可日可日雲宮」。宝「由可日可因雲宮」。
189 「又其上」＝天「又〔『ナシ』㊨〕其上」。
190 「赤雲帯」＝守「帯赤雲」。府「赤霊帯」。
191 「霊鏡」＝底宝「雲鏡」。諸本（真国守府天宮）により改める。温「雲〔『霊敷』㊨〕鏡」。
192 ★天は改行せず。
193 「八《七》年〔己亥〕」＝底「八〔『七』㊨〕年〔己亥〕」。真国宮「八年〔己亥〕」。守温「七〔『八イ』㊨〕年〔己亥〕」。宝「七年〔己亥〕」。府「八〔『七イ』㊨〕年〔己亥〕」。天「七〔『八イ』㊨〕年〔己亥〔『宛』㊨〕〕」。
194 「千木」＝府「千本」。
195 「板上」＝底国宮「坂上」。諸本（真守宝天）により改める。温「枚上」。府「板〔『枝』㊧〕上」。
196 ★天は改行せず。
197 「十《九》年」＝底天「十〔『九』㊨〕年」。真国府宮「十年」。守「九〔『十イ』㊨〕年」。温宝「九年」。
198 「伊久良」＝温「何久良」。
199 「両社」＝温「両祖」。
200 ※宮B
201 「十四《三》年」＝底「十四〔『三』㊨〕年」。真国宮「十四年」。守府「十三〔『四イ』㊨〕年」」。温宝「十三年」。天「十四〔『三イ』㊨〕年」。
202 「椋杜三株」＝真「掠杜三株」。天「椋杜〔『杜』㊨〕三株〔『株』㊨〕」。
203 「奈其」＝国「余其」。府「奈共」。天「奈共〔『其』㊧〕」。
204 「六箇月」＝底温宮「六ヶ月」。
205 「十八《七》年」＝底天「十八〔『七』㊨〕年」。真国温宝府宮「十八年」。
206 「于」＝守宝府天なし。
207 「片樋宮」＝宝「行樋宮」。府天「片通宮」。
208 「舛形」＝宝「殊形」。
209 ★天は改行せず。
210 「二十二年〔癸丑〕」＝府「二十二年〔癸巳〕」。天「二十二〔『一』㊨〕年〔癸巳〕」。
211 「編懸障泥」＝国「編懸障泥〔アミカヽテアウリ〕〔『編懸障泥〔アヲリヤカタ〕』㊤〕」。
212 「三箇年」＝底温宮「三ヶ年」。真「四ヶ年」。国「四〔『三イ』㊨〕ヶ年」。

213 ★天は改行せず。
「廿《四》五年」＝底「廿五〔『四』㊨〕年」。真宝宮「廿五年」。

守温府天「二十五年」。
214 「令坐《支》」＝国府「令坐《波》」。天「今〔『令』㊨〕《波》〔『支』㊨〕」。
215 「南山未見給《止天》」＝国「南山未見給《止天》」。守「南山未見給《世》〔『止』㊨〕《天》」。宝「南山未見給《天世》」。
216 「覓」＝温宝「不見」。
217 「天照大神」＝国守府天宮「天照太神」。
218 「宇久留士」＝国「宇久留士〔『所名』㊧〕」。府「宇久留士〔『処名』㊧〕」。天「宇久留志〔『士』㊨〕」。
219 「坂手」＝守「坂田〔『イ無』㊧〕手」。宝「坂田手」。
220 「寒河」＝国「寒河〔『所名也』㊧〕」。府「寒川〔『所名』㊧〕」。
221 「瀧原」＝宝「龍原」。
222 「和比野」＝宝宮「和北野」。
223 「久求」＝真「久」。
224 「園相」＝宮「園」。
225 ※宮C
226 「御水御饗」＝底「御水『御』㊨饗」。
227 「二見浜見津」＝府「二見浜見浜見津」。
228 「鹿乃見」＝宝府「麻乃見」。
229 「于時」＝真温宝「尓時」。

230 「太田命」＝真国「人田命」。
231 「参《弖》」＝守「参《天》」。
232 「宮処《仁》」＝天「宮処」。
233 「礼祭《止倍志》」＝底真温「礼祭《倍止》」。守府天により改める。国「礼祭《止位志》」。宝「礼祭《止倍志》」。天「礼祭《倍志止》」。
234 「処《仁》」＝府宝「処」。
235 「往給《天》」＝守宝「往《天》」。
236 ★真国天は改行せず。
237 「廿六年」＝守温府天「二十六年」。
238 「天照大神」＝真守府「天照太神」。天「天〔『太』㊨〕照大神」。
239 「五十鈴河上《天》」＝天「五十鈴〔『ナシ』㊨〕川上《天》〔『ナシ』㊨〕」。
240 ★温は改行せず。
241 「垂仁天皇」＝天「〔『十一』㊤〕垂仁天皇」。
242 「九十九歳」＝守「九十〔『九イ』㊨〕歳」。温宝府「九十歳」。
243 ★底真は一行あけ。国守温宝府あけなし。
244 底「」。
真「」。

国「《イカ》〔『大義』㊧〕《ヘイロシャナウウ》〔『日義』㊧〕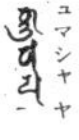《シュマシャヤ》〔『仏頂義』㊧〕」。

守「《マカ》〔『大義』㊧〕《ハイロシャ》〔『大日義』㊧〕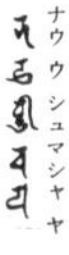《ナウウシュマシャヤ》

〔『仏頂義』㊧〕」。

温「[梵字]《マカヘイロシャナウウシャハ》〔『[梵字]』㊧〕[梵字]《マ》」。

宝「[梵字]」。

府「[梵字]《マカ》〔『大義』㊧〕[梵字]《ヘイロシャ》〔『日義』㊧〕[梵字]《ナウウシュマシャヤ》〔『仏頂義』㊧〕」。☆改行して「倭姫皇女移天上梵宮造如此」。

天「[梵字]《マカ》〔『[梵字]』㊨〕〔『太〔『大』㊧〕義』㊧〕[梵字]《ベイロシャ》〔『[梵字]』㊨〕[梵字]《ナウウ》〔『[梵字]』㊨〕〔『目〔『日』㊧〕義』㊧〕[梵字]《シコシャ》〔『[梵字]』㊨〕[梵字]《ヤ》〔『仏煩義』㊧〔『仏頂』㊧〕〕」。☆改行して「倭姫皇女移天上梵宮造如此」。
★国は一頁空白。府は二頁空白。底宝は以下なし。

245 =底国宝は図なし。真守温府天は【図】参照。

246 「倭姫皇女移天上梵宮造如此」=底宝なし。諸本（真国守温府天）により補う。府「倭姫皇女移天上梵宮造如此〔『イ無』㊥〕」。天「倭姫皇女移天上梵宮造如此〔『イニ無シ』㊧〕」。
★真天は二行あけ。国は一行あけ。守は三行あけ。温府はあけなし。

247 「降臨次第麗気記」=底宝なし。諸本（真国守温府天）により補う。国「降臨次第麗気記第二」。守「降臨次第麗気記二〈十八巻内〉」。温「降臨次第麗気記　清禅（花押）」。府「降臨次第麗気記五」。天「降臨次第麗気記〔『巻第二イニ如此』㊨〕五」。

②神天上地下次第

【図】

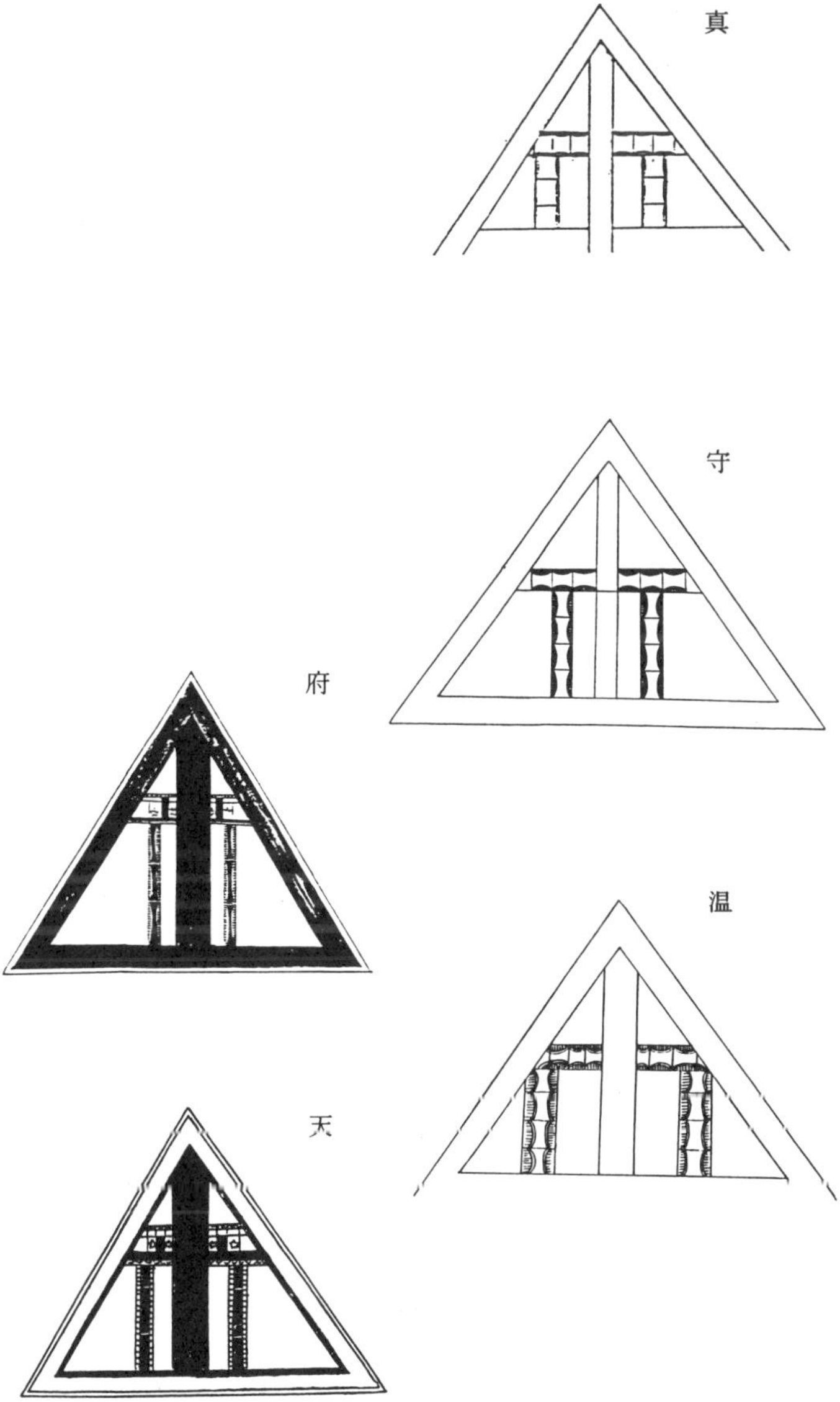

【校本】

降臨次第麗気記[2]

豊受皇大神[3]

　于時大日本国天降淡路三上嶽、率三十二大眷属、従

　庚申年送春秋《止古》[4]五十五万五千五百五十五年、[5]

神璽本霊[6]

　五智円形御霊鏡[7]、是云如意宝珠、[8]

　神体如天帝釈

　神号[9]

　天御中主之尊[10]

　宝号[11]

　大慈毘盧遮那如来[12]

　水火風空四智御霊鏡[13]

　水　円形〈土宮[14]〉

　火　三角形〈角社[15]〉

　風　半月形〈風宮〉[16]

　空　団円形[17]〈多加社[18]〉

　五智円満御霊鏡中形其品、已上[19]相殿神鏡也、[20]

　遷布倉宮、自丙申送年月、五十六万六千六百六十六

　年、[21]

　八輪嶋宮、遷戊申年、積年五十七万七千七百七十七

　年、[22]

　八国嶽、遷庚申歳[23]、五十八万八千八百八十八年、[24]

　丹波乃国[25]与謝之郡比治山頂[26]麻井原[27]、遷壬申歳、五十

　九万九千九百九十九年、[28]

　与佐宮[29]、遷庚申歳[30]、六十一万千百十年、[31]

　活目入彦五十狭茅[32]

　大足彦忍代別[33]

　稚足彦[34]

　足仲彦[35]

　気長足姫尊[36]

　大足大応彦[37]

　大日足仁[38]

襲津彦[39]
国仁反正尊[40]
国仁恭正尊[41]
大安足康尊[42]
大泊瀬稚武[43]
　已上人皇廿二人者[44]、二十天[45]垂跡也、〔天地人口決、〕
天潜尾命　〔天津神　中津神　国津神[46]〕
水潜尾命　〔一切衆生心性蓮住水中、住毘那耶伽神[47]、〕
地潜尾命　〔伊奘諾尊　伊奘冊尊[48]〕
木潜尾命　〈木神[49]〉
火潜尾命　〈雷神[50]〉
土潜尾命　〈土神[51]〉
石潜尾命　〈火神[52]〉
金潜尾命　〈金神[53]〉
天日尾命[54]　〈水神[55]〉
天月尾命　〔月神、又火神[56]、〕
天子尾命　〔人神、卅二神　卅七神[57]〕
地子尾命　〈倶生神[58]〉

天破塔命　〔那行都佐神　薬師[59]〕
天破法命　〔毘那耶伽神　大日[60]〕
天破仁命　〔勝尾体々々々　金剛薩埵[61]〕
天破神命　〔尾上々々々　正観音[62]〕
国加利命　〔尾下都佐神　馬頭[63]〕
国加富命　〔尾火上々々々　千手[64]〕
国加国命[65]　〔尾水下都佐神　十一面[66]〕
国加賀命　〔尾金死木石上石神　釈迦[67]〕
愛鬘尾命[68]　〔勝手大明神　毘沙門[69]〕
愛護尾命　〔金生大明神　地神[70]〕
解法尾命[71]
覚耳尾命[72]
上法神尊[73]
下法神尊[74]
中言神尊[75]
天鏡神尊[76]
地鏡神尊[77]
〈過〉百々神尊[78]

〈現〉千々神尊[79]
〈末〉万々神尊[80]
已上三十二[81]執金剛神者、金剛界成身会三十七尊[82]、加四仏、又加相殿神也、
摂真実経云、[83]
薄伽梵妙善成就金剛威徳三摩耶智[84]種種[85]希有最勝功徳、○於所作事善巧成弁諸有情類種願求[86]、随其所楽皆令満足、大慈[87]毘盧遮那如来体性常住無始無終、三業堅固猶若金剛、十方諸仏咸[88]共尊重、一切菩薩恭敬讃嘆[89]、時薄伽梵住妙高山頂三十三[90]天帝釈宮中摩訶摩尼最勝楼閣、三世諸仏常説法処[91]、其地柔軟如兜羅綿、白玉[92]所成色瑩珂雪[93]、有妙楼閣七宝荘厳宝鐸宝鈴処々懸烈[94]、微風吹動出微妙音[95]、繒蓋・幢幡・花鬘・瓔珞・半満月等而為厳飾、光明照耀[96]遍於虚空、無数天仙咸共称讃、与大菩薩衆十六倶胝那庾多[97]百千菩薩眷属倶、其名曰[98]金剛手菩薩[99]・金剛蔵菩薩・金剛号菩薩・金剛善哉菩薩・金剛胎菩薩・金剛威徳菩薩・金剛幢菩薩[100]・金剛笑菩薩[101]・金剛眼菩薩・金剛受持菩薩[102]・金剛輪菩薩・金剛語菩薩[103]・金剛羯磨菩薩[104]・金剛精進菩薩・金剛摧伏菩薩・金剛拳菩薩、如是等十六菩薩摩訶薩、一々各有一億那庾多[105]百千菩薩以為眷属[106]、
復有四金剛天女[107]、其名曰金剛焼香天女・金剛散花天女[108]・金剛燃燈天女[109]・金剛塗香天女、如是等金剛天女、一々[110]各有一千金剛天女、為眷属倶[111]、
復有四金剛天[112]、其名曰金剛鈎天・金剛索天[113]・金剛鎖天・金剛鈴天、如是等金剛天[114]、一々[115]各有一千金剛天[116]、為眷属倶[117]
復有忉利天王釈提桓因[118]・大梵天王・摩醯首羅[119]等諸大天王、及三十三天無数天子、無量倶胝那庾多[120]諸天婇女[121]、種々[122]歌舞一心供養[123]、復有恒河沙数無量[124]無辺[125]一切化仏、現閻浮提遍満虚空、一々[126]如来無量無数海会衆・菩薩・賢聖囲遶説此大法〈文[127]〉、
同経下云、[128]
尓時金剛手菩薩摩訶薩、告諸大衆言、広大之法非我境界、是仏[129]境界、我今承仏大威神力、略説諸仏境界瑜伽[130]秘密真実妙法、大金剛界道場法已、我曾過去百

③降臨次第麗気記

千劫中、修諸願海、乃遇大悲毘盧遮那如来[131]第一会中、
得聞是法、[132]超第八地証等覚位、[133]

（図）[134]

依龍神指南所記如此、[135]

降臨次第麗気記[136]

【校異】

1宝府天は一行前に「降臨次第麗気記六〈十八巻内〉」とある。天は一行前に「〔『是已下無之』㊨〕降臨次第麗気記六〈十八巻内〉」とある。

2「降臨次第麗気記」＝国「降臨次第麗気記第三」。守「降臨次第麗気記巻第三」とし、次行に一字下げで「十八所以後及以往惣体両宮惣図形」とある。温「降臨次第麗気記六〈十八巻内〉」。宝「降臨次第麗気記〔十八所以後及以往惣体両宮惣図形〕」。府「降臨次第麗気記〈十八所以後及以往惣体〉」。天「降臨次第麗気記〈十八所以後及以往惣体〔『已下無』㊨〕〉」。

3「豊受皇大神」＝国守「豊受皇太神」。府「豊受皇太神〈両宮惣形也〉」。天「豊受皇太神〈両宮惣形也〔『已下無之』㊨〕〉」。

4「古止」＝温「古上〔『正』㊧〕」。宮「古上」。

5「五十五万五千五百五十五年」＝守「五十五万五千五百五年」。

6★守温宝府天は改行せず。

7「御霊鏡」＝国「御『霊』㊧鏡」。

☆温は改行。

8★守温宝府天は改行せず。

9★世守温宝府天は改行せず。

10「天御中主之尊」＝温「天御中主尊」。

★守温府天は改行せず。

11「宝号」＝世は行間に補書。

★守温宝府天は改行せず。

12「毘盧遮那如来」＝温「ヒルサナ如来」。

13★守温宝府天は改行せず。

14「土宮」＝世「土宮〔『吉宮』㊧〕」。府「土宮〔『イニハ注ニカク』㊧〕」。天「〔吉宮　土宮〕」。

★守温宝府天は改行せず。

15「角社」＝真国「角宮」。府「角社〔『宮イ』㊧〕」。天「〔角社　宮〔『イニ無』㊧〕〕」。

★宝は改行せず。

16★守温府天は改行せず。

17「団円形」＝守「円団形」。天「団円〔『円団』㊨〕形」。

18「多加社」＝温「多伽社」。宝府天「〔多伽社〕」。

★守温宝府天は改行せず。

19「其品、已上」＝守「其品也、已上」。温宝「其品也、上」。

20★守温宝府天は改行せず。

21国は改行して「如天帝釈」とある。

★守温宝府天は改行せず。

22★守温宝府は改行せず。

23「遷庚申歳」＝真「『遷』㊨庚申歳」。

24★守温宝府天は改行せず。

25「丹波乃国」＝温「丹波〔『後歟』㊨〕乃国」。府宮「丹波国」。天「丹波〔『後』㊨〕乃国」。

26「比治山頂」＝国「此沼山頂」。

27「麻井原」＝宮「麻井原乃」。

28★守宝府天は改行せず。

29「与佐宮」＝国「年与佐宮」。守温宝府「与謝宮」。天「与謝〔『佐』㊧〕之〔『ナシ』㊧〕宮」。

30「庚申歳」＝真国世宮「庚申」。

31「六十一万千百十年」＝府「六十一万一千一百一十一年」。天「六十一万一千一百一十一〔『無之』㊨〕年」。宮「六十一万千『八』㊨百十年」

★守は改行せず。

32「活目入彦五十狭茅」＝国「活目入彦五十狭茅尊」。世「〔『垂仁　十一』㊤〕活目入彦五十狭茅尊」。守「〔『垂仁』㊧〕活目入彦五十狭茅」。温「活目入彦五十狭茅〔『垂仁』㊧〕」。府「〔『垂仁　十一』㊤〕活目入彦五十狭茅尊」。天「〔『垂仁　十一』㊤〕活目入彦五十狭茅尊」。

★守温宝府天は改行せず。

33「大足彦忍代別」＝国「大足彦忍代別尊」。世は「大足彦忍代別尊」として前行末に「〔『景行　十二』㊤〕」。守「〔『景行』㊧〕大足彦忍代別」。温「大足彦忍代別〔『景行々々』㊧〕」。府「〔『景行　十二』㊤〕大足彦忍代別尊」。天「〔『景行　十二』㊤〕大足彦忍代別尊」。

★守宝は改行せず。

34「稚足彦」＝真なし。国「稚足彦尊」。世「〔『成務　十三』㊤〕稚足彦尊」。守「〔『成務』㊧〕稚足彦」。温「稚足彦〔『成務々々』㊧〕」。府「〔『成務　十三』㊤〕稚足彦尊」。天「〔『成務　十三』㊤〕稚足彦尊」。

★守温宝府天は改行せず。

35「足仲彦」＝国「足仲彦尊」。世は「足仲彦尊」として前行末に「〔『仲哀　十四』㊤〕」。守「〔『仲哀』㊧〕足仲彦」。温「足仲彦〔『仲哀々々』㊧〕」。府「〔『仲哀　十四』㊤〕足仲彦尊」。天「〔『仲哀　十四』㊤〕足仲彦尊」。

★温府は改行せず。

36「気長足姫尊」＝世は「気長足姫尊」とし前行末に「〔『神功皇后　十五』〕」とあり。守「〔『神功皇后』㊧〕気長足姫尊」。温「気長足姫尊〔『神功皇后』㊧〕」。府「〔『神功皇后　十五』㊤〕気長足姫尊」。天「〔『神功皇后　十五』㊤〕気長足姫尊」。

★守温宝天は改行せず。

37「大足大応彦」＝国「大足大応彦尊」。世「〔『応神　十六』㊤〕大足大応彦尊」。守「〔『応神』㊧〕大足大応彦」。温「大足大応彦〔『応神々々』㊧〕」。府「〔『応神　十六』㊤〕大足大応彦尊」。天「〔『応神　十六』㊤〕大足大応彦尊」。

★温守宝府は改行せず。

38「大日足仁」＝国「大日足仁尊」。世「｛『仁徳　十七』㊤｝大日足仁尊」。守「｛『仁徳』㊧｝大日足仁」。温「大日足仁｛『仁徳』㊧｝」。府「｛『仁徳　十七』㊤｝大日足仁尊」。天「｛『仁徳　十七』㊤｝大日本足仁尊」。

★守温宝府天は改行せず。

39「襲津彦」＝国「襲津彦尊」。世「｛『履中　十八』㊤｝龍衣津彦尊」。守「｛『履中』㊧｝襲津彦」。温「襲津彦｛『履中』㊧｝」。府「｛『履中　十八』㊤｝襲津彦尊」。天「｛『履中　十八』㊤｝襲津彦尊」。宮「龍衣彦」。

★守温は改行せず。

40「国仁反正尊」＝世「｛『反正　十九』㊤｝国仁反正尊」。守「｛『反正』㊧｝国仁反正尊」。温「国仁反正尊｛『反正々々』㊧｝」。府「｛『反正　十九』㊤｝国仁泰正尊」。天「｛『反正　十九』㊤｝国仁泰｛『反』㊧｝正尊」。

★温宝府天は改行せず。

41「国仁恭正尊」＝世「｛『允恭　廿』㊤｝国仁恭正尊」。守「｛『允恭』㊧｝国仁泰正尊」。温「国仁泰正尊｛『允恭々々』㊧｝」。府「｛『允恭　廿』㊤｝国仁反正尊」。天「｛『允恭　二十』㊤｝国仁反｛『恭』㊧｝正尊」。

★守温宝府は改行せず。

42「大安足康尊」＝世「｛『安康　廿一』㊤｝大安足康尊」。守「｛『安康』㊧｝大安足康尊」。温「大安足康尊｛『安康々々』㊧｝」。府「｛『安康　廿一』㊤｝大安足康尊」。天「｛『安康　二十一』㊤｝大安足康尊」。

★守温宝天は改行せず。

43「大泊瀬稚武」＝国「大泊瀬稚武尊」。世「｛『雄略　廿二』㊤｝大泊瀬稚武」。守「｛『雄略』㊧｝大泊瀬稚武」。温「大泊瀬稚武｛『雄略天皇』㊧｝」。府「｛『雄略　廿二』㊤｝大泊瀬稚武尊」。天「｛『雄略　二十二』㊤｝大泊瀬稚武尊」。

44「廿二人」＝天「廿二｛『二十二』㊧｝人」。

45「二十天」＝温守府天「廿天」。

46「天津神　中津神　国津神」＝真なし。

☆底真国世守温宝府天宮は改行せず。

47「一切衆生心性蓮住水中、住毘那耶伽神」＝真なし。守「一切衆生心性蓮華住水中住、水中住毘盧遮那神伽　毘那耶伽神」。温「一切衆生口性蓮華住水中、住ヒルサナ神伽」。宝「一切衆生心性蓮花住水中、住毘盧遮那神伽」。府「一切衆生心性蓮花住｛『イ無』㊧｝水中、住毘盧遮那伽神」。天「一切衆生心性蓮花住水中、住毘那耶伽神」。

48「伊奘諾尊　伊奘冊尊」＝真なし。

☆底真国世守温宝府天宮は改行せず。

49「木神」＝底真国世守宝府宮なし。天により補う。温は㊨に補書。

★守温宝府は改行せず。

50「雷神」＝真なし。温「応神」。宝「曺神」。府「曺｛『雷』

㊧〉神」。

☆底真国世天宮は改行せず。守温宝府は改行。

51「土神」＝底真国世守宝府宮なし。天により補う。温は㊨に補書。

★守温宝府は改行せず。

52「火神」＝真なし。

☆底真国世守温宝府天宮は改行せず。

53「金神」＝真なし。

★温宝府は改行せず。

54「天日尾命」＝宝「天目尾命」。

55「水神」＝真なし。天「水〈『火イニ色ニアリ』㊧〉神」。

☆底真国世守温天宮は改行せず。宝府は改行。

56「月神、又火神」＝真なし。天「月神、又火〈『水イニ書ニ二ツアリ』㊧〉神」。

★守温宝府は改行せず。

57「人神、卅二神　卅七神」＝真なし。守「人神、卅二神　卅七神也」。天「人神、卅二神　又卅七神」。

☆底真国世宝府天宮は改行せず。守温は改行。

58「倶生神」＝真なし。

★守温は改行せず。

59「那行都佐神　薬師」＝真なし。温「那行都佐神　『薬師』㊧」。天「那行都佐神　薬師如来〈『ナシ』㊧〉」。

☆底真国世守温宝府天宮は改行せず。

60「毘那耶伽神　大日」＝真なし。天「毘那耶伽神　大日如来〈『ナシ』㊧〉」。

★宝府は改行せず。

61「勝尾体々々々　金剛薩埵」＝真なし。国「勝尾体都佐神　金剛薩」。世府「勝尾体々々々〈『都佐神』㊨〉　金剛薩埵」。天「勝尾体都佐神〈『耶伽神』㊨〉　金剛薩埵」。

☆底真国世守温天宮は改行せず。宝府は改行。

62「尾上々々々　正観音」＝真なし。国「尾上都佐神　正観音」。世府「尾上々々々〈『都佐神』㊨〉　正観音」。守「尾上々々〈『都佐神イ』㊨〉　正観音」。温宝「尾上々々　正観音」。天「尾上都佐神〈『尾出上耶伽神』㊨〉　正観音」。

★守温宝府は改行せず。

63「尾下都佐神　馬頭」＝真なし。天「尾下都佐神　馬頭観音〈『ナシ』㊧〉」。

☆底真国世宝府天宮は改行せず。守温は改行。

64「尾火上々々々　千手」＝真なし。国守温「尾火上々々　千手」。天「尾火上都佐神　千手観音〈『ナシ』㊧〉」。

★守温は改行せず。

65「国加国命」＝守温宝府天「国伽国命」。

66「尾水下都佐神　十一面」＝真なし。天「尾水下都佐神　十一面観音〈『ナシ』㊧〉」。

☆底真国世守温宝府天宮は改行せず。

67「尾金死木石上石神　釈迦」＝真なし。守「尾金死木石上神　釈迦」。宝「尾金死木石上石上　釈迦」。天「尾金死木石上石〔『ナシ』㊧〕神　釈迦如来」。
★温宝は改行せず。
68「愛鬘尾命」＝温「受鬘尾命」。

69「勝手大明神　毘沙門」＝真なし。天「勝手大明神〔『吉野』㊨〕　毘沙門」。
☆底真国世守温府天宮は改行せず。宝は改行。
70「金生大明神　地神」＝真なし。府「金生大明神　地神地蔵」。天「金生〔『静』㊨〕大明神　地神〔『ナシ』㊧〕地蔵」。
★守府は改行せず。
71☆底真国世温宝府天宮は改行せず。守は改行。

72「覚耳尾命」＝府「覚耳尾神〔『命イ』㊨〕」。
★守温は改行せず。
73☆底真国世守温宝府天宮は改行せず。

74★宝府は改行せず。

75☆底真国世守温宝府天宮は改行せず。

76★守温は改行せず。

77「地鏡神尊」＝府「地鏡神尊〈過〉」。
☆底真国世温宝府天宮は改行せず。守は改行。
78「〈過〉百々神尊」＝底「〔『過』㊧〕百々神尊」。真「百々神尊」。国「百々神尊〈過去〉」。世「〔『過』㊤〕百々神尊〈過去〉」。守宮「〔『過』㊤〕百々神尊」。温宝「過百々神尊」。府「百百神尊〈過去〉」。天「百百神尊〈過去〉」。
★守は改行せず。
79「〈現〉千々神尊」＝底「〔『現』㊧〕千々神尊」。真「千々神尊」。国「千々神尊〈現在〉」。世「〔『現』㊤〕千々神尊〈現在〉」。守「〔『現』㊤〕千千神尊」。温「〔『現』㊤〕千千神尊」。宝「千千神現尊」。府「〔『現』㊤〕千千神尊〈現在〉」。天「千千神尊〈現在〉」。宮「〔『現』㊤〕千々神尊」。
☆底真国世守温宝府天宮は改行せず。
80「〈未〉万々神尊」＝底「〔『未』㊧〕万々神尊」。真「万万神尊」。国「万々神尊〈未来〉」。温「〔『未』㊨〕万々神尊」。世「〔『未』㊤〕万々神尊〈未来〉」。守宮「〔『未』㊤〕万々神尊」。宝「万々神尊」。府「〔『未』㊤〕万千神尊〈未来〉」。天「万々神尊〈未来〉」。

81「三十二」＝守温宝府「卅二」。

82「三十七尊」＝守温宝府「卅七尊」。

83★守温宝府は改行せず。

84「三摩耶智」＝府「三昧耶智」。

85「種種」＝真温世守天宮「種々」。

86「種願求」＝温天「種々願求」。

87「大慈」＝温「大」。

88「咸」＝国「成」。府「威」。天「咸〔『成』㊨〕」。

89「讃嘆」＝温「讃歎」。天「賛嘆〔『歎』㊨〕」。

90「三十三」＝温「卅三」。

91「説法処」＝守「説法」。

92「白玉」＝宮「皇」。

93「珂雪」＝国「阿雪」。

94「懸烈」＝府宮「懸列」。

95「微妙音」＝宮「『微』㊨妙音」。

96「照耀」＝守温宝府天「照曜」。

97「倶胝那庾多」＝守宝府「倶胝那由多」。温「倶胝那由他」。天「倶胝〔『低』㊧〕那由〔『庾』㊧〕多」。

98「日」＝温宝なし。

99「金剛手菩薩」＝宮「金剛王菩薩」。

100「金剛幢菩薩」＝府「金剛菩薩」。

101「金剛笑菩薩」＝世「金剛笑菩薩薩」。

102「金剛受持菩薩」＝国「金剛愛持菩薩」。

103「金剛語菩薩」＝府「金剛諸菩薩」。天「金剛諸〔『語』㊨〕菩薩」。

104「金剛羯磨菩薩」＝天「金剛羯磨〔『摩』㊨〕菩薩」。

105「那庾多」＝守宝府天「那由多」。温「那由他」。

106「眷属」＝国「眷属倶」。守「眷属〔『倶イ』㊨〕」。天「眷属倶〔『無』㊨〕」。
★府天は改行せず。
107「四金剛天女」＝温宝「金剛天女」。宮「四金剛天」。

108「金剛散花天女」＝国「金『剛イ』㊨散花天女」。


109「金剛燃燈天女」＝宝府「金剛然燈天女」。天「金剛然〔『燃』㊨〕燈天女」。

110「一々」＝底府宮「一一」。諸本（真国世守温宝天）により改める。

111★守温府天は改行せず。

112「四金剛天」＝世「四金天」。

113「金剛索天」＝国「金剛素大」。

114「金剛天」＝天「金剛天〔『無之』㊨〕」。

115「一々」＝底真府「一一」。諸本（国世守温宝天宮）により改める。

116「金剛天」＝守「金剛天女」。

117「倶」＝天「倶『闕ナシ』㊥」。
※世はこの後に「復有四金剛天、其名曰金剛鈎天・金剛索天・金剛鎖天・金剛鈴天、如是等金剛天、一々各有一千金剛天、為眷属倶」を繰り返す。
★天は改行せず。
118「桓因」＝真「恒因」。

119「摩醯首羅」＝宝府天「魔醯首羅」。

120「那庾多」＝守宝府温「那由多」。天「那由多〔『他』㊨〕」。

121「婇女」＝天「采〔『婇』㊨〕女」。

122「種々」＝府「種種」。

123☆守宝は改行。

124※真は「無辺一切化仏、現閻浮提遍満虚空、一々如来無量」

なし。

125「無辺」＝守「無辺〔『数イ』㊨〕」。

126「一々」＝国「一切」。守「一々〔『切イ』㊨〕」。府「一々〔『切』㊧〕」。

127「文」＝宝なし。天「文〔『無之』㊨〕」。
★温宝府天は改行せず。
128「同経下云」＝真は行間補書。
★守温府天は改行せず。
129「仏」＝国府「諸仏」。世「『諸』㊧仏」。天「諸〔『無之』㊨〕仏」。

130※世は「秘密真実妙法、大金剛界道場法巳」なし。

131「毘盧遮那如来」＝温「ヒルサナ如来」。

132※真は、ここで「〈文〉」とし、以下の「超第八地証等覚位」なし。

133「証等覚位」＝世宮「証等正覚位」。府「証等正覚位〈文〉」。天「証等正〔『無之』㊨〕覚位〈文〔『無之』㊨〕〉」。宮は以下なし。
★底は十一行分あき。国世は一行分あき。天は一頁半分あき。
134 底国世宮は図なし。真守温宝府天は【図】参照。
135「依龍神指南所記如此」＝天「〔『是無シ』㊨〕依龍神指南所記如此」。宮なし。
★底国は一行分あき。真は三行分あき。世温府天はあきなし。
136「降臨次第麗気記」＝国「降臨次第麗気記第三」。守宝宮なし。温府「降臨次第麗気記六」。天「降臨次第麗気記〇六〔『巻第三』㊧〕」。

【図】

真

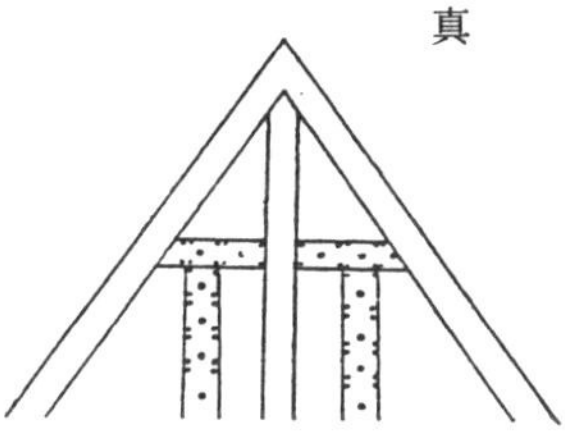

宝

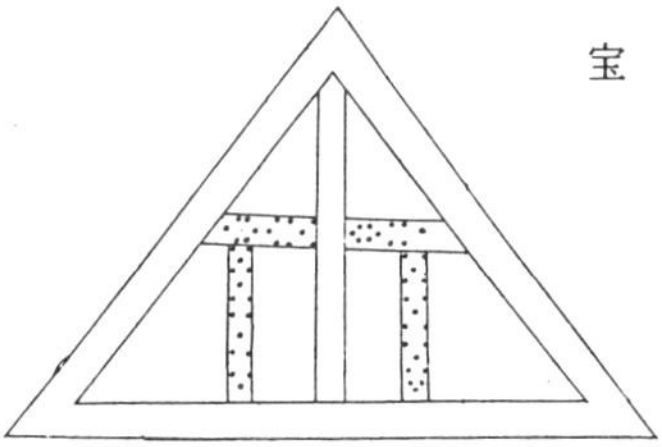

守

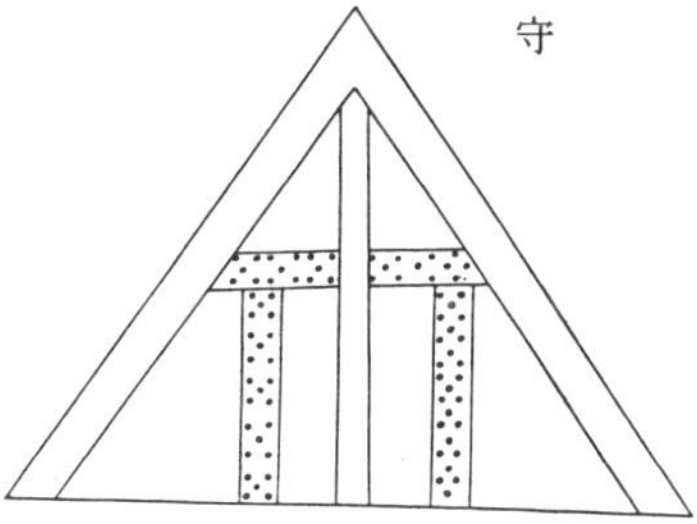

府

温

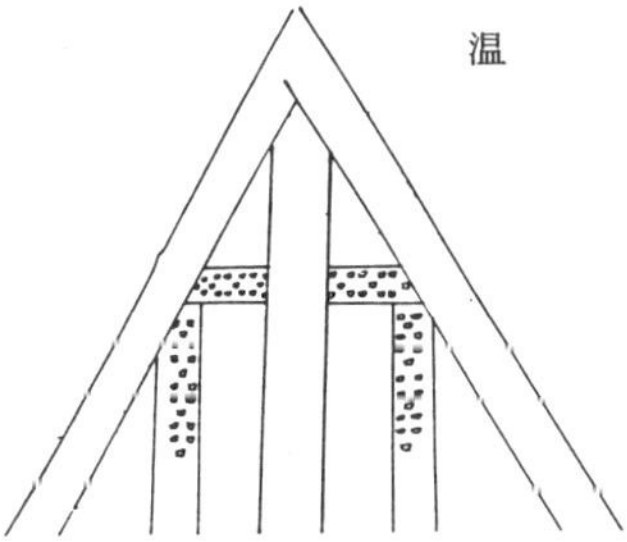

天

【校本】

[1]天地麗気記[2]

天神七葉者、過去七仏転呈[3]天七星、地神五葉者、現在四仏加増舎那[4]為五仏、化成地五行神[5]、供奉十六葉大神大小尊神賢劫十六尊也、憶昔[6]在因地、行菩薩道時、生千生万、従百葉重百世、亘千々守国神坐、下々守中神仁王、神財戦具十種玉神鏡神本霊本覚[7]、天国璽・地神印、百宝千宝、百大僧祇劫、々数無量[8]、無数劫[9]不変常住、三種神物余置[10]我五世時、以是為尊重、相並可奉崇敬本御霊、金色如意宝珠為浄菩提心[11]宝珠、是国常立尊心神本有満字御形文也[12]、法中大毘盧遮那仏[13]、此仏生身所五百執金剛神左右侍立、常恒[14]三世衛護、此[15]五百執金剛神[16]、各有五百金[17]※剛神[18]、各持《ハサラヒリ》〈伐折羅〉・《ラ》〈螺〉・《キタラ》〈白杖〉・《タランシャハシャケイ》〈無量般若篋〉・《タランシャ》《シンタマニ》〈無量真陀摩尼〉・《タランシャヒリユシャシキタラ》〈無量百僧祇戦具〉・《タランシャマニマニマカマニ》〈無量摩尼摩尼摩訶摩尼〉・《タランシャレイイレイ》〈無量鳴物〉[19]等、重々層縷、重々堺内[20]、重々堺外[21]、外仙番々守[22]之、星宿夜々坐之、令付精進仁福、令蒙穢悪者罰、是名神之神[23]、亦名天地鏡、或名辟鬼神[24]、

国狭槌尊〈毘盧遮那仏〉[25]

豊斟渟尊〈盧舎那仏〉[26]

此二神、浮天跡地、報応[27]二身、青黒二色宝珠[28]也、青色者衆生果報宝珠、黒色者無明調伏宝珠、三神々[29]、葉木国漂蕩状貌如鶏子、漸々万々時、一十々々時[30]、有化生之神、乗[31]浮経、此浮経者葦葉[32]、今独股金剛也、此国者独股金剛上生、成卜古[33]成大日本州、此玉人罰[34]時横成、許時下臥、失時[35]立之、以本図可得意[36]、

埿土煮尊〈毘婆尸如来〉[37]　沙土煮尊[38]〈尸棄如来〉[39]

大苫辺尊〈毘葉羅如来〉[40]　大戸之道尊〈狗留孫如来〉[41]

面足尊〈狗那含牟尼如来〉[42]　大富道尊〈釈迦牟尼如来〉[43]

惶根尊〈弥勒如来〉[44]

伊弉諾尊、金剛界[45]、俗体男形、如馬鳴菩薩、乗白馬手

持斤、一切衆生善悪量之、[46]
伊弉冉尊、胎蔵界、俗体女形、但如阿梨樹王乗荷葉、説法利生、唯如釈迦如来、権亘百千山川、実位[47]大日本国金剛宝山化坐両宮心柱上、説周遍法界深理矣、[48]
側聞、本在以降、二界遍照如来為幽契所産、一女三男、[49]一女天照皇大神[50]、地神始玉霊[51]、霊鏡[52]大日霊貴[53]、端厳美麗坐、下転神変、向下随順、此時御気都神[54]与尸棄光明天女[55]交同会中、立上下法性、下々来々給[56]、光明大梵天王[57]、尸棄大梵天王[58]、一体無二誓願合掌、在上時功徳無上、下化[59]時功徳無等々[60]、神宝[61]日出之時、二神大神[62]予結幽契、永治天下、言宣、肆或為日為月[63]、永懸大空不落、照一四天下与無量梵摩尼殿以降[64]、建正覚正知[65]、成真如智、建立三界、于時以清陽者為天、以重濁者[66]為地、和曜与一二[67]定後、以天為神以地為仁、百億万劫[68]※間、九山八海無主[69]時、第六天伊舎那[70]魔化修羅[71]、毘遮那[72]魔醯修羅[73]、鳴動忿怒[74]無天下魂、此時遍照三明月天子下成堅牢[75]地神、国平思食事八十万劫、其後瑠璃平地聚業塵生五色地、漸草木生指花成真菓、々落[76]成種子、々々変成有情、々々中有凡聖、依元初一念凡聖分[77]、現遍照三明日天子、開敷八葉蓮華[78]、是名大空無相日輪、是名如々[79]安楽地[80]、亦名人光明心殿、亦名法性心殿、亦名伊勢二所両宮正殿[81]者也、自性大三昧耶[82]大梵宮殿表文也、[83]
伊弉諾・伊弉冉二神尊[84]、持左手金鏡陰生、持右手銀鏡陽生[85]、名曰日天子・月天子、是一切衆生眼目坐[86]故、一切火気[87]変成日、一切水気変成月、三界建立日月是也、于時、以瀛都鏡[88]・辺都鏡為国璽尊霊[89]、而日神・月神自送于天宮、而照六合給矣、

正哉吾勝々速日天忍穂耳尊[90]
天照大神[91]捧八坂瓊曲玉、於大八州[92]為本霊鏡[93]、火珠所成神也、[94]

天津彦々火瓊々杵尊[95]
天照大神太子[96]、正哉吾勝々速日天忍穂耳尊[97]、娶天皇天御中主神太子、高皇産霊[98]皇帝女、栲幡豊秋津姫命、生天津彦々[99]火瓊々杵尊、謂高皇産霊尊者、為豊葦原中津水穂国主玉[100]光明天子也、[101]

尓時[102]、八十柱諸神曰、中国初契天下尊無主、非冥応者[103]
不能治之、誰神乎、神達曰[104]、皇孫[105]杵独王也、可以尊此
大神也、[106]皇孫尊[107]為中国皇、三十三天之諸魔軍障為去、
所称玄龍車追真床之縁錦衾[108]、八尺流[109]大鏡、亦玉宝鈴[110]・
草薙八握剣而寿之曰、嗟呼、汝杵[111]敬承吾寿、手抱[112]流鈴、
以御無窮無念[113]、爾[114]祖吾在鏡中矣、[115]
[116]御余宝十種神財者
瀛都鏡一面〔天字、五輪形[117]、豊受皇大神[118]〕
辺都鏡一面〔地字、円形外縁八咫形、天照皇大神[119]〕
八握剣一柄[120]〔天村雲剣[121]者草薙剣、八葉形表〕[122]
生玉一〈如意宝珠、火珠〉[123]
死玉一〈如意宝珠、水珠〉[124]
足玉一〈文上字表〉[125]※
道反玉一〈文下字表[126]〉
蛇比礼一枚〈木綿本源白色中字表[127]〉
蜂比礼一枚〈一字表〉[128]
品物比礼一[129]〈宝冠〉[130]
如是十種神財者、為一切衆生受与之、如守眼精、魂魄
無二、一心玉生、平等不二妙文也、一二三四五六七八
九十[131]者、一切衆生父母、天神地祇宝也、[132]亦波瑠布由良
々々、而布瑠部由良々々、由良止布理部[133]、
金剛宝山呪也、法中縛日羅駄都鑁[134]、阿尾羅吽欠、阿縛
羅佉々[135]、
[136]
波瑠布由良々々[137]
[138]
而布瑠部由良[139]
[140]
由良止布瑠部[141]
天照皇大神[142]持宝鏡[143]而祝之宣久[144]、吾児視此宝鏡[145]当猶視吾、
可与同床共殿[146]※以為斎鏡、宝祚[147]之隆当与天壌無窮矣、則
授八坂瓊曲玉及八咫鏡・草薙剣三種神財、永為天璽地
玉、天不言地不言[148]、自永劫至永劫不変、荷肩[149]八坂瓊之
勾玉[150]及[151]白銅鏡、行山川[152]海原、挿草薙剣腰平悪事、呼天
児屋根命、所持金剛宝柱中誦[153]色葉文、為浄事、如元[154]令
成給伏乞矣、[155]

彦火々出見尊[156]
天津彦々火瓊々杵尊第二王子[157]、母木花開耶姫、大山祇神女也、上奉物[158]如左[159]、
彦波瀲武鸕草葺不合尊[160]
彦火々出見尊太子、母豊玉姫、海童二女也、奉渡如左[161]、
凡天照太神[162]、天地大冥之時、現[163]日月星辰像[164]、照虚空之代、神足履地、而興于[165]天瓊戈於豊葦原中国、上去下来而鑒六合[166]、治天原耀天綋[167]、皇孫[168]杵独王、人寿八万歳時、筑紫日向高千穂槵触之峯天降坐以降[169]、迄至于[170]彦波瀲武鸕鷀草葺不合尊[171]終年[172]、三主治百七十九万二千四百七十六歳也[173]、
凡神陰陽太神[174]等五大龍王[175]百大龍王上首坐、面貌者如天帝釈梵王、〔以下在別記〕[176]
日本磐余彦天皇[177]
彦波瀲武鸕草葺不合尊[178]第四子也、母曰[179]玉依姫、海童之大女也、日本人皇始、天照太神[180]五代孫也、庚午歳誕生云々[181]、

天皇草創天基之日[182]、任皇天之厳命、斎八柱霊神式[183]、為鎮御魂神以来、上則合乾霊授国之徳、下則弘皇孫養正之心、是[184]神一徳、益満四海、和光影普浮八州[185]、能赦[186]君臣、上下悉除八苦煩悩、天壌無窮、日月長久、夜守日護、悃幸[187]生坐[188]、誓言、孔照也、故[189]八百万神等之中、以八柱御魂神為天皇玉体、春秋二季[190]斎祭也、惟魂元気也、清気上斎為大神、濁気沈下為地祇、清濁之気、通為陰陽為五行、陰陽共生於万物之類、是水火精也[191]、陽気生因以名魂為心、故以安静為命、是道本也、神[192]、故名神魂也、陰気為意為性、故名精魄也、故祭八斎神霊則世間苦楽皆是自在[193]、天神之作用[194]、広大慈悲之八心、即続生之相、真実而無畏、鎮坐[195]太元神地[196]、如湯津石村長生不死之神慮[197]、謹請再拝、国家幸甚々々[198]、

天地麗気記[199]

【校異】

1※府天は一行前に「天地麗気記一〈十八巻内〉」とある。天は一行前に「天地麗気記一〔『ナシ』㊨〕〈十八巻内〔『ナシ』㊨〕〉」とある。

2「天地麗気記」＝国「天地麗気記〔『神仏仏神』㊨〕第四」。世「天地麗気記」。宝「天地麗気記一〈十八巻内〉天地麗気記」。天宮府「天地麗気記〔『神仏仏神』㊧〕」。

3「呈」＝底真宮世「星」。諸本（国世宝府天）により改める。世「七里〔『星』㊨〕」。

4「舎那」＝府「『舎』㊨那」。

5「五行神」＝天「五行〔『形イ』㊨〕神」。

6「憶昔」＝府「億昔」。

7「玉神鏡神本霊本覚」＝底「玉神鏡本神霊本覚」。諸本（真国世守宝府天宮）により改める。

8「百大僧祇劫、々数無量」＝宮「百天僧祇『劫々数』㊤無量」。

9「無数劫」＝天なし。

10「余置」＝府「余量置」。天「余量〔『此字ナシ』㊧〕置」。宮「余『量』㊨置」。

11「浄菩提心」＝底真国「浄菩提」。諸本（世守宝府天宮）により「心」を補う。

12「也」＝天「也〔『ナシ』㊨〕」。

13「大毘盧遮那仏」＝世「大毘盧舎那仏」。

14「常恒」＝天「常晅」。

15※温は巻首から「此」までを欠く。

16「執金剛神」＝温「執金剛」。

17※宮A＝宮に錯簡あり（この位置「…金」17宮A↓125宮B「道反玉…」～「…共殿」146宮C↓「間…」68宮D～「足玉一〈文上字表〉」125宮B（改行）↓17宮A「剛神…」～「…百億万劫」68宮D↓146宮C「以為斎鏡…」以下最後まで）。

18「各有五百金剛神」＝守「各有五百執金剛神」。

19底「《ハサラヒリ》〔『伐折羅』㊧〕・《ラ》〔『螺』㊧〕・《キタラ》〔『白杖』㊧〕・《タランシャ ハ シャケイ》〔『無量般若篋』㊧〕・《タ ランシャシン タ マ ニ》〔『無量真陀摩尼』㊧〕・《タ ランシャヒリ ユ シャシキタラ》〔『無量百僧祇戦具』㊧〕・《タ ランシャマ ニ マ ニ マ カ マ ニ》〔『無量摩尼摩尼摩訶摩尼』㊧〕・《タ ランシャレイレイ》〔『無量鳴物』㊧〕」。真「〔『伐折羅』㊧〕・〔『螺』㊧〕・〔『白杖』㊧〕・〔『無量』㊧〕〔『般若篋』㊧〕・〔『無量』㊧〕〔『真陀摩尼』㊧〕・〔『無量』㊧〕〔『百僧祇戦具』㊧〕・〔『無量』㊧〕〔『摩尼々々』㊧〕〔『摩訶摩尼』㊧〕・〔『無量』㊧〕〔『鳴物』㊧〕」。

国「《ハサラヒ》{『伐折羅』㊧}・《ラ》{『螺』㊧}・《キタラ》{『白杖』㊧}・《タランシャハンシャケイ》{『無量般若篋』㊧}・《タランシャシンタマニ》{『無量百僧祇戦具』㊧}・《タラシャヒフユシャシキタラ》{『無量百僧祇戦具』㊧}・《タランシャマニマニマカマニ》{『無量摩尼々々摩訶摩尼』㊧}・《タラシャレイレイ》{『無量鳴物』㊧}」。

世「《ハサラ》{『伐折羅』㊧}・《レリ》{『螺』㊧}・《キタラ》{『白杖』㊧}・《タランハンシャケイ》{『無量般若篋』㊧}・《タランシャシンタマニ》{『無量真陀摩尼』㊧}・《タランシャヒリエイシャシキタラ》{『無量百僧祇戦具』㊧}・《タランシャマニマニマカ》{『無量摩尼摩尼摩訶』㊧}・《ランシャレイレイ》{『無量鳴物』㊧}」。

守「《ハ》{『イ』㊨}《サララ》{『伐折羅螺』㊧}・《キタラ》{『白杖』㊧}《タ》{『イ』㊨}・《ランシャ》{『無量』㊧}《ハン》{『イ』㊨}《シャ》{『般若』㊧}《ケイ》・《タランシャ》{『無量』㊧}《シムタ》{『真陀』㊧}《マニ》{『摩尼』㊧}・《タランシャ》{『無量』㊧}《ヒリユシャ》{『百僧祇』㊧}《シータラ》{『戦具』㊧}・《タランシャ》{『無量』㊧}《マニ》{『摩尼』㊧}《マニ》{『摩尼』㊧}《マカ》{『摩訶』・㊧}《マニ》{『摩尼』㊧}・《タランシャ》{『無量』㊧}《レイレイ》{『鳴物』㊧}」。

温「《ハ》{『伐』㊧}《サラアラ》{『折羅螺』㊧}・《キ》{『《ホ》』㊨}{『白杖』㊧}・《ハラキハキケイ》{『無量般篋』㊧}・《ハラケイ》{『』㊨}《ヒタマニ》{『無量真陀摩尼』㊧}・《ハラケイマキ》《ムキヒ》{『無量百大僧祇戦具』㊧}・《ホハラキマニマニ》《マカマニ》{『無量摩尼摩訶摩尼』㊧}・《ハラキャレイレイ》{『無量鳴物』㊧}」。

宝「{『伐折羅』㊧}・{『螺』㊧}・《キ》{『白杖』㊧}・《ハム》{『無量般若篋』㊧}・{『無量真陀摩尼』㊧}{『無量百大僧祇戦』㊧}・{『無量摩尼摩尼摩訶摩尼』㊧}・{『無量鳴物』㊧}」。

府「《ハサラヒ》{『伐折羅』㊧}・《ラ》{『螺』㊧}・《キタラ》{『白杖』㊧}・《タランシャハンシャケイ》{『無量般若篋』㊧}・《タランシャシンタマニ》{『無量真陀摩尼』㊧}{(《マニ》『摩尼』㊤)}・《タラシャヒリ》《ユシキタラ》無量百億儀戦具}・《タランシャマニマカマニ》{無量摩尼摩訶摩尼}・《タテシャレイーイ》{無量鳴物}」。

天「《ハサラヒ》{『伐折羅』㊧}{『金剛』㊧}{『螺』㊧}・《テ》{『百』㊧}・《キ》{『白』㊧『白』㊧}《ダラ》{『杖』㊧}・《ダランシャ》{『無量』㊧}《ハンシャ》{『般若』㊧『智慧』㊧}《ケイ》{『篋』㊧}・《タランシャ》{『無量』㊧}《シタ》{『真陀』㊧『振多』㊨『如意』㊧}《ニニ》{『摩尼』㊧『宝』㊧}・《タラシャ》{『無量』㊧}《ヒリユリシキ》{『百億儀』㊧『ナシ』㊧}《タラ》{『戦具』㊧}・《タランシャ》・『無量』㊧}《マニ》{『摩尼』㊧『宝』㊧}《マ》{『@』㊨}・『摩尼』㊧}《カカ》{『摩訶』㊧『大』㊧}《マニ》{『摩尼』㊧『宝』㊧}・《タラシャ》{『無量』㊧}《レイレイ》{『鳴物』㊧}」。

宮「《ハサラ》{『伐折羅』㊧}・《ヒリラ》{『螺』㊧}・《キタラ》{『白杖』㊧}・《タラン》{『無量』㊧}《ハンシャケイ》{『般若篋』㊧}・《タランシャ》

〔『無量』㊧〕《シンタマニ》〔『真陀摩尼』㊧〕・《タランシャ》〔『無量』㊧〕《ヒクユシャシキタラ》〔『百僧祇戦具』㊧〕・《タランシャ》〔『無量』㊧〕《マニマニ》〔『摩尼摩尼』㊧〕《マカマニ》〔『摩訶摩尼』㊧〕・《タランシャ》〔『無量』㊧〕《レイレイ》〔『鳴物』㊧〕」。

★底は改行。諸本（真国世守温宝府天宮）により改める。

20 「堺内」＝守「境〔『界イ』㊨〕内」。宝「境内」。

21 「堺外」＝守「境〔『界イ』㊨〕外」。宝「境外」。

22 「外仙番々」＝底真世宮「仙番々」。諸本（国守温宝府天）により「外」を補う。国温府「々仙番々」。守「外仙番々」。宝「々仙番」。天「外〔『ナシ』㊧〕仙番々」。

23 「神之神」＝宮「神『之神』㊨」。

24 ★温宝府天は改行せず。

25 「〈毘盧遮那仏〉」＝底真国世宮「〈毘盧舎那仏〉」。諸本（守宝府天）により改める。温「〔ヒルサナ仏〕」。府「〔毘盧遮那仏〕」。天「〔毘盧遮〔『舎』㊧〕那仏〕」。

★守温宝府天は改行せず。

26 「〈盧舎那仏〉」＝底守宝「〈盧遮那仏〉」。諸本（真国）により改める。世「〈毘盧□(ムシ)那□(ムシ)〉」。温「〔ルサナ仏〕」。府天宮「〔盧遮那仏〕」。

★守温宝府天は改行せず。

27 「報応」＝真「執〔『報』㊨〕応」。

28 「宝珠」＝府「宝殊」。

29 「三神々」＝温宝府「三神」。

30 「一十々々時」＝守宝府天「一十一十時」。

31 「乗」＝府「垂」。天「乗〔『垂イマ二也』㊧〕」。

32 「浮経者」＝宮「浮経耆」。

33 「卜古」＝府天「独沽」。

34 「人爵」＝守温宝府天「爵人」。

35 「失時」＝真「共時」。

36 ★守温宝府天は改行せず。

37 「涅土煮尊〈毘婆尸如来〉」＝府天温「泥土煮尊〔毘波尸如来〕」。

38 「沙土煮尊」＝国温「沚煮尊」。

39 「〈尸棄如来〉」＝宝天「〔尸棄如来〕」。

★守温天は改行せず。

40 「〈毘葉羅如来〉」＝温「〔毘葉羅如来〕」。天「〔毘葉〔『婆』㊨〕羅如来〕」。

41 「〈狗留孫如来〉」＝温「〔狗留孫如来〕」。宝「〈狗留殊如来〉」。府「〈狗留珠如来〉」。天「〔狗〔『倶』㊨〕留珠〔『孫』㊨〕如来〕」。

★守温宝天は改行せず。

42 「〈狗那含牟尼如来〉」＝温宝「〔狗那含如来〕」。府「〈狗那舎含牟尼〔『イ本』㊨〕如来〉」。天「〔狗〔『倶』㊨〕那含〔『舎』㊨〕如来〕」。

43 「〈釈迦牟尼如来〉」＝温宝「〔釈迦牟尼如来〕」。天「〔釈迦牟尼如来〔『迦葉如来也』㊨〕〕」。

44 ★守温宝天は改行せず。
「〈弥勒如来〉」＝温「〔弥勒如来〕」。
★温宝府天は改行せず。
45 「金剛界」＝温「〔金剛界〕」。
46 ★温宝府天は改行せず。
47 「実位」＝府「実住」。天「実住〔『位』㊨〕」。
48 ★温宝天は改行せず。
49 「三男」＝温「三界〔『男』㊦〕」。
50 「天照皇大神」＝国守府天「天照皇太神」。
51 「玉霊」＝宝「王霊」。
52 「霊鏡」＝真国世守温宝天「々鏡」。
53 「大日霊貴」＝天「大日孁貴」。
54 「御気都神」＝府天「御気都神〔『伊奘諾』㊧〕」。
55 「尸棄光明天女」＝真国「尸棄光天女」。府天「尸棄光明天女〔『伊奘冊』㊧〕」。
56 「下々来々給」＝宮「下々下々来々結」。
☆底守温宝府天は改行せず。真国世宮は改行。
57 「光明大梵天王」＝府天「光明大梵天王〔『伊奘諾』㊧〕」。
58 「尸棄大梵天王」＝府天「尸棄大梵天王〔『伊奘冊』㊧〕」。
59 「下化」＝守「在下」。
60 「等々」＝宮「等等」。
61 「神宝」＝守「化神宝」。
62 「二神大神」＝国「二神『大神』㊧」。
63 「為月」＝宝府「或為月」。
64 「建」＝国「遠」。府天「達」。
65 「正知」＝守温宝府「止智」。天「正智〔『知』㊨〕」。宮「『正』㊨知」。
66 「重濁」＝天「重〔『濁イ』㊧〕濁〔『陰二色二』㊧〕」。
67 「与一二」＝府「一二」。天「与〔『ナシ』㊨〕一二」。
68 ※宮D。
69 「無主」＝世「無神」。
70 「伊舎那」＝温宝「伊舎」。府天「伊舎那〔『欲界頂』㊧〕」。
71 「魔化修羅」＝府「魔化修羅〔『反大自在』㊧〕」。天「魔化〔『瞌』㊧〕修羅〔『反大白在』㊧〕」。
72 「毘遮那」＝守「毘遮邪〔『那イ』㊨〕」。府「毘遮那〔『色界頂』㊧〕」。
73 「魔醯修羅」＝天「摩〔『魔』㊧〕醯修羅」。
74 「忿怒」＝天「怨〔『忿』㊨〕怒」。
75 「堅牢」＝宮「堅窂」。
76 「々落」＝温「菓落」。
77 「凡聖分」＝世「凡聖」。
78 「蓮華」＝真国世宝府天宮「蓮花」。
79 「是名如々」＝真国世府「是名如如」。宝「是〔『名』㊨〕如々」。
80 「安楽地」＝国「二女楽地」。
81 「両宮正殿」＝温「両宮心殿」。

82「三昧耶」＝守「三摩耶」。温宝府「三摩耶」。天「三摩〈『昧』㊨〉耶」。

83★守温宝府は改行せず。

84「二神尊」＝天「二補尊」。

85「陽生」＝天「陽〈『陰也』㊧〉生」。

86「坐」＝国「坐坐」。

87「火気」＝宮「大気」。

88「瀛都鏡」＝宮「乇瀛都鏡」。

89「国璽尊霊」＝国「国璽尊『霊』㊧」。

90★温宝府天は改行せず。

91「天照大神」＝国守府天宮「天照太神」。

92「大八州」＝守「大八洲」。

93「本霊鏡」＝温宝府「大霊鏡」。天「大〈『本』㊧〉霊鏡」。

94★温府は改行せず。

95★温宝府天は改行せず。

96「天照大神太子」＝国守天「天照太神太子」。世「天照大神大子」。宝「天照大神　太子」。

97「天忍穂耳尊」＝府「天忍耳尊」。

98「天皇天御中主神」＝温「天御中主神」。

99「天津彦々」＝天「天津彦〈『産ヒ也』㊧〉々」。宮「天律彦々」。

100「主玉」＝世守温府天「主王」。

101★温府天は改行せず。

102「尓時」＝宮「今時」。

103「冥応」＝天「冥〈『真』㊧〉応」。

104「誰神乎、神達日」＝国「誰神『乎』㊨、『神』㊧達日」。

105「皇孫」＝府「皇殊」。

106☆府天は改行。

107「皇孫尊」＝府「皇殊尊」。

108「縁錦衾」＝守宝府「像錦衾奉授」。温「像錦衾」。天「像錦衾奉授〈『ニナシ』㊨〉」。

109「八尺流」＝守温府「八咫流」。

110「亦玉宝鈴」＝世「亦〈『赤』㊦〉玉宝鈴」。守「亦〈『赤イ』㊨〉玉宝鈴」。宝「亦玉『宝鈴』㊦」。府「亦〈『赤イ』㊧〉玉宝鈴」。天「赤〈『亦』㊧〉玉宝鈴」。

111「汝杵」＝守温宝「汝許」。「汝杵〈『許ニ色ニアリ』㊧〉」。

112「手抱」＝府「手把」。天「手把〈『抱』㊧〉」。

113「無念」＝天「無念〈『尽』㊧〉」。

114「爾」＝真「璽」として「玉」の部分を消す。守温宝府「璽」。

115★府は改行せず。天は改行して二行あき。

116※国㊤に「自之至天照皇太神、天札之後之伝授」とある。

117「五輪形」＝天「五輪形〈『者』㊨〉」。

118「豊受皇大神」＝府「豊受皇太神」。

119「天照皇大神」＝国府「天照皇太神」。

120「一柄」＝天「一面」。

121「天村雲剣」＝天「天聚雲剣」。

122★府は改行せず。

123「〈如意宝珠、火珠〉」＝宝「〈如意宝珠、□□《（ムシ）》〉」。府天「〔如意宝珠、火珠〕」。
★府は改行せず。
124「〈如意宝珠、水珠〉」＝守「〈如意宝珠、水珠｛『精イ』㊧｝〉」。宝「〈如意宝珠、水精〉」。府天「〔如意宝珠、水珠〕」は割注。宮「〈如意宝珠、水〉」。
★府は改行せず。
125「足玉一〈文上字表、〉」＝府「足玉一〔文上字表、〕｛『足玉裏書或云[梵字]字也』㊤｝」。天「足玉一〔文上字表、〕｛『裏書或云[梵字]字也』㊥『細字ニアリ』㊨｝」。
※宮B。
126「道反玉〈文下字表〉」＝守「道反玉」。府「道反玉〈文下字表〉｛『道反裏云或云[梵字]字也』㊤｝」。天「道反玉〈文下字表〉｛『裏云[梵字]字也』㊥『同』㊨｝」。
★府は改行せず。
127「蛇比礼一枚〈木綿本源白色中字表〉」＝守「蛇比礼一枚〔木綿本源白色　中字表〕」。宝「蛇比礼一枚〔□《（ムシ）》綿本源白色　中字表〕」。温「蛇比礼一枚〔木綿本漂白色　中字表〕」。府「蛇比礼一枚〔木綿本漂白色中字表〕｛『蛇裏書或云[梵字]字也』㊤｝」。天「蛇比礼一枚〔木綿本漂｛『源』㊨｝白色中字表〕｛『裏書或云[梵字]字也』㊥『同』㊨｝」。
★府は改行せず。
128「蜂比礼一枚〈一字表、〉」＝真「蜂比一枚〈一字表、〉」。府「蜂比礼一枚〈一字表、〉｛『蜂裏書或云[梵字]字也』㊤｝」。天「蜂比礼一枚〔一字表、〕｛『書或云[梵字]字也』㊥『同』㊨｝」。
★府は改行せず。
129「品物比礼一」＝守「品物比礼一｛『枚イ』㊧｝」。

130☆天は改行して七行と一頁分あき。

131「一二三四五六七八九十」＝宮「一二三四五六七『八九』㊤十」。

132※国㊧に「已下不誦」、府㊧に「已下不読」、天㊨に「此八字イ本ニアリ」と注記あり。

133「而布瑠部由良々々、由良止布瑠部」＝世守宮「而布瑠部由良々々、由良止布理部」。温「而布留部由良、止布理部」。宝「而布瑠部由良｛『々々』㊧｝止布理部」。府「而布瑠部由良々々、由良｛『イ本』㊨｝止布理部」。天「而布留部由良由良、止布理部」。
★国守温宝府天宮は改行せず。
134「縛日羅駄都鏤」＝真府「縛日羅駄都鏤」。天「｛『一字脇ニアリ』㊨｝縛日羅駄都鏤」。

135「阿縛羅佉々」＝世「阿□□《（ムシ）》加佉〈文〉」。守温宝府「阿縛羅加佉〈文〉」。天「阿縛羅加佉｛『欠』㊧｝〈文｛『ナシ』㊧｝〉」。
★温宝府天は改行せず。

136 「𑖀𑖪𑖨𑖮𑖏」＝天「𑖀《ア》𑖪《バ》𑖨《ラ》𑖎《カ》𑖏《キャ》」。
★守温宝府天は改行せず。

137 「波瑠布由良々々」＝天「波瑠布由良由良」。
★守温宝府天は改行せず。

138 「𑖀𑖪𑖰𑖨𑖮𑖳𑖽𑖏𑖽」＝府「𑖀𑖨𑖮𑖳𑖽𑖏𑖽」。天「𑖀《ア》𑖪𑖰《ビ》𑖨《ラ》𑖮𑖳𑖽《ウン》𑖏𑖽《ケン》〔『𑖏𑖽』㊧〕」。
★守温宝府天は改行せず。

139 「而布瑠部由良」＝温宝府「而布瑠部由良々々」。
★守温宝府天は改行せず。

140 「𑖪𑖕𑖿𑖨𑖠𑖯𑖝𑖲𑖪𑖽」＝天「𑖪《バ》𑖕𑖿𑖨《ザラ》𑖠《ダ》𑖝𑖲《ド》𑖪𑖽《バン》」。
★守温宝府天は改行せず。

141 ★温府天は改行せず。

142 「天照皇大神」＝国「天照皇神」。守「天照皇太神」。天「天照太神」。

143 「宝鏡」＝府「宝鐘」。

144 「祝之宣《久》」＝真「祝之宣《文》」。国「祝之宣《文》」。世守温宝府天「祝之宣」。

145 「吾児視此宝鏡」＝国「五児視此宝鏡」。温「吾児神此宝鏡」。宝「吾児神此宝」。府「吾児神視此宝鏡」。天「吾児神視〔『ナシ』㊧〕此宝鏡」。

146 ※宮C。

147 「宝祚」＝国「天宝祚」。

148 「天不言地不言」＝宮「天不言『地不言』㊨」。

149 「荷肩」＝宝「荷庸」。

150 「八坂瓊之勾玉」＝底「八坂瓊之勾」。諸本（国守温宝府天）により「玉」を補う。真宮「八咫瓊之句」。国「八咫瓊之勾玉」。世「八坂瓊之句口」。温宝「八坂瓊之句玉」。

151 「及」＝温「反」。

152 「山川」＝宝「川」。

153 「誦」＝府「調」。天「調〔『誦』㊨〕」。

154 「如元」＝天「如無」。

155 ★府は改行せず。

156 ★府天は改行せず。

157 「王子」＝天「皇〔『王』㊨〕子」。

158 「上奉物」＝温宝府「奉物」。天「奉〔『上』㊧〕物」。

159 「如左」＝守「如先〔『如右イ』㊧〕」。宝「如先」。天「如左〔『右』㊧〕」。
★府は改行せず。

160 「彦波瀲武鸕草葺不合尊」＝世「彦波斂武鸕『草』㊨葺不合尊」。温宝宮「彦波斂武鸕草不葺合尊」。府宝「彦波斂武鸕草葺不合尊」。天「彦波瀲武鸕鷀草葺不合尊」。
★府天は改行せず。

161 「如左」＝天「如左〔『右』㊨〕」。
★守温府天は改行せず。

162 「天照太神」＝世温宝「天照大神」。

163 「現」＝守「以〔『現イ』㊨〕」。温宝「以」。

164 「星辰像」＝宝「星辰縁」。
165 「興于」＝府「与于」。天「与〔『興』㊧〕于〔『時』㊧〕時」。
166 「鑒六合」＝宮「監六合」。
167 「耀天紱」＝守「耀天給紱」。温宝「耀天給」。
168 「皇孫」＝温「皇御孫」。
169 「以降」＝天「以降〔『ナシ』㊧〕」。
170 「至于」＝国「迋于」。府「至」。天「至于〔『此字朱ニテ脇ニアリ』〕㊨」。
171 「彦波瀲武鸕鵜草葺不合尊」＝底真国「彦瀲武鸕鵜草葺不合尊」。諸本（世守温宝府天）により「波」を補う。世「彦『波』㊥斂武鸕鷀草葺不合尊」。守宝府宮「彦波斂武鸕鷀草葺不合尊」。温「彦波斂武鸕草葺不合尊」。天「彦波瀲武鸕鷀草葺不合尊」。
172 「終年」＝府天「給年」。
173 「也」＝府天なし。
☆底守宝府天は改行せず。真国世温宮は改行。
174 「太神」＝世宮「大神」。
175 「五大龍王」＝真「五大龍」。
176 ★府天は改行せず。
177 「日本磐余彦天皇」＝底真「日本磐余彦天皇」。国「神日本磐余彦天皇」。温「〔『神武』㊤〕日本磐余彦天皇」。
★府は改行せず。
178 「彦波瀲武鸕草葺不合尊」＝世宮「彦波斂武鸕鷀草葺不合尊」。守温宝府「彦波斂武鷀草葺不合尊」。天「彦波瀲武鸕鷀草葺不合尊」。
179 「母曰」＝温宝「母」。府「『母』㊨曰」。
180 「天照太神」＝温宮「天照大神」。
181 「云々」＝国「々々」。
★守温府天は改行せず。
182 「天基之日」＝底世守温府天宮「天基之日」。諸本（真国）により改める。宝「天基之曰」。
183 「霊神式」＝世宝「霊神或」。
184 「是」＝天「是則〔『ナシ』㊧〕」。
185 ★守温宝府天は改行せず。
186 「赦」＝国守温宝府天「救」。
187 「恤幸」＝国「懍幸」。宝府「埴幸」。天「恤幸」。
188 「生坐」＝府「生」。天「生坐〔『一字写本脇アリ』㊧〕」。
189 「故」＝府「〔『故イ』㊨〕」。
190 「春秋二季」＝温「春秋二年〔『季也』㊦〕」。
191 「水火精」＝宝「水精」。
192 「道本也、神」＝国府「道本神也」。守「道命〔『イ本也』㊧〕也神」。天「道本神〔『ナシ』㊨〕也」。
193 「自在」＝天「自在々々〔『脇ニアリ』㊨〕」。
194 「天神之作用」＝世「天神作用」。
195 「鎮坐」＝宮「鎮座」。

196「太元神地」＝府天「大元神地」。

197「神慮」＝真国世宝「神盧」。

198★底真国は二行あき。世守府天は一行あき。温宝宮はあきなし。

※守は行間に「私云湯津々々トハ持隻山ノ南ノ岸ノ岩屋也、何ナル時モ不動破致也」とある。

199「天地麗気記」＝国守「天地麗気記第四」。府「天地麗気記一」。天「天地麗気記一〔『ナシ』㊨〕」。

※府は一行あけて「本云、欲開九識心蓮経五智果実敬以此妙喜模矣」、天は一行あけて「〔『本云ナシ』㊨〕欲開九識心蓮結五智果実敬以此妙喜模矣」とある。

【校本】

[1]天照皇大神宮鎮座次第[2]
天照皇大神[3]
大悲胎蔵界、八葉中台、五仏四菩薩、五大院五尊、
蓮花[4]部院廿一尊、眷属同、仏母院[5]五尊、薩埵院廿一
尊、眷属十四尊[6]、虚空蔵院[7]廿尊[8]、蘇悉地院八尊、釈
迦院四十一尊、文殊院廿五尊[9]、除蓋障院[10]九尊、地蔵
院九尊、四大四神等二院二百二尊、大悲胎蔵一曼荼
羅[11]中有四百十尊、表体[12]御形文也、[13]
[14]現体四百余尊、各々[15]加諸別宮、我九億四万三千七百
九十二神上首[16]、帰娑婆界、有大神力云々[17]、
天香鼻山命〈金剛鈎菩薩 上首〉天鈿売語命〈金剛薩埵菩薩〉
天太玉命〈金剛王菩薩〉 天児屋命[18]〈金剛愛菩薩〉
天櫛玉命〈金剛喜菩薩〉 天道根命〈金剛索菩薩 上首〉[19]
天神玉命〈金剛宝菩薩〉[20] 天槵野命[21]〈金剛光菩薩〉
天糠戸命〈金剛幢菩薩〉[22] 天明玉命〈金剛笑菩薩〉
天村雲命〈金剛鎖菩薩 上首〉[23] 天背男命〈金剛法菩薩〉
天御蔭命[24]〈金剛利菩薩〉 天造日女命〈金剛因菩薩〉
天世手命〈金剛語菩薩〉 天斗麻祢命[25]〈金剛鈴菩薩 上首〉
天背斗女命[26]〈金剛業菩薩〉 天玉櫛彦命〈金剛護菩薩〉
天湯津彦命〈金剛牙菩薩〉 天神魂命〈金剛拳菩薩〉
天三降命〈金剛喜菩薩〉[27] 天日神命〈金剛鬘菩薩〉
天乳速命〈金剛歌菩薩〉 天八板彦命〈金剛舞菩薩〉[28]
天活玉命〈火天〉 天小彦根命[29]〈水天〉
天湯彦命〈風天〉 天表春命〈地天〉
天下春命〈金剛焼香菩薩〉[30] 天月神命〈金剛花菩薩〉
天伊佐布魂命〈金剛燈菩薩〉[31] 天伊岐志迩保命[32]〈金剛塗香菩薩〉[33]
経曰、本体盧舎那[34]、久遠成正覚、為度衆生故、示現
大明神〈文〉[35]、
亦曰、本体観世音、常在[36]補陀落[37]、為度衆生故、示現
大明神[38]〈文〉[39]、
亦曰、応以執金剛神得度者、即現執金剛神、而為説
法〈文〉[40]、

首楞厳経云、尽空如来国土浄穢有無、皆是我心変化所現、識性流出無量如来[41]〈文〉、[42]
円覚経云、[43]無上妙覚[44]、遍諸十方、出生如来、与一切法、同体平等〈文〉、[45]
花厳経云、[46]法身恒寂静、清浄無二相、為度衆生故、示現種々形[47]〈文〉、[48]
同曰、[49]涅槃寂静未曾異[50]、智行[51]勝劣有差別、譬如虚空体性一、普遍一切虚空界、随[52]諸衆生心智殊、所聞所見各差別〈文〉、[53]
自性及受用、変化并等流、仏徳三十六、皆同自性身[54]〈文〉、[55]
天王諸天子法身之性、諸凡夫声聞辟支仏等、法身平等無差別〈文〉、[56]
釈迦如来、我滅度後、於悪世中[57]、現大明神、広度衆生〈文〉、[58]
天王如来、為度衆生、上去下来、上従飛空天、下至大八州、大日本[59]伊勢度会郡[60]宇治郷五十鈴河上[61]御鎮座、是[62]、秘密大乗法、々[63]入法界宮[64]、自性三昧耶、根本大毘盧舎那[65]、神変加持、胎蔵界法性心殿、入仏三昧耶、法界生、妃生眼[66]、転法輪所、八葉中台真実覚王、金剛不壊大道場、[67]周遍法界心、所伝図十三大院也[68]、
[69]密号　遍照金剛[70]
神体　八咫鏡座也[71]、〔火珠所成玉[72]、本有法身妙理也、[73]亦名辺都鏡[74]、亦名真経津鏡、亦名白銅鏡也[75]〕
相殿座神[76]
左天手力男命〔亦名靡開神、宝号、督多摩尼尊[77]、金剛号[78]、持法金剛[79]〕
神体八葉霊鏡、下八葉形二重、神宝、弓座[80]、大刀座[81]、
右栲幡豊秋津姫命〔亦名慈悲心王[82]、是群品母儀破賀尊座也[83]、神体前並也〕
摂政別宮荒祭神[84]〔亦名随荒天子、閻羅法王所化神[85]、天照荒魂神[86]、名瀬織津比咩神[87]〕
神体鏡坐[88]、是天鏡也、天鏡尊宝鏡是也、
摂社朝熊神社[89]
是仏眼仏母[90]、日月応化遍照宝鏡[91]、葺不合尊金鏡是也、
朝熊神[92]六座[93]、倭姫命崇祭之宝鏡二面、日天月天両眼

精鏡、倭姫命宝鏡云々、[94]

外金剛部二十天[95]

那羅延天[96]　狗摩羅天[97]　傘蓋毘那夜迦[98]

梵天[99]　帝釈[100]　日天[101]

月天　花鬘毘那夜迦[102]　彗星[103]

熒惑天[104]　羅刹天[105]　風天[106]

衣服天[107]　火天[108]　多聞天[109]

猪頭天[110]　琰魔天[111]　調伏天[112]

象頭天[113]　水天[114]

四角鎮壇[115]

降三世明王　軍荼利明王[116]　大威徳明王　金剛夜叉明王[117]

四方結護[118]

金剛波羅密[119]　宝波羅密[120]　法波羅密[121]　羯磨波羅密[122]

四門守護[123]

金剛色天[124]〈東門〉[125]　金剛声天〈南門〉　金剛香天〈西門〉　金剛味天〈北門〉[126]

二生天守護[127]

内鳥居〔金剛時春天　金剛時雨天[128]〕　外鳥居〔金剛時秋天　金剛時冬天〕[129]

内者授秘密灑水神、表沐浴懺悔也[130]、[131]

外者解捨祓神[132]、除穢悪不浄也、[133]

天照皇大神麗気記[134]

[135]神代金剛宝山記并日本書記中[136]、天照大神事[137]、雖所明多、十八所後、伊勢伍什鈴河上[138]鎮座事、諸記[139]不具、深義故、即位十一年正月一日[140]、発偽殆祈仏[141]告神、同二十一年[142]正月十八日、入秘密灌頂壇[143]、以加持冥力[144]獲奥旨於龍神指南[145]、所記如右、輙及披見者、加冥応[146]令治罰[147]給耳、

【校異】

1※温宝府は一行前に「天照大神鎮座次第三〈十八巻内〉」とある。天は一行前に「｛『此已下ナシ』㊨｝天照太神鎮座次第三〈十八巻内〉」とある。

2「天照皇大神宮鎮座次第」＝国守「天照皇太神宮鎮座次第五」。世「天照太神宮鎮座次第三」。温宝府「天照大神宮鎮座次第」。天「天照皇太宮鎮座次第｛『内宮』㊨｝」。宮「天照皇太神宮鎮座次第」。

3「天照皇大神」＝国天「天照皇太神」。

4「蓮花」＝真国温「蓮華」。

5「仏母院」＝府「仏母院｛『遍知院イ』㊨｝」。天「仏母院｛『遍知院イ』㊨『ナシ』㊨｝」。

6「眷属十四尊」＝温「眷属十四」。宝「奉属十四尊」。

7「虚空蔵院」＝宝「虚空蔵」。

8「廿尊」＝天「廿｛『一』㊨｝尊」。

9「廿五尊」＝真国世守温宝府天宮「二十五尊」。

10「除蓋障院」＝真「院蓋障院」。温宝「除蓋院」。

11「曼荼羅」＝温宝「万陀羅」。

12「表体」＝天「現図表体」。

13★温宝府天宮は改行せず。

14※守に細字で「一字下ク」とある。

15「各々」＝宮「名々」。

16「上首」＝真国府「上尊」。天「上尊｛『首』㊧｝」。

17「云々」＝国なし。宮「云云」。

18「天児屋命」＝温「天児屋根命」。

19「上首」＝守「上首｛『イ無』㊧｝」。世宝なし。

20「金剛宝菩薩」＝世「金剛王｛『宝敷』㊨｝菩薩」。

21「天椹野命」＝温宝府天「天堪野命」。

22「金剛幢菩薩」＝守「金剛童｛『僮イ』｝菩薩」。

23「金剛鎖菩薩　上首」＝府「金剛鎖菩薩」。天「金剛鎖菩薩｛『上首』㊧｝」。

24「天御蔭命」＝府「天御薩命」。

25「天斗麻祢命」＝守「天斗麻弥｛『祢イ』㊨｝命」。温「天斗麻弥命」。宝府「天斗摩祢命」。天「天斗摩｛『麻』㊨｝祢命」。宮「天斗麻｛『摩イ』㊧｝祢命」。

26「天背斗女命」＝守「天皆斗女命」。温宝「天背斗命」。

27「金剛喜菩薩」＝天「金剛喜｛『伎』㊨｝菩薩」。

28「天八板彦命〈金剛舞菩薩〉」＝守「天八板｛『坂イ』㊨｝彦命〈金剛舞菩薩〉」。府天「天八板彦命〈金剛舞菩薩｛『坂イ』㊧｝〉」。

29「天小彦根命」＝天「天少彦根命」。

30「金剛焼香菩薩」＝宝温「金剛焼香」。

31「金剛燈菩薩」＝天「金剛焼｛『灯』㊨｝菩薩」。

32「天伊岐志迩保命」＝国「天伊岐志『迩』㊨保命」。天「天伊岐忘迩保命」。

33「〈金剛塗香菩薩〉」＝真「〔金剛塗菩薩〕」。温「〔金剛塗香菩薩〕」。

34「盧舎那」＝府天「盧遮那」。

35「〈文〉」＝真世宮なし。
★温府は改行せず。
36「常在」＝天「常住『在』㊨」。

37「補陀落」＝真国「補陀落山」。守「補陀落山｛『イ無』㊨｝」。

38「大明神」＝温「大『明』㊨神」。

39「〈文〉」＝真宝なし。
★温府は改行せず。
40「〈文〉」＝世宮なし。
★温府は改行せず。
41「無量如来」＝守府「無量法身如来」。世「無量｛『法身』㊨｝如来」。天「無量法身｛『ヒナシ』㊨｝如来」。

42★温宝府は改行せず。

43「円覚経云」＝真国世守宮「円覚経日」。

44「無上妙覚」＝世「無覚」。

45★温府は改行せず。

46「花厳経云」＝守天宮「華厳経云」。

47「種々形」＝府「種種々｛『イ無』㊨｝形」。


48★温宝府は改行せず。

49「同日」＝国「同経日」。温宝府天「同云」。

50「未曾異」＝温「未曾」。

51「智行」＝温宝府「智形」。天「智形｛『行』㊨｝」。

52「諸」＝守「諸｛『イ無』㊧｝」。

53★温宝府は改行せず。

54「自性身」＝府天「身性身」。宮「性身」。

55★温宝府は改行せず。

56★温宝府は改行せず。

57「悪世中」＝底国「悪中」。

58「〈文〉」＝天「〈文｛『ナシ』㊨｝〉」。
★府は改行せず。
59「大日本」＝国「日本」。

60「度会郡」＝宝「度会」。府「度会那」。

61「河上」＝宝「河」。

62「是」＝府「見」。

63「法々」＝府「法々｛『イ無』㊧｝」。

64「法界宮」＝府「法界空」。大「法界空｛『宮』㊨｝」。

65「大毘盧舎那」＝真国府「大毘盧遮那」。天「大毘盧遮｛『舎』㊨｝那」。

66「妃生眼」＝天「化｛『妃』㊨｝生眼」。

67※国は改行（して一段下げ）。

68「也」＝天「也｛『ナシ』㊨｝」。

69※国㊤に「自之以後天札以後之伝授」、世㊤に「自之已後天札後伝」、守㊤に「イ本云自之以後天札以後之伝受」とある。府㊤に「自之已下天札〔『礼イ』㊧〕之後伝之」、天㊤に「〔『ナシ』㊨〕自之已下天札之後伝之」とある。

70★温宝府は改行せず。

71「座也」＝真国「座」。府天「坐也」。

72「玉」＝府「珠」。天「珠〔『玉』㊨〕」。

73※天は「亦名」～「銅鏡『也』㊥」まで行間補書。

74「辺都鏡」＝宝「遍都鏡」。府「辺『都』㊨鏡」。

75「白銅鏡也」＝国温府「白銅鏡」。守「白銅鏡『也』㊦」。

★府は改行せず。

76★温は改行せず。

77「昬多摩尼尊」＝温「辰月亦名摩尼尊」。宝「震多亦名摩尼尊」。府「辰多摩尼尊」。天「昬多摩尼尊」。

78「金剛号」＝天「『金剛』㊨号」。

79「持法金剛」＝天「持法金剛〔『如意輪也』㊦〕」。

80「弓座」＝真「弓〔『号イ』㊤〕座」。温宝「号座」。天「弓〔『与イ二色ニアリ』㊨〕座」。

81「大刀座」＝真「大力〔『刀イ』㊧〕座」。国「太刀座」。宝「太力座」。府天「大刀坐」。

82「慈悲心王」＝国「慈悲王」。

83「破賀尊座也」＝温宝「破賀尊座」。府「破賀尊坐」。天「破賀津尊坐也」。

84「荒祭神」＝宝「荒神祭神」。

85「所化神」＝温宝「所化」。

86「天照荒魂神」＝府「天照大神荒魂神」。天「天照太神〔『二字ナシ』㊧〕荒魂神」。

87「比咩神」＝温宝府「比羊神」。

88「鏡坐」＝天「鎮〔『鏡』㊨〕坐」。

89★温宝府天は改行せず。

90「仏眼仏母」＝温「仏眼『仏』㊨母」。

91「宝鏡」＝温「宝鏡也」。

92「朝熊神」＝国「朝熊」。

93「六座」＝天「六坐」。

94★府は改行せず。

95「二十天」＝温宝府天「廿天」。

★温宝府は改行せず。

96「那羅延天」＝天「〔『東』㊨〕那羅延天」。

97「狗摩羅天」＝国守宝「拘摩羅天」。

98「傘蓋毘那夜迦」＝守「傘蓋毘那夜迦〔『天イ』㊨〕」。天「傘蓋毘那夜迦天」。

★温宝府天宮は改行せず。

99「梵天」＝国守府「〔『東』㊨〕梵天」。天「〔『東』㊨『ナシ』㊨〕梵天」。

☆宮は改行。

100「帝釈」＝府天「帝釈天」。

101 「日天」＝守「日天〔『南』㊨〕」。天「〔『南』㊨〕日天」。
★温宝府天宮は改行せず。
102 「花鬘毘那夜迦」＝国「華鬘毘那夜迦」。府「花鬘毘那夜迦天〔『イ無』㊧〕」。天「花鬘毘那夜迦天」。
103 「彗星」＝守「彗星〔『南イ』㊨『イ無』㊨〕」。府「〔『南』㊨〕彗星天」。天「彗星天」。宮「〔彗星〕」。
★温宝府天は改行せず。
104 「熒惑天」＝真国宝「熒或天」。天「熒惑天〔『熒惑天ト云フ九曜中ノ火星也』㊧〕」。
105 「羅刹天」＝天「〔『西』㊨〕羅刹天」。
106 「風天」＝宝なし。
★温宝府天宮は改行せず。
107 「衣服天」＝世「夜〔『衣イ』㊨〕服天」。
☆宮は改行。
108 「火天」＝国府「〔『西』㊨〕火天」。天「〔『西』㊨『ナシ』㊨〕火天」。
109 「多聞天」＝真世守宝宮「多門天」。
★温宝府天宮は改行せず。
110 「猪頭天」＝天「猪頸〔『北頭』㊧〕天」。
111 「琰魔天」＝底「琰摩天」。守「琰魔〔『羅イ』㊨〕天」。天「琰魔〔『摩敷』㊨〕天」。
112 ★温府天は改行せず。
113 「象頭天」＝真なし。守「〔『北』㊨『イ無』㊨〕象頭天」。宝府「〔『北』㊨〕象頭天」。大「象〔『馬』㊨〕頭天」。
114 「水天」＝真なし。
★宝府は改行せず。
115 ★温宝府天は改行せず。
116 「軍荼利明王」＝天「軍荼利夜叉〔『二無』㊨〕明王」。
117 「金剛夜叉明王」＝温宝府「金剛夜叉」。
★温宝府は改行せず。
118 ★温宝府天は改行せず。
119 「金剛波羅密」＝天「金剛大波羅密」。
120 「宝波羅密」＝天「〔『二摩耶』㊨〕宝〔『此字ナシ三字有』㊨〕波羅密」。
121 「法波羅密」＝温「法ハラ密」。
122 「羯磨波羅密」＝温「羯磨ハラ密」。
★温宝府は改行せず。
123 ★温宝府天は改行せず。
124 「金剛色天」＝温「金『剛』㊨色天」。
125 「東門」＝温宝府天は割注。以下「南門」「西門」「北門」も同じ。
126 ★温宝府は改行せず。
127 ★温宝府天は改行せず。
128 「雨天」＝世宮「両天」。温「雨〔『夏敷』㊧〕天」。宝「香天」。天「雨〔『夏』㊨〕天」。
129 ★温宝府は改行せず。

130「懺悔」＝府「懺『悔』」㊧。

131★守温宝府天は改行せず。

132「解捨祓神」＝守「解除〈『捨イ本』㊨〉祓神」。

133★底世守府宮は一行あけ。真国は二行あけ。温宝天はあけなし。

134「天照皇大神麗気記」＝国「天照皇太神麗気記第五」。温府「天照皇大神麗気記三」。天「天照皇太神麗気記三」。
★底真は三行あけ。国宮は二行あけ。世は一行あけ。温宝府天はあけなし。
135※守は罫線外に「本奥書云」として書く。

136「日本書記」＝国「日本記」。世「日『本㊨』書記」。天「日本書紀」。

137「天照大神事」＝守天「天照太神事」。宮「天照大神『事』㊧」。

138「伍什鈴河上」＝底真「伍什河上」。諸本〈国世守温府天宮〉により「鈴」を補う。国世「伍十鈴河上」。守「伍什『鈴也』㊨河上」。温「伍什鈴川上」。宝「倍什川上」。府天「伍十鈴川上」。

139「諸記」＝宝「記」。

140「十一年」＝温「十年」。

141「祈仏」＝府「所仏」。天「所〈『祈』㊨〉仏」。

142「二十一年」＝府天「廿一年」。

143「灌頂」＝世「汀」。天「汀〈『灌頂』㊨〉」。

144「冥力」＝府「真力」。天「真力〈『冥加』㊨〉」。

145「龍神指南」＝底「龍『神』㊨指南」。

146「冥応」＝府「真応」。天「真〈『冥』㊨〉応」。

147「令治罰」＝温「令『加』㊨治罰」。

【校本】

[1]伍什鈴河山田原豊受皇太神鎮座次第[2]
豊受皇大神[3]
金剛界成身会、及一印[4]・四院・大供養羯磨・微細・
三昧耶・降三世三昧耶[5]・降伏三世・理趣等、九会中
有一千四百四尊々達等、併不直其姿、現本有無身[6]山
頂山下[7]樹林海岸河上、依願各々鎮座以降[8]、分九会正
殿[9]者、以成身会[10]為鎮座、五大月輪五智円満宝鏡[11]、実
相[12]真如五輪中台、常住[13]三世浄妙法身大毘盧遮那仏[14]、
亦名法性自覚尊、亦名熾盛大日輪也、[15]
[16]金剛号　遍照金剛[17]
神号　天御中主尊[18]
神体飛空自在天[19]、説法談義[20]精気也、[21]
[22]水珠所成玉、常住法身妙理也、御正体[23]輪中有五輪、
中輪長六寸、余四輪者長四寸也、是名御正体輪、二
尺四寸、径[24]八寸也、
相殿座神

左皇孫尊[25]、天上玉杵命二柱　座、[26]
宝号観自在王如来[27]　金剛号蓮花金剛[28]
神号天津彦々[29]火瓊々杵尊、亦名独一尊王、亦名杵独
王、亦名示法神[30]、亦名愛護神[31]、亦名左天神天上玉杵
命[32]、
宝号　阿逸多王如来[33]
金剛号　奮迅金剛[34]
神体八葉形霊鏡、無縁円輪御霊鏡也、
右天児屋命[35]〔前後〕太玉命〔後前〕[36]
天児屋命[37]宝号曼殊師利菩薩、金剛号利剣金剛、亦[38]闍
曼金剛、神号天児屋命、亦名天八重雲剣神、亦名左
右上下神、亦名頭振女神、亦名百大龍王命也[39]、
神体切金方笏御霊鏡[40]
太玉命宝号普賢菩薩、金剛号円満金剛[41]、神号太玉命、
亦名大日女荒神[42]、亦名月絃神、亦名月読命、神体二
輪御霊鏡、[43]

右二柱霊鏡者、[44]梵篋中蔵之、以一百三十六両朱各埋蔵之、赤色敬愛表也、此神者不染着善悪、唯外相法身姿、現内心慈悲至極也、

摂政別宮多賀御前神[45]

亦名泰山府君也、[46]止由気皇太神[47]荒魂也、[48]亦名伊吹戸主神也、[49]御霊天鏡坐云々、[50]

神宝鏡廿二面蔵之、内一面天鏡、以朱蔵文形也、[51]左右各一合、都四十四鏡表也、[52]

摂社大土祖神[53]

[54]亦名五道大神、双五所大明神座也、[55]山田原地主神也、[56]

亦号[57]鎮護神、[58]

大年神子、大国玉神子、宇賀神[59]一坐、[60]大土御祖一座、

[61]御体瑠璃壷一口、霊鏡二面花形座[62]云々、[63]在神宝、名石一面、日象扇[64]一枚、

[65]右大神鎮座[66]次第、天照皇大神[67]、皇御孫[68]杵独王、三十二柱[69]従神、筑紫日向高千穂槵触[70]之峯天降跡、以逮于[71]三代歴年治合[72]一百七十九万二千四百七十余歳[73]、従神武天皇至[74]開化天皇九代、歴年[75]六百三十余[76]歳、帝与神其際[77]未遠[78]、同殿座、[79]崇神天皇六年己丑歳[80]、漸畏神威[81]、同殿[82]不安、就於倭笠縫[83]邑、殊[84]立神籬祭之、[85]垂仁天皇即位廿五年丙辰[86]、天照大神[87]正体、令倭姫命奉戴[88]之、伊勢国宇治[89]五十鈴河際[90]伊蘇宮坐、明年丁巳[91]冬十月甲子、奉遷于天照大神[92]於度遇五十鈴川上[93]也、詔曰、常世思金神・手力雄命・天石別神[94]、此宝鏡専為天照大神[95]御霊、如拝吾前奉斎祭矣[96]、

豊受皇大神[97]、人寿四万歳時、御降臨[98]淡路国三上嶽坐、

次布倉遷坐[99]、次八輪嶋遷坐、[100]

次御間城入彦五十瓊殖天皇[101]御宇、丹波乃国与謝之郡[102]比治山[103]頂麻井原天[104]、天照大神[105]与一所座給、其後竹野郡奈具宮坐、于時奈具神、奉朝御気為御饗、亦奉上白黒酒神也、[106]亦天照大神[107]尓夕御気備進儀式、[108]如朝御気備也、[109]

奉採[110]心御柱儀式如前、是造宮事始也、[111]

日鷲高佐山者、是日本鎮府験所、在十二箇石室[112]、号玄扈也、謂大己貴命・天日別命居所、亦伊勢津彦神石屈[113]、亦春日戸神[114]霊崛也、惣名高倉山[115]、是常天童天女乗白雲、臨遊松栢[116]本、奏妙音天楽、于時応響傍山

名風音也、[117] 彼風音一嶽《丹》[118]白鈸鼓[119]・金銀面象、宝鈴等蔵
之、是天女大和姫神態[120]也云々、[121]
山田原造宮之間、沼木[122]高河原離宮[123]木丸殿御座、天衆
降居奏妙音楽云々、[124]
与佐宮御出時、地主明神詠曰、[125]
奈具身尓、奈具我宮、伊豆間[126]、今波照出、御明給、[127]
一説云、[128]安賀奴美尓、阿賀奴小宮乎[129]、伊豆流万尓、
今者外尓出々、照覧悟也、[130]
亦山田原迎接時、天照大神[131]柏手[132]忍手、御詠曰、
増鏡、雲位合、御覧尊、千代千年世[133]、重重[134]、
亦天御中主靈尊[135]、大日靈貴[136]天照神[137]拝文[138]曰、[139]
一心我頂礼[140]　久住[141]舎那尊[142]
本来我一心　衆生共加護[143]
尓時天照神[144]返礼文曰[145]、
天宮誓願　久遠正覚[146]
法性如々[147]　同在一所
両宮両部不二、三世常住神座也[148]、応理智形、[149]天照太神[150]
・豊受太神[151]座也、是両部元祖[152]、仏法本源也[153]、

夫以、尸棄大梵天王、水珠[154]所成玉[155]、水珠[156]者月珠、[157]々々[158]
者玉、々者[159][illegible]字、金剛界[160]根本大毘盧遮那[161]如来、是[162]天上
大梵天王、虚空無垢大光明遍照如来、過去威音王仏是
也、三十三天中、皆是、名大梵天皇、是為尸棄大梵天
王、是名天御中主尊、亦名[163]豊受皇大神[164]云々、[165]
光明大梵天王[166]、火珠所成玉、火珠者日珠[167]、々々者玉[168]、
々者[169][illegible]字、々々者如意宝珠、々々者[170]蓮花理、々者胎蔵
界毘盧舎那遍照如来、[illegible]字本不生不可得儀、万法皆空
無自性門是也、過去花開王仏是也、三十三天中皆是名
大梵天王、是名光明大梵天王、是名天御中主尊、亦名
天照皇大神[171]、他化自在天化身、大毘盧舎那如来[172]、是名
摩醯首羅[173]天王、亦名、大自在天王、昔為威光菩薩[174]、住
日宮、破阿修羅王難[175]、今[176]居日域、成天照大神[177]、増金輪
聖王福、三千大千世界所有々情[178]初於善男子善女人[179]、醜
陋頑愚、盲聾瘖瘂[180]、四重八重、七逆越誓、謗方等経[181]、
一闡提等無量重罪、現在生中頓断無明、皆是神誓、大
乗善根成就形相、有頂天上、及無間極[182]、已塵浮塵[183]、性
相常住、無辺異相、皆是神体、皆是大覚、皆是仏身、

永離生死、常利衆生、無有間断、十方如来[184]同入三昧[185]、
三世諸仏皆為授記、自在神力、両宮修行、功徳甚深、
本来自性、本妙像形、不動念々、即入阿字門云々[186]、
今両宮[187]則両部大日、色心和合成一体、則豊受皇大神宮
内一所並坐[188]也、此事勿令発言[189]、可両宮崇坐[190]故、夫[191]梵号
与密号及独古従本一也、以一分二為天地、以天地為両
宮、以両宮為両部二神、暫立迷悟給故、雖分化儀内外、
本有平等一理周遍法界故、一大三千界主仁弖坐也[192]、[193]

【校異】


1※守は一行前に「豊受太神鎮座次第六〈十八巻内〉」、温は一行前に「豊受大神鎮座次第麗気記四〈十八巻内〉」、宝府は一行前に「豊受大神鎮座次第四〈十八巻内〉」、天は一行前に「豊受太神鎮座次第四」とある。

2「伍什鈴河山田原豊受皇太神鎮座次第」＝国「伍什鈴河山田原豊受皇太神鎮座次第第六」。温「伍什鈴河山田原豊受皇大神鎮座次第」。天「伍什鈴河上山田原豊受皇大神鎮座次第」。
★守宝宮は改行せず。
3「豊受皇大神」＝国世守「豊受皇太神」。
★守温宝府天は改行せず。
4「一印」＝守「一印会〔『イ無』㊨〕」。温宝府天「一印会」。

5「降三世三昧耶」＝国「降三世『三』㊨昧耶」。守「降伏〔『イ無』㊨〕三世三昧耶」。温宝天「降伏三世三昧耶」。府「降伏〔『イ無』㊧〕三世三昧耶」。

6「無身」＝底「無『作』㊨身」。守「無身『量』㊧」。

7「山下」＝府「山下〔『地イ』㊧〕」。

8「以降」＝天「以来」。

9「九会正殿」＝宮「九〔『地イ』㊨〕会正殿」。

10「成身会」＝天「成〔『地イ』㊨〕身会」。

11「円満宝鏡」＝天「円満宝々」。

12「宝鏡、実相」＝国「宝『鏡実』㊨相」。

13「常住」＝天「常佐」。

14「大毘盧遮那仏」＝温「大ビルサナ仏」。

15★守温は改行せず。

16※国㊤に「天札以後之伝也」、府天㊤に「天札以後伝之」とある。

17「金剛号　遍照金剛」＝天「〔『金剛号』㊨〕遍照金剛〔『無障金剛』㊥〕」。
★守温宝府天は改行せず。
18「神号　天御中主尊」＝天「〔『神号』㊨〕天御中主尊」。
★守温宝は改行せず。
19「飛空自在天」＝府天「飛空自在天〔『梵天』㊨〕」。

20「談義」＝温宝府天「談儀」。

21★守温宝府天宮は改行せず。

22※国は一段上げて細字で「字下ムヘシ」とある。

23「御正体」＝底真世「止体」。諸本（国守温宝府天）により「御」を補う。宮「工体」。

24「径」＝底国温府「侄」。

25「左皇孫尊」＝府「右皇孫尊」。宮「〔『右イ』㊤〕左皇孫尊」。

26★守温宝府は改行せず。

27「観自在王如来」＝世天「観自在如来」。守「観自在如来〔『阿弥陀如来』㊨〕」。

28「蓮花金剛」＝真国「蓮華金剛」。
★守温宝府天宮は改行せず。
29「天津彦々」＝国「天津彦」。

30「示法神」＝温「示〔『楽敷』㊨〕法神」。

31「亦名愛護神」＝守「亦名受〔『愛イ』㊨〕護神」。温「亦名受護神」。天「亦受護神」。

32「天神天上玉杵命」＝天「天神天上玉杵尊」。
★守温宝府天は改行せず。
33「阿逸多王如来」＝守「阿逸多如来〔『弥勒菩薩』㊨〕」。温宝「阿逸多如来」。天「阿逸多王如来〔『弥勒菩薩也イニ細字ニ脇ニ有』㊨〕」。
★守温宝府天は改行せず。
34「奮迅金剛」＝天「奪迅金剛」。
★守宝府天は改行せず。
35「天児屋命」＝温「天児屋根命」。

36★守府は改行せず。

37「天児屋命」＝温「天児屋根命」。

38「亦」＝国なし。

39「龍王命也」＝天「竜王命也」。
★守温宝府天宮は改行せず。
40★宮は改行せず一字あけ。

41「円満金剛」＝温宝「円満〔金剛〕」。

42「大日女荒神」＝天「大日孁荒神」。

43★守温宝府宮は改行せず。

44「者」＝宝なし。

45「多賀御前神」＝守温宝府天「号多賀御前神」。
★守府天は改行せず。
46☆天は改行。

47「止由気皇太神」＝真国「止由気皇大神」。

48「也」＝温なし。

49☆府は改行。

50★守温宝府天は改行せず。

51「蔵文形」＝国「蔵之形」。

52★府は改行せず。

53「大土祖神」＝守「大土〔『祖イ』㊧〕神」。温宝府天「大土祖神」。

54※真国世宮は「亦名」～「日象扇一枚」、守温宝天は「亦名」～「鎮護神也」、府は「亦名五道大神」を「摂社大土祖神」の下に割注とする。

55「也」＝温なし。

56「地主神」＝宝「地地主神」。

57「号」＝温「尊」。宝「尊〔『号イ』㊨〕」。

58「鎮護神」＝守温宝府「鎮護神也」。
★真世は改行せず。

59「宇賀神」＝宝「宇賀」。

60「一坐」＝天宮「一座」。

61☆宝は改行。

62「花形」＝真世府天宮「華形」。

63☆温宝は改行。

64「日象扇」＝宮「〔日象〕扇」。

65※国に細字で「自之伝之」とある。

66「鎮座」＝天「鎮坐」。

67「天照皇大神」＝国守府天「天照皇太神」。

68「皇御孫」＝温「皇御孫尊」。

69「三十二柱」＝守「三十二種〔『柱イ』㊨〕」。温宝「三十二種」。

70「槵触」＝天「楼触」。

71「逮于」＝国「逮方」。

72「三代歴年治」＝守温天「三代暦年治」。宝「三十暦年治」。府「三代暦年洽」。

73「一百七十九万二千四百七十余歳」＝天「一百七十九万二千四百七十余歳也」。
※温は「従」～「六百三十余歳」を㊤に補書。
☆府天は改行。
74「至」＝国「主」。

75「歴年」＝守温宝府天「暦年」。

76「六百三十余」＝守温「六百卅余」。

77「其際」＝府天「其降」。

78「未遠」＝宮「未達」。

79☆府天は改行。

80「己丑」＝守温宝府天「〔己丑〕」。

81「神威」＝宝「神威〔『祇イ』㊧〕」。

82「同殿」＝温「同『殿』㊨」

83「倭笠縫」＝底「倭笠継〔『縫』㊦〕」。諸本（守府天）により改める。真国世温宝宮「倭笠継」。天「笠縫」。

84「殊」＝守「殊〔『別イ』㊨〕」。

85☆真府天は改行。

86「丙辰」＝守宝府天宮「〔丙辰〕」。温「震」。

87「天照大神」＝国守府天「天照太神」。

88「奉戴」＝国温「奉載」。

89「宇治」＝府天「宇治郷」。

90「五十鈴河際」＝底世守温宝「五十鈴河降」。諸本（真国府天）により改める。宮「五十鈴川降」。

91「丁巳」＝守温宝府天「〔丁巳〕」。

92「天照大神」＝守府天「天照太神」。

93「五十鈴川」＝天「五十鈴河上」。

94「天石別神」＝天「天石別命」。

95「天照大神」＝国守府天「天照太神」。

96「吾前奉斎祭矣」＝国は行間に補書。守温宝府天「吾前奉斎祭」。

★温は改行せず。
97「豊受皇大神」＝守「豊受皇太神」。

98「御降臨」＝真「御臨」。天「降臨」。

99「遷坐」＝守温宝府天「遷座」。

100「遷坐」＝守温宝府天「遷座」。
★真国世守温宝府天宮は改行せず。
101「御間城入彦五十瓊殖天皇」＝世「御間城入彦五十瓊殖天皇〈『垂仁』㊧〉」。府天「御間城入彦五十瓊殖天皇〈『垂仁天皇也』㊧〉」。

102「丹波乃国与謝之郡」＝温「丹波〈『後歟』㊨〉乃国与謝之郡」。天「丹波国与謝郡」。宮「丹波国与謝之郡」。

103「比治山」＝国「此〈『比イ』㊨〉沼山」。

104「麻井原〈天〉」＝守温府天「麻井原」。宝「床井原」

105「天照大神」＝守天「天照太神」。
106 底「白黒酒神也」＝真国「白黒神酒也」。世「白黒酒『姫』㊦神也」。守温宝「白黒酒姫神也」。府「白黒酒姫神神酒也」。天「白黒酒姫神々酒」。
107「天照大神」＝守天「天照太神」。
108 ※天は「如朝御気備也、奉採心御柱儀式」なし。
109 ★府は改行せず。
110「奉採」＝宝「奉授」。
111 ★真守温宝宮は改行せず。
112「石室」＝温「石宝〈『室』㊨〉」。

113「石屈」＝天「石崫」。

114「春日戸神」＝守「春戸〈『泰戸』㊨〉神」。温宝「春戸神」。

115「是」＝真国府天「是也」。

116「松栢」＝温「松柏」。

117「也」＝温なし。

118「風音一嶽丹」＝底「風音『一嶽』㊨丹」。真国「風音一嶽『丹』㊨」。世守宮「風音一嶽丹」。温「風音一嶽丹」。府天「風音一嶽尓」。

119「白鈹鼓」＝天「白羯鼓」。

120「天女大和姫神態」＝温「必大和姫神態」。府「必〈『天女』㊨〉大和姫神態」。天「必大和姫命〈『天女』㊧〉態」。

121「云々」＝世宮なし。
★天は改行せず。
122「沼木」＝温「沾木」。府「沾〈『沼イ』㊨〉木」。

123「離宮」＝底「籬宮」。諸本（真国世守温宝府天宮）により改めた。
124 ★守温宝天は改行せず。
125 ★温は改行せず。
126「伊豆間」＝世「伊豆門」。
127 ★守温宝は改行せず。
128「一説云」＝温「一詠云」。天（は小字で）「〈『一説』㊤〉」。
☆真国守は改行。

129「阿賀奴小宮乎」＝温「河賀奴小宮手」。宝「阿賀奴小宮手」。
130 宝は改行せず。
131「天照大神」＝国守天「天照太神」。

132「柏手」＝真国温宝宮「拍手」。

133「千代千年世」＝真天「千代年世」。

134「重重」＝真国守温宝府天「重々」。宮「重」。
★宝宮は改行せず。
135「天御中主霊尊」＝府宮「天御中主雲尊」。

136「大日霊貴」＝府宮「大日雲貴」。天「大日霎『貴』㊨」。

137「天照神」＝国守宝天「天照太神」。温府「天照大神」。

138「拝文」＝温「拝処」。
139 ★宮は改行せず。
140「一心我頂礼」＝宝「一心頂礼」。

141「久住」＝真「久侄〔『住』㊨〕」。
142 ★真国世守温宝府天宮は改行せず。
143 ★温は改行せず。
144「天照神」＝国守宝天「天照太神」。温府「天照大神」。

145「返礼文」＝天「返礼之文」。
146 ★真国世守温宝府天宮は改行せず。
147「如々」＝真府天「如如」。

148「神座」＝天「神坐」。
149 ☆府天は改行。
150「天照太神」＝温宝府「天照大神」。

151「豊受太神」＝温宝府天「豊受大神」。

152「両部元祖」＝世「両部元神」。守「両部〔『文』㊨『宮』㊧〕元祖」。

153「也」＝国なし。
★守温宝府は改行せず。
154「水珠」＝府「水陎」。

155「玉」＝国世府天「土」。

156「水珠」＝府「水陎」。

157「月珠」＝府「月陎」。

158「々々」＝国天「月珠」。

159「々者」＝宝天「玉者」。

160「金剛界」＝府天「金界」。

161「大毘盧遮那」＝世守温宝府天「大毘盧舎那」。

162「是」＝天「是也」。

163「亦名」＝底「亦『名』㊨」。

164「豊受皇大神」＝守「豊受皇太神」。
165 ★温は改行せず。
166「光明大梵天王」＝府天「光明大梵天皇」。

167「火珠者日珠」＝宝「火珠者『日珠』㊨」。府「火珠者月珠」。

168「々々者玉」＝国「々〔『々々』㊧〕者玉」。天「日珠者玉」。宮「々々者王」。

169「々者」＝天「玉者」。

170「々々者」＝天「宝珠」。

171「天照皇大神」＝真国「天照坐皇大神」。守府天「天照皇太神」。

172「大毘盧舎那」＝温「大毘ルサナ」。宝府天「大毘盧遮那」。

173「摩醯首羅」＝宝府天「魔醯首羅」。

174「威光菩薩」＝守「威光菩薩〈『摩利支天也、弘法大師也利㊧』〉」。

175「阿修羅王難」＝府「阿修羅王『難』㊨」。

176「今」＝真なし。

177「天照大神」＝天「天照太神」。

178「所有々情」＝国「所有情」。

179「善女人」＝真「善女」。
☆府天は改行。
180「瘖瘂」＝府天「瘖瘂」。

181「謗方等経」＝底真国世宮「傍方等経」。諸本（守温宝府天）により改める。

182「無間極」＝世「無間極〈『獄』㊨〉」。温「無間」。宝府天「無間獄」。

183「已塵浮塵」＝国府天「已座浮塵」。

184「十方如来」＝温「十方『如来』㊨」。


185「三昧」＝天「此三昧」。

186★守温宝府は改行せず。

187「今両宮」＝府「今『両』㊨宮」。

188「並坐」＝温宝府天「並座」。

189「勿令発言」＝底宮「勿令発云々」。諸本（真国宝府天）により改める。世「勿令発□（ムシ）」。守温「勿令発」。
☆底宮は改行。
190「崇坐」＝守「当〈『崇イ』㊨〉罰坐」。温宝「常罰坐」。

191「夫」＝温「大〈『夫』㊨〉」。

192「仁弖坐也」＝守温宝府「仁天坐也」。天「仁天坐也」。宮「仁天坐也」。

193※真宮は二行あけて「豊受皇大神麗気記」、国は一行あけて「豊受皇大神麗気記第六」、世は一行あけて「豊受太神鎮座次第　麗気〈十八巻内〉第六巻也」、守は一行あけて「豊受大神鎮座次第」、宝は一行あけて「豊受大神鎮座次第」、温はあけずに「豊受大神鎮座次第」、府天はあけずに「豊受大神鎮座次第四」。
※府は改行二字下げで「為蒙威光菩薩擁護破四魔三障難頓預天照太神冥威増喜福延寿誉敬横此抄云矣妙書矣」、天は改行一字下げで「為蒙威光菩薩『擁』㊨護破四魔三障難項預天照太神冥威増非福延寿誉横此抄矣妙書矣」とある。

解説

一　『麗気記』の成立

三橋　正

『麗気記』は本文十四巻、神体図四巻からなる両部神道の代表的著述であるが、その成立や撰者については明かにされていない。中世の『麗気記』註釈書では醍醐天皇作とする説が最も有力であったが、[1]それは伝授ないしは灌頂とのかかわりで、その儀礼を権威づけるために作られたと考えられる。「麗気」を「灌頂」と解釈する説があることも、これと無関係ではないだろう。また、近世以降、一般に空海作といわれたことも、同様の理由で仮託されたためと思われる。[2]

けれども、『麗気記』は当初から十八巻という形で一人の撰者によって作られたとは考え難く、その成立については書誌的考察と内容の分析によって明らかにする試みがなされなければならない。

書誌的位置づけ

『麗気記』は、中世前期に成立した他の神祇書と同様、その成立を考えるための書誌的な材料が極めて少ない。ここでは本書作成の過程で明らかになったことから、従来の指摘を訂正すべき二つの点について述べておきたい。

書誌的な考察に奥付の果たす役割は重大であるが、『麗気記』には成立年代がわかるような奥付は存在しない。従来、京都大学付属図書館本と宮内庁書陵部本の「神天上地下次第」[3]の巻末に、

建久二年三月六日書写畢、本奥云、祭主永頼玄孫薗城寺住僧證禅、百光房従二律師慶暹之室一伝レ之、件證禅者冨小路祭主永輔男也云々、

血脈云波羅杵并牙笏神主河継授賜者也云々、

此秘書者当家相伝文也、依レ有二両本一於二一本一者為二衆生利益一奉レ授之状、如レ件、

乾元二年正月十二日　祢宜度会神主行忠〔在判〕

とあることが指摘され[4]、これが本書の成立を推定する一資料とされてきた。けれども、これは錯簡によって『中臣祓訓解』奥書が混入したものであり、その錯簡は同系統の写本本（A２系本）すべてに共通する[5]。よって、ここに記された「建久二年三月六日書写畢」という識語も、『麗気記』とは無関係である。

同じく「神天上地下次第」の巻に「遷幸時代抄ニ有リ」という一文があることから、『麗気記』に先行する書として『遷幸時代抄』があったとされていた[6]。しかし、この一文は尊経閣文庫本・真福寺本など鎌倉時代の写本になく、本文に欠落していた一行を後で『遷幸時代抄』により補ったという注記であったことが判明する[7]。よって、両書の先後関係は不明とすべきであるが、『遷幸時代抄』は『類聚神祇本源』に引用されていないし、そこに描かれた図などは『麗気記』の神体図に比べて複雑（高度）であるから、『麗気記』が先に成立した可能性が高い。それ以上に重要なことは、『麗気記』では部分的であれ、必要に応じて書き換え・書き足しがなされ、それが本文化する傾向もあったということである[8]。これは、『麗気記』諸巻の成立を考える上にも忘れてはならないであろう。

現在のところ、書誌的には、本書で底本とした尊経閣文庫本（金沢文庫旧蔵）に劔阿（一二六一～一三三八）の種

字があること、また度会家行（一二五六〜？）が元応二年（一三二〇）に撰録した『類聚神祇本源』に引用されていることなどが確実なことである。つまり、鎌倉時代末には成立・流布していたとは認められても、それ以上に遡って『麗気記』の成立を書誌的に考察することはできない。そこで、『麗気記』の内容を読み込むことによって、『麗気記』が形成されていく様相を復元してみたいと思う。

『麗気記』各巻のつながりと言説

中世の『麗気記』諸本は、その構成（巻の順番）により、A・B・Cの三系統に分類できる。(9) A系本は、全十八巻について、その順番が定かでないものである。B系本は、全十八巻の構成が「二所大神宮麗気記」の巻からはじまるものであり、C系本は「天地麗気記」の巻からはじまるものである。C系本は版本に採用されるなど近世で一般的になり、『麗気記』全体が『天地麗気記』と呼ばれるようにもなるので、ある意味で『麗気記』の完成した姿といえる。

しかし、良遍の『麗気聞書』など中世の註釈書は、B系本の順番で書かれており、中世にはこちらの形で定着していたと考えられる。また、唯一確実に鎌倉時代の写本と認められる尊経閣文庫本が巻数の記されていないA系本であることから、『麗気記』は当初、順番が確定しない形であったことも考えられる。

このように、中世において順番が不明・不同であったということは、『麗気記』全巻には一連のつながりが想定されていなかったということであり、各巻の緊密性は薄かったと想像される。換言すれば、『麗気記』各巻は独立性が高かったということであるが、それは内容を比較することからも裏付けられる。

『麗気記』は一般に、伊勢神宮を密教的に説明した両部神道の書であるとされている。確かに、内宮について書かれた「天照皇大神宮鎮座次第」の巻が胎蔵界、[10]外宮について書かれた「豊受皇大神鎮座次第」の巻が金剛界[11]にあてられているように、伊勢の内外両宮を胎蔵・金剛界の両部曼荼羅に見立てており、これが重要な主題であったことは間違いない。ところが、同じ『麗気記』内に、言説の不統一が認められるのである。たとえば、同じ「豊受皇大神鎮座次第」の最後では「今両宮則両部大日、色心和合成二一体一、則豊受皇大神宮内一所並坐也、」として、両部の大日が豊受皇大神宮の内部に並んで鎮座しているとある。[12]また、「天地麗気記」では「伊弉諾尊、金剛界、」「伊弉冉尊、胎蔵界、」として、イザナギ・イザナミを金剛界・胎蔵界に振り分けている。[13]

『麗気記』では、両部曼荼羅だけではなく、「梵天王」も重要な役割を担っている。[14]この一部は『法華経』の受容であるが、「天地麗気記」では光明大梵天王と尸棄大梵天王をイザナギ・イザナミとして「ミトノマグワイ」をしたとある一方で、[15]「豊受皇大神鎮座次第」では尸棄大梵天王を豊受、光明大梵天王を天照としながら、両方を天御中主であるともしている。[16]その他、「神梵語麗気記」の巻では、[17]尸棄梵天王が今の天御中主でイザナギ・イザナミに詔したとするなど、非常に多彩な言説を形作っている。[18]

神統譜に関する年代についても巻によって相違が見られる。[19]「神天上地下次第」の巻では、ホノニニギが天下を治めた年数を四十一万八千五百四十三年とし、続いてホホデミが六十三万七千八百九十二年、ウガヤフキアエズが八十三万六千四十二年治めたとし、この三代の統治年数を合計すると百八十九万二千四百七十七年になる。[20]この年数は『倭姫命世記』と同じであるが、『日本書紀』神武天皇即位前紀に「自二天祖降跡一以逮、于レ今百七十九万二千四百七十余歳、」[21]とあるのと十万年の差がある。ところが、「天地麗気記」の巻では「百七十九万二千四百七十六歳」、[22]「豊受皇太神鎮座次第」の巻では「一百七十九万二千四百七十余歳」という『日本書紀』と同じ年数を記している。これは、同じ『麗気記』の中に異なる二種の神統譜が載録されていることを物語っている。

『麗気記』内部に言説の不統一が認められることは、各巻の独自性が強かったことを意味している。その不統一が年代（年数）という非常に客観的な面にも表われている点に注目するならば、『麗気記』は、独自に形成された複数の巻を集成した書ということになるのではないだろうか。そうだとすれば、それらの巻の順番が定まっていなかった理由も明らかになる。つまり、『麗気記』という書は、最初から十八巻が一括して制作されたのではなく、別々に成立していた巻がある時期に集成されたと考えられるのである。

『麗気記』の構造と内容

では、『麗気記』に全巻を統一的に構成させる思想は存在しなかったのであろうか。

最近の研究では、中世において「天札巻」と呼ばれる「三界表麗気記」が重視され、麗気灌頂などで『麗気記』が伝授される際に、この巻が中核となっていたことが指摘されている。[23] 確かに、巻によっては「天札後の伝授」などという注記があり、ある一定の部分を極秘として後で伝授していたことが窺える。けれども、これはごく一部の写本にのみ認められるもので、[24]『麗気記』成立当初からそのように扱われていたとは考え難い。

そこで、改めて『麗気記』各巻の順序を見ることで、その構造を探ってみたい。

先に指摘したB系本とC系本の巻序を対比させると、【表1】のようになる。

B系本とC系本の巻序は、⑬以降が同じであるだけで、他はすべて異なっている。[25] けれども、前半の巻六まで（①〜⑥）と後半の巻七以降（⑦〜⑫）は、はっきり区別されることがわかる。つまり、順番の異同はあっても、前半と後半それぞれの内部での異同であり、両方をまたがる異同はない。これは、前半の諸巻と後半の諸巻は峻別されていたことを物語るのではないだろうか。

【表1】巻序構成対照表［B系本・C系本］

B系本の構成（順序）	C系本の構成（順序）
①二所大神宮麗気記	❶天地麗気記
②神天上地下次第	❷二所大神宮麗気記
③降臨次第麗気記	❸天照皇大神宮鎮座次第
④天地麗気記	❹豊受皇太神鎮座次第
⑤天照皇大神宮鎮座次第	❺神天上地下次第
⑥豊受皇太神鎮座次第	❻降臨次第麗気記
⑦心柱麗気記	❼神梵語麗気記
⑧神梵語麗気記	❽万鏡本縁神霊瑞器記
⑨万鏡本縁神霊瑞器記	❾心柱麗気記
⑩神号麗気記	❿神号麗気記
⑪神形注麗気記	⓫三界表麗気記
⑫三界表麗気記	⓬神形注麗気記
⑬現図麗気記	⑬現図麗気記
⑭仏法神道麗気記	⑭仏法神道麗気記
⑮～⑱神体図	⑮～⑱神体図

また、内容面でもこの相違は認められる。前半では伊勢神道（神道五部書など）の言説との共通点が多く、巻の構成も内宮と外宮を対比する形でなされている。つまり、B系本での②と③はC系本での❺と❻、B系本の⑤と⑥はC系本の❸と❹にあたるが、それらは内宮と外宮の説明という形で一連のものとして扱われている。さらに前半には、①「二所大神宮麗気記」（❷）と④「天地麗気記」（❶）があるが、「二所大神宮麗気記」には序文的な意味があり、「天地麗気記」には総説的な意味があったのかも知れない。

もう少し詳しく各巻の内容を検討してみよう。

①「二所大神宮麗気記」では、最初に役行者の説として「天照皇太神御寓勅」が提示され、続いて空海・最澄らの詞が次々と開示され、最後に外宮が鎮座した経緯が述べられる。この巻は、ある種の秘説・切紙の集成といった観があり、最初から序文として作られたというよりも、序文にふさわしいと判断されて巻首に置かれたのではないだろうか。

②「神天上地下次第」は問題の巻で、内題では「神天上地下次第」とあるものの、外題・尾題は③と同じ「降臨次第麗気記」としているのである。また、内容を見ても②と③は密接な関係にあったことがわかる。すなわち、②が神代から垂仁天皇までの系譜の中に内宮に関する歴史記述を折り込んでいるのに対し、③は外宮の鎮座の歴史を述べる中に垂仁天皇から雄略天皇までの系譜を載せており、[26]両巻は一対のものであったと理解される。巻末に内宮・外宮それぞれの形文を載せることも共通している。[27]外宮の鎮座については①「二所大神宮麗気記」の末にも付記されているためであろうか、③「降臨次第麗気記」の記述は簡潔であり、かつ異色である。ただ、内宮の鎮座について書かれた②「神天上地下次第」は、神道五部書の『倭姫命世記』とかなり近似しており、このような神統譜・皇統譜を基盤として言説を展開する形式は、伊勢神道に倣ったものと考えられる。また、両巻に混入された仏教の言説についても共通点が見出せる。③「降臨次第麗気記」は分量が非常に少ないにもかかわらず

長文にわたり『摂真実経』を引用するが、[28] 同経をもとにしたと思われる文が②「神天上地下次第」にも見出せるのである。[29]

④「天地麗気記」は、神代から神武天皇までの系譜に十種神宝や三種の神器についての秘説を折り込んでいる。神代の系譜は②「神天上地下次第」でも示されており、『麗気記』内で異系統の巻が並置されていることになるが、「天地麗気記」とほぼ同文を載せる『天地麗気府録』との比較により、「国常立尊」と「天照大神」の項目が欠落してしまっていることが明らかになる。[30] 本巻は、このように他書に見られない変則的な処置を施すことで、歴史性より神宝の意義が強調されるようになっている。

②③と同様に一対のものと考えられるのが、⑤「天照皇大神宮鎮座次第」と⑥「豊受皇太神鎮座次第」である。共に「鎮座次第」という題が付けられているだけでなく、前述のように、この二巻では、それぞれ内宮・外宮が曼荼羅の胎蔵・金剛界にあてはめられ、同じ構造のもとでそれぞれに鎮座する相殿神や神体などについて論じられている。両巻とも仏教による解釈が中核を占めるように読めるが、共通する項目名として「相殿座神」[31]「摂政別宮」[32]「摂社」[33] などとあり、その祭神名が列記されている。この部分だけを取り上げれば、まさに両宮に「鎮座」する神々の「次第（並び方）」が示されているのであり、神道五部書の『天照坐伊勢二所皇大神宮御鎮座次第記』などと極めて近似している。つまり、この両巻の言説の土代（構造）は、伊勢神道と共通していたといえる。

なお、④「天地麗気記」は『天地麗気府録』の「天神七代次第」「地神五代次第義」の部分とほとんど文言が一致している。[34] そして、『麗気記』の⑤「天照皇大神宮鎮座次第」と⑥「豊受皇太神鎮座次第」の二巻に対応する部分が、『天地麗気府録』でも続けて記されており、[35]「天地麗気記」「天照皇大神宮鎮座次第」「豊受皇太神鎮座次第」の三巻は一連のものであったことがわかる。また、B系本の順番で前半の最後に置かれる⑥「豊受皇太神鎮座次第」では、外宮についての一通りの言説を終えた後で、内外両宮が両部不二の関係にあり、実は外宮の内部に並んで鎮座しているという秘説へと展開する。この部分は①「二所大神宮麗気記」と用語・思想面で共通し、前半の言説を総括しているようである。この点からもB系本の順番が原形に近かったことがわかる。

以上の考察により、『麗気記』全十八巻のうち、前半の六巻は一つの完結した世界を形作っていたことがわかる。これをB系本の順番で読むならば、最初に①「二所大神宮麗気記」で種々の秘説が開示され、続く諸巻で伊勢の内外両宮についての仏教的な説明がなされ、最後に再び総括される、という構造を持っていたと考えられる。その両宮を説明する際に活用されたのが、あるいは神統譜・皇統譜であり、あるいは鎮座次第などであった。この点を重視するならば、前半の言説を形成する基盤に、伊勢の神道書があったということになる。

それに対し後半は、伊勢神道的な色彩が薄れ、いずれも仏教的色彩が一層濃厚になっていく。心柱について書かれた⑦「心柱麗気記」(❾)や御神体とされる鏡に関する⑨「万鏡本縁神霊瑞器記」(❽)があるものの、内容としては密教によってその実体を把握しようというものである。⑧「神梵語麗気記」(❼)では豊受皇大神・天照皇大神についても述べられているが、梵字の知識なしには内容を理解することができない。⑩「神号麗気記」(❿)では神の分類がなされているが、これも全く仏教的である。

また後半では、⑪「神形注麗気記」(⓬)、⑫「三界表麗気記」(⓫)、⑬「現図麗気記」と、文章の量が少なく、図像と一体性の強い巻が続くことも大きな特色である。[36] ここでも梵字が多く用いられているが、それは、密教で秘法を師から弟子へ伝授する際に渡される「印信」であったからではなかろうか。先に⑬「三界表麗気記」が「天札巻」として麗気灌頂の伝授の場で重視されていたことを指摘したが、⑪「現図麗気記」には「天札以後可レ伝レ之」とあり、三種の神器についての秘伝や絵図を載せたこの巻全体が、「天札」後に伝授されていたことを伝えている。

そして、『麗気記』の本文(言説)として最後に置かれる⑭「仏法神道麗気記」では、冒頭に、

以前条々以㆓降化縁起㆒明㆓和光利物本誓㆒、
次於㆓仏語甚深㆒顕㆓己心神祇㆒、

とあり、これからは「仏語」で己の心の神祇を顕わす、としている。実際、この巻は、法相・三論・天台の理論について述べ、その上で惣持教（真言）の理論を明かし、内外両宮・日本大小神祇を曼荼羅の諸尊にたとえ、最後に「修行観道、皆成仏道得㆓阿耨多羅三藐三菩提心㆒」という文を引用して本文全十四巻の言説を終えるのである。

以上の考察により、『麗気記』後半では内容が仏教的言説で統一されているだけでなく、項目の立て方も独自で、前半に見られた伊勢神道と共通する要素がなくなっていることが明らかになる。これは、伊勢という場で形成された言説から脱皮し、密教による儀礼へと再編成されたということになるのではないだろうか。

これを先の仮説に則って解釈すれば、先ず伊勢神宮に関する言説を記した巻が集成されて前半を形成し、その後で、より密教儀礼的な色彩を濃くした後半の巻が成立・付加されていったと考えることもできる。これを証明するためには後半のより詳細な分析が必要であるが、一つの仮説として提示しておきたい。

『麗気記』の撰者

これまで、『麗気記』は個別に成立した巻の集成であり、それらが緩やかな関連を持ちながら全体を構成していること、その巻の構成や言説の相違から、前半と後半に大別され、先ず伊勢神道と共通する前半が形成され、次いで密教儀礼に即した後半が増補されていった可能性があることを指摘した。

前半と後半を分けて『麗気記』世界の成立を考察することは、神道論の発生・発展を考える糸口にもなると思われる。つまり、神道五部書と『麗気記』前半が共通の構造を持つということは、神道説のもとが神統譜・皇統譜・鎮座次第などであったことを物語っている。さらに想像を重ねれば、神統譜・皇統譜・鎮座次第などが原拠となり、そこに様々な注記が施され、その注記が本文化してったという過程の中で様々な神道説が生まれていった、という様相を描き出すことが可能になる。恐らく、その原拠となった資料は貴族・神官・僧侶が保有していた備忘録的なもので、それに縁起的な追記を中心に集成されたものが神道五部書などとなり、仏教的な追記を中心に集成されたものが『麗気記』などになったのであろう。

もしも『麗気記』がこのような思想的営みの中で生まれたとするならば、そこには幾度かの書き直しや追記が行なわれたのであり、かなり時間をかけて、しかも複数の人物が関わっていた可能性が高い。そうだとすれば、『麗気記』の撰者(編者)を特定することは不可能である。けれども、いかなる立場の人物が、何を基準にをまとめたかについては大凡の検討がつくのではないだろうか。

『麗気記』の撰者(編者)については、伊勢の神官とする見解[37]と、密教に精通した仏家(僧侶)とする見解[38]とに分かれている。このうち、神官によるという説の根拠として、伊勢についての深い知識があることと共に、①「二所大神宮麗気記」の最後に「髪長行者《カンナカノユキヒトラ》ガ為《たメ》ニ、上々《アラハニアラハス》コトハ耶々也《ヤ、ナレヤ》。」[39]とあり、これを僧侶には教えてはならない、と解釈できることが挙げられている。しかし、『麗気記』には、神官にとって最も必要とされたであろう儀式・作法・禁忌(穢や服喪に関する規定)などについての記述が見られない。それに対し、随所に仏典が引用され、梵字が書かれるなど、全体が仏教の言説・思想で覆われている。特に、⑭「仏法神道麗気記」などは仏教を中心とする態度で貫かれている。このように見ると、伊勢についての深い知識は、『麗気記』として成立する以前の段階[40]にあったもので、そこに仏家が言説を加えていったと考える方が自然であろう。更に「髪長行者」についても、同じ「二所大神宮麗気記」に、「不思議・不可思議ナリ。一向、皆《みナ》、生ニ言ふこト無《な》カレ。自ラロ外在《あ》らバ即ち天罰ヲ得《エ》ン。両宮ヲ知《シ》ル事莫《コトナ》カレ。」[41]とあることと同じく、秘説であることを強調し、妄りに広めることを諫める言葉としてとらえるべきである。

　では、いかなる僧侶が何のために『麗気記』をまとめたのであろうか。『麗気記』が密教的な言説に支配され、さらに「麗気灌頂」によって伝授されていたことから、真言（密教）に明るい人物であったことは疑いない。しかし、『麗気記』全体が最初から伝授を目的にまとめられたと考えるのは早急であり、先に考察した通り、前半の諸巻と後半の諸巻は時空を異にして成立したと見るべきであろう。

　伊勢の神道書と密接な関係にある『麗気記』前半については、「二所大神宮麗気記」の最後に「内ヲ存するの人ハ、観想を蔵《カク》せ。」[42]とあることから、神祇に関心を持つ僧侶が、遠方から伊勢神宮を観想するためにこれらの諸巻を集め、また観想をしていく中で注記を加えていったことにより成立したと想像される。観想とは、一つの対象に心を集中させてイメージすることであるが、それが修行として定着し、密教儀礼化していく段階で、『麗気記』後半の諸巻が加えられ、整備されていったのではないだろうか。[43]

　さらに撰者（編者）を絞り込むとすれば[44]、やはり、①「二所大神宮麗気記」冒頭に役行者の説とあり、随所に『葛城宝山記』が引用されていることから、葛城山、ないしはその流れを受けた修験の僧侶が想定される。⑩「神号麗気記」の中に「大日本国地霊神」という項目を設けながら、そこには「金剛山」「鳴武大明神」「熊野」しか挙げられていないことも、傍証となるであろう。

　成立の時期については不明といわざるを得ないが、『麗気記』が鎌倉中期頃までに「伝授」を前提にする形でまとめられたと想定するならば、ここで考察した前半の諸巻については、平安末期（院政期）から鎌倉初期にかけて、僧侶による伊勢神宮への信仰が昂まる中で、徐々に形成されたと見ることもできるのではないだろうか。その意味で、『麗気記』前半の諸巻における言説のあり方は、「神道説」発生の様相を歴史的に探る好資料であり、そこに果たした僧侶の役割を再認識させるのである。

ここで述べたことは、あくまでも仮説であり、現段階で『麗気記』の成立や撰者（編者）について結論を出すことはできない。けれども、修験の存在を想定することにより、本書が各地で書写され、天台宗の良遍や浄土宗の聖冏によっても註釈が作成されるなど、『麗気記』世界が各地へ伝播されていった理由も、ある程度説明が可能になると思われる。今後、さらに後半の諸巻を読み進めることで、『麗気記』全体がまとめられる過程や伝授の様相が解明されることが期待される。

註

(1) 本書「解題　『麗気記』とは何か」参照。
(2) 『麗気記』の編著者をめぐる所説については、阿部泰郎編『仁和寺資料【神道篇】神道灌頂印信』（名古屋大学比較人文学研究室年報・第二集、二〇〇〇年）所収「麗気記」解題（原克昭執筆）にまとめられている。
(3) 「神天上地下次第」は内題で、外題・尾題は「降臨次第麗気記」である。『麗気記』にはもう一巻「降臨次第麗気記」があるので、本書では両者を区別する意味で題名を使い分ける。
(4) 高山寺叢書『高山寺典籍文書の研究』（一九八〇年）「高山寺蔵本麗気記八巻」解題（後藤剛執筆）。
(5) 本書②「神天上地下次第」の【校異】註160参照（以下、校異②160と記す）。
(6) 久保田収『中世神道の研究』（一九五九年）、真福寺善本叢刊『両部神道』（二〇〇〇年）所収「遷幸時代抄」解説（伊藤聡執筆）。
(7) 校異②167参照。
(8) 森「近世における『麗気記』」（本書解説所収）においても、書写段階で記紀など権威ある古典籍などによる書き直しが行なわれていることが指摘されている。
(9) 詳しくは、森本「『麗気記』の諸本」（本書解説所収）を参照。
(10) 本書⑤「天照皇大神宮鎮座次第」の【註釈】3～17参照（以下、⑤註3～17と記す）。
(11) ⑥註3・4参照。
(12) ⑥註208～221参照。
(13) ④註71～76参照。
(14) 中世神道説における梵天王については、上妻又四郎「中世仏教神道における梵天王思想」（『寺子屋語学・文化研究論叢』創刊号、一九八二年）、伊藤聡「『法華経』と中世神祇書―特に鎌倉期両部神道書における梵天王思想を巡って―」（『国文学　解釈と鑑賞』六二巻三号、一九九七年）、同「中世神話の展開―中世後期の第六天魔王譚を巡って」（『国文学解釈と鑑賞』六三巻一二号、一九九八年）など参照。
(15) ④註77～96参照。『聞書』では尸棄・光明両大梵天王をイザナギ・イザナミと解釈している。
(16) ⑥註153～177参照。
(17) 尊経閣文庫本に「于ㇾ時為ニ下化衆生一、尸棄大梵天王今天御中主尊、詔ニ伊弉諾・伊弉冉二柱尊一曰、」とある。

(18)『麗気記』では他に「心柱麗気記」「万鏡本縁神霊瑞器記」「神号麗気記」「三界表麗気記」の巻に梵天王関係の記載がある。

(19)平田俊春『吉野時代の研究』(一九四三年)、阪口光太郎「中世神代紀管見—中世日本紀の一側面について—」(『伝承文学研究』四〇号、一九九一年)など参照。

(20)②註81参照。

(21)④註235参照。

(22)⑥註85参照。

(23)小川豊生「中世神話のメチエ…変成する日本紀と『麗気記』〈天札巻〉」(三谷邦明・小峯和明編『中世の知と学—〈注釈〉を読む』所収、一九九七年)参照。「天札」については、⑤註104参照。

(24)校異④116・⑤69・⑥16参照。

(25)ただし、⑮~⑯の神体図については、諸本の間でかなりの異同がある。

(26)ただし、③「降臨次第麗気記」では天皇名を列記するだけで、それぞれの天皇についての詳しい記述はない。しかも、天皇名の中には「大足大応彦《オホタラシヲホヒコ》(=応神天皇)」「大日足仁《ヤマトタラシヒトノ》(=仁徳天皇)」「襲津彦《ヲソヒコ》(=履中天皇)」「国仁反正《クニヒトカヘリマサノ》尊(=反正天皇)」「国仁恭正《クニヒトヤスマサノ》尊(=允恭天皇)」「大安足康《オホヤスタラシヤスヒノ》尊(=安閑天皇)」という他書に見られない表記がある。③註31~36参照。

(27)校異②および校異③の【図】(四一九・四三二頁)、②註266・③註147参照。

(28)③註78参照。

(29)②註3参照。

(30)④註29・77参照。

(31)⑤註111・⑥註23参照。

(32)⑤註125・⑥註61参照。

(33)⑤註132・⑥註70参照。

(34)④註2・5・77参照。

(35)⑤註2・111、⑥註2・23・61・70・80・94・102・114・131・134・148・213参照。『天地麗気府録』は『麗気記』と非常に密接な関係にあり、「天地麗気記」「天照皇大神宮鎮座次第」「豊受皇太神鎮座次第」以外にも、⑨「万鏡本縁神霊瑞器記」とほぼ同文が載せられている。

(36) 前半の諸巻と神体図の関係については、門屋「「神体図」との関連について」（本書解説所収）参照。

(37) 大山公淳『神仏交渉史』（一九四四年）、牟禮仁『中世神道説形成論考』（二〇〇〇年）、同「両部神道」（『神道史研究』四七巻三・四合併号、一九九九年）など参照。

(38) 櫛田良洪『真言密教成立過程の研究』（一九六四年）など。

(39) ①註204・205参照。

(40) 撰者（編者）によって様々な注記が加えられる以前の段階、すなわち、『麗気記』が原拠として用いた資料の中を意味する。

(41) ①註143〜145参照。

(42) ①註197・198参照。

(43) なお、伊勢神宮を観想するために作られたと考えられる両部神道書に、『天照坐二所皇大神正殿観』『両宮本誓理趣摩訶衍』『二所天照皇太神遷幸時代抄』などがある。

(44) ただし、『麗気記』に引用されている『宝山記』は、現行の『大和葛城宝山記』とは違うものである。②註144参照。

二　『麗気記』の諸本

森本　仙介

『麗気記』は度会家行『類従神祇本源』（一三二〇）に諸巻が引用されるのを初見とし、その成立は鎌倉中後期であると考えられている。構成は一般的に本文十四巻、神体図四巻の全十八巻とされるが、各巻が一時期に成立したとは見なし難い。ただし、釼阿『日本紀目録』断簡に「麗気記　十八巻」と見えることから鎌倉末期には十八巻の『麗気記』が一具の書物として相伝されていたことが窺える。一方、現存する諸本では巻序構成に大幅な異同が見られ、特に神体図四巻については図像の有無や構成などを含め異同が著しい。従来では、本文の内題等に附せられた巻番号から、本書を（1）巻序構成の無いもの、（2）「二所大神宮麗気記」を首巻とするもの、（3）「天地麗気記」を首巻としたものの三系統に分類している。[(1)] 本稿でも、（1）A系本、（2）B系本、（3）C系本と対応させることで、基本的にこれを踏襲したが、加えて分類を更に細分化し、今回の調査・収集作業を通じて管見に入った諸本を若干これに加えることができた（【表2】参照）。[(2)] 以下、校異に用いた伝本を中心に系統・伝来・所在及び簡単な書誌を記すことにしたい（諸本全般については【表5】参照）。[(3)]

なお、『麗気記』各巻の題名（名称）については、引用以外は特に断らない限り校訂本文（底本である尊経閣文庫本の内題に基づく）に従った。また、門屋「「神体図」との関連について」（本書解説所収）の項で述べられているように、神体図各巻に所収される図像の内容構成及び巻序構成等については中世においても様々なバリエーションが存在したようである。この問題に関しては、本文や具書との関連、本文巻所収の図像と神体図巻所収の図像との関連、各図像への名称・註記・裏書（の有無）等重要な問題が残されており、これは『麗気記』諸本及び註釈書、或いは麗気灌頂の実態も含め今後の課題であろう。ただし今回は諸本を整理・分類する必要上、基準となる図像名称を仮に設定している。名称に関しては基本的に良遍述『麗気聞書』に従い、守晨本［B］及び［C 1］諸本を参照したが、便宜上付けた場合もある（【表4】参照）。

（1）A系本

巻序構成の無いもの。内題に巻番号が記されておらず、最も古態を残していると考えられるものである。今回調査したA系本一二本のなかでは真福寺本・乙、続群書類従本、神宮文庫本・丙、京大本の四本を除き八本が巻子本であった。特に尊経閣文庫本、真福寺本・甲、金沢文庫本（二本）、東北大本、続群書類従本（元来は巻子本）の六本は「神天上地下次第」本文における『二所天照皇大神遷幸時代抄』からの挿入文が存在せず、[4]成立当初の姿に近い写本であるといえる。なかでも本文十四巻を残す尊経閣文庫本と真福寺本・甲はともに鎌倉後期から南北朝期にかけての古写本として貴重である。

また、A系本で神体図四巻を完備している伝本は存在しない。当然、神体図四巻の内容構成、巻序構成についての復元は不可能であるが、これは本文を図解すべく順不同の別紙として相伝されていた可能性が高く、流動的な面が強かったと推測される。更に、神体図四巻のみでなく本文に附された図像にも諸本により僅かながら出入りが認められ、一五世紀には既に異なった図像構成を本文に附す異本が並存していたことが、後述する守晨本［B］

の異本校合などからも確認できる。或いは図像に附される名称・註記・裏書がこの時点ではほとんど存在しないことからも、この部分が口伝を伴った相承であった可能性が想定できる（特に後半巻所収の図像部分）。

なお、世義寺本は一部内題下にC系本と合致する巻番号、東北大本は一部内題下にB系本と近値した巻番号を記すものがあるがいずれもすべて後筆である。また、近世の冊子本である神宮文庫本・内は三巻のみの端本であり、B系本の巻順序であるが、内題にはB系本及びC系本両方の巻番号を附す。更に続群書類従本は冊子であり、内題（及び尾題）には巻番号は附されていない。巻序構成は「天地麗気記」よりはじまるものの、以下不統一である。しかし、各巻端裏に例えば「二所大神宮麗気記二」「鎮座麗気記五」の文字が見えるように、元来は巻子本であり外題（端裏書）にB系本に合致する巻番号が附されていたようである。当然B系本に分類すべきかもしれないが、内題に巻番号が無いという理由から、ここではA系本に分類した（このようなあいまいな判断を下さざるを得ないこと自体、分類という作業の限界＝恣意性をものがたっているのだが、今は置く）。

今回は整理の都合上、書陵部本・甲以下、京大本と高山寺本を含めた伝本を［A2］とし、それ以外のA系本を［A1］とする。

○**尊経閣文庫本**…［A1］

本文十四巻十四軸に『両宮本誓理趣摩訶衍（中）』(5)（内題は無く、外題「御形図」）(6)一巻一軸が附されている。墨界。各巻包紙には「天地麗気記」を首巻とするC系本の巻序構成と合致する巻番号が　から十五まで記されているがすべて後筆である。各巻包紙に朱筆で「称名寺蔵書之内」とあるように鎌倉称名寺旧蔵本（金沢文庫旧蔵本）。各巻外題下には「釼阿」の種子が見え、これが称名寺二世釼阿（一二六一～一三三八）手沢本であったことがわかる。前述したように釼阿の金沢文庫蔵『日本紀目録』断簡(7)には「麗気記　十八巻」が見えることから、彼が十八巻の『麗気記』を所持していたことがわかっている。おそらく尊経閣文庫本がこれに相当し、当初は神体図四巻をも併せた全十八巻揃であったことが窺える。

当伝本は「天地麗気記」「五十鈴河山田原豊受皇太神鎮座次第」「心柱麗気記」の各巻末に「一交了」、「五十鈴河山田原豊受皇太神鎮座次第」には更に朱で「両交了」とあるように、墨点・朱点が施されている。また「神天上地下次第」「降臨次第麗気記」にそれぞれ所収される形文図、及び「三界表麗気記」の三円鏡が欠落しており、これら相当部分には空白が存在している。これは例えば「神形注麗気記」所収の二円鏡が本文に別紙（無辺界）として継がれているように、神体図四巻同様、本文とは別に切出されるなどして相伝されていた可能性もあり、別置故に本文から欠落したのではないかとも推測される。また神体図四巻の欠巻も同様の事情によるとも考えられる（ただし「心柱麗気記」中程に描かれる独鈷及び「現図麗気記」の三日月形鏡・三鈷は本文と同様墨界紙に描かれている）。

さて、現在金沢文庫には『麗気記』残巻が八軸架蔵されており（架蔵番号三〇三函）、この中には紙背文書から釼阿手沢本、あるいは称名寺四世実真手沢本（「神号麗気記」）と考えられるものも含まれているという。[8] つまり、鎌倉末期の称名寺には『麗気記』が少なくとも二揃い存在していた可能性がある。尊経閣文庫本とこの金沢文庫本との詳しい関係については今後の課題であるが、以下金沢文庫本について若干触れておきたい。

金沢文庫本八軸の内訳は、「天地麗気記」「五十鈴河山田原豊受皇太神鎮座次第」「神天上地下次第」「万鏡本縁神霊瑞器記」「神号麗気記」「神形注麗気記」のそれぞれ残簡が各一軸ずつ（六巻六軸）、完本である「神天上地下次第」が一巻一軸である（以上「神天上地下次第」が重複）。これに「神体図記」一軸が加わるが、更に金沢文庫にはこれとは別置で「神体図記」が他に二軸存在する。仮に前者（三〇三函）をa、後者（別置二軸）をそれぞれbcとすると、先ずaは後年の補修によって一軸に仕立てられたものと思われる。これは、（1）八葉・五大月輪の二円鏡（墨界・二紙継）、（2）内守護八天・馬鳴菩薩・四天女・外守護八天（無辺界・三紙継）、（3）三日月形鏡・三鈷（墨界・二紙継）、

（4）四金剛天女・尊形・四天女・九尊三形曼荼羅（無辺界・二紙継）の四部から構成されている。（1）は「神形注麗気記」所収の全図像部分、（3）は「現図麗気記」所収の全図像部分に相当し、他は神体図巻に相当する。次にｂは草薙釼・神璽・曲玉（無辺界）。最後にｃはａ（2）と同一であるが、これは釼阿手沢本であるという（上下墨界・四紙継）。[9] 断簡とはいえこれらの図像は『麗気記』成立当初の姿を比較的正確に伝える良質な資料であり、真福寺本・甲所収の図像とあわせて貴重である。

○真福寺本・甲…［Ａ１］

本文十四巻十六軸、神体図二軸。「天地麗気記」「三界表麗気記」の二巻にそれぞれ重複する一軸が含まれている。本文墨界。書写年代は未詳だが、鎌倉後期から南北朝期にかけての古写本と考えられる。「天地麗気記」の重複する異伝本一軸を除き、当伝本は訓点・返点・振仮名がいずれも附されていない。本文所収の図像はすべて完備。「神形注麗気記」の二円鏡、「三界表麗気記」の三円鏡（重複軸ともに）、「現図麗気記」末尾の三日月形鏡・三鈷は本文に別紙（無辺界）として継がれている。

本文各巻外題（端裏書）下に「二所大神宮麗気記　一　第六十四合」のようにＢ系本の巻序構成と合致する巻番号が一から十四まで記され、神体図二軸もそれぞれ外題に「神体図記　会一」「神体図記　四」と記されている。また「天地麗気記」の異伝本には外題下に「天地麗気記ハ麗気記十四巻之中ノ第四ノ巻也」、同じく「三界表麗気記」の異伝本にも「三界表麗気記ハ麗気記十四巻之中ノ第十二ノ巻也」と註記されているように、これもＢ系本の巻序構成である。しかし、これらはすべて後筆である。

神体図は二軸。先ず「神体図記　会一」（ａ）は（1）大宝釼・箱・独鈷（墨界・八紙継）、（2）内守護八天・馬鳴菩薩・四天女・外守護八天（墨界・八紙継）で構成されている。外題からも推測されるように、別巻を一軸にあわせたものであろう。次に「神体図記　四」(b)は三宝珠（星光宝珠・宝珠・三弁宝珠）及び三鈷で構成される（無辺界・三紙継）。これは通常の四並びの宝珠から一つ欠けたものであるが、紙継より当伝本においては当初より四宝珠ではなく、三宝珠であったと考えられる（この部分はB系本である守晨本以降のものでしか確認できないため、どちらがオリジナルな形態であったのかは未詳である）。

○神宮文庫本・甲（世義寺本）…［A1］

本文十四巻十二軸に『両宮本誓理趣摩訶衍(上)(中)(下)』三巻三軸及び『二所天照皇大神遷幸時代抄』一巻一軸が附されている。墨界。これは明応三年（一四九四）、伊勢山田世義寺宗密が讃岐岸上光明寺義全より伝写したもの。「心柱麗気記」中程の独鈷図を除き、本文所収の図像及び神体図四巻がすべて欠けているが、これは書写当初からの形態のようである。

奥書からは、讃岐光明寺において宗密が義全より明応三年三月十日に『両宮本誓理趣摩訶衍(上)』、四月二十七日には『両宮本誓理趣摩訶衍(中)』の伝写を完了したことがわかる（中巻は後欠）。参考に前者の奥書を挙げておく。

明応三年甲寅三月十日書写
讃岐国中郡真野之郷岸上
於光明寺伝燈法印義全　伊勢度会郡
山田之郷於世義寺田中坊　授与宗密
神道悉中ニモ此上下巻秘之中極秘也
未伝授ニテロ本書ヲ人ノ手ニ不レ可レ取ス

これに続いて宗密は「心柱麗気記」（四月二十八日）、「万鏡本縁神霊瑞器記」（五月十五日）、「二所大神宮麗気記」（五月十七日)、「天地麗気記」(六月二十日)、「仏法神道麗気記」(七月二十八日)、「神梵語麗気記」(八月六日)、「神天上地下次第」(八月八日)、「降臨次第麗気記」(八月二十七日)をこの順に伝写している(ここから祖本である義全所持本が未だ巻序構成の定まっていないものであったことが推測できるかもしれない)。当伝本は「天照皇大神宮鎮座次第」及び「仏法神道麗気記」各内題下それぞれに「三」「十四」との記載があり、これは「天地麗気記」を首巻とするC系本の巻序構成に従っている。また「三界表麗気記」に続けて「神形注麗気記」「現図麗気記」が三巻一軸に装丁されているが(それ故本文十四巻十二軸)、この順序も同じくC系本に倣ったものである。しかし、例えば「神号麗気記」の冒頭に「神号麗気記/神号麗気記　神大性」と見えるのは、尊経閣文庫本の同箇所に「神号麗気記/神大性」とあることからも推測されるように破損部分への後筆である(そもそも他巻は内題のみであり、内題―内々題を併記するのはこの巻だけである)。つまり、これらはいずれも伝本の破損が著しく、後年裏打等の補修が施された際に破損箇所の文字が補われたものであり、書写当初の巻序構成とは無関係である。

なお、世義寺は外宮祠官と関係の深い真言寺院であり、中世には度会氏の氏寺常明寺とともに祖先祭祀たる山宮祭が行われていた。また同寺は伊勢における醍醐三宝院の一大拠点でもあり、鎌倉末期から南北朝期にかけて伊勢外宮と三宝院流が交差する神道説生成の「場」であったことが近年明らかになってきている。(10)

○宮内庁書陵部本・甲…[A2]

本文十三巻十三軸に『両宮本誓理趣摩訶衍(下)』一巻一軸、『二所天照皇大神遷幸時代抄』一巻一軸、『王継図』一巻一軸の他書三巻三軸が一括されている。墨界。ただし『王継図』は無辺界。また『二所天照皇大神遷幸時代抄』は第三紙途中以降は上下の墨界のみ。「神天上地下次第」「降臨次第麗気記」末尾に附されるはずの形文図及び「心柱麗気記」中程に描かれる独鈷、「神形注麗気記」の二円鏡、「三界表麗気記」の二円鏡が欠落しており、図像のまったく附されていない伝本である。

既に指摘されているように、(11)書陵部本・甲、京大本、高山寺本の三本は附訓や錯簡の異同が類似しており同系統の伝本であると考えることができる。例えば前二者の「神天上地下次第」の後半以降には、

建久二年三月六日書写畢

本奥云

祭主永頼玄孫園城寺住僧証禅

百光房従律師慶暹之室伝之件証

禅者冨小路祭主永輔男也云云

血脈云波羅杵并牙笏神主河継授賜者也云云

此秘書者当家相伝文也依有両本

於一本者為衆生利益奉授之状如件

乾元二年正月十二日禰宜度会行忠在判

との奥書を持つ『中臣祓訓解』の一伝本（神習文庫蔵）から、書写過程で混入したと見られる錯簡がともに確認できる(高山寺本は欠巻)。またこの三本には『両宮本誓理趣摩訶衍(下)』が一括されているが、更に前二者には『二所天照皇大神遷幸時代抄』及び『王継図』（書陵部本・甲は外題、京大本は無題）が附されている。つまり書陵部本・甲、京大本の二本は、「現図麗気記」一巻と神体図四巻が欠落した『麗気記』本文十三巻に他書三巻を附した計十六巻の同一形態で伝来している。はたして書陵部本・甲の各巻外題には「十六巻内」との註記が見えるように、他書合わせて十六巻揃での伝写が認められるのである。特に『王継図』は天神七代・地神五代より代々の人皇に至る一種の皇統系図であるが、系図末尾「今上（後花園天皇）」条に享徳元年（一四五二）の年号が見えることか

らその成立年代を推定することも可能であろう。また京大本の「降臨次第麗気記」の形文図を唯一の例外として、図像がことごとく欠落しているのもこれら[A2]の特徴である。特に「神天上地下次第」「降臨次第麗気記」にそれぞれ所収される形文図及び「心柱麗気記」中程の独鈷が欠落していることから、図像の欠落は当初よりのもので、切出しによる相伝があったとは考えにくい。

（2） B系本

「二所大神宮麗気記」を首巻とし、以下内題に巻番号が記されている。『麗気制作抄』（一三八九以前）、良遍述『麗気聞書』（一四一九）、了誉聖冏（一三四一～一四二〇）『麗気記私鈔』『麗気記神図画私鈔』など南北朝期から室町初期の麗気記註釈書もすべてこの配列に従っている。ただし、前述したように神体図四巻の巻序構成、及び所収図像の内容・配列については各註釈書によってまったく異なる。A系本に引き続き、B系本においても未だ図像の独立性が強かったことが窺われる。また、C系本で達成されているような形式的な統一性は未だ見られない。先に神宮文庫本・丙及び続群書類従本について述べたように、A系本との境界も曖昧なことから、むしろA系本の一種と見る方が正確かもしれない。

○国会図書館本…[B]

本文十巻二冊。無辺界。鳥取藩の藩校尚徳館旧蔵本（「尚徳館蔵書印」の印有り）。第二冊奥に「永享二年庚戌九月吉日記之」とあるように、室町中期の写本である。内題下に巻番号を記す。第一冊は「二所大神宮麗気記第一」より「神天上地下次第第二」「降臨次第麗気記第三」の冒頭三巻及び「神号麗気記第十」の四巻、第二冊は「天地麗気記第四」から「万鏡本縁神霊瑞器記第九」までの六巻で、一冊に合冊される。図像をまったく含まず、「神天上地下次第」「降臨次第麗気記」にそれぞれ所収される形文図及び「心柱麗気記」中程に描かれる独鈷が欠落している。「神天上地下次第」の相当部分には白紙が半丁、「心柱麗気記」にも空白部分があるが、「降臨次第麗気記」では空白部分は特に存在しない。

○**神宮文庫本・乙**（守晨本）…［B］

本文十四巻十四軸、神体図四巻四軸の全十八巻十八軸揃。本文墨界。神体図無辺界。久邇宮家旧蔵本（「久邇宮家下賜」の印有り）。各巻外題下に「守晨之」とあることから内宮禰宜荒木田守晨手沢本であることが知られる。外題及び内題（内題1）下に「二所大神宮麗気記」を首巻とした巻番号を記すが、神体図四巻には外題（「神体図麗気記巻第十五」以下）のみが存在していることから、やはり本来『麗気記』は内題―内々題を併記せず巻番号も示されていなかったことが窺える。一方、本文十四巻には外題の他に、(1)内題だけのもの、(2)内題（内題1）及び内々題（内題2）の両方が有るものの二種類が存在し、(1)の場合には当然内題に、(2)の場合には内題1にそれぞれ巻番号が示されている。(2)の内題1は本来の外題が内題化したものであり、本来の内題が内々題化した内題2には巻番号は記されていない。このことは内題―内々題の併記が一般化されるC系本においても同様で、(1)と(2)が混在する守晨本はC系本への一種過渡的な形態を示しているのかもしれない【表3】を参照）。また、例えば「五十鈴河山田原豊受皇太神鎮座次第」の内々題（内題2）が「五十鈴河山田原豊受皇太神鎮座次第豊受皇大神金剛／界成身会…」のように改行されず、叙述部分であると誤認されて書写されているが、実はこの錯簡は［A2］でも僅かに見える。更にこの部分を含め、諸本との校異を一見すれば明らかなように守晨本は［C1］との類似が極めて多い。特に神体図四巻（他のB系本は全欠）の内容構成に関しては、概ね宝寿院本、書陵部本・乙、本居文庫本といった［C1］諸本のものと同類であることがわかる。

守晨本は神体図四巻及び「神形注麗気記」「三界表麗気記」「現図麗気記」の本文三巻の識語を欠くが、残りの本文十一巻にはそれぞれ識語が附されている。(12) それによれば、「二所大神宮麗気記」「神天上地下次第」「降臨次第麗気記」「天地麗気記」「天照皇大神宮鎮座次第」「仏法神道麗気記」の六巻は荒木田匡興の自筆本が春瑜(山田西川原宝運寺)、次いで春識(磯部井泉院)へと相伝され、これを明応四年(一四九五)に守晨が春識より相伝(六月二十三日・二十四日・二十九日)、書写(十月一日・三日)したものという。また他の「五十鈴河山田原豊受皇太神鎮座次第」「心柱麗気記」「神梵語麗気記」「万鏡本縁神霊瑞器記」「神号麗気記」の五巻も同時期に匡興自筆本を相伝(六月二十五~二十七日、十月三日)、書写(十月四日・五日・二十五日)したものであることから、おそらく上記六巻と同一経路で相承されたものと考えられる。荒木田匡興(一三四八~)は内宮権禰宜で法名を道祥という。春瑜(一四〇一~)はその弟子であり、二人は伊勢における記紀をはじめとした古典籍や神道書の書写活動によって夙に知られた存在である。更に春識(一四四四~)は春瑜の弟子であり、守晨は『御祓本』『両宮形文深釈』『天照大神宮啓白文』『妙覚心地祭文神祇方』『伊勢灌頂』『日諱貴本記』『日本書紀私見聞』等、『麗気記』同様彼らを通じて伝来した数多くの神道書を書写しているのである。おそらく神体図をはじめとする識語の存在しない七巻も、十一巻同様[匡興—春瑜—春識→(一四九五)守晨]と伝来した可能性が強く、匡興自筆本が祖本であったのではないかと想定される。

祖本が匡興自筆本であることの明らかな上記十一巻の内、匡興は先ず応永二十一年(一四一四)に「五十鈴河山田原豊受皇太神鎮座次第」(十月五日)、「神号麗気記」(十月六日)、「神天上地下次第」(十月七日)、「仏法神道麗気記」(十月九日)の四巻を「尾崎坊本」によって書写している。このうち識語より「神号麗気記」、「神天上地下次第」の二巻は永和二年(一三七六)、円果によって書写されたことが認められる。尾崎坊とは伊勢宇治郷尾崎に位置した遍照院のことであり、道祥(匡興)・春瑜は同寺の僧祐遍の所持本を祖本とする『古事記』『日本書紀』の伝本を書写している。おそらく円果はここの住僧であり、「尾崎坊本」とは円果書写本のことであると推測される。なお、円果(一三五四～)は西大寺流の僧侶であろうという指摘が既になされており、先に挙げた『日諱貴本記』でも[(一三七六)円果→(一四一三)匡興―春瑜―春識→(一四九五)守晨]という相伝が認められる。以上、この四巻は[(一三七六)円果→(一四一四)匡興―春瑜―春識→(一四九五)守晨]という同一ルートで伝写・伝領されて来たことがわかる。[13]

次いで翌応永二十二年(一四一五)に匡興は、「天照皇大神宮鎮座次第」(四月六日)、「神梵語麗気記」(四月七日)の二巻を書写しているが、後者は「山田西川原之本」を祖本としたという。既に指摘があるように、[14]この「山田西川原之本」とは、応永二十二・二十三年に匡興が上記『両宮形文深釈』『妙覚心地祭文神祇方』のそれぞれを書写した際に祖本とした「山田(原)西川原掃部助殿(之)御本」のことである。西川原掃部助とは外宮禰宜度会家尚のことであり、応永二十二年から二十三年にわたるこの時期、匡興へ多くの神道書をもたらした提供元であった。例えば『天照大神宮啓白文』なども家尚本を匡興が応永二十三年に書写したことがわかっている。

更に前者「天照皇大神宮鎮座次第」には留意すべき箇所がある。本巻の尾題の後には通例、以下の識語が本文化されて附されているのだが、守晨本ではこれを「本奥書云」として墨界外に記した後、最後に頼位なる人物による識語を載せている。

本奥書云
神代金剛宝山記并日本書記中ニハ天照太神事雖所
レ明多一十八所後伊勢五十《鈴也(朱)》河上鎮座事諸記ニ不具深
義一故即位十一年正月一日発《ヲコイテク》偽《井ヲ》殆《ホトント》祈仏一告テ神同キ二十一年
正月十八日入秘密灌頂ノ壇ニ一以加持冥力一獲テ奥旨ヲ於龍神
指南ニ一所レ記如右輙及披見一者加冥応令治罰一給耳

筆師依落之私注之恐存者也　金剛仏子頼位裏判

これは『麗気記』が龍神より醍醐天皇へと伝授されるその秘儀の原像を顕現するものとして、中世において麗気灌頂の典拠ともなった記述である。もとより本書の秘書たる所以を示すための「奥書」であるのだが、頼位が見た写本にはどうやらこの部分が欠落していたらしいのである。

ここに見える頼位（一二五二〜）とは乾元二年（一三〇三）、伊勢において度会行忠（一二三六〜一三〇五）から『中臣祓訓解』を伝授されているように（神習文庫蔵）、鎌倉期外宮において隆盛を誇った伊勢神道の中心人物と直接伝授関係のあった真言僧である。頼位は建治三年（一二七七）、仁和寺十世法助より付法を受けているように三宝院御流に連なる人物であり、同時に宏教の弟子元瑜（一二二八〜一三一九）付法の一人として弘安五年（一二八二）に鎌倉佐々目遺身院で灌頂を受けていることが知られている。[15] 関東の西院流宏教方には『麗気記』及び『日本書紀』の相伝を中核とした神道伝授が確認できるが、彼は宏教方における神道伝授の成立に重要な役割を演じていることが指摘されているのである。また、想像を逞しくすれば応永二十二年に匡興が『天照皇大神宮鎮座次第』（四月六日）、「神梵語麗気記」（四月七日）の二巻を連日にわたって書写していることから、「天照皇大神宮鎮座次第」も家尚本からの書写である可能性があり、一方「神梵語麗気記」も頼位の手を経たものであるのかもしれない。[16] もしこの推測が成り立つならば、この二巻は［頼位…家尚→（一四一五）匡興—春瑜—春識→（一四九五）守晨］というルートで相伝されてきたことになる。

さて、守晨本の特徴としては、本文への校異或いは註記、複数の異なった傍訓等が併記されるなど、校異に使用した異本がいくつか存在したようであり、実修の場における探求というよりも、どちらかというと類従的・学問的な態度が目立つ。前述したように守晨本は基本的に、［（一四一三・一四一五）匡興—春瑜—春識→（一四九五）守晨］の相伝であり、更に匡興が書写した祖本には西大寺流の円果本（一三七六）、或いは外宮経由の度会家尚本が含まれるほか、頼位の手を経ているものも確認できる。また識語からは守晨による一校、二校が確認できるが（一四九五）、匡興も「神号麗気記」を「他本」で一校（一四一四）、「仏法神道麗気記」を二校（一四一四・一四二二）しているように、これらの書き込みが、何れの時点によるものかは判然としない。しかし、首巻である「二所大神宮麗気記」内題下には「融慶之本　賀吽之本同之」との註記が見え、融慶本及び賀吽本によって校異を施していることがわかる。例えば「天地麗気記」の内題「天地麗気記第四」には左傍訓として「融本―カミニモシモニモウルワシキヲモムキヲシルス」との融慶本による訓読を載せるが、特に「神天上地下次第」初葉裏書には「降臨次第麗気記二十八巻内（十八所以後及以往惣躰／両宮惣図形也）／シンノアラハレ○ヲハシマシテ○アメニアラハレ○地ニカクレヲハシマスシキ　融慶之御本也」との註記が存在する。これは内題（内題1）「降臨次第麗気記巻第二十八巻内」の「巻第二」右傍書に「二イ」とある校異、及び内々題（内題2）「神天上地下次第」下の「神ノアラハレヲハシマシテアメニアラハレチニカクレヲハシマスシキ」との傍訓に対応するものであり、異本註記（「イ」「イ本」）には、融慶本によったものが多く含まれることが推測できる。この融慶とは三河鳳来寺柿本坊の住僧で、匡興に『日本書紀』巻三及び『日本書紀』の註釈書である『日本書紀私見聞』をもたらした人物であろう。[17] 鳳来寺は中世後期までは天台宗延暦寺末であったことから、[18] 融慶は天台僧であると考えられる。[19] 或いは、彼は次の保寿院流宏教方相伝の東寺宝菩提院蔵『麗気記血脈』に見える人物かもしれない。[20]

（前略）宏教（権律師／本名禅遍）　成遍（改名／元瑜）　元瑜（檜村／僧都）　秀円（杉野／弁）　慈詮　祐範　永胤（刑部卿阿闍梨／本名明胤）　吽実　源賀　融源　融慶（勝尊／慶顕）　阿闍梨隆賢　阿闍梨賢存　祝部良長

右以二麗気記十八巻内一如二先師教一奉レ与二良長一

明応六丁巳十月廿六日

捺題法印権大僧都　賢存示

また、この賢存についてもおそらくは天台僧であろうとの指摘もあり、[21]ここから融慶本は保寿院流（西院流）宏教方相伝の『麗気記』が天台方へと伝えられたものである可能性が高い。

以上から前述の融慶本（及び賀吽本）による校異は匡興（或いは春瑜）による可能性が大きいと考えられる。更にこの異本がどのようなものであったかについては註記より多くのことが推測されるが、この問題については諸本の校異を含めた全体的な検討が必要である（両者ともにB系本だったようであるが）。

（3） C系本

「天地麗気記」を首巻とし、多くが「天地麗気記一十八巻内」のように、以下内題に巻番号及び「十八巻内」が記されている。しかし、C系本の内題（内題1）は本来の外題が内題化したものであり、本来の内題であった内々題（内題2）に巻番号の記載は無い（ただし本居文庫本は内題のみであり、内題―内々題を併記しないので当然、内題に巻番号が附されている。また内題下の「十八巻内」の附記がない）。また「天地麗気記」の内題の前に十八巻の目次が附されていることが多いのもC系本の大きな特徴である（温泉寺本、本居文庫本、版本には無し。ただし温泉寺本はこの巻前欠）。[22]

さて、C系本は概ね、［C1］巻子形態の古写本、［C2］享禄五年（一五三二）空音書写本及びその転写本で、「神体図四」の後に『豊受皇太神継文』を附すもの、［C3］寛文十二年（一六七二）日下部喜左衛門版行の版本の三つに分類できる。[23]C系本はおそらくB系本とは時代的に重なりつつ（B系本の方が早く成立していたと思われる）、異なった圏内において成立、並存していたものであろう。特に冊子形態の流布本である［C2］以降には神体図四巻の構成も一定することとなり、久保田収氏が指摘するように版本［C3］もこの［C2］を底本としたと考えられる。[24]［C1］の神体図四巻の構成は前述したようにむしろ守晨本［B］と同類であり、［C1］から［C2］ではその構成が大きく変化している。図像の問題に関しては、本書下巻で扱う諸巻に多く関わることであり、ここでは深くは立ち入らないが、以下諸本整理の作業上いささかこの問題に触れておきたい。

［C2］の神体図四巻は、大宝釼・箱・独鈷のセットが削除された上で、図像移動が行われており、随分とスリム化された印象を受ける。このセットは継紙数枚にも及ぶ巨大なものであり、事実この図像を含んだ唯一の冊子本である本居文庫本では、大宝釼・箱・独鈷が概ね三丁半・半丁・三丁に分断されてしまっている。[25]良遍は『麗気聞書』で、「当巻《ヲモテ》諸国神道法《仕敷》本尊《ト》スル事、愚推自己《コノ》了簡也、是則狂惑比興之事」と、これを諸社の神官たちがその本尊とする例があることに対して激しく非難を加える一方、『神代巻私見聞』[26]では、「一絵図事、独鈷《ハ》神霊（璽）、箱《ハ》内侍所、釼《ハ》宝釼也、半月《ハ》内宮也、三古《ハ》外宮也」と「絵図」の表象物について述べる。実は、良遍の挙げるこれらの五つの図像は「現図麗気記」[27]の記述に対応し、その巻末に附された三日月形鏡（半月形鏡）・三鈷を上記の大宝釼・箱・独鈷に加えたものなのである。はたして、この三日月形鏡・三鈷は「現図麗気記」を離れて、神体図巻に混入するということが多々起こっている（守晨本、本居文庫本、書陵部本・乙）。大宝釼・内侍所・神璽及び内宮・外宮を表すこれらの図像は、灌頂道場における本尊としての使用も備えていたと思われ、[28]『麗気記』から離脱して機能することもできたのではないだろうか。[29]つまり、この一幅が外されることは『麗気記』から伝授空間の固有性を奪うことにもつながるのである。

ここにおいて『麗気記』は神体図四巻を常備した全十八巻揃で一挙に伝領・書写されうる安定した形態を持つに至ったのであり、密室における師資相伝による実修的・特権的な知の伝授形態から脱却し、より幅広く流通することを目的とした新たな媒体へと変化する転機を迎えることが可能になったといえるだろう。[30]

○高野山宝寿院本…［C1］

本文十四巻三軸、神体図四巻四軸。本文墨界。神体図無辺界。第一軸は外題（端裏書）に異筆で「天地麗気記第一」。目次に続き「天地麗気記」より「二所大神宮麗気記」「天照皇大神宮鎮座次第」「五十鈴河山田原豊受皇太神鎮座次第」までの四巻。第二軸は外題に異筆で「麗気第二」。「神天上地下次第」より「降臨次第麗気記」「神梵語麗気記」「万鏡本縁神霊瑞器記」「心柱麗気記」までの五巻。第三軸は外題に異筆で「麗気十八」。「神号麗気記」より「三界表麗気記」「神形注麗気記」「現図麗気記」「仏法神道麗気記」までの五巻。各巻は一行から三行のみを空けて次巻へと書きつがれている場合があり、最初から数巻一軸で書写したものも多い。また宝寿院本は十八巻揃の完本であるが、「降臨次第麗気記」の形文図、「心柱麗気記」中程の独鈷、「神形注麗気記」の二円鏡、「三界表麗気記」の金剛界円鏡（三円鏡の第二）が欠落している。更に本文と別置されていた神体図四軸は破損が著しく、「神体麗気記一」の内題を持つもの以外は無題である。今仮に以上をabcdとすると、aは大宝釼・箱・独鈷、bは八葉九尊円鏡・四羯磨円鏡、内神・外神・四金剛天女・尊形・四天女・九尊三形曼荼羅、cは星光宝珠・胎界宝珠・金界宝珠・三弁宝珠と三釼、dは内守護八天・馬鳴菩薩・二天女である。bは通例からは三種神器（草薙釼・神璽・曲玉）が欠けているが、最初から具わらないものなのか、後の破損によるものかは不詳。dは破損による後欠である。ちなみにcが「神体麗気記一」（内題）であり、宝寿院本の神体図四巻は他の[C1]諸本や守晨本[B]とは異なった巻序構成であったことが想定される。

なお、現在宝寿院[31]には、同種の「大日本紀灌頂」印信が四通残っている（応永十八年に重深が長学へ授与した一通、享徳三年に禅誉が授与した一通、弘治二年の日付のある二通）。[32]また、「神祇灌頂」と包紙に記された一括の印信類があり、これは大永五年（一五二五）六月二十六日に頼尊が快誉へ授与したものである。[33]これには『大日本紀灌頂』をはじめ、『御神楽大事』『社参大事』『諸社大事』『触穢除滅大事』が一括されており、中に『麗気　初』が含まれている。宝寿院本『麗気記』との直接的な関係は未詳であるが、ここから灌頂儀礼を伴った『麗気記』の相伝が想定できるかもしれない。

○温泉寺本…［C１］

本文十三巻四軸一紙。軸木無。無辺界。第一軸は「天地麗気記」より「二所大神宮麗気記」「天照皇大神宮鎮座次第」「五十鈴河山田原豊受皇太神鎮座次第」までの四巻。第二軸は「神天上地下次第」より「降臨次第麗気記」「神梵語麗気記」「万鏡本縁神霊瑞器記」までの四巻。第三軸は「心柱麗気記」より「神号麗気記」「三界表麗気記」までの三巻。以上それぞれ数巻一軸に継がれている。次に「神形注麗気記」は前欠で、五大月輪の円鏡の第二）及び尾題を載せた末葉のみの断簡である。更に「現図麗気記」は一巻一軸の単独構成、「仏法神道麗気記」は欠巻である。各巻は外題無く、巻頭に内題―内々題が併記されるが、「降臨次第麗気記」は内題のみ。内題（内題1）下には「天地麗気記」を首巻とした巻番号及び「十八巻内」の記載がありこれがC系本に属することがわかる。ただし全体的に破損が著しく、「天地麗気記」は前欠のため目次の有無は確認できない。また本文所収の図像は、「神形注麗気記」以外はほぼ欠けることなく、「神形注麗気記」断簡もその残存形態から本来はすべて揃っていたと思われる。

さて、第一軸所収の四巻にはそれぞれ識語が存在する。これによれば四巻共に明徳二年（一三九一）正月に温泉寺別当の清禅が書写したもので、更に「天照皇大神宮鎮座次第」「五十鈴河山田原豊受皇太神鎮座次第」の二巻では、法爾による識語が確認できる。例えば後者奥書は以下のようである。

但州温泉寺重宝

本云

至徳四年九月日　法爾

明徳二年辛未正月日

清禅（花押）

一交□

ここからこの二巻は至徳四年（一三八七）九月の法爾書写本を、明徳二年（一三九一）に清禅が転写したものであることがわかる。次に第二軸所収の四巻では「神天上地下次第」「万鏡本縁神霊瑞器記」に「清禅（花押）」の識語が見える（書写年月日は記載されていない）。更に第三軸所収の三巻では最後の「三界表麗気記」に康応二年（一三九〇）三月及び清禅の識語が存在している（「神形注麗気記」断簡、「現図麗気記」に識語は認められない）。以上、温泉寺本は康応二年（一三九〇）及び明徳二年（一三九一）前後、温泉寺中興祖として有名な清禅によって書写されたもので、中には至徳四年（一三八七）九月の法爾書写本を清禅が転写した巻も含まれている。つまり、温泉寺本は南北朝末期の写本であり、C系本の中では特別に早い時期のものである。しかし、これが清禅書写当時の本来の姿であるのかは検討を要する。何故なら、清禅による識語、花押が写しの可能性があるからである。例えば、第二軸の首巻である「神天上地下次第」端裏には「五六七八」とあるが、更に巻頭には次のような註記があり、後年の補修が確認できる。

御拝見修補畢　法印祐儀

拝読―　祐照

これは第一軸から第三軸までの各軸末巻の末尾にそれぞれ「一交」とあることや、同じく各軸末巻の裏書末尾に「奉［　］権大僧都［　］」（第一軸裏書末）、「奉読畢　浄堅々々」（第二軸裏書末）、「浄堅／於地蔵院奉拝見処也／温泉寺之祐範七十五」（第三軸裏書末）とあることからも窺える。つまり、当初各一巻一軸で存在していたものを、後年破損を補修すると同時に数巻を一軸に継ぎ、更に校合を施した可能性がある。そしてこの際に補修以外の手が加わった可能性も否定できないのである。もしも温泉寺本が識語の通り南北朝末期の写本であるならば、「天地麗気記」を首巻としたC系本の成立は大幅に引き上げられることとなる。しかし、以上のような理由から結論は保留せざるをえない。

○京都府立総合資料館本…［C２］

本文十四巻十四冊、神体図四巻四冊の全十八巻十八冊。「神体図四」（第十八冊）末に『豊受皇太神継文』を附す。「心柱麗気記」奥書によれば、享禄五年（一五三二）三月六日に空音が高野山金剛三昧院長老房本を書写したものである。

為開真如理宮　排本覚恵光謹　以摸此書
高野山金剛三昧院長老房之御本以写之
享禄五年三月六日　　空音

この空音とは日向黒貫寺の住僧で、同年二月二十六日にも、金剛三昧院長老房の永智・良識を介して頼珎書写の『天照太神口決』を入手し、これを書写（宝寿院蔵）、更に永正十一年（一五一四）には『朝熊山儀軌』を書写している（弘法大師全集）[34]。

第一冊の表紙及び同裏表紙見返しに附された貼紙（明治三十九年記）によれば、当伝本は西洞院家旧蔵本で、これを譲り受けた春和堂の主人が、元来は巻物一巻であったものを後の破損を恐れて新たに表紙を付け、綴冊に装丁し直したという。その表紙には「麗気記天地　一」「麗気記二所大神宮　二」以下、「天地麗気記」を総題にすることは見られない。なお近世にはこの転写本が多く流布したようで、国学院本（十八巻一冊）も同じく空音書写本（の転写本）である。また、天理大本・乙（十八巻二冊）、神宮文庫本・丁（十八巻六冊）、正祐寺本・乙（十八巻二冊）、真別処本（十八巻三冊）もすべて空音書写本を祖本とするものである。

○天理大学附属図書館本・乙…［C２］

本文十四巻、神体図四巻の全十八巻二冊。神体図末に『豊受皇太神継文』を附す。無辺界。両冊首巻内題（内題1）下に「山城国綴喜郡八幡町／円福寺什物」の記載、同箇所及び両冊外題（表題）に「円福寺見性宗般」の印、両冊奥に「円福寺住職見性宗般之印」の印がそれぞれあることから円福寺住職見性宗般旧蔵本とわかる。更に第二冊裏表紙見返しに「河崎氏清長蔵」の文字があり、河崎清長旧蔵本であったことも知れる。

第一冊は外題（表題）に「神号麗気記上」。目次に続き「天地麗気記」から「心柱麗気記」までの八巻。第二冊も外題に「神号麗気記下」。「神号麗気記」から「仏法神道麗気記」までの本文六巻に神体図四巻と『豊受皇太神継文』を収めるが、神体図四巻は巻名・巻番号の記載無く連続して描かれている。当伝本は、上記の享禄五年の空音書写本を慶安二年（一六四九）に賀茂保可が書写したものである。賀茂（岡本）保可（一六二五～八三）は慶安四年（一六五一）に『造伊勢二所太神宮宝基本記』を、寛文五年（一六六五）に『倭姫命世記』を書写していることでも知られる賀茂別雷社（上賀茂神社）の神官である（松平文庫蔵・神宮文庫蔵）。[35]

時
慶安弐己丑暦十二月上旬書写校合畢
散位賀茂保可
右朱点加之分ハ御霊法眼秘本点也
略字已下加之也乍然不足巻数多在
之猶重而以他本校合可致者也

この識語（第二冊奥）によれば、朱点は「御霊法眼秘本」をもって加えたというが、附された朱点からこれは内題のみの、一部尾題にB系本に合致した巻番号を附し、「二所大神宮麗気記」「五十鈴河山田原豊受皇太神鎮座次第」「心柱麗気記」「現図麗気記」の本文四巻及び神体図四巻が欠けた端本であったようだ。

目次には冒頭の「天地麗気記」の文字のみが他巻より一字下げで記されており、全体を「天地麗気記」で呼ぶことを窺わせるが、当伝本は第二冊(下)の首巻名（「神号麗気記」）をもって総題としている。もちろんこれは装丁の段階における表題（外題）である。更に本文末巻の「仏法神道麗気記」には、「右此麗気十八巻先醍醐／天皇御制舎人親王調奏也神道肝／要已位目足也」との識語が奥に記されており、保可自身は本書の総称を「麗気記」と認識していたようである。

なお、神宮文庫本・丁（十八巻六冊）は保可書写本を江戸時代末期の内宮禰宜中川経林・井面守和・藤波氏時の三人が購入したものである。これも「神号麗気記」を総題とし、天理大本・乙と同じ識語を載せ、誤記や脱落箇所、墨点・朱点なども含め本文の異同無く構成をまったく同じくしている。相互に密接な書写関係にある同系等の写本（転写本）であることは明らかであろう。

以上、漫然と解説を加えてきたが、残された問題は、なおあまりにも大きい。特に具書として一括して伝来することの多い『二所天照皇大神遷幸時代抄』[36]（持明院本、書陵部本・甲、京大本、正祐寺本・甲）、『天照坐二所皇大神正殿観』[37]（東北大本、持明院本、正祐寺本・甲）、『両宮本誓理趣摩訶衍』[38]（上中下巻…世義寺本／中巻…尊経閣本、書陵部本・乙、正祐寺本・甲／下巻…書陵部本・甲、京大本、高山寺本）、或いは『王継図』（書陵部本・甲、京大本）や『（天神七代地神五代系図）』（仁和寺本）[39]、『豊受皇太神継文』といった、その多くが『麗気記』とほぼ同時期に成立したと思われる神道書との関連については今回まったく触れることができなかった。しかしこれらが『麗気記』と同じ形式で相伝・書写されてきたということからは、『麗気記』という一個の書物の成立事情だけでなく、それらの「具書」をも含んだ場所においてはじめて立ち顕れる世界を解き明かす必要に迫られる。

『麗気記』とは儀礼という実修空間から生成し、その中で変容を繰り返した書物である。原初（一回性）の常なる更新としての度重なる生成の場にこのテキストが置かれていたということを、それは意味している。或いは、そのはじまりから他のテキストと関係付けられ、それを取り込み、組み替えてきたともいえる。幾重にも秘され、口伝化されることが、様々な解釈（読み）を誘発する中空の装置として機能したのであり、諸本間における相異なる夥しい訓点や註記、構成の変化、具書の存在がそれを物語っているだろう。「歴史」という外部を持たないが故に、テキストの自己言及を通して変容を繰り返す、『麗気記』という書物。換言するならば、貧しさ故の豊かさとでもいうべき秘密がここには隠されている。それは「豊穣の海」というある種逆説的な、或いは不毛な営みとも言えるかもしれないのだが。

註

（１）久保田収『中世神道の研究』（臨川書店　一九五九・一二）、後藤剛「（解題）高山寺蔵本麗気記八巻」（高山寺叢書『高山寺典籍文書の研究』　東京大学出版会　一九八〇・一二）。ただし、後者における分類は(1)を第三類、(3)を第一類としている。

（２）今回の調査収集はあくまで管見の範囲であり、今後更なる悉皆調査が待たれる。なお、諸本調査に関しては岡田米夫「麗気記について」（皇學館大學神道研究所岡田米夫文庫蔵）所収の伝本所在目録及び神宮文庫蔵諸本の写本解題から教わることが多かった（牟禮仁氏の御教示による）。

（３）活字本について以下簡単に触れておく。弘法大師全集本は寛文十二年日下部喜左衛門版行の版本を底本とし、続群書類従本、摂津中山寺蔵本（明和年間の校合本）及び京都阿刀護節蔵本によって校合したもの。日本思想大系本（「天地麗気記」のみ）は守晨本を底本とし、持明院本及び国会本を参照（校合）している。神道大系本は本文十四巻は真福寺本を中心の底本とし諸本を参照、訓点は書陵部本及び宝寿院本によっている。また神体図四巻は文字・配列を静嘉堂文庫本、図像を本居文庫本から編集している。なお、それぞれ端本ではあるが、続群書類従本（本文十三巻）は翻刻、高山寺本（本文八巻他一巻）は翻刻及び影写、仁和寺本（本文五巻他一巻）は影写がなされている。

（４）校異②167・註②201。

（５）巻末に貼紙「此一巻賀茂宝幢院之秘本也三輪僧正伝来神道之櫃底在之予卒爾写之／永正三年正月日　愚老（花押）」とある。

（６）書陵部本・乙[C1]では外題「神体図記下二四」、内題「御形図」。なお、中原祥徳氏の御教示によると高野山正智院本『麗気記』には『遷幸時代抄』とともに、「御形図」と題された一軸（『理趣摩訶衍』）が附されているというが、未見である。

（７）『金沢文庫古文書第八輯』（金沢文庫　一九五六・三）、櫛田良洪『真言密教成立過程の研究』（山喜房仏書林　一九六六・八）。

（８）櫛田前掲書。

（９）『金沢文庫の中世神道資料』[津田徹英　執筆・編集]（神奈川県立金沢文庫　一九九六・八）。

（10）山本ひろ子「心の御柱と中世的世界（一）～（二五）」（『春秋』三〇二号～三三九号　一九八八・一〇～一九九二・六）、門屋温「両部神道試論―「鼻帰書」の成立をめぐって―」（『東洋の思想と宗教』第一〇号　一九九三・六）。

（11）後藤前掲書。

(12)守晨本及び匡興（道祥）については、近藤喜博「道祥の学統―その資料―」（『神道史研究』第一二巻第一号　一九六四・一）、青木紀元「道祥の古典書写」（同『日本神話の基礎的研究』　風間書房　一九七〇・三）、牟禮仁「度会行忠と仏法―伊勢と京都との、中世神道思想交流の事例として―」（同『中世神道説形成論考』　皇學館大學出版部　二〇〇〇・四）を参照。

(13)伊藤聡「伊勢の神道説の展開における西大寺流の動向について」（『神道宗教』第一五三号　一九九三・一二）。

(14)牟禮前掲書。

(15)頼位については、伊藤聡「関白流神道について」（『金沢文庫研究』第三〇三号　一九九九・一〇）、牟禮前掲書を参照。

(16)牟禮前掲書。

(17)『神宮古典籍影印叢書2　古事記・日本書紀（下）』（皇學館大學　一九八二・四）。道祥（匡興）は、応永三十年（一四二三）に融慶所持の『日本書紀』巻三を書写、更にこの年から応永三十三年にかけて同じく融慶所持の『日本書紀私見聞』を抄出（道祥本）、同時に弟子の春瑜にも命じてこれを書写させ、後日、道祥自身が春瑜本を再び転写している（春瑜本）。この春瑜本『日本書紀私見聞』には『麗気制作抄』から後半部分が抄出されているが、そこでは『制作抄』本来に記された神体図の「三巻」「四巻」の内容が入れ替わっており、守晨本『麗気記』と同じ順序になっていることが興味を引く。

(18)延徳元年（一四八九）正月二十七日の「三河鳳来寺毎年役定書」（『華頂要略』）。

(19)道祥本『日本書紀私見聞』には「又此僧ノ名禅方ノ名ハ道梁ト云」と見えることから、融慶は禅密兼修の僧だったようである。

(20)櫛田良洪『続真言密教成立過程の研究』（山喜房仏書林　一九七九・三）に掲載。日古社祝である祝部良長（一四三四～）が、賢存から『麗気記』伝授にともない明応六年（一四九七）に授与されたもの。「賀咩」についても名前から当血脈周辺に連なる人物であった可能性があるが、未詳。なお、高野山親王院には融慶が永享一一年（一四三九）に伝授した『天神大事集』なる北野天神の十戒を説く日蔵上人相伝の書があるという（大山公淳『神仏交渉史』　高野山大学　一九四四・一〇）。

(21)櫛田前掲書。

(22)例えば、首巻である「天地麗気記」において、「外題―目次―内題―内々題」という配列になることで、目次の前に外題（「天地麗気記」）が位置する場合が出てくる。特に巻子本において、宝寿院本や書陵部本・乙のように数巻が一軸に継がれた場合には、端裏書の外題が、あたかも総題であるかのように誤解される可能性が高くなる。しかし、以下で述べるように実際には「C1」「C2」ともに「天地麗気記」を総題（後筆は別にして）とする伝本は確認できず、僅かに保可書写本の目次にその兆しが認められる程度である。また、『麗気記』が空海作とされることについても、写本にはそのような記述は見当らず、版本[C3]の冒頭、「天地麗気記」の内題と内々題の間の行に「沙門空海撰」の文字が初めて現れるのみである（これが活字化された弘法大師全集本へと受け継がれる）。つまり、「天地麗気記」を総題とし、撰者を空海とすることが一般化するのは[C3]寛文十二年（一六七二）の版本以降である。

(23) 更に[C1]は内題―内々題の併記、各内題下の「十八巻内」の附記、冒頭の十八巻の目次といったような[C2]と共通する統一的形式を備えた諸本とそうでないものにわかれる。

(24) [C2][C3]ともに『豊受皇太神継文』を附す。ただし[C3]は目次無し。

(25) 本居文庫本の神体図を掲載する神道大系本ではこれを削除して編集。

(26) 良遍は『麗気聞書』では、この箱につき「一、当巻鈒《ノト》独古《トノ》 中間《ナルハ》三種神体入箱《タル》也云々」と述べる（『麗気記抄』では「三種神体」を「三種《ノ》神器」とする）。

(27) 天理本・甲[B]、及び[C2][C3]では、内々題下に「天札以後可伝之」と有り、麗気灌頂において「最極深秘《ノ》巻」（『麗気聞書』）であるとされた「天札巻」（「三界表麗気記」）以後に伝授されるべきであるとの註記を持つ。

(28) 日本紀灌頂は麗気灌頂と連動して神祇灌頂をなしていた。神祇灌頂（神道灌頂）における作法・本尊等については『神道灌頂―忘れられた神仏習合の世界―』［高橋平明 企画・執筆・編集］（元興寺文化財研究所 一九九九・一〇）、高橋平明『三輪流神道について―神道灌頂を中心に―』（奈良学の会発表レジュメ 二〇〇〇・三）、『仁和寺資料【神道篇】神道灌頂印信―名古屋大学比較人文学研究年報第二集―』［阿部泰郎編／伊藤聡・原克昭・松尾恒一 翻刻・解題］（名古屋大学文学部比較人文学研究室 二〇〇〇・三）を参照。なお、『神道灌頂』所収17―5（長谷寺蔵）の「宝鈒本尊／神璽本尊／内侍所本尊」（三輪流次第）及び45〜47（宝山寺蔵・大御輪寺旧蔵）の「宝剣／神璽／内侍所」は、それぞれ『麗気記』の大宝鈒／神璽（と箱）／三日月形鏡と四宝珠（星光宝珠・胎界宝珠・金界宝珠・三弁宝珠）・草薙剱に、17―7（長谷寺蔵）、25（矢田寺蔵）の「岩戸本尊馬鳴像」は、『麗気記』の馬鳴菩薩に相当し、『仁和寺資料』の「日本紀本尊 神璽」「日本紀本尊 宝鈒」は、『麗気記』の神璽／大宝鈒（と箱）に相当する。

(29) 内侍所は半月形鏡や三鈷に比定される場合が一般的である。この「三種神宝（霊宝・神体）」については、「三種神器」（草薙剱・神璽・曲玉）との関連も含め、検討を要する。なお、これら神体図の問題については本書下巻において詳しく扱う予定である。

(30) 流布本である[C2]諸本（空音―保可書写本）が孕む決定的な問題（「麗気記世界の解体」）については、森「近世における『麗気記』（本書解説所収）を参照されたい。なお、脱稿後に門屋温氏から御教示いただいた情報によると、渡辺匡一氏蔵『麗気記』は二冊本で外題はそれぞれ「麗気記　乾」「麗気記　坤」。神体図の後に「豊受太神宮継文」を附すが、第一冊冒頭に目録を持たないこと、第二冊末尾に「師師伝授唯受一人不可忽之」とあること、更に神体図部分の文字から、版本の写しの可能性が高いとのことである（奥書などは一切ないが、手から見て江戸中世以降のもの）。また、神体図を含めて、図像部分はすべて文字のみを記して空白とするほか、第一冊は梵字部分も空白であるという。

(31) 明治二十二年（一八八九）に宝生院と合併。

(32) 後世には日本紀灌頂六流の一である「宝寿院流」の存在が確認できる（西田長男「両部神道家の日本書紀研究」『国学院雑誌』第四四巻第四号　一九三八・四）。

(33) 宝寿院には嘉慶二年（一三八八）六月の神祇灌頂血脈があるというが、未見である（岩橋小彌太『京畿社寺考』　雄山閣　一九二五・二）。

(34) 空音は天文五年（一五三六）にも『天照大神宮御事』の印信を良任に授与している（久保田前掲書）。

(35) 田中卓「（解題）倭姫命世記」（『伊勢神道・上　（論説編五）』神道大系編纂会　一九九三・七）。

(36) 真福寺善本叢刊『両部神道』［伊藤聡　翻刻・解題］（臨川書店　一九九九・七）。

(37) 真福寺善本叢刊『両部神道』（前掲書）。

(38) 門屋温「『両宮本誓理趣摩訶衍』考―中世神道書研究（一）―」（『東洋哲学論叢』第一号　一九九二・六）。

(39) 『仁和寺資料』［原克昭　翻刻・解題］（前掲書）。

（追記）　最後になりましたが、本稿を成すにあたり前田育徳会尊経閣文庫、温泉寺、神奈川県立金沢文庫、京都大学図書館、京都府立総合資料館、宮内庁書陵部、高野山宝寿院、国学院大学図書館、国立国文学研究資料館、国立国会図書館、真福寺宝生院大須文庫、神宮文庫、天理大学図書館、東京大学文学部国文学研究室、東北大学図書館、大和文華館鈴鹿文庫の各機関には貴重な資料の閲覧・複製を許可して頂きました。御礼申し上げます。殊に高野山大学図書館には御迷惑をおかけいたしました。紙上ではありますが、この場をお借りして御詫び申し上げます。

【表２】調査諸本分類・所蔵一覧表［○校異／□収集／△未収集］（底は本書における略号）

［Ａ１系本］
○尊経閣文庫本底→前田育徳会・尊経閣文庫蔵
○真福寺本・甲真→真福寺宝生院・大須文庫蔵（国文学研究資料館所蔵マイクロフィルム）
○神宮文庫本・甲（世義寺本）世→神宮文庫蔵
□東北大学附属図書館本（東北大本）→東北大学附属図書館蔵
□金沢文庫本→神奈川県立金沢文庫蔵（金沢文庫架蔵紙焼製本、『金沢文庫の中世神道資料』掲載影写）
□真福寺本・乙→真福寺宝生院・大須文庫蔵（国文学研究資料館所蔵マイクロフィルム）
□続群書類従本→宮内庁書陵部蔵・続群書類従（国文学研究資料館所蔵マイクロフィルム）
□神宮文庫本・丙→神宮文庫蔵
△高野山持明院本（持明院本）→高野山大学図書館寄託・持明院蔵［明暦三年深識書写］
△正祐寺本・甲→高野山大学図書館蔵・正祐寺寄託［慶安四年書写］

［Ａ２系本］
○宮内庁書陵部本・甲（書陵部本・甲）宮→宮内庁書陵部蔵
□京都大学附属図書館本（京大本）→京都大学附属図書館蔵
□高山寺本→高山寺蔵（『高山寺典籍文書の研究』掲載影写・翻刻）

［Ｂ系本］
○神宮文庫本・乙（守晨本）守→神宮文庫蔵
○国会図書館本国（国会本）→国立国会図書館蔵
□天理大学附属図書館本・甲（天理大本・甲）→天理大学附属図書館蔵
△高野山金剛三昧院本・甲（金剛三昧院本・甲）→高野山大学図書館蔵・金剛三昧院寄託［応永二十九年善誉書写］

［Ｃ１系本］
○高野山宝寿院本（宝寿院本）宝→高野山宝寿院蔵

○温泉寺本[温]↓温泉寺蔵（国文学研究資料館所蔵マイクロフィルム）
□宮内庁書陵部本・乙（書陵部本・乙）↓宮内庁書陵部蔵
□本居文庫本↓東京大学文学部国文学研究室・本居文庫蔵（国文学研究資料館所蔵マイクロフィルム）
□仁和寺本↓仁和寺蔵（『仁和寺資料【神道篇】』掲載影写）

［C2系本］
○京都府立総合資料館本（府立資料館本）[府]↓京都府立総合資料館蔵
○天理大学附属図書館本・乙（天理大本・乙）[天]↓天理大学附属図書館蔵
□神宮文庫本・丁↓神宮文庫蔵
□国学院大学附属図書館本（国学院本）↓国学院大学附属図書館蔵
△正祐寺本・乙↓高野山大学図書館蔵・正祐寺寄託［里村仍隣正徳旧蔵］
△高野山真別処本（真別処本）↓高野山大学図書館蔵・真別処寄託［明和二年寛章、同五年空一書写］

［C3系本］（版本）
□鈴鹿文庫本↓大和文華館・鈴鹿文庫蔵（国文学研究資料館所蔵マイクロフィルム）

【表3】題名対照表（抄）［外題—内題—尾題／内題—内々題—尾題］

②「神天上地下次第」

▽尊経閣文庫本［A1］
（外）降臨次第麗気記　（内）神天上地下次第　（尾）なし

▽国会本［B］
（内）神天上地下次第第二　（尾）降臨次第麗気記第二

▽守晨本［B］
（内1）降臨次第麗気記巻第二十八巻内　（内2）神天上地下次第　（尾）降臨次第麗気記二十八巻内

▽本居文庫本［C1］
（内）神天上地下次第　巻第五　（尾）神天上地下次第麗気記　巻第五終

▽宝珠院本［C1］
（内1）降臨次第麗気記五十八巻内　（内2）神天上地下次第　（尾）降臨次第麗気記

▽温泉寺本［C1］
（内1）降臨次第麗気記五十八巻内　（内2）神天上地下次第　（尾）降臨次第麗気記

▽書陵部本・乙［C1］
（内1）降臨次第麗気記五十八巻内　（内2）神天上地下次第　（尾）降臨次第麗気記

▽府立資料館本［C2］
（内1）降臨次第麗気記五十八巻内　（内2）神天上地下次第　（尾）降臨次第麗気記五

③「降臨次第麗気記」

▽尊経閣文庫本［A1］
（外）［豊］降臨次第麗気記　（内）降臨次第麗気記　（尾）降臨次第麗気記

▽国会本［B］
（内）降臨次第麗気記第三　（尾）降臨次第麗気記第三

▽守晨本［B］　（内）降臨次第麗気記巻第三　（尾）なし

▽本居文庫本［C１］　（内）降臨次第麗気記　巻第六　（尾）降臨次第麗気記　巻第六終

▽宝珠院本［C１］
（内１）降臨次第麗気記六 十八巻内　（内２）降臨次第麗気記　（尾）なし

▽温泉寺本［C１］
（内１）降臨次第麗気記六 十八巻内　（内２）降臨次第麗気記　（尾）なし

▽書陵部本・乙［C１］　（内）降臨次第麗気記　（尾）降臨次第麗気記

▽府立資料館本［C２］
（内１）降臨次第麗気記六 十八巻内　（内２）降臨次第麗気記　（尾）降臨次第麗気記六

⑤「天照皇大神宮鎮座次第」

▽尊経閣文庫本［A１］
（外）天照大神鎮座次第　（内）天照皇大神宮鎮座次第　（尾）天照皇大神麗気記

▽国会本［B］　（内）天照皇大神宮鎮座次第五　（尾）天照皇太神麗気記第五

▽守晨本［B］　（内）天照皇太神宮鎮座次第五　（尾）天照皇大神麗気記

▽本居文庫本［C１］　（内）天照皇太神宮鎮座次第三内宮　（尾）天照皇太神麗気記　巻第三終

▽宝珠院本［C１］
（内１）天照大神鎮座次第三 十八巻内　（内２）天照大神宮鎮座次第　（尾）天照皇大神麗気記

▽温泉寺本［C１］
（内１）天照大神鎮座次第三 十八巻内　（内２）天照大神宮鎮座次第　（尾）天照皇大神麗気記三

▽書陵部本・乙［C１］
（内１）天照太神鎮座次第三 十八巻内　（内２）天照太神宮鎮座次第　（尾）天照皇太神麗気記三

▽府立資料館本［C２］
（内１）天照大神鎮座次第三 十八巻内　（内２）天照大神宮鎮座次第　（尾）天照皇大神麗気記三

⑥「五十鈴河山田原豊受皇太神鎮座次第」

▽尊経閣文庫本［A１］
（外）豊受皇大神鎮座次第　（内）五十鈴河山田原豊受皇太神鎮座次第　（尾）なし

▽国会本［B］
（内）五十鈴河山田原豊受皇太神鎮座次第第六　（尾）豊受皇大神麗気記第六

▽守晨本［B］
（内１）豊受太神鎮座次第六 十八巻内　（内２）五十鈴河山田原豊受皇太神鎮座次第…　（尾）豊受太神鎮座次第

▽本居文庫本［C１］
（内）五十鈴河山田原豊受皇太神鎮座次第四 外宮　（尾）豊受皇太神麗気記　第四終

▽宝珠院本［C１］
（内１）豊受大神鎮座次第四 十八巻内　（内２）五十鈴河山田原豊受皇太神鎮座次第…　（尾）豊受大神鎮座次第

▽温泉寺本［C１］
（内１）豊受大神鎮座次第麗気記四 十八巻内　（内２）五十鈴河山田原豊受皇大神鎮座次第　（尾）豊受大神鎮座次第

▽書陵部本・乙［C１］
（内１）豊受大神鎮座次第麗気記四 十八巻内　（内２）五十鈴河山田原豊受皇太神鎮座次第…　（尾）豊受大神鎮座次第四 十八巻内

▽府立資料館本［C２］
（内１）豊受大神鎮座次第四 十八巻内　（内２）五十鈴河山田原豊受皇太神鎮座次第　（尾）豊受大神鎮座次第四

⑨「万鏡本縁神霊瑞器記」

▽尊経閣文庫本［A1］
(外)万鏡霊瑞記　(内)万鏡本縁神霊瑞器記　(尾)万鏡本縁神霊瑞器記

▽国会本［B］
(内)万鏡本縁神霊瑞器記第九　(尾)万鏡霊瑞麗気記巻第九

▽守晨本［B］
(内1)万鏡霊瑞器麗気記巻第九　(内2)万鏡本像神霊瑞器記　(尾)万鏡霊瑞器麗気記巻第九

▽本居文庫本［C1］
(内)万鏡本縁神霊瑞器記　巻第八　(尾)万鏡霊瑞器麗気記巻第八終

▽宝珠院本［C1］
(内1)万鏡霊瑞器麗気記八 十八巻内　(内2)万鏡本像神霊瑞器記　(尾)万鏡霊瑞器麗記

▽温泉寺本［C1］
(内1)万鏡霊瑞器麗気記八 十八巻内　(内2)万鏡本像神霊瑞器記　(尾)万鏡霊瑞器麗記八

▽書陵部本・乙［C1］
(内1)万鏡本縁神霊瑞器記八 十八巻内　(内2)万鏡本縁神霊瑞器記　(尾)万鏡霊瑞麗気記八

▽府立資料館本［C2］
(内1)万鏡霊瑞器麗気記八　(内2)万鏡本像神霊瑞器記　(尾)万鏡霊瑞器麗記八 十八巻内

【表4】図像構成対照表［B系・C系諸本］

「神天上地下次第」形文図（内宮）
「降臨次第麗気記」形文図（外宮）
「心柱麗気記」　独鈷
「神形注麗気記」八葉・五大月輪の二円鏡
「三界表麗気記」金剛界・胎蔵界・両界の三円鏡（金・胎・両部の三界円鏡）
「現図麗気記」　三日月形鏡(半月形鏡)・三鈷

○守晨本［B］
『(神体図1)』大宝釼・箱・独鈷
『(神体図2)』草薙釼・神璽・曲玉、八葉九尊円鏡・四羯磨円鏡、内神・外神・四金剛天女・尊形・四天女・九尊三形曼荼羅
『(神体図3)』星光宝珠・胎界宝珠・金界宝珠・三弁宝珠、三釼、三日月形鏡・三鈷
『(神体図4)』内守護八天・馬鳴菩薩・四天女・外守護八天

○宝寿院本［C1］
『(神体図a)』大宝釼・箱・独鈷
『(神体図b)』八葉九尊円鏡・四羯磨円鏡、内神・外神・四金剛天女・尊形・四天女・九尊三形曼荼羅
『(神体図c)』星光宝珠・胎界宝珠・金界宝珠・三弁宝珠、三釼
『(神体図d)』内守護八天・馬鳴菩薩・二天女(後欠)

□書陵部本・乙［C1］
『(神体図a)』大宝釼・箱、三日月形鏡・三鈷
『(神体図b)』草薙釼・神璽・曲玉、八葉九尊円鏡・四羯磨円鏡、内神・外神・四金剛天女・尊形・四天女・九尊三形曼荼羅
『(神体図c)』星光宝珠・胎界宝珠・金界宝珠・三弁宝珠、三釼
『(神体図d)』内守護八天・馬鳴菩薩・四天女・外守護八天

□本居文庫本〔C1〕

『(神体図1)』大宝釼・箱・独鈷

『(神体図2)』草薙釼・神璽・曲玉、八葉九尊円鏡・四羯磨円鏡、内神・外神・四金剛天女・尊形・四天女・九尊三形曼荼羅

『(神体図3)』星光宝珠・胎界宝珠・金界宝珠・三弁宝珠、三釼、三日月形鏡・三鈷

『(神体図4)』内守護八天・馬鳴菩薩・四天女・外守護八天

○府立総合資料館本〔C2〕

『(神体図1)』内守護八天・馬鳴菩薩・四天女・外守護八天

『(神体図2)』草薙釼・神璽・曲玉、八葉九尊円鏡・四羯磨円鏡

『(神体図3)』星光宝珠・胎界宝珠・金界宝珠・三弁宝珠、三釼

『(神体図4)』内神・外神・四金剛天女・尊形・四天女・九尊三形曼荼羅

【表5】諸本各巻在欠表［●完本／○図像全欠／◎図像一部欠／▲断簡／△断簡（図像全欠）／■図像に文字（名称）／□図像のみ（文字欠）］

［Ａ１］　Ａ系本

真福寺本・乙	真福寺本・甲		金沢文庫本	尊経閣文庫	
冊子	巻子		巻子	巻子	形態
６巻１冊	14巻16軸		６巻７軸	14巻14軸	本文
	２軸		３軸		神体図
				１巻１軸	他書
					書写年代
●		●		●	二所大神宮
		●【形文】	●【形文】・▲【形文】	○	神天上地下【形文】
		●【形文】		○	降臨次第【形文】
	●	●	▲	●	天地
		●		●	天照皇大神宮鎮座
●		●	▲	●	五十鈴河山田原
○		●【独鈷】		●【独鈷】	心柱【独鈷】
●		●		●	神梵語
●		●	▲	●	万鏡本縁神霊瑞器
		●	▲	●	神号
		●【□２鏡】	△・□a (1)【２鏡】	●【□２鏡】	神形注【２鏡】
	●【□３鏡】	●【□３鏡】		○	三界表【３鏡】
○		●【□月鈷】	□a (3)【月鈷】	●	現図【三日月・三鈷】
		●		●	仏法神道
	□a (1)大宝剣・箱・独鈷 a (2) 8・1・4・8 □b ３宝珠・３剣		□a (2) 8・1・4・8 a (4) 4・1・4、曼 □b ３神器 □c 8・1・4・8		（神体図）
				理趣摩訶衍・中	他書
	・「天地」の異伝本以外は訓点無		・神体図２軸は別置	・称名寺金沢文庫旧蔵 ・称名寺二世釼阿手沢	備考

［A 2］

高山寺本	京大本	書陵部本・甲	続群書類従本	神宮文庫本・丙	東北大本	世義寺本
巻子	冊子	巻子	冊子(元来は巻子)	冊子	巻子	巻子
8巻8軸	13巻(合1冊)	13巻13軸	13巻1冊	3巻1冊	9巻9軸	14巻12軸
1巻1軸	3巻(合1冊)	3巻3軸			1巻1軸	4巻4軸
						明応3年(1494)
	●	●	●		●	●
	○	○	●【形文】		▲【形文】	○
○	●【形文】	○	●【形文】		●【形文】	○
	●	●	●	●	●	●
●	●	●	●	●	▲	●
●	●	●	●	●	●	●
○	○	○	●【独鈷】			●【独鈷】
	●	●	●		●	●
●	●	●	●		●	●
●	●	●	●		●	●
○	○	○	●【□2鏡】			○
	○	○	●【□3鏡】			○
						○
●	●	●	●			●
理趣摩訶衍・下	理趣摩訶衍・下 遷幸時代抄 (王継図)	理趣摩訶衍・下 遷幸時代抄 王継図			正殿観	理趣摩訶衍・上 理趣摩訶衍・中 理趣摩訶衍・下 遷幸時代抄
			・外題(裏面)にB系本の番号 ・「天地」の朱筆以外は訓点無	・松木継彦旧蔵 ・林崎文庫旧蔵 ・内題下にB系本とC系本の番号		・讃岐光明寺義全より伊勢世義寺宗密伝写

C系本					B系本	
		天理大本・甲	国会本	守晨本		
形態		巻子	冊子	巻子	形態	
本文		4巻4軸	10巻2冊	14巻14軸	本文	
神体図				4巻4軸	神体図	
他書					他書	
書写年代			永享2年(1431)	明応4年(1495)	書写年代	
天地	①		●	●	二所大神宮	①
二所大神宮	②		○	●【形文】	神天上地下【形文】	②
天照皇大神宮鎮座	③		○	●【形文】	降臨次第【形文】	③
五十鈴河山田原	④		●	●	天地	④
神天上地下【形文】	⑤		●	●	天照皇大神宮鎮座	⑤
降臨【形文】	⑥		●	●	五十鈴河山田原	⑥
神梵語	⑦		○	●【独鈷】	心柱【独鈷】	⑦
万鏡本縁神霊瑞器	⑧		●	●	神梵語	⑧
心柱【独鈷】	⑨		●	●	万鏡本縁神霊瑞器	⑨
神号	⑩		●	●	神号	⑩
三界表【3鏡】	⑪	●【■2鏡】		●【■3鏡】	神形注【2鏡】	⑪
神形注【2鏡】	⑫	●【□3鏡】		●【■3鏡】	三界表【3鏡】	⑫
現図【三日月・三鈷】	⑬	●【□月鈷】		●【■月鈷】	現図【三日月・三鈷】	⑬
仏法神道	⑭	●		●	仏法神道	⑭
(神体図)				□⑮大宝剣・箱・独鈷 □⑯3神器、2鏡、 2・4・1・4、曼 ■⑰4宝珠・3剣、 三日月形・三鈷 □⑱8・1・4・8	(神体図)	
他書					他書	
備考				・久邇宮家旧蔵 ・道祥(荒木田匡興) 自筆本を荒木田 守晨書写	備考	

［C 1］

仁和寺本	本居文庫本	書陵部本・乙	温泉寺本	宝寿院本
巻子	冊子	巻子	巻子	巻子
5巻5軸	14巻(合2冊)	14巻2軸	13巻5軸	14巻3軸
	4巻(合2冊)	4巻(合1軸)		4巻4軸
1巻1軸		3巻(合1軸)		
永正13年(1516)		天文19年(1550)	明徳1～2年(1390～91)	
▲(【目次】)	●	●【目次】	▲	●【目次】
	●	●	●	●
	●	●	●	●
	●	●	●	●
●【形文】	●【形文】	●【形文】	●【形文】	●【形文】
●【形文】	●【形文】	○	●【形文】	○
	●	●	●	●
●	●	●	●	●
●【独鈷】	●【独鈷】	●【独鈷】	●【独鈷】	○
	●	●	●	●
	●【■2鏡】	●【□3鏡】	●【□3鏡】	◎【□2鏡】
	●【□3鏡】	●【■2鏡】	▲【□1鏡】	○
	○	○	●【□月鈷】	●【■月鈷】
	●	●		●
	□⑮大宝剣・箱・独鈷 ■⑯3神器、2鏡、2・4・1・4、曼 ■⑰4宝珠・3剣、三日月形・三鈷 ■⑱8・1・4・8	□a 大宝剣・箱、三日月形・三鈷 ■b 3神器、2鏡、2・4・1・4、曼 ■c 4宝珠・3剣 □d 8・1・4・8		□a 大宝剣・箱・独鈷 ■b 2鏡、2・4・1・4、曼 ■c 4宝珠・3剣 ■d 8・1・2 (後欠)
(天神七代地神五代系図)		心御柱記 (須弥山図他)[寿禄三年写] 理趣摩訶衍・中[貞和二年写]		
・頼宥書写	・「三界表」「神形注」所収の円鏡が入替	肥前小城郡岩蔵寺澄舜所持本を下野小野寺亮栄伝写	・清禅書写、祐儀補修	

［C 3］　　　　　　　　　　　　　　　　　　　　　　［C 2］

鈴鹿文庫本	神宮文庫本・丁	天理大本・乙	国学院本	府立資料館本
冊子	冊子	冊子	冊子	冊子(元来は巻子)
14巻(合 4 冊)	14巻(合 6 冊)	14巻(合 2 冊)	14巻(合 1 冊)	14巻14冊
4 巻(合 4 冊)	4 巻(合 6 冊)	4 巻(合 2 冊)	4 巻(合 1 冊)	4 巻(合 4 冊)
1 巻(合 4 冊)	1 巻(合 6 冊)	1 巻(合 2 冊)	1 巻(合 1 冊)	1 巻(合 4 冊)
寛文12年(1672)刊	慶安 2 年(1649)	慶安 2 年(1649)	享禄 5 年(1532)	享禄 5 年(1532)
●	●【目次】	●【目次】	●【目次】	●【目次】
●	●	●	●	●
●	●	●	●	●
●	●	●	●	●
●【形文】	●【形文】	●【形文】	●【形文】	●【形文】
●【形文】	●【形文】	●【形文】	●【形文】	●【形文】
●	●	●	●	●
●	●	●	●	●
●【独鈷】	●【独鈷】	●【独鈷】	●【独鈷】	●【独鈷】
●	●	●	●	●
●【□ 3 鏡】	●【□ 3 鏡】	●【□ 3 鏡】	●【□ 3 鏡】	●【□ 3 鏡】
●【□ 2 鏡】	●【□ 2 鏡】	●【□ 2 鏡】	●【□ 2 鏡】	●【□ 2 鏡】
●【■月鈷】	●【■月鈷】	●【■月鈷】	●【■月鈷】	●【■月鈷】
●	●	●	●	●
■⑮ 8・1・4・8 ■⑯ 3 神器、2 鏡 ■⑰ 4 宝珠・3 剣 ■⑱ 2・4・1・4、曼	■a 8・1・4・8 ■b 3 神器、2 鏡 ■c 4 宝珠・3 剣 ■d 2・4・1・4、曼	■a 8・1・4・8 ■b 3 神器、2 鏡 ■c 4 宝珠・3 剣 ■d 2・4・1・4、曼	■a 8・1・4・8 ■b 3 神器、2 鏡 ■c 4 宝珠・3 剣 ■d 2・4・1・4、曼	■⑮ 8・1・4・8 ■⑯ 3 神器、2 鏡 ■⑰ 4 宝珠・3 剣 ■⑱ 2・4・1・4、曼
豊受皇太神継文	豊受皇太神継文	豊受皇太神継文	豊受皇太神継文	豊受皇太神継文
・総題「天地麗気記」 ・日下部喜左衛門版行	・空音書写本を賀茂保可書写(の転写)	・空音書写本を賀茂保可書写(の転写)	・空音書写(の転写) ・深川文庫旧蔵	・空音書写(の転写)

三　中世における『麗気記』註釈

原　克昭

本章では、中世に成立した『麗気記』にまつわる註釈書とその研究史について概観する。なお、中世において『麗気記』がどのように認識されていたか、その諸相についてはすでに述べたことがあるのでここでは割愛することとして（阿部泰郎［編］伊藤聡・原克昭・松尾恒一［翻刻・解題］『仁和寺資料【神道篇】神道灌頂印信』〈名古屋大学比較人文学研究室年報・第二集〉二〇〇〇・三所収「麗気記　解題」参照）、以下ではおもな『麗気記』註釈書を個別に採り上げながら、その研究状況について瞥見しておくことにしたい。

▽**『麗気制作抄』**（康応元年〈一三八九〉以前）

『麗気制作抄』は神道大系『真言神道(上)』に翻刻が収められる（ただし、康応元年〈一二八九〉舜俊書写の真福寺大須文庫本を転写した静嘉堂文庫本を底本とする）。その解題中において『制作抄』を「醍醐天皇に仮託した文献」と紹介するが、すでに指摘もあるとおりこれは適切ではない。劈頭に「・延喜御門御作也」とあるのをふまえたらしく、げんに真福寺本の扉題下にも「延喜作」とあるが、本来これは被註書たる『麗気記』の作者に関する条文とみるべきところだからである。

構成は、〈麗気灌頂〉に関する註文をはじめ『麗気記』にまつわる事書がつづき、以下『麗気記』十四巻におよぶ断片的な語註・訓註がつく。『麗気記』をめぐって〈伝授〉という形態がいかに尊重されていたかを物語るうえ、事書中にみえる行基伝承は歌語にも関わるように（小峯和明「伊勢のみつかしは――神祇書と歌語――」『和歌文学の伝統』角川書店　一九九七・八）、『制作抄』には閉ざされた儀礼空間と開かれた言説とが交錯する内容を持つ。なお、『制作抄』は『麗気記』に関する註釈書としてかなり流布した形跡が窺える。春瑜本『日本書紀私見聞』附巻「麗気記抄」として収載（神宮文庫古典籍影印叢刊2）するほか、あとで採り上げる『神宮方并神仏一致抄』にも抄録されており、また神宮文庫蔵『鹿米抄』（寛文九年〈一六六九〉写）も本書と同内容を持つという（「鹿米」は「麗氣」をもじった書名）。また、南北朝期の書写奥を持つ日光天海蔵『日本書紀私見聞』や、新出の願教寺蔵『日本書紀私見聞』にも『麗気記抄』が附載されていることが報告されている（『国文学研究資料館調査研究紀要』第二一号所収「願教寺蔵主要資料紹介」〈二〇〇〇・九〉に影印・翻刻・解題を載せる。担当・落合博志）。その点では、落合説のごとく「麗気記抄」なる独立した古註釈の存在を想定する見解も傾聴すべきものがあるだろう。

▽聖冏著『麗気記私鈔』『麗気記拾遺鈔』『麗気記神図画私鈔』（応永八年〈一四〇一〉ごろ）

中世浄土宗（鎮西派）の学匠である了誉聖冏（一三四一～一四二〇）は、『日本書紀私鈔』『麗気記私鈔』『麗気記拾遺鈔』など神祇関係の註釈も手がけている。『私鈔』のツレとなる『拾遺鈔（奥抄とも）』奥書に、応永八年〈一四〇一〉の年記がみえることから、およその成立時期が知られる。『麗気記』十四巻に亙って語註を施す『私鈔』は、問答体の体裁をとる『拾遺鈔』と併せて『麗気記』にもとづく一種の教判論を展開させる構成をとっている。

聖冏の『麗気記』註釈をはじめとする浄土教家の神祇思想に関する研究は、あたかも一種のブームのごとく、戦前の浄土教学においてさかんに行われた。こと聖冏にかぎってみても、藤本了泰「冏師の日本書紀私鈔に就て」（『佛教學雑誌』第一巻第二号　一九二〇・八)、同「冏師の麗気記私鈔並に同拾遺鈔に就て」(『鴨臺史報』第一輯　一九三三・一二)、同「中世に於ける浄土宗と神祇並に浄土宗の神道論に就て」(『大正大學々報』第二七輯　一九三七・一二)、松田貫了「聖冏の麗気記鈔に就て」(『大正大學々報』第一四輯　一九三三・一二)、松田貫了「麗気記拾遺鈔解題」(『浄土學』第五・六輯〈今岡教授還暦記念論文集〉　一九三三・一二)、長沼賢海「神道に現はれたる他力念仏の影響」(『史淵』第一五輯　一九三七・三)、嵐瑞澂「聖冏の神道論に就いて」(『財團法人明治聖徳記念學會紀要』第五四巻　一九四〇・一〇)、同「浄土宗神道論史の一考察——特に神道書に就て——」(『鴨臺史報』第七・八輯　一九四一・三)などが挙げられる。いずれも資料紹介の域を出るものではないが、現在にいたるまでこれ以上の研究の降盛と進展はみられない。なかでも、まとまったかたちで飜刻と解題を収載する高瀬承厳編『麗気記私抄・麗気記拾遺抄』(森江書店　一九三三・一〇)は、いまなお依拠すべき活字資料となっている。しかし、これは底本とした國學院大學図書館蔵本を訓み下す形式をとっており厳密な飜刻とはいえない。その後、『麗気記拾遺鈔』のみが神道大系『真言神道(上)』に収録され、『麗気記私鈔』もようやく原本の忠実な飜刻がなされつつあったが未完のままである(徳江元正「[翻刻]麗気抄(其二)」『日本文学論究』第五三輯　一九九四・三)。その他、聖冏には『麗気記』「神体図」に関する註釈書『麗気記神図画私鈔』があり、内田康「了誉聖冏著『麗氣記神圖畫私鈔』考——筑波大学所蔵本の翻刻と紹介を兼ねて——」(『日本伝統文化研究報告』平成三・四年度版　一九九五・一)に新資料の紹介と併せて研究史の整理がなされる。聖冏の『麗気記』に対する見識は、『日本書紀私鈔』『古今集序註(了誉序註)』においても随所で援用され、最近注目を集めているその資酉誉聖聡(一三六六—一四四〇)の著述にも継承される。資料が出揃ったところで、『麗気記』本文とのより有機的な解読と、聖冏ら浄土教家による神祇教学のさらなる究明が期待される。

▽**良遍述『麗気聞書』『麗気記抄』**（応永二六年〈一四一九〉）

天台僧良遍（生没年不詳—応永年間ごろ活動—）はその素性は未詳ながら、『日本書紀』『麗気記』に関する講述書がまとまったかたちで伝存することから夙くより着目された。久保田収『中世神道の研究』（神道史学会　一九五九・一二、初出は一九五六・五）では「麗気神道の紹述者」として採り上げられたのをはじめ、阿部泰郎「良遍『日本書紀』注釈の様相——学問の言談から〝物語〟としての〈日本紀〉へ——」（『國語と國文學』第七一巻第一一号　一九九四・一一）、小川豊生「中世神話のメチエ——変成する日本紀と『麗気記』《天札巻》——」（三谷邦明・小峯和明編『中世の知と学——〈注釈〉を読む』　森話社　一九九七・一二）、中原祥徳「高照院良遍の神道書」（『高野山大学大学院紀要』第二号　一九九八・二）、原克昭「良遍による神代紀註釈とその諸本——講述文献をめぐる基礎的考証——」（『論叢アジアの文化と思想』第七号　一九九八・一二）など、言説分析や書誌的考証が相次ぐ。

『麗気記』についての講述書である『麗気聞書』『麗気記抄』は、独立したかたちで神道大系『真言神道(上)』に収録されている。両書とも内容的には大略同文だが、巻排列などの点で系統を異にする。うち、『麗気記抄』（承応三年〈一六五四〉写）が異系統を装う結果になった背景には、その伝写過程がもっぱら近世以降であることを考え併せると、当時一般に通行していた〝版本系〟『麗気記』の巻排列に改編された可能性がきわめて高い。げんに、巻首題には「麗気聞書」とある。つまり、『麗気記抄』という標題は改編過程で付けられた後題にすぎず、原題はやはり『麗気聞書』と看做すべきである。なお、本書では、書名は『聞書』に統一し、原本を確認しえた尊経閣文庫本を底本として適宜神道大系本を参照する方策を採っている。

ちなみに、応永二六年（一四一九）の成立となる『麗気聞書』は『日本書紀聞書』と併せて、良遍と師資の関係にある頼舜の筆録にかかることから、「頼舜」の記としても知られていたらしい。高野山宝亀院蔵『神道和書目録』（永正一六年［一五一九］奥書、『密教研究』第三五号所収）中に「神代両巻口決二帖天台宗頼舜記之／麗気十八巻聞書二帖同作」

とあるほか、室町後期の雑纂書『榻鴫暁筆』附載「追加」記事（江戸後期の後補とされる）のうちにも「頼舜之麗気ノ聞書」との引用が確認される。また、近世高野山の学匠隆舜による『麗気記』註釈書ではこの『麗気聞書』にもとづいて考証がなされるなど、後代においても比較的利用された形跡が認められる。

なお、応永三一年（一四二四）の講述にかかる『神代巻私見聞』巻下の後半部「麗気事」以下は『麗気記』の註釈に宛てられており、その所説は『麗気聞書』とも重なる。そのうえ、『麗気聞書』中には「神代聞書ノ如シ」と述べ『日本書紀聞書』と重複する所説を省略する箇所も見受けられる。したがって、良遍の神祇思想は神代紀に関する複数の講述文献を相互補完的に解析していく必要がある。

▽**『神宮方并神仏一致抄』**（中世後期か）

『神宮方并神仏一致抄』はさまざまな中世神祇説を筆録した文献である（天理図書館吉田文庫本・島原図書館松平文庫本が確認）。その内容については、①神宮方書（この部分のみ独立して流布した諸本もある）、②神祇部神道与密教一致事抜書（『神祇秘抄』巻下からの抄出）、③神書秘抄（神代紀に関する事書）、④麗気汀事、⑤麗気記注、⑥麗気制作抄、⑦三世明了口伝、⑧沙門具妻無子細云事、といった構成をとっている。うち、④は壇図をともなった〈麗気灌頂〉に関する諸説（伊藤聡「麗気灌頂について」国際日本文化研究センター共同研究会「王権と神祇」発表資料に詳しい）、⑥は前項『制作抄』の採録であるが、⑤麗気記注では「麗気第一」以下『麗気記』本文に即した独自の註釈が施されている。本書においても、適宜『一致抄』の所説を参照したところがある。

如上、『麗気記』にまつわる中世の〈註釈〉とその研究状況をあらあらたどってきたが、ここで〈註釈〉という概念についてひとこと付言しておきたい。中世における註釈という営為と現在のそれとの間には明らかな位相差が認められるからである。現在いうところの註釈とは、もっぱらその本文内容を実証学的に読解するためのものを指す。つまり、註釈は本文批判の上に立脚した一つの研究方法として確立される。ところが、『麗気記』にかぎらず中世に横溢する註釈群は、明らかにその指向性を異にする。中世の註釈は、先行するテキストをその時代環境の文脈において読み替え更新していく積極的な言語行為としてあった（げんに、秘訓によって原典の字句じたいを改変させる場面すらある）。その点、それは註釈者による思想表現の場であったともいえる。中世の神道や文学に対する近世国学あるいは近代以降発達した古典実証主義的立場から見れば、こうした中世の註釈群はたしかに註釈の範疇からは除外視されるべきものであったかもしれない。ただし、中世という時代を対象とする以上、それが中世の学問形態であり、〈註釈〉という営為のあり方であったことは見定めておく必要がある。さもないと、中世に簇出した『日本書紀』註釈群がかつて「今日読むに値するものは一つもない」という烙印のもとに等閑視されてきた陥穽をくりかえし（原克昭「〈中世日本紀〉研究史――附・研究文献目録抄」『国文学　解釈と鑑賞』第六四巻三号　一九九九・三参照）、ひいてはそこに「思想」などあるものかなどといった愚問を呈することにもつながりかねない。それは、〈註釈〉という営為をひとえに訓詁学的・実証学的なものとしか認識しない、現代の発達史観がもたらす偏見を示してあまりある。

すると、つぎには中世の〈註釈〉をいかに扱うべきか、資料的位置づけの問題が出てくる。その第一には、原典そのものを読み理解すべく享受史・註釈史の一環として活用する方法がある。本書では『麗気記』そのものをあくまで現代の言葉で理解しようという研究会の主旨にしたがって、あえて全文を読み下し言説の内容を註解に生かす方策をとっている。しかし、中世びとの指向した〈註釈〉を現代の文脈で捉えなおすことには、少なからず限界を覚えることとなる。それは、まさしく「海底の宝の光」に譬えられたものでもあろう（門屋温「円環から螺旋へ」、桜井好朗『神々の変貌』文庫版・解説　二〇〇〇・三）。この間隙を埋めるには、前時代の〈註釈〉を踏襲しあらゆる展開を遂げつつ〈註釈史〉を形成しうる方法論（源氏註・伊勢註・法華経などの経典註釈など）が前提として要求されるからである。ところが、『麗気記』には現段階においてこうした前提条件を備えてはいない。いわば、現行の辞書レベルの語註と中世の〈註釈〉が相並ぶことに対する違和感ないし不調和音が生ずるゆえんもそこにある。

ここに〈註釈〉の方法論をめぐるさらなる方法論が求められることとなる。それは、〈註釈〉をたんに原典に附随するものと看做す以上に一つの文献資料もしくは思想書として、つまりは「つけられた」註釈ではなく「つくられた」註釈として読みなおす視点である。中世において紡ぎ出された言説を一概に現代の文脈に還元するのではなく、それをありのままの相として解き明かしていくことが求められる。ともあれ、中世における『麗気記』の〃実像〃（というよりは、むしろ〃幻像〃というべきか）を見届けるためにも、これら〈註釈〉の解読は必須の作業となるはずであろう。たしかに、中世の〈註釈〉にみる言説は断片的にすぎ合理的には理解しあぐねるところがある。しかし、だからこそ、そうした言説を丹念に解読することで、本書とはちがった（もしくは、安易な現代語訳を拒絶したところにこそ、透視されるべき《麗気記像》があると考える立場からみた）新たな《麗気記像》が浮かび上がってくるにちがいない。

四　近世における『麗気記』

森　瑞枝

本章では、『麗気記』の校訂作業を通じて明かになった、近世の写本や版本（C系諸本）の特徴を手がかりに、近世における『麗気記』の流布と受容について概観し、近世神道思想の研究にとって、『麗気記』受容の検討が有する重要性について述べる。

近世の『麗気記』は、主としてC系諸本が流通した。森本「『麗気記』の諸本」（本書解説所収）で詳述されているように、版本がC系であるのみならず、写本についてみても、本居家、塙家、屋代弘賢の旧蔵本など、近世の主だった写本はいずれもC系に属している。つまり、近世において、特定の法流に連なる僧侶や限定された神社の神職を超えて広く知られていた『麗気記』とは、C系諸本に他ならない。

C系諸本の最も大きな特色は、「天地麗気記」を首巻とし、元来は一つの巻のタイトルにすぎなかった『天地麗気記』を総題に掲げていることである。『天地麗気記』としての編成は、十六世紀中葉から、版本が刊行された寛文十二年（C3系鈴鹿文庫本）の間に確立したと考えられる。『麗気記』から『天地麗気記』への変換は、版本の刊行が決定的であったことはいうまでもない。本書で校合した写本のうち、府立資料館本・天理大本・乙（以下、府立本・天理本と略）は版本の成立と密接に関わるものである。国会本は本文こそ比較的古いものの、訓点、ルビは府立・天理本との親近性が高い。訓点・ルビをも含めた諸本の校合は、書写に対する中世と近世の意識の違い、移り変わりを考察するうえで、非常に有益であった。

C系諸本は巻編成の形式だけでなく、本文の体裁においても共通した特徴が認められる。例えば、諸本の改行箇所に注目すると、府立・天理本はおおむね一致しており、しかも、他の諸本とは異なっているケースが多い。改行の揺れはどの本の間にも見られるが、府立・天理本のみ一致するものは突出しており、段落、つまり叙述のまとまりにたいする一定の判断に基づいた処置と見てよいであろう。

用字や訓点、ルビについても、近世の写本には独特の傾向が認められる。近世の写本は、祖本の復原的な書写でもなく、また、守晨本に典型的な、諸本を集めて訓点ルビを網羅的に併記する、類聚的な校合書写でもない。書写に際して、記紀など権威ある「古典籍」や、一般的に認められた表記と照合し、それと齟齬する文字やルビを削除し、整理整頓したもので、近世の古典籍版本と同様の意識に基づいた、[1] いわば本文・訓点校訂写本である。

例えば、諸本が「日本書記」と記すのを「日本書紀」に正し、神名、神号の用字は「大日霊尊」などの「霊」は「靈」に、「比羊」は「比咩」にという具合に、諸本に共通する表記から改め、「彦波瀲武鸕草葺不合尊」など諸本巻々マチマチであった神号表記も、府立・天理本のみは『日本書紀』とまったく同一の表記に改まっている。天理本は、②「神天上地下次第」の神代七代の部分に『日本書紀』との齟齬を指摘する書きこみを施すなどしており、明かに『日本書紀』と校勘しながら書写している。C系には『日本書紀』など『麗気記』外部の権威ある文献を参照することによって、称号や地名の用字や訓の統一性をもたせようとする規範意識がうかがえる。

訓読にあたっても、府立本・天理本は、伝来の特殊な読みの継承よりも、通行の無理のない漢文訓読に傾いている。たとえば④「天地麗気記」の「為鎮御魂神以来」に対して、諸本とも「トコシナヘニミタマノミコトトノタメニ」と訓じているが、府立・天理本は「ミタマノカミヲシツメントシテヨリ」と訓んでいる。また、「山田大路」に「ヤウタオウジ」とルビをふり、実際の地名呼称に基づいて訓読を施したらしい事例、また「ワウ」は「オウ」とふるなど、音便の類が実際の発音に近い表記となっているのも、府立本・天理本の特徴である。

こうした改変の多くは形式的で、文意に大きく関わるものではないが、なかには内容の理解にとってゆるがせにできないものもある。たとえば、「(毘)盧舎那」と「(毘)盧遮那」は、諸本必ずしも一致しないが、総体的にみて、天照大神と関係する場合は「舎」、豊受大神と関係する場合は「遮」と表記される傾向があり、仏の三身説や、依拠する経典に関わって、もともと然るべき意味のある書き分けであると考えられる。両宮の神格や、『麗気記』全体の構想に関わる重要な書き分けといえる。ところが天理本は、諸本が「舎」と記している場合でも、ほとんどみな「遮」と記して、「舎」「遮」の区別には無頓着である。無頓着というよりも、「舎」「遮」の区別を表記の揺れとみなして、統一した表記に正そうとしたかに見える。もし「正そう」としたのなら、天理本書写者の学識の質や密教理解の程度の、あまり高くはないことを示していよう。

こうした問題をはらみつつ、C2以降の諸本には、記紀など信頼すべき古典と矛盾しない、「合理的」な「正しい」本文・訓点を施して、「本来の姿」に近づけようという考証学的態度、校訂意識に基づく特徴的な改変が行われているのである。一つ一つの事例は、些細で、『麗気記』の読解にあまり大きな意味はないかもしれない。しかし、『麗気記』に対するまなざしが、それ以前とは決定的に変質している。あきらかに『麗気記』を『日本書紀』に従属させる地位に引き下げて見ている。書写する者が『麗気記』の諸本よりも、『日本書紀』などの古典籍や実際の地名など、『麗気記』外部の権威や「事実」を選択した態度こそ重要である。

『麗気記』は、C2本以降、校訂・校勘作業をへて『天地麗気記』の名のもとに、カラー図像も完備した十八冊揃のまとまった形態で、幅広く流通するようになるが、それはけっして体系的な受容を意味してはいない。『麗気記』は御流神道など、近世の神道説の場にも登場しているが、その受容のありかたは、『麗気記』自体が考察の対象ではなくて、専ら、文字テキストばかりが、何かの補足資料として引き出されるばかりである。もともと巻々が自律性を保ちつつ、渾然として一つの世界をしていた『麗気記』が、そこでは項目に分けられ、切り取られ、他の文献と組み合わされ、編集された。『天地麗気記』は、使いやすく整頓された「両部習合神道」の重要資料の一つであり、あまたの神典・神書群のうちの周縁的な存在にすぎなかった。

たとえば、『御流神道口決』写九巻三冊（国学院大学河野省三記念文庫蔵）に、近世の『麗気記』受容の典型がみてとれる。奥書に「天明六午年於京都智積院奉伝授御流神道於鑁啓僧正砌写畢御本八雖九巻博本ニ易紛失故予私為三巻者也。上総国沙門泰城憲長〔四十一才〕」「文化八未年於京北上品蓮台玉蔵精舎准泰―憲長阿闍梨本書交畢〔口介資〕宥盛（花押）」とあり、れっきとした御流神道の文献である。そこにはいろいろな神道灌頂の資料として、『麗気記』の断章が、『旧事本紀』など古典籍や、五部書、吉田神道や様々の切紙類など中世以来の神道文献のほか、公的に偽書の烙印を押されていた『先代旧事本紀大成経』とともに、引用されている。④「天地麗気記」、⑤「天照皇大神宮御鎮座次第」、⑥「豊受大神御鎮座次第」から引用されているが、それらはみな、等なみに「天地麗気記ニ曰……」で書き出され、個々の巻名は記されていない。各巻の独立性はまったく顧慮されておらず、図像との関連も示唆されてはいない。こうした点に、『麗気記』に対する分節的な扱いを見ることができるよう。

また、その一方で、近世には『麗気記』に関する総括的研究も行われている。しかしそこにも右に見たのと同様の態度がうかがえる。『麗気記愚案鈔』（高野山三宝院蔵高野山大学図書館寄託）は、幕末から明治にかけての学匠である隆舜の撰。(2) 隆舜は『記紀』、仏典などの典籍のほか、中世の『麗気記』関連文献、註釈類、さらには『先代旧事大成経』、『古事記伝』をも引きつつ、これらの書物の記述との整合性を意図して「天地麗気記」の注釈を行っている。『麗気記愚案鈔』の表題によれば、隆舜は『麗気記』の作者や麗気神道の伝授に関する著述もものしている。そのうちのひとつ『麗気記愚考抄』（高野山三宝院蔵高野山大学図書館寄託）は、『麗気記』の巻編成の推移に関する書誌的な考証である。[3]隆舜の研究もまた、総じて近世の考証学と軌を一にするもので、『麗気記』世界の解明を意図したものとは言い難い。仏家の側においてすら、『麗気記』に対する意欲や思想的な興味は希薄であったといわねばなるまい。

近世にも数多くの『麗気記』の写本や抜書きが存在している。よって、中世に淵源する、『麗気記』に関連する儀礼や学習は、ある程度は受け継がれてはいたであろう。だが、伝授に対する観念や環境は、かなり変質していたと思われる。府・天の⑥「豊受大神御鎮座次第」の末尾には、尾題に付して、「威光菩薩の擁護を蒙り、四魔三障の難を破り、頓に天照太神の冥威に預り、喜福延寿誉敬を増さんが為に、此抄を横にすと云々、妙書なるかな」とあり、書物そのものの呪的威力をたたえる一文が記されている。それが府・天にのみ記されていること、書物それ自体を特別視しているところに、近世の『麗気記』伝授の形骸化が現れているように思われる。

そもそも書物や切り紙の伝授は、体系的な知の伝授に付随する手段であり、奥義への扉を押し開くための鍵であって、書物や紙片が自体が崇拝対象なのではない。これまでの解説でも述べているように、テキストが図像と密接に関連しているにもかかわらず、中世のA系・B系諸本は図を欠く伝本が少なくなく、構成や配列にかなり異同が見られた。一方、近世のC系諸本は、図像を完備した十八巻揃いのセットで流布しながらも、テキストのごく一部が断片的に利用されるに留まった。この差異は、『麗気記』を所持する意味、あるいは『麗気記』をめぐる伝授の重心が、知識としての『麗気記』受容から、形態としての『麗気記』受容へ移ってしまったことを示していよう。[4]近世の『天地麗気記』は、遺物と化した『麗気記』のレプリカといえようか。

以上のように、C2本以降に施された改変は、『麗気記』の世界の独自の論理を見えにくくした。また、『日本書紀』や『先代旧事本紀』などとの形式的統一性は、『麗気記』を平板化し、麗気記世界の解体を促がす方向に働いたようである。ここであらためて、C系において、④「天地麗気記」を巻頭に配し、総題までが『天地麗気記』とされた意味も考えてみる必要があろう。

④「天地麗気記」は、日本書紀神代巻に対応した、天地の生成を述べた、いわば「日本」のはじまりの巻であり、なるほど、巻頭に相応しいようである。一方の、もともと巻頭にあった①「二所太神宮麗気記」はというと、天地開闢以前の未生の過去、起源以前の起源の如来の神秘を語っている。それが語ろうとする時空は、本文の「空劫の先に空劫を興し」という文句に端的に表われている。[5]『麗気記』のコンセプトにおいては、あらゆる事象の根底にある如来の神秘を語る①こそは、麗気記全体の総論としてふさわしく、何ら問題けない。にもかかわらず、④「天地麗気記」が巻頭に配置され、それが当然のことのように受けとめられたことは、単なる偶然ではないだろう。そこには日本紀神代巻にならったスタイルをもって近世の「神書」規範とみる価値観が投影していたのではないか。それは、神道説における、「天地開闢」と「国土」の生成を起点にした、歴史主義と言ってもよい。例えば、林羅山『神道伝授鈔』（正保元年十二月十七日）には、まるで『麗気記』①が念頭にあるかのような文章がある。

卅四三　神之理

一、仏法ニ空劫以前トイヒ威音那畔ト云ハ、混沌未分ヲ云也、猶モノホリテイヘハ、神トナツケ無トナツクレハ、ステニ神アリ。其始ハ神霊モナク、又無ト云ノ名モアラスト云テ、其霊ヲモキラヘリ。老子・荘子ノ説ニ始ト云モノモナシト申スハ、無モ元来ナシト申義也。無ノ名ニカヽワルヲキラヘリ。後仏ハ先仏ヲ師トス。然レトモ、元初ヲキハムレハ師モナク、仏モナシ。（『神道大系　論説編　藤原惺窩・林羅山』）

先にも述べたように、十八巻揃いの刊本、写本『天地麗気記』の流通によって、神祇灌頂など特殊な伝授に関わる一部の僧侶に限らず、『麗気記』の存在は広く知られていた。主だった考証学者も国学者も『天地麗気記』を見知っていた。しかし、彼らは『麗気記』を資料として用いることはなく、批判対象にすらしなかった。つまり、稀書として蒐集はし、目録に登録はしても、自らの学問的営為においては一顧だにしなかったのである。わずかに平田篤胤が『天地麗気記』の内容に分け入って、批判しているのが目に付くくらいである。(6)

周知のように、神道五部書や吉田神道系の神書をはじめ、中世に隆盛した神道説は、考証学者や国学者たちから「歴史事実」との整合性を問題視され、批判を浴びせかけられて、かつての尊敬を失ったが、実際の寺社に対する崇敬や家職秩序の保持に資するものとして、一定の認知は得ていた。それゆえにこそ、批判対象たりえたのである。しかし、『麗気記』は抽象的で濃密な宗教に満ちた言説であったがために、実証的な事実関係を問われることもなく、とるに足りない、両部習合の混乱した仏家の妄説として、考証学的「神学」の場からほとんど完全に黙殺されたのであった。

そもそも『麗気記』は、テキスト、図像、儀礼など、様々なかたちのシンボルが結節する、それ自体独立した論理を内包する一つの世界であって、記紀や歴史記録や、他の文献と比較し校訂して理解すべきテキストではなかった。これまでの本書の解説でもくりかえし強調するところである。だが、考証学という近世の学問のありかたは、『麗気記』の語りの意味を知ろうとはしなかった。『麗気記』に対する不当な扱いのもとで、麗気記世界は、近世的な価値観から一方的に、ほとんど無価値という烙印を押され、埋没していった。それが基本的に近代に持ち込まれて今に至っている。これについては、門屋「『麗気記』研究史」(本書解説所収)を参照されたい。

さて、近世における『麗気記』の受容の検討は、まだ緒についたばかりである。本節はわずかに、近世の写本の特徴や諸書での扱われ方を紹介して、『麗気記』受容の一端を述べたに過ぎない。しかしそれが、たんに中世の仏教系神道説の衰退の様相を確認するにとどまらず、近世的価値観の相対化、とくに失ったものに気づかせてくれることは示せたと思う。私たちはこれまで、近世から中世を照らし、評価してきたが、中世から近世を照らし返す営みも、近現代の思想を考察するうえでかかせない手続きであろう。たとえば、平田篤胤の『天地麗気記』批判にしても、単に一方的な中世神道説への裁断と決め付けずに、なぜ、とりたてて批判せねばならなかったのか、『麗気記』の何が平田篤胤を刺激したのか、『麗気記』の読解を踏まえたうえで、問いなおす必要があると思われる。また、林羅山や山崎闇斎ら儒家神道諸派の仏家神道に対する批判の深度も、問われてくると思われるのである。

註

（1）近世版本の、ふりがな・訓読も含めての校訂本文の推移については、矢田勉「上代語資料の板行と国学」（二〇〇〇年四月十六日第十七回鈴屋学会大会での発表）に多大な示唆を得た。

（2）『神道大系　論説編　真言神道(上)』に翻刻（高野山三宝院文庫本）がある。

（3）『麗気記』成立に関する隆舜の成果については、久保田収『中世神道の研究』（臨川書店、一九五九年）でも検討している。

（4）陸川堆雲「東嶺和尚の無盡燈論の神道思想及び「吾道宮縁由」について」（『禅学研究』第四十七號、一九五七年）は『先代旧事本紀大成経』の伝授を扱った論考であるが、所引の資料によると、書籍『大成経』の授受がすなわち「神道伝授」そのものであったと考えられる。

（5）四劫観と中世の歴史認識、歴史叙述、儀礼と神話の時空間については、原克昭「〈中世日本紀〉の年代学的構想―神代紀にこめられた叡智―」（『大倉山論集』四六、二〇〇〇年九月）を参照されたい。

（6）『俗神道大意』（『平田篤胤全集』第七巻所収）など。

五　『麗気記』研究史

門屋　温

本章では、近代以降の主要な『麗気記』研究について述べる。そのことによって『麗気記』研究の現状と課題、さらには本書の位置づけもおのずと明らかになるのではないかと思う。なお、諸先学の研究成果のうち、『麗気記』の成立時期・諸本の比較・受容や注釈の歴史に関する部分については、すでにここまでの解説でもふれてきたので、重複を避けてごく簡単に紹介するにとどめたことをお断りしておく。

明治以降の『麗気記』研究は、当然のことながら前代の『麗気記』観をベースにしており、それに「神祇史」あるいは「神道史」という新たな枠組みからの視点を加えたものと言ってよい。具体的に言えば、まず空海仮託の偽書であるという点はすでに誰もが認めるところである。どこの誰が著したのかもわからない偽書ということになれば、実証史学の見地からすれば一段価値の下がるものと見なされても仕方がない。さらに一読しただけではにわかに理解しがたいその内容は、「神道五部書」や『唯一神道名法要集』などの整理された理論構築に比すれば、荒唐無稽、支離滅裂と片づけられるのもやむをえないものである。また、その成立についても当時は室町期とする説さえあって、基本的には伊勢神道書の影響を受けて「両部神道家」が白家のために捏造した書という位置づけであった。この「両部神道家」がいかなる人種を指しているのかはよくわからないが、あまり上等な知識人を想定しているようには思われない。したがって、その評価も「偽書として最も成功した」（清原貞雄）といったレベルにとどまるものであり、明治・大正から昭和初期にいたるまで、研究対象としての価値はほとんど認められていなかったと言えるであろう。

実際のところ『麗気記』について正面から採り上げた論考はさほど多くない。そもそも中世の神道説に関するまとまった研究自体、大山公淳・久保田収・西田長男、と指を折ってゆけば、片手で終わってしまうほどであるのだから、『麗気記』についての研究も推して知るべしである。これから挙げるのも、これらの諸先学の研究成果ということになる。

最初に『麗気記』を正面から取り上げたのは大山公淳であった。大山は『神仏交渉史』（一九四四）の中で、『類従神祇本源』に引く『麗気記』の文を例証して、

然も上記の如く神祇本源が度会家行によって作られ、その中に先づ引用され、内外両宮を前述の如く対等の地位に置かんとして書き表したと思はるる如き意図すら察せらるるを思へば、本書も亦伊勢の神官によって作られたとすることも無理な推定とは考へられぬ。そして前節にも触れた如く神道五部書と相連関して作られた一連の書であるとも思はれる。

と、神道五部書との関係に注目した。そして、吉見幸和の五部書説弁等によって五部書の成立時期を考察したうえで、

然して今の天地麗気記は恐らくこれらの書（引用者注・五部書のこと）を基礎としてその上に大胆に神仏の融合を説き表はしたやうに思はれる。麗気記の第三・四・五・六、九巻の如きは五部書の題名若しはその中

の文章に順じた名称であることを考えればその一端は察せらるるであらう。或は麗気記を本として五部書を作ったのではないかといふ疑も生ずるであらうが、それにしては麗気記の方が余りに多量に仏教の説を入れ過ぎてゐる。従って五部書などが出来て後本書が作られたとするが自然の過程のやうに考へられる。

と、『麗気記』が五部書の影響下に成ったと想定した。また、東密の「麗気記血脈」と叡山文庫天海蔵の『神道灌頂受者指南鈔』中の血脈を比較して、

共に桓武天皇以後弘法大師に伝へられ、一方は東密の付法となり、他は慶雲（景雲に作るべきか）より皇慶阿闍梨を経て台密のものとなった。両者は共に一般密教事相に準じた相伝付法の順序であって、これをもってそのまま麗気記の相伝とすることには異論が考へられる。加ふるに麗気記の内容か上来述ぶる如きものとせば、本血脈の製作は更に後の時代にありとしなくてはならぬ。されどかかる血脈が作製されたことによって、天地麗気記を中心とする神道説が完全に両部神道説を構成するに至ったことは疑はれぬ。そして天地麗気記が両部神道の原典であるかの如くに考へらるるに至ったのもこの血脈が作られてからのことであらう。

と述べ、『麗気記』の神典化が神道伝授血脈の形成に支えられて生じたのではないかという鋭い洞察を行っていることは注目される。

つぎに『麗気記』についてまとまった考察を行ったのは久保田収である。久保田は『中世神道の研究』（一九五九）で、大山の論を受けて、さらに詳細な検討を試みている。まず彼は、弘法大師全集・続群書類従の元となった版本、高野山に伝わる諸写本、良遍・聖冏の注釈を比較検討し、さらには隆舜の見解も参考にしつつ、「二所大神宮麗気記」を巻第一とする構成が原型であることを論証した。またそれが「天地麗気記」を首巻とする形となった時期について、金剛三昧院本の奥書等を検討した結果、

このやうにして、もともとは二所太神宮麗気記にはじまる順序であったのが、やがて天地麗気記を第一とするやうになったのであるが、（中略）それは応永二十九年以後、享禄五年までの間であって、金剛三昧院本に誰かが自分の考へで巻の順序をつけたのであり、それが次第に書写され版本となって一般化したものと考へられる。

と具体的な年代まで絞り込んでいる。ついで『麗気記』各巻の内容を順に検討しているが、その中で天神地神をめぐる「天地麗気記」と「神号麗気記」との記述のばらつきに着目し、

本書の不統一と混乱を示すものであり、その素材となったものが雑多であったか、その成立に多少の時間的前後があったかは問題となるところであらう。

と、各巻の成立に時間差があった可能性を指摘している。そして各巻の内容を概説したうえで、次のように結論づける。

このやうに神道の大綱に沿って、仏教的教説を以て説いているのであるから、個々の問題はともかくとして、全体としてはこれを神道の一流とみることができ、このゆえに両部神道といはれてゐるのである。そして、その基本的立場を示すものは、万鏡霊瑞器麗気記に「契哉神世、現威神力、得道得果、後出世成道時、学仏教成仏身、依神擁護撫仏法、可治僧宝御言説給」といふ一文であって、これはもとより神仏一致の立場に立つものであるが、その根底に神本仏従の思想が横たはっている。これは中臣祓訓解には、同じく中臣祓を中心に説くとはいへ、「以降忝太神外顕異仏教之儀式、為護仏法之神兵、雖内外詞異、同化度方便、神則諸仏魂、仏則諸神性也、神経曰、仏住不二門、常神道垂迹云々」とて、本地垂迹思想にもとづいてゐるのと比すると、重要な相違がみられる。その相違は、麗気記が中臣祓訓解よりも後の書であり、その間に伊勢神道が介在して、このやうにあらはれたものといはねばならない。

さらに『麗気記』の成立時期について、弘安から元応に至る約四十年間と想定した後、『中臣祓訓解』『倭姫命世記』『大和葛城宝山記』などの神道書との影響関係を検討する。特に倭姫命の託宣記事に着目して、記述を比較検討した結果、『御鎮座本紀』→『大和葛城宝山記』→『神皇実録』→「天地麗気記」という成立順序を想定している。そのうえで、

このやうに麗気記は、伊勢神道の如き神道思想の興隆のあとをうけた、組織的な両部神道の成立を示すものであり、伊勢神道が中臣祓訓解にあらはれた神仏習合思想の神道的面を強調したのに対し、両部神道は一応伊勢神道によつて示された神道的な立場を認めつつ、その説明に多くの密教的要素を加えてきたものであつた。伊勢神道に対して、密教神道の独自性を主張し、その組織化をはかつたものが麗気記であつた。それは伊勢神道に多くのものを受けつつも、神道思想に新しい分野を開拓したものであつた。

と述べ、伊勢神道の対抗として生まれたと結論づけている。また、さらに加えて、

そして、この麗気記において組織された両部神道は、麗気記の著者として仮託されたのが通説のように空海ではなく、醍醐天皇・役行者・弘法大師・伝教大師などの名が挙げられてゐるのであるから、これを簡単に天台系の山王神道と相対して、これを真言神道と規定することはできない。むしろ天台系に近いとみられるのである。のみならず、後述するやうに麗気記神道の継述者が叡山の良遍であることは、留意されなくてはならないであらう。むろん浄土宗の聖冏の如きも、麗気記を講じてゐるのではあるが、このやうに伊勢神道の刺戟をうけて組織されてきた両部神道が、この後次第に分化されてゆくこととなるのである。

という見解を示していることは、すでに両部神道＝真言系というステレオタイプをはっきりと否定している点で、注意されてよいだろう。

ついで、三人目として挙げておかなくてはならないのが櫛田良洪である。櫛田は『真言密教成立過程の研究』（一九六四）の中で、本書の底本でもある尊経閣蔵劔阿手沢本を採り上げている。彼は劔阿の神仏両道に対する造詣の深さに触れたうえで、

劔阿が立派な一家の識見を有したことは麗気記の口伝に於て後世その思想を永く伝えた点で見のがせない。神典の研究は中世の密教界ではすでに密教研究の一部分になっていたもので今日の様に分離して取り扱うことは実際には許されなかったのである。

と『麗気記』を東密の教学研究の中に位置づける。さらに、天神七代・地神五代を胎金両部の曼荼羅様に配置した『天神地神曼荼羅』（金沢文庫蔵）を紹介して、

これで曼荼羅思想の研究が驚くべき程度にまで発展し、麗気記にもかかる思想は見出せないほどに進んでいたことを忘れてはならぬ。

かかる両部曼荼羅思想を大成せるものは麗気記である。本書こそ両部思想を具体化せる儀軌思想を以て説明したものである。国土の創生を説くに当り御代七代を過去の七仏の転生とし、地神五代を現在の五仏の生となし、仏昔因位にあって菩薩道を行ぜし時より国の守護神として仰がれた。國狭槌尊（毘盧遮那仏）豊斟渟尊（盧遮那仏）は天より地に降って報応二神に現じ伊弉諾、伊弉冊二神は金胎、男女で天照大神は両部不二の所生であると述べた。両部曼荼羅は実にこの天照大神を中心とする曼荼羅思想を以て諸神を配する事となり、大悲胎蔵界八葉中台の尊と仰いで諸眷属によって囲繞せらるるものとした。

と述べ、『麗気記』が両部曼荼羅的構想の元に作成された、儀軌的要素を持つものであるということをずばり見抜いている。また『続真言密教成立過程の研究』（一九七九）では、麗気灌頂に着目し、『麗気記』の相伝が法流を問わずに行われたことを指摘しているのもまさに卓見と言わなければならない。

さて、ここで、これら三人の大家の論考に先だって、世に出ることのなかった幻の『麗気記』研究一編があったことに、ぜひともふれておきたいと思う。それは、岡田米夫の「麗気記について」と題する論文の草稿である。(1)その内容を一読して、正直私たちは驚嘆せざるをえなかった。

この草稿は、昭和九年の日付を持つ「麗気記について」と題する論文の草稿と諸伝本の詳細な書誌学的検討、同十二年の日付を持つ『麗気記』各巻の内容についてのメモ、さらに日付不明の抜き書き類からなっている。最初の草稿の中で岡田は、『麗気記』が『倭姫命世記』を参照していることなどから、その成立を「弘安頃には存在していた」としている。また制作者については、「大和大峰三輪辺りの真言密教者」と「真言密教に明るい外宮祠官」の両説をあげる。諸伝本の検討も、今回我々が調査し得た伝本類をほぼ網羅している。構想やメモのみの部分もあるが、全体として非常に緻密な考証で、現在でもそのまま通用する内容である。レベル的に見れば、先に挙げた久保田論文とほとんど遜色ないものであると言ってよい。もしも戦前にこの論文が発表されていたら、当然久保田論文はそこから出発していたはずである。「もしも」はないとわかってはいるが、戦後の『麗気記』研究はもう少し違った展開を遂げていたかもしれないなどと考えると、まことに口惜しいものがある。そして、まさに昭和十年前後という「時代」に『麗気記』に正面から取り組もうとした岡田の心情、またそれが未完のままに終わった事情に想像を逞しくするなら、今この「時代」に改めて『麗気記』を世に問うことの意味は、どこかで岡田米夫の志と通じているような気がしてならない。

以上の諸論考が、今のところ『麗気記』の成立と性格に関する研究の一応の基準というべきものであり、今後の研究はこの地点からスタートすることになる。逆に言えば、これ以上のことはわかっていないとも言えるのである。つまり『麗気記』がいつ、どこで、誰によって、何のために書かれたのかという根本的な点について、最初の「いつ」を除いては、まだよくわかっていないと言ってもよいのである。大山公淳や久保田収の方法論は至極まっとうなものではあるが、同時にこれ以上『麗気記』の内実に迫り得ない限界もあるように思われる。これらの研究の視点はいずれも見てきたように、伊勢度会氏の神道を基準の物差しとして、『麗気記』を「神道史」の年表の上にどう位置づけるかというところにある。それは、『麗気記』を取り巻く様々な同時代の神道書の中で、成立の時期を確定できるものが度会行忠・家行の著作の他あまりないという制約のせいもあろう。浮遊する神書群の中で、互いの関係を測りながら位置を定めてゆくことは確かに容易ではない。しかし結果として、度会氏の神道ばかりが実体を持ったものとして屹立し、『麗気記』等の神書群はそれにまとわりつく形で描き出されてしまうという弊害もあるように思われる。実際は、大山や久保田も直感しているように、そこには東密・台密の法流をはじめとする様々な要素が、相対的にはたらいているのだと思われる。しかし『麗気記』を外面的条件から操作しているかぎり、大山や久保田の水準を大きく超えるような成果は得られないのではないか。

そこで本書では困難は承知の上で、『麗気記』それ自体を徹底して読むという方法にこだわったのである。『麗気記』そのものの中にどっぷりと浸かってしまうことによって、内側から見える世界をいくらかでも共有できないだろうかという試みである。『麗気記』の中に身を置いて、そこから場としての伊勢神宮や、コスモスとしての両部曼荼羅を透視することができれば、それらとの相対的位置として、『麗気記』のある場所が実感できるのではないか。そういう目論見である。単なる注釈作業にとどめず、現代語訳といういささか無謀な試みに挑んだ理由もそこにある。ひとつひとつの語の意味を説明するだけではなく、私たちの言葉で『麗気記』を語ることによって、私たちなりの『麗気記』世界を描き出してみよう。それはたぶん、大山や久保田の方法論よりはむしろ、良遍・聖冏やその弟子たちの営為に近いのかもしれない。もちろん良遍や聖冏には及びもつかないことは百も承知であるが、彼らが見たもののいくらかでもいいから共有したい。たとえおぼろげであっても、『麗気記』の世界をある程度まとまった姿で描き出すことができれば、きっと中世の神道世界についての新たな視野を手に入れることができるのではないか。本書編纂のための情熱の源泉はそこにあると言ってよい。

さて、本章では『麗気記』そのものを対象として扱った研究に限って採り上げてきた。このほかにも個別のテーマの中で『麗気記』に言及している論文が、多いとは言えないまでも、かなり存在する。そこで最後に、その中で特に近年発表された注目すべきものについて、いくつか挙げておきたい。なおここに紹介するもの以外にも、註釈を施すにあたって参考にした論文は多いが、それらについては、続巻に「参考文献リスト」を掲載する予定であるので、一々挙げることはしなかった。ひとまずご容赦願いたい。

最初に、この分野のパイオニアのひとりである山本ひろ子は「迷宮としての伊勢神宮」[2]（一九九四）で、神鏡をめぐる秘説の形成に果たした『麗気記』の役割や、神祇灌頂における「三界表麗気記」（天札巻）の役割にふれ、中世神学のひとつの核としての『麗気記』の存在をクローズアップした。また「霊的曼荼羅の現象学」[3]（二〇〇〇）では、さらにそれを進めて、「現図麗気記」等の図像が神祇灌頂の儀礼世界を支える象徴的呪物であると位置づけている。山本が描こうとする中世神学のダイナミズムにとって、『麗気記』はまさに中心的な役割を果たしていると言えよう。

文学研究の分野から視界のよい論考を発し続けている小川豊生は「中世神話のメチエ……変成する日本紀と『麗気記』〈天札巻〉」[4]（一九九七）で、「三界表麗気記」（天札巻）をキーに『麗気記』の隠された構造を読み解こうとする。そこに描かれる天御中主神・天照大神に授与された鏡と真言を携えて娑婆世界に降り立つ杵独王の姿の背景には、始源としての灌頂儀礼の場が描かれていると小川は読み解く。「麗気」という不思議な言葉自体、仏教の「灑水」に対応するものと思われるふしもあり、神道において「水」ならぬ「気」による灌頂を構想したのではなかったろうか。

今最も精力的に両部神道関係の文献を発掘し続けている伊藤聡は「『麗気記』について」[(5)]（二〇〇〇）で、残存する各種の記録を駆使しながら、その麗気灌頂の実態に迫っている。灌頂といっても、もともときちんとした儀軌があるわけではない。日本紀灌頂などとも混淆しながら、本来の『麗気記』の記述を逸脱してゆくさまを丁寧に描き出している。麗気灌頂を始めとする儀礼関係のさらなる資料の発掘が期待される。

また原克昭は「良遍の神代紀注釈とその諸本」[(6)]（一九九八）で、『日本書紀』や『麗気記』の注釈講述から、中世の学問形態の構造に迫ろうとしている。『麗気記』は注釈されることによって、思想たりうるということを、原は我々に突きつけている。詳しくは原担当の解説をお読みいただきたい。

おそらく今後の『麗気記』研究は、これらの論文で指し示されたような方向性、すなわち、神祇灌頂を中心とする儀礼世界の研究、伝授や注釈といった『麗気記』受容のあり方をめぐる研究、様々な神器や象徴的図像に彩られた曼荼羅的シンボリズムの研究などが中心になってゆくように思われる。本書においても、これらの方向は視野に入れつつ注釈作業をおこなってきたつもりであるが、研究途上の分野でもあり、いまだ充分に生かし切れたとは言えない。将来刊行を予定している続巻では、さらにこれらの問題に踏み込んだ考察ができればと考えている。

註

（1）皇學館大學神道研究所岡田米夫文庫蔵。この草稿の存在は、同研究所の牟禮仁氏よりご教示いただいた。私たちは、氏のご厚意によりその内容も読ませていただくことができた。いずれこの草稿の整理と公表を、牟禮氏および関係者の方々に、ぜひお願いしたいと思う。
（2）『思想』（八四四号　岩波書店　一九九四年）。
（3）『―宗教への問い3―「私」の考古学』（岩波書店　二〇〇〇年）。
（4）『中世の知と学―〈注釈〉を読む』（森話社　一九九七年）。
（5）『国文学　解釈と教材の研究』四五―一二（學燈社　二〇〇〇年）。
（6）『論叢アジアの文化と思想』七（アジアの文化と思想の会　一九九八年）。また、同様に良遍の『麗気記』注釈を取り扱ったものに、中原祥徳「高照院良遍の神道書」（『高野山大学大学院紀要』二　一九九八年）がある。

「神体図」との関連について

門屋　温

『麗気記』全十八巻のうち、最後の四巻が「神体図」と呼ばれる図像の巻に宛てられていることは、森本解説「『麗気記』の諸本」（本書所収）でも触れたとおりである。第七巻「心柱麗気記」以降については、本書続巻に収められることになっており、「神体図」の内容に関する詳しい検討も続巻で扱う予定である。ただ、本書に収められた第六巻までの本文の中にも、「神体図」等の図像と密接な関連を持つと思われる部分が何ヶ所かある。それらの本文と図像との具体的な関連性については、それぞれの項目の註釈で説明を加えたが、その際該当する図像を紙面に掲げることは編集上の都合もあってできなかった。また、註釈中では図像の場所を示す場合、「神体図一」「神体図二」というように、その図を含む巻名で表記をしたが、実は「神体図」の巻構成には森本解説も指摘するとおり重大な問題がある。そこで、ここではまず「神体図」の構成についての問題点を簡単に整理したうえで、本書で扱った⑥「豊受大神鎮座次第」までの本文記事に関連すると思われる図像を掲げ、本文との対応関係がわかるように対照表を添えた。なお、詳しい関連については、各項目の註釈をお読みいただきたい。

まず最初に、「神体図」四巻の構成の問題について説明しておかねばならない。すでに森本解説で詳説したように、『麗気記』にはその巻序構成から、巻序のないもの（A系本）、「二所大神宮麗気記」を首巻とするもの（B系本）、「天地麗気記」を首巻にするもの（C系本）の三系統の伝本がある。同解説の一覧表を見ればわかるとおり、「神体図」を含まない伝本も多く、あるものはおおむね最後に付録のような形で四巻の図がついていることが多い。しかし、同じ四巻編成であっても、各巻に収められる図像の構成や配列にかなりの異動があることについては、従来問題にされたことはまったくなかった。たとえば現在活字になっている『麗気記』には、続群書類従本・弘法大師全集本・神道大系本があり、その他に高山寺本の翻刻があるが、このうち続群本と高山寺本には「神体図」は附属していない。また、神道大系本は十四巻までは真福寺本を用いているが、「神体図」四巻は文字の部分を静嘉堂文庫本、図像部分は本居文庫本を用いるという少々理解に苦しむ複雑な操作をしている。そのためか、図像そのものは本居文庫本のものでありながら、配列は本居文庫本とは異なり、さらには割愛された図像もあるという原態変更が施されている。その結果、神道大系本の「神体図」は、版本を底本とした弘法大師全集本と同じ配列になってしまっている。つまり現在活字で眼にすることができる神道大系・弘法大師全集両本の「神体図」の構成は基本的に同じであり、それらを見るかぎり「神体図」はすべて同じ構成・配列となっているかのような錯覚を抱いてしまうのである。

しかし、実は「神体図」に収められた図像の構成や配列は、最初から現在見られるような形ではなかったと思われる。〈表Ⅰ〉は弘法大師全集本と神道大系本に載せられている図像の配列と、『麗気記』の中世の註釈書である『麗気制作抄』、良遍『麗気聞書』、聖冏『麗気記神図画私鈔』の記述から想定復元した図像の配列を対照表にしたものである。

〈表Ⅰ〉註釈諸本より復元した「神体図」構成対照表

A 弘法大師全集本　**B 神道大系本**　**C 『麗気制作抄』**（14C後半）による復元

D 良遍『麗気聞書』（15C初）による復元　**E 聖冏『麗気記神図画私鈔』**（15C初）による復元

A 弘法大師全集本 B 神道大系本	C 麗気制作抄 依拠本	D 麗気聞書 依拠本	E 神図画私鈔 依拠本
内守護八天 馬鳴菩薩 四天女 外八天 草薙剱・神璽・曲玉 八葉九尊円鏡 四羯磨円鏡 星光宝珠 胎界・金界宝珠 三弁宝珠 三光智体（三剱） ※〔三日月形〕 内神・外神 四天女 尊形 四天女 九尊三形曼荼羅	草薙剱 神璽（独鈷） 三日月形 八葉円鏡 五輪円鏡 内宮御体 外宮御体 説法御体 四天女 八大菩薩 馬鳴菩薩 四天女 八大菩薩 星光宝珠 胎界・金界宝珠 三弁宝珠 三剱	内守護八天 馬鳴菩薩 四天女 外守護八天 草薙剱・神璽・曲玉八 葉九尊円鏡 四羯磨円鏡 内神・外神 四金剛天女 尊形 四天女 九尊三形曼荼羅 星光宝珠 胎界・金界宝珠 三弁宝珠 三剱 大宝剱 箱 独鈷	星光宝珠 胎界・金界宝珠 三弁宝珠 三剱 三種神宝 八葉円鏡 五輪円鏡 内宮御体 外宮御体 説法御体 八大天女 八大菩薩 馬鳴菩薩 八大菩薩 大宝剱 独鈷 三日月形

※神道大系本のみにあり

なおこれらの註釈書の編者や成立については、原解説「中世の『麗気記』註釈」（本書所収）を参照されたい。これらの註釈書自体には図は描かれていないが、記された註釈記事の内容から、註釈者が依拠している『麗気記』の「神体図」の図像構成を概ね復元することができる。なお各図像の名称については、基本的にはその註釈書が用いている名称に従ったが、異動がわかりやすいように便宜的につけたものも含まれている。これを見ると、たとえば良遍と聖冏はほぼ同時代の人でありながら、彼らが見ている「神体図」の構成にはかなり異動があることがわかる。つまり、『麗気記』の「神体図」部分は、かなり早い時期から増補や順番の入れ替えが行われ、いくつかのバリエーションが存在したらしいのである。おそらく現存伝本間に存在する図像構成の異動は、こうしたバリエーションが反映しているものと思われる。したがって、「神体図」について考える場合には、活字化された神道大系・弘法大師全集両本だけに基づいて操作をしないように注意する必要がある。特に、なぜこのようなバリエーションが生じるのかという問題は、『麗気記』の成立や受容を考えるうえで重要であると思われる。この問題については、「神体図」を含む続巻において改めて考察するつもりである。

それでは本書で取り扱った巻①から巻⑥までの『麗気記』本文と対応する「神体図」の図像について、簡単に整理をしておくことにしよう。〈表Ⅱ〉は、「神体図」所収の図像と関連する本文との対応がわかるようにした対照表である。また、参考として『麗気聞書』『麗気記私鈔』等の麗気記註釈を掲げておいた。本文引用の後に矢印で示したのは、その部分に該当する註釈番号である。それぞれの項目に関する詳しい解説については、それらの註釈を参照されたい。さらに、「神体図」ではないが、⑪「神形注麗気記」、⑫「三界表麗気記」所収の図と関連すると思われる本文についても、同様の形式で掲げておいた。なお、先に述べたような理由で、神道大系本の「神体図」には少々問題があるので、ここではとりあえず弘法大師全集本所収の図を用いた。弘法大師全集本の底本となった版本の図像も決して良質のものとは言えないが、ここはおおよそどのような図像であるのかという参考資料として考えていただきたい。今後は、残された写本の図像を比較検討して、本来どのような図像であったのかを考える必要があり、その作業は続巻においてする予定である。

さて、この〈表Ⅱ〉を見ると、「神体図」と関連すると思われる記述は、②「神天上地下次第」と④「天地麗気記」に集中していることがわかる。註釈中でも述べたように、これらの巻には「神体図」を前提として書かれていると思われる部分があり、その成立や伝授形態を考えるうえで注目される。「神体図」をめぐる問題点を整理すると、結局この成立と伝授形態という二点に絞られるのではないかと思われる。前者は、これらの図が『麗気記』成立のどの段階で描かれたのかという問題である。この問題を解くためには、「神体図」を除く十四巻の内容を分析して、全巻の構成を整理し、さらにそれと「神体図」四巻の相関図を作成する必要があろう。後者は、「神体図」が元来どのような形態であったのかという問題である。たとえば、『聞書』『私鈔』『制作抄』に見える「神体図」の構成が区々であることは、良遍の言う「麗気切出」のような、いわゆる切紙形式の伝授形態を当然想定させるものである。しかし、これらの註釈書類も諸伝本も皆四巻構成をとっていることや、図像の配列や構成が異なるとはいっても、いくつかの図像ごとにグループが形成され、その内部構成はほぼ不動であることなど、不審な点もある。切紙とはいっても、個々の図像をバラバラに切り離すのではなく、複数の図像を並べたグループごとの伝授なども考えなければならないだろう。今のところ、切り出された「麗気切紙」の遺例の収集も充分ではなく、想像の域を出ないので、今後の課題としたい。

また、②「神天上地下次第」は『天照大神遷幸時代抄』の図像との関連も窺え、注目される。良遍が『十八処降臨記』と呼ぶ『遷幸時代抄』は、森本解説にもあるとおり、『麗気記』と一具で相伝される場合もあり、その先後関係を含めてさらに詳しく検討する必要があろう。

いずれにしても、これら「神体図」を中心とする図像の解釈を抜きにして、『麗気記』を理解することは不可能と言ってもよい。森解説が指摘するとおり、「神体図」の意味が見失われた時、中世的『麗気記』は死んで、前時代の遺物の秘密経典としてロゼッタストーン化してしまったのである。したがってその解読には、図像や儀礼の意味の復元が不可欠となろう。中世神道説をめぐる様々な図像の問題は、従来ほとんど顧慮されてこなかったが、今後正面から取り組むべきテーマとして、考えてゆかなければならない。

〈表Ⅱ〉

図像

〔神体図二〕

星光宝珠

胎界宝珠

金界宝珠

三弁宝珠

麗気記本文

国常立尊
国狭槌尊
豊斟渟尊
　此の三柱の尊、其の形、宝珠にて坐す。
　（②「神天上地下次第」→註34）

国狭槌尊〈毘盧舎那仏〉
豊斟渟尊〈盧迹那仏〉
　此の二神、天に浮り地に跡りて、報応の二身、青黒二色の宝珠也。青色は衆生果報の宝珠、黒色は無明調伏の宝珠なり。
　（④「天地麗気記」→註54）

第二、摂津国那爾輪里那爾輪にて、二の如意宝珠、一所に並び居給ふ。

　（②「神天上地下次第」→註16）


大慈毘盧遮那如来は国常立尊の神霊玉、三弁にて坐す。

　（②「神天上地下次第」→註12）


第三、阿波国桂の岩栖里、岩栖里の岩の上に鶏子の如く、三弁にて坐す。

　（②「神天上地下次第」→註21）

麗気記註釈

『制作抄』

三宝珠ノ図也。神ノ御体、元ハ宝珠也。一ヨリ二ニ至リ、二ヨリ三ニ至ルナリ。


『神仏一致抄』

宝珠形ハ、初ハ一果ノ形、或ハ二果ノ形、或ハ三弁宝珠也。是ハ次第ニ作用スル心也。此ノ珠ヲ体鏡ト顕ハス処也。尋ルニ国狭槌尊・豊斟渟尊、此ノ二神、天ニ浮キ地ニ降ル。報応二身青黒二色ノ宝珠也。第一ノ国常立ハ金色宝珠ト。故ニ第二ハ青色ノ宝珠、第三ハ黒色ノ宝珠ト云フ也。

青色ハ衆生ノ果報ノ宝珠トハ、報身如来ノ意也。理知冥合ノ体、即チ衆生果報ト立ラル。黒色ハ無明調伏ノ宝珠トハ、応身、機ニ同ジテ無明ヲ調伏スベキ徳有レバ爾云フカ。一果ノ宝珠、徳用ニ随テ是ノ如キハ、各別ニ金色黒色等ノ宝珠ノ有トハ心得ベカラズ。故ニ三神ハ鶏子ノ如キ也。


『私鈔』

国常立尊四転有リ。第一ハ一珠、第二ハ二珠、第三ハ三弁宝珠、第四ハ日輪ニテオハシマス。

〔神体図三〕

三光智体

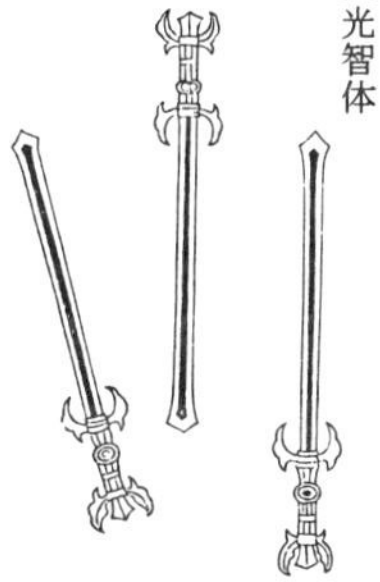

此の玉の人を罰する時は横に成りて、許す時は下に臥せり。共なる時は之を立てり。本図を以て意を得べし。
（④「天地麗気記」→註65）

『聞書』
当章第十七巻ニ小剱三有リ。彼ヲ以テ考ラルベシ。

〔神体図二〕

草薙剱

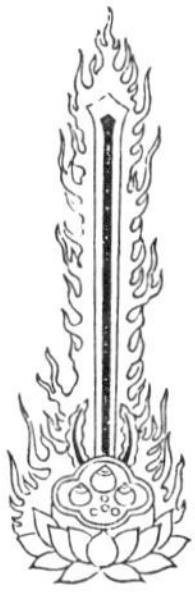

神璽

八坂瓊曲玉

三果の上に立つ剱は、三世諸仏の智体、降魔成道の利剱也。法中に三弁宝珠と謂ふ也。
（②「神天上地下次第」→註140）

独股金剛とは世界建立の心王大日尊也。両宮の心御柱、是也。
（②「神天上地下次第」→註151）

三果半月の浮経は、葦葉形の表也。
（②「神天上地下次第」→註160）

『聞書』
当章第十六巻ニ絵、之在リ。
以下皆十八処降臨記伝アリ。

『神仏一致抄』
宝珠神璽異名宝剣字也トハ、本三種ハ一物也。故ニ神璽ハ玉也。八角ノ玉也云々。宝剣ヲモ珠上ニ書ク故ニ、神璽モ珠、剣モ珠ナル故ニシカ云フ也。

『聞書』
是又降臨記絵、之ヲ見ル可シ。
三果トハ蓮華ノ上ニ三弁宝珠アリ。半月トハ宝珠ノ上ニ之有リ。

〔神体図一〕
馬鳴菩薩

伊弉諾尊　胎蔵界
俗体男形。馬鳴菩薩の如し。
白馬に乗りて手に斤を持し、
一切衆生の善悪、之を量る。
（④「天地麗気記」↓註71）

神体、馬鳴菩薩の如し。白馬に乗り、左に日輪を持し、右に斤を持し、一切衆生の善悪ニ法を量知せしむ。

（⑪「神形注麗気記」）


『聞書』

当章十二巻ニ此ノ如キ文勢見エリ。当段ト等シキ故ニ、第十二巻白馬ニ乗ル絵像ト看ル也。然レドモ師良遍云ハク、地神第三皇孫尊、此ノ国ニ降臨ノ質ト云々。

『私鈔』

馬鳴菩薩ノ如ク、阿梨樹王ノ如キ事。両ナガラ本図ノ如シ。大凡ハ天帝釈ノ如シ。

〔神体図四〕
尊形

伊弉冉尊　金剛界
俗体女形。但し阿梨樹王の如し。
荷葉に乗り、説法利生す。
（④「天地麗気記」↓註73）

『聞書』

実ニハ夫レ、阿梨樹王荷葉説法ノ文ノ如シ。第十六巻ノ香花ヲ備ヘタル絵像ノ文勢ト首尾シタラバ然ルベシ。又荷葉ニハ座セズ。師良遍云ハク、彼又、皇孫四海ノ政ニ成給ヒシ儀式也ト云々。当段、諾冊ノ二尊ノ絵ハ無キ也。切出別ニ有ルベキカ。

阿梨樹王、形像釈迦如来ノ如シ。

〔神体図一〕
二十神像（図は省略）

天香鼻山命
天鈿売語命
（以下省略）
（⑤「天照皇大神鎮座次第」↓註47）

『聞書』

彼ノ三十二神中、天活玉命、火天。天小彦根命、水天。天湯彦命、風天。天表春命、地天。以上四神、絵巻ニ之無シ。之有ルベキカ。

〔神形注麗気記〕
円鏡

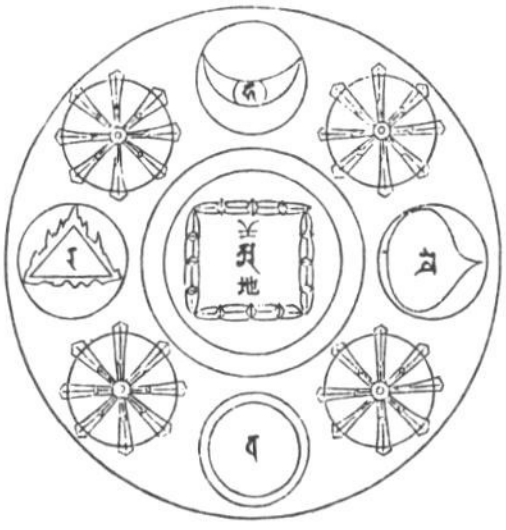

〔三界表麗気記〕
五輪鏡

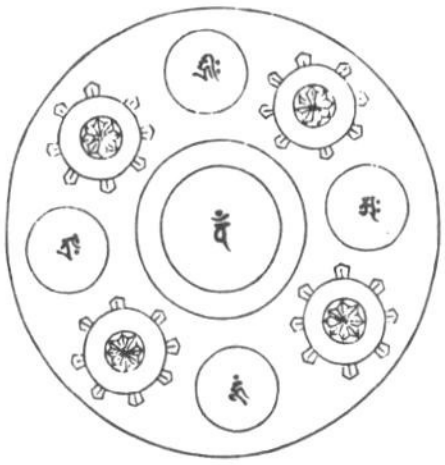

水火風空の四智の御霊鏡
水　円形　　土宮
火　三角形　角社
風　半月形　風宮
空　団円形　多加社
五智円満の御霊鏡の中の形、其れ品々なり。
（③「降臨次第麗気記」→註9・15）
一鏡中に五大月輪有り。月輪間に八輻金剛輪有り。修生本有十六大菩薩の境界、三十二尊と五大月輪との三十七尊は、無為無碍の表体也。
（⑪「神形注麗気記」）

豊受皇大神　（略）
金剛号　遍照金剛
神号　天御中主尊
神体　飛空自在天
説法談義の精気也
水珠所成の玉、常住法身の妙理也。
正体は輪の中に五輪有り。
中の輪の長さは六寸、
余の四輪は長さ四寸也。
是御正体と名づく。
輪二尺四寸、径八寸也。
（⑥「豊受太神鎮座次第」→註20）

『制作抄』
五大月輪ノ上ニ、方・円・三角・半月・団形ノ五輪形也。

伊藤　聡（早稲田大学非常勤講師）
岡野英基（早稲田大学大学院）
金　永晃（大正大学綜合佛教研究所研究員）
佐藤眞人（北九州市立大学助教授）
鈴木一馨（東方研究会研究員）
鈴木英之（早稲田大学大学院）
関口崇史（大正大学綜合佛教研究所研究員）
西野光一（大正大学綜合佛教研究所研究員）
服部法照（日本骨董学院講師）
林　克則（大正大学綜合佛教研究所研究員）
平沢卓也（早稲田大学大学院）
本多　亮（大正大学綜合佛教研究所研究生）
室賀和子（大正大学綜合佛教研究所研究員）
吉田隆英（早稲田大学大学院修了）
渡辺匡一（いわき明星大学助手）

神仏習合研究会

解説執筆者紹介

三橋正（みつはし　ただし）
1960年生まれ。大正大学大学院史学専攻博士課程単位取得。文学博士。神仏習合研究会幹事。大正大学非常勤講師。『平安時代の信仰と宗教儀礼』（続群書類従完成会、2000年）、「中世的神職制度の形成－「神社神主」の成立を中心に－」（『神道古典研究』15、1993）ほか。

森本仙介（もりもと　せんすけ）
1970年生まれ。神奈川大学大学院歴史民俗資料学研究科博士後期課程。八潮市立資料館文書専門員。「『元要記』の成立とその背景をめぐって」（『神道宗教』175、1997）。「平安・鎌倉期における産所の設定とその宗教的諸観念」（『歴史民俗資料学研究』 6 、2000）。

原克昭（はら　かつあき）
1972年生まれ。早稲田大学大学院文学研究科東洋哲学専攻博士後期課程在籍。早稲田大学第一文学部助手（東洋哲学専攻）。「〈中世日本紀〉研究史――附・研究文献目録抄」（『国文学 解釈と鑑賞』64－3、1999）ほか。

森瑞枝（もり　みずえ）
1961年生まれ。国学院大学大学院文学研究科神道学専攻博士課程後期単位取得。（財）国際宗教研究所研究員。共著『ワードマップ　神道－日本生まれの宗教システム－』（1998、新曜社）、論文「松坂修学期の本居宣長－家の宗教をめぐって－」（『国学院雑誌』87－11）ほか。

門屋温（かどや　あつし）
1956年生まれ。早稲田大学大学院文学研究科東洋哲学専攻博士後期課程単位取得中退。いわき明星大学・共立女子大学・武蔵大学非常勤講師。「神道史の解体－真言神道研究の課題」（『日本の仏教』 3 、1995）ほか。

本書は、大正大学綜合佛教研究所研究員の研究活動を奨励し、その優れた学術研究を公表するために創設された「大正大学綜合佛教研究所研究助成制度」の出版助成金の交付を受けて、「大正大学綜合佛教研究所叢書第６巻」として公刊されたものである。

校註解説 現代語訳 麗気記 I

二〇〇一年八月一〇日 初版第一刷発行

編著者 大正大学綜合佛教研究所 神仏習合研究会

発行者 西村七兵衛

発行所 株式会社 法藏館
京都市下京区正面通烏丸東入
郵便番号六〇〇―八一五三
電話〇七五（三四三）五六五六
振替〇一〇七〇―三―二七四三

印刷・製本 ㈱シナノ

ISBN4－8318－5675－4 C3015